완벽한 **자율학습서**

완자

중학
역사
①

구성과 특징

완자 책 구성

내 옆의 선생님 완자는 혼자서도 쉽고 완벽하게 공부할 수 있도록 이렇게 구성되어 있어요.

친절한 개념 설명과 풍부한 문제로 교과 학습을 대비할 수 있는 책

정확한 답과 친절한 해설, 중요한 자료의 분석을 담은 정답과 해설

시험에 꼭 나오는 핵심 개념을 모아 시험 직전에 활용할 수 있는 책

시험에 꼭 나오는 핵심 자료만 모아 바로 볼 수 있는 콘텐츠

완자의 특징

완벽한 내용 학습

- **A**, **B** **주제별 구성**으로 교과의 내용 흐름에 맞춰 혼자서도 쉽게 공부할 수 있어요.

- **교과서 핵심 자료**⁺ 에는 선생님의 수업처럼 **자세한 자료 분석**을 담아 내용을 깊이 있게 이해할 수 있어요.

- **문제로 개념 확인**으로 학습한 내용을 바로 풀어 볼 수 있어 **개념을 탄탄**하게 이해할 수 있어요.

- **비주얼로 핵심 콕콕** 주제별 핵심 내용을 **시각화**하여 배운 내용을 오래 기억할 수 있어요.

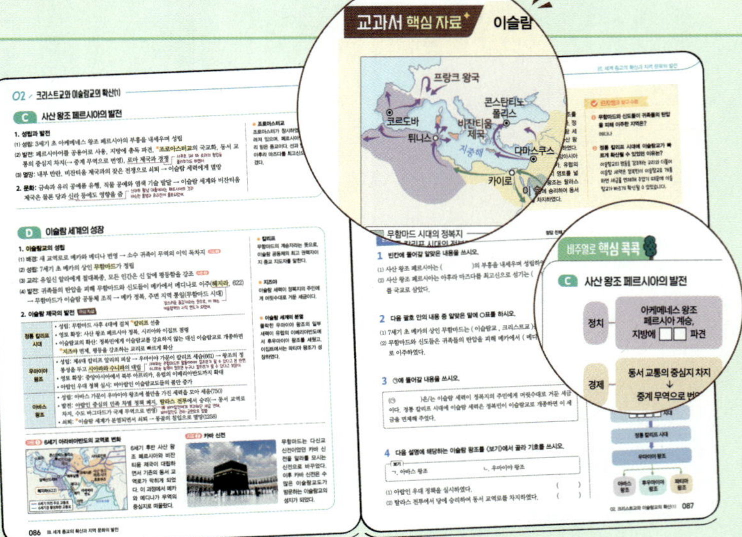

세상이 변해도
배움의 즐거움은
변함없도록

시대는 빠르게 변해도
배움의 즐거움은
변함없어야 하기에

어제의 비상은
남다른 교재부터
결이 다른 콘텐츠
전에 없던 교육 플랫폼까지

변함없는 혁신으로
교육 문화 환경의 새로운 전형을
실현해왔습니다.

비상은 오늘, 다시 한번
새로운 교육 문화 환경을 실현하기 위한
또 하나의 혁신을 시작합니다.

오늘의 내가 어제의 나를 초월하고
오늘의 교육이 어제의 교육을 초월하여
배움의 즐거움을 지속하는 혁신,

바로, 메타인지 기반 완전 학습을.

상상을 실현하는 교육 문화 기업 비상

메타인지 기반 완전 학습

초월을 뜻하는 meta와 생각을 뜻하는 인지가 결합한 메타인지는
자신이 알고 모르는 것을 스스로 구분하고 학습계획을 세우도록 하는
궁극의 학습 능력입니다. 비상의 메타인지 기반 완전 학습 시스템은
잠들어 있는 메타인지를 깨워 공부를 100% 내 것으로 만들도록 합니다.

실전 대비 문제 풀이

- 시험 대비 핵심 문제에는 **A**, **B**
  주제별 구성에 맞춰 문항이 배치되어
  있어 배운 내용을 빠르고 쉽게 확인할
  수 있어요.

- **서술형 문제**로 학교 시험에 자주 나
  오는 서술형 문제에 완벽하게 대비할
  수 있어요.

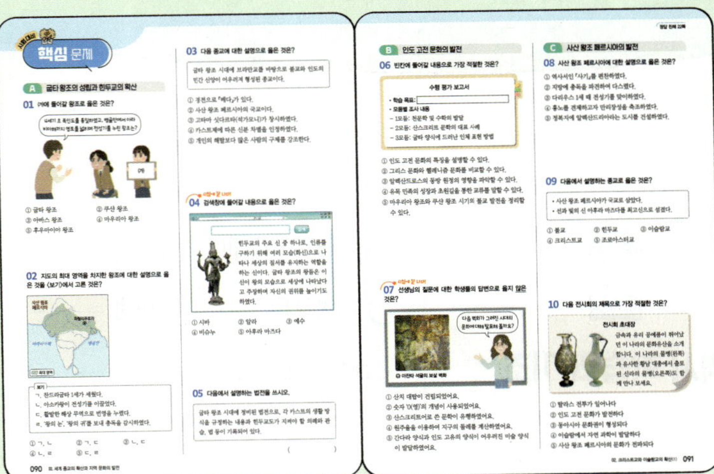

정확하고 자세한 정답 친해

- 정확한 **답**과 친절하고 자세한 **해설**
  을 담았어요.

- 바로 알기 를 통해 상세한 **오답 풀이**
  를 확인할 수 있어요.

- ✦ 자료로 이해하기 에 **중요한 자료**를 담
  아 꼭 알아야 하는 핵심 내용을 풀이
  하였어요.

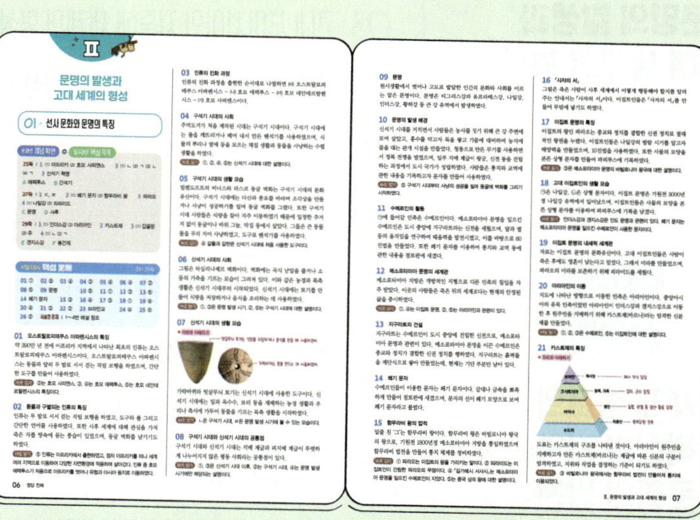

내 옆의 선생님 '완자'는 혼자서도 쉽게 공부할 수 있는 자율학습서

차례

나에게 맞는 공부 계획을 세우고, 실천해 보아요.
(예) 난 하루에 10쪽 내외씩 33회에 나누어 공부할 거야!)

완자와 내 교과서 단원 비교

	단원명	완자	비상교육	동아출판	리베르스쿨	미래엔	지학사	천재교과서	해냄에듀
I. 역사 학습의 기초	01. 역사의 의미와 역사 학습의 목적	10~13	8~13	12~17	10~11	10~12	8~11	8~10	8~9
	02. 역사 탐구의 절차와 방법	14~17	14~21	18~23	12~15	13~15	12~15	11~13	10~19
II. 문명의 발생과 고대 세계의 형성	01. 선사 문화와 문명의 특징	24~35	26~39	28~39	18~27	18~29	18~31	16~29	22~33
	02. 고대 서아시아와 지중해 세계의 형성(1)	36~43	40~46	40~44	28~33	30~36	32~39	30~36	34~37
	03. 고대 서아시아와 지중해 세계의 형성(2)	44~51	47~51	45~51	34~41	37~43	40~45	37~43	38~45
	04. 고대 동아시아와 인도 세계의 형성	52~63	52~61	52~61	42~51	44~53	46~55	44~55	46~55
III. 세계 종교의 확산과 지역 문화의 발전	01. 동아시아 문화의 형성	72~83	66~75	66~75	56~67	58~69	60~69	60~69	60~69
	02. 크리스트교와 이슬람교의 확산(1)	84~95	76~85	76~79, 84~91	68~77	70~80	70~72, 77~81	70~79	70~77, 82~85
	03. 크리스트교와 이슬람교의 확산(2)	96~101	86~88	80~83	78~81	81~85	73~76	80~85	78~81
	04. 서아시아와 유럽의 교류와 갈등(1)	102~109	90~99	92~95	82~86	86~91	82~87	86~91	86~91
	05. 서아시아와 유럽의 교류와 갈등(2)	110~117	100~103	96~99	87~89	92~95	88~91	92~95	91~97
IV. 지역 세계의 교류와 변화	01. 유라시아 교역 및 문화 교류의 확대	126~135	108~115	104~113	94~103	100~109	96~107	100~111	102~109
	02. 동아시아와 인도 지역 질서의 변화	136~147	116~125	114~123	104~115	110~121	108~119	112~123	110~119
	03. 서아시아와 유럽 사회의 변화	148~159	126~139	124~137	116~131	122~133	120~131	124~139	120~137

시험 때는 **내 교과서**의 출판사명을 확인하고,
시험 범위에 해당하는 **완자의 쪽수**를 찾아서 공부해요~!

단원명		완자	비상교육	동아출판	리베르스쿨	미래엔	지학사	천재교과서	해냄에듀
V. **제국주의와** **국민 국가** **건설 운동**	01. 유럽과 아메리카의 국민 국가 체제(1)	168~177	144~151	142~146	136~140	138~143	136~142	144~149	142~149
	02. 유럽과 아메리카의 국민 국가 체제(2)	178~187	152~157	146~153	141~149	144~151	143~147	150~155	150~159
	03. 유럽의 산업화와 제국주의	188~199	158~167	154~163	150~157	152~161	148~155	156~165	160~169
	04. 아시아의 국민 국가 건설 운동(1)	200~207	168~171	172~175	158~163	169~175	165~169	166~171	170~175
	05. 아시아의 국민 국가 건설 운동(2)	208~219	172~179	164~171	164~171	162~168	156~164	172~179	178~187
VI. **세계 대전과** **사회 변동**	01. 세계 대전과 국제 질서의 변화(1)	228~239	184~190	182~187	176~181	180~189	176~185	184~191	192~201
	02. 세계 대전과 국제 질서의 변화(2)	240~247	191~195	188~193	182~187	190~195	186~189	192~197	208~211
	03. 전쟁 범죄에 맞선 평화 유지 노력	248~253	196~205	194~203	188~193	196~205	190~197	198~209	212~219
	04. 아시아와 아프리카의 민족 운동	254~261	206~211	176~177, 204~211	194~199	206~211	198~207	210~215	176~177, 202~207
VII. **현대 세계의** **전개와 과제**	01. 냉전 체제와 제3 세계의 형성	270~281	216~225	216~227	204~219	216~227	212~225	220~227	224~233, 238~239
	02. 민주주의와 인권의 확산	282~291	226~233	228~235	220~229	228~237	226~235	228~235	234~237, 242~243
	03. 세계화와 지역 세계의 변화	292~297	234~243	236~241	230~235	238~243	236~243	236~243	244~251

넌 그냥 나만 믿고 따라오면 돼.
네가 지치지 않게
내가 묵묵히 언제나 네 옆에 있을게.

- 공부를 시작하는 모든 이들에게 완자쌤이

역사 학습의 기초

A 역사의 의미

1. *역사의 의미
　[오래된 일기장, 옛날 사진, 역사책, 역사적 사건이나 인물을 소재로 한 드라마·영화 등을 일상생활에서 쉽게 접할 수 있어.]
(1) 의미: 인류가 어떻게 살아왔는가에 대한 이야기, 과거에 실제로 일어난 사실, 인류가 남긴 물질문명과 정신적 유산을 포함한 모든 발자취
(2) '사실로서의 역사'와 '기록으로서의 역사' **핵심 자료**

사실로서의 역사	과거에 일어난 사실 그 자체, 객관적 역사
기록으로서의 역사	기록한 사람의 관점과 생각(해석)이 담김, 주관적 역사

2. 역사를 바라보는 관점(사관): 역사를 기록하는 사람은 수많은 역사적 사실 중 의미 있다고 판단한 사실을 선택하여 기록함 → 똑같은 역사적 인물과 사건도 이를 바라보는 관점에 따라 다르게 해석·평가될 수 있음 **자료**
　[그러므로 역사를 공부할 때는 역사가의 관점을 파악하는 것이 중요해.]

> ✳ **역사(歷史)의 의미**
> 역(歷)은 '세월이나 세대 또는 왕조가 흘러간 것'을 뜻하고, 사(史)는 '기록하는 일' 또는 '기록하는 사람'을 뜻한다.

자료 역사가의 관점

- 신라가 당 황제에게 군사를 요청한 것은 두 나라(백제, 고구려)를 진압하여 영원히 싸움이 없게 하고, 백성을 평안히 하려는 것이었다.　— 김부식, 『삼국사기』
- 신라가 다른 민족(당)을 끌어들여 같은 민족(백제, 고구려)을 멸망시키는 것은 도적을 불러들여 형제를 죽이는 것과 같다. 　— 신채호, 『독사신론』

신라는 당에 군사를 요청하여 연합군을 만들어 백제와 고구려를 멸망시키고, 삼국을 통일하였다. 이에 대해 고려의 문인 김부식은 긍정적인 평가를 한 반면, 일제 강점기의 역사학자 신채호는 부정적으로 평가하였다.

B 역사 학습의 목적

1. 역사 학습의 목적
(1) **현재에 대한 올바른 이해:** 인류가 형성·발전시킨 유산과 전통을 다음 세대가 계승하면서 자신의 정체성 확인, 역사의 흐름도 파악 가능
　[**용어** 변하지 않는 존재의 본질을 깨닫는 성질. 또는 그 성질을 가진 독립적 존재]
(2) **역사적 사고력·비판력·판단력 향상:** 역사 탐구 과정에서 사건의 인과 관계와 역사적 의미 파악, 이를 바탕으로 역사적 판단을 내림 → 다양한 사고 능력을 기를 수 있음
(3) **삶의 지혜와 교훈 습득:** 과거의 다양한 사례에서 좋은 것을 배울 수 있음, 부끄러운 과거 반성, 이를 바탕으로 미래를 내다보는 안목도 키울 수 있음
(4) **문화의 다양성을 이해하고 존중하는 태도 함양:** ✳세계사를 학습하여 상대의 문화를 존중하는 마음가짐을 기를 수 있음
　[이는 인류의 갈등을 극복하고 함께 평화롭게 살아가는 바탕이 될 수 있어.]

> ✳ **세계사 학습의 중요성**
> 오늘날에는 전 세계가 지구촌이라고 불릴 만큼 서로 많은 영향을 주고받고 있다. 이에 따라 세계사 학습의 중요성도 커지고 있다.

2. 연대 표기법
　[종교적 성격을 없앤 BCE(공통 시대 이전)와 CE(공통 시대)를 사용하기도 해.]

기원전과 기원후(서기)	대체로 예수가 태어난 해를 기준으로 탄생 이전을 기원전(B.C.), 탄생 이후를 기원후(A.D.)로 구분하는 연대 표현
연호	보통 국왕이 즉위한 해에 붙이던 연대 이름, 왕마다 바꾸어 불렀음(고구려 광개토 대왕의 연호는 '영락', 고려 태조의 연호는 '천수' 등)
세기	연대를 셀 때 100년을 한 묶음으로 하는 단위(2001년부터 2100년까지는 21세기)

교과서 핵심 자료 ✦ '사실로서의 역사'와 '기록으로서의 역사'

독일의 역사가 랑케는 역사적 사실 자체가 중요하므로 역사가의 주관이 개입되지 않은 '사실로서의 역사'를 강조하였다. 반면, 영국의 역사가인 카는 과거에 일어났던 사실에 대한 '기록으로서의 역사'를 강조하였다. 또한 과거 사실과 역사가의 해석 중 한쪽이 중요한 것이 아니라 두 가지가 지속적으로 상호 작용해야 한다고 하였다.

✅ 완자쌤의 탐구 수업

❶ 자료에서 '사실로서의 역사'를 강조한 역사가는?

랑케

❷ 카가 역사를 '과거와 현재의 끊임없는 대화'라고 비유한 이유는?

카는 역사를 과거 사실과 역사가의 해석이 지속적으로 상호 작용하는 것으로 보고, 역사를 '과거와 현재의 끊임없는 대화'라고 하였습니다.

문제로 개념 확인

정답 친해 2쪽

1 ㉠에 들어갈 내용을 쓰시오.

> (㉠   )은/는 과거에 실제로 일어났던 사실이며, 인류가 남긴 물질문명과 정신적 유산을 포함한 모든 발자취를 이른다.

2 다음 설명에 해당하는 역사의 의미를 〈보기〉에서 골라 기호를 쓰시오.

> 보기
> ㄱ. 사실로서의 역사   ㄴ. 기록으로서의 역사

(1) 과거에 일어난 사실 그 자체이다. (   )
(2) 기록한 사람의 관점과 생각이 담겨 있다. (   )

3 역사 학습의 목적에 대한 설명이 맞으면 ○표, 틀리면 ×표를 하시오.

(1) 역사적 사고력뿐만 아니라 비판력과 판단력도 기를 수 있다. (   )
(2) 우리나라의 역사가 다른 나라보다 우월하다는 것을 알 수 있다. (   )

4 빈칸에 들어갈 알맞은 내용을 쓰시오.

(1) (   )은/는 연대를 셀 때 100년을 한 묶음으로 하는 단위이다.
(2) 보통 국왕이 즉위한 해에 붙이던 연대 이름을 (   )(이)라고 한다.

비주얼로 핵심 콕콕

A 역사의 의미

사실로서의 역사
과거에 일어난 사실 그 자체 (□□□ 역사)

기록으로서의 역사
기록한 사람의 관점이 담김 (주관적 역사)

B 역사 학습의 목적

- 현재에 대한 올바른 이해
- 삶의 지혜와 교훈 습득
- 역사 학습의 목적
- 역사적 사고력·비판력·판단력 향상
- 문화의 □□성을 이해하는 태도 함양

핵심 문제 

A 역사의 의미

01 다음 대화의 주제에 대한 설명으로 옳지 <u>않은</u> 것은?

① 일상생활에서는 접하기 어렵다.
② 과거에 실제로 일어난 사실 그 자체이다.
③ 인류가 어떻게 살아왔는가에 대한 이야기이다.
④ '사실로서의 역사'와 '기록으로서의 역사'로 구분된다.
⑤ 인류가 남긴 물질물명과 정신적 유산을 포함한 모든 발자취를 말한다.

시험에 잘 나와!
02 다음에서 설명하는 역사 의미의 사례로 적절한 것을 〈보기〉에서 고른 것은?

> 역사를 기록하는 사람은 과거의 사실 가운데 의미 있다고 판단한 사실을 고르고, 자신의 생각을 담아 기록한다.

보기
ㄱ. 진의 시황제는 만리장성을 쌓았다.
ㄴ. 신석기 시대 사람들은 토기를 제작하였다.
ㄷ. 그리스의 문화는 인간 중심적이고 합리적이다.
ㄹ. 훈민정음은 글자의 원리가 과학적이고 독창적이다.

① ㄱ, ㄴ   ② ㄱ, ㄷ   ③ ㄴ, ㄷ
④ ㄴ, ㄹ   ⑤ ㄷ, ㄹ

03 '사실로서의 역사'에 대한 설명으로 옳은 것은?

① 객관적 의미의 역사이다.
② 기록한 사람의 관점과 해석이 담겨 있다.
③ 영국의 역사가 카가 강조한 역사의 의미이다.
④ 역사가가 의미 있다고 판단하여 선택한 사실이다.
⑤ 역사를 공부할 때 역사가의 관점을 파악하는 것이 중요한 이유이다.

04 다음 글을 읽고 학생들이 나눈 대화 내용으로 적절하지 <u>않은</u> 것은?

> • 신라가 다른 민족(당)을 끌어들여 같은 민족(백제, 고구려)을 멸망시키는 것은 도적을 불러들여 형제를 죽이는 것과 같다.   – 신채호
> • 신라가 당 황제에게 군사를 요청한 것은 두 나라(백제, 고구려)를 진압하여 영원히 싸움이 없게 하고, 백성을 평안히 하려는 것이었다.   – 김부식

① 역사를 공부할 때 역사가의 관점은 배제해야 돼.
② 신채호는 신라와 당의 연합을 부정적으로 보았어.
③ 김부식은 신라와 당의 연합을 긍정적으로 평가하였어.
④ 신라와 당의 연합에 대한 두 사람의 서로 다른 관점을 보여 줘.
⑤ 동일한 역사적 사실도 기록자의 사관에 따라 다르게 평가될 수 있어.

B 역사 학습의 목적

05 역사를 배우는 목적으로 적절하지 <u>않은</u> 것은?

① 자신의 정체성을 확인할 수 있다.
② 부끄러운 과거의 일을 감출 수 있다.
③ 미래를 내다보는 안목을 키울 수 있다.
④ 역사적 비판력과 판단력을 기를 수 있다.
⑤ 서로의 문화를 존중하는 태도를 기를 수 있다.

시험에 잘 나와!

06 다음 자료로 파악할 수 있는 역사 학습의 목적으로 가장 적절한 것은?

기념물로 보는 역사

↑ 독립기념관에 있는 조선 총독부 철거물 일부

조선 총독부는 일제의 식민 통치 기관으로, 1995년에 철거되었다. 철거물의 일부는 천안에 있는 독립기념관 주 건물의 서쪽에 있는데, 이는 일제 강점기 역사의 청산을 강조하려는 의도로 보인다.

---

① 상대의 문화를 존중할 수 있다.
② 삶의 지혜와 교훈을 얻을 수 있다.
③ 미래에 일어날 일을 예측할 수 있다.
④ 우리나라 역사의 우월성을 증명할 수 있다.
⑤ 문화의 다양성을 이해하는 태도를 기를 수 있다.

07 다음에서 설명하는 내용을 쓰시오.

예수가 태어난 해를 기준으로 탄생 이전을 기원전(B.C.), 탄생 이후를 기원후(A.D.)로 나누는 연대 표현 방법이다.

(   )

08 ㉠, ㉡에 들어갈 내용으로 옳은 것은?

(㉠)는 연대를 셀 때 100년을 한 묶음으로 하는 단위를 말하고, (㉡)는 보통 국왕이 즉위한 해에 붙이던 연대 이름이다.

	㉠	㉡		㉠	㉡
①	서기	세기	②	세기	서기
③	세기	연호	④	연호	서기
⑤	연호	세기			

서술형 문제

서술형 감잡기

1 다음을 읽고 물음에 답하시오.

㉮ 역사가는 자신을 숨기고 과거가 본래 어떠하였는가를 밝혀야 한다.
㉯ 역사는 역사가와 과거 사실 사이의 계속적인 상호 작용의 과정이며, 과거와 현재의 끊임없는 대화이다.

(1) ㉮, ㉯와 같이 주장한 인물을 각각 쓰시오.

(2) (1)에서 답한 인물들이 강조한 역사의 의미를 각각 서술하시오.

| 핵심어 | 객관적, 사실, 주관적, 기록

서술형 익히기

2 다음을 읽고 물음에 답하시오.

오늘날에는 전 세계가 지구촌이라고 불릴 만큼 서로 많은 영향을 주고받고 있다. 따라서 우리는 역사 학습을 통해 문화의 (㉠)을/를 이해하는 태도를 기를 필요가 있다.

(1) ㉠에 들어갈 내용을 쓰시오.

(2) 밑줄 친 태도를 길러야 하는 이유를 서술하시오.

02 역사 탐구의 절차와 방법

A 역사 탐구에 필요한 자료

1. 역사 자료(사료)와 사료 비판

(1) *사료 [자료①] ┌ 오늘날에는 과학 기술의 발달로 음성 및 영상 기록 등도 사료의 범위에 포함돼.

① 의미: 옛사람들이 남긴 흔적

② 종류: 유물(인류가 남긴 물건), 유적(인류가 남긴 자취), 문헌(인류가 문자로 남긴 기록) 또는 문자 자료와 비문자 자료로 구분 [자료②] [핵심 자료]

(2) *사료 비판: 역사가가 사료에 나오는 내용을 철저하게 검증하는 과정, 사료에 과장·오류·누락·조작된 내용이 있을 수 있기 때문에 사료 비판이 필요함

└ 사료가 과거의 사실을 모두 정확히 말해 주는 것은 아니야.

2. 역사 학습에 도움을 주는 자료

역사 지도	영역, 이동 경로, 수도 및 주요 도시 등의 역사 정보를 지도에 나타낸 자료
연표	역사적 사건을 일어난 순서대로 나타낸 자료, 사건의 상호 관계를 파악하거나 같은 시기에 다른 지역에서 일어난 사건을 비교하는 데 편리함
도표	통계 등 숫자로 된 정보를 정리한 자료
그림·사진	역사를 시각적으로 보여 주는 자료, 역사를 생생하게 이해하는 데 도움을 줌

※ 사료
역사를 탐구하거나 역사책을 쓰는 데 이용하는 자료를 말한다. 옛사람들은 보통 문자로 기록을 남겼기 때문에 역사 탐구에 문자 자료가 많이 활용되었다.

※ 사료 비판과 역사 연구
사료를 연구하여 과거에 일어난 사실을 밝히는 역사가는 사료 비판을 거친 자료를 바탕으로 과거 상황을 분석하고 해석하여 역사를 서술한다.

[자료①] 선사 시대와 역사 시대

문자 사용
← 선사 시대 [전] [후] 역사 시대 →

선사 시대는 문자 기록이 없던 시기이며, 역사 시대는 문자를 사용한 시기이다. 선사 시대를 연구할 때에는 유물과 유적을 활용하고 역사 시대를 연구할 때에는 유물, 유적과 문자 기록을 이용한다.

[자료②] 유물과 유적

↑ 청자 상감 운학문 매병

↑ 페루의 마추픽추

유물은 인류가 만들고 사용한 물건으로, 도자기·그림·사진 등 부피가 작고 옮길 수 있는 것을 말한다. 유적은 인류가 남긴 자취로, 역사적 사건이 벌어진 장소나 궁궐·집터·고분 등 옮길 수 없는 것을 일컫는다.

B 역사 탐구의 절차와 방법

1. 탐구 주제의 선정: 생활 속에서 탐구하고 싶은 주제 선택

2. 역사 자료의 수집: 탐구 주제와 관련된 자료 탐색 → 인터넷 검색(*디지털 아카이브 활용), 박물관 및 도서관 방문, 인터뷰(구술 자료 수집), *답사 등의 방법 활용

[용어] 오랜 세월 보존할 만한 가치가 있는 자료를 기록하는 것 또는 그러한 기록

└ 문헌 자료로 남아 있지 않은 과거 사람들의 생활 모습을 알 수 있어.

3. 역사 자료의 분석과 해석

(1) 사료 비판: 자료의 출처 확인, 자료들을 비교하여 내용 오류 검증

(2) 자료의 분석 및 해석: 문제 해결에 도움이 되는 증거 분류 및 이유 파악 → 인과 관계와 중요성 등을 고려하여 분석한 내용 정리(토의 또는 토론을 거쳐 해석한 내용 검증)

4. 탐구 결과의 정리 및 발표: 여러 역사 자료를 활용하여 보고서, 신문, 카드 뉴스, 동영상 등으로 표현 → 탐구 결과 발표(질의응답) → 평가(부족한 내용 점검)

※ 디지털 아카이브
박물관이나 연구소 등에서 운영하는 것으로, 해당 기관에 직접 가지 않고도 사진, 영상 등의 자료를 찾을 수 있다.

※ 답사
해당 장소에 직접 가서 살펴보는 조사 방법으로, 정확하고 자세한 정보를 알 수 있다.

▶ 역사 탐구에 필요한 자료　　　　▶ 역사 탐구의 절차와 방법

교과서 핵심 자료 　문자 자료와 비문자 자료

(가) 문자 자료

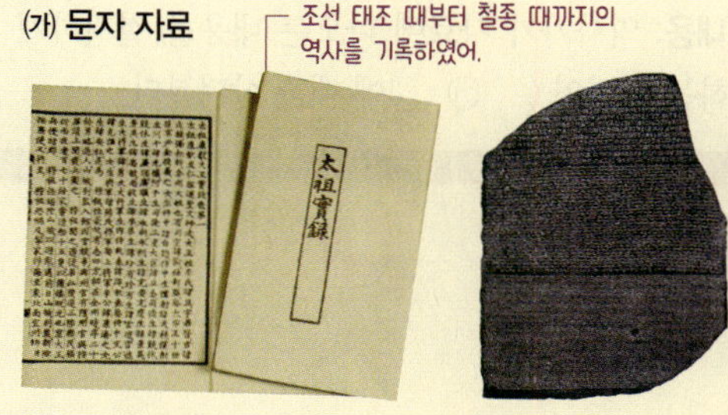

↑ 『조선왕조실록』　　　↑ 이집트 로제타석

(나) 비문자 자료

↑ 이탈리아의 포로 로마노

사료는 문자 자료와 비문자 자료로도 구분할 수 있다. 문자로 남긴 자료에는 책, 일기, 편지 등 종이에 쓴 것과 금석문, 비문 등 돌이나 금속 등에 새긴 것이 있다. 비문자 자료는 그림, 조각, 건축, 사진, 영상, 음성 등 문자 이외에 다양한 방식으로 표현된 것들이 포함된다.

✓ 완자쌤의 탐구 수업

❶ 종이에 쓴 것과 돌이나 금속 등에 새긴 자료를 이르는 말은?
문자 자료

❷ 비문자 자료에 포함되는 자료의 범위는?
비문자 자료에는 그림, 조각, 건축, 영상, 음성 등 문자 이외에 다양한 방식으로 표현된 것들이 포함됩니다.

문제로 개념 확인

정답 친해 3쪽

1 다음 괄호 안의 내용 중 알맞은 말에 ○표를 하시오.

⑴ (문자 자료 , 비문자 자료)에는 종이에 쓴 것과 금속 등에 새긴 것이 있다.

⑵ (선사 시대 , 역사 시대)를 연구할 때는 유물, 유적, 문자 기록을 이용한다.

2 ㉠에 들어갈 내용을 쓰시오.

> (㉠ 　　　　)은/는 역사가가 사료에 나오는 내용을 철저하게 검증하는 과정을 이른다. 역사가는 이 과정을 거친 자료를 연구하여 역사를 서술한다.

3 다음 물음에 답하시오.

⑴ 통계 등 숫자로 된 정보를 정리한 자료는?　　　（　　　）

⑵ 영역, 이동 경로, 수도 등의 역사 정보를 표현한 자료는?　　　（　　　）

4 다음 설명에 해당하는 역사 탐구의 절차를 〈보기〉에서 골라 기호를 쓰시오.

> **보기**
> ㄱ. 역사 자료의 수집　　　ㄴ. 역사 자료의 분석과 해석

⑴ 관련자와 인터뷰하여 구술 자료를 얻는다.　　　（　　　）

⑵ 믿을 수 있는 기관의 자료인지 출처를 확인한다.　　　（　　　）

비주얼로 핵심 콕콕

A 역사 탐구에 필요한 자료

역사 지도	역사 정보를 지도에 나타낸 자료
도표	숫자로 된 정보를 정리한 자료
□□	역사 사건을 일어난 순서대로 나타낸 자료
그림, 사진	역사를 시각적으로 보여 주는 자료

B 역사 탐구의 절차와 방법

탐구 주제의 선정
↓
역사 자료의 수집
↓
역사 자료의 □□과 해석
↓
탐구 결과의 정리 및 발표

핵심 문제

A 역사 탐구에 필요한 자료

01 다음 시대를 나누는 기준으로 가장 적절한 것은?

선사 시대　전　후　역사 시대

① 세기의 표현
② 예수의 탄생
③ 사료 비판 여부
④ 문자의 사용 유무
⑤ 유물과 유적의 활용

시험에 잘 나와!

02 사료에 대한 설명으로 옳은 것을 〈보기〉에서 고른 것은?

> **보기**
> ㄱ. 기원전(B.C.)과 기원후(A.D.)로 나눈다.
> ㄴ. 오늘날에는 음성과 영상 기록도 포함된다.
> ㄷ. 국왕이 즉위한 해에 붙이던 연대 이름이다.
> ㄹ. 역사를 탐구하거나 역사책을 쓰는 데 이용된다.

① ㄱ, ㄴ
② ㄱ, ㄷ
③ ㄴ, ㄷ
④ ㄴ, ㄹ
⑤ ㄷ, ㄹ

03 다음 자료들의 공통점으로 가장 적절한 것은?

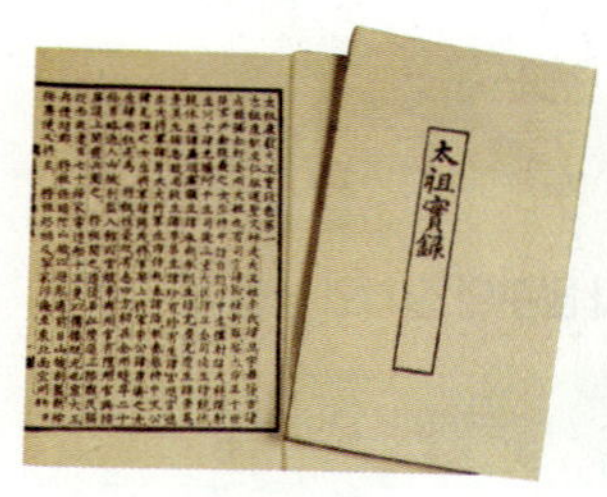

↑ 「조선왕조실록」

↑ 이집트 로제타석

① 유적에 속한다.
② 비문자 자료에 해당한다.
③ 그림, 조각으로 표현되었다.
④ 문자로 내용이 기록되어 있다.
⑤ 선사 시대 연구에 주로 활용된다.

04 ㉠에 들어갈 내용을 쓰시오.

> **역사 학습의 기초**
> • **학습 목표:** 사료를 활용하여 역사를 연구하는 방법을 파악할 수 있다.
> • **학습 내용:** 역사가가 사료에 나오는 내용을 철저하게 검증하는 과정인 (㉠)에 대해 살펴본다.

(　　　　　　　)

05 (가), (나)에 해당하는 역사 자료로 옳은 것은?

> (가) 통계 등 숫자로 된 정보를 정리한 자료이다.
> (나) 역사적 사건을 일어난 순서대로 나타낸 표이다.

	(가)	(나)		(가)	(나)
①	도표	사진	②	도표	연표
③	사진	도표	④	연표	도표
⑤	연표	역사 지도			

B 역사 탐구의 절차와 방법

06 다음 사례를 역사 탐구의 절차대로 나열한 것은?

> (가) '2000년대 한류'를 탐구 주제로 정한다.
> (나) 정리한 내용을 5분짜리 동영상으로 만든다.
> (다) 신문 기사와 역사책에 실린 내용을 비교한다.
> (라) 인터넷에 '한류'를 검색하여 관련 신문 기사와 사진 등을 모은다.

① (가) ─ (다) ─ (라) ─ (나)
② (가) ─ (라) ─ (다) ─ (나)
③ (나) ─ (라) ─ (다) ─ (가)
④ (라) ─ (나) ─ (다) ─ (가)
⑤ (라) ─ (다) ─ (가) ─ (나)

07 학생들의 대화 내용에 해당하는 역사 탐구의 절차로 가장 적절한 것은?

① 탐구 결과를 발표한다.
② 역사 자료의 출처를 검증한다.
③ 역사 자료를 분석하고 해석한다.
④ 탐구 주제와 관련된 자료를 수집한다.
⑤ 탐구 결과를 이해하기 쉬운 형태로 정리한다.

시험에 잘 나와!

08 역사 탐구의 절차 중 ㈎에 들어갈 내용으로 적절한 것을 〈보기〉에서 고른 것은?

탐구하고 싶은 주제를 정한다.

↓

탐구 주제와 관련된 자료를 수집한다.

↓

㈎

↓

탐구 결과를 정리하고 발표한다.

| 보기 |
ㄱ. 문제 해결에 도움이 되는 증거를 분류한다.
ㄴ. 자료들을 비교하여 내용의 오류를 찾아낸다.
ㄷ. 도표, 연표 등을 활용하여 보고서를 작성한다.
ㄹ. 디지털 아카이브를 이용하여 자료를 검색한다.

① ㄱ, ㄴ
② ㄱ, ㄷ
③ ㄴ, ㄷ
④ ㄴ, ㄹ
⑤ ㄷ, ㄹ

서술형 문제

서술형 감잡기 

1 다음을 읽고 물음에 답하시오.

옛사람들이 남긴 흔적인 (㉠)은/는 과거의 사실을 모두 정확히 말해 주지 않는다는 특성을 가지고 있다. 그렇기 때문에 역사가는 (㉠)에 나오는 내용을 확인해야 한다.

⑴ ㉠에 공통으로 들어갈 내용을 쓰시오.

⑵ 밑줄 친 특성을 두 가지 서술하시오.

| 핵심어 | 과장, 잘못, 누락, 조작

서술형 익히기 

2 다음을 읽고 물음에 답하시오.

그림, 연표, 도표, 지도 등 여러 역사 자료를 활용하여 내용을 정리한 뒤 보고서를 작성하거나 신문, 카드 뉴스, 영상 등을 만들어 표현할 수 있다.

⑴ 윗글에 해당하는 역사 탐구의 절차를 쓰시오.

⑵ 밑줄 친 '연표'의 장점을 두 가지 서술하시오.

Ⅰ단원 

01 / 역사의 의미와 역사 학습의 목적

(1) 역사의 의미

역사의 특징	• 일상생활에서 쉽게 만날 수 있음 • 오래된 일기장, 옛날 사진, 서점과 도서관에 있는 역사책, 역사적 사건이나 인물을 소재로 한 영화·드라마·뮤지컬 등
역사의 의미	(❶)에 실제로 일어났던 일, 인류가 어떻게 살아왔는가에 대한 이야기, 인류가 남긴 물질문명과 정신적 유산을 포함한 모든 발자취
구분	• 사실로서의 역사: 과거에 일어난 사실 그 자체, 객관적 역사 • 기록으로서의 역사: 기록한 사람의 관점과 해석이 담김, (❷) 역사

(2) 역사 기록자와 역사를 바라보는 관점

역사 기록자 (역사가)	과거의 많은 사실 중 의미 있다고 판단한 사실을 고르고, 자신의 생각을 포함하여 기록함
역사를 바라보는 관점(사관)	• 동일한 역사 사건과 인물도 이를 바라보는 역사 기록자(역사가)의 관점에 따라 다르게 평가·해석될 수 있음 • 역사 학습 시 역사가의 사관을 파악하는 것이 중요함

(3) 역사 학습의 목적

현재에 대한 올바른 이해	인류가 형성·발전시킨 유산과 전통을 계승하면서 자신의 (❸) 확인, 역사의 흐름 파악 가능
역사적 사고력·비판력·판단력 향상	역사를 체계적·논리적으로 탐구하는 과정에서 사건의 인과 관계와 역사적 의미 파악, 이를 바탕으로 역사적 판단을 내림 → 다양한 사고 능력을 기를 수 있음
삶의 지혜와 (❹) 습득	과거의 다양한 경험 학습 → 현재에 필요한 지식 습득, 부끄러운 역사 반성, 미래를 내다보는 안목도 키울 수 있음
문화의 다양성을 이해·존중하는 태도 함양	지구촌 사회에 세계사 학습의 필요성 대두, 다른 지역의 역사를 탐구함으로써 상대 문화를 존중하는 마음가짐을 기를 수 있음 → 인류의 갈등 극복, 평화 공존의 바탕이 됨

(4) 연대 표현 방법

기원전과 기원후(서기)	대체로 예수가 태어난 해를 기준으로 탄생 이전을 기원전(B.C.), 탄생 이후를 기원후(A.D.)로 구분함
연호	보통 국왕이 즉위한 해에 붙이던 연대 이름, 왕마다 바꾸어 불렀음
(❺)	연대를 셀 때 100년을 한 묶음으로 하는 단위

02 / 역사 탐구의 절차와 방법

(1) 역사 자료(사료)의 의미와 종류

의미	옛사람들이 남긴 흔적
활용	역사책 저술, 역사 연구
종류	• (❻)(인류가 남긴 물건), 유적(인류가 남긴 자취), 문헌(인류가 문자로 남긴 기록) • 문자 자료(종이에 쓴 것과 돌·비문 등에 새긴 것), 비문자 자료(문자 이외에 다양한 방식으로 표현된 것) • 오늘날에는 과학 기술이 발전함에 따라 음성과 영상 기록도 포함됨

(2) 사료 비판과 역사 연구

사료 비판	• 의미: 역사가가 사료에 나오는 내용을 철저히 검증하는 과정 • 필요성: 사료에 과장, 오류, 누락, 조작된 내용이 포함될 수 있기 때문에 사료 비판이 필요함
역사 연구	사료 비판을 통해 역사 자료 검증 → 검증된 사료를 활용하여 과거 상황을 분석 및 해석 → 역사 서술

(3) 역사 학습에 도움을 주는 자료

역사 지도	지도에 영토, 영역, 이동 경로, 수도 및 주요 도시 등 역사 정보 제시
(❼)	• 역사적 사건을 일어난 순서대로 나타낸 표 • 사건의 상호 관계 파악, 같은 시기 다른 지역에서 일어난 사건을 비교하는 데 편리
도표	통계 등 숫자로 된 정보를 정리한 자료
그림, 사진	• 역사를 시각적으로 제시 • 역사를 생생하게 이해하는 데 도움을 줌

정답 친해 4쪽

(4) 역사 탐구의 절차와 방법

탐구 주제의 선정

- 탐구하고 싶은 주제 선정
- 평소 관심 있는 대상, 좋아하는 음식, 자주 다니던 장소 등의 생활 소재도 탐구 주제가 될 수 있음

⬇

역사 자료의 수집

- 인터넷 검색, 박물관·도서관 방문: 기록물이나 사진, 지도 등의 각종 역사 자료를 찾을 수 있음
- 디지털 아카이브 이용: 박물관·연구소 등에서 운영, 해당 기관에 직접 가지 않고도 자료 수집 가능
- (❽   ): 구술 자료를 수집하여 문헌 자료로 남아 있지 않은 과거 사람들의 생활 모습을 알 수 있음
- (❾   ): 유적·현장 조사 시 해당 장소 방문, 정확하고 자세한 정보를 알 수 있음

⬇

역사 자료의 분석과 해석

- 사료 비판: 수집한 자료의 출처 확인, 자료 상호 비교 → 내용 오류 여부 검증
- 자료의 분석 및 해석: 문제 해결에 도움이 되는 증거 분류 및 이유 파악 → 인과 관계와 중요성 등을 고려하여 분석한 내용 정리(토의 또는 토론을 거쳐 해석한 내용 검증)

⬇

탐구 결과의 정리 및 발표

- 이해하기 쉬운 형태로 탐구 결과 정리
- 그림, 연표, 도표, 지도 등을 활용하여 정리한 뒤 카드 뉴스, 보고서, 신문, 동영상 등 다양한 형태로 표현함
- 탐구 결과 (❿   ) 후 질의응답 → 평가하여 부족한 내용 점검

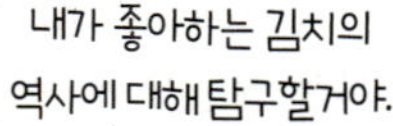

핵심 선택지 바로잡기

✖ **밑줄 친 내용을 바르게 고쳐 쓰시오.**

1 우리는 일상생활에서 역사를 만나기 어렵다. (   )

2 '사실로서의 역사'는 주관적인 역사라고도 한다. (   )

3 '기록으로서의 역사'는 과거에 일어난 사실 그 자체를 말한다. (   )

4 역사를 배우면 문화의 우월성을 이해하는 태도를 기를 수 있다. (   )

5 세기는 보통 국왕이 즉위한 해에 붙이던 연대 이름으로, 왕마다 바꾸어 불렀다. (   )

6 옛사람들이 남긴 흔적으로, 역사 연구에 활용되는 자료를 서기라고 한다. (   )

7 역사가는 사료의 내용을 철저하게 검증해야 하는데, 이러한 과정을 사관이라고 한다. (   )

8 선사 시대는 문자를 사용한 시기로, 유물·유적·문자 기록을 이용하여 연구한다. (   )

9 연표는 통계 등 숫자로 된 정보를 정리한 자료를 일컫는다. (   )

10 역사를 탐구할 때 자료의 분석과 해석의 절차를 마치면 탐구 주제를 선정한다. (   )

마무리 문제

01 역사에 대한 설명으로 옳지 <u>않은</u> 것은?

① 과거에 실제로 일어났던 일이다.
② 인류가 남긴 모든 발자취를 일컫는다.
③ 인류가 어떻게 살아왔는가에 대한 이야기이다.
④ 사실과 기록의 측면 두 가지 의미로 나눌 수 있다.
⑤ 역사가가 사료에 나오는 내용을 검증하는 과정이다.

02 (가), (나)에 대한 설명으로 옳은 것을 〈보기〉에서 고른 것은?

> (가) 사실로서의 역사　　　(나) 기록으로서의 역사

보기
ㄱ. (가) – 객관적 의미의 역사이다.
ㄴ. (가) – 역사가가 선택한 사실이다.
ㄷ. (나) – 기록한 사람의 생각이 담겨 있다.
ㄹ. (나) – 과거에 일어난 사실 그 자체를 말한다.

① ㄱ, ㄴ　　　② ㄱ, ㄷ　　　③ ㄴ, ㄷ
④ ㄴ, ㄹ　　　⑤ ㄷ, ㄹ

03 다음 입장이 반영된 역사 서술로 가장 적절한 것은?

> 역사가는 자신을 숨기고 과거가 본래 어떠하였는가를 밝혀야 한다.
> － 랑케

① 로마는 실용적인 문화가 발달하였다.
② 고대 그리스에서는 올림피아 제전을 열었다.
③ 고려청자로 우리 문화의 우수성을 알 수 있다.
④ 신라의 삼국 통일은 외세를 끌어들였다는 한계가 있다.
⑤ 페르시아는 다양한 문화가 융합된 국제적인 문화를 꽃피웠다.

04 다음 기사를 통해 유추할 수 있는 역사 학습의 목적으로 가장 적절한 것은?

역사 신문

한국 학생과 유학생들, 축제를 벌이다

오늘 서울에서는 한국 학생과 유학생들이 각국의 전통 의상을 입고 한 손에는 국기를 들며 행진하는 행사가 있었다. 오늘날은 지구촌이라고 불리는 만큼 여러 나라의 사람들과 다양하게 소통하고 있으며, 오늘처럼 서로의 문화를 교류하는 행사가 점점 늘고 있다.

① 삶의 지혜를 얻을 수 있다.
② 부끄러운 과거를 반성할 수 있다.
③ 미래를 내다보는 안목을 키울 수 있다.
④ 문화의 다양성을 존중하는 자세를 기를 수 있다.
⑤ 역사적 사고력과 비판력, 판단력을 향상시킬 수 있다.

05 (가)에 들어갈 내용에 대한 설명으로 옳은 것을 〈보기〉에서 고른 것은?

보기
ㄱ. 왕마다 바꾸어 불렀다.
ㄴ. 보통 예수가 태어난 해를 기준으로 한다.
ㄷ. 연대를 셀 때 100년을 한 묶음으로 하는 단위이다.
ㄹ. 최근에는 종교적 성격을 없앤 BCE와 CE를 사용하기도 한다.

① ㄱ, ㄴ　　　② ㄱ, ㄷ　　　③ ㄴ, ㄷ
④ ㄴ, ㄹ　　　⑤ ㄷ, ㄹ

06 밑줄 친 '이것'에 대한 설명으로 옳지 <u>않은</u> 것은?

> 이것은 역사를 탐구하거나 역사책을 쓰는 데 이용하는
> 자료를 뜻한다.

① 옛사람들이 남긴 흔적을 말한다.
② 문자 자료와 비문자 자료로 나뉜다.
③ 유물, 유적, 문헌으로 구분할 수 있다.
④ 과거의 사실을 모두 정확하게 말해 준다.
⑤ 오늘날의 음성 기록과 영상 기록도 포함된다.

07 (가)에 들어갈 사례로 적절하지 <u>않은</u> 것은?

구분	대표 사례
문자 자료	고대 이집트인들이 돌에 새긴 로제타석
비문자 자료	(가)

① 로마의 유적인 포로 로마노
② 고려 사람들이 만든 상감 청자
③ 임진왜란 때 이순신이 쓴 『난중일기』
④ 헬레니즘 문화를 대표하는 「라오콘 군상」
⑤ 구석기 시대 사람들이 그린 라스코 동굴 벽화

만점 도전!

08 다음 사료의 성격으로 미루어 볼 때 역사가의 역할로
가장 적절한 것은?

> 사료에는 과장되거나 잘못된 내용이 들어갈 수 있으며,
> 누락되거나 조작된 내용도 있을 수 있다.

① 자신의 주관적인 해석은 배제해야 한다.
② 사료 비판을 거친 역사 자료를 연구해야 한다.
③ 문자 자료와 비문자 자료를 구분하여 수집해야 한다.
④ 역사 시대를 연구할 때는 문자 기록을 이용해야 한다.
⑤ 같은 인물에 대해서는 다른 사람과 동일하게 평가해야
  한다.

09 ㉠, ㉡에 들어갈 역사 자료를 각각 쓰시오.

> **역사 학습에 도움을 주는 자료**
> • **도표**: 숫자로 된 정보를 정리한 자료
> • (㉠): 역사 정보를 지도에 표현한 자료
> • **사진·그림**: 역사를 시각적으로 보여 주는 자료
> • (㉡): 역사 사건을 일어난 순서대로 나타낸 자료

㉠: (   ), ㉡: (   )

10 다음 상황에 해당하는 자료 조사 방법으로 옳은 것은?

① 답사
② 인터뷰
③ 도서관 방문
④ 인터넷 검색
⑤ 디지털 아카이브 이용

11 역사 탐구의 절차 중 자료의 분석과 해석 단계에서
할 일로 적절하지 <u>않은</u> 것은?

① 자료의 출처를 확인한다.
② 자료를 분류하여 살펴본다.
③ 자료를 비교하여 내용 오류를 찾아낸다.
④ 정해진 시간에 맞춰 정리한 내용을 발표한다.
⑤ 토의 또는 토론을 거쳐 해석한 내용을 검증한다.

서술형·논술형 수행 평가

1 다음을 읽고 물음에 답하시오.

수행 평가 보고서

- **주제:** 역사를 바라보는 관점인 (㉠)의 특징
- **예시:** 신항로 개척 당시 아메리카 대륙에 도착한 콜럼버스에 대한 평가
  - 긍정적 평가: 미국의 여러 주에서 '콜럼버스의 날'을 지정하고, 콜럼버스의 개척 정신과 탐험 정신을 기림
  - 부정적 평가: 콜럼버스가 아메리카에 도착하면서 유럽이 아메리카를 식민 지배하게 되었다고 주장하며, 베네수엘라에서 '원주민 저항의 날'을 지정함

---

(1) ㉠에 들어갈 내용을 쓰시오.

(2) 위의 예시로 알 수 있는 (1)의 특징을 서술하시오.

2 다음을 읽고 물음에 답하시오.

우리 지역의 역사를 탐구할 경우, 마을 어른들께 질문하여 원하는 정보를 얻는 방법으로 자료를 수집할 수 있다.

---

(1) 윗글에서 설명하는 자료 수집 방법을 쓰시오.

(2) (1)에서 답한 자료 수집 방법의 장점을 서술하시오.

---

3 내가 역사가라면 ㈎의 알렉산드로스에 대해 어떻게 평가할 것인지 ㈏의 평가를 참고하여 논술하시오.

㈎ 알렉산드로스의 정복 활동

그리스 북쪽에 있는 마케도니아의 왕이었던 알렉산드로스는 활발한 정복 활동을 벌여 이집트에서 인더스강에 이르는 대제국을 세웠다. 그는 인도 원정에 나섰

↑ 전투를 지휘하는 알렉산드로스

을 때 자신에게 최후까지 맞선 마을의 주민들을 모두 죽이고 건물을 파괴하기도 하였다.

㈏ 알렉산드로스에 대한 상반된 평가

- 나라가 부강해지면 자신이 성공할 기회를 빼앗긴다고 보았던 알렉산드로스는 …… 정복과 야망을 이룰 수 있는 나라를 물려받고 싶었다.　　— 플루타르코스
- 알렉산드로스는 한때 정복할 땅이 더 이상 남아 있지 않다고 한탄하였다. 그러나 인도는 서북부의 작은 지역을 빼고는 그에게 정복되지 않았다.　　— 네루

II

문명의 발생과
고대 세계의 형성

01 선사 문화와 문명의 특징

A 인류의 출현과 진화

1. 인류의 기원: 인류의 기원이 되는 동물은 약 600만 년 전에 나타난 것으로 추정

2. 인류의 출현과 진화: 아프리카에서 여러 지역으로 이동, 자연환경에 적응하며 생존

구분	등장 시기	특징
오스트랄로피테쿠스 아파렌시스	약 390만 년 전	최초의 인류, 아프리카에서 출현, 직립 보행, 간단한 도구 사용 용어 두 발로 곧게 서서 걸음
호모 에렉투스	약 180만 년 전	불과 간단한 언어 사용, 집단 사냥, 유럽과 아시아로 이동
*호모 네안데르탈렌시스	약 40만 년 전	시체 매장 풍습을 지님, 호모 사피엔스와 오랜 기간 공존, 긴 창으로 코뿔소·매머드 등 큰 동물 사냥
호모 사피엔스	약 20만 년 전	현생 인류(대표적인 화석 인류는 크로마뇽인), 동굴 벽화 제작, 아프리카에서 유럽과 아시아로 이동

✳ 호모 네안데르탈렌시스
호모 사피엔스의 한 계통으로 보는 관점도 있다. 이때에는 현생 인류를 호모 사피엔스 사피엔스라고 한다. 두뇌 용량이 오늘날의 인류와 비슷하였다.

B 선사 문화의 발달

구분	구석기 시대	신석기 시대
*시기	인류가 출현하기 시작한 때부터 약 1만 년 전까지(*빙하기)	약 1만 년 전 시작(빙하기가 끝나고 자연환경이 오늘날과 유사)
도구 (핵심 자료)	나무나 뼈로 만든 도구와 돌을 깨뜨리거나 떼어 내서 만든 뗀석기 사용(주먹도끼, 찍개, 슴베찌르개 등)	작고 정교한 사냥 도구와 돌을 갈아 만든 간석기 사용, 토기 제작(곡식 저장, 음식 조리), 가락바퀴와 뼈바늘 사용(옷 제작)
경제	채집 생활(식물의 뿌리나 열매 등 수집), 수렵 생활(매머드 등 큰 동물 사냥)	농경 생활과 목축 생활 시작 → 인류 생활의 큰 변화 발생(신석기 혁명) 자료❷
사회	식량을 찾아 무리 지어 이동 생활(동굴, 바위 그늘, 막집 등에 거주), 평등 사회	정착 생활(주로 바닷가나 강가에 움집을 지어 거주), 마을 형성, 평등 사회
신앙 및 예술	시체 매장, 다산과 풍요를 바라는 조각상 제작, 사냥의 성공을 비는 동굴 벽화 제작(라스코와 알타미라 동굴 벽화 등) 자료❶	자연물에 영혼이 있다고 믿음, 특정 동물이나 식물을 수호신으로 숭배, 동물의 뼈·조개껍데기 등으로 몸 장식

✳ 만주와 한반도의 선사 문화 시작 시기
만주와 한반도의 구석기 문화는 약 70만 년 전, 신석기 문화는 약 1만 년 전에 시작되었다.

✳ 빙하기
땅 표면의 많은 부분이 얼음으로 덮여 있었던 추운 시기를 말한다.

자료❶ 구석기 시대의 신앙과 예술

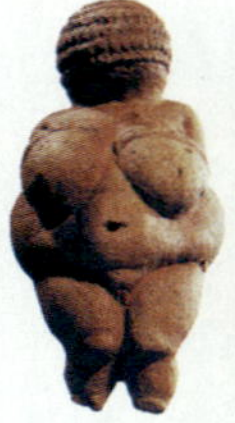

빌렌도르프의 비너스는 구석기 시대 사람들이 다산을 기원하는 마음을 표현한 것으로 추정된다. 라스코 동굴 벽화는 당시 사람들이 동물들을 그려 사냥의 성공을 기원한 것으로 보인다.

↑ 빌렌도르프의 비너스

↑ 라스코 동굴 벽화

자료❷ 신석기 시대의 생활 모습

타실리나제르 벽화에는 곡식 낟알을 줍거나 소 등의 가축을 기르는 모습이 그려져 있다. 이를 바탕으로 신석기 시대에 농경과 목축을 하였음을 알 수 있다.

↑ 타실리나제르 벽화

무엇을 배울까?
- ▶ 인류의 출현과 진화
- ▶ 문명의 발생과 메소포타미아, 이집트 문명
- ▶ 선사 문화의 발달
- ▶ 인도와 중국의 문명

교과서 핵심 자료 · 선사 시대의 도구 변화

(개) **구석기 시대의 도구**

사냥과 채집 등에 사용하였어.

↑ 주먹도끼　↑ 찍개

(내) **신석기 시대의 도구**

곡식의 껍질을 벗기거나 가루를 만드는 데 사용하였어.

↑ 빗살무늬 토기　↑ 갈돌과 갈판

구석기 시대에는 주먹도끼와 찍개 등 뗀석기를 사용하였다. 한반도의 경기 연천 전곡리에서도 아프리카, 유럽 등에서 나오는 종류의 주먹도끼가 발견되었다. 신석기 시대에는 간석기와 토기를 사용하였다. 토기는 곡식을 저장하거나 음식을 조리하는 데 이용하였다.

✔ 완자쌤의 탐구 수업

❶ **구석기 시대에 주로 사용된 도구는?**
　주먹도끼, 찍개 등의 뗀석기

❷ **신석기 시대에 주로 사용된 도구는?**
　갈돌과 갈판 등의 간석기

❸ **신석기 시대에 처음 제작된 토기의 용도는?**
　토기는 남은 곡식 등을 저장하거나 음식을 조리하는 데 사용되었습니다.

문제로 개념 확인

정답 친해 6쪽

1 다음 괄호 안의 내용 중 알맞은 말에 ○표를 하시오.

⑴ 최초의 인류인 오스트랄로피테쿠스 아파렌시스는 (유럽 , 아프리카)에서 나타났다.

⑵ 현생 인류인 (호모 사피엔스 , 호모 에렉투스)의 대표적인 화석 인류로는 크로마뇽인이 있다.

2 다음 설명에 해당하는 선사 시대를 〈보기〉에서 골라 기호를 쓰시오.

> 보기
> ㄱ. 구석기 시대　　　　　ㄴ. 신석기 시대

⑴ 토기를 만들어 곡식을 저장하였다. 　(　)
⑵ 돌을 떼어 내서 만든 뗀석기를 사용하였다. 　(　)
⑶ 농사짓기에 유리한 강가에 움집을 짓고 마을을 이루었다. 　(　)
⑷ 다산과 풍요를 기원하면서 빌렌도르프의 비너스를 만들었다. 　(　)

3 ㉠에 들어갈 내용을 쓰시오.

> (㉠ 　　　)은/는 신석기 시대에 시작된 농경 생활과 목축 생활이 가져온 인류 생활의 큰 변화를 말한다.

비주얼로 핵심 콕콕

A 인류의 출현과 진화

> 오스트랄로피테쿠스 아파렌시스
> (최초 인류)
>
> ↓
>
> 호모 □□□□
> (불과 간단한 언어 사용)
>
> ↓
>
> 호모 네안데르탈렌시스
> (시체 매장 풍습을 지님)
>
> ↓
>
> 호모 사피엔스
> (현생 인류)

B 선사 문화의 발달

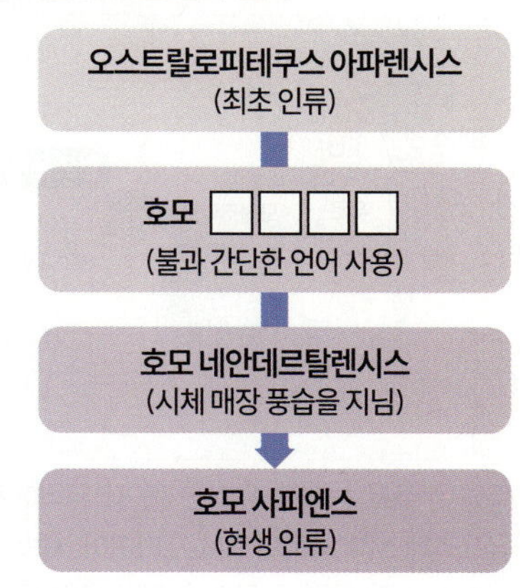

구석기 시대
- **도구**: 뗀석기 사용
- **사회**: 채집과 수렵 생활, 이동 생활(동굴, 막집 거주)

↓

신석기 시대
- **도구**: □□□ 사용, 토기 제작
- **사회**: 농경과 목축 생활, 정착 생활(움집 거주)

C   문명의 발생과 메소포타미아 문명

1. *문명의 발생 자료①

(1) 배경: 큰 강 유역에서 둑을 쌓고 저수지를 만들어 물을 대는 관개 농업 발달, 여러 부족 통합, 청동기 사용 → 도시 형성 → 잉여 생산물 발생, 빈부 격차 심화 → 계급 발생

(2) 도시 국가의 형성: 지배 계급이 군대와 정치 조직, 왕궁·신전 등 건축, 문자 사용

2. 메소포타미아 문명 ── 세계 최초의 문명이야.

(1) 수메르인의 도시 국가 건설

용어 통치자가 신 또는 신의 대리자로서 간주되어 절대적인 권력으로 백성을 다스리는 정치 형태

성립	기원전 3500년경 메소포타미아 지방에서 우르, 라가시 등 건설
정치	도시 중앙에 *지구라트(신전) 건설, 신권 정치
종교	개방적 지형으로 이민족의 침입을 자주 받음 → 현재의 안정된 삶 중시
문화	점성술 발전, 태음력과 60진법 사용, *쐐기 문자 사용

└「길가메시 서사시」에 잘 나타나 있어.
└ 주로 통치와 교역에 관한 내용을 기록하였어.

(2) 바빌로니아 왕국

성립	수메르인의 도시 국가 쇠퇴 후 아무르인이 건국
발전	함무라비 왕 때 전성기 이룩(기원전 1800년경 메소포타미아 지방 통일, 함무라비 법전을 편찬하여 통치 체제 정비) 자료②
멸망	함무라비 왕 사후 쇠퇴 → 기원전 1500년경 철제 무기를 지닌 히타이트인에게 멸망

* **문명**
원시생활에서 벗어나 고도로 발달한 사회와 문화를 의미한다.

* **지구라트**

흙벽돌을 계단식으로 쌓아 만든 신전이다. 이라크에 있으며, 현재는 기단 부분만 남아 있다.

* **쐐기 문자**
갈대나 금속을 뾰족하게 하여 점토판에 새긴 문자로, 문자의 모양을 본떠 이름 붙여졌다.

자료① 고대 문명의 발상지 ── 문명이 발생한 지역은 모두 기후가 온난하였어.

문명은 주로 농경에 유리한 큰 강 유역에서 발생하였다. 티그리스강과 유프라테스강 사이의 메소포타미아 지방, 이집트의 나일강 유역, 인도의 인더스강 유역, 중국의 황허강 유역 등지에서 문명이 일어났다.

자료② 함무라비 법전

196조 평민이 귀족의 눈을 쳐서 빠지게 하면 그의 눈을 뺀다.

198조 귀족이 평민의 눈을 쳐서 빠지게 하거나 평민의 뼈를 부러뜨리면 은화 1미나를 물어야 한다.

200조 만약 귀족이 자기와 같은 신분인 사람의 이를 부러뜨렸다면 그의 이를 부러뜨릴 것이다.

201조 만약 귀족이 평민의 이를 부러뜨렸다면 그는 은화 3분의 1미나를 줄 것이다.

함무라비 법전은 282개의 조항으로 이루어져 있다. 법전의 내용을 보면 신분에 따라 처벌 내용이 달랐는데 이를 통해 당시 신분의 구분이 엄격하였음을 알 수 있다. 또한 화폐를 사용하였으며, 복수를 합리화하였음을 알 수 있다.

D   이집트 문명

성립	나일강 유역에서 도시 국가 형성 → 기원전 3000년경 통일 왕국 성립
정치	*파라오가 정치와 종교를 결합한 신권 정치를 행함 ── 폐쇄적 지형으로 오랫동안 왕국을 유지하였어.
종교	영혼 불멸과 사후 세계를 믿음 → 죽은 사람을 미라로 제작, 피라미드와 스핑크스 건설, 「사자의 서」 제작 핵심 자료
문화	태양력과 10진법 사용, 나일강의 범람 후 농경지를 정비하는 과정에서 천문학·기하학·측량술 등 발달, 사물의 모습을 본뜬 상형 문자 사용(파피루스에 기록)

── 나일강에서 자라는 식물로, 'paper(종이)'의 어원이야.

* **파라오**
이집트의 왕으로, 살아 있는 신 또는 태양신의 아들로 여겨져 절대적인 왕권을 행사하였다.

교과서 핵심 자료 ✦ 이집트인의 내세적 세계관

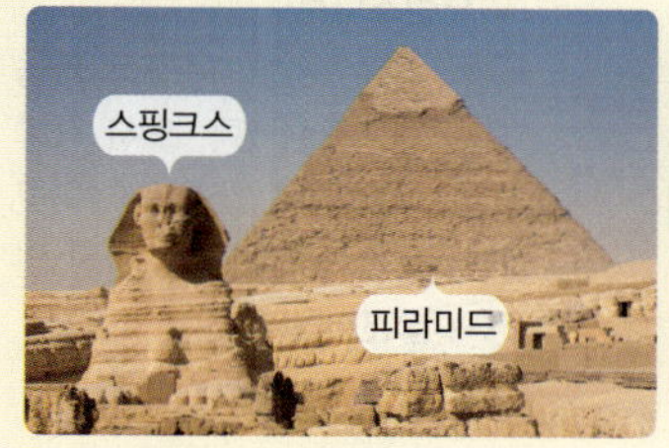

↑ 피라미드와 스핑크스

↑ 「사자의 서」

고대 이집트인들은 사람이 죽은 뒤에도 영혼이 남는다고 믿었다. 그래서 죽은 사람을 미라로 만들었고, 파라오의 미라를 보존하려고 피라미드를 세웠다. 스핑크스는 피라미드의 수호신으로 알려져 있다. 또한 죽은 사람이 사후 세계에서 어떻게 행동해야 할지를 알려 주는 안내서인 「사자의 서」를 만들어 무덤에 넣기도 하였다.

✓ 완자쌤의 탐구 수업

❶ **파라오의 미라를 보존하고자 이집트인들이 세운 무덤은?**

피라미드

❷ **자료를 통해 알 수 있는 이집트인의 세계관은?**

이집트인들은 사람이 죽은 후에도 영혼이 남는다는 영혼 불멸과 죽은 뒤의 세계인 사후 세계를 믿었습니다.

문제로 개념 확인

정답 친해 6쪽

1 고대 문명의 공통적인 특징을 〈보기〉에서 골라 쓰시오.

> **보기**
> ㄱ. 평등 사회　　　　　ㄴ. 철기 사용
> ㄷ. 도시 국가 출현　　　ㄹ. 큰 강 유역에서 발생

(　　　　　　　)

2 빈칸에 들어갈 알맞은 내용을 쓰시오.

⑴ 수메르인들은 (　　　　　)을/를 이용하여 통치와 교역 등에 관한 내용을 점토판에 새겼다.
⑵ 바빌로니아 왕국의 (　　　　　)은/는 메소포타미아 지방을 통일하고 법전을 만들어 통치 체제를 정비하였다.

3 ㉠에 들어갈 내용을 쓰시오.

> 이집트의 왕인 (㉠　　　　)은/는 살아 있는 신 또는 태양신의 아들로 여겨져 정치와 종교를 결합한 신권 정치를 행하였다.

4 다음 괄호 안의 내용 중 알맞은 말에 ○표를 하시오.

⑴ 이집트 문명은 (나일강 , 티그리스강) 유역에서 형성되었다.
⑵ 이집트인들은 왕의 미라를 보존하려고 (지구라트 , 피라미드)를 세웠다.

비주얼로 핵심 콕콕

C 문명의 발생과 메소포타미아 문명

> 계급 발생, 도시 국가 형성, 청동기와 문자 사용
>
> ↓
>
> 큰 강 유역에서 □□ 발생
>
> ↓
>
> 수메르인의 도시 국가 건설
> 지구라트 건립, 쐐기 문자 사용
> ↓
> 바빌로니아 왕국 성립
> 함무라비 법전 편찬

D 이집트 문명

정치	이집트의 왕 파라오의 신권 정치 (정치와 종교의 결합)
종교	영혼 불멸과 □□ 세계를 믿음(미라 제작, 피라미드 건설 등)
문화	• 태양력, 10진법 사용 • 천문학·수학 등 발달 • 상형 문자 사용

E 인도 문명

1. 인도 문명

성립	기원전 2500년경 인더스강 유역의 하라파, *모헨조다로 등에서 도시 문명 발생
특징	청동기와 그림 문자 사용, 바닷길을 이용하여 메소포타미아 지방과 교역, 밀·보리·목화 등 재배
쇠퇴	기원전 1700년경 대규모 산사태와 관개 사업의 어려움으로 급격히 쇠퇴

2. 아리아인의 이동과 카스트제의 성립 핵심 자료

(1) 아리아인의 이동: 기원전 1500년경 중앙아시아에서 인더스강 유역으로 이동 → 기원전 1000년경 갠지스강 유역까지 진출

(2) 생활 모습: 철제 농기구와 철제 무기 사용, 카스트제(바르나) 시행 ┌ '색'이라는 뜻으로, 아리아인과 원주민의 피부색이 다른 데서 유래하였어. , 자연 현상의 여러 신을 찬양하는 경전인 『베다』를 완성하는 과정에서 브라만교 성립 └ 예 태양, 물, 불 등

* **모헨조다로**
주택, 하수 시설, 목욕장 등을 갖춘 계획도시였다. 도시 중앙에 큰 목욕장이 있었는데, 이곳에서 동물과 문자가 새겨진 인장이 발견되었다.

F 중국 문명

1. 성립: 기원전 8000년경부터 기원전 6000년경 사이 황허강 유역과 창장강 유역 등에서 신석기 문화 출현 → 기원전 2500년경 황허강 유역을 중심으로 초기 국가 등장

2. 상의 성립과 발전 ┌ 실제로 확인된 중국 최초의 나라야.

성립	기원전 1600년경 황허강 중류 지역에서 성립
발전	• 정치: 신권 정치, 왕이 나라의 중요한 일을 점을 쳐서 결정(갑골문으로 기록 ┌ 한자의 기원이 되었어.) 자료❶ • 사회: 청동기로 무기와 제사용 도구(*청동 솥) 제작, 석기와 나무로 농기구 제작, 해와 달의 움직임을 관찰하여 달력 제작 └ 상의 마지막 수도인 은허에서 많이 발견되었어.

3. 주의 성립과 봉건제의 시행

성립	상의 서쪽에서 성립 → 기원전 11세기경 상을 무너뜨리고 영토 확대(창장강 유역 차지)
발전	• 정치: *천명사상을 바탕으로 통치 정당화 • 사회: 넓은 영토를 효율적으로 다스리기 위해 봉건제 시행 → 제후들이 자신의 토지에서 왕과 같은 권력을 누림 자료❷
쇠퇴	주 왕실과 제후 간의 혈연관계가 느슨해짐, 제후들이 독자적인 세력으로 성장 → 기원전 8세기경 유목 민족의 침입 → 호경에서 낙읍(뤄양)으로 천도, 주 왕실의 권위 쇠퇴

* **상의 청동 솥**

신에게 제사를 지낼 때 사용한 것으로, 왕의 권위를 상징적으로 보여 준다.

* **천명사상**
'하늘이 덕이 있는 자에게 명령하여 천자로 삼는다.'라는 내용이다.

자료❶ 갑골문 ┌ 거북의 배딱지

상의 왕은 전쟁이나 제사 등 나라의 중대사를 점을 쳐서 결정하였다. 갑골에 홈을 파고, 홈에 짚을 넣어 열을 가한 뒤 금이 간 모양으로 점을 쳤다. 점을 친 내용은 거북의 배딱지나 동물의 뼈에 새겼는데, 이를 갑골문이라고 한다.

자료❷ 봉건제의 시행

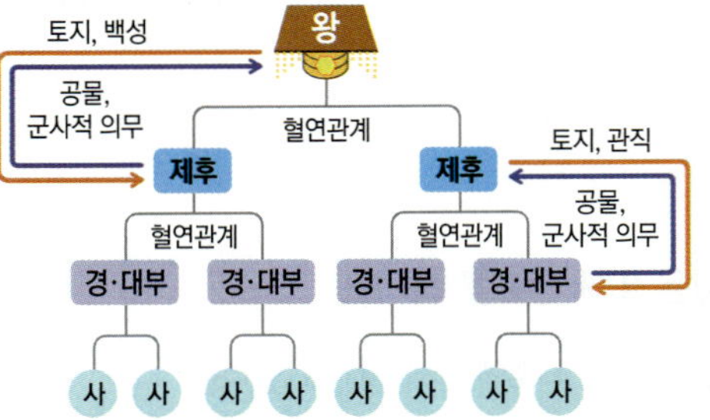

주는 수도 부근은 왕이 직접 다스리고, 나머지 지역은 혈연관계로 맺어진 왕족이나 상을 무너뜨리는 데 큰 도움을 준 공신을 제후로 삼아 다스리게 하는 봉건제를 실시하였다. 제후는 왕실에 세금을 바쳤고, 왕이 적과 싸울 때 군사를 보냈다.

교과서 핵심 자료 · 아리아인의 이동과 카스트제의 성립

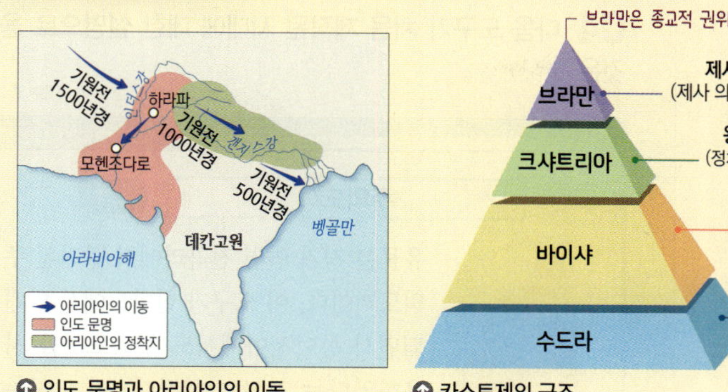

⬆ 인도 문명과 아리아인의 이동   ⬆ 카스트제의 구조

중앙아시아에서 유목 생활을 하던 아리아인은 기원전 1500년경 인더스강 유역으로 이동하였다. 이들은 동쪽으로 이동하여 갠지스강 유역까지 나아갔다. 아리아인은 원주민을 지배하기 위해 카스트제라는 엄격한 신분제를 만들었다. 고대 인도에서는 카스트에 따라 지위와 직업 등이 결정되었으며, 서로 다른 카스트끼리는 결혼이 금지되었다.

✅ 완자쌤의 탐구 수업

❶ **고대 인도의 신분제인 카스트제를 만든 민족은?**

아리아인

❷ **카스트제가 고대 인도 사회에 미친 영향은?**

카스트제는 엄격한 신분제로, 고대 인도에서는 카스트에 따라 지위와 직업 등이 결정되었으며, 서로 다른 카스트끼리는 결혼이 금지되었습니다.

문제로 개념 확인

정답 친해 6쪽

1 다음 괄호 안의 내용 중 알맞은 말에 ○표를 하시오.

⑴ (황허강 , 인더스강) 유역에서는 모헨조다로에서 도시 문명이 형성되었다.

⑵ 기원전 1500년경 중앙아시아에서 유목 생활을 하던 (수메르인 , 아리아인)은 인더스강 유역으로 이동하였다.

2 ㉠에 들어갈 제도를 쓰시오.

(㉠   )은/는 아리아인이 원주민을 지배하고자 만든 신분제이다. 브라만, 크샤트리아, 바이샤, 수드라로 구성되었다.

3 다음 물음에 답하시오.

⑴ 상의 왕이 점을 친 내용을 기록한 문자는? (   )

⑵ 기원전 11세기경 상을 무너뜨리고 영토를 확대한 나라는? (   )

4 다음 설명에 해당하는 문명을 〈보기〉에서 골라 기호를 쓰시오.

> **보기**
> ㄱ. 인도 문명   ㄴ. 중국 문명

⑴ 기원전 1600년경 황허강 유역에서 상이 세워졌다. (   )

⑵ 그림 문자를 사용하였으며, 메소포타미아 지방과 교역하였다. (   )

비주얼로 핵심 콕콕

E 인도 문명

기원전 2500년경
인더스강 유역에서 도시 문명 발생
(하라파, 모헨조다로 등)

↓ 아리아인의 이동

아리아인이 인더스강 유역에서
□□□□ 유역까지 진출
→ 철기 사용, 카스트제 시행, 브라만교 성립

F 중국 문명

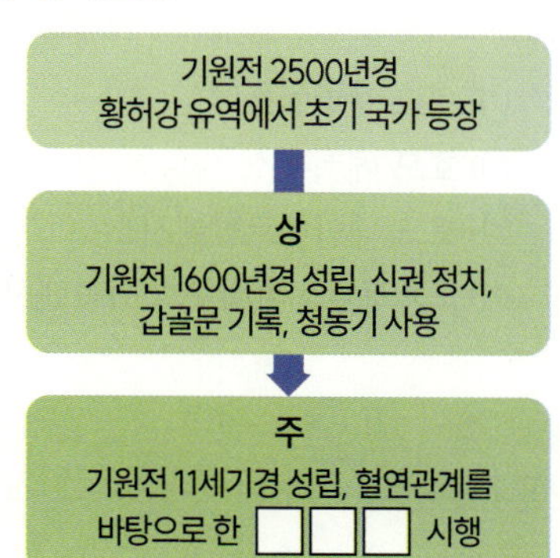

핵심 문제

A 인류의 출현과 진화

01 빈칸에 들어갈 내용으로 가장 적절한 것은?

> 약 390만 년 전, 최초의 인류가 아프리카 지역에서 나타났다. 이들은 ____________________

① 직립 보행을 하였다.
② 동굴에 벽화를 그렸다.
③ 불과 언어를 사용하였다.
④ 큰 동물을 집단으로 사냥하였다.
⑤ 죽은 자를 땅속에 묻는 풍습이 있었다.

02 동물과 구별되는 인류의 특징으로 적절하지 <u>않은</u> 것은?

① 도구를 이용하였다.
② 두 발로 곧게 서서 걸었다.
③ 간단한 언어를 사용하였다.
④ 사후 세계에 대한 관심이 있었다.
⑤ 이동 없이 아프리카에 정착하여 살았다.

03 인류의 진화 과정을 출현한 순서대로 나열한 것은?

> (가) 호모 사피엔스
> (나) 호모 에렉투스
> (다) 호모 네안데르탈렌시스
> (라) 오스트랄로피테쿠스 아파렌시스

① (가) - (다) - (라) - (나)
② (나) - (가) - (라) - (다)
③ (나) - (라) - (다) - (가)
④ (라) - (나) - (다) - (가)
⑤ (라) - (다) - (가) - (나)

B 선사 문화의 발달

04 다음 도구가 처음 제작된 시대에 대한 설명으로 옳은 것은?

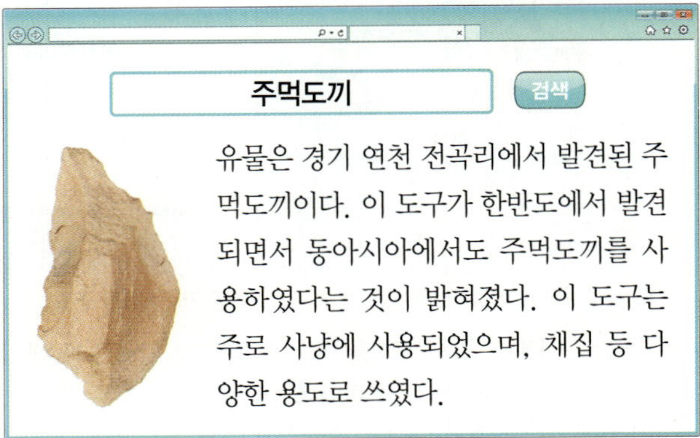

① 마을을 형성하였다.
② 움집을 지어 거주하였다.
③ 채집 생활과 수렵 생활을 하였다.
④ 주로 강가에서 정착 생활을 하였다.
⑤ 가락바퀴와 뼈바늘로 옷을 만들어 입었다.

시험에 잘 나와!
05 다음 문화유산을 만든 사람들의 생활 모습으로 적절하지 <u>않은</u> 것은?

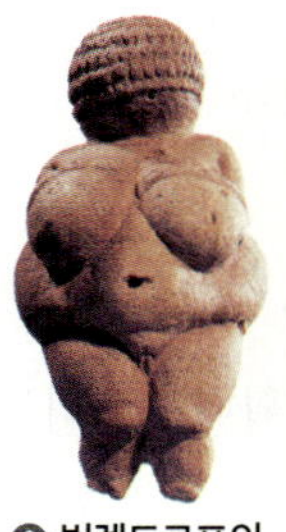

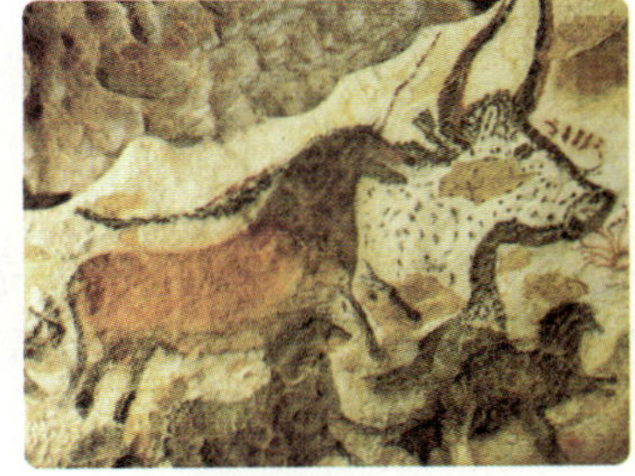

↑ 빌렌도르프의 비너스   ↑ 라스코 동굴 벽화

① 뗀석기를 이용하였다.
② 무리를 지어 사냥하였다.
③ 식량을 찾아 자주 이동하였다.
④ 갈돌과 갈판으로 음식을 조리하였다.
⑤ 주로 동굴이나 바위 그늘, 막집에서 살았다.

06 선생님의 질문에 대한 학생들의 답변으로 가장 적절한 것은?

① 도시 국가가 나타났어요.
② 오늘날보다 기온이 낮았어요.
③ 빈부 격차로 계급이 나타났어요.
④ 토기를 만들어 식량을 저장하였어요.
⑤ 찍개로 몸집이 큰 동물을 주로 사냥하였어요.

07 ㉠에 들어갈 시대에 주로 볼 수 있는 모습으로 적절한 것을 〈보기〉에서 고른 것은?

- **탐구 주제:** 만주와 한반도의 (㉠) 문화
- **탐구 자료**

↑ 가락바퀴

↑ 빗살무늬 토기

보기

ㄱ. 밀과 옥수수를 수확하는 모습
ㄴ. 돌을 깨뜨려 찍개를 만드는 모습
ㄷ. 우리에 가둔 양에게 먹이를 주는 모습
ㄹ. 그림 문자로 교역에 관한 내용을 적는 모습

① ㄱ, ㄴ ② ㄱ, ㄷ ③ ㄴ, ㄷ
④ ㄴ, ㄹ ⑤ ㄷ, ㄹ

08 구석기 시대와 신석기 시대의 공통점으로 가장 적절한 것은?

① 토기로 음식을 조리하였다.
② 슴베찌르개로 매머드를 사냥하였다.
③ 주로 강가나 바닷가에 움집을 짓고 살았다.
④ 군대와 정치 조직을 만들고, 왕궁과 신전 등을 세웠다.
⑤ 지배 계급과 피지배 계급이 뚜렷하게 나누어지지 않은 평등 사회였다.

C 문명의 발생과 메소포타미아 문명

09 다음에서 설명하는 내용을 쓰시오.

- 원시생활에서 벗어나 고도로 발달한 인간의 문화와 사회를 이르는 말이다.
- 티그리스강과 유프라테스강 유역, 나일강 유역, 인더스강 유역, 황허강 유역에서 발생하였다.

(   )

시험에 잘 나와!
10 밑줄 친 '변화'의 내용으로 적절하지 <u>않은</u> 것은?

농경의 발달로 농업 생산량이 늘어나면서 잉여 생산물이 생겼고, 빈부의 차가 커지면서 계급이 발생하였다. 이처럼 인류는 <u>변화</u> 속에서 문명을 일구었다.

① 문자가 만들어졌다.
② 도시 국가가 형성되었다.
③ 청동으로 만든 무기가 사용되었다.
④ 큰 강 유역에서 관개 농업이 발달하였다.
⑤ 사냥의 성공을 비는 동굴 벽화가 제작되었다.

11 ㉠에 들어갈 민족으로 옳은 것은?

> 서아시아 지역에서는 기원전 3500년경 (㉠)이/가 도시 국가를 세우면서 메소포타미아 문명이 일어났다.

① 수메르인 ② 아리아인
③ 아무르인 ④ 이집트인
⑤ 히타이트인

12 빈칸에 들어갈 내용으로 가장 적절한 것은?

> 티그리스강과 유프라테스강 주변에 있는 메소포타미아 지방은 개방적인 지형으로 이민족의 침입을 자주 받았다. 이곳의 사람들은 ________

① 시신을 미라로 만들었다.
② 갠지스강 유역으로 이동하였다.
③ 현재의 안정된 삶을 중시하였다.
④ 파라오를 살아 있는 신으로 여겼다.
⑤ 카스트제라는 엄격한 신분제를 만들었다.

13 다음 문화유산을 건립한 문명으로 옳은 것은?

문화유산 카드

> 지구라트는 흙벽돌을 계단식으로 쌓아 만든 신전이다. 이라크에 있으며, 현재는 기단 부분만 남아 있다.

① 에게 문명 ② 인도 문명
③ 중국 문명 ④ 이집트 문명
⑤ 메소포타미아 문명

14 빈칸에 들어갈 용어를 쓰시오.

세계사 용어 사전

____

> 수메르인들이 통치와 교역에 관한 내용 등을 점토판에 적을 때 이용한 문자이다. 메소포타미아를 중심으로 고대 서아시아에서 쓰였다.

(   )

15 밑줄 친 '그'에 대한 설명으로 옳은 것은?

> 바빌로니아 왕국의 왕인 그는 기원전 1800년경 메소포타미아 지방을 통일하였고, 통치 체제를 정비하였다.

① 파라오라고 불렸다.
② 피라미드를 건립하였다.
③ 함무라비 법전을 만들었다.
④ 「길가메시 서사시」를 지었다.
⑤ 점친 내용을 갑골문으로 새겼다.

D **이집트 문명**

16 다음에서 설명하는 문화유산으로 옳은 것은?

> 죽은 사람이 사후 세계에서 어떻게 행동해야 할지를 알려주는 안내서이다.

① 「베다」 ② 갑골문
③ 스핑크스 ④ 「사자의 서」
⑤ 함무라비 법전비

17 이집트 문명에 대한 설명으로 옳지 <u>않은</u> 것은?

① 태양력을 만들었다.
② 10진법을 사용하였다.
③ 히타이트인에게 멸망하였다.
④ 파라오가 절대적인 왕권을 누렸다.
⑤ 문자를 만들어 파피루스에 기록하였다.

18 ㉠, ㉡에 들어갈 내용으로 옳은 것은?

> 기원전 3000년경 이집트의 (㉠) 유역에서는 강력한 통일 왕국이 등장하였다. 이집트인들은 사물의 모양을 본뜬 (㉡)를 사용하여 파피루스에 기록하였다.

	㉠	㉡		㉠	㉡
①	나일강	상형 문자	②	나일강	쐐기 문자
③	갠지스강	상형 문자	④	인더스강	상형 문자
⑤	인더스강	쐐기 문자			

19 다음 자료를 활용한 탐구 주제로 가장 적절한 것은?

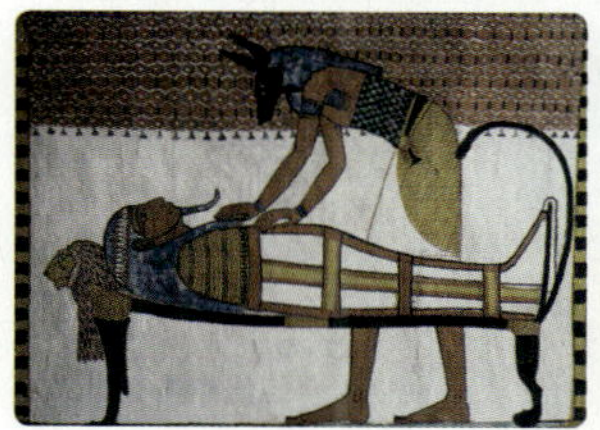

⬆ 미라를 만드는 모습

⬆ 피라미드와 스핑크스

① 문명의 발생 배경
② 인류의 출현과 진화
③ 브라만교의 성립과 확산
④ 이집트인의 내세적 세계관
⑤ 만주와 한반도 지역의 선사 문화

---

20 지도에 나타난 방향으로 이동한 민족에 대한 설명으로 옳은 것은?

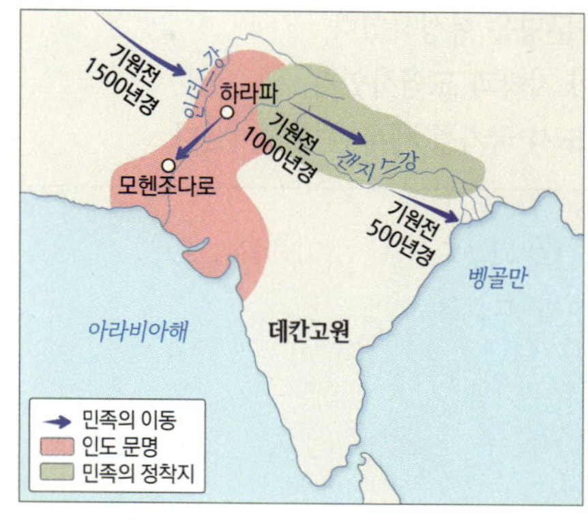

① 태음력을 만들었다.
② 60진법을 사용하였다.
③ 지구라트라는 신전을 세웠다.
④ 신분제인 카스트제를 만들었다.
⑤ 영혼 불멸과 사후 세계를 중시하였다.

21 다음 제도에 대한 설명으로 옳지 <u>않은</u> 것은?

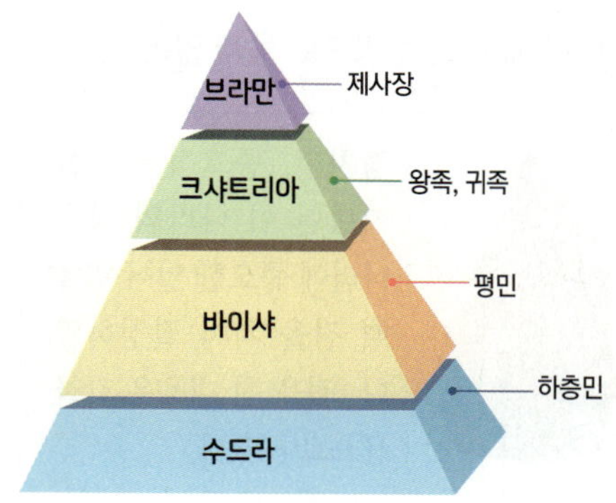

① 신분의 구분이 엄격하였다.
② 카스트제 또는 바르나라고 부른다.
③ 바빌로니아 왕국을 통치하는 데 이용되었다.
④ 아리아인이 원주민을 지배하기 위해 만들었다.
⑤ 고대 인도에서 지위와 직업을 결정하는 기준이었다.

22 인도 문명에 대한 설명으로 옳은 것을 〈보기〉에서 고른 것은?

> 보기
> ㄱ. 그림 문자를 사용하였다.
> ㄴ. 세계 최초로 문명을 형성하였다.
> ㄷ. 메소포타미아 지방과 교역하였다.
> ㄹ. 수메르인이 도시 국가를 세우면서 일어났다.

① ㄱ, ㄴ ② ㄱ, ㄷ ③ ㄴ, ㄷ
④ ㄴ, ㄹ ⑤ ㄷ, ㄹ

23 다음에서 설명하는 종교를 쓰시오.

> 아리아인이 태양, 물, 불 등 자연 현상을 다스리는 여러 신들에게 제사 지내고 신을 찬양하는 경전인 『베다』를 만드는 과정에서 형성되었다.

(   )

F   중국 문명

24 밑줄 친 '이 나라'에 대한 설명으로 옳지 <u>않은</u> 것은?

정치적, 종교적 권력을 지녔던 이 나라의 왕은 나라에 중요한 일이 있을 때 점을 쳐서 결정하였다. 점을 친 내용은 갑골문으로 새겼다.

① 기원전 1600년경에 성립하였다.
② 한자의 기원이 되는 문자를 사용하였다.
③ 청동으로 무기와 제사용 도구를 만들었다.
④ 하라파, 모헨조다로 등에 계획도시를 세웠다.
⑤ 해와 달의 움직임을 관찰하여 달력을 제작하였다.

25 지도의 세력 범위를 차지하였던 나라에 대한 설명으로 옳은 것을 〈보기〉에서 고른 것은?

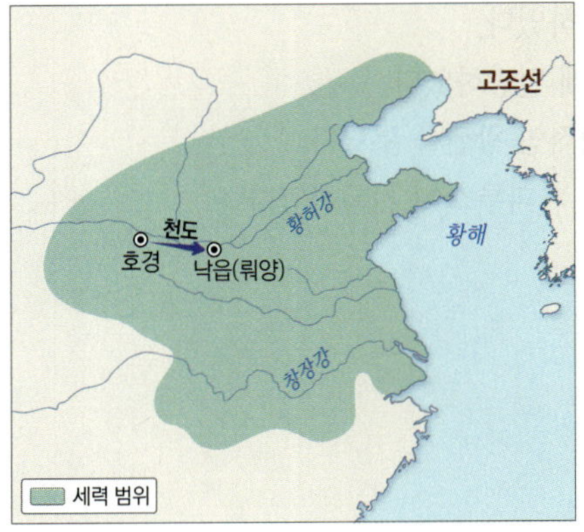

> 보기
> ㄱ. 중국 기록상 최초의 나라이다.
> ㄴ. 쐐기 모양의 문자를 사용하였다.
> ㄷ. 천명사상을 내세워 왕권을 정당화하였다.
> ㄹ. 수도 부근 외 지역은 제후가 다스리게 하였다.

① ㄱ, ㄴ ② ㄱ, ㄷ ③ ㄴ, ㄷ
④ ㄴ, ㄹ ⑤ ㄷ, ㄹ

26 ㉠에 들어갈 나라에 대한 탐구 활동으로 가장 적절한 것은?

역사 신문

(㉠)이/가 도읍을 옮기다

(㉠)이/가 유목 민족의 침입으로 결국 수도를 호경에서 낙읍으로 옮기게 되었다. 제후들의 세력이 강해지는 가운데 앞으로 나라의 상황이 어떻게 바뀔지 모두의 관심이 집중되고 있다.

① 카스트제의 구조를 살펴본다.
② 봉건제의 운영 방식을 파악한다.
③ 「사자의 서」에 담긴 내용을 알아본다.
④ 「길가메시 서사시」로 당시의 세계관을 유추한다.
⑤ 모헨조다로 유적에서 발견된 문화유산을 찾아본다.

서술형 문제

서술형 감잡기

1 밑줄 친 '새로운 변화'의 내용을 두 가지 서술하시오.

> 신석기 혁명은 신석기 시대에 나타난 <u>새로운 변화</u>가 가져온 인류 생활의 큰 변화를 이르는 말이다.

| **핵심어** | 농경 생활, 목축 생활

서술형 익히기

2 다음을 보고 물음에 답하시오.

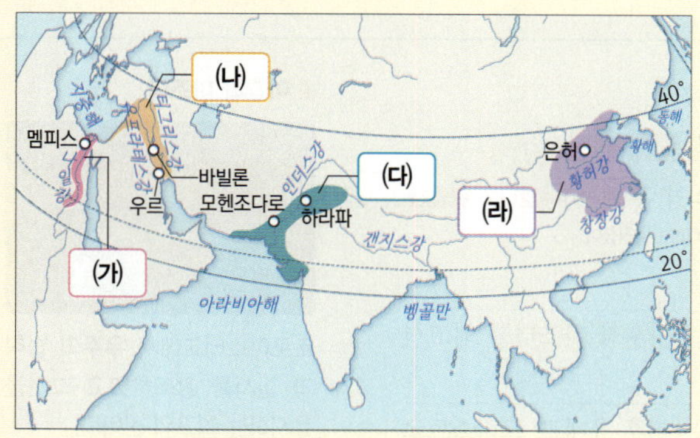

(1) (가)~(라)에 들어갈 문명을 각각 쓰시오.

(2) (1)에서 답한 문명들의 공통적인 특징을 <u>세 가지</u> 서술하시오.

3 다음을 읽고 물음에 답하시오.

> **200조** 만약 귀족이 자기와 같은 신분인 사람의 이를 부러뜨렸다면 그의 이를 부러뜨릴 것이다.
>
> **201조** 만약 귀족이 평민의 이를 부러뜨렸다면 그는 은화 3분의 1미나를 줄 것이다.

(1) 위 내용이 담긴 법전을 쓰시오.

(2) (1)에서 답한 법전으로 알 수 있는 당시의 사회 모습을 <u>두 가지</u> 서술하시오.

4 다음을 보고 물음에 답하시오.

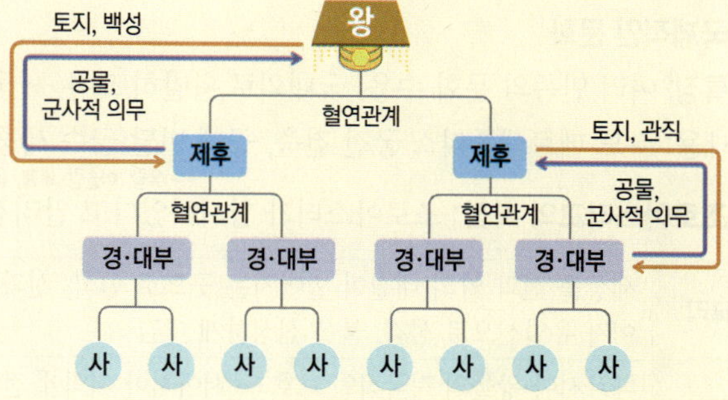

(1) 위 자료로 알 수 있는 제도를 쓰시오.

(2) 주가 (1)에서 답한 제도를 시행한 목적과 결과를 각각 서술하시오.

02 고대 서아시아와 지중해 세계의 형성(1)

A 아케메네스 왕조 페르시아의 발전

1. 아시리아: 바빌로니아 왕국의 쇠퇴 후 성장 → 우수한 철제 무기와 기마 전술로 기원전 7세기경 서아시아 지역 최초 통일 → 피정복민에 대한 가혹한 통치로 반란이 일어나 멸망
 └ 세금을 많이 거두고, 강제로 이주시켰어.

2. *아케메네스 왕조 페르시아

(1) 발전 핵심 자료

키루스 2세	• 영토 확장: 기원전 6세기 서아시아 지역 통일 • 관용 정책: 피정복민의 협조를 얻기 위한 목적, 세금을 거두는 대신 피정복민의 고유한 풍습 존중 → 200여 년간 왕조가 번영하는 바탕이 됨
다리우스 1세 (전성기)	• 영토 확장: 지중해 연안에서 인더스강에 이르는 대제국 건설 • 중앙 집권 정책: 전국을 20여 개의 주로 나누고 *총독 파견, '왕의 눈'과 '왕의 귀'라고 불리는 감찰관을 파견하여 총독 감시, *'왕의 길' 건설, 화폐·도량형 통일

(2) 멸망: 그리스·페르시아 전쟁에서 패배, 총독들의 반란으로 쇠퇴 → 마케도니아의 알렉산드로스에게 멸망(기원전 330)
 └ 두 나라가 지중해 세계의 주도권을 잡기 위해 세 차례 전쟁을 벌였어.

3. 파르티아: 기원전 3세기 중엽에 이란계 유목 민족이 건국 → 중국과 로마 사이에서 중계 무역으로 번영 → 사산 왕조 페르시아에 멸망

✱ 아케메네스 왕조 페르시아
아케메네스가 세웠다고 전해지는 나라로, 나라가 처음 세워진 지역의 이름을 따서 페르시아라고 불렀다.

✱ 총독
정해진 구역의 모든 행정을 총괄하는 직책이다.

✱ 왕의 길
수사에서 사르디스에 이르는 도로망이다. 도로 곳곳에 일정한 거리마다 숙소와 말을 제공하는 역을 두었다.

B 아케메네스 왕조 페르시아의 문화

1. 국제적인 문화

(1) 특징: 여러 민족의 문화 수용, 국내외로 활발히 교류 → 국제적인 문화 발전

(2) 내용: 수도 페르세폴리스 궁전 건축, 공예 발달(금속 세공품과 유리 공예품) 자료❶ 자료❷
 └ 유럽, 이슬람 세계, 동아시아 지역까지 알려졌어.

2. 조로아스터교의 확산: 조로아스터가 창시하였다고 알려짐

교리	세상을 선과 악의 대결이 벌어지는 곳으로 인식, 선과 빛의 신 *아후라 마즈다를 최고신이자 유일신으로 섬김, 불을 신성하게 여김
확산	페르시아 왕들의 적극적인 보호 → 서아시아 지역에 전파, 교리는 이후 유대교·크리스트교·이슬람교 등에 영향을 줌 └ 페르시아의 왕들은 아후라 마즈다가 자신에게 신성한 권력을 주었다고 주장하였어.

✱ 아후라 마즈다

조로아스터교에서 우주의 법칙과 질서를 창조하였고 그것을 유지하는 최고의 신이다.

자료❶ 페르세폴리스의 궁전 유적

페르세폴리스 궁전은 다리우스 1세가 세운 것으로, 당시 서아시아 일대의 다양한 건축 기술을 활용하였다. 궁전에 남아 있는 조각과 건축물을 통해 건축의 국제적 성격을 살필 수 있다.

↩ 페르세폴리스 궁전으로 들어가는 만국의 문

자료❷ 페르시아의 황금 공예품

아케메네스 왕조 페르시아 사람들은 운반하기 쉽고 가치가 높은 황금을 선호하였다. 주로 사자, 새 등 동물의 모양을 공예품에 새겼다. 또한 뛰어난 유리 공예술과 정교한 금속 세공술로 유명하였다.

↩ 날개 달린 사자 장식 뿔잔

무엇을 배울까?
- 아케메네스 왕조 페르시아의 발전
- 고대 그리스 세계의 형성
- 아케메네스 왕조 페르시아의 문화
- 그리스의 문화

교과서 핵심 자료 — 아케메네스 왕조 페르시아의 통치 정책

(가) 키루스 2세의 원통 내용

> 나는 키루스, 세계의 왕, 위대한 왕, 정정당당한 왕, 사방의 왕이며 …… 바빌론 거주민에 대하여는 …… 넘겨받았던 도시들을 돌려주었다. …… 이전의 원주민(유대인)을 모아서 그들의 원래 땅으로 돌려보냈다. …… 아후라 마즈다의 뜻에 따라 말하니 살아 있는 한 너희의 전통과 종교를 존중하노라.

(나) 다리우스 1세의 '왕의 길' 건설

↑ '왕의 길'을 달린 아케메네스 왕조 페르시아의 마차(모형)

키루스 2세는 바빌로니아를 정복한 후 피정복민의 전통과 종교를 존중한다는 선언을 원통에 새겼다. 이처럼 페르시아는 관용 정책을 펼쳐 오랫동안 통일 왕조를 유지하며 번영하였다. 아케메네스 왕조 페르시아의 전성기를 이끈 다리우스 1세는 명령을 빠르게 전달하고, 세금과 공물을 쉽게 거두기 위해 '왕의 길'을 건설하여 넓은 영토를 효율적으로 다스리고자 하였다.

✔ 완자쌤의 탐구 수업

❶ 피정복민의 풍습을 존중한다는 내용을 원통에 새긴 아케메네스 왕조 페르시아의 왕은?

키루스 2세

❷ 다리우스 1세가 '왕의 길'을 건설한 목적은?

다리우스 1세는 넓은 영토를 효율적으로 다스리기 위해 수사에서 사르디스에 이르는 '왕의 길'을 만들었습니다. 이로써 자신의 명령을 빠르게 전달하고, 세금과 공물을 쉽게 거두고자 하였습니다.

문제로 개념 확인

정답 친해 9쪽

1 다음 괄호 안의 내용 중 알맞은 말에 ○표를 하시오.

(1) 기원전 7세기경 (아시리아 , 파르티아)는 서아시아를 최초로 통일하였다.

(2) (키루스 2세 , 다리우스 1세)는 피정복민의 전통과 종교를 존중한다는 내용을 원통에 새겼다.

(3) 아케메네스 왕조 페르시아는 지중해 세계를 주도하려고 (로마 , 그리스)와 세 차례 전쟁을 벌였으나 패배하였다.

2 다리우스 1세에 대한 설명이 맞으면 ○표, 틀리면 ×표를 하시오.

(1) '왕의 길'이라는 도로를 건설하였다. ( )

(2) 전국을 20여 개의 주로 나누고 제후가 다스리게 하였다. ( )

3 빈칸에 들어갈 알맞은 내용을 쓰시오.

(1) 페르시아인들이 널리 믿은 ( )은/는 선과 빛의 신 아후라 마즈다를 최고신으로 섬겼다.

(2) 페르시아의 수도 ( ) 궁전 유적에는 여러 지역 문화의 영향을 받은 조각이나 건축물이 남아 있다.

비주얼로 핵심 콕콕

A 아케메네스 왕조 페르시아의 발전

아시리아
기원전 7세기경 서아시아 지역 최초 통일

↓

아케메네스 왕조 페르시아
- **키루스 2세**: 기원전 6세기경 서아시아 지역 통일, ▢▢ 정책 실시
- **다리우스 1세(전성기)**: 대제국 건설, 지방에 총독 파견, '왕의 길' 건설

B 아케메네스 왕조 페르시아의 문화

국제적 문화
- 수도 페르세폴리스 궁전 건축
- 금속 세공품과 유리 공예품 발달

조로아스터교
- 아후라 마즈다를 최고신으로 섬김
- ▢을 신성하게 여김

C 고대 그리스 세계의 형성

1. 폴리스의 형성

(1) 배경: 기원전 1200년경 *에게 문명 몰락 → 그리스인들이 지중해 주변으로 이동, 적의 침략을 막기 좋은 곳에 성을 쌓고 생활 → 작은 도시 국가(폴리스) 등장

(2) 형성: 기원전 8세기경 지중해 여러 지역에 폴리스 발전(그리스의 스파르타, 아테네 등)

(3) 구조: 성채와 신전이 있는 아크로폴리스와 아고라(광장)로 구성

(4) 특징: 정치적 독립, 같은 언어 사용, 동일 신 숭배, 올림피아 제전으로 유대감 강화
└ 폴리스 대표들이 4년 주기로 모여 제우스에게 제사 지내고 달리기, 원반던지기 등의 경기를 하였어.

2. 스파르타의 발전: 정복 국가에서 출발

정치	소수의 시민이 다수의 피지배층 지배, 강력한 군사 통치 실시, 왕과 귀족이 정치 담당, 나라의 중요한 일은 *민회에서 결정
군사	남자 시민은 어려서부터 집단생활을 하고 엄격한 군사 훈련을 받음 → 강한 군사력 확보

3. 아테네 민주정의 발전: 왕정에서 귀족정으로 변화, 무역·상공업으로 부유해진 평민들의 전쟁 참여 → 평민의 정치 참여 요구 강화

솔론	재산을 가진 일부 평민의 정치 참여 허용
클레이스테네스	재산에 관계없이 정치에 참여할 수 있는 권리(참정권) 부여, *도편 추방제 실시
페리클레스	민회가 입법권 행사, 관직·배심원을 대부분 추첨으로 선출, 수당 지급 **핵심 자료**

└ 혈연 중심의 부족제를 거주지 중심의 부족제로 개편하였어.
└ 가난한 시민도 정치에 참여할 수 있도록 하였어.

4. 그리스 세계의 발전과 쇠퇴
└ 이때 그리스에서 마라톤 전투, 살라미스 해전 등이 일어났어.

그리스·페르시아 전쟁	• 기원전 5세기경 아케메네스 왕조 페르시아의 침입 → 그리스 승리 • 아테네 중심의 델로스 동맹 결성, 아테네의 지중해 무역 독점과 폴리스 압박
펠로폰네소스 전쟁	스파르타 중심의 펠로폰네소스 동맹이 아테네에 반발하여 전쟁 발발 → 펠로폰네소스 동맹 승리, 오랜 전쟁으로 그리스 세계 쇠퇴 → 마케도니아에 정복됨

D 그리스의 문화

1. 특징: 인간 중심적·합리적인 문화 발전

2. 내용

(1) 문학: 호메로스가 인간적인 신의 모습 표현(『일리아드』, 『오디세이아』)
└ 그리스 신화의 신들을 인간의 모습과 감정을 지닌 것으로 묘사하였어.

(2) 연극: 인간관계나 사회 문제를 주제로 함(「오이디푸스왕」, 「안티고네」)

(3) 예술: 조화와 균형을 강조하는 그리스 양식 발달(*파르테논 신전 등의 건축, 「아테나 여신상」, 「원반 던지는 사람」 등의 조각)

(4) 학문

철학	• *소피스트: 철학의 관심을 자연에서 인간과 사회로 확대, 진리의 상대성·주관성 강조 • 소크라테스: 진리의 객관성·절대성 주장 → 플라톤과 아리스토텔레스에게 계승
역사	• 헤로도토스: 그리스·페르시아 전쟁을 다룬 『역사』 저술 • 투키디데스: 펠로폰네소스 전쟁을 다룬 『역사』 저술
의학	히포크라테스가 업적을 남김

└ 이로써 소피스트를 비판하였어.
└ 이들의 사상은 서양 철학의 바탕이 되었어.

수학	피타고라스가 활약함

---

*에게 문명

기원전 2000년경부터 기원전 1200년경까지 에게해 주변에서 이집트 문명과 메소포타미아 문명의 영향을 받아 발달한 문명이다.

*민회

고대 그리스와 로마에 있었던 정기적인 시민 총회이다.

*도편 추방제

독재자가 될 가능성이 있는 사람의 이름을 도편(도자기 조각)에 적어 많은 표를 얻은 사람을 10년간 국외로 추방하는 제도이다.

↑ 도편

*파르테논 신전

아테네의 수호신인 아테나를 모시는 신전으로, 조화와 균형을 잘 보여 준다.

*소피스트

아테네에서 웅변과 변론, 철학과 논리학 등을 가르치던 사람들이다.

교과서 핵심 자료 ✦ 아테네 민주정의 특징

우리 정치 제도에 입각한 통치는 소수보다는 다수에게 유리합니다. 이것이 우리 정치 제도가 민주 정치로 불리는 이유입니다. …… 공무에 진출하는 것은 능력에 대한 평판에 달려 있지, 신분이 영향을 주는 것은 아닙니다. 또한 가난도 그런 길을 막지 않으니 만약 어떤 사람이 나라에 봉직할 수 있다면 그의 조건이 불확실하다고 해서 방해받지 않습니다.

– 투키디데스, 『역사』, 「페리클레스의 연설문」

기원전 5세기 페리클레스가 권력을 잡았을 때 아테네의 민주정은 전성기를 맞았다. 시민들은 민회에 자유롭게 참여하여 폴리스의 중요한 문제를 논의하였다. 관직과 배심원은 대부분 추첨으로 뽑았고, 이들에게는 수당도 지급되었다. 그러나 아테네에서는 성인 남성 외에 여성, 노예, 외국인은 정치에 참여할 수 없었다.

✓ 완자쌤의 탐구 수업

❶ 아테네 민주정의 전성기를 이끈 인물은?

페리클레스

❷ 페리클레스 시기 아테네 민주정의 한계는?

아테네에서는 성인 남성만 정치에 참여할 수 있었고, 여성, 노예, 외국인은 참여하지 못하였습니다.

문제로 개념 확인

정답 친해 9쪽

1 ㉠에 들어갈 내용을 쓰시오.

(㉠   )은/는 정치적으로 독립되어 있었으나, 서로 같은 언어를 사용하고 같은 신을 믿었으며, 올림피아 제전을 개최하여 유대감을 다졌다.

2 다음 괄호 안의 내용 중 알맞은 말에 ○표를 하시오.

⑴ (아테네 , 스파르타)의 시민들은 어려서부터 엄격한 군사 훈련을 받았다.

⑵ 그리스·페르시아 전쟁 이후 폴리스들은 아테네를 중심으로 한 (델로스 동맹 , 펠로폰네소스 동맹)을 맺었다.

3 다음 설명에 해당하는 인물을 〈보기〉에서 골라 기호를 쓰시오.

> 보기
> ㄱ. 솔론   ㄴ. 페리클레스   ㄷ. 클레이스테네스

⑴ 재산에 관계없이 시민에게 참정권을 부여하였다. (   )

⑵ 재산을 가진 일부 평민이 정치에 참여할 수 있도록 하였다. (   )

⑶ 관직과 배심원을 추첨으로 뽑았고 그들에게 수당도 지급하였다. (   )

4 그리스의 문화에 대한 설명이 맞으면 ○표, 틀리면 ×표를 하시오.

⑴ 인간 중심적이면서 합리적인 문화가 발전하였다. (   )

⑵ 소피스트는 인간의 삶에 절대적인 진리가 있다고 주장하였다. (   )

⑶ 파르테논 신전은 조화와 균형을 강조한 그리스 양식을 보여 준다. (   )

비주얼로 핵심 콕콕

C 고대 그리스 세계의 형성

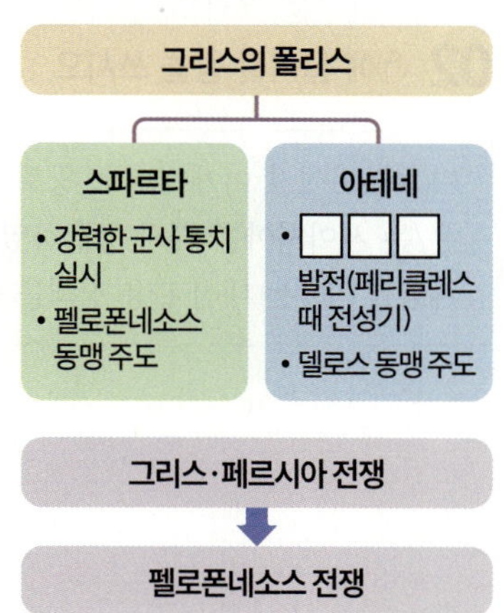

D 그리스의 문화

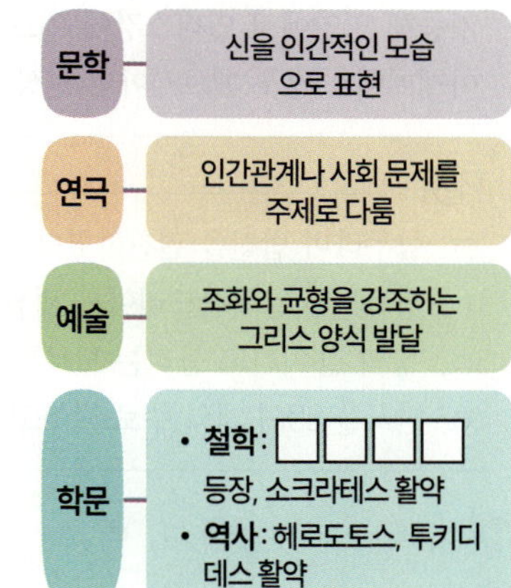

핵심 문제

A 아케메네스 왕조 페르시아의 발전

01 아시리아에 대한 설명으로 옳은 것은?

① 이란계 유목 민족이 세웠다.
② 서아시아를 최초로 통일하였다.
③ 페르세폴리스를 수도로 정하였다.
④ 한자의 기원이 되는 갑골문을 사용하였다.
⑤ '왕의 눈', '왕의 귀'라고 불리는 감찰관을 파견하였다.

02 ㉠에 들어갈 왕을 쓰시오.

> 기원전 6세기 아케메네스 왕조 페르시아의 (㉠)
> 은/는 서아시아를 다시 통일하였다. 그는 피정복민에게
> 세금을 거두는 대신 관용 정책을 펼쳤다.

(   )

시험에 잘 나와!

03 다음에서 설명하는 왕의 업적으로 옳은 것을 〈보기〉
에서 고른 것은?

> 지중해 연안에서 인더스강에 이르는 대제국을 건설하여
> 아케메네스 왕조 페르시아의 전성기를 이끌었다.

┌ 보기 ┐
ㄱ. 함무라비 법전을 편찬하였다.
ㄴ. 정복지에 알렉산드리아를 세웠다.
ㄷ. '왕의 길'이라고 불리는 도로를 만들었다.
ㄹ. 전국을 20여 개의 주로 나누고 총독을 파견하였다.

① ㄱ, ㄴ   ② ㄱ, ㄷ   ③ ㄴ, ㄷ
④ ㄴ, ㄹ   ⑤ ㄷ, ㄹ

04 지도의 최대 영역을 차지하였던 나라에 대한 설명으
로 옳은 것은?

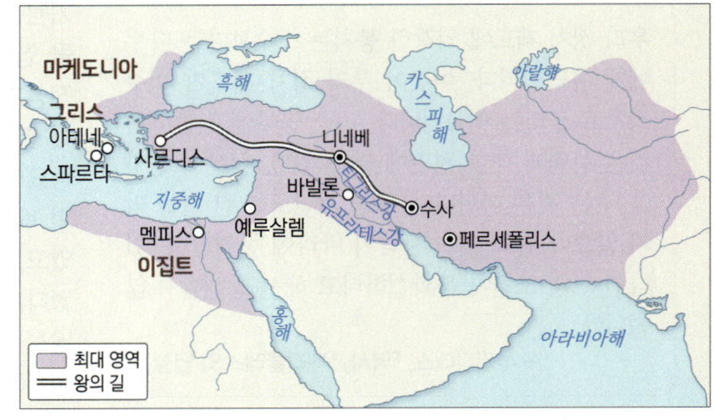

① 아무르인이 세웠다.
② 강력한 군사 통치를 실시하였다.
③ 나라의 중대사는 민회에서 결정하였다.
④ 혈연관계를 바탕으로 한 봉건제를 실시하였다.
⑤ 지중해 세계의 주도권을 놓고 그리스와 세 차례 전쟁을
 벌였다.

B 아케메네스 왕조 페르시아의 문화

05 다음 자료로 알 수 있는 아케메네스 왕조 페르시아 문
화의 특징으로 가장 적절한 것은?

페르세폴리스 궁전으로 들
어가는 만국의 문의 양쪽 기
둥은 아시리아 양식의 돌을
새김으로 조각하였다. 안에
는 그리스와 이집트 양식이
어우러진 돌기둥이 있다.

① 국제적인 문화가 발전하였다.
② 그리스 문화와 동방 문화가 어우러졌다.
③ 사후 세계를 중시하는 세계관이 반영되었다.
④ 합리적이면서 인간 중심적인 문화가 형성되었다.
⑤ 제국을 다스리는 데 도움이 되는 실용적인 문화가 발달
 하였다.

06 빈칸에 들어갈 내용으로 가장 적절한 것은?

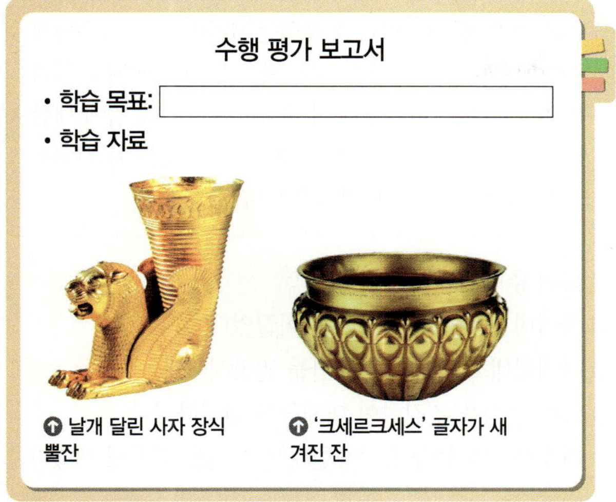

① 고대 문명의 공통점을 유추할 수 있다.
② 페르시아의 통치 방식을 파악할 수 있다.
③ 아테네 민주정의 발전 과정을 설명할 수 있다.
④ 고대 그리스 문화를 문화유산으로 이해할 수 있다.
⑤ 아케메네스 왕조 페르시아의 문화적 특징을 설명할 수 있다.

07 다음 대화에서 주제로 다루는 종교에 대한 설명으로 옳은 것은?

① 경전으로 『베다』를 만들었다.
② 지구라트라는 신전을 건립하였다.
③ 고타마 싯다르타(석가모니)가 창시하였다.
④ 「사자의 서」를 제작하여 무덤에 넣기도 하였다.
⑤ 선과 빛의 신인 아후라 마즈다를 최고신으로 섬겼다.

08 밑줄 친 '작은 도시 국가'에 대한 설명으로 옳지 <u>않은</u> 것은?

> 에게 문명이 몰락한 뒤 지중해 가까이에 모여 살기 시작한 그리스인들은 바다를 이용하여 생활에 필요한 것을 얻었으며, 적의 침입을 막아 내기 좋은 곳에 성을 쌓고 살았다. 이로부터 작은 도시 국가들이 나타났다.

① 동일한 신을 믿었다.
② 같은 언어를 사용하였다.
③ 정치적으로는 독립되어 있었다.
④ 교역할 때 쐐기 문자를 이용하였다.
⑤ 올림피아 제전을 열어 연대를 강화하였다.

시험에 잘 나와!
09 다음과 같은 구조를 가진 도시 국가에 대한 설명으로 옳은 것을 〈보기〉에서 고른 것은?

보기
ㄱ. 페르세폴리스를 수도로 삼았다.
ㄴ. 아고라와 아크로폴리스로 나뉘었다.
ㄷ. 감찰관이 파견되어 총독을 감시하였다.
ㄹ. 아크로폴리스에는 성채나 신전이 있었다.

① ㄱ, ㄴ   ② ㄱ, ㄷ   ③ ㄴ, ㄷ
④ ㄴ, ㄹ   ⑤ ㄷ, ㄹ

10 밑줄 친 '이 나라'에 대한 설명으로 옳지 <u>않은</u> 것은?

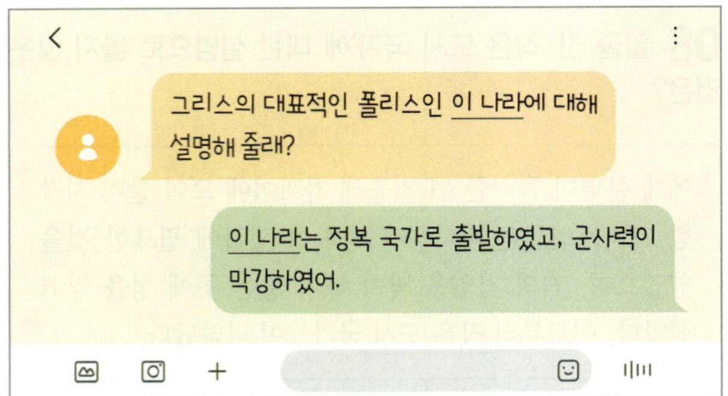

① 델로스 동맹을 주도하였다.
② 왕과 귀족이 정치를 맡았다.
③ 강력한 군사 통치를 실시하였다.
④ 국가의 중대사를 민회에서 결정하였다.
⑤ 남성들은 어려서부터 엄격한 군사 훈련을 받았다.

11 다음에서 설명하는 제도를 쓰시오.

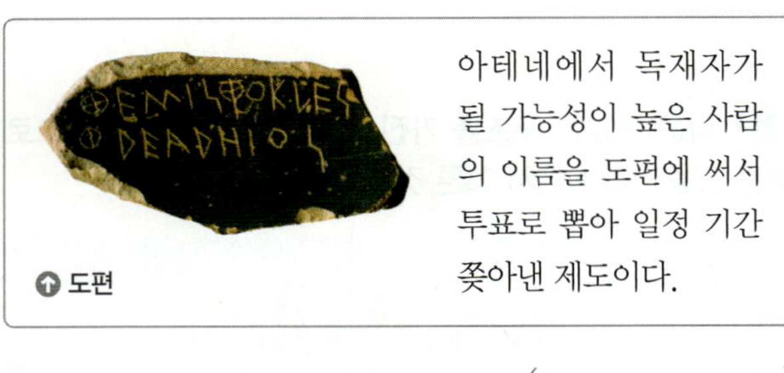
아테네에서 독재자가 될 가능성이 높은 사람의 이름을 도편에 써서 투표로 뽑아 일정 기간 쫓아낸 제도이다.

↑ 도편

(   )

★ 시험에 잘 나와!
12 아테네 민주정의 발전 과정을 일어난 순서대로 나열한 것은?

(개) 정치 참여 자격에서 재산 기준을 폐지하였다.
(내) 재산을 가진 평민 일부가 정치에 참여할 수 있었다.
(대) 관직과 배심원은 대부분 추첨으로 뽑았고 그들에게 수당도 지급하였다.

① (개) - (내) - (대) 　　② (개) - (대) - (내)
③ (내) - (개) - (대) 　　④ (내) - (대) - (개)
⑤ (대) - (개) - (내)

13 다음 글을 발표한 인물에 대한 설명으로 옳은 것은?

우리 정치 제도에 입각한 통치는 소수보다는 다수에게 유리합니다. 이것이 우리 정치 제도가 민주 정치로 불리는 이유입니다. …… 공무에 진출하는 것은 능력에 대한 평판에 달려 있지, 신분이 영향을 주는 것은 아닙니다. 또한 가난도 그런 길을 막지 않으니 …….

① 도편 추방제를 도입하였다.
② 아테네 민주정의 전성기를 이끌었다.
③ 아케메네스 왕조 페르시아를 멸망시켰다.
④ 동방 원정을 추진하여 대제국을 건설하였다.
⑤ 피정복민의 풍습을 존중한다는 선언을 원통에 새겼다.

14 (개) 시기에 있었던 사실로 옳은 것은?

	(개)	
그리스·페르시아 전쟁		펠로폰네소스 전쟁

① 솔론이 집권하였다.
② 에게 문명이 몰락하였다.
③ 델로스 동맹이 결성되었다.
④ 알렉산드로스가 그리스를 정복하였다.
⑤ 키루스 2세가 분열된 서아시아를 통일하였다.

D 그리스의 문화

15 ㉠, ㉡에 들어갈 내용으로 옳은 것은?

철학자 집단인 (　㉠　)는 진리의 상대성을 강조한 반면, (　㉡　)는 인간의 삶에 객관적이고 절대적인 진리가 있다고 주장하여 (　㉠　)를 비판하였다.

	㉠	㉡		㉠	㉡
①	민회	소크라테스	②	민회	헤로도토스
③	소피스트	소크라테스	④	소피스트	피타고라스
⑤	소피스트	헤로도토스			

16 다음 전투들이 일어난 나라의 문화유산으로 옳은 것을 〈보기〉에서 고른 것은?

> • 마라톤 전투   • 살라미스 해전

① ㄱ, ㄴ   ② ㄱ, ㄷ   ③ ㄴ, ㄷ
④ ㄴ, ㄹ   ⑤ ㄷ, ㄹ

17 선생님의 질문에 대한 학생들의 답변으로 옳지 <u>않은</u> 것은?

① 철학의 관심이 인간과 사회로 확대되었어요.
② 영혼 불멸과 사후 세계를 믿어 미라를 만들었어요.
③ 인간관계나 사회 문제를 주제로 한 연극이 유행하였어요.
④ 건축에서 조화와 균형을 강조한 그리스 양식이 나타났어요.
⑤ 그리스 신화의 신들이 인간의 모습과 감정을 지닌 것으로 묘사되었어요.

서술형 문제

서술형 감잡기

1 다음을 읽고 물음에 답하시오.

> 나는 키루스, 세계의 왕, 위대한 왕, 정정당당한 왕, 사방의 왕이며 …… 바빌론 거주민에 대하여는 …… 넘겨받았던 도시들을 돌려주었다. …… 아후라 마즈다의 뜻에 따라 말하니 살아 있는 한 <u>너희의 전통과 종교를 존중</u>하노라.

⑴ 밑줄 친 내용의 통치 방식을 택한 나라를 쓰시오.

⑵ ⑴에서 답한 나라가 위 통치 방식을 실시한 목적과 결과를 각각 서술하시오.

> | 핵심어 | 관용 정책, 피정복민, 통일 왕조, 번영

서술형 익히기

2 다음을 읽고 물음에 답하시오.

> 기원전 5세기 무렵에 (㉠   )이/가 권력을 잡았을 때 ㉡아테네의 민주정은 전성기를 맞았다. 시민들은 민회에 참여하여 폴리스의 중요한 문제를 논의하였다.

⑴ ㉠에 들어갈 인물을 쓰시오.

⑵ 밑줄 친 ㉡의 한계를 서술하시오.

03 고대 서아시아와 지중해 세계의 형성(2)

A 알렉산드로스 제국과 헬레니즘 문화

1. 알렉산드로스 제국의 성립

(1) 성립: 마케도니아의 왕 알렉산드로스가 동방 원정으로 대제국 건설 [자료①]

> 용어 동쪽으로 멀리 싸우러 나가는 것

(2) 동서 융합 추진: 정복지 곳곳에 알렉산드리아를 건설하여 그리스인을 이주시킴, 그리스인과 페르시아인의 결혼 장려, 정복지의 사람을 관리로 등용, 그리스어 사용

(3) 쇠퇴: 알렉산드로스 사후 마케도니아, 시리아, 이집트로 분열 → 로마에 흡수

2. *헬레니즘 문화의 발달: 그리스와 동방 문화의 융합, 개인의 행복을 추구하는 개인주의와 제국 아래 모두가 같은 시민이라는 *세계 시민주의 발달

> 폴리스 중심의 공동체 의식이 줄어들었어.

철학	스토아학파(금욕·이성적인 삶 강조), 에피쿠로스학파(정신적 즐거움 추구) 등장
자연 과학	아르키메데스가 물리학, 에우클레이데스(유클리드)가 기하학에서 활약
예술	사실적, 생동감 있는 표현 추구(「라오콘 군상」, 「밀로의 비너스」) [자료②]

자료① 알렉산드로스 제국의 영역

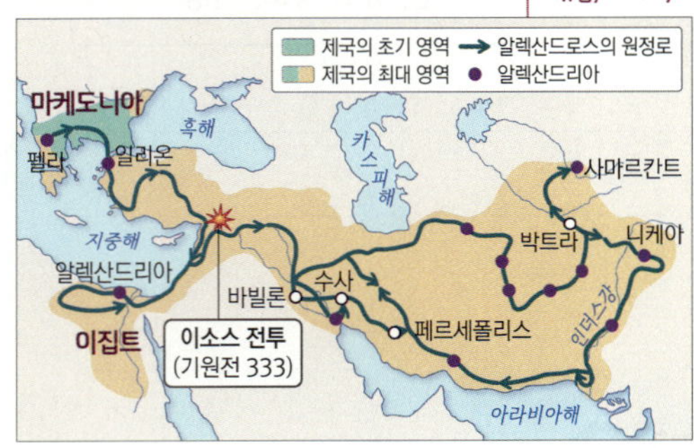

알렉산드로스는 이집트와 아케메네스 왕조 페르시아를 정복하고, 동방 원정에 나서 중앙아시아와 인더스강까지 진출하였다. 그는 정복한 지역에 알렉산드리아라는 도시를 세우고 그리스 문화를 전파하였다.

자료② 헬레니즘 문화의 특징

「라오콘 군상」은 신에게 벌을 받는 라오콘과 그의 두 아들의 모습을 나타낸 조각으로, 바다뱀에 휘감겨 고통받는 인간의 모습을 사실적으로 표현하였다.

◀ 「라오콘 군상」

B 로마 공화정의 성립과 발전

1. 로마의 성립: 기원전 8세기 중엽 이탈리아반도에서 작은 도시 국가로 성립(왕정)

2. 공화정의 성립과 발전

(1) 성립: 기원전 6세기 말 귀족들이 왕을 몰아내고 *공화정 수립

> 용어 로마에서 행정과 군사를 맡은 관직

(2) 발전: 귀족들의 원로원, 집정관 독점 → 평민들이 정복 전쟁에 참여, 정치 참여 요구 증가 → 기원전 5세기 초 평민들이 평민회 구성, *호민관 선출

> 용어 로마에서 입법과 자문을 맡은 최고 의결 기관

3. 공화정의 위기

(1) 그라쿠스 형제의 개혁: 로마–카르타고 전쟁(포에니 전쟁)을 거치며 귀족들이 대토지 소유 및 노예를 이용한 대농장(라티푼디움) 경영 → 자영 농민의 몰락을 막기 위해 그라쿠스 형제가 개혁 시도 → 원로원 중심 귀족들의 반대로 실패 `핵심 자료`

> 지중해 해상권을 두고 두 나라가 세 차례 벌인 전쟁으로, 로마가 승리하였어.

(2) 공화정의 쇠퇴: 빈부 격차 심화, 군인 정치가들의 권력 다툼 → 카이사르가 강력한 군사력을 바탕으로 정권 장악(기원전 1세기) → 독재에 반대한 세력에게 암살당함

＊ 헬레니즘
그리스인들이 자신들을 '헬레네스'라고 가리키던 것에서 유래하였다.

＊ 세계 시민주의
개인은 폴리스를 넘어서 세계 시민으로서 모두 평등한 존재라는 주장이다.

＊ 공화정
왕이 없고 개인이나 집단이 나라를 통치하는 정치 형태를 말한다. 로마의 공화정은 원로원과 집정관, 민회가 견제와 균형을 이루며 발전하였다.

＊ 호민관
평민의 권리를 지키기 위해 뽑은 관리로, 원로원이나 집정관의 결정에 거부권을 행사할 수 있었다.

▸ 알렉산드로스 제국과 헬레니즘 문화
▸ 로마 제국의 발전과 쇠퇴
▸ 로마 공화정의 성립과 발전
▸ 로마의 문화와 크리스트교의 확산

교과서 핵심 자료 — 그라쿠스 형제의 개혁

> 조국을 위해 싸우고 죽어 가는 로마의 시민에게 남은 것은 햇볕과 공기밖에 없습니다. 이들은 집도 없고 땅도 없이 아내와 자식을 데리고 떠돌고 있습니다. …… 로마의 병사들은 세계의 지배자가 되었지만 자기 소유라 할 단 한 조각의 땅도 없습니다.
> – 티베리우스 그라쿠스의 연설문

로마 – 카르타고 전쟁을 거치면서 로마의 귀족들은 토지를 많이 차지하여 노예를 이용한 대농장(라티푼디움)을 경영하였다. 반면, 자영 농민들은 토지를 잃고 몰락하였다. 호민관으로 뽑힌 그라쿠스 형제는 자영 농민의 몰락을 막기 위해 대토지 경영을 제한하고 싼값으로 곡물을 제공하는 등의 개혁을 추진하였으나 귀족들의 반대로 실패하였다.

✔ 완자쌤의 탐구 수업

❶ **자료의 연설을 한 인물은?**
티베리우스 그라쿠스

❷ **그라쿠스 형제가 개혁을 추진한 배경과 목적은?**
로마 – 카르타고 전쟁을 거치면서 귀족들이 많은 토지를 차지하고 대농장을 경영하여 자영 농민층이 몰락하였습니다. 이에 그라쿠스 형제는 자영 농민의 몰락을 막고자 개혁을 추진하였습니다.

문제로 개념 확인

정답 친해 11쪽

1 다음 물음에 답하시오.

(1) 그리스를 정복한 마케도니아의 왕은?　　　　　　　　(　　　　　)
(2) 알렉산드로스가 정복지 곳곳에 건설한 도시를 이르는 말은?　(　　　　　)

2 ㉠에 들어갈 내용을 쓰시오.

> (㉠　　　　　　)은/는 알렉산드로스의 동방 원정 과정에서 그리스 문화와 동방 문화가 어우러져 형성되었다.

3 다음 괄호 안의 내용 중 알맞은 말에 ○표를 하시오.

(1) 기원전 6세기 말 로마의 귀족들은 왕을 몰아내고 (제정 , 공화정)을 세웠다.
(2) 기원전 5세기 초 로마의 평민들은 평민회를 세우고 (집정관 , 호민관)을 뽑았다.

4 빈칸에 들어갈 알맞은 내용을 쓰시오.

(1) (　　　　　　)을/를 거치면서 로마의 귀족들은 라티푼디움을 경영하였다.
(2) 기원전 1세기에 로마에서 (　　　　　　)이/가 강력한 군사력을 내세워 정권을 잡았으나 독재에 반대한 세력에게 암살당하였다.

비주얼로 핵심 콕콕

A 알렉산드로스 제국과 헬레니즘 문화

알렉산드로스의 동방 원정
→ 대제국 건설
↓
동서 융합 추진
↓
헬레니즘 문화 발달
• 그리스와 동방 문화의 융합
• 개인주의, 세계 시민주의 발달
↓
알렉산드로스 사후 ☐☐에 흡수

B 로마 공화정의 성립과 발전

성립 — 기원전 6세기 말 귀족들이 왕을 몰아내고 공화정 수립
↓
발전 — 원로원, 집정관, 민회의 균형과 견제로 유지
↓
위기 — 로마 – 카르타고 전쟁 → 귀족들의 라티푼디움 경영으로 자영 농민 몰락 → ☐☐☐☐ 형제의 개혁 시도(실패)

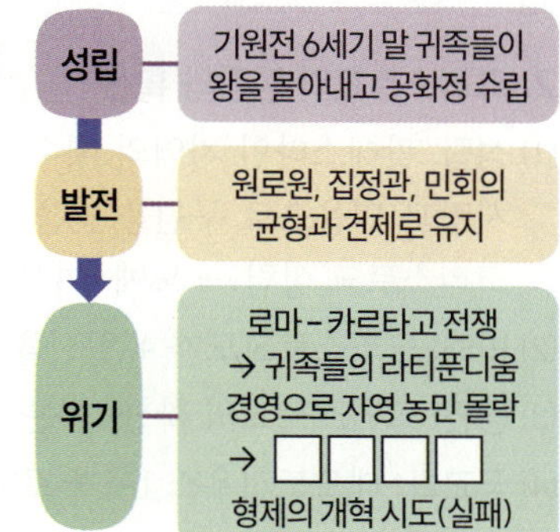

C 로마 제국의 발전과 쇠퇴

1. 로마 제정의 성립과 쇠퇴

(1) 성립: **옥타비아누스**의 권력 장악, 원로원으로부터 '아우구스투스(존엄한 자)'라는 칭호를
받으며 황제와 같은 권력을 누림, 실질적 **제정** 시작(기원전 27) 자료①
└ 자신을 '프린켑스(로마의 제1 시민)'라고 부르며, 공화정의 수호자를 자처하였어.

(2) 전성기: 옥타비아누스의 집권 이후, 200여 년간 ＊'**로마의 평화**'라고 불리는 번영을 누림,
영토 확대, 정복지에 시민권 부여, 상공업과 국제 무역 활발 자료②

(3) 쇠퇴: 2세기 말 게르만족 등 이민족의 침입, 3세기경 군대의 정치 개입으로 쇠퇴
└ 황제가 자주 교체되면서 정치가 혼란하였어.

2. 제국의 중흥 노력

디오클레티아누스	3세기 말 제국을 4분할하여 네 명의 통치자가 관리하게 함
콘스탄티누스 대제	4세기 초 크리스트교 공인(밀라노 칙령), 콘스탄티노폴리스로 천도

3. 제국의 분리: 4세기 말 동·서로마로 분리 → 서로마 제국 멸망(476), 동로마 제국(비잔티움
제국)은 이후 1000여 년간 지속

＊ 로마의 평화
팍스 로마나(Pax Romana)를 번역한 용어로, 로마가 정치적·경제적 안정과 번영을 이룬 전성기를 말한다.

자료① **옥타비아누스의 집권**

카이사르 사후 로마의 정치적 혼란을 안정시키고 권력을 차지한 옥타비아누스는 원로원으로부터 '아우구스투스'라는 칭호와 함께 원로원 의장, 군사령관, 종신 호민관, 최고 재판관의 자리를 받았다. 이때부터 로마의 공화정이 끝나고 황제가 다스리는 제정이 시작되었다.

자료② **로마 제국의 영역**

로마는 세 차례의 로마 - 카르타고 전쟁 이후 동쪽으로 정복 전쟁을 벌여 지중해 세계를 지배하였다. 이로써 전성기인 '로마의 평화' 시기에는 최대 영토를 확보하였다. 그러나 2세기 말부터 이민족의 침입으로 점차 쇠퇴하다가 4세기 말에는 동서로 분리되었다.

D 로마의 문화와 크리스트교의 확산

1. 로마의 문화: 넓은 제국을 다스리는 데 도움이 되는 실용적인 문화 발달

법률	관습법 → 12표법(최초의 ＊성문법) → 시민법(로마 시민에게만 적용) → 만민법(제국의 모든 민족에게 적용) → 비잔티움 제국 시기 ＊『유스티니아누스 법전』 편찬
건축	• 특징: 콘크리트 이용, 아치와 돔의 원리를 활용하여 거대한 건물 건립 • 내용: 도로망 건설, 상하수도 시설 설치, 도시에 시민을 위한 건물 건립

용어 도시에 물을 공급하고 하수를 내보내는 시설

예 공중목욕탕, 공중화장실, 원형 경기장, 신전(판테온) 등

2. 크리스트교의 등장과 확산

(1) 성립: 팔레스타인 지역의 예수가 민족과 신분에 상관없이 인간은 모두 평등하며, 누구나
사랑과 믿음으로 구원을 받을 수 있다고 가르침 → 예수의 가르침이 각지에 전파되면서
크리스트교 성립 → 노예·여성·하층민을 중심으로 확산
└ 초기 크리스트교도는 박해를 피해 카타콤에 모여 예배를 드리기도 하였어.

(2) 박해: 크리스트교도가 유일신을 숭배하고 황제 숭배를 거부함 → 로마 제국의 박해

(3) 공인: 크리스트교의 확산 → 콘스탄티누스 대제의 **밀라노 칙령**으로 공인(313)

(4) 국교화: 테오도시우스 1세가 로마의 국교로 인정(392) → 세계적인 종교로 성장

＊ 성문법
문자로 적어 표현하고 문서의 형식을 갖춘 법을 말한다.

＊『유스티니아누스 법전』
로마의 법률을 집대성한 것으로, 유럽 법률의 토대가 되었다.

교과서 핵심 자료 · 로마의 실용적인 문화

↑ 수도교

↑ 콜로세움

↑ 아피우스 가도

로마에서는 아치와 돔의 원리를 활용하여 대규모의 건물을 지었다. 수도교는 수돗물을 공급하기 위해 건설한 수로로, 위층은 수로로 쓰였고, 아래층은 사람과 마차의 이동 통로로 사용되었다. 콜로세움은 로마의 원형 경기장으로, 최대 5만 명의 관중을 수용할 수 있다. 이곳에서는 검투사들의 시합, 맹수와의 격투 경기, 해전 재연 등 다양한 행사가 펼쳐졌다. 또한 로마는 사람과 물자의 이동을 원활하게 하고자 도시들을 연결하는 도로망을 건설하였다.

✔ 완자쌤의 탐구 수업

❶ **로마의 건축물에 나타나는 특징은?**
로마는 콘크리트를 재료로 이용하였으며, 아치와 돔의 원리를 활용하여 거대한 건물을 지었습니다.

❷ **자료로 파악할 수 있는 로마 문화의 성격은?**
로마는 넓은 제국을 다스리는 데 도움이 되는 실용적인 문화가 발달하였습니다.

문제로 개념 확인

정답 친해 11쪽

1 다음 괄호 안의 내용 중 알맞은 말에 ○표를 하시오.

(1) (옥타비아누스 , 디오클레티아누스)는 로마의 행정권, 군사권 등의 권력을 차지하였다.

(2) 4세기 초 콘스탄티누스 대제는 수도를 (페르세폴리스 , 콘스탄티노폴리스)로 옮기는 등 제국의 부흥을 꾀하였다.

2 ㉠에 들어갈 내용을 쓰시오.

> 옥타비아누스의 집권 이후 로마는 약 200년 동안 정치적·경제적으로 안정되어 (㉠)(이)라고 불리는 번영을 누렸다.

3 로마의 문화에 대한 설명이 맞으면 ○표, 틀리면 ×표를 하시오.

(1) 실용적인 문화가 발달하였다. ( )
(2) 시민법은 제국의 모든 민족에게 적용되었다. ( )
(3) 건축에서는 아치와 돔의 원리를 활용한 건축물이 세워졌다. ( )

4 빈칸에 들어갈 알맞은 내용을 쓰시오.

(1) 예수의 가르침이 각지에 전파되면서 ( )이/가 성립하였다.
(2) 콘스탄티누스 대제는 로마 제국의 안정을 위해 ( )을/를 내려 크리스트교를 공인하였다.

비주얼로 핵심 콕콕

C 로마 제국의 발전과 쇠퇴

□□□□□ 집권 →
제정 성립

↓

로마의 평화

↓

이민족의 침입으로 쇠퇴

↓

· 디오클레티아누스: 4분할 통치
· 콘스탄티누스 대제: 콘스탄티노폴리스로 수도 이전

↓

동서 로마로 분리

D 로마의 문화와 크리스트교의 확산

실용적 문화
· 법률: 관습법 → 12표법 → 시민법 → □□□
· 건축: 돔과 아치를 활용한 대규모 건물 건립 (수도교, 콜로세움 등)

크리스트교
예수가 창시, 인간 평등 주장
→ 소외 계층 중심으로 확산
→ 콘스탄티누스 대제의 밀라노 칙령으로 공인
→ 4세기 말 국교화

A 알렉산드로스 제국과 헬레니즘 문화

01 다음에서 설명하는 왕의 업적으로 옳은 것은?

마케도니아의 왕이었던 그는 이집트와 아케메네스 왕조 페르시아를 정복하고 중앙아시아와 인더스강 유역까지 영토를 넓혔다.

① 동방 원정을 추진하였다.
② 함무라비 법전을 편찬하였다.
③ 제국을 4분할하여 다스리게 하였다.
④ '왕의 길'이라고 불리는 도로를 만들었다.
⑤ 카이사르가 죽은 뒤 정치적 혼란을 안정시켰다.

02 지도의 최대 영역을 차지하였던 나라에 대한 탐구 활동으로 가장 적절한 것은?

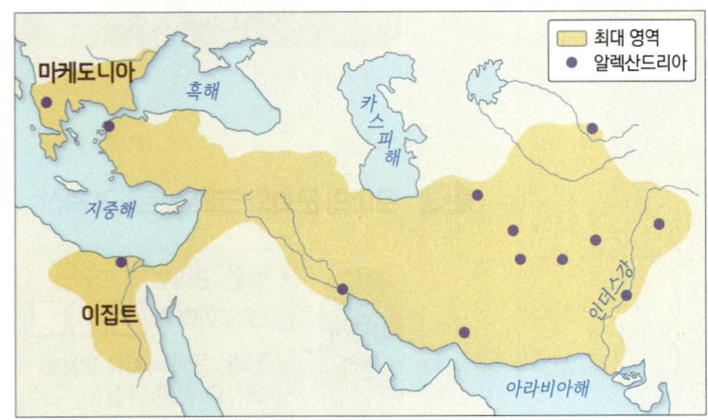

① 도편 추방제의 효과를 분석한다.
② 그리스 문화의 확산 계기를 알아본다.
③ 펠로폰네소스 전쟁의 배경을 파악한다.
④ 페리클레스 시기 민주정의 한계를 정리한다.
⑤ 조로아스터교가 다른 종교에 미친 영향을 살펴본다.

03 알렉산드로스의 활동으로 옳지 않은 것은?

① 주에 총독을 파견하였다.
② 그리스어를 공용어로 정하였다.
③ 정복지 출신의 사람을 관리로 뽑았다.
④ 그리스인과 페르시아인의 결혼을 장려하였다.
⑤ 정복지에 알렉산드리아라는 도시를 세우고 그리스인을 이주시켰다.

★ 시험에 잘 나와!
04 학생의 질문에 대한 답변으로 가장 적절한 것은?

① 내세적 세계관이 반영되었어.
② 그리스의 문화에 영향을 주었어.
③ 인간의 모습을 사실적으로 표현하였어.
④ 페르세폴리스 궁전 유적에서 발견되었어.
⑤ 아케메네스 왕조 페르시아의 문화유산이야.

05 헬레니즘 문화에 대한 탐구 주제로 적절한 것을 〈보기〉에서 고른 것은?

보기
ㄱ. 크리스트교와 이슬람교의 공통점
ㄴ. 갑골문과 쐐기 문자에 새겨진 내용
ㄷ. 스토아학파와 에피쿠로스학파의 주장
ㄹ. 개인주의와 세계 시민주의의 발달 배경

① ㄱ, ㄴ 　② ㄱ, ㄷ 　③ ㄴ, ㄷ
④ ㄴ, ㄹ 　⑤ ㄷ, ㄹ

B 로마 공화정의 성립과 발전

[06~07] 다음은 로마의 정치 체제를 구조화한 것이다. 이를 보고 물음에 답하시오.

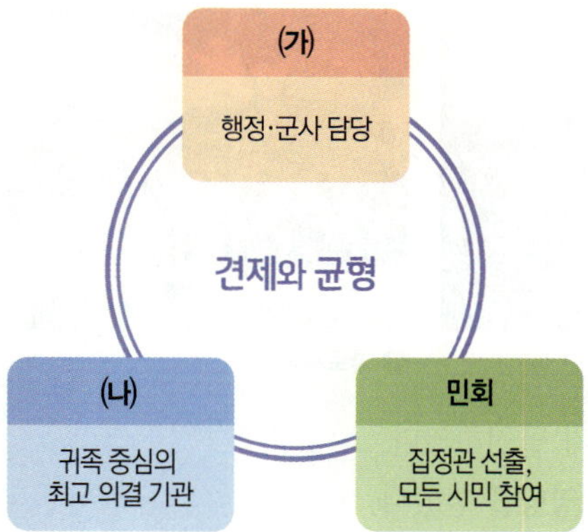

06 위 도표가 나타내는 정치 체제를 쓰시오.

(   )

07 (가), (나)에 들어갈 내용으로 옳은 것은?

	(가)	(나)		(가)	(나)
①	원로원	집정관	②	집정관	원로원
③	집정관	평민회	④	평민회	원로원
⑤	평민회	집정관			

08 다음 전쟁이 로마의 사회에 미친 영향으로 적절한 것을 〈보기〉에서 고른 것은?

기원전 3세기 로마는 카르타고와 지중해 해상권을 두고 세 차례 전쟁을 벌였다. 이 전쟁에서 로마가 승리하였다.

보기
ㄱ. 제국이 동서로 분리되었다.
ㄴ. 제정으로 정치 형태가 바뀌었다.
ㄷ. 자영 농민층이 토지를 잃고 몰락하였다.
ㄹ. 귀족이 노예를 이용한 대농장 운영을 확대하였다.

① ㄱ, ㄴ   ② ㄱ, ㄷ   ③ ㄴ, ㄷ
④ ㄴ, ㄹ   ⑤ ㄷ, ㄹ

시험에 잘 나와!

09 다음과 같이 주장한 인물의 활동으로 옳은 것은?

조국을 위해 싸우고 죽어 가는 로마의 시민에게 남은 것은 햇볕과 공기밖에 없습니다. 이들은 집도 없고 땅도 없이 아내와 자식을 데리고 떠돌고 있습니다.

① 그리스를 정복하였다.
② 도편 추방제를 도입하였다.
③ 자영 농민을 위한 개혁을 추진하였다.
④ 재산을 가진 평민이 정치에 참여할 수 있게 하였다.
⑤ 피정복민의 풍습을 존중한다는 선언을 원통에 새겼다.

10 밑줄 친 '그'로 옳은 것은?

로마가 군인 정치가들의 권력 다툼으로 혼란을 겪자, 기원전 1세기에 그가 강력한 군사력을 내세워 정권을 잡았다. 그러나 독재에 반대한 세력에게 암살당하였다.

① 카이사르   ② 옥타비아누스
③ 디오클레티아누스   ④ 테오도시우스 1세
⑤ 콘스탄티누스 대제

C 로마 제국의 발전과 쇠퇴

11 다음 인물에 대한 설명으로 옳은 것은?

① 동서 융합을 추진하였다.
② 크리스트교를 창시하였다.
③ 제국을 4개로 나누어 통치하였다.
④ 원로원이 '아우구스투스'라고 불렀다.
⑤ 아시리아 이후 서아시아를 다시 통일하였다.

12 지도의 최대 영역을 차지하였던 나라에 대한 설명으로 옳지 <u>않은</u> 것은?

① 4세기 말 동서로 분리되었다.
② 펠로폰네소스 전쟁에서 승리하였다.
③ 2세기 말 게르만족의 침입을 받았다.
④ ‘로마의 평화’라고 불리는 번영을 누렸다.
⑤ 옥타비아누스 집권기부터 제정이 시작되었다.

13 ㈎ 시기에 있었던 사실로 옳은 것은?

로마의 평화 ➡ ㈎ ➡ 서로마 제국 멸망

① 공화정 성립
② 4분할 통치
③ 호민관 최초 선출
④ 로마 – 카르타고 전쟁
⑤ 그라쿠스 형제의 개혁

14 빈칸에 들어갈 내용으로 가장 적절한 것은?

> 4세기 초에 콘스탄티누스 대제는 제국을 부흥시키기 위해

① 동방 원정을 실시하였다.
② 조로아스터교를 창시하였다.
③ 콘스탄티노폴리스로 천도하였다.
④ 관리와 배심원에게 수당을 지급하였다.
⑤ ‘왕의 눈’이라고 불리는 감찰관을 파견하였다.

15 다음 자료로 파악할 수 있는 로마 문화의 특징으로 가장 적절한 것은?

↑ 수도교

↑ 콜로세움

① 실용적인 문화가 발전하였다.
② 그리스 문화의 영향을 받았다.
③ 세계 시민주의적인 성격이 반영되었다.
④ 그리스 문화와 동방 문화가 어우러졌다.
⑤ 인간 중심적이고 합리적인 문화가 발달하였다.

시험에 잘 나와!
16 ㉠, ㉡에 들어갈 법에 대한 설명으로 옳은 것을 〈보기〉에서 고른 것은?

로마법의 발달

1. **배경:** 넓은 영역의 제국을 효율적으로 통치하기 위한 목적에서 발달
2. **과정:** 관습법 → (㉠) → 시민법 → (㉡) → 동로마 제국(비잔티움 제국) 시기 『유스티니아누스 법전』으로 로마법 집대성

보기

ㄱ. ㉠은 로마 최초의 성문법이다.
ㄴ. ㉠은 12표법, ㉡은 만민법이다.
ㄷ. ㉡은 함무라비 왕이 제정하였다.
ㄹ. ㉡은 로마 시민에게만 적용되었다.

① ㄱ, ㄴ
② ㄱ, ㄷ
③ ㄴ, ㄷ
④ ㄴ, ㄹ
⑤ ㄷ, ㄹ

17 로마의 문화에 대한 설명으로 옳은 것을 〈보기〉에서 고른 것은?

> **보기**
> ㄱ. 신전인 판테온을 건립하였다.
> ㄴ. 균형을 갖춘 「아테나 여신상」을 만들었다.
> ㄷ. 도시에 공중목욕탕과 공중화장실이 세워졌다.
> ㄹ. 소크라테스가 진리의 객관성, 절대성을 강조하였다.

① ㄱ, ㄴ 　② ㄱ, ㄷ 　③ ㄴ, ㄷ
④ ㄴ, ㄹ 　⑤ ㄷ, ㄹ

18 (가)에 들어갈 내용을 쓰시오.

(　　　　　　　　　)

시험에 잘 나와!
19 다음 주장을 내세운 종교에 대한 설명으로 옳지 <u>않은</u> 것은?

> 민족과 신분에 상관없이 모두 평등하며, 누구나 사랑과 믿음으로 구원을 받을 수 있다.

① 예수가 창시하였다.
② 페르시아인들이 널리 믿었다.
③ 황제 숭배를 거부하여 박해를 받았다.
④ 노예, 여성, 하층민 중심으로 확산되었다.
⑤ 테오도시우스 1세 때 로마의 국교로 인정되었다.

서술형 문제

서술형 감잡기

1 다음을 읽고 물음에 답하시오.

> 인체의 아름다움을 추구한 조각인 「밀로의 비너스」는 이 문화가 유행한 시기에 만들어졌다. <u>이 문화</u>는 알렉산드로스의 동방 원정 과정에서 그리스 문화와 동방 문화가 융합하여 발전하였다.

(1) 밑줄 친 '이 문화'를 쓰시오.

(2) (1)에서 답한 문화의 특징을 <u>두 가지</u> 서술하시오.

> **핵심어** 　개인주의, 세계 시민주의

서술형 익히기

2 다음을 읽고 물음에 답하시오.

> • 대토지 소유를 제한하자!
> • 빈민에게 싼값으로 곡물을 제공하자!
> • 농민에게 토지를 재분배하고, 보조금을 지원해 주자!

(1) 위와 같이 주장한 인물을 쓰시오.

(2) (1)에서 답한 형제가 개혁을 추진한 배경과 목적을 각각 서술하시오.

04 고대 동아시아와 인도 세계의 형성

A 춘추 전국 시대의 사회 변화

1. *춘추 전국 시대의 시작: 기원전 8세기경 주의 낙읍(뤄양) 천도 → 주 왕실의 세력 약화, 제후국의 세력 다툼

2. 경제와 사회의 변화 ─ 당시 정치는 혼란스러웠지만 각국이 경쟁하면서 경제와 사회가 크게 발전하였어.

(1) 철제 무기 사용 → 정복 전쟁 활발, 전쟁 규모 확대 ─ 이로써 도시와 시장이 성장하고, 다양한 화폐가 사용되었어.

(2) 철제 농기구와 소를 이용한 농경 발달 → 농업 생산력 증가, 상업과 수공업 발달

3. *제자백가의 등장: 제후국들의 부국강병 추구 → 능력 있는 인재 등용, 사상가들이 현실 문제를 해결하고자 여러 정치사상 제시 ─ 용어 부유한 나라와 강한 병사

구분	대표 사상가	내용
유가	공자, 맹자	'인'과 '예'를 바탕으로 한 도덕 정치 주장
묵가	묵자	차별 없는 사랑(겸애)과 평화 강조
법가	한비자	법과 제도의 엄격한 적용 주장
도가	노자, 장자	인위적인 제도보다 자연의 순리에 따르는 삶(무위자연) 강조

> ✳ **춘추 전국 시대**
> 주가 낙읍으로 수도를 옮긴 이후부터 진이 중국을 통일할 때까지의 시기이다. 춘추 시대에는 5개의 제후국(5패)이, 전국 시대에는 7국(7웅)이 세력을 다투었다.

> ✳ **제자백가**
> '제자'는 여러 사상가를 가리키고, '백가'는 다양한 학파를 말한다.

B 진의 중국 통일

1. 진(秦)의 중국 통일: 전국 7웅 중 하나로 부국강병을 이룸 → 중국 최초 통일(기원전 221)

2. 시황제의 정책: 왕을 '황제'로 변경, 자신을 '시황제'(첫 번째 황제)로 칭함 `자료❶`

중앙 집권 정책	• 지방 행정: 전국에 *군현제 실시, 도로망 정비 ─ 용어 길이, 부피, 무게를 재는 기구의 단위 • 통일 정책: 화폐, 도량형, 문자, 수레바퀴의 폭 등 통일 `핵심 자료` • 사상 탄압: 법가 사상 채택, 분서갱유 단행 `자료❷`
대외 정책	흉노를 견제하고자 만리장성 축조, 베트남 북부 인근 지역까지 영토 확장

3. 멸망: 대규모 토목 공사에 백성을 자주 동원, 법가 사상에 바탕을 둔 가혹한 통치 → 백성의 불만 고조, 시황제 사후 농민 봉기 발생 → 멸망(기원전 206)

> ✳ **군현제**
> 지방을 군과 현으로 나누고, 중앙에서 파견한 관리가 정해진 기간 동안 다스리는 통치 제도이다.

자료❶ 진의 영역과 만리장성 축조

최초로 중국을 통일한 진의 시황제는 넓은 영토를 효율적으로 다스리기 위해 전국에 군현제를 실시하고 수도에서 각 지방을 연결하는 도로를 건설하였다. 또한 흉노의 침입을 막고자 북쪽의 국경 근처에 전국 시대의 성벽을 연결하여 만리장성을 쌓았다.

자료❷ 분서갱유 단행

─ 점 치는 일

> 가져도 좋은 것은 의약과 점복, 농사에 관한 서적에 국한해야 합니다. …… 시황제는 이사의 상소를 허락하고 시서와 백가의 저서를 몰수하여 불태우고(분서) …… 비판하는 자들은 구덩이를 파고 묻어버렸다(갱유).
> — 사마천, 『사기』

시황제는 법가와 실용 서적을 제외한 책을 불태우고, 자신의 정책에 반대하는 학자들을 땅에 묻어 죽이는 등 강압적으로 사상을 탄압하였다. 시황제가 법가 사상을 바탕으로 백성을 가혹하게 통치하자 백성의 불만이 높아졌으며, 이는 진이 멸망하는 한 원인이 되기도 하였다.

교과서 핵심 자료 · 시황제의 통일 정책

시황제는 전국 시대에 각 제후국에서 사용하던 다양한 화폐를 반량전으로 통일하였다. 또한 전국 시대에 나라와 지역마다 달랐던 도량형을 하나로 통일하여 상업 활동과 세금 징수를 편리하게 하였다. 문자가 통일되어 지방에서도 황제의 명령을 쉽게 이해할 수 있게 되었다. 이로써 진은 법령을 효율적으로 추진할 수 있었다.

✓ 완자쌤의 탐구 수업

❶ 시황제가 전국 시대의 여러 화폐를 통일하여 만든 화폐는?

반량전

❷ 시황제가 문자를 통일함으로써 나타난 효과는?

시황제가 나라마다 달랐던 문자를 통일하자 지방에서도 황제의 명령을 쉽게 이해할 수 있게 되어 나라의 법령을 효율적으로 추진할 수 있었습니다.

문제로 개념 확인

정답 친해 13쪽

1 춘추 전국 시대에 대한 설명이 맞으면 ○표, 틀리면 ×표를 하시오.

(1) 화폐, 도량형, 문자가 통일되었다. ( )

(2) 제자백가라고 불리는 여러 사상가와 학파가 등장하였다. ( )

2 다음 설명에 해당하는 사상을 〈보기〉에서 골라 기호를 쓰시오.

> **보기**
> ㄱ. 도가 ㄴ. 유가

(1) '인'과 '예'로 정치를 회복해야 한다고 강조하였다. ( )

(2) 인위적인 것을 버리고 자연의 순리에 따르는 삶을 주장하였다. ( )

3 빈칸에 들어갈 알맞은 내용을 쓰시오.

(1) 진의 시황제는 ( ) 사상을 바탕으로 나라를 다스렸다.

(2) 진의 시황제는 흉노를 견제하고자 북쪽 국경에 ( )을/를 쌓았다.

4 ㉠에 들어갈 통치 제도를 쓰시오.

> 진의 시황제는 지방을 군과 현으로 나누고, 중앙에서 파견된 관리가 정해진 기간 동안 다스리는 (㉠)을/를 전국에 실시하였다.

비주얼로 핵심 콕콕

A 춘추 전국 시대의 사회 변화

철기 사용
- 철제 무기 사용 → 정복 전쟁 활발
- 철제 농기구와 우경 발달 → 농업 생산력 증가

제자 백가 등장
- 유가: 인과 예 강조
- □□: 겸애 주장
- 법가: 엄격한 법 적용
- 도가: 무위자연 추구

B 진의 중국 통일

진(秦)의 중국 최초 통일

□□□의 정책
- 중앙 집권 정책: 군현제 실시, 화폐·도량형·문자 통일
- 대외 정책: 만리장성 축조

가혹한 통치 등으로 진 멸망

C 한의 성립과 발전

1. 성립: 유방(고조)이 한 건국 후 중국 통일(기원전 202)

2. 발전

한 고조	장안을 수도로 삼음, *군국제 시행, 세금을 줄여 농민의 생활 안정화
한 무제	• 중앙 집권 정책: 군현제 전국 확대 실시 • 대외 정책: 흉노 정벌, 베트남 북부 점령, 고조선 정복 • 경제 정책: 잦은 전쟁으로 재정 부족 → 소금·철·술의 전매 제도 실시

└ 용어 나라가 특정 물건을 독점하여 판매하는 정책

3. 변천과 멸망

(1) 신의 성립과 멸망: 한 무제 이후 외척 세력 강화 → 왕망이 한을 멸망시키고 신 건국(8) → 얼마 못 가 멸망

└ 용어 황제의 외가와 황후의 집안사람을 일컫는 말

(2) 후한의 성립과 멸망: 유수(광무제)가 한을 다시 세움(25) → 외척의 횡포로 사회 혼란, 호족의 대토지 소유로 농민 생활 악화 → 황건적의 난을 비롯한 농민 봉기, 호족이 각지에서 봉기 → 후한 멸망(220)

└ 후한 말에 장각이 일으킨 봉기야. 노란 두건을 둘러 황건적이라고 불렸어.

4. 한의 문화: 중국 문화의 기틀 마련

(1) 학문의 발달

┌ 태학을 세우고 오경 박사를 두었어.

유학	한 무제가 동중서의 건의를 받아들여 유교를 통치 이념으로 채택 → 유학 교육 기관 설치 및 유학자를 관리로 뽑아 유학 교육, 유교 경전의 옛글자를 해석하는 훈고학 발달
역사학	사마천의 *『사기』, 반고의 『한서』 편찬(→ 중국 역사 서술의 모범이 됨)

(2) 과학 기술의 발전: 해시계·지진계 발명, 채륜이 종이 만드는 기술 개량

└ 학문과 사상의 확산에 기여하였어.

D 고대 유라시아의 동서 교류

1. 초원길의 개척과 유목 민족의 성장

(1) 초원길의 개척: 기원전 7세기경부터 기원전 2세기경까지 스키타이가 유라시아 지역을 오가며 교류하는 과정에서 개척됨

└ 용어 유럽과 아시아를 아울러 이르는 지역

(2) 유목 민족의 성장

스키타이	초원길 개척 후 유목 민족의 문화를 동아시아에 전파
*흉노	기원전 4세기경 등장, 스키타이의 청동기 문화를 더욱 발전시킴 → 중국을 비롯하여 한반도, 일본에도 영향을 줌

2. 비단길의 개척과 유라시아 상호 교류 핵심 자료

┌ 중앙아시아의 대월지, 오손 등 중국의 서쪽 지역에 있는 여러 나라를 말해.

(1) 비단길의 개척: 한 무제가 흉노를 정벌할 목적으로 장건을 서역에 파견함 → 파견 과정에서 비단길이 알려짐(중국의 낙양과 장안을 거쳐 로마, 이집트로 연결)

(2) 유라시아 상호 교류: 비단길을 따라 상인들의 왕래가 많아져 동서 교역이 활발해짐

3. 바닷길을 통한 교류: 기원전 10세기부터 이집트 상인들이 인도양을 오가며 해상 교역을 시작함, 로마 상인들도 바닷길을 거쳐 인도, 동남아시아까지 이름(초원길, 비단길 쇠퇴 이후 동서 교류의 중요 통로가 됨)

✳ 군국제
군현에 관리를 파견하여 다스리는 군현제, 제후에게 맡긴 봉건제를 합한 제도이다.

✳ 『사기』
사마천이 중국 신화시대부터 한 무제 때까지의 역사를 기록한 역사서이다. 역대 왕과 황제, 주요 인물의 활동이 적혀 있다.

↑ 사마천

✳ 흉노
진 멸망 이후 초원 지대를 통일하며 세력을 확장하였다. 한을 침략하여 승리를 거두었고, 한은 흉노에게 공물을 보내 평화를 유지하였다.

↑ 흉노의 금관

교과서 핵심 자료 · 장건의 서역 파견과 비단길 개척

↑ 한의 영역과 장건의 서역 행로

↑ 서역으로 떠나는 장건이 한 무제에게 인사하는 모습

한 무제는 북쪽의 흉노를 정벌하기 위해 대월지와 동맹을 맺고자 장건을 서역에 보냈다. 장건은 대월지와 동맹을 맺지 못하였지만 그 과정에서 서역으로 가는 길과 그 주변 상황에 대해 알게 되었다. 이 길은 중국의 비단이 서역에 전해진 길이었기 때문에 비단길이라고 불렸다. 비단길이 개척된 이후 동서 교역이 활발하게 이루어졌다. 비단길을 거쳐 로마의 유리 공예품, 인도의 불교 등이 중국에 들어왔고, 중국의 비단이 서역과 유럽까지 전해졌다.

✔ 완자쌤의 탐구 수업

❶ 한 무제가 장건을 서역에 파견한 이유는?

한 무제는 흉노를 정벌하기 위해 대월지와 동맹을 맺고자 장건을 서역에 보냈습니다.

❷ 비단길의 개척이 동서 교류에 미친 영향은?

비단길 개척 이후 상인들의 왕래가 많아져 동서 교류가 활발하게 이루어졌습니다. 비단길을 통해 인도의 불교가 중국에 들어왔고, 중국의 비단이 서역과 유럽까지 전해졌습니다.

문제로 개념 확인

정답 친해 13쪽

1 다음 괄호 안의 내용 중 알맞은 말에 ○표를 하시오.

(1) (한 고조 , 한 무제)는 군국제를 시행하였다.

(2) 한 무제는 (흉노 , 고조선)을/를 정벌하려고 장건을 서역에 보냈다.

(3) 외척 왕망이 한을 멸망시키고 세운 (신 , 진)은 얼마 못 가 멸망하였다.

2 다음 물음에 답하시오.

(1) 한 무제가 통치 이념으로 삼은 사상은?　　　　　(　　　　)

(2) 한대에 종이 만드는 기술을 개량한 인물은?　　　　(　　　　)

(3) 한의 유학 중 유교 경전의 옛글자를 해석하는 학문은?　（　　　）

(4) 사마천이 중국 신화시대부터 한 무제 때까지의 역사를 기록한 역사서는?

　　　　　　　　　　　　　　　　　　　　（　　　　）

3 다음 설명에 해당하는 교역로를 〈보기〉에서 골라 기호를 쓰시오.

보기
ㄱ. 바닷길　　　　ㄴ. 비단길　　　　ㄷ. 초원길

(1) 중국의 낙양과 장안을 거쳐 로마와 이집트로 이어졌다.　（　　　）

(2) 유목 민족의 청동기 문화를 동아시아에 전파하는 주요 통로였다.　（　　　）

(3) 기원전 10세기부터 이집트 상인들이 인도양을 오가며 개척되었다. （　　　）

비주얼로 핵심 콕콕

C 한의 성립과 발전

유방(고조)이 한 건국

↓

• 한 고조: 군국제 실시
• □ □□ : 군현제 실시, 흉노 정벌, 고조선 정복, 소금·철 등의 전매 제도 시행

↓

외척 왕망이 신 건국

↓

유수(광무제)가 후한 건국
→ 농민과 호족의 봉기로 멸망

D 고대 유라시아의 동서 교류

초원길
• 스키타이가 개척
• 유목 민족의 청동기 문화 전파 통로

비단길
• 한 무제가 □□을 서역에 파견한 일을 계기로 개척
• 유라시아 상호 교류

바닷길
• 이집트 상인들이 인도양을 오가며 개척
• 로마 상인들도 이용

E 불교의 성립과 마우리아 왕조의 발전

1. 불교의 성립

(1) 배경: 기원전 7세기경 갠지스강 유역에서 도시 국가 간의 정복 전쟁 활발, 농업·상공업 발달 → 크샤트리아와 바이샤 세력이 성장하여 브라만교와 카스트제 사회 비판
  └ 크샤트리아는 정치와 군사를, 바이샤는 생산을 담당하였어.

(2) 성립과 확산

성립	기원전 6세기경 *고타마 싯다르타(석가모니)가 창시
교리	카스트제의 신분 차별 반대, 평등과 자비 강조, 누구나 욕심을 버리고 올바르게 수행하면 *윤회의 고통에서 벗어나 해탈할 수 있다고 가르침
확산	크샤트리아와 바이샤 세력의 환영과 지원 → 인도 여러 지역으로 전파
  └ 용어 깨달음을 통해 번뇌와 고통이 없는 상태에 이르는 것

2. 마우리아 왕조의 성립과 발전

(1) 성립: 기원전 4세기경 찬드라굽타 마우리아가 북인도를 통일하여 성립

(2) 전성기: 기원전 3세기 아소카왕 때

영토 확장	남부 일부를 제외한 인도 대부분 지역 통일
중앙 집권	도로와 관개 시설 정비, 전국에 관리 파견
불교 장려	• 전국에 통치 방침과 불교의 가르침을 새긴 돌기둥 건립, 불경 정리, 전국에 사원과 탑 건립(현존하는 가장 오래된 불탑인 *산치 대탑 건립) 핵심 자료 • 부처의 가르침을 그대로 따를 것과 개인의 해탈을 강조하는 상좌부 불교 발전 → 실론(스리랑카)으로 전파, 11세기 이후 동남아시아로 전파

* **고타마 싯다르타(석가모니)**
인도 카필라 왕국의 왕자로, 인간의 삶과 죽음에 대해 고민하였다. 수행한 지 6년 만에 깨달음을 얻어 부처가 되었다.

* **윤회**
수레바퀴가 계속 굴러가듯 생명이 있는 모든 존재는 태어나고 죽기를 반복한다는 사상이다.

* **산치 대탑**

아소카왕이 석가모니의 사리를 보관하기 위해 만들었다. 문기둥에 석가모니의 일생이 새겨져 있다.

F 쿠산 왕조의 성립과 간다라 양식의 발달

1. 쿠산 왕조의 성립과 발전

(1) 성립: 마우리아 왕조의 쇠퇴 이후 인도 재분열 → 1세기경 이란 계통의 유목민(쿠샨족)이 인도 서북부에 쿠샨 왕조 건국

(2) 발전

① 무역의 발달: 중국·인도·서아시아를 연결하는 중계 무역으로 번영, 로마와도 교역

② 전성기: 2세기 카니슈카왕 때

영토 확장	북인도에서 중앙아시아에 이르는 영토 확보
불교 장려	• 사원과 탑 건립, 불경 정리 및 연구 지원 • 많은 사람(중생)의 구제를 강조하는 대승 불교 발전 → 중앙아시아를 거쳐 동남아시아와 동아시아로 전파 └ 부처를 신과 같은 존재로 여겨 신앙의 대상으로 삼았어.

2. *간다라 양식의 발달
  └ 초기 불교도는 부처의 모습을 직접 표현하는 것이 교리에 어긋난다고 여겼어.

성립	부처를 보리수, 연꽃, 탑, 수레바퀴 등 다양한 상징으로 표현 → 알렉산드로스의 동방 원정 이후 간다라 지방에 그리스인 정착 → 인도인들이 그리스 조각상의 영향을 받아 부처를 인간의 모습으로 표현한 불상을 만들기 시작함 → 인도 문화와 헬레니즘 문화가 융합된 간다라 양식 발달
전파	비단길을 따라 중국, 한국, 일본에 전해져 불상 제작에 영향을 줌

* **간다라 양식의 특징**

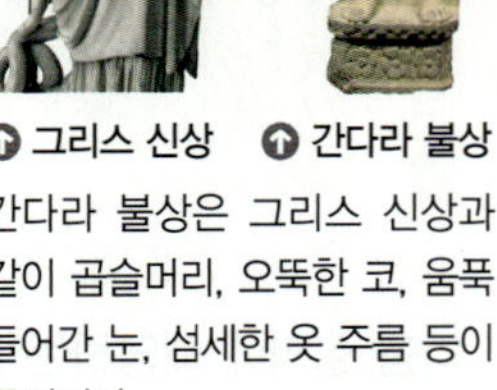

간다라 불상은 그리스 신상과 같이 곱슬머리, 오뚝한 코, 움푹 들어간 눈, 섬세한 옷 주름 등이 특징이다.

교과서 핵심 자료 ✦ 아소카왕의 통치 정책

↩ 아소카왕의 돌기둥 머리

칼링가 왕국을 정복하면서 나는 돌이킬 수 없는 양심의 가책을 느꼈다. …… 앞으로 나는 오직 진리에 맞는 법만을 실천하고 가르칠 것이다. ┗ 불교
– 아소카왕의 돌기둥에 새겨진 글

마우리아 왕조의 전성기를 이끈 아소카왕은 칼링가 왕국을 정복하는 과정에서 전쟁의 처참한 모습을 보았다. 이후 그는 정복 전쟁을 그만두고 불교의 가르침에 따라 나라를 다스렸는데, 자신의 통치 방침과 불교의 가르침을 새긴 돌기둥을 곳곳에 세우고 불교를 장려하였다.

✔ 완자쌤의 탐구 수업

◆ 아소카왕이 전국에 돌기둥을 세운 계기는?

아소카왕은 칼링가 왕국을 정복하는 과정에서 전쟁의 처참한 모습을 본 뒤 정복 전쟁을 그만두고 불교의 가르침에 따라 나라를 다스리고자 하였습니다.

문제로 개념 확인

정답 친해 13쪽

1 다음 괄호 안의 내용 중 알맞은 말에 ○표를 하시오.

(1) 기원전 6세기경 고타마 싯다르타가 (불교 , 유교)를 창시하였다.

(2) 불교의 가르침은 크샤트리아와 (바이샤 , 브라만) 세력의 환영을 받았다.

(3) 불교는 (봉건제 , 카스트제)의 신분 차별에 반대하고 평등을 강조하였다.

2 다음 물음에 답하시오.

(1) 기원전 4세기 초 찬드라굽타 마우리아가 세운 왕조는? ( )

(2) 자신의 통치 방침을 새긴 돌기둥을 전국에 세운 마우리아 왕조의 왕은? ( )

3 다음 설명에 해당하는 불교 종파를 〈보기〉에서 골라 기호를 쓰시오.

> 보기
> ㄱ. 대승 불교　　　　　　　ㄴ. 상좌부 불교

(1) 실론과 동남아시아로 전파되었다. ( )

(2) 개인의 해탈보다 많은 사람의 구제를 강조하였다. ( )

4 다음 설명이 맞으면 ○표, 틀리면 ×표를 하시오.

(1) 초기 불교도는 보리수, 수레바퀴 등으로 부처를 표현하였다. ( )

(2) 쿠샨 왕조는 중국과 인도, 서아시아를 연결하는 중계 무역으로 번영하였다. ( )

(3) 쿠샨 왕조에서는 인도 문화와 로마 문화가 어우러진 간다라 양식이 발달하였다. ( )

비주얼로 핵심 콕콕

E 불교의 성립과 마우리아 왕조의 발전

불교의 성립

- 기원전 6세기경 고타마 싯다르타(석가모니)가 창시
- 자비와 평등 강조, 올바로 수행하면 해탈할 수 있다고 가르침
- 크샤트리아와 바이샤 세력의 지원으로 확산

마우리아 왕조의 성립

- 찬드라굽타 마우리아(건국)
- 아소카왕(전성기): 영토 확장, 전국에 통치 방침과 불교의 가르침을 새긴 돌기둥 건립, 산치 대탑 건립, □□□ 불교 발전

F 쿠샨 왕조의 성립과 간다라 양식의 발달

쿠샨 왕조

쿠샨족이 쿠샨 왕조 건국
(인도 북부 재통일)
↓
카니슈카왕 때 전성기 이룩
(영토 확장, □□ 불교 발전)

간다라 양식 발달

알렉산드로스의 동방 원정 → 간다라 지방에서 인도 문화와 헬레니즘 문화의 융합

핵심 문제

A 춘추 전국 시대의 사회 변화

01 춘추 전국 시대에 나타난 사회 변화로 적절하지 <u>않은</u> 것은?

① 도시와 시장이 성장하였다.
② 상업과 수공업이 발달하였다.
③ 종이 만드는 기술이 개량되었다.
④ 정복 전쟁에 철제 무기가 사용되었다.
⑤ 철제 농기구와 소를 이용한 농경이 발달하였다.

02 빈칸에 들어갈 내용으로 가장 적절한 것은?

> 춘추 전국 시대에 제후들은 부국강병을 이루고 경쟁에서 살아남기 위해 유능한 인재를 등용하였다. 이 과정에서

① 분서갱유가 일어났다.
② 제자백가가 등장하였다.
③ 조로아스터교가 창시되었다.
④ 황제가 다스리는 제정이 시작되었다.
⑤ 개인주의와 세계 시민주의가 발달하였다.

03 ㉠, ㉡에 들어갈 내용으로 옳은 것은?

> 제자백가의 학파 중에는 법과 제도의 엄격한 적용을 주장한 (㉠), 차별 없는 사랑을 강조한 (㉡)가 대표적이다.

	㉠	㉡		㉠	㉡
①	도가	법가	②	묵가	도가
③	묵가	법가	④	법가	도가
⑤	법가	묵가			

04 다음과 같은 사상을 대표하는 사상가로 옳은 것은?

> 일체의 인위적인 것을 버리고 자연의 순리대로 살아야 합니다.

① 공자　　② 노자　　③ 맹자
④ 묵자　　⑤ 한비자

B 진의 중국 통일

05 지도의 최대 영역을 차지하였던 나라에 대한 설명으로 옳은 것은?

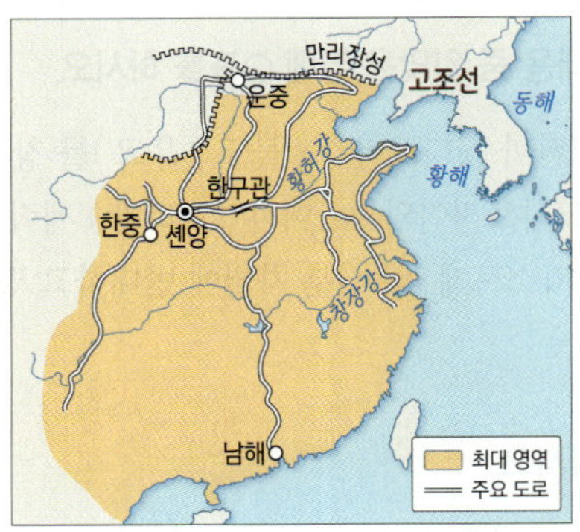

① 갑골문을 사용하였다.
② 중국을 최초로 통일하였다.
③ 태학을 설립하고 오경박사를 두었다.
④ 20여 개의 주에 총독을 파견하여 다스렸다.
⑤ 혈연관계를 바탕으로 한 봉건제를 실시하였다.

06 다음 사건을 일으킨 황제의 업적으로 옳지 <u>않은</u> 것은?

> 황제는 이사의 상소를 허락하고 시서와 백가의 저서를 몰수하여 불태우고(분서) …… 비판하는 자들은 구덩이를 파고 묻어버렸다(갱유).

① 만리장성을 축조하였다.
② 전국에 군현제를 실시하였다.
③ 자신을 첫 번째 황제로 칭하였다.
④ 소금, 철에 대한 전매 제도를 시행하였다.
⑤ 지역마다 달랐던 도량형과 화폐를 통일하였다.

07 선생님의 질문에 대한 학생들의 답변으로 가장 적절한 것은?

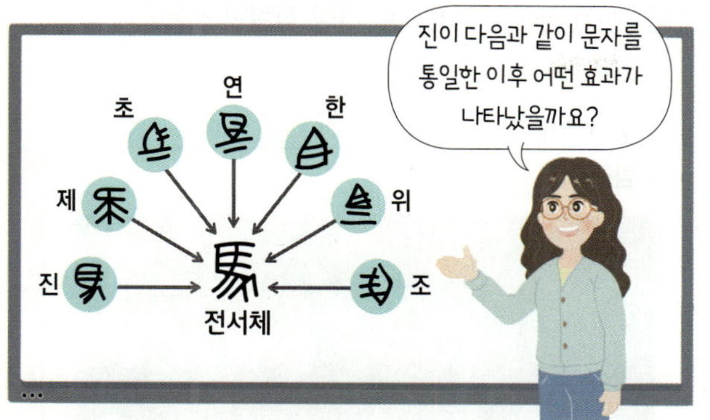

① 흉노를 막을 수 있었어요.
② 동서 교역이 활발하게 이루어졌어요.
③ 유교적 통치 이념을 확립할 수 있었어요.
④ 부족해진 나라의 재정을 마련할 수 있었어요.
⑤ 지방에서도 황제의 명령을 쉽게 이해할 수 있었어요.

08 진이 멸망한 이유로 적절한 것을 〈보기〉에서 고른 것은?

보기
ㄱ. 황건적의 난이 일어났다.
ㄴ. 지배층이었던 호족들이 봉기하였다.
ㄷ. 대규모 토목 공사에 백성을 자주 동원하였다.
ㄹ. 법가 사상을 바탕으로 백성을 가혹하게 통치하였다.

① ㄱ, ㄴ   ② ㄱ, ㄷ   ③ ㄴ, ㄷ
④ ㄴ, ㄹ   ⑤ ㄷ, ㄹ

C 한의 성립과 발전

09 다음에서 설명하는 제도를 쓰시오.

한 고조가 실시한 제도로, 군현에는 관리를 파견하여 직접 다스리고 일부 지역은 제후에게 통치를 맡겼다.

(   )

10 한의 발전과 쇠퇴 과정을 일어난 순서대로 나열한 것은?

(가) 군국제가 실시되었다.
(나) 황건적의 난이 일어났다.
(다) 외척인 왕망이 신을 세웠다.
(라) 군현제가 전국으로 확대되었다.

① (가) – (다) – (라) – (나)   ② (가) – (라) – (다) – (나)
③ (나) – (라) – (다) – (가)   ④ (라) – (나) – (다) – (가)
⑤ (라) – (다) – (가) – (나)

11 밑줄 친 '그'에 대한 설명으로 옳은 것은?

그는 군현제를 전국으로 확대 실시하여 중앙 집권 체제를 강화하였다.

① 후한을 건국하였다.
② 유교를 통치 이념으로 삼았다.
③ '왕의 길'이라는 도로를 건설하였다.
④ 동방 원정을 추진하여 대제국을 건설하였다.
⑤ 피정복민의 풍습을 존중한다는 선언을 원통에 새겼다.

12 ㉠에 들어갈 인물로 옳은 것은?

① 왕망   ② 채륜   ③ 사마천
④ 한 고조   ⑤ 한 무제

13 지도의 최대 영역을 차지하였던 나라에 대한 탐구 활동으로 가장 적절한 것은?

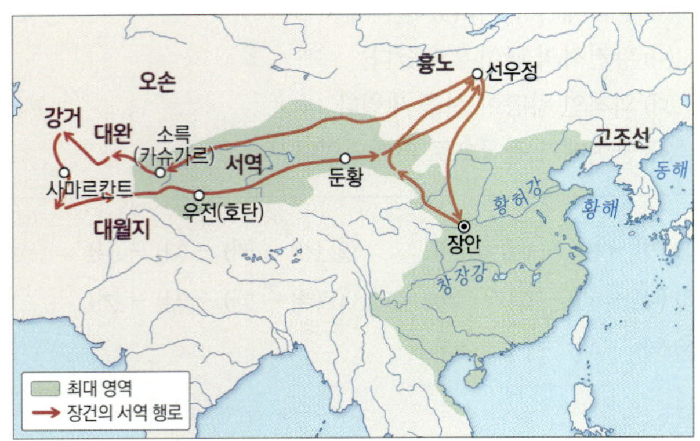

① 시황제의 통일 정책을 살펴본다.

② 한 무제의 정복 활동을 조사한다.

③ 주의 낙읍 천도가 미친 영향을 알아본다.

④ 크리스트교의 등장과 확산 과정을 정리한다.

⑤ 전국 시대의 만리장성이 확장된 배경을 파악한다.

14 검색창에 들어갈 학문을 쓰시오.

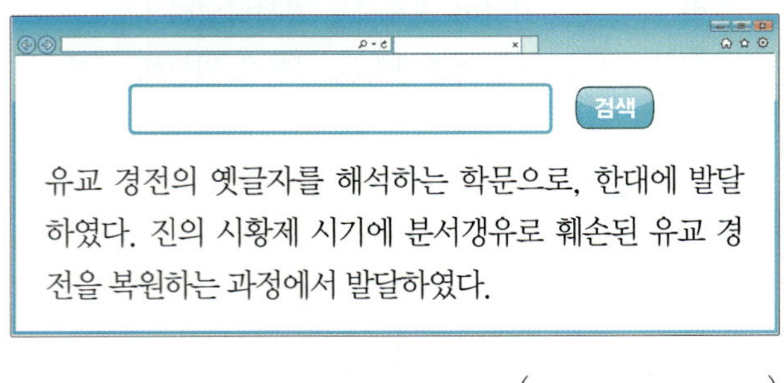

유교 경전의 옛글자를 해석하는 학문으로, 한대에 발달하였다. 진의 시황제 시기에 분서갱유로 훼손된 유교 경전을 복원하는 과정에서 발달하였다.

(   )

시험에 잘 나와!

15 한의 문화에 대한 설명으로 옳지 <u>않은</u> 것은?

① 훈고학이 발달하였다.

② 태학에서 유학을 가르쳤다.

③ 조로아스터교가 유행하였다.

④ 해시계와 지진계가 발명되었다.

⑤ 채륜이 종이 만드는 기술을 개량하였다.

D   **고대 유라시아의 동서 교류**

16 (가)에 들어갈 내용으로 가장 적절한 것은?

- 탐구 주제: (가)
- 탐구 자료

그림은 장건이 한 무제에게 인사하는 모습을 묘사한 것이다. 한 무제는 흉노 정벌을 위해 대월지와 동맹을 맺고자 장건을 서역에 보냈다. 대월지와의 동맹은 실패하였지만, 서역으로 가는 길이 알려졌다.

① 공화정의 발전과 위기

② 알렉산드로스의 동방 원정

③ 춘추 전국 시대의 사회 변화

④ 초원길의 개척과 유목 민족의 성장

⑤ 비단길의 개척과 유라시아 상호 교류

17 (가), (나) 교역로에 대한 설명으로 옳은 것을 〈보기〉에서 고른 것은?

(가) 바닷길   (나) 초원길

보기

ㄱ. (가)는 스키타이가 개척하였다.

ㄴ. (가)는 로마 상인들이 무역에 이용하였다.

ㄷ. (나)는 중국의 낙양과 장안을 거쳐 로마와 이집트로 이어졌다.

ㄹ. (나)는 흉노가 청동기 문화를 동아시아에 전파하는 주요 통로였다.

① ㄱ, ㄴ   ② ㄱ, ㄷ   ③ ㄴ, ㄷ

④ ㄴ, ㄹ   ⑤ ㄷ, ㄹ

18 밑줄 친 '이 민족'으로 옳은 것은?

사진은 이 민족의 금관이다. 기원전 4세기경에 등장한 이 민족의 청동기 문화는 중국을 비롯하여 한반도와 일본에도 영향을 주었다.

① 선비　　② 흉노　　③ 스키타이
④ 아리아인　　⑤ 히타이트인

E 　불교의 성립과 마우리아 왕조의 발전

19 빈칸에 들어갈 내용으로 가장 적절한 것은?

기원전 7세기 무렵 갠지스강 유역에서는 도시 국가 간의 정복 전쟁이 활발해지고 농업과 상업이 발달하였다. 이 과정에서 　　　　　　　　　　

① 카스트제가 마련되었다.
② 조로아스터교가 창시되었다.
③ 헬레니즘 문화가 발전하였다.
④ 크샤트리아와 바이샤 세력이 성장하였다.
⑤ 자연의 여러 신을 찬양하는 『베다』가 완성되었다.

★시험에 잘 나와!
20 불교에 대해 학생들이 나눈 대화 내용으로 옳지 <u>않은</u> 것은?

① 자비와 평등을 강조하였어.
② 기원전 6세기경에 형성되었어.
③ 황제 숭배를 거부하여 박해를 받았어.
④ 고타마 싯다르타(석가모니)가 창시하였어.
⑤ 크샤트리아와 바이샤 세력의 지원을 받았어.

21 다음 문화유산에 대한 설명으로 옳은 것은?

① 쿠샨 왕조 시기에 세워졌다.
② 파라오의 미라를 보관하였다.
③ 수메르인이 도시 중앙에 건립하였다.
④ 문기둥에 석가모니의 일생이 새겨져 있다.
⑤ 흉노의 침입을 막기 위한 목적으로 건립되었다.

22 지도의 최대 영역을 차지한 왕조에 대한 설명으로 옳은 것을 〈보기〉에서 고른 것은?

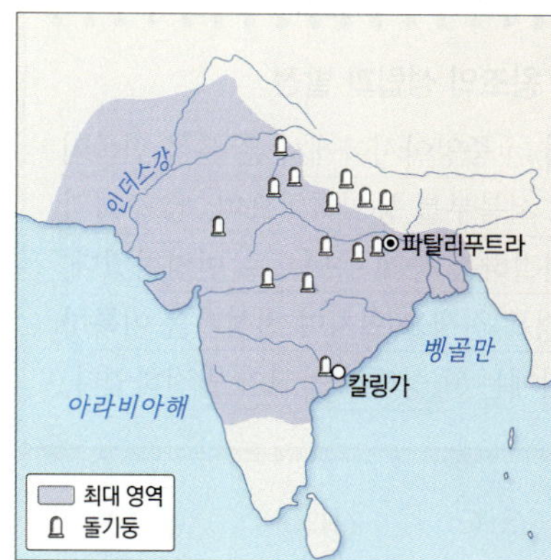

보기
ㄱ. 상좌부 불교가 발전하였다.
ㄴ. 아소카왕 때 전성기를 누렸다.
ㄷ. 중앙아시아의 유목 민족인 쿠샨족이 세웠다.
ㄹ. 인도 문화와 헬레니즘 문화가 결합한 미술 양식이 발달하였다.

① ㄱ, ㄴ　　② ㄱ, ㄷ　　③ ㄴ, ㄷ
④ ㄴ, ㄹ　　⑤ ㄷ, ㄹ

23 ㉠에 공통으로 들어갈 인물의 업적으로 옳은 것은?

> **역사 인물 가상 인터뷰**
>
> • **기자**: 불교를 받아들인 이유는 무엇입니까?
> • (㉠): 정복 전쟁을 치른 후 참회하는 마음으로 불교를 믿게 되었습니다.
> • **기자**: 앞으로 나라를 어떻게 통치하실 계획인가요?
> • (㉠): 부처의 가르침을 실천하고 이러한 통치 방향을 돌기둥에 새겨 전국에 세울 것입니다.

① 마우리아 왕조를 세웠다.
② 전국에 군현제를 실시하였다.
③ 소금과 철의 전매 제도를 시행하였다.
④ 함무라비 법전을 만들어 통치 체제를 정비하였다.
⑤ 남부 일부를 제외하고 인도 대부분 지역을 통일하였다.

F 쿠샨 왕조의 성립과 간다라 양식의 발달

24 밑줄 친 ㉠~㉤ 중 옳지 않은 것은?

> **쿠샨 왕조의 성립과 발전**
>
> 쿠샨 왕조는 1세기경 ㉠중앙아시아에서 온 유목 민족이 건국하였다. ㉡인도 서북부를 통일하였으며, ㉢중국과 인도, 서아시아를 연결하는 중계 무역으로 번영하였다. ㉣2세기에 활발한 정복 전쟁을 펼치며 전성기를 이룩하였다. 쿠샨 왕조 시기에는 ㉤상좌부 불교가 발전하였다.

① ㉠   ② ㉡   ③ ㉢   ④ ㉣   ⑤ ㉤

25 다음에서 설명하는 불교 종파를 쓰시오.

> • 많은 사람(중생)의 구제를 강조하였다.
> • 부처를 신과 같은 존재로 여겨 신앙의 대상으로 삼았다.

(   )

★ 시험에 잘 나와!
26 (가)에 들어갈 답변으로 옳은 것은?

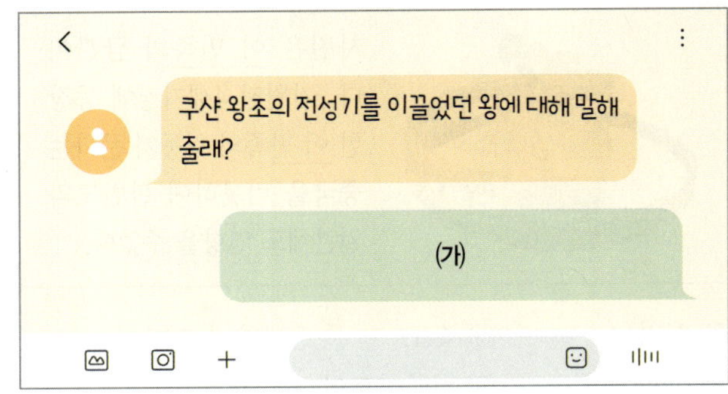

① 고조선을 정벌하였어.
② 전국의 주에 총독을 파견하였어.
③ 법가 사상을 바탕으로 나라를 다스렸어.
④ 사원과 탑을 세워 불교를 널리 전파하였어.
⑤ 동방 원정 이후 곳곳에 알렉산드리아를 건설하였어.

27 다음 내용을 뒷받침하는 문화유산으로 가장 적절한 것은?

> 쿠샨 왕조의 간다라 지방에서는 인도 문화와 헬레니즘 문화가 결합한 간다라 양식이 발달하였다.

서술형 문제

서술형 감잡기

1 진의 시황제가 다음 정책을 추진한 목적과 정책으로 나타난 효과를 각각 서술하시오.

| 핵심어 | 영토, 세금, 상업

서술형 익히기

2 다음을 읽고 물음에 답하시오.

(㉠)은/는 북쪽으로는 흉노를 정벌하고, 남쪽으로는 베트남 북부까지 점령하였다. 또한 고조선을 정복하였다. 잦은 전쟁으로 국가 재정이 부족해지자 그는 이를 해결하기 위해 대책을 마련하였다.

(1) ㉠에 들어갈 왕을 쓰시오.

(2) 밑줄 친 '대책'에 해당하는 내용을 서술하시오.

3 다음을 보고 물음에 답하시오.

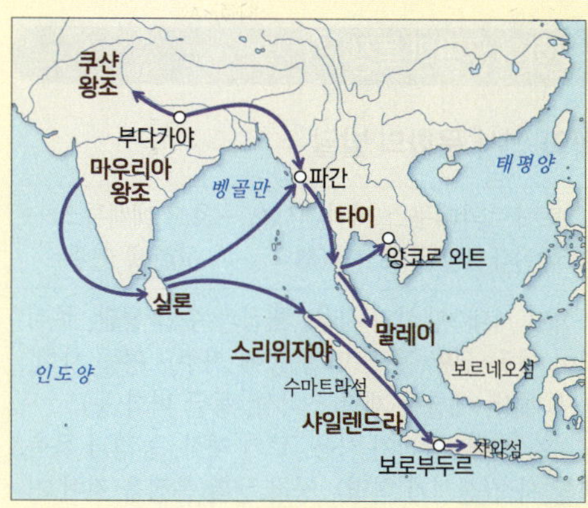

(1) 위 지도에 나타난 경로로 전파된 불교 종파를 쓰시오.

(2) (1)에서 답한 불교 종파의 교리를 두 가지 서술하시오.

4 부처를 표현하는 방식이 다음과 같이 바뀐 배경을 서술하시오.

초기 불교도는 부처를 보리수나 수레바퀴 등 다양한 상징으로 표현하였다.

부처를 그리스 신상과 같은 인간의 모습으로 표현한 불상을 만들기 시작하였다.

Ⅱ 단원 

01 / 선사 문화와 문명의 특징

(1) 인류의 진화와 선사 문화의 발달

인류의 진화	오스트랄로피테쿠스 아파렌시스 → 호모 에렉투스 → 호모 네안데르탈렌시스 → (❶)(현생 인류)
선사 문화	• 구석기 시대: 뗀석기 사용, 채집과 수렵 생활, 무리 지어 이동 생활(동굴·막집 등에 거주), 평등 사회, 시체 매장, 예술품 제작(조각상, 동굴 벽화 등) • 신석기 시대: 간석기 사용, 토기 제작, 농경과 목축 생활 시작(신석기 혁명), 정착 생활(움집을 지어 거주), 평등 사회, 특정 동물·식물 숭배

(2) 문명의 발생과 특징

문명의 발생	큰 강 유역에서 발생, 계급 발생, 청동기 사용, 도시 국가 형성, 문자 사용
메소포타미아 문명	• 수메르인의 도시 국가: 기원전 3500년경 티그리스강과 유프라테스강 사이에 건설, 지구라트 건립, 신권 정치, 현세 중시, 태음력과 쐐기 문자 사용 • (❷): 아무르인이 건국, 함무라비 왕 때 전성기(함무라비 법전 편찬) → 히타이트인에게 멸망
이집트 문명	기원전 3000년경 나일강 유역에서 통일 왕국 성립, 왕인 (❸)의 신권 정치, 사후 세계 중시(미라 제작, 피라미드 건설 등), 상형 문자 사용
인도 문명	• 인도 문명: 기원전 2500년경 인더스강 유역에 계획도시 건설, 청동기와 그림 문자 사용 • 아리아인의 이동: 카스트제 시행, 브라만교 성립
중국 문명	• 기원전 2500년경 황허강 유역에 초기 국가 형성 • 상: 신권 정치, 왕이 나라의 중대사를 점을 쳐서 결정(점친 내용은 (❹)(으)로 기록) • 주: 혈연관계를 바탕으로 한 봉건제 실시

02 ~ 03 / 고대 서아시아와 지중해 세계의 형성

(1) 아케메네스 왕조 페르시아의 발전

아시리아	철제 무기와 기마 전술을 토대로 서아시아 지역 최초 통일 → 가혹한 통치로 반란이 일어나 멸망
아케메네스 왕조 페르시아	• 키루스 2세: 서아시아 지역 통일, 관용 정책 실시 • (❺)(전성기): 전국을 주로 나누고 총독 파견(감찰관 파견), 도로 '왕의 길' 건설

(2) 아케메네스 왕조 페르시아의 문화

국제적 문화	여러 민족의 문화 수용, 교류 활발 → 국제적인 문화 발전(페르세폴리스 궁전 건축), 공예 발달
조로아스터교	• 교리: 세상을 선과 악의 대결이 벌어지는 곳으로 봄, 선과 빛의 신 아후라 마즈다를 최고신으로 섬김 • 확산: 크리스트교, 이슬람교 등에 영향을 줌

(3) 고대 그리스 세계의 형성

폴리스의 형성	군사 통치를 실시한 스파르타와 민주정이 발전한 아테네 등 형성, 아크로폴리스와 아고라로 구성
그리스 세계의 발전	• 아테네 민주정의 발전: 솔론 → 클레이스테네스(도편 추방제 도입) → (❻)(전성기) • 그리스 세계의 발전과 쇠퇴: 그리스·페르시아 전쟁(그리스 승리) → 델로스 동맹, 펠로폰네소스 동맹 결성 → 펠로폰네소스 전쟁 이후 그리스 쇠퇴
그리스의 문화	• 특징: 인간 중심적·합리적인 문화 • 내용: 문학(호메로스의 『일리아드』), 연극(「오이디푸스왕」), 예술(파르테논 신전, 「아테나 여신상」), 철학(소피스트·소크라테스 활약) 발달

(4) 알렉산드로스 제국과 헬레니즘 문화

알렉산드로스 제국	그리스 정복 → 알렉산드로스의 동방 원정으로 대제국 건설(동서 융합 추진) → 로마에 흡수
(❼)	• 특징: 그리스 문화와 동방 문화의 융합, 개인주의와 세계 시민주의 발달 • 내용: 철학(스토아학파와 에피쿠로스학파 등장), 자연 과학(물리학·기하학 등), 예술(사실적·생동감 있는 표현 추구, 「라오콘 군상」) 발달

(5) 로마 제국의 정치와 문화

공화정 시기	• 성립과 발전: 기원전 6세기 말 귀족들이 수립 → 평민의 정치 참여 확대(평민회 구성, 호민관 선출) • 위기: 로마-카르타고 전쟁 이후 귀족의 라티푼디움 경영 → 그라쿠스 형제의 개혁(자영농 몰락 방지 목적, 실패) → 카이사르 집권(암살당함)
제정 시기	• 성립과 발전: (❽)의 권력 장악('아우구스투스' 칭호 획득) → 로마의 평화 • 제국의 중흥 노력: 디오클레티아누스의 4분할 통치, 콘스탄티누스 대제의 콘스탄티노폴리스 천도 • 분리와 멸망: 동·서로마로 분리 → 서로마 제국 멸망
로마의 문화	• 실용적인 문화: 건축·법률 등 발달 • (❾): 예수의 가르침(인간 평등)이 전파되면서 성립 → 황제 숭배 거부로 박해를 받음, 소외 계층 중심으로 확산 → 콘스탄티누스 대제의 밀라노 칙령으로 공인 → 4세기 말 로마의 국교로 채택

04 / 고대 동아시아와 인도 세계의 형성

(1) 고대 동아시아 세계의 형성

춘추 전국 시대	・사회의 변화: 철제 무기와 철제 농기구 사용 ・제자백가의 등장: 유가, 묵가, 법가, 도가 등
진	・(⑩)의 통치: 법가 사상을 토대로 최초로 중국 통일(기원전 221) → 전국에 군현제 실시, 문자・화폐・도량형 통일, 분서갱유 단행, 흉노를 막기 위해 만리장성 축조 ・대규모 토목 공사, 가혹한 통치 → 멸망
한	・한: 한 고조의 중국 통일, 군국제 시행 → 한 무제의 통치(군현제 전국 확대, 유교의 통치 이념화, 흉노와 고조선 정벌, 소금・철・술의 전매 제도 실시) ・신: 외척 왕망이 건국, 얼마 못 가 멸망 ・후한: 유수(광무제)가 건국, 호족 성장 → 황건적의 난 등 농민 반란, 호족들의 봉기로 멸망 ・한의 문화: 훈고학 발달, 사마천의 『사기』 편찬, 채륜의 제지술 개량

(2) 고대 유라시아의 동서 교류

초원길	・개척: 스키타이가 유라시아 지역을 오가며 개척 ・유목 민족의 성장: 스키타이에 이어 흉노 등장, 초원길을 거쳐 청동기 문화를 동아시아에 전파
비단길	・개척: 한 무제가 (⑪)을/를 정벌하기 위해 장건을 서역에 파견 → 파견 과정에서 비단길 개척 ・유라시아 교류: 비단길을 따라 상인들의 교역 활발
바닷길	・개척: 이집트 상인들이 인도양을 오가며 개척 ・발전: 로마 상인들도 교역에 이용, 초원길・비단길 쇠퇴 이후 동서 교류의 중요 통로로 자리 잡음

(3) 고대 인도 세계의 형성

불교의 성립	・성립: 기원전 6세기경 고타마 싯다르타(석가모니)가 창시, 카스트제 비판, 해탈・평등・자비 강조 ・확산: 크샤트리아와 바이샤 세력의 지원 → 인도 각지로 전파
마우리아 왕조	・성립과 발전: 찬드라굽타 마우리아가 건국 → 아소카왕 때 전성기(영토 확장, 각지에 통치 방식과 불교의 가르침을 새긴 돌기둥 건립, 산치 대탑 건립) ・문화: 상좌부 불교 발전(개인의 해탈 강조, 실론과 동남아시아로 전파)
쿠샨 왕조	・성립과 발전: 쿠샨족이 건국 → (⑫) 때 전성기(영토 확장, 중계 무역으로 번영, 불교 장려) ・문화: 대승 불교 발전(중생의 구제 강조, 중앙아시아를 거쳐 동남아시아와 동아시아로 전파), 간다라 양식 발달(인도 문화와 헬레니즘 문화의 융합)

핵심 선택지 바로잡기

✖ 밑줄 친 내용을 바르게 고쳐 쓰시오.

1 구석기 시대에는 채집과 수렵 생활을 하였고, <u>간석기</u>를 사용하였다.　　　　（　　　）

2 메소포타미아 문명을 이끈 수메르인은 도시 중앙에 신전인 <u>피라미드</u>를 세웠다.　　　（　　　）

3 인도 문명은 <u>나일강</u> 유역의 모헨조다로 등에 계획도시가 건설되면서 형성되었다.　　（　　　）

4 페르시아에서는 아후라 마즈다를 최고신으로 섬기는 <u>크리스트교</u>가 유행하였다.　　（　　　）

5 그리스의 폴리스 중 <u>아테네</u> 사람들은 어려서부터 엄격한 군사 훈련을 받았다.　　　（　　　）

6 그리스 아테네의 <u>페리클레스</u>는 도편 추방제를 처음 실시하였다.　　　　　　　　（　　　）

7 마케도니아의 왕 <u>다리우스 1세</u>는 동방 원정을 추진하여 대제국을 건설하였다.　　　（　　　）

8 기원전 6세기 말 로마의 귀족들이 왕을 몰아내고 <u>제정</u>을 수립하였다.　　　　　　　（　　　）

9 춘추 전국 시대에는 <u>소피스트</u>가 등장하여 현실 문제를 해결하고자 하였다.　　　　（　　　）

10 중국을 최초로 통일한 진의 시황제는 <u>유가</u> 사상을 바탕으로 나라를 다스렸다.　　　（　　　）

11 한 무제는 <u>군국제</u>를 전국으로 확대하여 중앙 집권 체제를 강화하였다.　　　　　　（　　　）

12 개인의 해탈을 강조하는 대승 불교는 <u>마우리아 왕조</u> 시기에 발전하였다.　　　　　（　　　）

01 (가)에 들어갈 인류에 대한 설명으로 옳은 것은?

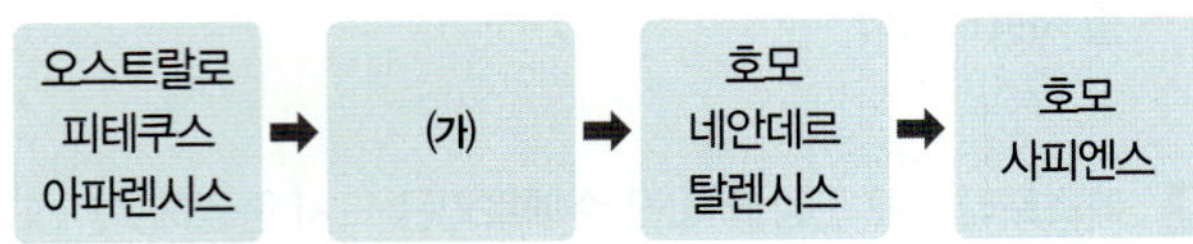

① 동굴 벽화를 남겼다.
② 현생 인류에 해당한다.
③ 최초로 직립 보행을 하였다.
④ 불과 간단한 언어를 사용하였다.
⑤ 죽은 사람을 매장하는 풍습이 있었다.

02 구석기 시대와 신석기 시대를 비교한 내용 중 옳지 않은 것은?

	구분	구석기 시대	신석기 시대
①	도구	뗀석기	간석기
②	경제	채집과 수렵 생활	농경과 목축 생활
③	주거	동굴, 막집	움집
④	사회	평등 사회	계급 사회
⑤	종교	시체 매장	특정 동물 숭배

만점 도전!

03 다음 글을 남긴 문명에 대한 설명으로 옳은 것은?

> 길가메시여, 당신은 생명을 찾지 못할 것입니다. 신들이 인간을 만들 때 인간에게 죽음도 함께 붙여 주었습니다. …… 좋은 음식으로 배를 채우십시오. 밤낮으로 춤추며 즐기십시오.
> – 「길가메시 서사시」

① 쐐기 문자를 사용하였다.
② 나일강 유역에서 형성되었다.
③ 파라오가 신권 정치를 행하였다.
④ 태양력과 10진법을 만들어 사용하였다.
⑤ 「사자의 서」를 만들어 무덤 안에 넣었다.

[04~05] 다음을 보고 물음에 답하시오.

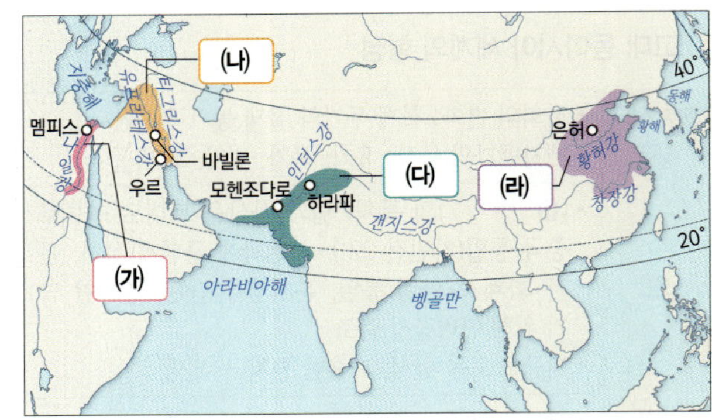

04 (가)~(라)에 들어갈 문명들의 공통적인 특징으로 적절하지 않은 것은?

① 계급 발생
② 문자 사용
③ 민주정 발전
④ 청동기 사용
⑤ 도시 국가 형성

05 (다)에 들어갈 문명에 대한 탐구 활동으로 가장 적절한 것은?

① 갑골문의 제작 과정을 정리한다.
② 지구라트의 설립 목적을 조사한다.
③ 모헨조다로 유적의 구조를 파악한다.
④ 내세관이 반영된 문화유산을 찾아본다.
⑤ 점성술과 태음력의 발전 배경을 살펴본다.

06 다음 제도를 시행한 나라로 옳은 것은?

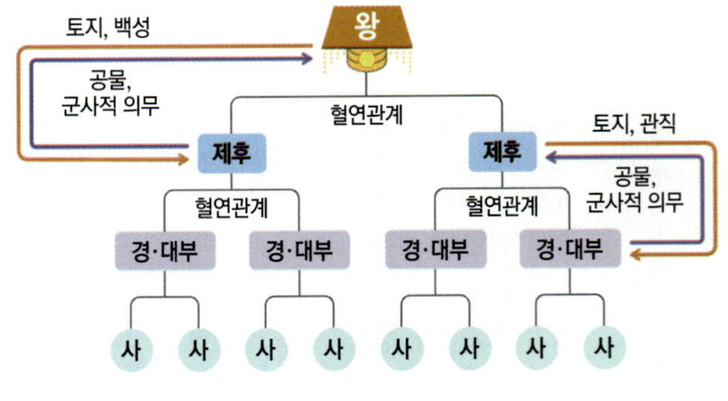

① 상
② 주
③ 한
④ 스파르타
⑤ 바빌로니아 왕국

07 선생님의 질문에 대한 학생들의 답변으로 옳은 것을 〈보기〉에서 고른 것은?

↑ **키루스 2세의 원통** 키루스 2세가 바빌로니아를 정복한 후 피정복민의 전통과 종교를 존중한다는 선언을 새겼다.

보기
ㄱ. 조로아스터교를 널리 믿었어요.
ㄴ. 서아시아를 최초로 통일하였어요.
ㄷ. 다리우스 1세 때 전성기를 이루었어요.
ㄹ. 그리스·페르시아 전쟁에서 승리하였어요.

① ㄱ, ㄴ ② ㄱ, ㄷ ③ ㄴ, ㄷ
④ ㄴ, ㄹ ⑤ ㄷ, ㄹ

08 다음에서 설명하는 나라를 쓰시오.

그리스의 대표적인 폴리스 중 하나로, 정복 국가로 출발하여 강력한 군사 통치를 실시하였다. 왕과 귀족이 정치를 맡았으나 나라의 중요한 일은 민회에서 결정하였다.

(   )

만점 도전!

09 그리스의 아테네에서 볼 수 있는 모습으로 가장 적절한 것은?

① 호민관을 선출하는 평민
② 도편 추방제로 쫓겨나는 독재자
③ 페르세폴리스 궁전을 건설하는 건축가
④ 마차를 타고 수도교를 지나 도시로 가는 시민
⑤ 콘스탄티누스 대제의 밀라노 칙령을 알리는 관리

10 (가)에 들어갈 탐구 주제로 가장 적절한 것은?

• 탐구 주제: (가)
• 탐구 자료
– 파르테논 신전 등 조화와 균형을 강조한 건축물
– 『일리아드』, 『오디세이아』 등 인간적인 신의 모습을 표현한 문학 작품

① 제자백가의 등장 배경
② 아테네 민주정의 발전 과정
③ 로마 공화정과 제정 시기의 특징
④ 인간 중심적·합리적인 그리스의 문화
⑤ 알렉산드로스의 동방 원정과 동서 융합 추진

11 (가) 시기에 있었던 사실로 옳은 것은?

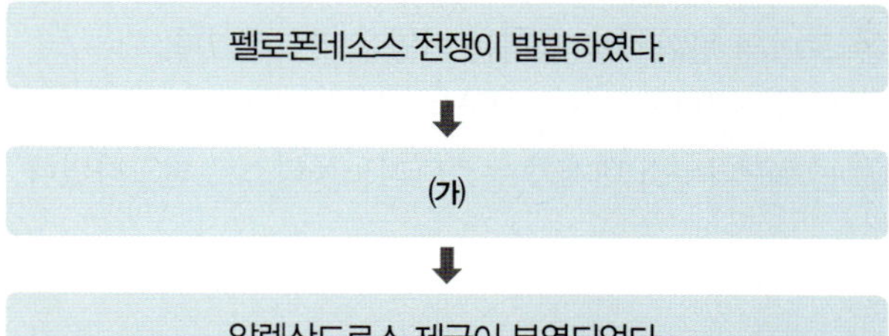

① 함무라비 법전이 편찬되었다.
② 마라톤 전투에서 그리스가 이겼다.
③ 그리스·페르시아 전쟁이 일어났다.
④ 알렉산드리아라는 도시가 세워졌다.
⑤ 클레이스테네스가 개혁을 추진하였다.

12 헬레니즘 문화를 주제로 영화를 만들 때 볼 수 있는 장면으로 적절한 것을 〈보기〉에서 고른 것은?

보기
ㄱ. 헤로도토스가 『역사』를 집필하는 장면
ㄴ. 아르키메데스가 물리학을 연구하는 장면
ㄷ. 조각가가 「밀로의 비너스」를 만드는 장면
ㄹ. 연극인이 「오이디푸스왕」을 공연하는 장면

① ㄱ, ㄴ ② ㄱ, ㄷ ③ ㄴ, ㄷ
④ ㄴ, ㄹ ⑤ ㄷ, ㄹ

13 ⊙에 들어갈 인물을 쓰시오.

> 로마–카르타고 전쟁을 거치면서 로마의 귀족들은 토지를 많이 차지하여 라티푼디움을 경영하였다. 반면, 자영 농민들은 토지를 잃고 몰락하였다. 이에 호민관으로 뽑힌 (⊙)은/는 자영 농민을 위한 개혁을 실시하였으나 귀족들의 반대로 실패하였다.

(   )

14 옥타비아누스의 집권기부터 로마가 동서로 분리될 때까지 로마에서 있었던 사실로 옳지 **않은** 것은?

① 카이사르가 암살당하였다.
② 황제가 다스리는 제정이 시작되었다.
③ '로마의 평화'라고 불리는 번영을 맞이하였다.
④ 디오클레티아누스가 제국을 4분할하여 다스렸다.
⑤ 콘스탄티누스 대제가 콘스탄티노폴리스로 천도하였다.

15 다음 대화에서 주제로 다루는 나라에 대한 탐구 활동으로 가장 적절한 것은?

① 만민법의 적용 범위를 찾아본다.
②「라오콘 군상」의 특징을 파악한다.
③ 아후라 마즈다가 새겨진 사원을 조사한다.
④ 소피스트와 소크라테스의 주장을 비교한다.
⑤ 사마천이 지은『사기』가 후대에 미친 영향을 살펴본다.

16 지도에 나타난 시대의 사회 변화로 가장 적절한 것은?

① 황건적의 난이 일어났다.
② 성문법인 12표법이 제정되었다.
③ 철제 무기와 철제 농기구가 사용되었다.
④ 농경 생활과 목축 생활이 처음 시작되었다.
⑤ 군현은 파견된 관리가 다스리고, 일부 지역은 제후가 통치하였다.

17 밑줄 친 '이 왕'의 활동으로 옳지 **않은** 것은?

> **역사 신문**
>
> ### 중국이 최초로 통일되다
>
> 전국 시대 7웅 중 하나였던 진(秦)이 나머지 여섯 나라를 차례로 정복한 끝에 중국을 최초로 통일하였다. 통일을 이룬 <u>이 왕</u>이 앞으로 나라를 효과적으로 통치해 갈 것이라는 세상의 기대가 더욱 높아지고 있다.

① 전국에 군현제를 실시하였다.
② 유교를 통치 이념으로 채택하였다.
③ 흉노의 침입을 막으려고 만리장성을 쌓았다.
④ 지역마다 달랐던 화폐·도량형·문자를 통일하였다.
⑤ 왕의 칭호를 '황제'로 바꾸고, 스스로를 시황제라고 불렀다.

18 밑줄 친 '시도'의 내용으로 가장 적절한 것은?

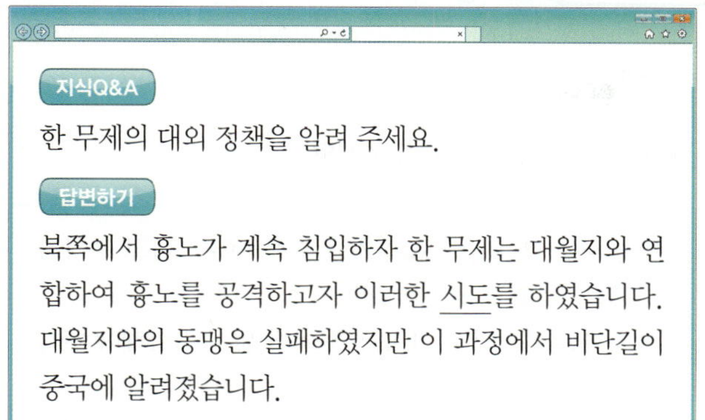

① 분서갱유를 실시하였다.
② 장건을 서역에 파견하였다.
③ 크리스트교를 국교로 채택하였다.
④ '왕의 길'이라는 도로를 건설하였다.
⑤ 곳곳에 통치 방침을 새긴 돌기둥을 세웠다.

19 ㉠에 들어갈 인물에 대한 설명으로 옳은 것을 〈보기〉에서 고른 것은?

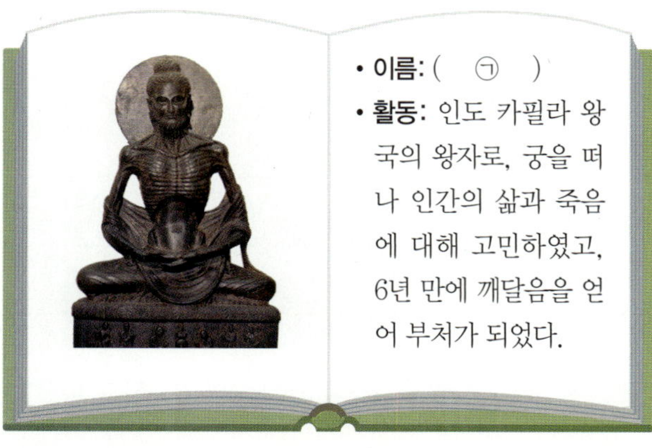

보기
ㄱ. 불교를 창시하였다.
ㄴ. 마우리아 왕조를 세웠다.
ㄷ. 카스트에 따른 신분 차별을 반대하였다.
ㄹ. 재정을 보충하기 위해 전매 제도를 실시하였다.

① ㄱ, ㄴ ② ㄱ, ㄷ ③ ㄴ, ㄷ
④ ㄴ, ㄹ ⑤ ㄷ, ㄹ

20 ㉠, ㉡에 들어갈 왕으로 옳은 것은?

• 마우리아 왕조의 전성기를 이끈 (㉠)은 남부 일부를 제외한 인도 대부분 지역을 통일하였다.
• 쿠샨 왕조의 전성기를 이끈 (㉡)은 불교를 장려하였으며, 북인도에서 중앙아시아까지 영토를 넓혔다.

	㉠	㉡
①	아소카왕	카니슈카왕
②	아소카왕	함무라비 왕
③	카니슈카왕	아소카왕
④	카니슈카왕	함무라비 왕
⑤	함무라비 왕	아소카왕

21 (가), (나) 불교 종파에 대한 설명으로 옳은 것은?

불교 종파	성립 시기	교리
(가)	마우리아 왕조	개인의 해탈 강조
(나)	쿠샨 왕조	중생의 구제 강조

① (가) – 『베다』를 기본 경전으로 삼았다.
② (가) – 부처를 신과 같은 존재로 여겼다.
③ (가) – 실론을 거쳐 동남아시아로 전파되었다.
④ (나) – 황제 숭배 거부로 박해를 받았다.
⑤ (나) – 아소카왕 때 주변으로 확산하였다.

22 빈칸에 들어갈 내용으로 가장 적절한 것은?

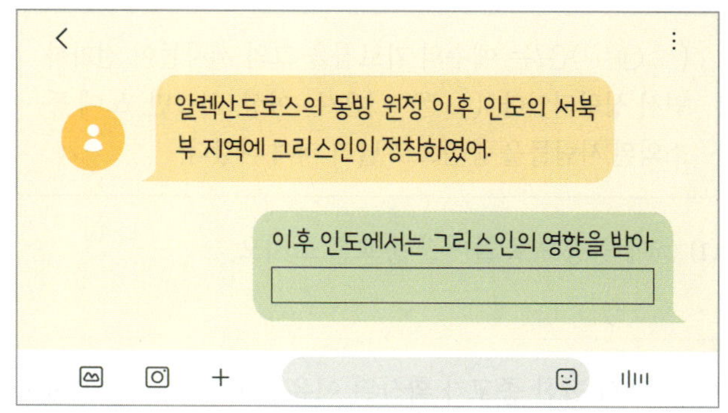

① 군국제를 실시하였어.
② 브라만교가 성립하였어.
③ 간다라 양식이 발달하였어.
④ 종이 만드는 기술이 개량되었어.
⑤ 카스트제라는 신분제가 형성되었어.

수행 평가
서술형·논술형

서술형

1 다음을 보고 물음에 답하시오.

⬆ 미라를 만드는 모습

⬆ 피라미드와 스핑크스

(1) 위와 같은 문화유산을 남긴 문명을 쓰시오.

(2) (1)에서 답한 문명의 세계관을 메소포타미아 문명의 세계관과 비교하여 서술하시오.

2 다음을 읽고 물음에 답하시오.

> (㉠)은/는 예수의 가르침을 그의 제자들이 전파하면서 성립되었다. (㉠)은/는 여성, 하층민, 노예 등 소외된 사람들을 중심으로 널리 퍼져 나갔다.

(1) ㉠에 공통으로 들어갈 종교를 쓰시오.

(2) (1)에서 답한 종교가 확산된 이유를 교리 내용을 포함하여 서술하시오.

논술형

3 다음을 읽고 물음에 답하시오.

> (가) 공자는 '인'과 '예'로 정치를 회복해야 한다고 주장하였으며, '효'를 중시하였다.
> (나) 묵자는 자신과 타인 모두를 차별 없이 사랑해야 한다는 겸애를 주장하였고, 평화를 강조하였다.
> (다) 한비자는 법과 제도를 엄격하게 적용하여 사회 질서를 바로잡아야 한다고 주장하였으며, 상벌을 강조하였다.
> (라) 노자는 천지 만물의 근원인 '도'와 일체의 인위적인 것을 버리고 자연의 순리에 따르는 삶인 무위자연을 주장하였다.

(1) 춘추 전국 시대에 제기된 (가)~(라) 사상을 각각 쓰시오.

(2) 오늘날의 사회 문제를 제시하고 그 해결책을 (1)에서 답한 사상을 참고하여 논술하시오.

Ⅲ

세계 종교의 확산과
지역 문화의 발전

A 위진 남북조 시대의 전개

1. 삼국 시대: 후한 멸망 후 중국이 위·촉·오로 분열 → 진(晉)이 삼국 통일 `자료 ①`

2. *5호 16국 시대와 동진: 북방 민족과 한족이 화북 지방에 여러 나라 건국 → 북방 민족에게 밀려난 한족이 창장강의 남쪽(강남)으로 내려가 동진 건국
ㄴ 화이허강의 북쪽 지역을 말해.

3. 남북조 시대: 북위가 화북 지방 통일, 강남 지방에는 한족 왕조 수립 `자료 ②`

북조	북위 효문제의 한화 정책 추진 → 북방 민족과 한족의 문화 융합 **핵심 자료**
남조	화북 지방에서 이주해 온 한족의 선진 농업 기술 이용 → **강남 개발**, 경제 발전

> *** 5호 16국**
> 5호는 유목 생활을 하던 흉노, 갈, 선비, 저, 강의 다섯 북방 민족을 가리키고, 16국은 이들과 한족이 화북 지방에 세운 여러 나라를 말한다.

`자료 ①` **위진 남북조 시대의 전개**

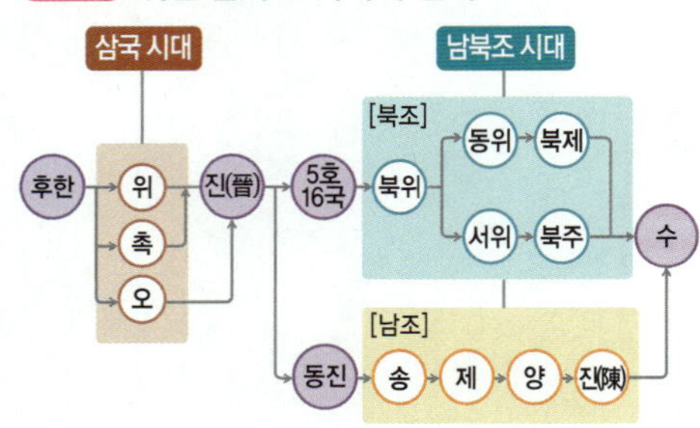

한이 멸망한 이후부터 수가 중국을 통일할 때까지의 시기를 위진 남북조 시대라고 한다. 진(晉)이 삼국을 통일한 이후 남북조 시대가 이어졌다.

`자료 ②` **북조와 남조의 영역**

선비족이 세운 북위는 여러 나라가 세력을 다투었던 화북 지방을 통일하였다(북조). 강남 지방에는 동진의 뒤를 이어 송, 제, 양, 진의 한족 왕조들이 들어섰다(남조). 이로써 남북조 시대가 전개되었다.

B 위진 남북조 시대의 사회와 문화

1. *9품중정제 실시: 지방 호족이 중앙의 관리로 진출 → **문벌 귀족**으로 성장
ㄴ 대대로 관직을 독차지하고, 비슷한 가문끼리 결혼하면서 지위를 강화하였어.

2. 위진 남북조 시대의 문화

(1) 종교와 사상의 발전: 계속되는 전쟁으로 사회 불안 → 종교를 통해 안정 추구

불교	왕실·귀족의 지원을 받으며 발전, 윈강·룽먼 등 거대한 석굴 사원 건립 `자료 ①`
도교	민간의 전통 신앙과 도가 사상 등이 결합하여 발전
청담 사상	남조에서 유행, 개인의 자유로운 삶 추구, *죽림칠현이 대표적임

(2) 귀족 문화의 발달: 동진과 남조에서 도연명의 시(「귀거래사」), 왕희지의 서예, 고개지의 그림 (「여사잠도」) 등 유행 `자료 ②`
ㄴ 도연명이 속세를 떠나 자연을 벗 삼아 살아갈 것을 이야기하였어.

> *** 9품중정제**
> 지방에 파견된 관리가 자기 지역의 인물을 재능과 인품에 따라 9등급으로 평가하여 추천하면, 중앙에서 이를 바탕으로 관리를 뽑는 제도이다.

> *** 죽림칠현**
> 현실을 떠나 자연에서 편안한 삶을 추구하며 세월을 보낸 7명의 선비를 말한다.

`자료 ①` **윈강 석굴 사원**

ㄴ 이 불상은 북위 황제의 모습을 본떠 만들었다고 전해.

북위에서는 '황제는 곧 부처'라고 하며 불교를 바탕으로 황제의 권위를 높이려고 하였다. 이에 윈강, 룽먼 석굴 사원과 같은 거대한 불교 조각이 발달하였다. 윈강 석굴은 중국에서 가장 큰 석굴 사원이다.

`자료 ②` **고개지의 「여사잠도」**

동진과 남조에서는 화려하고 우아한 귀족 문화가 발달하였다. 고개지의 「여사잠도」는 궁정 관리인 '여사'들의 교훈서인 『여사잠』의 내용을 나타낸 두루마리 형식의 그림이다. 당시 귀족의 화려한 생활 모습을 엿볼 수 있다.

무엇을
배울까?
- 위진 남북조 시대의 전개
- 만주와 한반도, 일본의 고대 국가 성장
- 수와 당의 중국 통일
- 동아시아 문화권의 형성

교과서 핵심 자료 · 북방 민족과 한족의 문화 융합

↑ 북방 민족의 의복 변화　　↑ 의자를 사용한 한족

북위는 한족의 제도와 문물을 받아들였다. 특히 효문제는 한화 정책을 펼쳐 선비족의 복장과 언어를 금지하고, 한족의 성씨를 사용하도록 하였다. 또한 선비족과 한족의 결혼을 장려하였다. 한족도 의자와 침대를 사용하는 등 북방 민족의 문화를 받아들였다. 이로써 북방 민족과 한족의 문화는 서로 영향을 주고받으며 점점 어우러졌다.

✔ 완자쌤의 탐구 수업

❶ 한화 정책을 추진한 북위의 황제는?
효문제

❷ 북위의 한화 정책이 당시 사회에 미친 영향은?
북위의 한화 정책은 북방 민족의 문화와 한족의 문화가 점차 융합되는 데 기여하였습니다.

문제로 개념 확인

정답 친해 19쪽

1 빈칸에 들어갈 알맞은 내용을 쓰시오.

(1) 선비족이 세웠으며, 5호 16국 시대를 통일한 나라는 (　　　　)이다.

(2) 한이 멸망한 이후부터 수가 중국을 통일하기까지의 시기를 (　　　　)(이)라고 한다.

2 ㉠에 들어갈 정책을 쓰시오.

> 북위의 효문제는 (㉠　　　　)을/를 추진하여 선비족의 복장과 언어를 금지하고, 한족과의 결혼을 권장하였다. 또한 한족의 성씨를 사용하도록 하였다.

3 다음 물음에 답하시오.

(1) 위진 남북조 시대에 지방 관리의 추천으로 관리를 뽑은 제도는? (　　　　)

(2) 대대로 관직을 독차지하고 비슷한 가문끼리 결혼하면서 지위를 강화한 위진 남북조 시대의 지배층은? (　　　　)

4 다음 설명에 해당하는 종교 또는 사상을 〈보기〉에서 골라 기호를 쓰시오.

> **보기**
> ㄱ. 도교　　　　　　ㄴ. 청담 사상

(1) 개인의 자유로운 삶을 추구하였다. (　　　　)

(2) 민간의 전통 신앙과 도가 사상 등이 결합하여 발전하였다. (　　　　)

비주얼로 핵심 콕콕

A 위진 남북조 시대의 전개

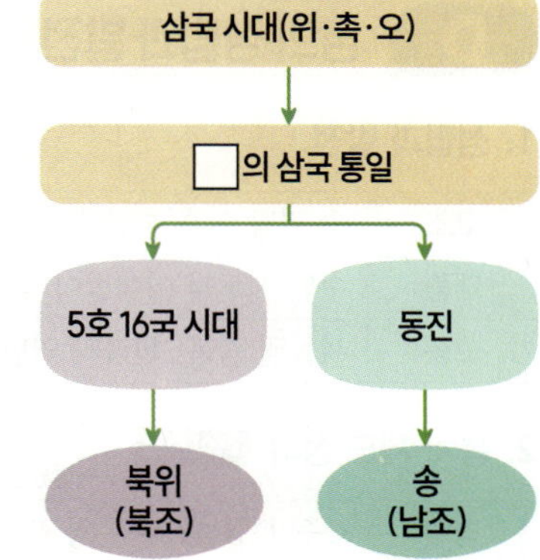

B 위진 남북조 시대의 사회와 문화

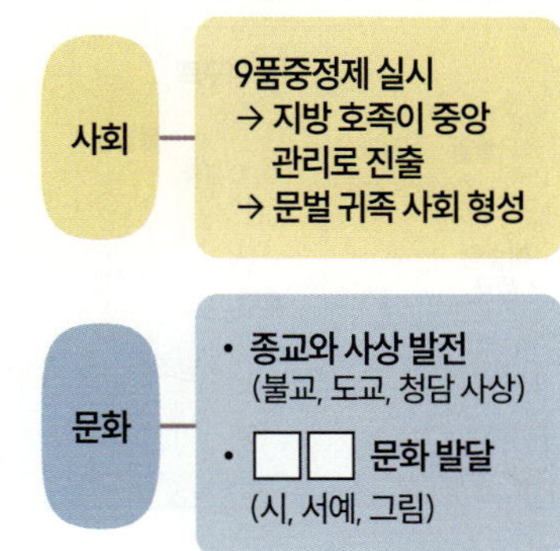

C 수의 중국 통일

1. 성립과 발전

(1) 문제: 양견(문제)이 수 건국(581) 후 중국 통일(589), *과거제 시행, 토지와 군사 제도 정비
  └ 문벌 귀족의 관직 독점을 막고 왕권을 강화하고자 시행하였어.

(2) 양제: 화북 지방과 강남 지방을 연결하는 대운하 완성 자료
  └ 나라의 재정을 늘리고 군사력을 강화하고자 하였어.

2. 쇠퇴와 멸망: 대규모 토목 공사에 많은 노동력 동원, 여러 차례에 걸친 고구려 원정 실패로 국력 쇠퇴 → 각지에서 일어난 반란으로 멸망(618)

＊ 과거제
시험을 치러 관리를 뽑는 제도로, 수대에 처음 실시된 이후 중국의 대표적인 관리 선발 방식으로 자리 잡았다.

자료 수의 대운하 건설

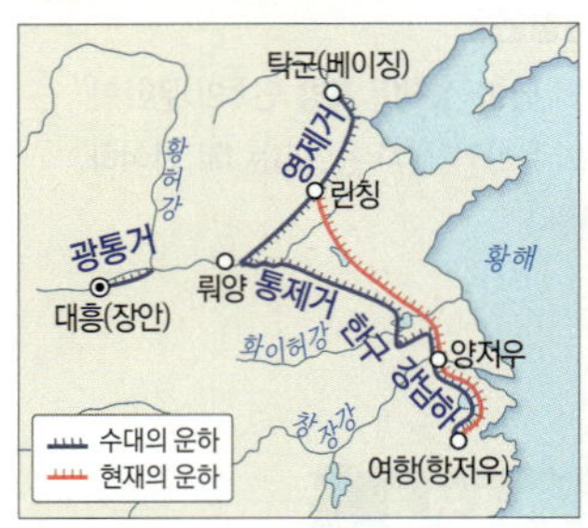

↑ 수대와 현재의 운하

↑ 오늘날 운하의 모습

수는 강남 지방의 물자를 화북 지방으로 옮기기 위해 여항(항저우)에서 탁군(베이징)까지 연결하는 운하를 건설하였다. 대운하의 건설로 물자와 사람이 오가기 쉬워지자 남북 간의 교류가 활발해졌다. 이는 남북의 정치와 문화의 통합에도 도움이 되었다. 그러나 양제가 대규모 공사에 많은 노동력을 동원하여 백성의 불만이 높아졌고, 이는 수가 쇠퇴하는 한 원인이 되기도 하였다. 운하는 오늘날에도 중국의 남북을 잇는 중요한 운송로 역할을 하고 있다.

D 당의 성립과 발전

1. 성립과 발전 자료①

'율'은 형법, '령'은 행정법으로 나라를 다스리는 법과 제도를 말해.

고조	수 멸망 이후 혼란을 수습한 이연(고조)이 장안을 수도로 삼아 건국(618)
태종	수의 제도를 이어받아 율령 체제 정비, 동돌궐 정복
고종	서돌궐 정복, 신라와 연합하여 백제·고구려를 멸망시킴

2. 통치 제도 정비 핵심 자료

율령을 기반으로 하였으며, 동아시아 여러 나라에 영향을 주었어.

정치	• 중앙: 3성 6부 운영 자료②	• 지방: 주현을 두어 관리 파견		
토지	균전제 실시	세금	조용조 수취	군사	부병제 실시

3. 쇠퇴와 멸망: *탈라스 전투에서 이슬람의 아바스 왕조에 패배, *안사의 난 이후 각 지역 절도사(국경을 지키는 군사령관)의 권한 강화 → 황소의 난 → 절도사 세력에게 멸망(907)

  └ 875년에 일어난 농민 반란이었어.

＊ 탈라스 전투
8세기 중엽 당이 이슬람의 아바스 왕조와 탈라스에서 충돌한 사건이다. 이를 계기로 종이 만드는 기술이 이슬람 세계에 전해지기도 하였다.

＊ 안사의 난(755~763)
당 현종 시기 절도사였던 안록산과 그의 부하인 사사명이 일으킨 반란이다.

자료① 당의 최대 영역

당은 활발한 정복 활동을 펼쳐 동돌궐에 이어 서돌궐을 정복하면서 중앙아시아까지 영토를 넓혔다. 이로써 비단길을 장악하였으며, 한족과 유목 민족을 아우르는 대제국을 건설하였다.

자료② 당의 중앙 행정 조직

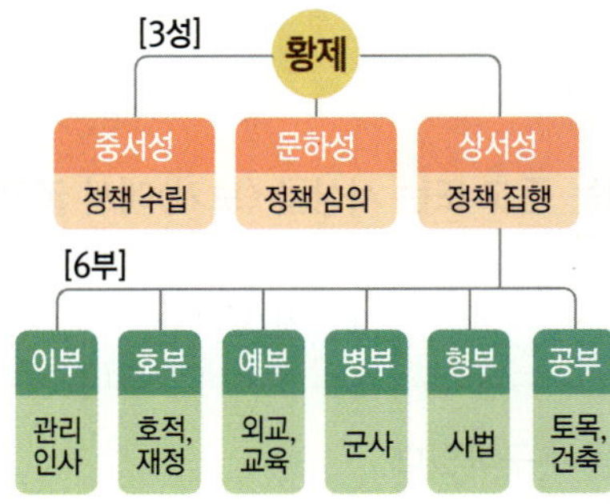

당은 수의 통치 제도를 이어받아 3성 6부를 운영하였다. 정책 수립(중서성), 정책 심의(문하성), 정책 집행(상서성)으로 역할을 나누어 권력이 한곳에 치우치는 것을 막았다.

교과서 핵심 자료 ◆ 당의 농민 지배

당 조정

부병제
농한기에
군사 훈련,
전쟁 시
병사 복무

균전 지급

조용조
조 곡물
용 노동력 (또는 옷감)
조 비단, 삼베

농민

당은 성인 남자에게 일정한 면적의 토지를 주는 균전제를 실시하였다. 그리고 농민에게 조(토지세), 용(노동력), 조(직물)라는 세금을 거두었다. 또한 농민이 농사일이 바쁘지 않을 때 군사 훈련을 받고, 전쟁이 나면 병사로 복무하게 하였는데 이를 부병제라고 한다. 당은 균전제, 조용조, 부병제를 실시하여 농민의 생활을 안정시키고, 국가의 재정과 군사력을 확보하고자 하였다.

✔ 완자쌤의 탐구 수업

❶ 성인 남자에게 일정한 토지를 지급한 당의 토지 제도는?
균전제

❷ 당이 균전제·조용조·부병제를 실시한 목적은?
당은 균전제·조용조·부병제를 실시하여 농민의 생활을 안정시키고, 국가 재정과 군사력을 확보하고자 하였습니다.

문제로 개념 확인

정답 친해 19쪽

1 다음 괄호 안의 내용 중 알맞은 말에 ○표를 하시오.

⑴ 수는 시험으로 관리를 뽑는 (과거제 , 9품중정제)를 실시하였다.
⑵ 수의 (문제 , 양제)는 강남과 화북 지방을 연결하는 대운하를 완성하였다.

2 빈칸에 들어갈 알맞은 내용을 쓰시오.

⑴ 당의 (　　　　　)은/는 수를 계승하여 율령 체제를 정비하였다.
⑵ 당의 고종은 (　　　　　)과/와 연합하여 백제와 고구려를 멸망시켰다.

3 다음 설명에 해당하는 당의 제도를 〈보기〉에서 골라 기호를 쓰시오.

> 보기
> ㄱ. 균전제　　　　ㄴ. 부병제　　　　ㄷ. 조용조

⑴ 성인 남성에게 일정한 토지를 지급하는 제도이다. (　　　)
⑵ 토지를 받은 농민에게 토지세, 노동력, 직물을 거두는 세금 제도이다. (　　　)
⑶ 농민이 농사일이 바쁘지 않을 때 군사 훈련을 받고, 전쟁이 나면 병사로 복무하게 하는 군사 제도이다. (　　　)

4 ㉠에 들어갈 사건을 쓰시오.

> 당 현종 때 절도사였던 안녹산과 그의 부하인 사사명이 일으킨 (㉠　　　) 이/가 일어난 뒤 절도사들이 힘을 키우면서 당의 지방 통제력이 약화되었다.

비주얼로 핵심 콕콕

C 수의 중국 통일

양견(문제)이 수 건국 후 중국 통일
↓
· 문제: 과거제 시행
· 양제: □□□ 완성 (화북과 강남 지방 연결)
↓
대규모 토목 공사, 고구려 원정 실패로 쇠퇴
↓
각지의 반란으로 수 멸망

D 당의 성립과 발전

이연(고조)이 당 건국
↓
· 태종: □□ 체제 정비 (수를 이어 3성 6부 운영)
· 고종: 백제·고구려를 멸망시킴
↓
탈라스 전투 패배, 안사의 난· 황소의 난 등으로 쇠퇴
↓
절도사의 반란으로 당 멸망

E 당의 문화

1. 귀족적인 문화: 문학(이백과 두보의 시), 서예(구양순), 그림(왕유의 수묵 산수화) 등 발달

2. 국제적인 문화

(1) 발달 배경: 비단길과 바닷길을 거쳐 서역과 교류, 수도 장안이 국제 도시로 번성
└ 인구 100만 명이 넘는 대도시였으며, 바둑판 모양으로 도로가 뻗어 있는 계획도시였어.

(2) 외래 종교의 전래: 조로아스터교, 경교(네스토리우스파 크리스트교), 이슬람교 등

(3) 서역 문화의 유행: *당삼채 유행, 서역의 공예품 인기
└ 장안의 대진사에는 경교의 교리와 역사가 새겨진 대진 경교 유행 중국비가 있어.

3. 학문과 종교의 발전

(1) 학문: 훈고학을 집대성하여 유교 경전의 해석을 통일한 『오경정의』 편찬

(2) 종교: 현장 등의 승려가 인도 순례 후 불경을 들여옴(대안탑을 건립하여 불경 보관), 도교가 왕실의 지원을 받으며 발달
└ 인도를 순례하고 『대당서역기』라는 여행기를 남겼어.

*** 당삼채**

당대에 만들어진 대표적인 도자기이다. 주로 흰색·녹색·갈색 세 가지의 유약을 발라 구웠다.

F 동아시아 문화권의 형성

1. 만주와 한반도의 고대 국가 형성

고조선	만주와 한반도에 등장한 최초의 국가, 한의 공격으로 멸망
삼국 시대	고구려·백제·신라가 율령 반포, 불교 수용 → 중앙 집권 국가로 발전
남북국 시대	7세기 신라의 삼국 통일, 옛 고구려 땅에서 고구려 유민이 발해 건국

└ 신라가 당과 힘을 합쳐 백제와 고구려를 멸망시키고, 이후 당을 몰아냈어.

2. 일본 고대 국가의 성립과 발전

(1) 야요이 문화: 기원전 3세기경 성립, 벼농사 시작, 청동기·철기 사용

(2) 야마토 정권: 4세기경 야마토 정권이 주변 소국 통합, *다이센 고분 조성

아스카 시대	중국과 한반도로부터 불교 등 선진 문물 수용 → 아스카 문화 발전
다이카 개신 (7세기 중엽)	중앙 집권 체제를 마련하려는 정치 개혁, 당의 율령을 받아들여 통치 체제 정비 → 7세기 말부터 '일본' 국호와 '천황' 칭호 사용

└ 6세기 후반 쇼토쿠 태자가 불교를 장려하여 아스카 문화 발전에 기여하였어.

(3) 나라 시대: 8세기 초 헤이조쿄(나라)로 천도, 불교 융성(*도다이지 등 대규모 사찰 건립), 역사서 『일본서기』 편찬, 견당사 파견
└ 당의 장안성을 본떠 만들었어.

(4) 헤이안 시대: 8세기 말 헤이안쿄(교토) 천도, 견당사 파견 중단, 국풍 문화 발달(가나 문자 제작, 주택과 관복 등에 일본 고유의 특색 반영)

3. 동아시아 문화권의 형성 [핵심 자료]
└ 당은 주변 나라와 조공·책봉 관계를 맺어 안정을 꾀하였어.

(1) 형성 배경: 당이 한반도, 일본, 베트남 등과 교류하는 과정에서 형성

(2) 공통 요소
┌ 용어 한자의 음과 뜻을 빌려 우리말을 적은 표기법

한자	의사소통 수단, 이두(신라)·가나 문자(일본)·쯔놈 문자(베트남) 형성에 영향을 줌
율령	당대 완성, 동아시아 각국의 통치 체제 성립에 기여(3성 6부제 공유)
유교	한대 이후 주변국에 전래, 동아시아 지역의 정치·사회 이념이 됨(왕의 권한을 뒷받침하고 사회 질서를 유지하는 역할), 공자를 모시는 사당인 문묘 건립 및 유교 경전 교육
불교	후한대 인도에서 중국에 전래, 왕실을 중심으로 발전(왕실의 권위를 높이고 민심을 통합하는 역할), 사찰 건립과 불화·불상·불탑 등 불교 예술 발달에 기여

*** 다이센 고분**

야마토 정권 시기에 조성된 무덤이다. 앞은 네모나고 뒤는 둥근 것이 특징이다.

*** 도다이지**

나라 시대의 대표적인 불교 사원이다. 도다이지 대불전은 일본에서 가장 큰 목조 건축물로, 내부에 대형 청동 불상이 있다.

↑ 도다이지 대불전

교과서 핵심 자료 ✦ 동아시아 문화권의 형성

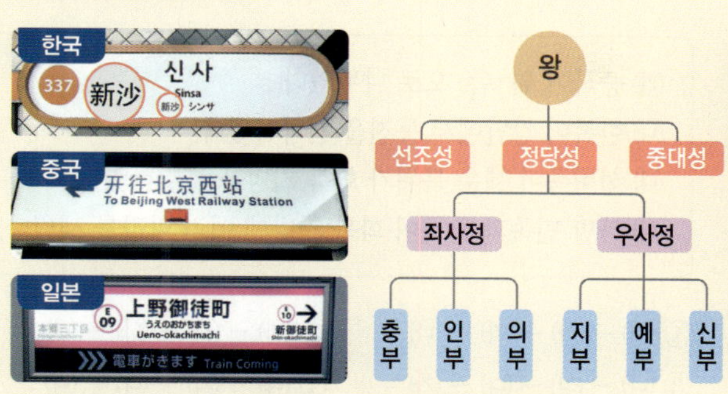

⬆ 한자를 표기한 각국의 안내판

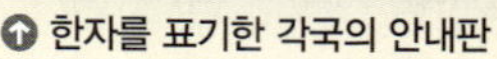

⬆ 발해의 중앙 정치 기구

⬆ 중국의 룽먼 석굴 불상

당의 세력이 강해지면서 한반도, 일본, 베트남 등 주변 지역과 당의 교류가 활발해졌다. 동아시아 국가의 사신, 유학생, 승려 등이 교류하는 과정에서 한자, 율령, 유교, 불교 등의 문화를 공유하는 동아시아 문화권이 형성되었다. 동아시아 국가들은 공통된 문화를 공유하면서도 각 나라의 전통과 특성에 맞게 독자적인 문화를 발전시켜 나갔다.

✔ 완자쌤의 탐구 수업

❶ 동아시아 문화권의 대표적인 공통 요소 네 가지는?

한자, 율령, 유교, 불교

❷ 동아시아에서 공통된 문화가 나타날 수 있었던 배경은?

당의 세력이 강해지면서 당과 한반도, 일본, 베트남 등 주변 나라와 교류가 활발해졌습니다. 동아시아 국가의 사신, 유학생, 승려 등이 교류하는 과정에서 동아시아 문화권이 형성되었습니다.

문제로 개념 확인

정답 친해 19쪽

1 빈칸에 들어갈 알맞은 내용을 쓰시오.

⑴ 당의 수도 (　　　　　)은/는 국제 도시로 번성하였다.

⑵ 당대에는 훈고학을 집대성한 (　　　　　)이/가 편찬되었다.

⑶ 당대에는 문학과 서예 등의 분야에서 (　　　　　)인 문화가 발달하였다.

⑷ (　　　　　)은/는 당의 대표적인 도자기로, 세 가지 색의 유약을 발라 구웠다.

2 일본 고대 국가의 발전 과정을 순서대로 나열하시오.

㈎ 나라 시대	㈏ 아스카 시대	㈐ 헤이안 시대

(　　　　　　　　　)

3 다음 괄호 안의 내용 중 알맞은 말에 ○표를 하시오.

⑴ 만주와 한반도에 처음으로 세워진 나라는 (고구려 , 고조선)이다.

⑵ 8세기 초 일본은 당의 장안성을 본떠 (헤이안쿄 , 헤이조쿄)를 세우고 수도로 삼았다.

⑶ (불교 , 유교)는 한대 이후 주변국에 전해져 동아시아 지역의 정치와 사회 이념으로 자리 잡았다.

⑷ 일본의 (가나 문자 , 쯔놈 문자)는 동아시아 국가들의 의사소통 수단이었던 한자의 영향을 받아 제작되었다.

비주얼로 핵심 콕콕

E 당의 문화

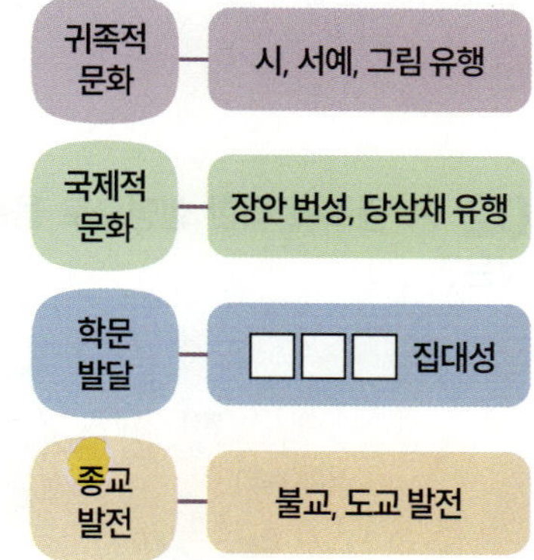

F 동아시아 문화권의 형성

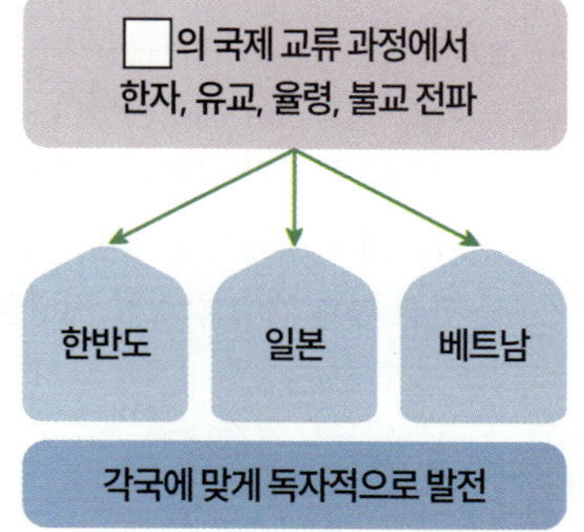

A 위진 남북조 시대의 전개

01 (가) 나라에 대한 설명으로 옳은 것은?

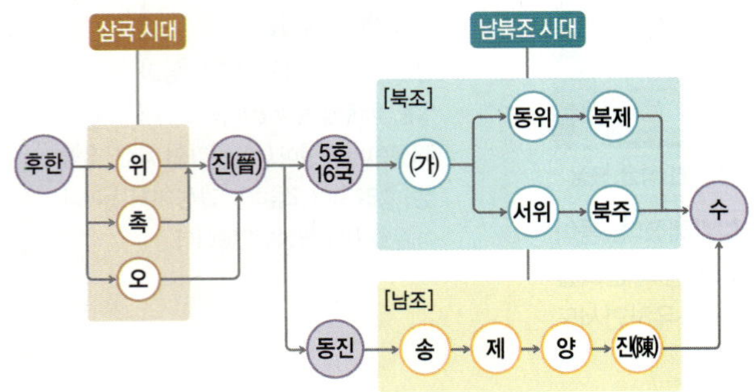

① 유방(고조)이 세웠다.
② 한화 정책을 추진하였다.
③ 수도를 호경에서 낙읍으로 옮겼다.
④ 흉노에 대비하여 만리장성을 축조하였다.
⑤ 신라와 연합하여 백제와 고구려를 멸망시켰다.

02 (가) 왕조에 대한 설명으로 옳은 것을 〈보기〉에서 고른 것은?

보기
ㄱ. 과거제를 처음 시행하였다.
ㄴ. 한족이 창장강 남쪽에 세웠다.
ㄷ. 동돌궐과 서돌궐을 정복하였다.
ㄹ. 선진 농업 기술로 강남 지방을 개발하였다.

① ㄱ, ㄴ   ② ㄱ, ㄷ   ③ ㄴ, ㄷ
④ ㄴ, ㄹ   ⑤ ㄷ, ㄹ

03 위진 남북조 시대의 전개 과정을 일어난 순서대로 나열한 것은?

(가) 중국이 위·촉·오로 나뉘었다.
(나) 한족이 강남에서 동진을 건국하였다.
(다) 선비족이 세운 북위가 화북 지방을 통일하였다.
(라) 북방 민족과 한족이 화북 지방에 여러 나라를 세웠다.

① (가) - (다) - (라) - (나)   ② (가) - (라) - (나) - (다)
③ (나) - (라) - (다) - (가)   ④ (다) - (가) - (라) - (나)
⑤ (다) - (라) - (가) - (나)

B 위진 남북조 시대의 사회와 문화

04 밑줄 친 '이 제도'를 쓰시오.

이 제도는 위진 남북조 시대에 지방 관리의 추천으로 관리를 뽑은 제도이다. 이 제도의 실시 결과 호족 세력이 중앙의 관리로 진출하면서 문벌 귀족으로 성장하였다.

(   )

05 다음 문화유산이 만들어진 시대의 문화에 대한 설명으로 옳지 <u>않은</u> 것은?

▲ 윈강 석굴 사원

① 도교가 성립하였다.
② 청담 사상이 유행하였다.
③ 사마천이 『사기』를 저술하였다.
④ 불교가 왕실의 지원을 받으며 발전하였다.
⑤ 시, 서예, 회화에서 귀족 문화가 발달하였다.

06 다음 시가 지어진 시기에 볼 수 있는 모습으로 가장 적절한 것은?

> 돌아가련다.
> 세상 사람과 교류를 끊고 세상과 나는 서로 잊고 말지니
> 다시 한번 관리가 되어도 거기 무슨 구할 것이 있으리오.
> – 「귀거래사」

① 운하를 이용하는 상인
② 황소의 난에 가담한 농민
③ 청담 사상을 주장하는 선비
④ 고조선 정복 전쟁에 참여한 병사
⑤ 서역으로 떠나는 장건을 환송하는 황제

C 수의 중국 통일

07 수 문제가 실시한 정책으로 옳은 것은?

① 과거제를 시행하였다.
② 흉노와 고조선을 정벌하였다.
③ 도량형·문자·화폐를 통일하였다.
④ 소금과 철의 전매 제도를 실시하였다.
⑤ 전국에 불교의 가르침을 새긴 돌기둥을 세웠다.

08 수가 다음과 같은 운하를 건설한 목적으로 가장 적절한 것은?

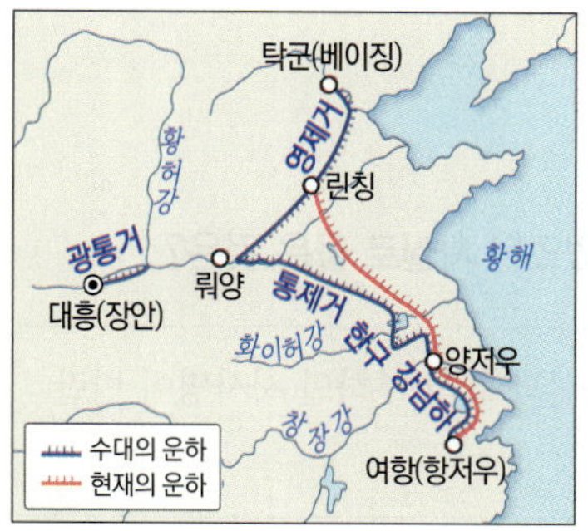

① 흉노를 막기 위해
② 군사력을 확보하기 위해
③ 한족의 제도와 문물을 수용하기 위해
④ 문벌 귀족이 관직을 독점하는 것을 막기 위해
⑤ 강남 지방의 물자를 화북 지방으로 옮기기 위해

---

09 수가 멸망한 원인으로 적절한 것을 〈보기〉에서 고른 것은?

> **보기**
> ㄱ. 황건적의 난이 일어났다.
> ㄴ. 지배층인 호족들이 봉기하였다.
> ㄷ. 토목 공사에 많은 노동력을 동원하였다.
> ㄹ. 여러 차례에 걸친 고구려 원정이 실패하였다.

① ㄱ, ㄴ   ② ㄱ, ㄷ   ③ ㄴ, ㄷ
④ ㄴ, ㄹ   ⑤ ㄷ, ㄹ

D 당의 성립과 발전

10 다음과 같은 활동을 펼친 왕으로 옳은 것은?

> • 동돌궐을 정복하였다.
> • 수의 제도를 이어받아 율령 체제를 정비하였다.

① 양제   ② 광무제   ③ 시황제
④ 당 고종   ⑤ 당 태종

★시험에 잘 나와!
11 다음 정치 조직에 대한 설명으로 옳은 것은?

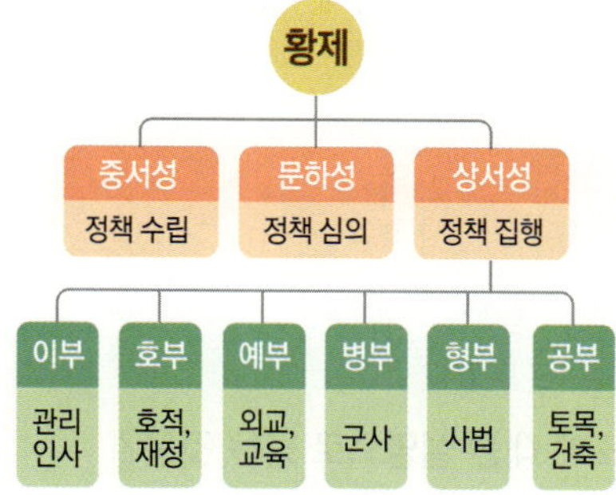

① 당의 지방 행정 조직이다.
② 공화정 운영의 핵심 조직이다.
③ 발해, 일본 등 주변국에 영향을 주었다.
④ 진리의 상대성과 주관성을 강조하였다.
⑤ 올림피아 제전을 열어 유대감을 다졌다.

12 ㈎ 시기에 당에서 있었던 사실이 <u>아닌</u> 것은?

	618년		875년
		㈎	
	당 성립		황소의 난

① 안사의 난이 일어났다.
② 9품중정제가 실시되었다.
③ 고종이 서돌궐을 정복하였다.
④ 장안이 국제 도시로 번성하였다.
⑤ 각지의 절도사들이 반란을 일으켰다.

[13~14] 다음을 보고 물음에 답하시오.

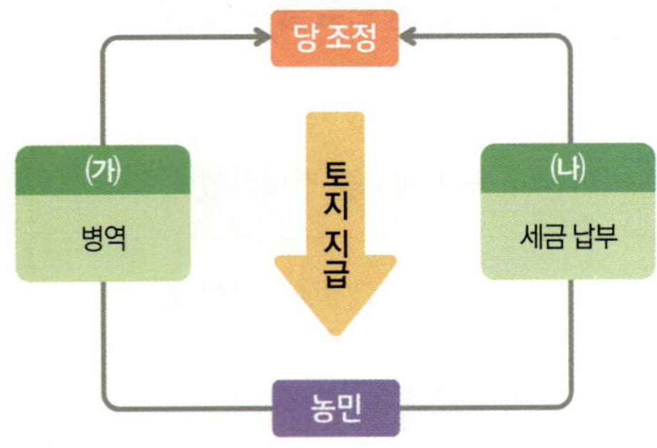

시험에 잘 나와!
13 ㈎, ㈏에 들어갈 제도로 옳은 것은?

	㈎	㈏		㈎	㈏
①	균전제	부병제	②	균전제	조용조
③	부병제	균전제	④	부병제	조용조
⑤	조용조	균전제			

14 ㈎에 들어갈 제도에 대한 설명으로 옳은 것은?

① 시험을 치러 관리를 뽑았다.
② 농민들이 전쟁 시 병사로 복무하였다.
③ 문벌 귀족 사회 형성에 영향을 주었다.
④ 농민에게 곡물, 노동력, 직물 등을 거두었다.
⑤ 귀족이 관직을 독차지하는 것을 막고자 시행되었다.

15 ㉠에 들어갈 사건을 쓰시오.

8세기 중반 당과 이슬람의 아바스 왕조 사이에 벌어진 (㉠)을/를 계기로 당의 종이 만드는 기술이 이슬람 세계에 전해졌다.

( )

16 지도의 최대 영역을 차지하였던 나라에 대한 설명으로 옳은 것은?

① 왕망이 세웠다.
② 군국제를 실시하였다.
③ 인도에서 불교가 처음 전해졌다.
④ 농민 봉기인 황소의 난이 일어났다.
⑤ 채륜이 종이 만드는 기술을 개량하였다.

17 다음 사건 이후에 있었던 사실로 옳은 것은?

755년 절도사였던 안녹산과 그의 부하인 사사명이 반란을 일으켰다.

① 봉건제가 시작되었다.
② 5호 16국 시대가 전개되었다.
③ 수도가 호경에서 낙읍으로 바뀌었다.
④ 중앙 정부의 지방 통제력이 약화되었다.
⑤ 한족이 강남 지방으로 내려가 동진을 세웠다.

E 당의 문화

18 당의 문화에 대한 탐구 활동으로 적절하지 <u>않은</u> 것은?

① 『오경정의』 편찬의 의의를 파악한다.

② 윈강 석굴이 만들어진 목적을 살펴본다.

③ 이슬람교가 중국에 전래된 과정을 정리한다.

④ 현장이 인도를 순례한 후 남긴 기록을 확인한다.

⑤ 대진 경교 유행 중국비에 새겨진 내용을 찾아본다.

19 당의 귀족적인 문화의 사례로 적절한 것을 〈보기〉에서 고른 것은?

> 보기
> ㄱ. 고개지가 「여사잠도」를 그렸다.
> ㄴ. 이백, 두보 등의 시인이 활약하였다.
> ㄷ. 왕유의 수묵 산수화가 인기를 끌었다.
> ㄹ. 간다라 양식의 불상이 제작되기 시작하였다.

① ㄱ, ㄴ   ② ㄱ, ㄷ   ③ ㄴ, ㄷ
④ ㄴ, ㄹ   ⑤ ㄷ, ㄹ

20 선생님이 설명하는 도시에서 볼 수 있는 모습으로 가장 적절한 것은?

① 흉노 공격을 준비하는 병사

② 반량전으로 물건을 사는 농민

③ 이슬람 사원을 세우고 있는 기술자

④ 9품중정제를 통해 관직에 진출한 호족

⑤ 황제의 명으로 유학 서적을 불태우는 관리

21 (가)에 들어갈 내용으로 가장 적절한 것은?

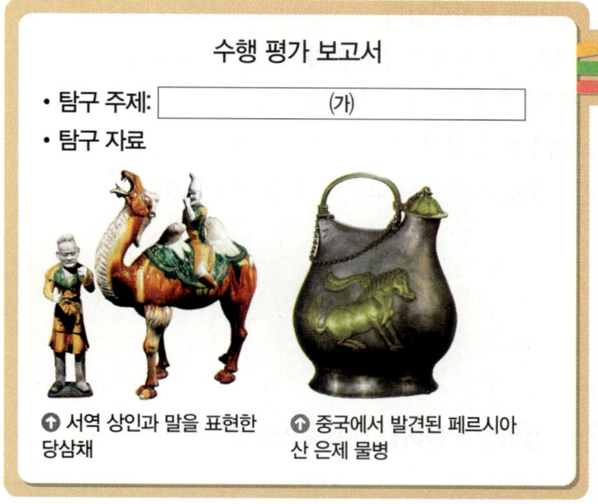

① 당의 국제적인 문화

② 헬레니즘 문화의 발달

③ 간다라 양식의 발전과 전파

④ 동아시아 문화권의 공통 요소

⑤ 초원길의 개척과 유목 민족의 성장

F 동아시아 문화권의 형성

22 ㉠, ㉡에 들어갈 나라로 옳은 것은?

> **만주와 한반도의 고대 국가**
> • 만주와 한반도에 처음 세워진 나라는 (㉠)이다. 이 나라는 중국 한의 공격으로 멸망하였다.
> • 금성(경주)을 수도로 한 (㉡)은/는 율령을 반포하고 중국으로부터 불교를 받아들이며 중앙 집권 국가로 발전하였다. 7세기에는 삼국을 통일하였다.

	㉠	㉡		㉠	㉡
①	발해	신라	②	발해	고조선
③	신라	고조선	④	고조선	발해
⑤	고조선	신라			

23 발해에 대한 설명으로 옳은 것은?

① 신라에 통합되었다.

② 아스카 문화를 발전시켰다.

③ 중국 한의 공격으로 멸망하였다.

④ 당과 힘을 합쳐 백제를 무너뜨렸다.

⑤ 옛 고구려 땅에서 고구려 유민들이 세웠다.

24 검색창에 들어갈 내용을 쓰시오.

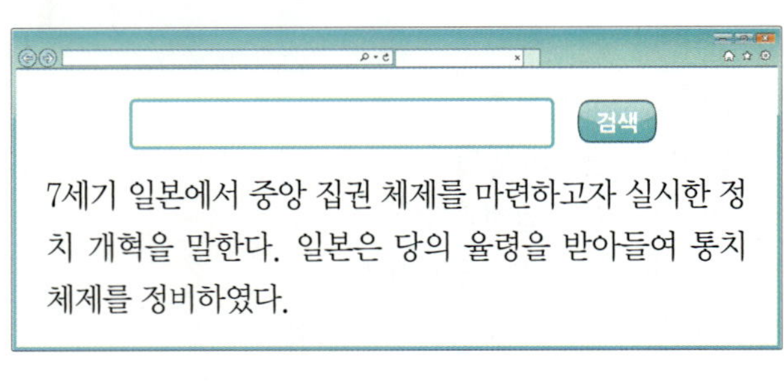

(   )

25 다음 문화유산을 건립한 시대에 대한 설명으로 옳은 것은?

↑ 도다이사 대불전

① 견당사 파견이 중단되었다.

② 다이센 고분이 조성되었다.

③ 가나 문자가 처음 만들어졌다.

④ 왕을 '천황'이라고 부르기 시작하였다.

⑤ 당의 장안성을 본뜬 도시를 수도로 정하였다.

26 일본 고대 국가의 발전 과정을 일어난 순서대로 나열한 것은?

> (가) 야요이 문화가 성립하였다.
> (나) 헤이안쿄(교토)를 수도로 삼았다.
> (다) '일본'이라는 국호를 처음 사용하였다.
> (라) 야마토 정권이 주변 소국을 통합하였다.

① (가) − (나) − (라) − (다)   ② (가) − (라) − (다) − (나)

③ (나) − (라) − (다) − (가)   ④ (다) − (라) − (가) − (나)

⑤ (라) − (가) − (나) − (다)

27 동아시아 문화권의 공통 요소로 적절하지 <u>않은</u> 것은?

① 도교   ② 불교   ③ 유교

④ 율령   ⑤ 한자

28 다음 자료를 활용한 탐구 주제로 가장 적절한 것은?

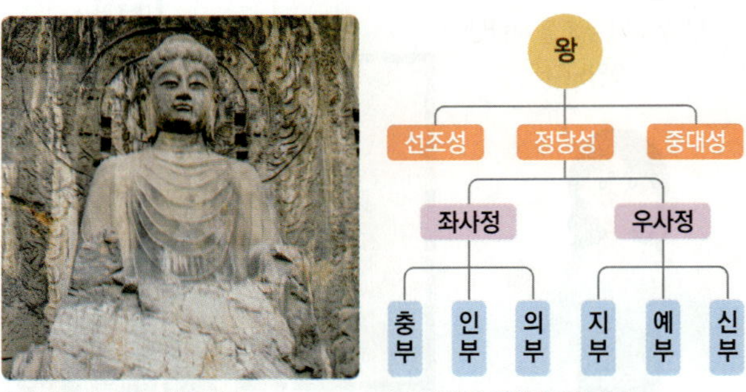

↑ 중국의 룽먼 석굴 불상   ↑ 발해의 중앙 정치 기구

① 국풍 문화의 발달

② 당의 귀족적인 문화

③ 동아시아 문화권의 형성

④ 당대 국제 도시로 번성한 장안

⑤ 한족 문화와 북방 민족 문화의 융합

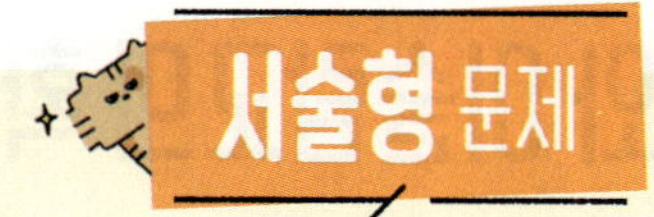

서술형 감잡기

1 다음을 읽고 물음에 답하시오.

> • 한족의 성씨를 사용한다.
> • 한족과의 결혼을 권장한다.
> • 선비족의 복장과 언어를 금지한다.

⑴ 위 정책을 추진한 나라를 쓰시오.

⑵ ⑴에서 답한 나라가 위 정책을 실시한 결과를 서술하시오.

> |핵심어| 북방 민족, 한족, 문화, 융합

서술형 익히기

2 다음 기사의 주제인 교통로 건설이 수에 미친 긍정적 영향과 부정적 영향을 각각 서술하시오.

> ### 역사 신문
>
> #### 대운하가 완성되다
>
> 양제가 여항에서 탁군까지 연결하는 대운하를 완성하였다. 양제는 내일 용의 모양을 본떠 만든 배를 타고 완성된 운하를 유람할 계획이라고 발표하였다. 앞으로 운하가 어떤 효과를 불러올 것인지 기대된다.

3 다음을 읽고 물음에 답하시오.

> 8세기 말 성립한 일본의 헤이안 시대에는 외국의 문물을 일본인의 취향과 특성에 맞게 바꾼 일본 고유의 문화가 나타났다.

⑴ 밑줄 친 '문화'를 쓰시오.

⑵ ⑴에서 답한 문화의 사례를 두 가지 서술하시오.

4 다음을 읽고 물음에 답하시오.

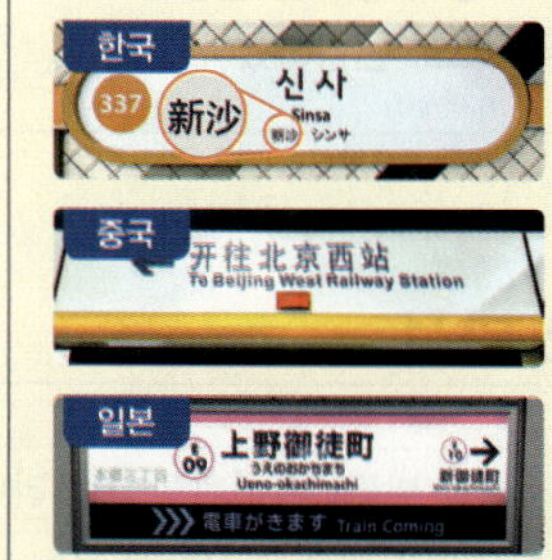

사진은 (㉠)을/를 함께 표기한 한국, 중국, 일본의 안내판이다. (㉠)은/는 동아시아 국가들이 교류하는 데 필요한 의사소통 수단이었다.

⑴ ㉠에 공통으로 들어갈 내용을 쓰시오.

⑵ ⑴이 동아시아의 여러 나라에 미친 영향을 서술하시오.

02 크리스트교와 이슬람교의 확산(1)

A 굽타 왕조의 성립과 힌두교의 확산

1. 굽타 왕조의 성립과 발전

성립	쿠샨 왕조 쇠퇴 후 인도 분열 → 찬드라굽타 1세가 인도 통일 후 성립(320)
전성기	찬드라굽타 2세 때 영토 확장, 활발한 해상 무역으로 번영, 사산 왕조 페르시아·로마·중국 등과 교류 자료❶
멸망	이민족의 침입, 내부의 왕위 계승 다툼으로 혼란 → 멸망(550)

2. 힌두교의 등장과 확산

(1) 성립: 굽타 왕조 시대에 *브라만교를 바탕으로 불교와 민간 신앙이 어우러져 형성

(2) 확산: 브라만교의 까다로운 제사 절차 단순화, 인도 사람들이 믿던 여러 신들을 힌두교의 신으로 흡수, 왕들이 자신의 권위 상승에 이용 자료❷ 〔굽타 왕조의 왕들은 비슈누가 왕의 모습으로 세상에 나타났다고 주장하며 자신의 권위를 높였어.〕

(3) 특징: 카스트제에 따른 신분 차별 인정과 의무 수행 강조, 『마누 법전』 정비 핵심 자료

＊ 브라만교
아리아인이 자연 현상을 다스리는 여러 신들에게 제사를 지내고, 경전인 『베다』를 완성하는 과정에서 만들어진 인도의 고대 종교이다.

자료❶ 굽타 왕조의 영역

4세기 초 찬드라굽타 1세가 분열된 인도를 통일하고 굽타 왕조를 세웠다. 굽타 왕조는 찬드라굽타 2세 때 벵골만에서 아라비아해에 이르는 영토를 차지하여 전성기를 누렸다. 이 시기에 굽타 왕조는 활발한 해상 무역으로 번영하였다.

자료❷ 힌두교의 주요 신

〔과거, 현재, 미래를 바라보는 두 개의 눈과 내면을 바라보는 하나의 눈이 있어.〕

비슈누는 세상의 질서를 유지하는 역할을 하였다. 힌두교에서는 비슈누가 인류를 구하기 위하여 다른 모습을 한 화신(아바타)으로 나타난다고 하였다. 시바는 파괴의 신으로, 흰 소를 타고 다니는데 이는 힌두교에서 소를 숭배하는 배경이 되기도 하였다.

B 인도 고전 문화의 발전

문학	*산스크리트어로 쓴 서사시 발달(『마하바라타』, 『라마야나』 등) 자료❶
미술	굽타 양식 유행(아잔타 석굴과 엘로라 석굴의 불상과 벽화에서 잘 드러남) 자료❷
자연 과학	• 천문학: 원주율로 지구의 둘레 계산, 지구가 둥글고 자전한다는 사실 증명 • 수학: 최초로 '0(영)'이라는 숫자 개념 도입, 10진법 사용

〔비슈누의 아바타 중 하나인 라마 왕자의 이야기가 담겨 있어.〕

＊ 산스크리트어
인도의 지식 계층과 브라만이 사용한 인도 고유 언어로, 굽타 왕조 시대에 공용어로 사용되었다.

자료❶ 산스크리트 문학의 발달

↑ 『마하바라타』의 한 장면

『마하바라타』는 신의 뜻에 따라 의무를 다해야 한다는 내용을 담은 산스크리트 서사시이다. 힌두교도의 의무 수행을 강조하여 카스트제를 뒷받침하였다.

자료❷ 굽타 양식의 유행

↑ 아잔타 석굴의 보살 벽화

굽타 왕조 시대에 미술에서는 간다라 양식과 인도 고유의 양식이 어우러진 굽타 양식이 나타났다. 특히 아잔타 석굴 사원의 보살 벽화는 굽타 양식을 대표하는 그림으로, 인물의 생김새나 옷차림 등에서 인도 고유의 특징이 잘 드러나 있다.

교과서 핵심 자료 『마누 법전』 정비와 힌두교의 발전

창조주는 …… 각자의 업을 정하였도다. 브라만에게는 『베다』를 가르치며 제사 지내는 일을, 크샤트리아에게는 백성을 보호하고 다스릴 것을, 바이샤에게는 농사를 짓고 짐승을 기를 것을 명령하셨다. 마지막으로 수드라에게는 앞선 세 신분의 사람들에게 봉사하는 임무를 명령하셨다.
– 『마누 법전』

힌두교는 카스트제에 따른 신분 차별을 인정하였으며, 자신의 카스트에 따른 의무를 성실히 수행하면 더 나은 카스트로 태어날 수 있다고 하였다. 굽타 왕조 시기에는 카스트에 따른 의무와 규범을 담은 『마누 법전』이 정비되었다. 『마누 법전』은 힌두교도의 일상생활에 큰 영향을 주었다. 이 법전은 힌두교를 뒷받침하여 인도 사회에 카스트제가 정착하는 데 기여하였다.

✓ 완자쌤의 탐구 수업

◆ 『마누 법전』에 담긴 내용과 이 법전이 인도 사회에 미친 영향은?

『마누 법전』은 카스트에 따른 의무와 규범을 담고 있습니다. 『마누 법전』은 카스트제에 따른 의무 수행을 중시하는 힌두교를 뒷받침하였으며, 이는 인도 사회에 카스트제가 정착하는 데 영향을 주었습니다.

문제로 개념 확인

정답 친해 22쪽

1 굽타 왕조에 대한 설명이 맞으면 ○표, 틀리면 ×표를 하시오.

(1) 찬드라굽타 1세가 인도를 통일하고 세웠다. (　　　)
(2) 전성기를 이끈 아소카왕이 산치 대탑을 건립하였다. (　　　)

2 다음 괄호 안의 내용 중 알맞은 말에 ○표를 하시오.

(1) (힌두교 , 조로아스터교)는 브라만교를 바탕으로 불교와 민간 신앙이 어우러져 형성되었다.
(2) 굽타 왕조의 왕들은 (시바 , 비슈누)가 왕의 모습으로 세상에 나타났다고 주장하며 자신의 권위를 높였다.

3 ㉠에 들어갈 법전을 쓰시오.

굽타 왕조 시기에 카스트에 따른 의무와 규범을 담은 (㉠　　　　　)이/가 정비되었다. 이 법전은 힌두교도의 일상생활에 큰 영향을 주었다.

4 빈칸에 들어갈 알맞은 내용을 쓰시오.

(1) 굽타 왕조 사람들은 최초로 (　　　　　)(이)라는 숫자를 만들었다.
(2) 『마하바라타』는 인도 고유의 언어인 (　　　　　)(으)로 쓴 서사시이다.
(3) 굽타 왕조 시대에는 간다라 양식과 인도 고유 양식이 융합된 (　　　　　)이/가 나타났다.

비주얼로 핵심 콕콕

A 굽타 왕조의 성립과 힌두교의 확산

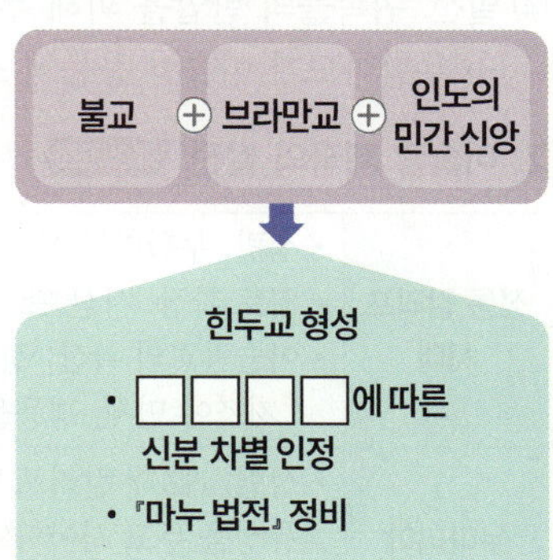

B 인도 고전 문화의 발전

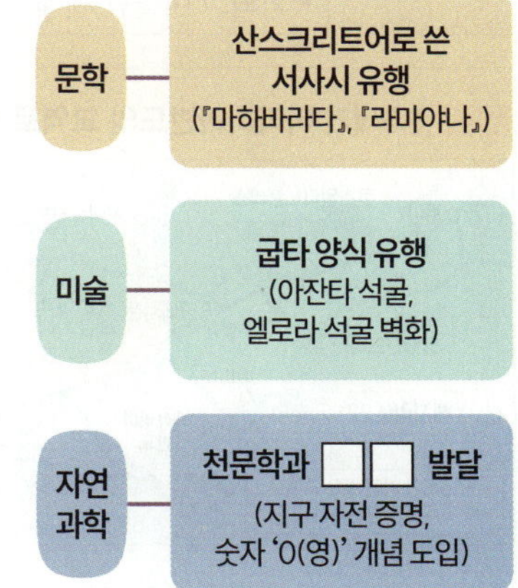

C 사산 왕조 페르시아의 발전

1. 성립과 발전

(1) 성립: 3세기 초 아케메네스 왕조 페르시아의 부흥을 내세우며 성립

(2) 발전: 페르시아어를 공용어로 사용, 지방에 총독 파견, *조로아스터교의 국교화, 동서 교통의 중심지 차지(→ 중계 무역으로 번영), 로마 제국과 경쟁 └ 샤푸르 1세 때 로마의 침입을 물리치기도 하였어.

(3) 멸망: 내부 반란, 비잔티움 제국과의 잦은 전쟁으로 쇠퇴 → 이슬람 세력에게 멸망

2. 문화: 금속과 유리 공예품 유행, 직물 공예와 염색 기술 발달 → 이슬람 세계와 비잔티움 제국은 물론 당과 신라 등에도 영향을 줌 └ 신라의 황남 대총에서는 페르시아의 것과 비슷한 물병과 유리잔이 출토되었어.

> ✱ **조로아스터교**
> 조로아스터가 창시하였다고 알려져 있으며, 페르시아인이 널리 믿은 종교이다. 선과 빛의 신 아후라 마즈다를 최고신으로 섬겼다.

D 이슬람 세계의 성장

1. 이슬람교의 성립

(1) 배경: 새 교역로로 메카와 메디나 번영 → 소수 귀족이 무역의 이익 독차지 [자료①]

(2) 성립: 7세기 초 메카의 상인 무함마드가 정립

(3) 교리: 유일신 알라에게 절대복종, 모든 인간은 신 앞에 평등함을 강조 [자료②]

(4) 발전: 귀족들의 탄압을 피해 무함마드와 신도들이 메카에서 메디나로 이주(헤지라, 622) → 무함마드가 이슬람 공동체 조직 → 메카 정복, 주변 지역 통일(무함마드 시대) └ '성스러운 옮김'이라는 뜻으로, 이 해는 이슬람력의 시작 연도가 되었어.

2. 이슬람 제국의 발전 [핵심 자료]

정통 칼리프 시대	• 성립: 무함마드 사후 4대에 걸쳐 *칼리프 선출 • 영토 확장: 사산 왕조 페르시아 정복, 시리아와 이집트 점령 • 이슬람교의 확산: 정복민에게 이슬람교를 강요하지 않는 대신 이슬람교로 개종하면 *지즈야 면제, 평등을 강조하는 교리로 빠르게 확산
우마이야 왕조	• 성립: 제4대 칼리프 알리의 피살 → 우마이야 가문이 칼리프 세습(661) → 왕조의 정통성을 두고 시아파와 수니파의 대립 (시아파는 무함마드의 혈통이어야 칼리프가 될 수 있다고 본 반면, 수니파는 능력이 있으면 누구나 칼리프가 될 수 있다고 보았어.) • 영토 확장: 중앙아시아에서 북부 아프리카, 유럽의 이베리아반도까지 확대 • 아랍인 우대 정책 실시: 비아랍인 이슬람교도들의 불만 증가
아바스 왕조	• 성립: 아바스 가문이 우마이야 왕조에 불만을 가진 세력을 모아 세움(750) • 발전: 아랍인 중심의 민족 차별 정책 폐지, 탈라스 전투에서 승리(→ 동서 교역로 차지, 수도 바그다드가 국제 무역으로 번영) 예 비아랍인에게 부과하던 세금 면제, 비아랍인도 관리·군인으로 임명 • 쇠퇴: *이슬람 세계가 분열되면서 쇠퇴 → 몽골의 침입으로 멸망(1258)

> ✱ **칼리프**
> 무함마드의 계승자라는 뜻으로, 이슬람 공동체의 최고 권력자이지 종교 지도자를 말한다.
>
> ✱ **지즈야**
> 이슬람 세력이 정복지의 주민에게 머릿수대로 거둔 세금이다.
>
> ✱ **이슬람 세계의 분열**
> 몰락한 우마이야 왕조의 일부 세력이 유럽의 이베리아반도에서 후우마이야 왕조를 세웠고, 이집트에서는 파티마 왕조가 성장하였다.

[자료①] 6세기 아라비아반도의 교역로 변화

6세기 후반 사산 왕조 페르시아와 비잔티움 제국이 대립하면서 기존의 동서 교역로가 막히게 되었다. 이 과정에서 메카와 메디나가 무역의 중심지로 떠올랐다.

[자료②] 카바 신전

무함마드는 다신교 신전이었던 카바 신전을 알라를 모시는 신전으로 바꾸었다. 이후 카바 신전은 수많은 이슬람교도가 방문하는 이슬람교의 성지가 되었다.

교과서 핵심 자료 · 이슬람 제국의 발전

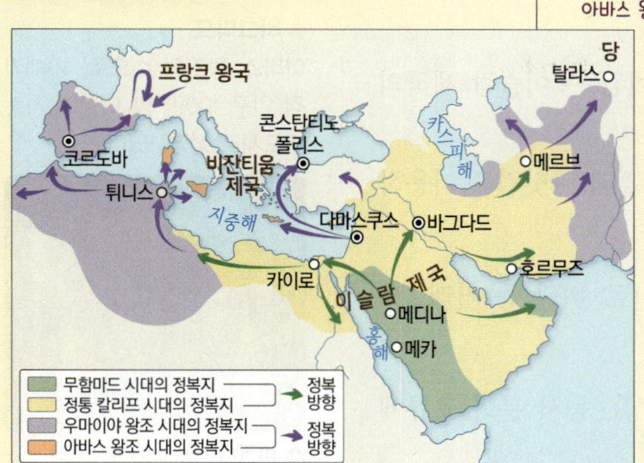

우마이야 왕조의 수도는 다마스쿠스이고, 아바스 왕조의 수도는 바그다드야.

이슬람 제국은 여러 왕조를 거치며 영역을 확대하였다. 정통 칼리프 시대에 이슬람 세력은 시리아, 이집트, 사산 왕조 페르시아 등을 정복하였다. 우마이야 왕조는 중앙아시아에서 북부 아프리카, 유럽의 이베리아반도까지 영토를 넓혔다. 아바스 왕조는 탈라스 전투에서 당에 승리하여 동서 교역로를 차지하였다.

✓ 완자쌤의 탐구 수업

❶ 무함마드와 신도들이 귀족들의 탄압을 피해 이주한 지역은?

메디나

❷ 정통 칼리프 시대에 이슬람교가 빠르게 확산될 수 있었던 이유는?

이슬람교의 평등을 강조하는 교리와 더불어 이슬람 세력은 정복민이 이슬람교로 개종하면 세금을 면제해 주었기 때문에 이슬람교가 빠르게 확산될 수 있었습니다.

문제로 개념 확인

정답 친해 22쪽

1 빈칸에 들어갈 알맞은 내용을 쓰시오.

⑴ 사산 왕조 페르시아는 (   )의 부흥을 내세우며 성립하였다.

⑵ 사산 왕조 페르시아는 아후라 마즈다를 최고신으로 섬기는 (   )을/를 국교로 삼았다.

2 다음 괄호 안의 내용 중 알맞은 말에 ○표를 하시오.

⑴ 7세기 초 메카의 상인 무함마드는 (이슬람교 , 크리스트교)를 정립하였다.

⑵ 무함마드와 신도들은 귀족들의 탄압을 피해 메카에서 (메디나 , 바그다드)로 이주하였다.

3 ㉠에 들어갈 내용을 쓰시오.

(㉠   )은/는 이슬람 세력이 정복지의 주민에게 머릿수대로 거둔 세금이다. 정통 칼리프 시대에 이슬람 세력은 정복민이 이슬람교로 개종하면 이 세금을 면제해 주었다.

4 다음 설명에 해당하는 이슬람 왕조를 〈보기〉에서 골라 기호를 쓰시오.

> 보기
> ㄱ. 아바스 왕조   ㄴ. 우마이야 왕조

⑴ 아랍인 우대 정책을 실시하였다. (   )

⑵ 탈라스 전투에서 당에 승리하여 동서 교역로를 차지하였다. (   )

비주얼로 핵심 콕콕

C 사산 왕조 페르시아의 발전

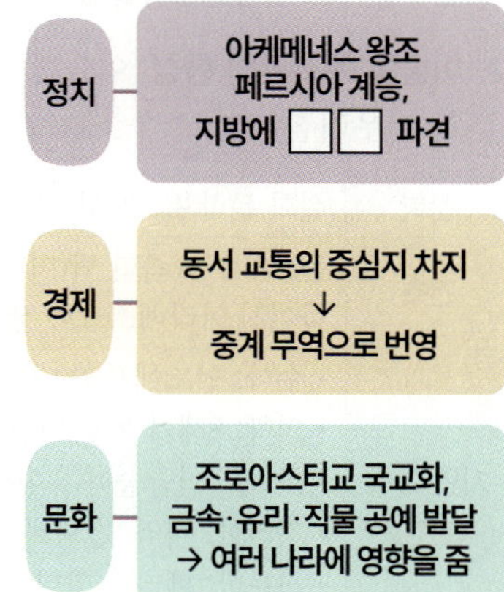

D 이슬람 세계의 성장

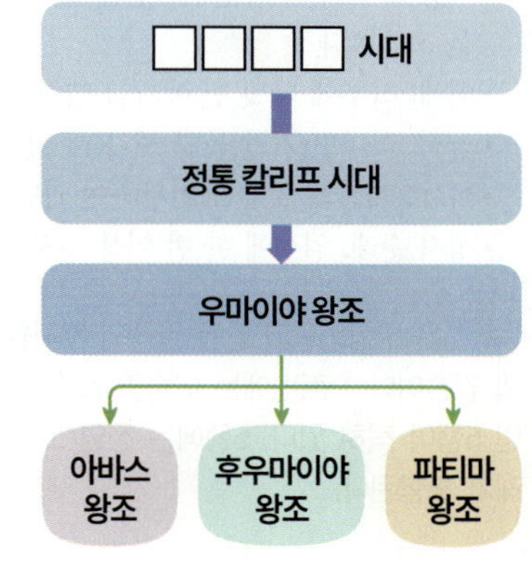

E 이슬람 제국의 국제 교류와 경제 성장

1. 배경

(1) 이슬람 사회에서는 상업 활동으로 이익을 얻는 것을 긍정적으로 여김 → 이슬람 제국의 도로망 정비 및 상인들의 상업 활동 지원

(2) 이슬람 제국이 유럽·아시아·아프리카를 잇는 통로에 위치 → 비단길과 바닷길을 이용하여 교역 주도

2. 상업과 교역의 발달: 인도·동남아시아·동아시아에 진출하여 향신료·비단 등 거래, 유럽·아프리카와는 모피·금 등을 거래 핵심 자료

3. 영향: 교역로를 중심으로 도시 성장(*바그다드가 국제 도시로 번성), 동서 문화 교류에 기여, 이슬람교 확산, 금융 산업 발달 └ 금과 은을 화폐로 사용하고, 어음과 수표를 이용하면서 금융 산업이 발달하였어.

＊ 바그다드
아바스 왕조의 수도로, 10세기 경 인구 100만 명 이상이 사는 대도시로 성장하였다.

↑ 바그다드를 묘사한 그림

F 이슬람 문화권의 형성

1. 이슬람 사회의 특징: 『쿠란』이 일상생활의 기본 규범이 됨 → 아랍어를 공용어로 사용, 술·돼지고기 금지, 이슬람교도의 다섯 가지 의무 규정 자료❶ └ 아랍어로 쓰인 『쿠란』은 다른 언어로 번역하는 것이 금지되었어.

2. 이슬람 문화권의 형성: 이슬람 세계가 확대되면서 이슬람교를 바탕으로 다양한 문화 요소가 어우러짐

	┌ 아라비아의 민담을 중심으로 페르시아, 인도, 이집트 등지의 설화를 모은 책이야.
문학	설화 문학 유행(『아라비안나이트』)
건축	돔·아치·뾰족한 탑(미너렛)을 특징으로 하는 모스크 발달, 기하학적 무늬나 문자로 만들어진 아라베스크로 장식
자연 과학 자료❷	• 수학: 인도에서 '0(영)'을 받아들여 아라비아 숫자 완성 • 의학: 8세기 이후 병원 설립, 이븐시나가 『의학전범』으로 의학 집대성 • 화학: ＊연금술이 유행하는 과정에서 발달 → 화학 용어 탄생 • 지리학: 지역 및 세계 지도 제작 • 천문학: 메카를 향한 예배와 성지 순례, 교역을 위해 연구 → 아스트롤라베의 발전 → 이슬람의 항해술 발달과 해상 교역에 기여
영향	이슬람의 과학 지식은 유럽에 전해져 근대 과학 발전에 영향을 줌

17세기까지 유럽의 대학에서 의학 교재로 사용되었어.

＊ 연금술
금속을 이용하여 보석이나 불로장생의 약을 만드는 것을 말한다. 이 과정에서 화학이 발달하였다.

↑ 실험하는 학자들

자료❶ 이슬람교도의 다섯 가지 의무

- 신앙 고백: '알라 이외의 신은 없고, 무함마드는 신의 사도'임을 고백한다.
- 예배: 하루에 다섯 번 메카를 향해 기도한다.
- 금식: 라마단 기간 동안 해가 떠 있을 때 금식한다.
- 희사: 재산의 일부를 기부하여 가난한 사람을 돕는다.
- 성지 순례: 일생에 한 번 이상 성지인 메카를 순례한다.

『쿠란』은 무함마드가 받은 알라의 계시를 아랍어로 기록한 이슬람교의 경전이다. 『쿠란』에는 이슬람교도가 지켜야 하는 다섯 가지 의무인 5행이 적혀 있다. 5행에는 신앙 고백, 예배, 금식, 희사, 성지 순례가 포함된다.

자료❷ 이슬람 자연 과학의 발달

고대부터 사용하였던 천문 도구야.

↑ 아스트롤라베

남쪽을 지도의 윗부분에 그렸어.

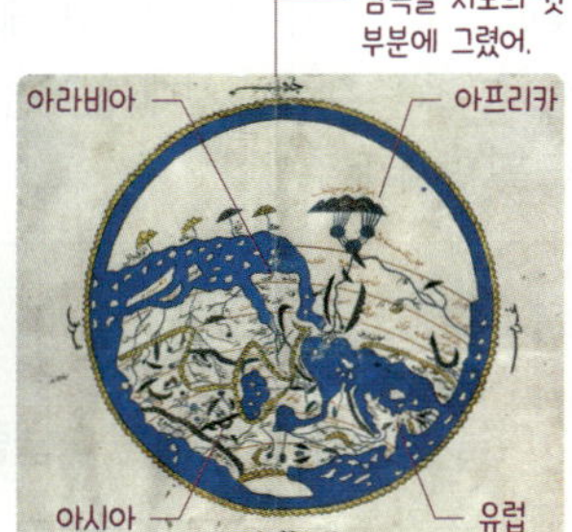

↑ 이드리시의 세계 지도

이슬람 세계에서는 자연 현상과 우주를 연구하는 것이 신의 뜻을 이해하기 위한 이슬람교도의 의무라고 생각하였다. 그렇기 때문에 화학이나 지리학, 천문학 등 과학 연구가 활발하게 이루어졌다.

교과서 핵심 자료 · 이슬람 상인의 동서 교역과 경제 성장

↟ 이슬람 상인의 교역로와 교역품

이슬람 제국은 유럽과 아프리카, 아시아를 잇는 통로에 위치하여 비단길과 바닷길을 통한 동서 교역이 활발하였다. 이슬람 상인은 중국의 비단과 도자기, 인도의 향신료와 면포, 아프리카의 노예와 상아, 비잔티움 제국의 견직물과 유리 등을 거래하였다. 이슬람 상인의 교역은 동서 문화 교류에 크게 기여하였으며, 이슬람교가 퍼지는 데에도 영향을 주었다.

✔ 완자쌤의 탐구 수업

❶ 이슬람 상인이 중국에서 주로 가져온 물건은?

비단, 도자기, 종이 등

❷ 이슬람 상인이 동서 교역을 펼칠 수 있었던 배경은?

이슬람 사회는 상업 활동을 긍정적으로 여겨 국가적으로 도로망을 정비하고 상인들의 상업 활동을 지원하였습니다. 또한 이슬람 제국이 동서 교역의 통로에 위치하여 비단길과 바닷길을 통한 동서 교역이 활발하게 이루어졌습니다.

문제로 개념 확인

정답 친해 22쪽

1 다음 설명이 맞으면 ○표, 틀리면 ✕표를 하시오.

(1) 이슬람 사회에서는 상업 활동을 긍정적으로 여겼다. (   )
(2) 이슬람 제국은 초원길을 이용하여 교역을 주도하였다. (   )
(3) 아바스 왕조의 수도 사마르칸트는 국제 도시로 번성하였다. (   )
(4) 이슬람 상인들은 인도와 동남아시아, 동아시아에 진출하여 향신료, 비단 등을 거래하였다. (   )

2 ㉠에 들어갈 경전을 쓰시오.

> (㉠   )은/는 무함마드가 받은 알라의 계시를 아랍어로 기록한 이슬람교의 경전이다. 이 경전은 이슬람 사회에서 일상생활의 기본 규범이 되었다.

3 빈칸에 들어갈 알맞은 내용을 쓰시오.

(1) (   )은/는 아라비아, 페르시아, 인도 등의 설화를 모은 책이다.
(2) 이슬람 사원인 (   )은/는 돔과 아치, 뾰족한 탑을 특징으로 한다.
(3) 이슬람 사람들은 인도에서 숫자 '0(영)'을 받아들여 (   )을/를 완성하였다.
(4) 이슬람 세계가 넓어지면서 이슬람교를 바탕으로 다양한 문화 요소가 어우러진 (   )이/가 형성되었다.

비주얼로 핵심 콕콕

E 이슬람 제국의 국제 교류와 경제 성장

도로망 정비 + 상업 활동 지원 + 지리적 이점

↓

상업과 교역 발달
· 바그다드 번성
· 동서 문화 교류 확대
· □□□교 확산

F 이슬람 문화권의 형성

문학 — □□ 문학 유행 (『아라비안나이트』)

건축 — 모스크 발달 (아라베스크 장식)

자연 과학 —
· 아라비아 숫자 완성
· 『의학전범』 편찬
· 화학 용어 탄생
· 세계 지도 제작
· 아스트롤라베 발전

A 굽타 왕조의 성립과 힌두교의 확산

01 (가)에 들어갈 왕조로 옳은 것은?

① 굽타 왕조
② 쿠샨 왕조
③ 아바스 왕조
④ 마우리아 왕조
⑤ 후우마이야 왕조

02 지도의 최대 영역을 차지한 왕조에 대한 설명으로 옳은 것을 〈보기〉에서 고른 것은?

보기
ㄱ. 찬드라굽타 1세가 세웠다.
ㄴ. 아소카왕이 전성기를 이끌었다.
ㄷ. 활발한 해상 무역으로 번영을 누렸다.
ㄹ. '왕의 눈', '왕의 귀'를 보내 총독을 감시하였다.

① ㄱ, ㄴ
② ㄱ, ㄷ
③ ㄴ, ㄷ
④ ㄴ, ㄹ
⑤ ㄷ, ㄹ

03 다음 종교에 대한 설명으로 옳은 것은?

굽타 왕조 시대에 브라만교를 바탕으로 불교와 인도의 민간 신앙이 어우러져 형성된 종교이다.

① 경전으로 『베다』가 있다.
② 사산 왕조 페르시아의 국교이다.
③ 고타마 싯다르타(석가모니)가 창시하였다.
④ 카스트제에 따른 신분 차별을 인정하였다.
⑤ 개인의 해탈보다 많은 사람의 구제를 강조한다.

시험에 잘 나와!
04 검색창에 들어갈 내용으로 옳은 것은?

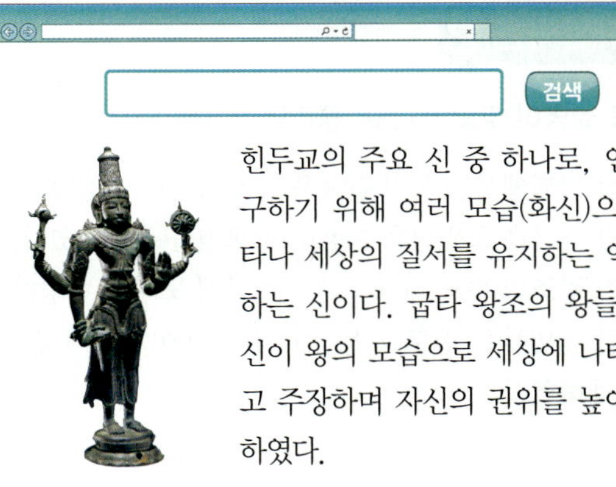

힌두교의 주요 신 중 하나로, 인류를 구하기 위해 여러 모습(화신)으로 나타나 세상의 질서를 유지하는 역할을 하는 신이다. 굽타 왕조의 왕들은 이 신이 왕의 모습으로 세상에 나타났다고 주장하며 자신의 권위를 높이기도 하였다.

① 시바
② 알라
③ 예수
④ 비슈누
⑤ 아후라 마즈다

05 다음에서 설명하는 법전을 쓰시오.

굽타 왕조 시대에 정비된 법전으로, 각 카스트의 생활 방식을 규정하는 내용과 힌두교도가 지켜야 할 의례와 관습, 법 등이 기록되어 있다.

(   )

B 인도 고전 문화의 발전

06 빈칸에 들어갈 내용으로 가장 적절한 것은?

> **수행 평가 보고서**
>
> • 학습 목표:
> • 모둠별 조사 내용
>   – 1모둠: 천문학 및 수학의 발달
>   – 2모둠: 산스크리트 문학의 대표 사례
>   – 3모둠: 굽타 양식에 드러난 인체 표현 방법

① 인도 고전 문화의 특징을 설명할 수 있다.
② 그리스 문화와 헬레니즘 문화를 비교할 수 있다.
③ 알렉산드로스의 동방 원정의 영향을 파악할 수 있다.
④ 유목 민족의 성장과 초원길을 통한 교류를 말할 수 있다.
⑤ 마우리아 왕조와 쿠샨 왕조 시기의 불교 발전을 정리할 수 있다.

07 선생님의 질문에 대한 학생들의 답변으로 옳지 **않은** 것은?

↑ 아잔타 석굴의 보살 벽화

① 산치 대탑이 건립되었어요.
② 숫자 '0(영)'의 개념이 사용되었어요.
③ 산스크리트어로 쓴 문학이 유행하였어요.
④ 원주율을 이용하여 지구의 둘레를 계산하였어요.
⑤ 간다라 양식과 인도 고유의 양식이 어우러진 미술 양식이 발달하였어요.

C 사산 왕조 페르시아의 발전

08 사산 왕조 페르시아에 대한 설명으로 옳은 것은?

① 역사서인 『사기』를 편찬하였다.
② 지방에 총독을 파견하여 다스렸다.
③ 다리우스 1세 때 전성기를 맞이하였다.
④ 흉노를 견제하고자 만리장성을 축조하였다.
⑤ 정복지에 알렉산드리아라는 도시를 건설하였다.

09 다음에서 설명하는 종교로 옳은 것은?

> • 사산 왕조 페르시아가 국교로 삼았다.
> • 선과 빛의 신 아후라 마즈다를 최고신으로 섬겼다.

① 불교   ② 힌두교   ③ 이슬람교
④ 크리스트교   ⑤ 조로아스터교

10 다음 전시회의 제목으로 가장 적절한 것은?

> **전시회 초대장**
>
> 금속과 유리 공예품이 뛰어났던 이 나라의 문화유산을 소개합니다. 이 나라의 물병(왼쪽)과 유사한 황남 대총에서 출토된 신라의 물병(오른쪽)도 함께 만나 보세요.

① 탈라스 전투가 일어나다
② 인도 고전 문화가 발전하다
③ 동아시아 문화권이 형성되다
④ 이슬람에서 자연 과학이 발달하다
⑤ 사산 왕조 페르시아의 문화가 전파되다

D 이슬람 세계의 성장

11 지도를 활용한 탐구 활동으로 가장 적절한 것은?

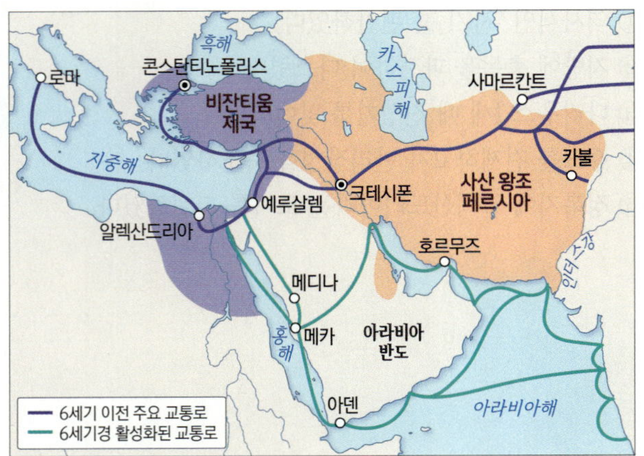

① 초원길 개척의 영향을 파악한다.
② '왕의 길'이 건설된 목적을 조사한다.
③ 펠로폰네소스 전쟁의 전개 과정을 정리한다.
④ 크샤트리아와 바이샤 세력의 활동을 비교한다.
⑤ 메카와 메디나가 새로운 무역의 중심지가 된 배경을 살펴본다.

★시험에 잘 나와!
12 밑줄 친 '이 종교'에 대한 설명으로 옳은 것은?

① 밀라노 칙령으로 공인되었다.
② 마우리아 왕조 시대에 형성되었다.
③ 브라만교의 제사 절차를 단순화하였다.
④ 비슈누와 시바 등을 주요 신으로 섬겼다.
⑤ 유일신 알라에 대한 절대복종을 내세웠다.

[13~14] 다음을 읽고 물음에 답하시오.

> 무함마드는 〔   〕라고 주장하여 메카의 귀족들에게 탄압을 받았다. 이에 무함마드와 신도들은 메카에서 메디나로 거처를 옮겼다. 이후 무함마드는 메디나에서 세력을 키워 이슬람 공동체를 만들고 메카를 정복하였다.

13 빈칸에 들어갈 내용으로 가장 적절한 것은?

① '모든 인간은 신 앞에 평등하다.'
② '비슈누가 왕의 모습으로 세상에 나타났다.'
③ '불교의 가르침에 따라 나라를 다스려야 한다.'
④ '자질과 능력이 있으면 누구나 칼리프가 될 수 있다.'
⑤ '자신의 카스트에 따른 의무를 성실히 수행하면 더 나은 카스트로 태어날 수 있다.'

14 밑줄 친 내용을 이르는 말로 옳은 것은?

① 모스크　　② 지즈야　　③ 칼리프
④ 헤지라　　⑤ 아라베스크

15 다음 상황이 나타난 시기에 있었던 사실로 옳은 것은?

> 무함마드가 죽은 뒤 무함마드의 혈통을 계승한 네 명의 칼리프가 차례로 선출되었다.

① 탈라스 전투가 일어났다.
② 사산 왕조 페르시아가 멸망하였다.
③ 아랍인 중심의 민족 차별 정책이 실시되었다.
④ 이슬람교도가 시아파와 수니파로 나뉘어졌다.
⑤ 다신교 신전이었던 카바 신전이 알라를 모시는 신전으로 바뀌었다.

16 빈칸에 들어갈 용어를 쓰시오.

세계사 용어 사전

무함마드의 계승자라는 뜻으로, 이슬람 공동체의 최고 권력자이자 종교 지도자를 말한다.

(   )

★ 시험에 잘 나와!

17 정통 칼리프 시대에 이슬람교가 빠르게 확산된 이유로 적절한 것을 〈보기〉에서 고른 것은?

보기
ㄱ. 카스트제를 비판하였다.
ㄴ. 평등을 강조하는 교리를 내세웠다.
ㄷ. 브라만교의 제사 절차를 단순화하였다.
ㄹ. 이슬람교로 개종하면 지즈야를 면제해 주었다.

① ㄱ, ㄴ   ② ㄱ, ㄷ   ③ ㄴ, ㄷ
④ ㄴ, ㄹ   ⑤ ㄷ, ㄹ

18 지도의 최대 영역을 차지하였던 왕조에 대한 설명으로 옳은 것은?

① 조로아스터교를 국교로 삼았다.
② 아랍인을 우대하는 정책을 펼쳤다.
③ 찬드라굽타 2세 때 전성기를 맞이하였다.
④ 사산 왕조 페르시아와 교류하며 발전하였다.
⑤ 무함마드의 계승자들이 칼리프에 선출되었다.

19 다음 정책을 실시한 왕조로 옳은 것은?

아랍인 중심의 민족 차별 정책을 없애 비아랍인에게 부과하던 세금을 면제하고, 비아랍인도 관리로 임명하였다.

① 굽타 왕조   ② 아바스 왕조
③ 파티마 왕조   ④ 마우리아 왕조
⑤ 우마이야 왕조

20 (가)에 들어갈 왕조에 대한 설명으로 옳은 것은?

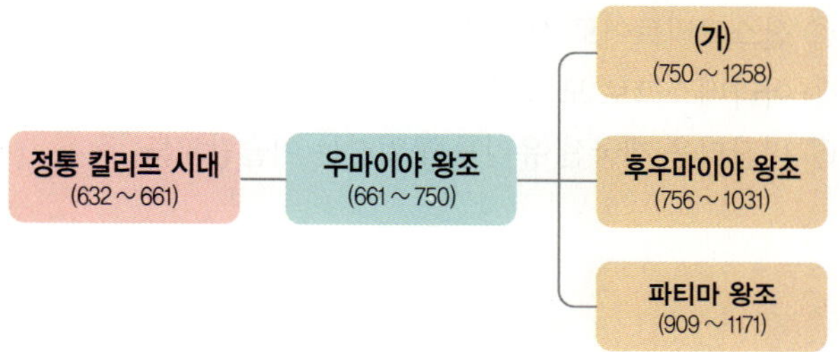

① 이베리아반도에서 성립하였다.
② 탈라스 전투에서 당에 승리하였다.
③ 이집트와 사산 왕조 페르시아를 정복하였다.
④ 벵골만에서 아라비아해까지 영토를 확대하였다.
⑤ 제4대 칼리프인 알리가 피살되는 일이 일어났다.

E   **이슬람 제국의 국제 교류와 경제 성장**

21 밑줄 친 ㉠~㉤ 중 옳지 <u>않은</u> 것은?

이슬람 제국의 동서 교역

이슬람 제국은 ㉠주로 초원길을 거쳐 여러 나라와 교역하였다. 이슬람 상인들은 ㉡인도, 동남아시아, 동아시아에 진출하여 향신료, 비단 등을 거래하였다. ㉢유럽, 아프리카와는 모피, 금 등을 거래하였다. 이들의 무역은 ㉣동서 문화 교류에 크게 기여하였고, ㉤이슬람교가 퍼지는 데에도 영향을 주었다.

① ㉠   ② ㉡   ③ ㉢   ④ ㉣   ⑤ ㉤

22 밑줄 친 '이 도시'에서 볼 수 있는 모습으로 적절하지 <u>않은</u> 것은?

그림은 아바스 왕조의 수도였던 이 도시의 모습을 묘사한 것이다. 이 도시는 유럽과 아시아를 잇는 교역로의 중심에 위치하여 10세기 무렵 인구 100만 명 이상이 사는 대도시로 성장하였다.

① 병원에서 진료를 받는 환자
② 어음과 수표를 사용하는 상인
③ 산스크리트어로 서사시를 쓰는 작가
④ 아라베스크로 모스크를 장식하는 화가
⑤ 비잔티움 제국산 유리를 구입하는 이슬람교도

F　이슬람 문화권의 형성

23 이슬람 사회의 특징으로 옳은 것을 〈보기〉에서 고른 것은?

보기
ㄱ. 돼지고기를 먹지 않는다.
ㄴ. 페르시아어를 공용어로 사용한다.
ㄷ. 『쿠란』이 일상생활의 기본 규범이다.
ㄹ. 카스트제에 따른 신분 차별을 인정한다.

① ㄱ, ㄴ　　　② ㄱ, ㄷ　　　③ ㄴ, ㄷ
④ ㄴ, ㄹ　　　⑤ ㄷ, ㄹ

시험에 잘 나와!
24 이슬람교도의 다섯 가지 의무가 <u>아닌</u> 것은?

① 가난한 사람을 돕는다.
② 인도의 다양한 신을 숭배한다.
③ 하루에 다섯 번 메카를 향해 기도한다.
④ 일생에 한 번 이상 성지인 메카를 순례한다.
⑤ 라마단 기간 동안 해가 떠 있을 때 금식한다.

---

25 다음 전시회의 제목으로 가장 적절한 것은?

○○박물관 특별전

이번 전시에서는 천문 도구인 아스트롤라베와 이드리시의 세계 지도를 여러분에게 소개합니다.

• **전시 자료**

↑ 아스트롤라베

↑ 이드리시의 세계 지도

① 간다라 양식의 전파
② 헬레니즘 문화의 형성
③ 인도 고전 문화의 발전
④ 이슬람 자연 과학의 발달
⑤ 동아시아 문화권의 공통 요소

26 (개)에 들어갈 내용으로 적절한 것을 〈보기〉에서 고른 것은?

이슬람 문화권의 형성

• **배경**: 이슬람교와 다양한 지역의 문화 융합
• **내용**
－ 아라비아 숫자의 탄생
－ 모스크에 나타난 건축 양식
－ 　　　　　(가)

보기
ㄱ. 대안탑의 건립 목적
ㄴ. 연금술에서 유래한 화학 용어
ㄷ. 아잔타 석굴 사원에 나타난 미술 양식
ㄹ. 『아라비안나이트』에 표현된 화려한 도시 문화

① ㄱ, ㄴ　　　② ㄱ, ㄷ　　　③ ㄴ, ㄷ
④ ㄴ, ㄹ　　　⑤ ㄷ, ㄹ

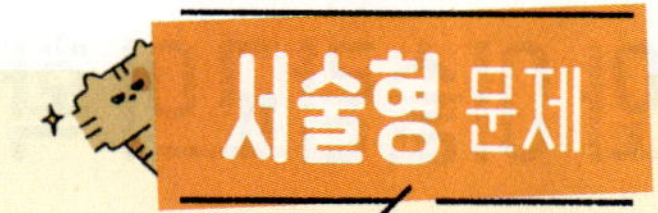

서술형 감잡기

1 다음을 읽고 물음에 답하시오.

> 브라만에게는 『베다』를 가르치며 제사 지내는 일을, 크샤트리아에게는 백성을 보호하고 다스릴 것을, 바이샤에게는 농사를 짓고 짐승을 기를 것을 명령하셨다. 마지막으로 수드라에게는 앞선 세 신분의 사람들에게 봉사하는 임무를 명령하셨다.

(1) 위 내용이 담긴 법전을 쓰시오.

(2) (1)에서 답한 법전을 바탕으로 힌두교가 인도 사회에 미친 영향을 서술하시오.

> | **핵심어** | 카스트제, 신분, 차별

서술형 익히기

2 다음을 읽고 물음에 답하시오.

> (㉠)은/는 카스트제에 따른 신분 차별을 인정하였으며, 자신의 카스트에 따른 의무를 성실히 수행하면 더 나은 카스트로 태어날 수 있다고 하였다.

(1) ㉠에 들어갈 종교를 쓰시오.

(2) (1)에서 답한 종교가 굽타 왕조 시대에 빠르게 확산된 이유를 **두 가지** 서술하시오.

3 다음을 읽고 물음에 답하시오.

(1) 밑줄 친 '분열'에 따라 형성된 **두 종파**를 쓰시오.

(2) (1)에서 답한 **두 종파**의 주장을 각각 서술하시오.

4 이슬람 제국이 다음과 같이 교역할 수 있었던 배경을 **두 가지** 서술하시오.

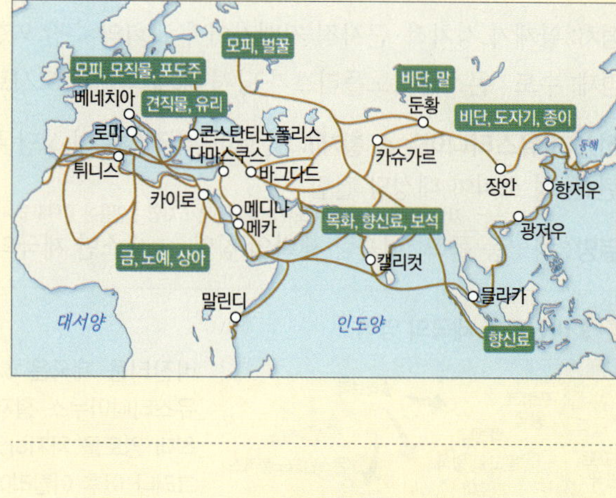

A 게르만족의 이동과 프랑크 왕국의 성장

1. 게르만족의 이동: 4세기 말 *훈족의 압박 → 게르만족이 로마 영토로 대규모 이동 [자료①]

※ 훈족
중앙아시아의 유목 민족으로, 이들이 동유럽으로 진출하면서 그곳에 살던 게르만족이 남쪽으로 이동하였다.

2. 프랑크 왕국의 성장 ┌ 게르만족이 서유럽에 세운 여러 나라 중 갈리아 지방에 자리 잡은 왕국이야. ┌ 게르만 문화·로마 문화·크리스트교가 어우러진 중세 서유럽 문화의 기틀을 마련하였어.

성장	5세기 말 크리스트교로 개종, 8세기 초 이슬람 세력의 침략 격퇴(크리스트교 세계 보호)
전성기	8세기 후반 **카롤루스 대제**가 영토를 넓히고 정복한 지역에 크리스트교 전파(→ 로마 교황에게 서로마 황제의 관을 받음), 학교를 세워 학문과 예술 발전에 기여 [핵심 자료]
쇠퇴	카롤루스 대제 사후 내분 발생 → 서프랑크·중프랑크·동프랑크로 분열 [자료②]

[자료①] 게르만족의 이동

게르만족은 4세기 말 훈족의 압박을 받아 대규모로 이동하여 서로마 제국 곳곳에 나라를 세웠다. 이 과정에서 프랑크 왕국이 세워졌으며, 서로마 제국은 게르만족 출신 용병 대장에게 멸망하였다(476).

[자료②] 프랑크 왕국의 분열

프랑크 왕국은 카롤루스 대제 사후 체결된 베르됭 조약, 메르센 조약에 따라 서프랑크, 중프랑크, 동프랑크로 분열되었다. 세 왕국은 각각 오늘날의 프랑스, 이탈리아, 독일의 기원이 되었다.

B 비잔티움 제국의 발전

1. 특징: 서로마 제국이 멸망한 뒤에도 약 천 년 동안 더 지속됨 [자료①]

(1) 정치: 황제가 정치적·군사적 지배자이자 교회의 수장 역할을 함 [자료②]

(2) 경제: 수도 *콘스탄티노폴리스가 당시 세계 최대의 도시로 성장

※ 콘스탄티노폴리스
유럽과 아시아를 잇는 교역로에 위치하여 무역이 발달하였고, 삼면이 바다로 둘러싸여 있어 이민족의 침입을 막기에 유리하였다.

2. 전성기(유스티니아누스 황제): 옛 로마 제국 영토의 상당 부분 회복, 『유스티니아누스 법전』 편찬, 성 소피아 대성당 건립

┌ 지방 세력가의 대토지 소유가 확대되면서 자영 농민층이 몰락하였어.

3. 멸망: 자영농 몰락, 이슬람 세력의 침입 → 오스만 제국의 공격으로 멸망(1453)

[자료①] 비잔티움 제국의 영역

비잔티움 제국은 6세기 유스티니아누스 황제 때 최대 영토를 차지하였다. 그러나 이후 이탈리아 지역은 게르만족에게 빼앗겼고, 북쪽의 슬라브족, 동쪽의 이슬람 세력의 침입을 받으며 영토를 잃었다.

[자료②] 비잔티움 제국 황제의 지위

↑ 산비탈레 성당의 벽화

황제를 중심으로 왼쪽에 관료와 군인이, 오른쪽에 성직자가 그려져 있다. 비잔티움 제국의 황제는 정치적·군사적·종교적 권력을 가졌다.

교과서 핵심 자료 · 카롤루스 대제의 서로마 황제 대관

카롤루스 대제는 이탈리아에서 교황을 위협하는 세력을 없애고 크리스트교를 널리 전하고자 힘쓴 점을 인정받아 800년 로마 교황 레오 3세로부터 서로마 황제의 관을 받았다. 카롤루스 대제가 서로마 황제의 관을 받은 것은 프랑크 왕국이 로마의 계승자이며, 비잔티움 제국의 황제는 더 이상 크리스트교 세계의 유일한 황제가 아니라는 것을 의미하였다.

— 오늘날 유럽에서는 카롤루스 대제의 업적을 기리고자 그의 이름을 딴 상을 만들었어.

← 서로마 황제의 관을 받는 카롤루스 대제

완자쌤의 탐구 수업

◆ **카롤루스 대제가 서로마 황제의 관을 받은 이유는?**

프랑크 왕국의 카롤루스 대제는 이탈리아에서 교황을 위협하는 세력을 없애고 크리스트교를 널리 전하고자 힘쓴 점을 인정받아 로마 교황으로부터 서로마 황제의 관을 받았습니다.

문제로 개념 확인

정답 친해 25쪽

1 ㉠에 들어갈 민족을 쓰시오.

> 4세기 말 훈족의 압박을 받은 (㉠   )은/는 대규모로 이동하여 서로마 제국 곳곳에 나라를 세웠다. 이 과정에서 서로마 제국이 멸망하였다.

2 다음 설명에 해당하는 나라를 〈보기〉에서 골라 기호를 쓰시오.

> 보기
> ㄱ. 프랑크 왕국   ㄴ. 비잔티움 제국

(1) 게르만족이 갈리아 지방에 세웠다. (   )

(2) 서로마 제국이 멸망한 뒤에도 약 천 년 더 지속되었다. (   )

(3) 베르됭 조약과 메르센 조약을 거쳐 세 나라로 분열되었다. (   )

(4) 황제가 정치적·군사적 지배자이자 교회의 수장 역할을 하였다. (   )

3 다음 괄호 안의 내용 중 알맞은 말에 ○표를 하시오.

(1) 비잔티움 제국은 (오스만 제국 , 프랑크 왕국)의 공격으로 멸망하였다.

(2) 수도 (바그다드 , 콘스탄티노폴리스)는 비잔티움 제국 시기에 세계 최대의 도시로 성장하였다.

(3) 비잔티움 제국의 (카롤루스 대제 , 유스티니아누스 황제)는 옛 로마 제국 영토의 상당 부분을 회복하였다.

비주얼로 핵심 콕콕

A 게르만족의 이동과 프랑크 왕국의 성장

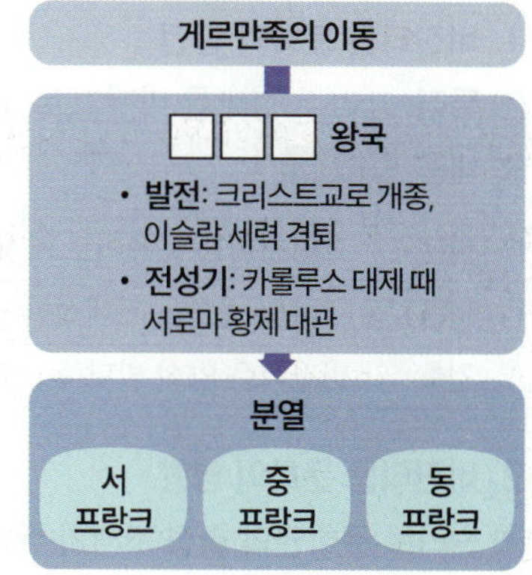

B 비잔티움 제국의 발전

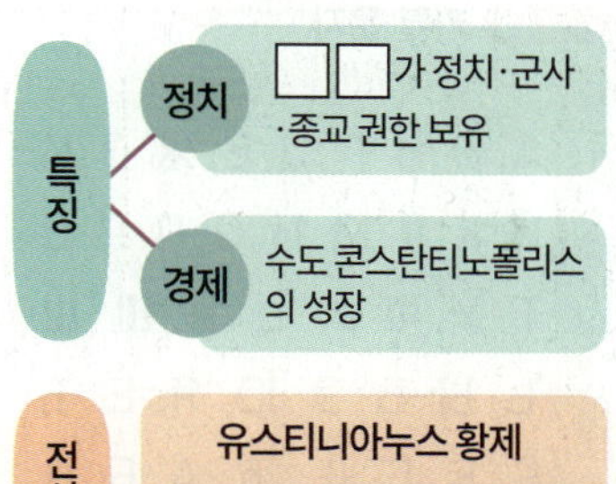

C 동서 교회의 분열

1. ***성상 숭배를 둘러싼 대립**: 비잔티움 제국의 황제가 성상 숭배를 금지하고 성상 파괴를 명령함(726) → 게르만족의 포교에 성상이 필요하였던 로마 교황의 반발 → 비잔티움 제국 황제와 로마 교황의 갈등 심화 〔자료〕
   └ 용어 종교를 널리 알리는 일

2. **동서 교회의 분열**: 교황을 중심으로 하는 로마 가톨릭교회와 비잔티움 제국의 황제를 중심으로 하는 그리스 정교로 분리(1054)
   └ 정교는 '정통 교회'라는 뜻으로, 비잔티움 제국의 크리스트교가 정통성을 가졌다는 것을 의미해.

*** 성상**
예수와 성모 마리아, 12사도와 성인들을 조각하거나 그린 것을 말한다.

〔자료〕 **성상 숭배 금지령과 동서 교회의 분열**

┌ 740년에 재건축된 성당으로, 내부 장식에 성상이 지워진 모습이야.

8세기 무렵 크리스트교 세계는 성상 숭배 문제를 둘러싸고 동서로 나뉘어 대립하였다. 비잔티움 제국의 황제 레오 3세는 성상이 크리스트교의 우상 숭배 금지 교리에 어긋난다고 주장하며 성상 숭배 금지령을 내리고 교회에 있는 성상을 파괴하였다. 로마 교회가 이를 거부하자 동서 교회는 갈등이 심해져 결국 로마 가톨릭교회와 그리스 정교로 나뉘었다.

🔵 성상을 지우는 수도사(왼쪽)와 하기아 이레나 성당의 내부(오른쪽)

D 비잔티움 제국의 문화

1. 비잔티움 문화의 발전

(1) 특징: 그리스 정교를 바탕으로 고대 그리스·로마 문화와 헬레니즘 문화의 융합

(2) 내용 〔핵심 자료〕
   ┌ 이탈리아에서 르네상스가 일어나는 데 크게 기여하였어.

학문	그리스어를 공용어로 사용, 그리스·로마 고전 연구 및 보존
법률	로마의 법률을 집대성한 *『유스티니아누스 법전』 편찬
건축	비잔티움 양식 발달(돔, 모자이크 벽화), 성 소피아 대성당(아야 소피아)이 대표적임

   └ 용어 여러 가지 빛깔의 돌이나 유리, 타일 등을 조각조각 붙여서 무늬나 그림을 만드는 기법

2. 비잔티움 문화의 영향

(1) 슬라브 문화권의 형성: 6세기 무렵 *슬라브족의 동유럽 정착, 비잔티움 문화의 영향을 받아 슬라브 문화권 형성(동유럽 문화의 바탕이 됨)

(2) 키예프 공국의 성립: 9세기 말 키예프 공국 건국(러시아의 기원), 비잔티움 제국과 교역하며 그리스 정교 수용, 키릴 문자 사용, 성 소피아 성당 건립 〔자료❶〕 〔자료❷〕
   └ 튀르키예에 있는 성 소피아 대성당과는 달라.

*** 『유스티니아누스 법전』**
제국 시민 모두에게 적용할 법을 만들기 위해 로마법을 집대성하여 『로마법 대전』이라고도 한다. 이후 유럽의 법체계에 영향을 주었다.

*** 슬라브족**
동유럽 지역에 주로 거주하였던 민족으로, 오늘날 동유럽과 러시아인이 이에 속한다.

〔자료❶〕 **키릴 문자**

```
А Б В Г Д Е Ж З И
Й К Л М Н О П Р С
Т У Ф Х Ц Ч Ш Щ
Ъ Ы Ь Э Ю Я Ѐ Ћ
Є Ѕ Ѓ Љ Ћ А Б В
```

비잔티움 제국의 선교사들은 그리스 정교를 슬라브족에게 전파하기 위해 그리스 문자를 변형한 키릴 문자를 만들었다. 키릴 문자는 러시아 문자의 기원이 되었으며, 오늘날 러시아와 동유럽 국가들이 사용하고 있다.

〔자료❷〕 **키예프 공국의 성 소피아 성당**

11세기에 키예프 공국에서 비잔티움 제국의 성 소피아 대성당을 본떠 만든 건축물이다. 내부에 모자이크 벽화가 있는 것으로 보아 비잔티움 양식을 반영하였음을 알 수 있다.

교과서 핵심 자료 비잔티움 양식의 발달

↑ 성 소피아 대성당

↑ 성 소피아 대성당의 모자이크 벽화

비잔티움 양식을 대표하는 성 소피아 대성당은 유스티니아누스 황제 때 건립되었다. 내부에는 여러 가지 색상의 유리와 돌을 이용하여 만든 모자이크 벽화로 장식하였고, 지붕은 당시 세계에서 가장 큰 돔을 설치하였다. 성 소피아 대성당은 비잔티움 제국이 오스만 제국의 공격으로 멸망한 뒤 지배를 받게 되면서 모스크로 바뀌었다.

✔ 완자쌤의 탐구 수업

① 성 소피아 대성당을 처음 건립한 황제는?

유스티니아누스 황제

② 성 소피아 대성당으로 알 수 있는 비잔티움 양식의 특징은?

성 소피아 대성당은 비잔티움 양식이 반영된 대표적인 건축물로 거대한 돔과 뾰족한 탑이 있으며, 내부를 모자이크 벽화로 장식하였습니다.

문제로 개념 확인

정답 친해 25쪽

1 동서 교회의 분열 과정을 일어난 순서대로 나열하시오.

> (개) 로마 가톨릭교회와 그리스 정교 분리
> (내) 크리스트교 세력이 동서로 나뉘어 대립
> (대) 비잔티움 제국 황제의 성상 숭배 금지령 발표

(   )

2 다음 괄호 안의 내용 중 알맞은 말에 ○표를 하시오.

(1) 비잔티움 제국은 (아랍어 , 그리스어)를 공용어로 사용하였다.

(2) (게르만족 , 슬라브족)의 문화는 비잔티움 문화의 영향을 받았다.

(3) 비잔티움 제국 시기에 (마누 법전 , 유스티니아누스 법전)이 편찬되어 로마의 법률이 집대성되었다.

(4) (모자이크 , 아라베스크)는 여러 빛깔의 유리나 타일 등을 조각조각 붙여서 무늬나 그림을 만드는 기법이다.

3 ㉠에 들어갈 문화유산을 쓰시오.

> 유스티니아누스 황제 때 건립된 (㉠   )은/는 비잔티움 양식을 대표하는 건축물로, 벽 위에 거대한 돔을 올리고 모자이크 벽화로 내부를 장식하였다.

비주얼로 핵심 콕콕

C 동서 교회의 분열

> 비잔티움 제국 황제의 성상 숭배 금지령 발표
> ↓
> 비잔티움 제국 황제와 로마 교황의 대립
> ↓
> 동서 교회의 분열
> □□□ □□와 로마 가톨릭교회로 분리

D 비잔티움 제국의 문화

특징
- **학문**: □□□ · 로마의 고전 연구 및 보존
- **법률**: 로마의 법률 집대성 (『유스티니아누스 법전』)
- **건축**: 비잔티움 양식 발달 (성 소피아 대성당)

↓

영향 | 슬라브 문화권, 동유럽 문화권의 형성

A 게르만족의 이동과 프랑크 왕국의 성장

01 지도에 나타난 민족의 이동이 유럽 사회에 미친 영향으로 가장 적절한 것은?

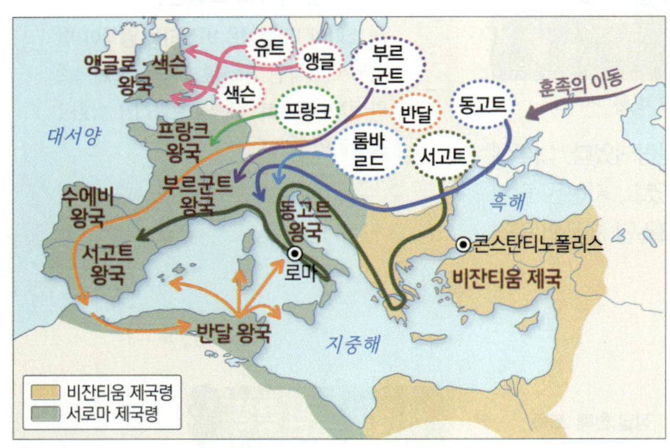

① 서로마 제국이 멸망하였다.
② 프랑크 왕국이 세 나라로 분열되었다.
③ 지중해의 여러 지역에 폴리스가 세워졌다.
④ 크리스트교 세력이 동서로 나뉘어 대립하였다.
⑤ 옥타비아누스가 집권하면서 황제가 다스리는 제정이 시작되었다.

02 프랑크 왕국이 성장한 배경으로 적절한 것을 〈보기〉에서 고른 것은?

> **보기**
> ㄱ. 피정복민의 풍습을 존중하는 관용 정책을 펼쳤다.
> ㄴ. 크리스트교를 받아들여 로마 교회의 지지를 얻었다.
> ㄷ. 나라를 4분할하여 네 명의 통치자가 공동으로 다스리게 하였다.
> ㄹ. 이슬람 세력의 침입을 막아 내며 크리스트교 세계를 보호하였다.

① ㄱ, ㄴ ② ㄱ, ㄷ ③ ㄴ, ㄷ
④ ㄴ, ㄹ ⑤ ㄷ, ㄹ

B 비잔티움 제국의 발전

03 밑줄 친 '이 나라'에 대한 설명으로 옳지 <u>않은</u> 것은?

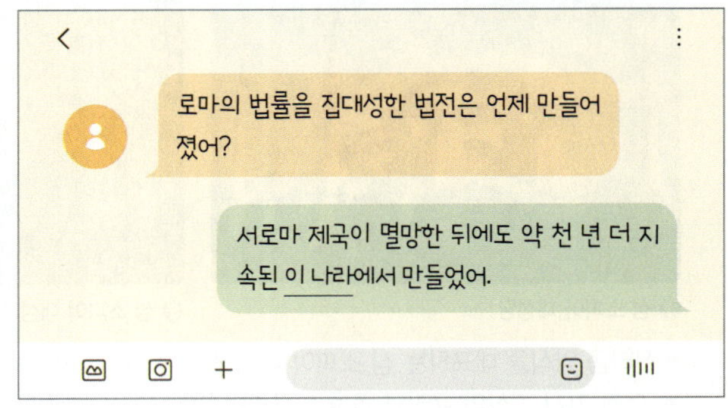

① 그리스 정교를 국교로 삼았다.
② 탈라스 전투에서 당에 승리하였다.
③ 유스티니아누스 황제 때 전성기를 맞았다.
④ 옛 로마 제국 영토의 상당 부분을 회복하였다.
⑤ 황제가 정치적·군사적·종교적 권한을 소유하였다.

04 ㉠에 들어갈 인물로 옳은 것은?

벽화에는 (㉠)을/를 중심으로 그의 왼쪽에 관료와 군인이, 오른쪽에 성직자가 그려져 있다.

① 다리우스 1세 ② 카롤루스 대제
③ 디오클레티아누스 ④ 콘스탄티누스 대제
⑤ 유스티니아누스 황제

05 다음에서 설명하는 도시를 쓰시오.

> 비잔티움 제국의 수도로, 유럽과 아시아를 잇는 교역로에 있어 당시 세계 최대 도시로 성장하였다.

(   )

C 동서 교회의 분열

06 다음 상황 이후에 있었던 사실로 옳은 것은?

> 비잔티움 제국의 황제가 성상을 금지하고 파괴할 것을 명령하자 게르만족에게 크리스트교를 포교하기 위해 성상이 필요하였던 로마 교황은 이에 크게 반발하였다.

① 로마가 동서로 나뉘었다.
② 시아파와 수니파가 대립하였다.
③ 게르만족이 서로마 제국으로 이동하였다.
④ 로마 가톨릭교회와 그리스 정교가 분리되었다.
⑤ 콘스탄티누스 대제가 밀라노 칙령을 발표하였다.

D 비잔티움 제국의 문화

07 비잔티움 제국의 문화에 대해 **잘못** 말한 학생은?

① 그리스어를 공용어로 사용하였어.
② 그리스의 고전을 연구하고 보존하였어.
③ 그리스 정교를 바탕으로 한 문화가 발전하였어.
④ 이탈리아에서 르네상스가 일어나는 데 기여하였어.
⑤ 돔과 아치, 뾰족한 탑이 특징인 모스크를 많이 만들었어.

08 다음 자료를 활용한 탐구 주제로 가장 적절한 것은?

↑ 키릴 문자　　　↑ 성 소피아 성당

① 국풍 문화의 발달
② 크리스트교의 확산
③ 이슬람 문화권의 형성
④ 비잔티움 제국 문화의 영향
⑤ 장건의 서역 파견과 비단길의 개척

서술형 문제

서술형 감잡기

1 다음을 읽고 물음에 답하시오.

> 프랑크 왕국의 전성기를 이끈 (　　㉠　　)은/는 로마 교황 레오 3세로부터 서로마 황제의 관을 받았다.

(1) ㉠에 들어갈 인물을 쓰시오.

(2) (1)에서 답한 인물의 업적을 **두 가지** 서술하시오.

| 핵심어 |　크리스트교, 서유럽 문화

서술형 익히기

2 다음을 보고 물음에 답하시오.

(1) 위 문화유산을 쓰시오.

(2) (1)에서 답한 문화유산에 반영된 건축 양식의 특징을 **두 가지** 서술하시오.

A 서유럽 봉건 사회의 성립

1. 배경: 프랑크 왕국의 분열, *바이킹과 이슬람 세력 등의 침입 → 기사 계급의 성장

2. 성립: 주종 관계와 장원제를 바탕으로 지방 분권적인 봉건 사회 성립 〔자료〕

주종 관계	서로의 의무를 성실히 지킬 것을 약속한 계약 관계(쌍무적 계약 관계)
장원제	• 장원의 특징: 자급자족적 농촌 공동체, 장원의 농민은 대부분 농노 • 농노의 생활: 거주 이전의 자유 없음, 약간의 재산 소유 및 결혼 가능

> **＊ 바이킹**
> 주로 유럽 북부 지역에 살던 게르만족의 한 갈래로, 노르만족의 다른 이름이다.

〔자료〕 **중세 서유럽의 봉건제**

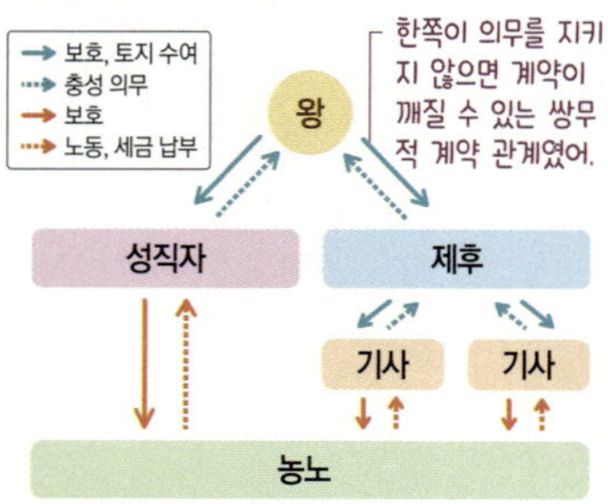

↑ 봉건 사회의 구조

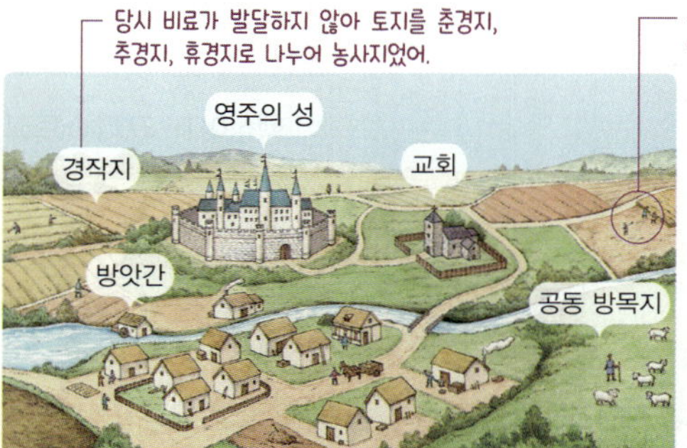

↑ 장원의 구조

중세 서유럽에서는 힘 있는 사람들이 성을 쌓고 무력을 갖춘 기사가 되었고, 자기보다 강한 기사를 주군으로 섬겼다. 주군은 그 기사에게 토지(봉토)를 주고 신하(봉신)로 삼았다. 봉신은 영주가 되어 주군의 간섭 없이 세금 징수 및 재판 진행 등 독자적으로 장원을 다스렸다. 장원에는 경작지, 공동 방목지, 교회, 방앗간 등이 있었고, 농노들은 영주에게 방앗간 등 시설 사용료와 세금을 바쳤다.

B 크리스트교 세계의 변화와 중세 서유럽 문화

1. 중세 크리스트교 세계의 변화

(1) 교회 개혁 운동: 교회의 세속화, 성직 매매 등 → 10세기 초 클뤼니 수도원을 중심으로 전개 ─ 기도, 고전 연구, 노동에 집중하는 삶을 강조하였어.

(2) 교황과 황제의 대립: 카노사의 굴욕(1077) → 보름스 협약(1122) 〔핵심 자료〕

2. 크리스트교 중심의 서유럽 문화 ─ 서유럽에서는 크리스트교가 사람들의 사상과 일상생활에 많은 영향을 주었고 라틴어가 공용어로 사용되었어.

건축	로마네스크 양식(11세기경), 고딕 양식(12세기경) 발달 〔자료〕
학문	신학 중심, *스콜라 철학 유행(토마스 아퀴나스의『신학 대전』에서 집대성)
교육	초기에는 교회와 수도원 중심 → 12세기 이후 유럽 각지에 *대학 설립
문학	기사도 문학 발달(『아서왕 이야기』,『롤랑의 노래』등) ─ 〔용어〕 기사들의 영웅담, 사랑을 소재로 한 문학

> **＊ 스콜라 철학**
> 신앙과 이성의 조화를 강조한 철학이다.
>
> **＊ 중세의 대학**
> 중세의 대학은 학생 또는 교사들이 모여 만든 일종의 공동체였다. 교회나 영주의 간섭에서 벗어나 자치적으로 운영되었으며, 중세의 학문과 문화 발달에 기여하였다.

〔자료〕 **중세 서유럽의 건축 양식**

↑ 피사 대성당

↑ 샤르트르 대성당

중세 서유럽의 건축은 크리스트교의 영향을 받아 교회와 수도원을 중심으로 발달하였다. 11세기에 둥근 천장과 반원형 아치가 특징인 로마네스크 양식이 유행하였는데, 대표적인 건축물로는 피사 대성당이 있다. 12세기 이후에는 뾰족한 탑(첨탑)과 화려한 스테인드글라스가 특징인 고딕 양식이 유행하였는데, 샤르트르 대성당과 쾰른 대성당이 대표적인 건축물이다. 스테인드글라스는 주로 크리스트교의 교리와 관련된 내용을 묘사하였다.

무엇을 배울까?
▶ 서유럽 봉건 사회의 성립
▶ 십자군 전쟁의 전개
▶ 크리스트교 세계의 변화와 중세 서유럽 문화
▶ 지중해 무역권의 성장과 문화 교류

교과서 핵심 자료 — 교황과 황제의 대립

(가) 카노사의 굴욕

(나) 보름스 협약

신성 로마 제국의 황제인 나, 하인리히 5세는 …… 영적 권력에 따른 모든 성직자 임명권을 신에게 그리고 성스러운 로마 가톨릭교회에 바친다. 또한 신성 로마 제국 안에 있는 모든 교회에서 교회법에 따라 자유롭게 성직자를 임명하는 것에 동의한다. …… 지금까지 나의 아버지와 내가 빼앗아 갖고 있는 모든 소유권과 세속적인 권리를 로마 가톨릭교회에 돌려준다.

11세기 후반 성직자 임명권을 둘러싸고 교황과 신성 로마 제국의 황제가 대립하였다. 황제 하인리히 4세는 교황 그레고리우스 7세와의 대립 과정에서 파문을 당하자 카노사 성주를 찾아가 교황과의 화해 주선을 부탁하였고, 결국 카노사에서 교황에게 용서를 빌었다(카노사의 굴욕). 이후 1122년에는 보름스 협약을 맺음으로써 교황만이 성직자 임명권을 가질 수 있게 되었다. 교황의 영향력은 계속 커져 13세기 무렵 '교황은 해, 국왕은 달'에 비유될 정도로 절정에 이르렀다.

✔ 완자쌤의 탐구 수업

❶ **(가) 그림의 상황은?**

신성 로마 제국의 황제 하인리히 4세가 성직자 임명권을 둘러싸고 교황과 대립하는 과정에서 파문을 당하였는데, 이 때문에 황제가 교황에게 용서를 빌고자 카노사 성주에게 부탁하는 상황입니다.

❷ **(나) 협약이 맺어진 이후 교황권의 변화는?**

보름스 협약 체결 이후 교황만이 성직자 임명권을 가질 수 있게 되면서 교황의 영향력이 커져 교황권은 13세기 무렵 절정에 이르렀습니다.

문제로 개념 확인

정답 친해 27쪽

1 다음 괄호 안의 내용 중 알맞은 말에 ○표를 하시오.

(1) 중세의 (기사 , 농노)는 영주의 허락 없이 장원을 떠날 수 없었다.

(2) 주군과 봉신은 서로 의무를 지킬 것을 약속하는 (혈연관계 , 계약 관계)였다.

2 빈칸에 들어갈 알맞은 내용을 쓰시오.

(1) 교황과 신성 로마 제국의 황제가 (   )을/를 둘러싸고 대립하는 과정에서 카노사의 굴욕이 일어났다.

(2) 교황만이 성직자 임명권을 가질 수 있다고 결정한 (   ) 체결 이후 교황의 영향력이 커져 교황권은 13세기 무렵 절정에 이르렀다.

3 다음 설명이 맞으면 ○표, 틀리면 ×표를 하시오.

(1) 중세 서유럽에서는 스콜라 철학이 유행하였다. (   )

(2) 12세기 이후 유럽 각지에 세워진 대학은 교회나 영주의 간섭을 받았다. (   )

(3) 12세기 이후 중세 서유럽에서 뾰족한 탑과 스테인드글라스를 특징으로 하는 고딕 양식이 발달하였다. (   )

비주얼로 핵심 콕콕

A 서유럽 봉건 사회의 성립

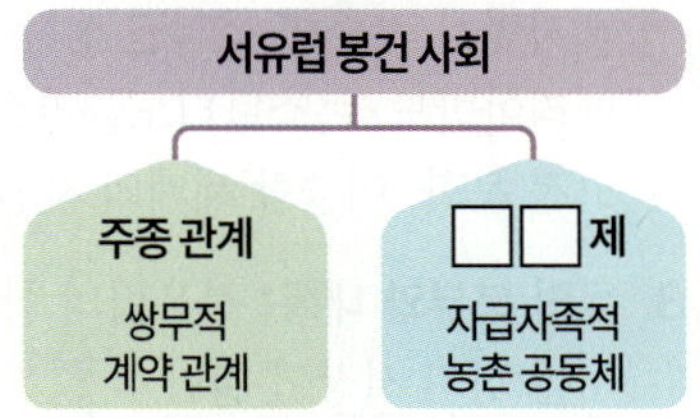

B 크리스트교 세계의 변화와 중세 서유럽 문화

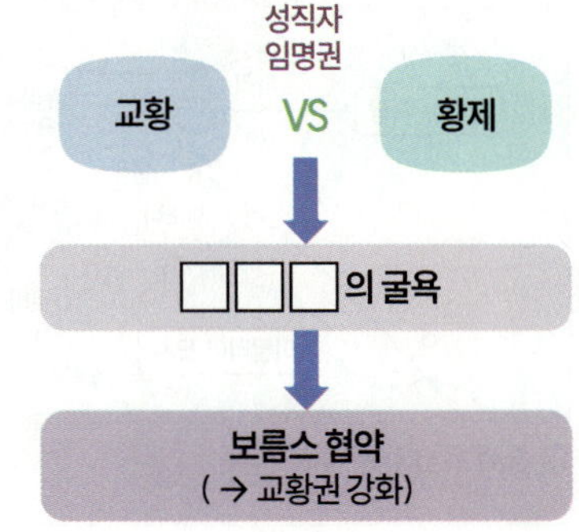

C 십자군 전쟁의 전개

1. 셀주크 튀르크의 성장: 11세기경 중앙아시아에서 성장 → 바그다드 정복, 셀주크 튀르크의 지배자가 아바스 왕조의 칼리프로부터 *술탄의 칭호를 받음, 이슬람 세계를 지배함 → 크리스트교 세계와 충돌
　└ 셀주크 튀르크는 동서양을 잇는 중계 무역으로 이익을 얻었어.

2. 십자군 전쟁 핵심 자료

배경	셀주크 튀르크가 성지 예루살렘 점령, 비잔티움 제국 압박 → 비잔티움 제국의 황제가 로마 교황에게 도움 요청 → 교황이 *클레르몽 공의회에서 성지 회복 호소
전개	• 왕과 제후, 기사·상인·농민 등이 호응하여 십자군 전쟁 시작(1096) → 한때 예루살렘 점령, 200여 년에 걸쳐 여러 차례 전쟁 전개 → 성지 회복 실패 • 본래 목적을 잊고 점차 각자의 이해관계를 중시하게 됨(교황은 동·서로마 교회를 통합하여 주도권을 잡기 위해, 기사는 더 넓은 땅을 손에 넣기 위해, 상인은 동방과의 교류를 위해, 농노는 신분의 자유를 얻기 위해 전쟁에 참여함)
영향	• 교황의 권위 약화, 제후와 기사 세력 약화 → 왕권은 상대적으로 강화 • 동방과의 교역 활발, 상공업 발달, 도시 성장, 비잔티움 문화와 이슬람 문화의 유입 (→ 서유럽 문화 발전의 계기 마련)　└ 서유럽의 여러 나라가 중앙 집권 국가로 성장하는 데 영향을 주었어. • 셀주크 튀르크의 쇠퇴: 수도를 이전함, 13세기 중반 몽골군의 침입으로 쇠퇴함

＊ 술탄
'권력'이라는 아랍어로, 이슬람 세계의 정치적 지배자를 이르는 말이다.

＊ 클레르몽 공의회
교황 우르바누스 2세는 클레르몽 공의회를 열어 이슬람 세력으로부터 성지 예루살렘을 회복할 것을 호소하였다.

↑ 교황이 연설하는 모습

D 지중해 무역권의 성장과 문화 교류

1. 유럽 시장의 활성화: 십자군 전쟁 과정에서 원거리 무역이 활발해짐, 아시아와 유럽 간 교류 증대 → 아시아의 사치품에 대한 수요 증가, 유럽 시장 활성화

2. 지중해 무역권의 성장: 십자군 전쟁 이후 크리스트교 세계와 이슬람 세계의 교역이 활발해지면서 지중해 무역권 성장 → 지중해 연안 도시 번성(베네치아, 제노바, 피사 등), 이베리아반도·콘스탄티노폴리스가 학문과 기술 교류의 창구 역할을 함(비잔티움 제국의 고전 문화, 이슬람 세계의 자연 과학, 중국의 제지술 등이 유럽에 소개됨) 자료

3. 유럽 북부와 내륙: 북유럽의 함부르크, 뤼베크 등은 *한자 동맹을 결성함, 샹파뉴 지방에서는 정기 시장이 열림
　└ 샹파뉴 지방에서 열린 정기 시장을 통해 북유럽 무역권과 지중해 무역권이 연결되었어.

＊ 한자 동맹
'한자'는 독일어로 조합, 동료를 뜻하는 말이며, 13세기에 북유럽의 도시들이 맺은 동맹이다.

자료 **지중해 무역권의 발달**

↑ 중세 유럽의 무역권

↑ 베네치아의 모습을 그린 그림

십자군 전쟁 이후 크리스트교 세계와 이슬람 세계의 교역이 더욱 활발해지면서 지중해 무역권이 크게 성장하였다. 이에 베네치아, 제노바, 피사 등 지중해 연안 도시들이 번성하였고, 피렌체와 밀라노 등은 금융업과 직물업으로 번창하였다. 베네치아는 13세기 유럽에서 부유한 도시 중 하나였다.
　└ 베네치아는 바다와 가까워 무역에 유리하였으며, '물의 도시'라고도 불렸어.

교과서 핵심 자료 — 십자군 전쟁의 전개

↑ 교황 우르바누스 2세의 연설

크리스트교를 믿지 않는 튀르크인의 진출은 그칠 줄을 모르고 콘스탄티노폴리스로 다가오고 있으니, 성지의 형제들을 구하자. …… 젖과 꿀이 흐르는 땅은 신이 그대들에게 내린 것이다.

↑ 십자군 전쟁의 전개

11세기 후반 셀주크 튀르크가 성지 예루살렘을 점령하고 비잔티움 제국을 위협하자 교황은 성지 회복을 위해 전쟁을 벌일 것을 호소하였다. 이에 많은 제후와 기사, 상인, 농노 등이 호응하여 십자군 전쟁에 참여하였다. 십자군은 한때 예루살렘을 점령하기도 하였으나 점차 성지 회복이라는 본래의 목적을 잊고 각자의 이해관계를 중시하였고, 결국 성지 회복에 실패하였다.

✓ 완자쌤의 탐구 수업

❶ 교황 우르바누스 2세의 연설에서 밑줄 친 '젖과 꿀이 흐르는 땅'은?

예루살렘

❷ 교황, 기사, 상인, 농노가 십자군 전쟁에 참여한 이유는?

십자군 전쟁은 다양한 계층이 각자의 목적을 가지고 참여하였습니다. 교황은 동·서 로마 교회를 통합하여 주도권을 잡기 위해서, 기사는 더 넓은 땅을 손에 넣기 위해서, 상인은 동방과의 교류를 위해서, 농노는 신분의 자유를 얻기 위해서 참여하였습니다.

문제로 개념 확인

정답 친해 27쪽

1 빈칸에 들어갈 알맞은 내용을 쓰시오.

(1) (　　　　　)이/가 예루살렘을 점령한 것을 계기로 십자군 전쟁이 일어났다.

(2) 교황 우르바누스 2세는 (　　　　　)을/를 열어 이슬람 세력으로부터 성지를 회복할 것을 호소하였다.

(3) 십자군은 전쟁 과정에서 한때 성지인 (　　　　　)을/를 되찾기도 하였지만, 결국 성지를 회복하지 못하였다.

2 다음 설명이 맞으면 ○표, 틀리면 ×표를 하시오.

(1) 십자군 전쟁 이후 교황의 권위와 제후, 기사의 세력이 강화되었다. (　　)

(2) 십자군 전쟁 과정에서 동방과의 교역이 활발해져 도시가 성장하였다. (　　)

(3) 십자군 전쟁의 영향으로 서유럽에 비잔티움 문화와 이슬람 문화가 유입되었다. (　　)

3 ㉠에 들어갈 내용을 쓰시오.

십자군 전쟁 이후 크리스트교 세계와 이슬람 세계의 교역이 활발해지면서 베네치아, 제노바, 피사 등 (㉠　　　　　) 연안의 도시가 번성하였다.

비주얼로 핵심 콕콕

C 십자군 전쟁의 전개

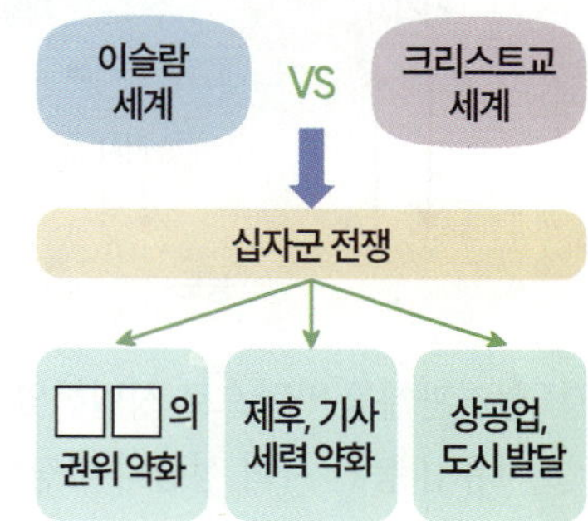

D 지중해 무역권의 성장과 문화 교류

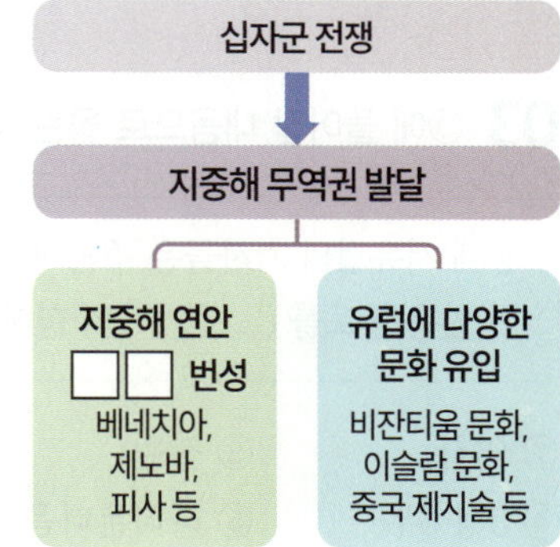

핵심 문제

A 서유럽 봉건 사회의 성립

01 서유럽 봉건 사회에 대한 설명으로 옳은 것은?

① 중앙 집권적 정치 체제였다.
② 울루스들의 느슨한 연합으로 유지되었다.
③ 평민들이 호민관을 뽑고 평민회를 세웠다.
④ 주종 관계와 장원제를 바탕으로 형성되었다.
⑤ 프랑크 왕국이 통합되는 과정에서 성립하였다.

02 (가) 관계에 대한 설명으로 옳지 <u>않은</u> 것은?

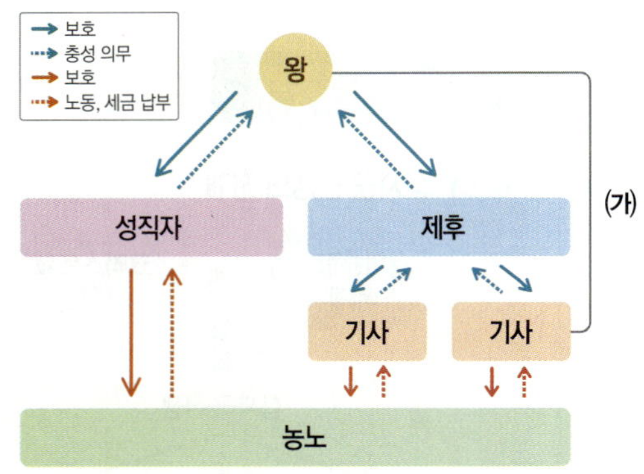

① 혈연관계를 바탕으로 성립하였다.
② 서유럽 봉건 사회 성립의 바탕이 되었다.
③ 주군은 기사에게 토지를 주고 신하로 삼았다.
④ 기사들은 자기보다 강한 기사를 주군으로 섬겼다.
⑤ 한쪽이 의무를 지키지 않으면 계약은 깨질 수 있었다.

03 ㉠에 들어갈 내용으로 옳은 것은?

> 중세 서유럽의 기사들은 주군에게 충성과 봉사를 맹세하여 받은 봉토를 (㉠)의 형태로 운영하였다.

① 역참   ② 장원   ③ 울루스
④ 3성 6부   ⑤ 라티푼디움

---

04 다음을 보고 학생들이 나눈 대화 내용으로 적절하지 <u>않은</u> 것은?

⚘ 장원의 구조

① 영주는 장원에서 세금을 걷을 수 있었어.
② 농노는 영주의 방앗간을 무료로 이용하였어.
③ 농노는 영주의 허락 없이는 이주할 수 없었어.
④ 영주는 장원에서 일어난 일에 대해 재판을 하였어.
⑤ 비료가 발달하지 않았기 때문에 경작지를 춘경지, 추경지, 휴경지로 나누어 농사지었어.

B 크리스트교 세계의 변화와 중세 서유럽 문화

05 빈칸에 들어갈 내용으로 가장 적절한 것은?

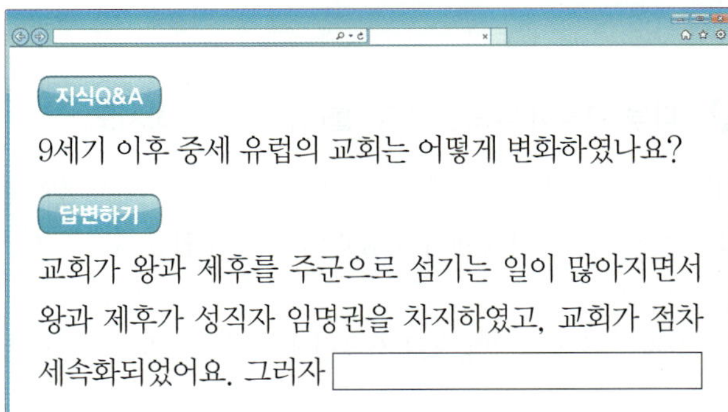

① 게르만족이 침입하였어요.
② 십자군 전쟁이 발발하였어요.
③ 셀주크 튀르크가 예루살렘을 점령하였어요.
④ 로마 가톨릭교회와 그리스 정교가 분리되었어요.
⑤ 수도원을 중심으로 교회를 개혁하려는 운동이 일어났어요.

---

06 밑줄 친 '이 사건'이 일어난 배경으로 가장 적절한 것은?

교황과 황제의 대립

그림은 신성 로마 제국의 황제 하인리히 4세가 카노사 성주에게 교황과의 화해 주선을 부탁하는 모습이다. 이후 황제 하인리히 4세가 교황에게 용서를 비는 <u>이 사건</u>이 일어났다.

① 교황이 클레르몽에서 종교 회의를 개최하였다.
② 교황과 황제가 성직자 임명권을 두고 대립하였다.
③ 비잔티움 제국의 황제가 성상 숭배를 금지하였다.
④ 카롤루스 대제가 교황으로부터 서로마 황제의 관을 받았다.
⑤ 셀주크 튀르크가 성장하여 크리스트교 세계와 갈등을 빚었다.

07 다음 협약이 체결된 결과로 옳은 것은?

> 신성 로마 제국의 황제인 나, 하인리히 5세는 …… 영적 권력에 따른 모든 성직자 임명권을 신에게 그리고 성스러운 로마 가톨릭교회에 바친다. 또한 신성 로마 제국 안에 있는 모든 교회에서 교회법에 따라 자유롭게 성직자를 임명하는 것에 동의한다.

① 교황만이 성직자를 임명할 수 있게 되었다.
② 프랑크 왕국이 로마 교회의 지지를 얻었다.
③ 콘스탄티누스 대제가 밀라노 칙령을 발표하였다.
④ 성직자의 결혼과 성직 매매 등 부패한 모습이 나타났다.
⑤ 프랑스 국왕 필리프 4세가 성직자에게 세금을 걷으려 하였다.

08 다음에서 설명하는 학문을 쓰시오.

> • 토마스 아퀴나스가 『신학 대전』에서 집대성하였다.
> • 중세 서유럽에서 유행한 학문으로, 신앙과 이성의 조화를 강조하였다.

(   )

09 중세 서유럽 사회에서 볼 수 있는 모습으로 적절하지 **않은** 것은?

① 대학에서 공부하는 학생
② 영주의 땅에서 농사짓는 농노
③ 『아서왕 이야기』를 들려주는 작가
④ 콜로세움 건설 공사에 동원된 인부
⑤ 성당에 장식할 스테인드글라스를 제작하는 예술가

10 선생님의 질문에 대한 학생들의 답변으로 옳은 것을 〈보기〉에서 고른 것은?

> **보기**
> ㄱ. 로마네스크 양식이에요.
> ㄴ. 스테인드글라스가 특징이에요.
> ㄷ. 12세기 이후 서유럽에서 유행하였어요.
> ㄹ. 둥근 천장과 반원형의 아치가 나타났어요.

① ㄱ, ㄴ   ② ㄱ, ㄷ   ③ ㄴ, ㄷ
④ ㄴ, ㄹ   ⑤ ㄷ, ㄹ

C 십자군 전쟁의 전개

11 밑줄 친 '종교 회의'를 쓰시오.

> 비잔티움 제국은 이슬람 세력으로부터 위협받자 로마 교황에게 도움을 요청하였고, 교황 우르바누스 2세는 종교 회의를 열어 전쟁을 벌이자고 호소하였다.

(   )

12 ㉠에 들어갈 세력에 대한 설명으로 옳은 것은?

> 11세기경 중앙아시아의 유목 민족인 (㉠)이/가 성장하였다. 이들은 바그다드 정복 후 아바스 왕조의 칼리프로부터 술탄의 칭호를 받아 이슬람 세계를 이끌었다.

① 바이킹이라고 불렸다.
② 서로마 제국을 멸망시켰다.
③ 북위를 세워 화북 지방을 통일하였다.
④ 훈족의 압박을 받아 남쪽으로 이동하였다.
⑤ 예루살렘을 점령하고 비잔티움 제국을 위협하였다.

13 다음 기사에서 주제로 다룬 전쟁에 대한 설명으로 옳지 <u>않은</u> 것은?

역사 신문

십자군, 예루살렘을 다시 뺏기다

십자군이 제1차 원정에서 차지한 예루살렘을 이슬람 세력에게 빼앗겼다. 이번 패배로 사기가 꺾이지 않을지 우려하는 목소리가 높다.

① 라티푼디움 확대의 배경이 되었다.
② 전쟁 이후 셀주크 튀르크가 수도를 옮겼다.
③ 교황의 호소에 제후, 기사 등이 호응하여 일어났다.
④ 아시아와 유럽 간의 무역이 활발해지는 배경이 되었다.
⑤ 각자의 이해관계를 중시하여 본래 목적을 달성하지 못하였다.

14 지도에 나타난 전쟁에 대한 설명으로 옳은 것을 〈보기〉에서 고른 것은?

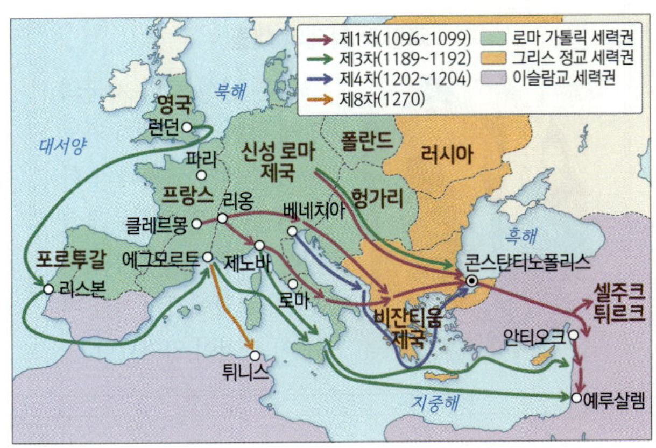

보기

ㄱ. 전쟁 후 그라쿠스 형제가 개혁을 실시하였다.
ㄴ. 셀주크 튀르크의 예루살렘 점령이 원인이었다.
ㄷ. 서유럽에서 봉건 사회가 성립하는 계기가 되었다.
ㄹ. 전쟁 중 비잔티움 제국의 수도 콘스탄티노폴리스가 약탈당하기도 하였다.

① ㄱ, ㄴ　　② ㄱ, ㄷ　　③ ㄴ, ㄷ
④ ㄴ, ㄹ　　⑤ ㄷ, ㄹ

15 선생님의 질문에 대한 학생들의 답변으로 가장 적절한 것은?

시험에 잘 나와!

① 왕의 권력이 약해졌어요.
② 아시아와의 교류가 감소하였어요.
③ 전쟁을 이끈 교황의 권위가 하락하였어요.
④ 비잔티움 제국의 황제가 성상 숭배를 금지하였어요.
⑤ 유스티니아누스 황제가 비잔티움 제국의 전성기를 이끌었어요.

D 지중해 무역권의 성장과 문화 교류

16 ㉠, ㉡에 들어갈 내용으로 옳은 것은?

> **중세 유럽의 무역**   검색
>
> (㉠) 이후 지중해 무역권이 크게 성장하여 베네치아, 제노바, 피사 등 지중해 연안 도시들이 번성하였다. 한편, 북유럽의 함부르크, 뤼베크 등은 (㉡)을 결성하였다.

	㉠	㉡
①	십자군 전쟁	한자 동맹
②	십자군 전쟁	델로스 동맹
③	십자군 전쟁	펠로폰네소스 동맹
④	펠로폰네소스 전쟁	한자 동맹
⑤	펠로폰네소스 전쟁	델로스 동맹

시험에 잘 나와!

17 다음 지도를 보고 학생들이 나눈 대화 내용으로 적절하지 <u>않은</u> 것은?

① 십자군 전쟁 이후 원거리 무역이 활발해졌어.

② 베네치아가 유럽에서 부유한 도시 중 하나였어.

③ 콘스탄티노폴리스는 학문과 기술 교류의 창구 역할을 하였어.

④ 이 시기 프랑크 왕국이 정복한 지역에 크리스트교를 전파하였어.

⑤ 샹파뉴의 정기 시장을 통해 지중해 무역권과 북유럽 무역권이 연결되었어.

서술형 문제

서술형 감잡기

1 다음을 읽고 물음에 답하시오.

> 중세 서유럽의 장원은 자급자족하는 농촌 공동체였다. 장원의 농민은 대부분 (㉠)에 해당하였는데, 이들은 영주의 땅에서 농사지어야 했다.

(1) ㉠에 들어갈 신분을 쓰시오.

(2) (1)에서 답한 신분의 특징을 <u>세 가지</u> 서술하시오.

| **핵심어** | 거주, 결혼, 재산 |

서술형 익히기

2 다음을 읽고 물음에 답하시오.

↑ 교황이 연설하는 모습

그림은 교황 우르바누스 2세가 이슬람 세력으로부터 성지를 회복하자고 호소하는 모습을 그린 것이다. 교황의 호소에 제후, 기사, 상인들이 참여하면서 <u>전쟁</u>이 시작되었다.

(1) 밑줄 친 '전쟁'을 쓰시오.

(2) (1)에서 답한 전쟁 이후 유럽에 나타난 정치적·경제적 변화를 서술하시오.

A 도시의 발달과 장원의 해체

1. 도시의 발달

배경	농업의 발달 → 잉여 생산물 증가, 상업 활발, 원거리 무역 발달 → 기존 도시의 성장, 새로운 도시 출현
내용	도시의 상인과 수공업자가 *길드 조직, 도시가 자치권을 획득하기도 함 자료❶

┌ 자치권을 획득한 도시는 독자적으로 법률을 제정하고 자치적으로 행정을 운영하였어.

2. 장원의 해체

┌ 일부 지역에서는 영주가 줄어든 수입을 보충하기 위해 농민들을 억압하여 농민 반란이 일어났어.

배경	• *흑사병의 유행: 14세기 유럽에서 유행하여 유럽의 인구가 크게 감소 → 노동력 부족으로 영주가 농노의 처우 개선, 농민 반란이 발생하기도 함 자료❷ 핵심 자료 • 화폐 사용의 증가: 상업과 도시의 성장 → 영주가 화폐로 세금을 거둠, 농노에게 돈을 받고 신분을 해방시켜 줌
결과	장원은 점차 해체 → 중세 봉건 사회의 동요

길드
도시의 상인과 수공업자들이 공동의 이익과 안전을 도모하고자 조직한 동업 조합이다.

흑사병
사망하기 전 환자의 피부가 검게 변한다고 하여 흑사병이라고 불렸다.

자료❶ 중세 유럽 도시의 발전

중세 유럽의 도시는 원래 영주의 지배를 받았으나, 부를 쌓은 도시민들은 영주에게 돈을 내거나 무력으로 저항하여 자치권을 얻기도 하였다.

자치권을 인정하는 특허장을 받는 플랑드르의 시민들

자료❷ 14세기의 농민 반란

흑사병의 유행으로 노동력이 부족해지자, 일부 영주들은 줄어든 수입을 보충하기 위해 농민들을 억압하였다. 이 때문에 프랑스에서 자크리의 난, 영국에서 와트 타일러의 난 등 농민 반란이 일어났다.

자크리의 난

B 교황권의 쇠퇴와 중앙 집권 국가의 등장

1. 교황권의 쇠퇴

┌ 용어 세금을 정하여 그것을 내도록 의무를 지움

(1) 아비뇽 유수(1309): 13세기 후반 프랑스 국왕 필리프 4세가 성직자에게 과세를 시도함 → 교황 보니파키우스 8세의 반대 → 교황 사후 교황청이 프랑스 아비뇽으로 옮겨짐

(2) 교회의 대분열: 교황청이 로마로 돌아간 뒤에도 로마와 아비뇽에서 각각 교황 선출 → 로마 교황과 아비뇽 교황의 대립 과정에서 교황권 쇠퇴

└ 이후 약 70년 동안 교황청은 프랑스 왕의 통제 아래에 있었어.

2. 중앙 집권 국가의 등장

(1) 배경: 장원의 해체 과정에서 영주 세력 약화, 화약과 대포 등 새로운 무기의 등장으로 기사 계급 몰락, 상대적으로 왕권 강화

└ 새롭게 성장한 도시 상공업자들이 국왕을 경제적으로 돕거나 관리로 일하며 세력을 키워 나갔고, 이들의 지원으로 왕권은 강화되었어.

(2) 과정: 전쟁 과정에서 프랑스와 영국이 중앙 집권 국가로 성장하는 기반이 마련됨

*백년 전쟁 (1337~1453)	왕위 계승 문제를 두고 영국과 프랑스 대립, 전쟁 발발 → 초반에 프랑스가 패배 → *잔 다르크의 활약, 프랑스의 승리(→ 왕권 강화)
장미 전쟁 (1455~1485)	영국에서 왕위 계승 문제로 전쟁 발발(랭커스터 가문과 요크 가문의 대립) → 랭커스터 가문 승리 → 영주 세력 약화, 왕권 강화

└ 전쟁을 벌인 두 가문이 장미를 문장으로 삼았기 때문에 장미 전쟁이라고 해.

백년 전쟁
영국과 프랑스가 경제적으로 중요한 지역인 플랑드르 지방의 지배권을 두고 갈등을 빚던 중 프랑스의 왕 샤를 4세가 후계자 없이 죽자 왕위 계승 문제로 일어난 전쟁이다.

잔 다르크
프랑스의 농민 출신으로, 백년 전쟁에서 활약하여 프랑스가 승리하는 데 기여한 인물이다.

- 도시의 발달과 장원의 해체
- 이탈리아의 르네상스
- 교황권의 쇠퇴와 중앙 집권 국가의 등장
- 알프스 이북의 르네상스와 과학 기술의 발전

교과서 핵심 자료 · 흑사병의 유행

⬆ 흑사병을 표현한 그림

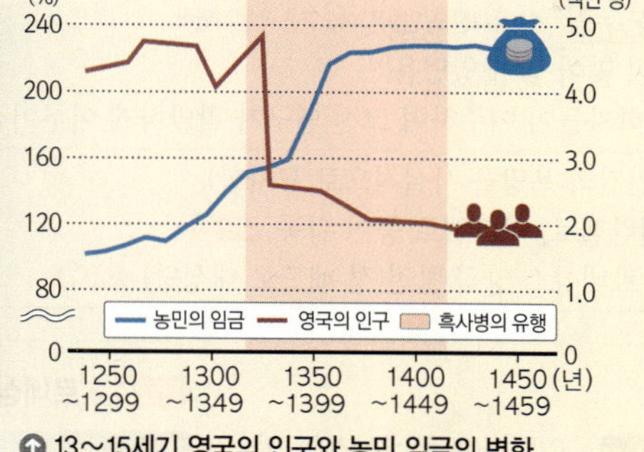

⬆ 13~15세기 영국의 인구와 농민 임금의 변화

14세기 유럽에서는 페스트균이 일으키는 흑사병이 유행하여 유럽 인구의 약 3분의 1이 사망하였고, 인구가 크게 줄어들자 노동력이 부족해졌다. 이에 영주들이 농노의 처우를 개선해 주면서 농민의 지위가 높아졌고, 농민의 임금이 크게 상승하였다.

✓ 완자쌤의 탐구 수업

❶ 14세기 유럽에서 유행하여 유럽 인구 약 3분의 1을 사망하게 한 전염병은?

흑사병

❷ 13~15세기 유럽에서 농민의 임금이 상승한 이유는?

흑사병의 유행으로 인구가 감소하여 노동력이 부족해지자 영주들이 농노의 처우를 개선해 주면서 농민의 지위가 높아졌고, 농민의 임금이 크게 상승하였습니다.

문제로 개념 확인

정답 친해 29쪽

1 다음 물음에 답하시오.

⑴ 중세 유럽에서 도시의 상인과 수공업자들이 조직한 동업 조합은?

(   )

⑵ 14세기 유럽에서 유행하여 유럽 인구의 3분의 1을 사망하게 한 전염병은?

(   )

2 다음 괄호 안의 내용 중 알맞은 말에 ○표를 하시오.

⑴ 로마 교황과 아비뇽 교황이 대립하면서 (교황 , 국왕)의 권위가 하락하였다.

⑵ 프랑스 국왕 필리프 4세는 교황과 성직자 과세 문제로 대립하였고, 교황 사후 교황청이 (아비뇽 , 카노사)(으)로 옮겨졌다.

3 다음 설명에 해당하는 전쟁을 〈보기〉에서 골라 기호를 쓰시오.

보기
ㄱ. 백년 전쟁
ㄴ. 장미 전쟁

⑴ 영국의 귀족 간에 벌어진 전쟁이다. (   )

⑵ 잔 다르크의 활약으로 프랑스가 승리하였다. (   )

⑶ 플랑드르 지방의 지배권을 둘러싼 갈등이 배경이 되었다. (   )

⑷ 왕위를 놓고 랭커스터 가문과 요크 가문이 대립하여 일어났다. (   )

비주얼로 핵심 콕콕

A 도시의 발달과 장원의 해체

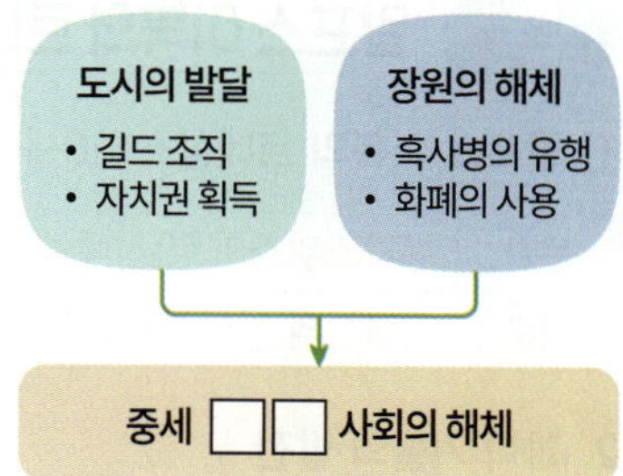

B 교황권의 쇠퇴와 중앙 집권 국가의 등장

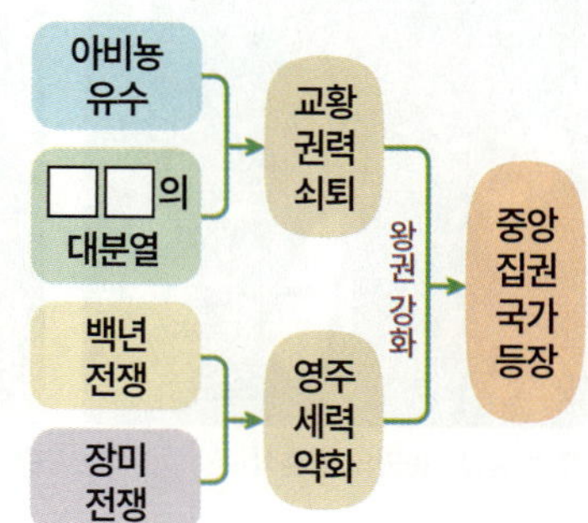

C 이탈리아의 르네상스

1. 르네상스의 의미: 14~16세기 유럽에서 고대의 그리스·로마 문화를 되살려 인간 중심의 새로운 문화를 만들려고 한 문예 부흥 운동
└ 용어 프랑스어로 '재생', '부활'을 뜻함

2. 이탈리아의 르네상스: 인간의 개성과 능력을 중요하게 여기는 **인문주의** 발달

발달 배경	• 지중해 무역으로 경제적 번영을 누림 ┌ 부유해진 상인들은 예술가를 후원하였어. • 고대 그리스·로마의 문화유산이 많이 남아 있었음 • 비잔티움 제국 멸망 이후 많은 학자들이 이주하여 고전 연구가 활발하게 이루어짐
내용	• 문학: 보카치오의『데카메론』(인간의 욕망을 사실적으로 묘사함) • 미술: 레오나르도 다빈치, 미켈란젤로, 라파엘로 등이 활동 자료❶ • 건축: 대칭과 비례를 중시하는 르네상스 양식 발전(성 베드로 대성당) 자료❷

* **인문주의**
고대 그리스·로마 문화에 대한 연구를 바탕으로 신 중심의 세계관에서 벗어나 인간의 개성과 가치를 중시한 사상이다.

자료❶ 이탈리아 르네상스의 미술

이탈리아 르네상스의 미술에서는 보티첼리, 레오나르도 다빈치, 미켈란젤로, 라파엘로 등이 인체의 아름다움을 사실적으로 표현하였으며 원근법이 사용되었다.

⬆ 미켈란젤로,「피에타상」

⬆ 보티첼리,「봄」일부

자료❷ 르네상스 양식

이탈리아 르네상스의 건축에서는 대칭과 비례를 중시하는 르네상스 양식이 발달하였다. 대표적인 건축물로 성 베드로 대성당이 있다.

⬆ 성 베드로 대성당

D 알프스 이북의 르네상스와 과학 기술의 발전

1. 알프스 이북의 르네상스: 16세기 이후 확산, 현실 사회와 교회의 문제점 비판 핵심 자료

문학	에라스뮈스의『우신예찬』, 토머스 모어의『유토피아』, 세르반테스의『돈키호테』
미술	사람들의 일상생활을 표현(브뤼헐, 얀 반 에이크 등) 자료❶ ┌ 몰락하는 중세 기사를 풍자하였어.

└ 용어 현실에서 존재하지 않는 이상 사회

2. 과학 기술의 발전

(1) 과학: 코페르니쿠스와 갈릴레이가 **지동설** 주장 → 당시의 우주관에 큰 변화를 줌

(2) 기술: **구텐베르크**가 활판 인쇄술을 발명하여 새로운 지식과 사상 보급에 기여, 화약과 나침반이 개량되어 전쟁과 원거리 항해에 활용됨 자료❷

* **지동설**
지구가 태양 주위를 돈다는 이론이다. 지동설은 천체가 지구 주위를 돈다는 천동설을 믿었던 당시 사람들에게 큰 충격을 주었다.

자료❶ 알프스 이북 르네상스의 미술

브뤼헐은 농민 등의 일상생활을 표현하였다. 얀 반 에이크는 현실을 섬세하고 정교하게 표현하였으며, 유화 기법을 개발하여 그림에 적용하였다.

⬆ 브뤼헐,「농민의 결혼식」

⬆ 얀 반 에이크,「아르놀피니 부부의 초상」

자료❷ 구텐베르크의 활판 인쇄술

구텐베르크는 금화를 만드는 방식을 응용하여 활판 인쇄술을 발명하였다. 그가 발명한 활판 인쇄술은 새로운 지식과 사상의 보급에 기여하였다.

└ 활판 인쇄술로 많은 책을 짧은 시간에 찍어 낼 수 있게 되었어.

⬆ 구텐베르크 인쇄기(복원 모형)

교과서 핵심 자료 — 알프스 이북 르네상스의 특징

요즘 교황은 힘들고 어려운 일은 베드로와 바울에게 떠넘기고 호화로운 의식과 즐거운 일만 찾는다. 교황은 바로 나, 우신(어리석음의 신) 덕분에 편안하게 살아가고 있다. 교황은 화려한 옷을 입고 교회 의식을 주관하고, 축복이나 저주의 말을 하는 감독자 역할만 하면 충분히 그리스도에게 충성하였다고 생각한다.　　　　　　－ 에라스뮈스, 『우신예찬』

양 떼는 경지, 가옥, 도시들을 황폐화합니다. …… 질 좋은 양모를 생산하는 곳에서는 귀족과 신사, 심지어 수도원장들까지도 땅의 전 소유자들이 거두어들인 옛 지대만으로 만족하지 않습니다. …… 그들은 경작용 농지를 남겨 놓지 않고 모든 땅을 울타리로 둘러막아 목장으로 만들고, 가옥을 헐어 버리고 ……　　　　　　－ 토머스 모어, 『유토피아』

알프스 이북 지역은 이탈리아에 비해 교회의 권위와 봉건 사회의 관습이 강하게 남아 있었기 때문에 르네상스를 통해 현실 사회와 교회의 문제점을 비판하는 경향이 강하였다. 네덜란드의 에라스뮈스는 『우신예찬』에서 교황과 성직자의 부패를 풍자하였고, 영국의 토머스 모어는 『유토피아』에서 양을 기르기 위해 지주들이 농민을 내쫓는 당시 영국 사회의 현실을 비판하고 빈부 격차가 없는 이상 사회를 제시하였다.

✔ 완자쌤의 탐구 수업

❶ 에라스뮈스가 『우신예찬』에서 비판하고 있는 인물은?

교황

❷ 토머스 모어가 영국 현실을 비판하며 쓴 책은?

『유토피아』

❸ 두 자료를 읽고 알 수 있는 알프스 이북 르네상스의 특징은?

알프스 이북에서 일어난 르네상스는 현실 사회와 교회의 문제점을 비판하는 경향이 강하였습니다.

문제로 개념 확인

정답 친해 29쪽

1 ㉠에 들어갈 내용을 쓰시오.

고대 그리스·로마 문화를 되살려 인간 중심의 새로운 문화를 만들려고 한 문예 부흥 운동을 (㉠　　　　　)(이)라고 한다.

2 다음 설명에 해당하는 지역의 르네상스를 〈보기〉에서 골라 기호를 쓰시오.

보기
ㄱ. 이탈리아　　　　　　ㄴ. 알프스 이북

(1) 레오나르도 다빈치, 미켈란젤로 등이 활동하였다. 　　　　(　)
(2) 에라스뮈스가 『우신예찬』에서 교회의 부패를 풍자하였다. 　　(　)
(3) 보카치오가 인간의 욕망을 묘사한 『데카메론』을 저술하였다. 　　(　)
(4) 세르반테스가 몰락하는 중세 기사를 풍자하는 『돈키호테』를 남겼다.
　　　　　　　　　　　　　　　　　　　　　　　　　(　)

3 빈칸에 들어갈 알맞은 내용을 쓰시오.

(1) (　　　　　)이/가 발명한 활판 인쇄술은 지식과 사상의 보급에 기여하였다.
(2) 코페르니쿠스와 갈릴레이는 지구가 태양 주위를 돌고 있다는 (　　　　) 을/를 주장하였다.

비주얼로 핵심 콕콕

C 이탈리아의 르네상스

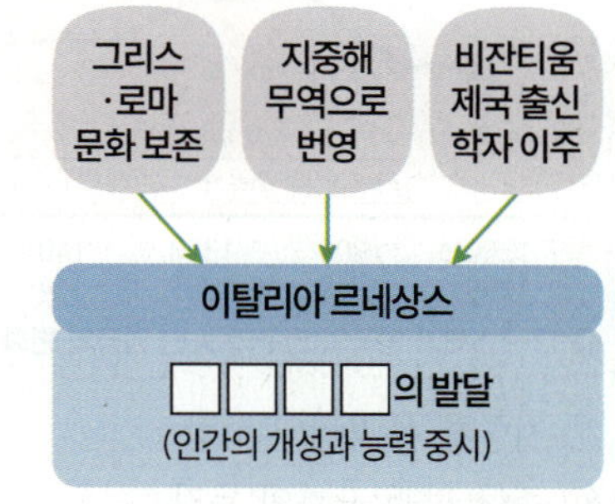

D 알프스 이북의 르네상스와 과학 기술의 발전

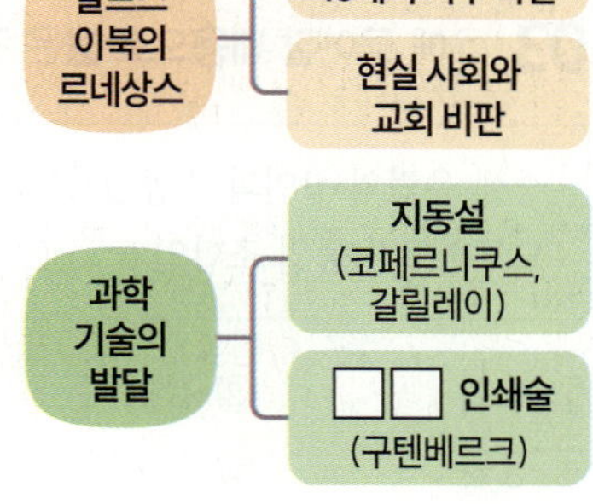

A 도시의 발달과 장원의 해체

01 14세기 유럽에서 볼 수 있는 모습으로 가장 적절한 것은?

① 콘스탄티노폴리스를 점령한 십자군
② 카노사에서 교황에게 용서를 비는 황제
③ 에라스뮈스의 『우신예찬』을 읽고 있는 학생
④ 클레르몽 공의회에서 성지 회복을 호소하는 교황
⑤ 영주의 억압에 반발하여 자크리의 난에 동참하는 농민

02 다음 자료를 활용한 탐구 주제로 가장 적절한 것은?

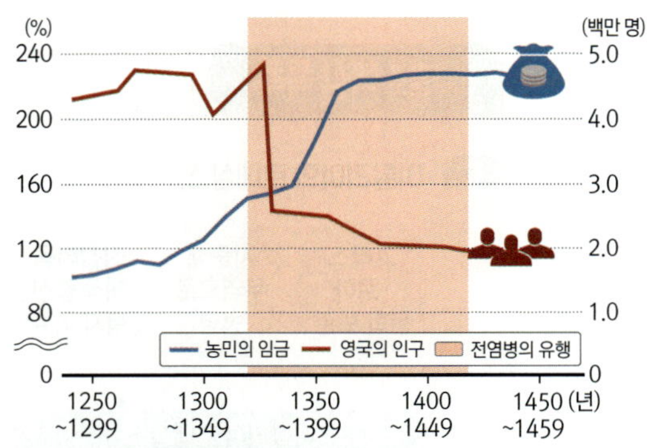

↑ 13∼15세기 영국의 인구와 농민 임금의 변화

① 지중해 무역권의 성장
② 중앙 집권 국가의 등장
③ 흑사병의 유행과 장원의 해체
④ 십자군 전쟁이 유럽에 미친 영향
⑤ 이탈리아 르네상스와 알프스 이북 르네상스의 차이점

03 ㉠에 들어갈 내용으로 옳은 것은?

> 중세 유럽의 상인과 수공업자들은 공동의 이익과 안전을 도모하고자 동업 조합인 (㉠)을/를 조직하였다.

① 교회   ② 길드   ③ 대학
④ 장원   ⑤ 수도원

04 다음을 읽고 학생들이 나눈 대화 내용으로 적절하지 않은 것은?

그림은 도시의 특허장을 받는 플랑드르의 시민들을 나타냈다. 11세기 이후 유럽에서는 상업이 활발해져 도시가 발전하였다.

① 특허장에는 자치권을 인정하는 내용이 포함되었어.
② 중세 유럽의 도시들은 초반에 영주의 지배를 받았어.
③ 도시의 발전 과정에서 서유럽 봉건 사회가 성립하였어.
④ 부를 쌓은 도시민들이 영주에게 돈을 내서 자치권을 얻기도 하였어.
⑤ 도시민들은 독자적으로 법률을 제정하고 행정을 운영하기도 하였어.

05 (가)에 들어갈 내용으로 적절한 것을 〈보기〉에서 고른 것은?

> **수행 평가 보고서**
> • **주제**: 중세 서유럽 봉건 사회의 해체
> • **모둠별 활동 주제**
> – 1모둠: 기사 계급의 몰락
> – 2모둠: 새로운 도시의 등장
> – 3모둠: 자크리의 난이 일어난 원인
> – 4모둠: (가)

> 보기
> ㄱ. 화폐 사용의 증가
> ㄴ. 스콜라 철학의 유행
> ㄷ. 농노 처우 개선의 배경
> ㄹ. 게르만족의 이동이 유럽에 미친 영향

① ㄱ, ㄴ   ② ㄱ, ㄷ   ③ ㄴ, ㄷ
④ ㄴ, ㄹ   ⑤ ㄷ, ㄹ

06 ㉠, ㉡에 들어갈 내용으로 옳은 것은?

프랑스 국왕 필리프 4세는 (㉠) 문제를 놓고 교황 보니파키우스 8세와 대립하였으며, 교황이 사망한 뒤 교황청은 (㉡)(으)로 옮겨졌다.

	㉠	㉡		㉠	㉡
①	성직자 과세	아비뇽	②	성직자 과세	카노사
③	성직자 과세	플랑드르	④	성직자 임명	아비뇽
⑤	성직자 임명	카노사			

07 선생님의 질문에 대한 학생들의 답변으로 가장 적절한 것은?

① 아비뇽 유수가 일어났어요.
② 밀라노 칙령이 반포되었어요.
③ 교황의 권위가 크게 떨어졌어요.
④ 십자군이 성지 회복에 실패하였어요.
⑤ 클뤼니 수도원이 교회 개혁 운동을 시작하였어요.

08 밑줄 친 '이 전쟁'을 쓰시오.

프랑스의 농민 출신인 잔 다르크의 활약으로 프랑스는 영국과 벌인 이 전쟁에서 승리하였다.

(   )

09 다음 대화에서 주제로 다룬 전쟁에 대한 설명으로 옳은 것은?

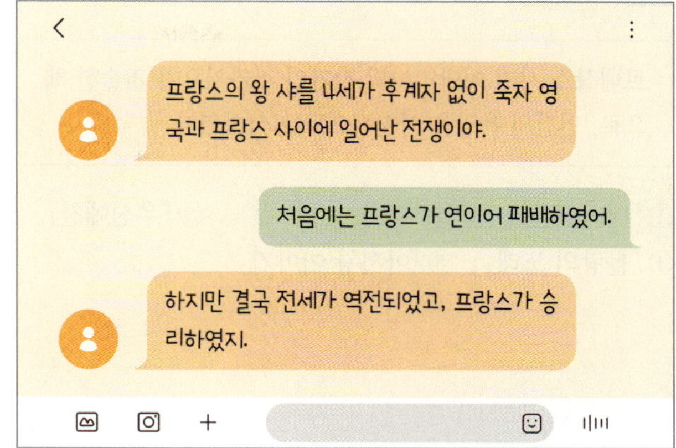

① 성지 회복이 전쟁의 목적이었다.
② 전쟁 이후 셀주크 튀르크가 수도를 옮겼다.
③ 크리스트교 세계와 이슬람 세계가 충돌한 전쟁이었다.
④ 플랑드르 지방의 지배권을 놓고 벌인 갈등이 배경이 되었다.
⑤ 클레르몽 공의회에서 교황이 전쟁 참여를 호소하자 왕, 제후, 기사 등이 호응하였다.

★시험에 잘 나와!
10 (가), (나) 전쟁의 공통점으로 가장 적절한 것은?

(가) 14세기 중반 유럽에서 영국과 프랑스가 프랑스 왕위 계승 문제를 둘러싸고 벌인 전쟁으로, 프랑스가 승리하였다.
(나) 영국의 귀족인 랭커스터 가문과 요크 가문이 왕위 계승 문제를 두고 벌인 전쟁으로, 랭커스터 가문이 승리하였다.

① 장원이 확산되는 배경이 되었다.
② 지중해 무역권이 성장하는 계기가 되었다.
③ 영국의 왕위 계승 문제를 빌미로 일어났다.
④ 각자의 이해관계를 중시하여 본래 목적인 성지 회복에 실패하였다.
⑤ 전쟁 과정 중 유럽에서 중앙 집권 국가가 성장하는 기반이 마련되었다.

C 이탈리아의 르네상스

11 다음에서 설명하는 책으로 옳은 것은?

르네상스 시기 이탈리아의 작가인 보카치오가 저술한 책으로, 인간의 욕망을 사실적으로 묘사하였다.

① 『데카메론』   ② 『라마야나』   ③ 『우신예찬』
④ 『롤랑의 노래』   ⑤ 『아서왕 이야기』

12 ㉠에 들어갈 사상을 쓰시오.

14~16세기 유럽에서 일어난 르네상스 시기에는 고대 그리스와 로마의 문화를 본받아 인간의 개성과 능력을 중요하게 여기는 (㉠   )이/가 발달하였다.

(   )

13 다음 문화유산이 건립된 지역의 르네상스에 대한 설명으로 옳은 것은?

사진은 르네상스 양식의 대표적 건축물인 성 베드로 대성당이다. 르네상스 양식은 대칭과 비례가 강조된 것이 특징이다.

① 스콜라 철학이 발전하였다.
② 피사 대성당이 건립되었다.
③ 『아라비안나이트』가 유행하였다.
④ 세르반테스가 『돈키호테』를 저술하였다.
⑤ 레오나르도 다빈치와 미켈란젤로가 활약하였다.

14 밑줄 친 '이 지역'에서 르네상스가 시작된 배경으로 적절하지 <u>않은</u> 것은?

① 지중해 무역으로 경제적 번영을 누렸다.
② 고대 로마의 문화유산이 많이 남아 있었다.
③ 부유해진 상인들이 예술가들을 후원하였다.
④ 알렉산드로스의 동방 원정으로 그리스 문화와 동방 문화가 융합하였다.
⑤ 비잔티움 제국의 많은 학자들이 이주해 와 고전 문화 연구가 활발해졌다.

15 이탈리아 르네상스의 문화유산으로 옳은 것은?

①

↑ 당삼채

②

↑ 「라오콘 군상」

③

↑ 샤르트르 대성당

④

↑ 보티첼리, 「봄」 일부

⑤

↑ 브뤼헐, 「농민의 결혼식」

16 다음을 읽고 학생들이 나눈 대화 내용으로 옳은 것은?

> 질 좋은 양모를 생산하는 곳에서는 귀족과 신사, 심지어 수도원장들까지도 땅의 전 소유자들이 거두어들인 옛 지대만으로 만족하지 않습니다. …… 그들은 경작용 농지를 남겨 놓지 않고 모든 땅을 울타리로 둘러막아 목장으로 만들고, 가옥을 헐어 버리고 …….　－『유토피아』

① 에라스뮈스가 저술하였어.
② 기사들의 영웅담을 소재로 하였어.
③ 영국 사회의 현실을 비판하는 내용이야.
④ 이탈리아 르네상스의 대표적인 작품이야.
⑤ 위 작품이 쓰인 지역은 지중해 무역으로 번영을 누렸어.

17 빈칸에 들어갈 인물로 옳은 것은?

> **세계사 인물 사전**
>
> 르네상스 시기에 활판 인쇄술을 발명한 인물로, 그의 발명은 새로운 지식과 사상이 보급되는 데 크게 기여하였다.

① 브뤼헐　　② 라파엘로　　③ 구텐베르크
④ 토머스 모어　　⑤ 얀 반 에이크

시험에 잘 나와!

18 르네상스 시기 과학 발전의 사례로 가장 적절한 것은?

① 아라비아 숫자가 완성되었다.
② 이드리시가 세계 지도를 제작하였다.
③ 이븐시나가 『의학전범』을 저술하였다.
④ '0(영)'이라는 숫자의 개념이 도입되었다.
⑤ 코페르니쿠스와 갈릴레이가 지동설을 주장하였다.

서술형 감잡기

1 다음을 읽고 물음에 답하시오.

> 그림은 14세기 유럽에서 유행하여 유럽 인구의 약 3분의 1을 사망하게 한 (　　㉠　　)을/를 표현한 것이다.

(1) ㉠에 들어갈 전염병을 쓰시오.

(2) (1)에서 답한 전염병의 유행이 농민 지위 변화에 미친 영향을 서술하시오.

> | 핵심어 | 인구, 노동력, 처우

서술형 익히기

2 다음을 읽고 물음에 답하시오.

> 요즘 교황은 힘들고 어려운 일은 베드로와 바울에게 떠넘기고 호화로운 의식과 즐거운 일만 찾는다. 교황은 바로 나, 우신(어리석음의 신) 덕분에 편안하게 살아가고 있다.

(1) 위 내용이 담긴 책을 쓰시오.

(2) (1)에서 답한 책 내용으로 알 수 있는 알프스 이북 르네상스의 특징을 서술하시오.

Ⅲ 단원 

01 / 동아시아 문화의 형성

(1) 위진 남북조 시대와 수·당의 발전

위진 남북조 시대	• 전개: 삼국 시대(위·촉·오) → 진(晉)의 삼국 통일 → 5호 16국 시대와 동진 → 남북조 시대(북위 (❶)의 한화 정책 실시, 남조의 강남 개발) • 사회: 9품중정제 실시 → 문벌 귀족 사회 형성 • 문화: 불교 발전(대규모 석굴 사원 건립), 도교·청담 사상 유행, 귀족 문화 발달
수	문제 때 과거제 처음 실시, 양제 때 대운하 완성
당	• 발전과 쇠퇴: 이연(고조)이 건국(618) → 태종·고종의 통치 → 안사의 난으로 위기 → 멸망(907) • 통치 제도: 3성 6부제, 균전제·조용조·부병제 • 문화: 귀족적·국제적 문화(수도 장안이 번성) 발달

(2) 만주와 한반도, 일본의 고대 국가 형성과 발전

만주· 한반도	고조선 건국 → 고구려·백제·신라의 발전 → 신라의 삼국 통일과 발해 건국으로 남북국 시대 전개
일본	• 야요이 문화: 기원전 3세기경 성립 • 야마토 정권: 주변 소국 통합, 아스카 문화 발전(아스카 시대), 7세기 중엽 다이카 개신이 일어남 • 나라 시대: 8세기 초 헤이조쿄(나라)로 천도, 불교 융성(도다이지 건립 등), 『일본서기』 편찬 • 헤이안 시대: 8세기 말 헤이안쿄(교토)로 천도, (❷) 발달(가나 문자 제작 등)

(3) 동아시아 문화권의 형성

배경	당이 주변국과 교류하는 과정에서 형성
공통 요소	한자, 유교, 율령, 불교 등

02 ~ 03 / 크리스트교와 이슬람교의 확산

(1) 굽타 왕조의 성립과 인도 고전 문화의 발전

굽타 왕조	찬드라굽타 1세가 수립(320) → 찬드라굽타 2세 때 영토 확장, 해상 무역으로 번영
힌두교와 인도 고전 문화	• (❸)의 확산: 카스트제의 신분 차별 인정, 『마누 법전』 정비 • 인도 고전 문화 발달: 산스크리트어로 쓴 서사시 발달, 굽타 양식 유행, 숫자 '0(영)'의 개념 도입

(2) 사산 왕조 페르시아의 발전

성립	3세기 초 아케메네스 왕조 페르시아의 부흥을 내세우며 성립
발전	페르시아어를 공용어로 사용, (❹)을/를 국교로 삼음, 지방에 총독 파견, 중계 무역으로 번영
문화	금속·유리 공예품 발달, 직물 공예·염색 기술 발달

(3) 이슬람 세계의 성장

이슬람교 의 성립	7세기 초 무함마드가 정립 → (❺)(622, 귀족들의 탄압을 피해 메카에서 메디나로 이주) → 메카 정복, 주변 지역 정복
이슬람 제국의 발전	• 정통 칼리프 시대: 무함마드 사후 선출된 네 명의 칼리프가 이슬람 공동체를 이끎, 사산 왕조 페르시아와 이집트 정복, 이슬람교로 개종 시 지즈야 면제, 평등을 강조하는 교리로 빠르게 확산 • 우마이야 왕조: 제4대 칼리프 알리의 피살 이후 우마이야 가문이 칼리프 세습(661) → 왕조의 정통성을 놓고 시아파와 수니파가 대립, 유럽의 이베리아반도까지 영토 확장, 아랍인 우대 정책 실시(→ 비아랍인 이슬람교도들의 불만 증가) • 아바스 왕조: 아랍인 중심의 민족 차별 정책 폐지, 당과 벌인 탈라스 전투에서 승리하여 동서 교역로 차지, 수도 바그다드 번영

(4) 이슬람 문화권의 형성

교류· 경제	상업과 교역의 발달 → 아바스 왕조의 수도 바그다드가 국제 도시로 번성, 동서 문화 교류 촉진
사회	이슬람교의 경전 (❻)이/가 일상생활의 규범으로 작용, 이슬람교도들은 다섯 가지 의무 실행
문화	설화 문학 유행(『아라비안나이트』), 모스크 발달, 자연 과학 발달(아라비아 숫자 완성)

(5) 프랑크 왕국과 비잔티움 제국의 발전

프랑크 왕국	게르만족의 이동으로 성립 → 5세기 말 크리스트교로 개종 → 8세기 초 이슬람 세력의 침략 격퇴 → (❼) 때 전성기(정복지에 크리스트교 전파 → 로마 교황으로부터 서로마 황제의 관을 받음) → 카롤루스 대제 사후 세 나라로 분열
비잔티움 제국	• 유스티니아누스 황제 때 전성기: 『유스티니아누스 법전』 편찬, 성 소피아 대성당 건립 • 동서 교회의 분열: 성상 숭배 문제 → 로마 가톨릭교회와 그리스 정교로 분리 • 비잔티움 문화 발달: 비잔티움 양식 발달(돔, 모자이크 벽화 등) → 동유럽 문화의 바탕이 됨

04~05 / 서아시아와 유럽의 교류와 갈등

(1) 서유럽 봉건 사회의 성립과 중세 서유럽 문화

봉건 사회의 성립	• 주종 관계: 주군과 봉신 간 쌍무적 계약 관계 • 장원제: 봉신(영주)의 봉토 운영 방식, 주군의 간섭 없이 다스림
크리스트교 세계의 변화	• 클뤼니 수도원 중심으로 교회 개혁 운동 전개 • 교황과 황제의 대립: 카노사의 굴욕(1077) → 보름스 협약(1122) → 교황권 강화
크리스트교 중심의 문화	• 건축: 로마네스크 양식과 고딕 양식 유행 • 학문·교육: 신학 중심, (❽)(신앙과 이성의 조화 강조) 유행, 대학 설립 • 문학: 기사도 문학 유행(『롤랑의 노래』 등)

(2) 십자군 전쟁과 지중해 무역권의 성장

십자군 전쟁	(❾)의 예루살렘 점령 → 교황이 클레르몽 공의회를 열어 성지 회복 호소 → 십자군 전쟁 시작 → 성지 회복 실패
지중해 무역권	십자군 전쟁 이후 지중해 무역권 성장 → 지중해 연안 도시(베네치아, 제노바 등) 번성

(3) 도시의 발달과 장원의 해체

도시의 발달	도시의 상인과 수공업자가 동업 조합인 길드 조직, 도시가 자치권을 획득하기도 함
장원의 해체	(❿)의 유행으로 인구 감소, 농민 반란 발생, 화폐 사용의 증가 → 장원의 해체, 중세 봉건 사회의 동요

(4) 교황권의 쇠퇴와 중앙 집권 국가의 등장

교황권의 쇠퇴	(⓫)(로마의 교황청이 프랑스로 옮겨짐) → 교회의 대분열 → 교황권의 쇠퇴
중앙 집권 국가의 등장	백년 전쟁, 장미 전쟁 발발 → 프랑스, 영국이 중앙 집권 국가로 성장하는 발판이 됨

(5) 르네상스와 과학 기술의 발전

이탈리아 르네상스	• (⓬) 발달: 인간의 개성과 능력 중시 • 문학(보카치오)과 미술(레오나르도 다빈치, 미켈란젤로 등) 발달, 건축에서 르네상스 양식 발전
알프스 이북 르네상스	16세기 이후 확산, 현실 사회와 교회의 부패를 비판(에라스뮈스의 『우신예찬』, 토머스 모어의 『유토피아』 등)
과학 기술의 발전	코페르니쿠스와 갈릴레이가 지동설 주장, 구텐베르크가 활판 인쇄술 발명

핵심 선택지 바로잡기

✖ 밑줄 친 내용을 바르게 고쳐 쓰시오.

1 수 문제는 관리를 시험으로 뽑는 <u>9품중정제</u>를 처음 실시하였다. ( )

2 당은 봉건제를 실시하여 성인 남자에게 일정 토지를 나누어 주었다. ( )

3 일본 헤이안 시대에 도다이지 등의 대규모 사찰이 많이 건립되었다. ( )

4 쿠샨 왕조 시기에 카스트제의 신분 차별을 인정하는 힌두교가 형성되었다. ( )

5 7세기 초 이슬람교를 정립한 <u>알리</u>는 모든 인간은 평등하다고 가르쳤다. ( )

6 우마이야 왕조는 <u>탈라스 전투</u>에서 당에 승리하여 동서 교역로를 차지하였다. ( )

7 비잔티움 제국의 <u>카롤루스 대제</u>는 교황으로부터 서로마 황제의 관을 받았다. ( )

8 유스티니아누스 황제는 『<u>함무라비 법전</u>』을 편찬하여 로마법을 집대성하였다. ( )

9 교황과 대립하던 하인리히 4세는 <u>클레르몽</u>에서 교황에게 용서를 구하였다. ( )

10 셀주크 튀르크가 <u>아비뇽</u>을 점령하자 교황이 전쟁을 호소하였다. ( )

11 14세기 중반 영국과 프랑스는 프랑스 왕위를 놓고 <u>장미 전쟁</u>을 벌였다. ( )

12 이탈리아의 르네상스는 현실 사회와 교회의 부패를 비판하는 경향이 나타났다. ( )

마무리 문제

01 (가) 나라에 대한 설명으로 옳은 것은?

① 안사의 난이 일어났다.
② 신 멸망 이후 유수(광무제)가 건국하였다.
③ 윈강 석굴 등 거대한 석굴 사원을 축조하였다.
④ 토지를 받은 농민에게 조용조의 세금을 걷었다.
⑤ 개인의 자유로운 삶을 추구하는 청담 사상이 유행하였다.

02 다음 기사의 배경이 된 나라에서 있었던 사실로 옳은 것은?

> ### 역사 신문
>
> #### 대운하, 드디어 완성되다
>
> 화북 지방과 강남 지방을 잇는 대운하가 드디어 완성되었다. 대운하의 완성으로 남북 간의 교류가 활발해질 것으로 예상되며, 남북의 정치와 문화 통합도 기대해 볼 수 있다. 하지만 공사에 동원된 백성의 불만이 지속되고 있어 황제의 고민이 깊어질 것으로 보인다.

① 사마천이 『사기』를 편찬하였다.
② 고구려 원정을 여러 차례 추진하였다.
③ 이백과 두보의 시가 큰 인기를 얻었다.
④ 분서갱유로 법가 이외의 사상이 탄압받았다.
⑤ 거대한 석굴 사원인 윈강 석굴을 건립하였다.

03 밑줄 친 '이 제도'로 옳은 것은?

> 시험을 치러 관리를 뽑는 이 제도는 수대에 처음 실시된 이후 중국의 대표적인 관리 선발 방식이 되었다.

① 과거제　　② 군현제　　③ 봉건제
④ 카스트제　　⑤ 9품중정제

04 선생님의 질문에 대한 학생들의 답변으로 적절하지 않은 것은?

① 『오경정의』를 편찬하는 학자를 볼 수 있어요.
② 수도 장안을 오가는 외국의 사신들을 볼 수 있어요.
③ 균전제로 받은 토지를 농사짓는 농민을 볼 수 있어요.
④ 농한기에 군사 훈련을 받으러 가는 남성을 볼 수 있어요.
⑤ 9품중정제를 통해 중앙의 관리가 된 호족을 볼 수 있어요.

05 (가) 시기에 일본에서 있었던 사실로 옳은 것은?

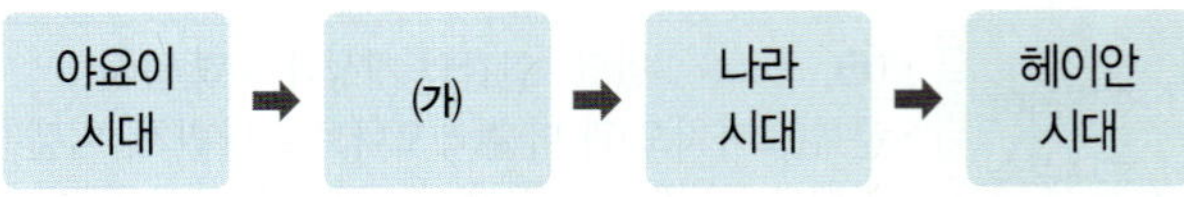

① 도다이지가 세워졌다.
② 가나 문자가 제작되었다.
③ 다이카 개신이 일어났다.
④ 헤이안쿄로 수도를 옮겼다.
⑤ 역사서인 『일본서기』가 편찬되었다.

06 힌두교에 대한 설명으로 옳은 것을 〈보기〉에서 고른 것은?

> **보기**
> ㄱ. 마우리아 왕조 시기에 발전하였다.
> ㄴ. 고타마 싯다르타(석가모니)가 창시하였다.
> ㄷ. 『마누 법전』에서 규정한 카스트에 따른 생활 방식을 중시하였다.
> ㄹ. 브라만교를 바탕으로 불교와 민간 신앙이 어우러져 형성되었다.

① ㄱ, ㄴ   ② ㄱ, ㄷ   ③ ㄴ, ㄷ
④ ㄴ, ㄹ   ⑤ ㄷ, ㄹ

07 (가)에 들어갈 내용으로 적절하지 <u>않은</u> 것은?

> 굽타 왕조 시기에는 인도 고유의 색채가 강한 인도의 고전 문화가 문학, 미술, 자연 과학 등에서 발달하였다. 그 예로 [(가)]을 들 수 있다.

① 스콜라 철학의 유행
② 산스크리트어로 쓰인 문학의 발달
③ 지구의 자전을 알아낸 천문학의 발달
④ 숫자 '0(영)'의 개념 도입과 수학의 발전
⑤ 간다라 양식과 인도 고유의 양식이 어우러진 미술 양식의 등장

08 (가)에 들어갈 종교를 쓰시오.

(   )

09 ㉠, ㉡에 들어갈 왕조에 대한 설명으로 옳은 것은?

> **지식Q&A**
> 헤지라 이후 이슬람 세계는 어떻게 변화하였나요?
>
> **답변하기**
> 이슬람 제국의 영토가 넓어지면서 칼리프 자리를 놓고 분열이 일어났고, 제4대 칼리프 알리의 피살 이후 (㉠)이/가 성립되었어요. 이후 내부 분열을 겪으며 세력이 약해지자 불만 세력이 힘을 합쳐 (㉡)을/를 세웠어요.

① ㉠ – 탈라스 전투에서 승리하였다.
② ㉠ – 시아파와 수니파로 나뉘어 대립하였다.
③ ㉠ – 수도 바그다드가 국제 무역으로 번영하였다.
④ ㉡ – 아랍인 우대 정책을 실시하였다.
⑤ ㉡ – 네 명의 칼리프가 차례로 선출되어 통치하였다.

만점 도전!

10 밑줄 친 '문화권'에서 볼 수 있는 모습으로 적절하지 <u>않은</u> 것은?

> 사진은 무함마드가 창시한 종교의 성지인 카바 신전이다. 그가 창시한 종교는 널리 확산되어 하나의 <u>문화권</u>을 형성하였다.

① 비슈누와 시바를 믿는 신자
② 아라비아 숫자를 완성하는 수학자
③ 중국의 비단과 도자기를 거래하는 상인
④ 『쿠란』에 적힌 다섯 가지 의무를 지키는 신자
⑤ 돔과 아치로 장식한 모스크를 설계하는 건축가

11 다음 상황이 나타난 배경으로 가장 적절한 것은?

프랑크 왕국의 왕, 서로마 황제의 관을 받다

그림은 프랑크 왕국의 왕이 교황 레오 3세에게서 서로마 황제의 관을 받는 모습이다. 이는 프랑크 왕국이 로마의 계승자임을 의미하였다.

① 서로마 제국이 멸망하였다.
② 왕이 십자군 전쟁에 참여하였다.
③ 교황청이 프랑스 아비뇽으로 옮겨졌다.
④ 왕이 정복한 지역에 크리스트교를 전파하였다.
⑤ 교회가 로마 가톨릭교회와 그리스 정교로 분리되었다.

12 학생들이 대화 주제로 다룬 문화유산을 세운 나라에 대한 설명으로 옳지 <u>않은</u> 것은?

① 황제가 성상 숭배를 금지하였다.
② 유스티니아누스 황제 때 전성기를 누렸다.
③ 랭커스터 가문과 요크 가문이 대립하여 전쟁이 일어났다.
④ 황제가 정치적 지배자와 교회 수장 역할을 함께 하였다.
⑤ 수도 콘스탄티노폴리스가 당시 세계 최대의 도시로 성장하였다.

13 ㉠, ㉡에 대한 설명으로 옳은 것을 〈보기〉에서 고른 것은?

프랑크 왕국의 분열 이후 서유럽은 바이킹, 이슬람 세력 등 이민족의 침입으로 혼란에 빠졌다. 이러한 상황에서 힘 있는 사람들은 성을 쌓고 무력을 갖춘 기사가 되었다. 이들은 자기보다 강한 기사를 (㉠)(으)로 섬겼으며, (㉠)은/는 그 기사를 (㉡)(으)로 삼았다.

보기
ㄱ. ㉠은 봉신, ㉡은 주군에 해당한다.
ㄴ. ㉡은 ㉠에게 충성과 봉사를 맹세하였다.
ㄷ. ㉡은 ㉠의 간섭 없이 장원 안에서 세금을 징수할 수 있었다.
ㄹ. ㉠과 ㉡은 혈연관계를 바탕으로 하는 주종 관계를 맺었다.

① ㄱ, ㄴ　　② ㄱ, ㄷ　　③ ㄴ, ㄷ
④ ㄴ, ㄹ　　⑤ ㄷ, ㄹ

14 다음은 중세 서유럽에서 쓰인 가상 편지이다. 밑줄 친 ㉠~㉤ 중 적절하지 <u>않은</u> 것은?

안녕, ○○아. 잘 지내고 있니? 난 오늘 ㉠<u>대학에서 토마스 아퀴나스의 『신학 대전』을 주제로 토론을 하였어.</u> 너는 요즘 대학에서 법학 공부를 하면서 ㉡<u>기사를 소재로 한 『롤랑의 노래』를 읽고 있다며?</u> ㉢<u>대학마다 자치적으로 운영되니까</u> 서로 배운 것을 공유할 수 있어서 좋다. 우리 다음 주에 만나서 ㉣<u>피사 대성당을 보러 가기로</u> 한 것 잊지 않았지? 그 성당을 본 후에는 ㉤<u>지금 경기장으로 짓고 있는 콜로세움을</u> 보러 가자. 벌써부터 기대된다. 다음 주에 만나자.

너의 친구 ◇◇

① ㉠　　② ㉡　　③ ㉢　　④ ㉣　　⑤ ㉤

15 다음 연설로 시작된 전쟁에 대한 설명으로 옳은 것은?

① 전쟁 이후 교황권이 강화되었다.
② 전쟁 결과 랭커스터 가문이 승리하였다.
③ 셀주크 튀르크의 예루살렘 점령이 배경이 되었다.
④ 프랑스 왕위 계승 문제로 영국과 프랑스 간에 일어났다.
⑤ 대립한 두 가문이 장미를 문장으로 삼아 전쟁의 이름이 붙여졌다.

16 (가)에 들어갈 내용으로 적절한 것을 〈보기〉에서 고른 것은?

수행 평가 보고서

• **주제:** 서유럽의 봉건 사회가 흔들리다
• **조사 내용**
중세 서유럽의 봉건 사회가 동요하게 된 배경을 조사하였습니다.
– 1모둠: 농민 반란을 일으킨 자크리
– 2모둠: 도시의 자치권 획득에 앞장선 길드
– 3모둠: ________(가)________

보기
ㄱ. 카롤루스 대제 사후 프랑크 왕국의 분열
ㄴ. 유럽 사람들을 죽음으로 몰아 넣은 흑사병
ㄷ. 화폐 사용의 증가로 나타난 중세 사회 변화
ㄹ. 『유스티니아누스 법전』에 나타난 당시 사회 모습

① ㄱ, ㄴ　　② ㄱ, ㄷ　　③ ㄴ, ㄷ
④ ㄴ, ㄹ　　⑤ ㄷ, ㄹ

17 (가), (나) 사건에 대해 학생들이 나눈 대화 내용으로 적절하지 <u>않은</u> 것은?

(가) 로마의 교황청이 아비뇽으로 옮겨진 사건이다.
(나) 신성 로마 제국의 황제 하인리히 4세가 교황 그레고리우스 7세에게 용서를 빈 사건이다.

① (가) 이후 교황권이 쇠퇴하였어.
② 성직자 과세 문제로 (가)가 발생하였어.
③ 성직자 임명권을 놓고 (나)가 일어났어.
④ (나) 이후 교황의 권위는 더욱 강화되었어.
⑤ (가) 이후 동서 교회가 로마 가톨릭교회와 그리스 정교로 분열되었어.

18 ㉠, ㉡에 들어갈 전쟁을 각각 쓰시오.

14세기 중반 프랑스 왕위 계승 문제를 놓고 영국과 프랑스가 벌인 (㉠)과/와 15세기 중반 영국에서 왕위 계승 문제를 놓고 두 귀족 가문이 벌인 (㉡) 과정에서 프랑스와 영국이 중앙 집권 국가로 성장하는 기반이 마련되었다.

㉠: (　　　　　　), ㉡: (　　　　　　　　)

19 다음 문화유산을 남긴 지역의 르네상스에 대한 설명으로 옳은 것은?

↑ 보티첼리, 「봄」 일부

↑ 레오나르도 다빈치, 「모나리자」

① 보카치오가 『데카메론』을 저술하였다.
② 토머스 모어가 『유토피아』를 발표하였다.
③ 『아서왕 이야기』 등 기사도 문학이 발달하였다.
④ 이븐시나가 『의학전범』에서 의학을 집대성하였다.
⑤ 에라스뮈스가 교황과 성직자의 부패를 풍자하였다.

서술형·논술형 수행 평가

서술형

1 당의 농민 지배 제도를 설명한 표를 보고 물음에 답하시오.

구분	제도	설명
토지	㉠	성인 남자에게 일정한 면적의 토지 분배
조세	㉡	토지를 받은 농민에게 토지세·노동력·직물 수취
군사	㉢	농한기에 군사 훈련을 받고 전쟁이 나면 병사로 복무

(1) ㉠, ㉡, ㉢에 들어갈 제도를 각각 쓰시오.

(2) 당이 (1)에서 답한 제도들을 실시한 목적을 서술하시오.

2 다음을 보고 물음에 답하시오.

(가) 피사 대성당

(나) 샤르트르 대성당

(1) (가), (나)에 반영된 건축 양식을 각각 쓰시오.

(2) (1)에서 답한 건축 양식의 특징을 각각 서술하시오.

논술형

3 (가), (나)를 참고하여 이슬람교도 여성의 히잡 착용에 대한 자신의 의견을 논술하시오.

(가) 히잡은 스카프 형태로 머리와 상체를 가리는 이슬람교도 여성의 전통적인 의복으로, 이슬람교도 여성들은 외출할 때 히잡 등으로 신체를 가려야 한다. 이는 여성의 순결을 강조하며 머릿수건을 써야 한다는 『쿠란』 구절에서 시작되었다. 오늘날 여성이 의무적으로 히잡을 착용해야 하는 것은 억압이라는 목소리가 높아졌다. 히잡 착용이 의무인 이란에서 히잡을 잘 쓰지 않았다는 이유로 여성이 종교 경찰에 끌려가 사망하는 사건이 일어나자 히잡 거부 시위가 일어나기도 하였다.

↑ 히잡을 쓴 여성

(나) 히잡 착용은 주체적으로 선택한 패션이라고 말하는 이슬람교도 여성들이 있다. 미국의 이슬람교도 힙합 가수인 모나 헤이더가 그중 하나이다. 모나 헤이더는 '난 계속 내 히잡을 두를 거야.'라는 가사의 '히자비'라는 노래를 발표하여 히잡 착용은 자신에게 억압이 아니라 스스로 선택한 패션이라고 외쳤다. 또한 프랑스는 공공 교육 시설에서 히잡 착용을 금지하고 있는데, 이에 대한 프랑스 이슬람교도 여성들의 불만이 끊임없이 제기되고 있다.

IV

지역 세계의 교류와 변화

01 유라시아 교역 및 문화 교류의 확대

A 송의 성립과 변화

1. 송의 성립과 태조의 정책

(1) 성립: 절도사 출신인 조광윤(태조)이 *5대 10국의 분열을 수습하고 카이펑을 수도로 하여 건국(960)

(2) 태조의 정책

내용	• 황제권 강화: 중앙군의 황제 직속화, 절도사의 권한 약화 • 문치주의 정책 실시: 문인을 우대(지방관을 문관으로 임명, 전시 제도 시행) 자료❶
결과	유교적 소양을 갖춘 *사대부가 지배층으로 성장, 문치주의 정책으로 군사력 약화

— 귀족들이 과거 시험에서 불공정한 방법으로 합격하는 일이 빈번하여 시행하였어.

2. 왕안석의 개혁 자료❷

— 북방에서 성장한 나라들로, 송의 군사력이 약해지자 여러 차례 침략하였어.

배경	송이 거란, 서하 등에 평화 유지를 조건으로 비단과 은 등의 물자 제공 → 송의 재정 악화
결과	민생 안정과 부국강병을 목표로 왕안석이 개혁 시도 → 보수파 관료들의 반대로 실패

3. 남송의 성립: 금의 공격을 받아 남쪽의 임안(항저우)으로 천도하며 성립(1127)

자료❶ **전시 제도의 도입**

송 태조는 과거 시험을 황제가 직접 주관하여 합격자의 순위를 매기는 전시 제도를 시행하였다. 전시에 합격한 사람은 관료가 되어 자신을 선발한 황제에게 충성을 다하였고, 이는 황제의 권력 강화에 기여하였다.

⊙ 시험을 주관하는 황제의 모습

자료❷ **왕안석의 개혁**

왕안석은 나라의 재정을 늘리고 군사력을 강화하기 위해 개혁을 시도하였다. 개혁안에는 농민과 상인에게 낮은 이자로 돈을 빌려줄 것, 상품의 유통을 국가가 관리할 것, 농민이 병사가 되어 치안을 유지할 것 등의 내용이 포함되었다.

⊙ 왕안석

B 북방 민족의 성장

1. 북방 민족의 성장: 당 멸망 이후 중국 분열 → 여러 북방 민족이 성장함 핵심 자료

거란(요)	야율아보기가 거란 건국(916) → 발해를 멸망시킴, 나라 이름을 요로 바꿈 → 고려 공격, 송과 대립
서하	탕구트가 서하 건국(1038) → 비단길의 길목에 위치하여 동서 무역로를 차지, 송을 압박
금	만주 지역에서 성장한 여진의 아구다가 금 건국(1115) → 송과 연합하여 요를 멸망시킴 → 송을 공격하여 남쪽으로 몰아냄

— 중국 서북부 지역에 살던 티베트 계통의 유목 민족이야.

2. 북방 민족의 통치와 문화: 이원적 통치, 스스로를 황제로 칭함

(1) 이원적 통치: 자신의 부족은 고유의 부족제로, 한족은 중국식 통치 방식인 주현제로 통치 → 부족의 통치 방식을 지키고, 한족을 효율적으로 통치하기 위함

(2) *고유 문자 사용: 고유문화를 지키기 위해 자신들만의 문자를 만들어 사용함

무엇을 배울까?
- 송의 성립과 변화
- 몽골 제국의 성립과 원의 중국 지배
- 북방 민족의 성장
- 유라시아·인도양 교역권의 발달

교과서 핵심 자료 · 북방 민족의 성장

↑ 11세기 동아시아의 정세

↑ 12세기 동아시아의 정세

당이 무너지고 중국이 분열하자 북방에서는 여러 민족이 성장하였는데, 거란(요), 서하, 금이 대표적이다. 이들은 부족을 통합하여 나라를 세우고 강력한 군사력을 앞세워 송을 압박하였다. 또한 부족제와 주현제를 함께 활용하여 통치하였고, 고유 문자를 만들기도 하였다.

✓ 완자쌤의 탐구 수업

❶ 당 멸망 이후 북방에서 성장한 대표적인 나라는?

거란(요), 서하, 금 등

❷ 북방 민족이 부족제와 주현제를 함께 활용하여 통치한 이유는?

거란, 서하, 금 등의 북방 민족은 부족의 통치 방식을 지키고 한족을 효율적으로 다스리기 위해 부족제와 주현제를 함께 활용하였습니다.

문제로 개념 확인

정답 친해 34쪽

1 빈칸에 들어갈 알맞은 내용을 쓰시오.

(1) 송에서는 유교적 소양을 갖춘 (　　　　　)이/가 지배층으로 성장하였다.

(2) 송 태조는 황제가 직접 과거 시험을 주관하는 (　　　　　)을/를 실시하였다.

2 ㉠에 들어갈 인물을 쓰시오.

> 송은 거란, 서하 등의 북방 민족에게 비단, 은 등을 제공하여 송의 재정이 악화되자 (㉠　　　　　)이/가 민생 안정과 부국강병을 목표로 개혁을 시도하였으나 실패하였다.

3 다음 설명에 해당하는 나라를 〈보기〉에서 골라 기호를 쓰시오.

보기
ㄱ. 금　　　　ㄴ. 거란　　　　ㄷ. 서하

(1) 송을 공격하여 남쪽으로 몰아냈다. (　　　)

(2) 발해를 멸망시키고 나라 이름을 요로 바꾸었다. (　　　)

(3) 티베트 계통의 유목 민족인 탕구트가 건국하였다. (　　　)

비주얼로 핵심 콕콕

A 송의 성립과 변화

송 태조의 □□□□ 정책
(문인 우대, 전시 제도 시행)

↓

사대부 성장, 군사력 약화

↓

왕안석의 개혁(→ 실패)

↓

금의 공격을 받아 남송 성립

B 북방 민족의 성장

10세기	11세기	12세기
거란(요)	서하	금

공통점
- □□□ 통치 (부족제, 주현제 함께 사용)
- 고유 문자 사용

C 송의 경제와 사회

1. 송의 경제 발달

농업	• 모내기법(용어 모를 따로 기른 후 논에 옮겨 심는 방법) 도입 등 농업 기술 발달, 재배 기간이 짧은 새로운 품종의 벼 도입 → 농업 생산량 증가 • 남송대에 강남 지방 개발 → 경지 면적 증가
상공업	• 도자기, 비단 등을 생산하는 수공업 발달 • 상업 발달 → 물품 거래가 활발해지면서 동전과 지폐(*교자)가 사용됨, 카이펑과 임안(항저우) 등 대도시 발달 자료①

2. 송의 사회와 문화

(1) 과학 기술의 발달: 화약 무기, 나침반, 활판 인쇄술(용어 활자를 조합하여 인쇄하는 기술)이 실생활에서 사용됨 → 이슬람 제국을 거쳐 세계 여러 지역으로 전파 핵심 자료

(2) 서민 문화의 성장: 서민들의 생활 수준 향상

① 문학: 구어체 소설과 수필 유행

② 서민 오락의 성행: 도시에 오락 시설과 전문 공연장 발달(만담, 곡예, 인형극 등이 펼쳐짐)

(3) 학문과 사상의 발전

① 유교적 소양을 가진 사대부를 중심으로 발전 → 경전의 해석에 치중하는 기존의 훈고학 비판

② 남송의 주희가 우주의 원리와 인간의 본성을 탐구하는 *성리학 완성(→ 중국을 비롯한 동아시아 각국의 통치 이념이 됨)

3. 동아시아·인도양 교역권의 성장 자료②

배경	• 경제 발전으로 대외 무역 왕성 • 북방 민족이 강성해져 육로보다는 바닷길을 통한 교역 활발 • 나침반, 조선술, 항해술, 지도 제작 기술의 발달로 해상 무역 활발
전개	• 송과 한반도, 일본, 동남아시아, 인도, 아라비아를 잇는 동아시아·인도양 교역권 성장 • 항저우, 취안저우 등이 국제 무역 도시로 성장 • 송은 주요 항구에 *시박사를 두어 해상 무역 관리

* **교자**
송대에 발행된 지폐로, 무거운 동전에 비해 휴대가 편리하여 송대에 널리 사용되었다.

* **성리학**
남송의 주희가 집대성한 학문으로, 정통성과 대의명분을 중시하였고 한족의 우월성을 강조하는 화이론을 내세웠다.

* **시박사**
당대부터 청대까지 세금과 무역을 담당한 관청으로, 송대 이후 크게 발전하였다.

자료① 「청명상하도」를 통해 본 카이펑

↑ 「청명상하도」 일부

그림은 송의 수도였던 카이펑의 청명절 풍경을 묘사한 「청명상하도」이다. 카이펑은 당시 인구 100만 명이 넘는 대도시로 여러 물품이 유통되며 번성한 곳이었다. 그림을 통해 서민들의 생활 모습과 번화한 도시의 모습을 엿볼 수 있다.

자료② 동아시아·인도양 교역권의 성장

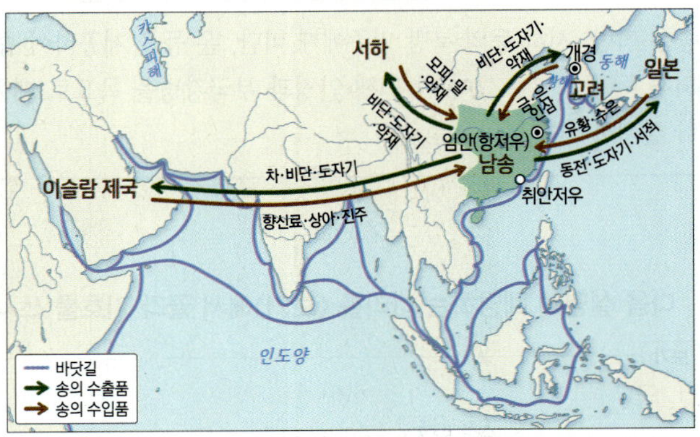

송대에는 바닷길을 따라 여러 나라와 교역이 이루어졌다. 그 결과 송과 한반도, 일본, 동남아시아, 인도, 아라비아를 잇는 동아시아·인도양 교역권이 성장하였다.

교과서 핵심 자료 · 송대 과학 기술의 발달

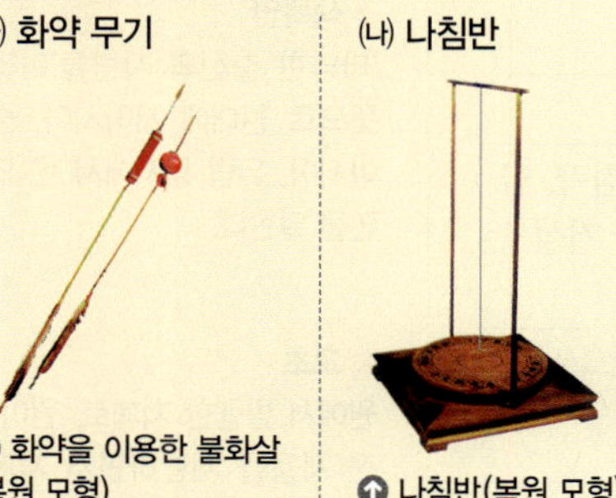

(가) 화약 무기

↑ 화약을 이용한 불화살 (복원 모형)

(나) 나침반

↑ 나침반(복원 모형)

(다) 활판 인쇄술

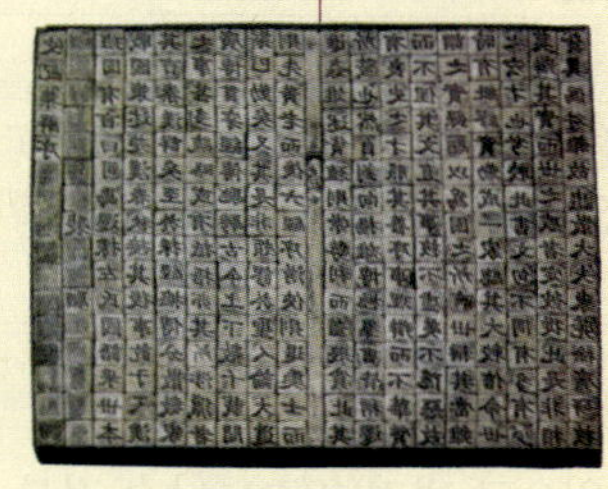

점토로 한 글자씩 새겨 구운 활자를 판 위에 배열하여 인쇄하였어.

↑ 점토 활자판(복원 모형)

송대에는 과학 기술이 크게 발달하여 화약 무기, 나침반, 활판 인쇄술 등이 실생활에서 사용되었다. 이후 과학 기술은 이슬람 세계를 거쳐 유럽까지 전파되어 유럽 사회가 변화하고 발전하는 데 영향을 주었다. 불화살, 폭탄 등의 화약 무기는 유럽에 전해져 전투 방식의 변화에 영향을 주었고, 나침반은 먼 거리까지 항해할 수 있게 하였다. 또한 송대에 개발된 활판 인쇄술은 인쇄에 드는 비용과 시간을 크게 줄여 지식의 보급에 기여하였다.

✓ 완자쌤의 탐구 수업

❶ 송대에 과학 기술의 발달로 실생활에 사용된 발명품은?

화약 무기, 나침반, 활판 인쇄술 등

❷ 송대 과학 기술의 발달이 세계에 미친 영향은?

화약 무기, 나침반, 활판 인쇄술 등 송대에 발전한 과학 기술은 이슬람 세계를 거쳐 유럽까지 전해졌습니다. 화약 무기는 전투 방식의 변화에 영향을 미쳤고, 나침반은 먼 거리의 항해를 가능하게 하였습니다. 또한 활판 인쇄술은 지식의 보급에 기여하였습니다.

문제로 개념 확인

정답 친해 34쪽

1 다음 물음에 답하시오.

(1) 송대에 상업이 발달하면서 널리 사용된 지폐는? ( )

(2) 송대에 도입된 농법으로, 모를 따로 기른 후 논에 옮겨 심는 방법은? ( )

(3) 주희가 완성한 우주의 원리와 인간의 본성을 탐구하는 학문으로, 동아시아 각국의 통치 이념이 된 것은? ( )

2 ㉠에 들어갈 내용을 쓰시오.

> 송은 주요 항구에 세금과 무역을 담당하는 관청인 (㉠)을/를 두어 해상 무역을 관리하였다.

3 다음 괄호 안의 내용 중 알맞은 말에 ○표를 하시오.

(1) 송대의 수도 (베이징 , 카이펑)은 여러 물품이 유통되며 번성한 대도시였다.

(2) 송대의 학문과 사상은 유교적 소양을 갖춘 (호족 , 사대부)을/를 중심으로 발전하였다.

(3) 송은 북방 민족이 강성하자 (바닷길 , 초원길)을 따라 여러 나라와 교역하였고, 나침반과 항해술의 발달은 이를 뒷받침하였다.

비주얼로 핵심 콕콕

C 송의 경제와 사회

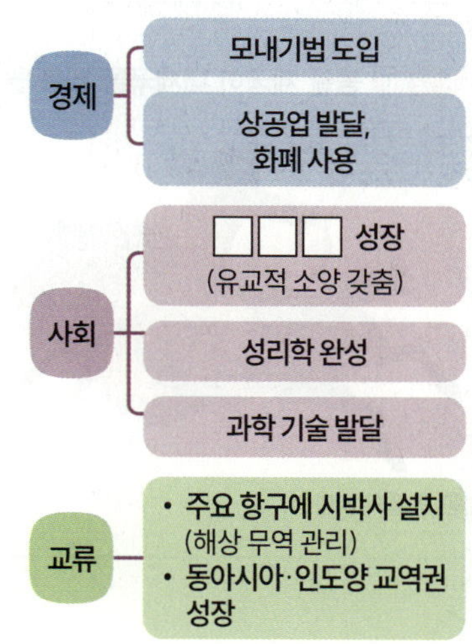

D 몽골 제국의 성립과 원의 중국 지배

1. 몽골 제국의 성립

성립	몽골 부족을 통일한 테무친이 **칭기즈 칸**으로 추대되어 몽골 제국 수립(1206)
발전	• 칭기즈 칸이 서하와 금 공격, 중앙아시아 정복 → 후대 칸들의 정복 활동(고려 침략, 금 정벌, 아바스 왕조 정복, 동유럽 부근까지 진출) → **유라시아 대륙에 걸친 대제국 건설** • 여러 울루스로 나뉨, 느슨한 연합 유지 자료①

용어 몽골 등 유목 국가에서 부족장을 이르던 말

용어 몽골어로 '많은 사람'이라는 뜻으로, 점차 부족, 국가를 가리키는 말로 쓰임

2. 원의 중국 지배

(1) **쿠빌라이 칸**: 대도(베이징)로 천도, 나라 이름을 **원**으로 변경(1271), 남송 정복

칭기즈 칸의 손자로, 남송을 정복함으로써 중국 전역을 지배하였어.

(2) 통치 방식

① **몽골 제일주의**: 몽골인과 **색목인** 우대, 한인과 남인 차별 자료②

한인은 여진인, 거란인, 금 지배하의 한족 출신이었고 남인은 남송 지배하의 한족 출신이었어.

② 관료제, 주현제 등 중국의 전통적인 제도를 받아들여 통치

③ 파스파 문자 제작: 원대에 쓰인 공용 문자, 공식 문서에 사용

(3) 멸망: 왕위 다툼, 물가 상승 → 한인의 반란 → 북쪽으로 쫓겨남(1368)

예 홍건적의 난

3. 원의 경제와 사회

경제	• 농업: 새로운 농업 기술 보급, 목화 재배 확대(→ 면직물 산업 발달) • 상업: 교통로 발달 → 동서 교류 활발 → 상업 발전, **교초**(지폐)가 널리 사용됨
사회	서민 문화 발달(구어체로 쓴 소설과 희곡, 음악과 연극이 어우러진 **잡극** 유행)

＊ 색목인
'다양한 출신의 사람들'이라는 뜻으로 원대에 서아시아, 중앙아시아, 유럽 등지에서 온 외국인을 말한다.

＊ 교초
원에서 발행한 지폐로, 원이 동전 사용을 제한하면서 지폐가 주요 화폐로 쓰였다.

＊ 잡극
악기 연주, 노래, 무용, 연기 등을 종합한 일종의 오페라이다.

↑ 원대의 잡극 공연 모습

자료① 몽골 제국이 대제국을 세운 원동력

↑ 몽골의 기마병

몽골군은 기마술에 능하였고. 정복한 지역의 주민들로 병력을 보충하였다. 또한 이슬람 상인의 교역로를 보장해 주는 대가로 지리 및 군사 정보를 얻어 대제국을 세울 수 있었다.

몽골군은 여러 마리의 말을 끌고 다니며 먼 거리를 이동하였어.

자료② 원의 사회 구조

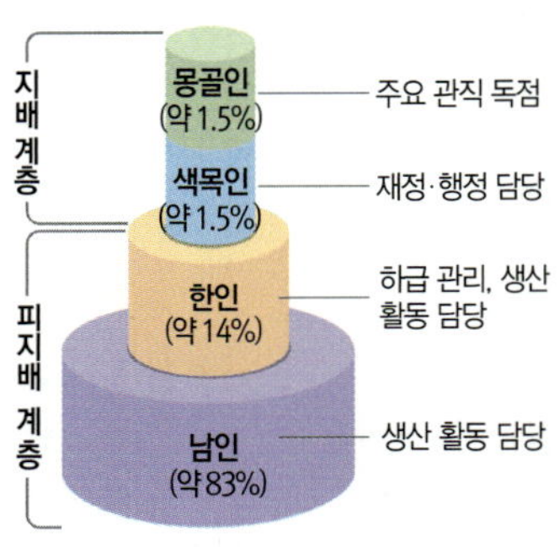

원은 몽골 제일주의에 따라 여러 민족을 나누어 다스렸다. 지배 계층인 몽골인은 주요 관직을 독차지하였고, 색목인도 우대를 받았다. 반면, 한인과 남인은 관직 진출이 제한되었고 세금을 많이 내는 등 상대적으로 차별을 받았다.

E 유라시아·인도양 교역권의 발달

1. 유라시아·인도양 교역권의 발달 배경: **＊역참** 설치, 도로망 정비, 대운하 및 해상 교역로 정비, 항저우와 취안저우 등 무역항 번성 → **유라시아·인도양 교역권 형성** 핵심 자료

2. 동서 문화 교류

원 황실은 티베트 불교를 보호하였지만, 다른 종교에 대해서도 관용적인 태도를 보였어.

(1) 인적 교류: 교황과 유럽의 군주들이 사절단 파견, **마르코 폴로** 등이 중국에 다녀감

(2) 외국 문물 유입: 이슬람교·크리스트교·티베트 불교 등 다양한 종교 수용, 이슬람 세계의 천문학·역법 등이 전래됨(→ 천문대 제작, 곽수경이 **수시력**을 만듦)

(3) 중국 문물 전파: 화약 무기, 나침반, 활판 인쇄술 등이 유럽에 전해짐

＊ 역참
주요 교통로에 설치하여 관리나 사신, 여행자에게 갈아탈 말과 잠자리, 식사 등을 제공하는 곳이다. 통행증인 패자가 있으면 역참의 말과 수레 등을 이용할 수 있었다.

교과서 핵심 자료 · 몽골 제국의 교역과 동서 문화 교류

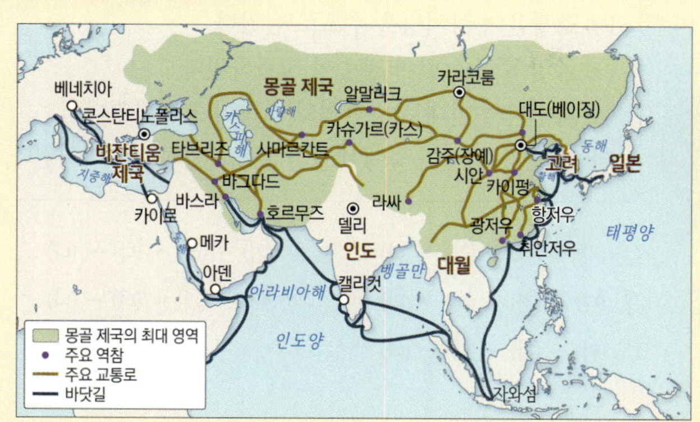

↑ 이슬람의 코발트 안료가 사용된 청화 백자

← 몽골 제국의 주요 교통로

몽골 제국이 역참을 설치하고 도로망과 대운하, 해상 교역로를 정비한 결과 초원길, 비단길, 바닷길을 연결하는 유라시아·인도양 교역권이 형성되었다. 동서 교류가 활발해지면서 『동방견문록』을 쓴 이탈리아의 상인 마르코 폴로, 『여행기』를 쓴 이슬람교도 이븐 바투타 등도 중국을 다녀갔다. 선교사 카르피니는 교황의 편지를 전하고자 몽골 제국의 칸을 만나기도 하였다.

✅ 완자쌤의 탐구 수업

❶ 몽골 제국이 관리나 사신에게 잠자리, 식사, 말 등을 제공하기 위해 주요 교통로에 설치한 것은?

역참

❷ 몽골 제국 시기에 유라시아·인도양 교역권이 형성된 배경은?

몽골 제국이 역참을 설치하고 도로망을 정비하여 육상 교통로를 확보하였고, 대운하 및 해상 교역로를 정비하였습니다. 그 결과 초원길, 비단길, 바닷길을 연결하는 유라시아·인도양 교역권이 형성되어 동서 문화 교류가 활발해졌습니다.

문제로 개념 확인

정답 친해 34쪽

1 다음 설명이 맞으면 ○표, 틀리면 ×표를 하시오.

(1) 칭기즈 칸은 대도(베이징)로 수도를 옮겼다. ( )

(2) 몽골 제국은 금을 정벌하고 아바스 왕조를 정복하였다. ( )

2 빈칸에 들어갈 알맞은 내용을 쓰시오.

(1) ( )은/는 나라 이름을 원으로 변경하였다.

(2) 유라시아를 아우르는 대제국을 이룬 몽골 제국은 여러 개의 ( ) (으)로 나뉘어 느슨한 연합으로 유지되었다.

3 ㉠에 들어갈 계층을 쓰시오.

> 원에서는 몽골 제일주의에 따라 몽골인이 주요 관직을 독차지하였고, 재정과 행정 업무를 맡은 (㉠)이/가 우대를 받았다.

4 다음 괄호 안의 내용 중 알맞은 말에 ○표를 하시오.

(1) (마르코 폴로 , 이븐 바투타)는 원을 여행하고 『동방견문록』을 남겼다.

(2) 이슬람의 역법이 원에 전해져 (주희 , 곽수경)이/가 수시력을 만들었다.

비주얼로 핵심 콕콕

D 몽골 제국의 성립과 원의 중국 지배

□□□ □의
몽골 제국 수립

↓

- **쿠빌라이 칸**: 대도(베이징) 천도, 원으로 국명 변경
- 몽골 제일주의로 통치

↓

왕위 다툼, 물가 상승, 한인 반란

↓

원의 멸망

E 유라시아·인도양 교역권의 발달

주요 교통로에 역참 설치 → / 해상 교역로 정비 →

□□□□·인도양
교역권의 성장

- 마르코 폴로, 이븐 바투타 등 왕래
- 다양한 종교, 이슬람 역법 전래
- 화약 무기, 나침반 등 유럽 전파

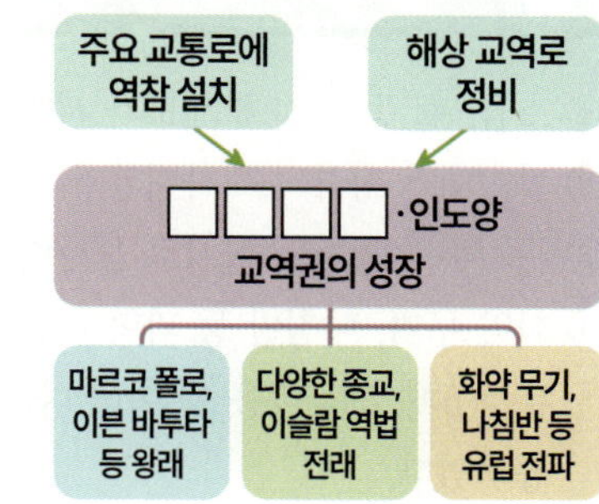

A 송의 성립과 변화

01 다음에서 설명하는 제도를 도입한 결과로 가장 적절한 것은?

그림은 황제가 직접 시험을 주관하는 모습을 표현한 것이다. 송 태조는 황제가 직접 과거 시험을 주관하는 제도를 실시하였다.

① 절도사의 권한이 강화되었다.
② 중국이 5대 10국으로 나뉘었다.
③ 황소의 난 등 농민 반란이 일어났다.
④ 황제에 대한 관료의 충성심이 높아졌다.
⑤ 북방 민족의 고유문화를 지킬 수 있었다.

02 밑줄 친 '개혁안'이 제시된 배경으로 가장 적절한 것은?

왕안석은 송의 정치가로, 나라의 재정과 군사력을 강화하기 위해 소농민과 중소 상인을 보호하는 내용의 개혁안을 제시하였다. 그의 개혁은 보수파의 반대로 실패하였다.

① 소금, 철 등의 전매 제도가 시행되었다.
② 과거제가 정착되고 사대부가 성장하였다.
③ 문치주의 정책의 실시로 군사력이 약화되었다.
④ 화약 무기, 나침반 등 과학 기술이 발달하였다.
⑤ 춘추 5패, 전국 7웅 등 여러 나라에서 다양한 화폐가 사용되었다.

03 송의 성립과 변화 과정을 일어난 순서대로 나열한 것은?

(가) 조광윤이 카이펑을 수도로 삼았다.
(나) 금의 공격을 받아 남송이 성립하였다.
(다) 보수파의 반대로 왕안석의 개혁이 실패하였다.
(라) 송이 거란, 서하 등에 비단과 은을 제공하기 시작하였다.

① (가) – (다) – (라) – (나)
② (가) – (라) – (다) – (나)
③ (나) – (가) – (라) – (다)
④ (다) – (가) – (라) – (나)
⑤ (라) – (가) – (다) – (나)

B 북방 민족의 성장

04 ㉠에 들어갈 나라로 옳은 것은?

당 멸망 이후 북방에서 여러 민족이 성장하였다. 대표적으로 송의 서북쪽에서 (㉠)을/를 세운 탕구트가 있다.

① 금　　　　② 요　　　　③ 북위
④ 서하　　　⑤ 후한

05 (가) 나라에 대한 설명으로 옳은 것은?

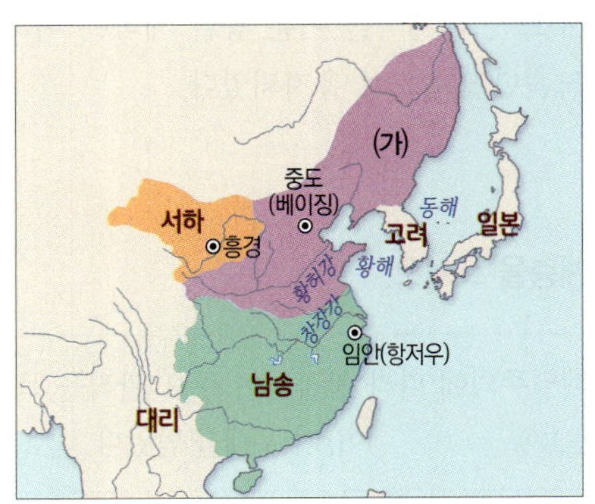

① 발해를 멸망시켰다.
② 과거제를 처음 실시하였다.
③ 나라 이름을 요로 바꾸었다.
④ 송을 공격하여 남쪽으로 몰아냈다.
⑤ 티베트 계통의 유목 민족이 세운 나라이다.

06 학생의 질문에 대한 답변으로 가장 적절한 것은?

① 한족의 풍속을 없애기 위해서였어.
② 농민의 생활을 안정시키기 위해서였어.
③ 성리학적 질서를 확산시키기 위해서였어.
④ 자신들의 고유한 문화를 지키기 위해서였어.
⑤ 강남 지방의 물자를 화북으로 옮기기 위해서였어.

C 송의 경제와 사회

07 밑줄 친 '이 농법'을 쓰시오.

> 송대에는 새로운 품종의 벼와 모를 따로 기른 후 논에 옮겨 심는 이 농법이 보급되면서 농업 생산력이 높아졌다.

(   )

08 검색창에 들어갈 학문으로 옳은 것은?

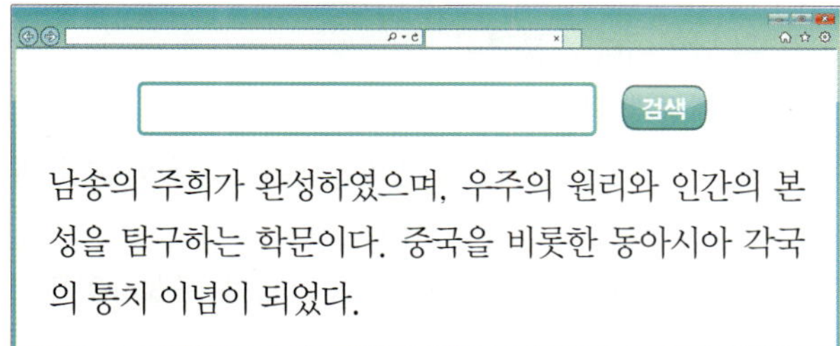

> 남송의 주희가 완성하였으며, 우주의 원리와 인간의 본성을 탐구하는 학문이다. 중국을 비롯한 동아시아 각국의 통치 이념이 되었다.

① 고증학   ② 성리학   ③ 양명학
④ 훈고학   ⑤ 스콜라 철학

★ 시험에 잘 나와!

09 다음 그림의 배경이 된 나라에서 볼 수 있는 모습으로 적절한 것을 〈보기〉에서 고른 것은?

↑ 「청명상하도」 일부

> **보기**
> ㄱ. 파스파 문자를 사용하는 관리
> ㄴ. 활판으로 인쇄한 책을 보는 학자
> ㄷ. 새로운 품종의 벼를 농사짓는 농민
> ㄹ. 지폐인 교초로 물건을 사고파는 상인

① ㄱ, ㄴ   ② ㄱ, ㄷ   ③ ㄴ, ㄷ
④ ㄴ, ㄹ   ⑤ ㄷ, ㄹ

10 지도에 나타난 대외 교류에 대한 설명으로 옳지 않은 것은?

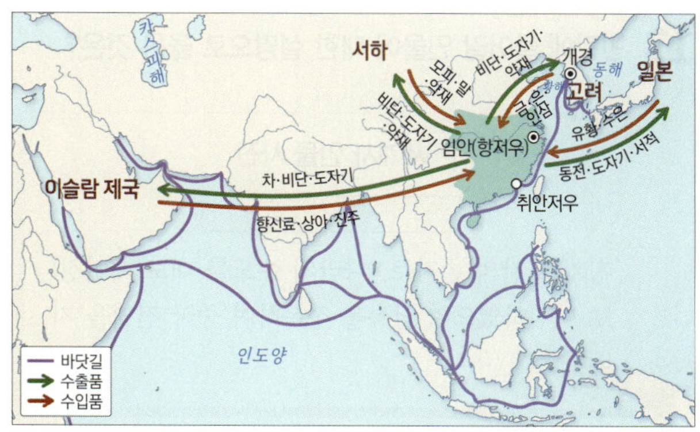

① 이븐 바투타, 카르피니 등이 중국에 다녀갔다.
② 나침반, 항해술 등의 발달로 교역이 성장하였다.
③ 북방 민족의 세력이 커지자 바닷길을 이용하였다.
④ 주요 항구에 시박사를 두어 해상 무역을 관리하였다.
⑤ 항저우, 취안저우 등이 국제 무역 도시로 성장하였다.

11 다음 자료를 활용한 탐구 주제로 가장 적절한 것은?

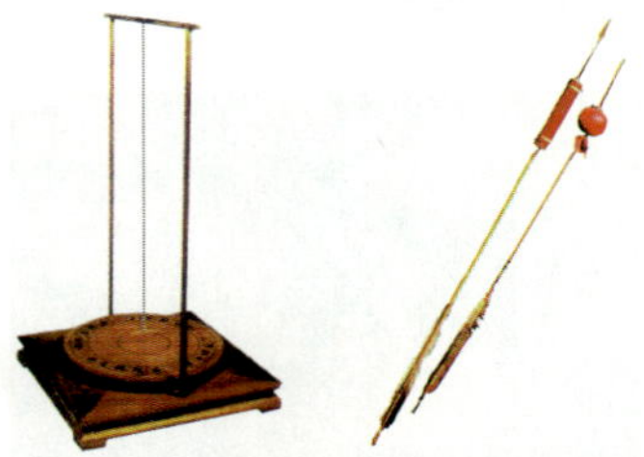

↑ 나침반(복원 모형)   ↑ 화약을 이용한 불화살(복원 모형)

① 송대 서민 문화의 성장
② 강남 지방의 개발과 경지 증가
③ 사대부가 이끈 송대의 학문 발전
④ 유라시아 대륙 전역에 걸친 몽골 제국
⑤ 이슬람 세계와 유럽에 전파된 송대의 과학 기술

D **몽골 제국의 성립과 원의 중국 지배**

12 몽골 제국에 대한 설명으로 옳은 것은?

① 윈강 석굴을 건립하였다.
② 고구려 원정에 여러 차례 실패하였다.
③ 안사의 난 이후 절도사 세력이 강해졌다.
④ 칭기즈 칸 사후 여러 개의 울루스로 나뉘었다.
⑤ 유교적 소양을 갖춘 사대부가 지배층으로 성장하였다.

★ 시험에 잘 나와!
13 빈칸에 들어갈 인물에 대한 설명으로 옳은 것은?

세계사 인물 사전

칭기즈 칸의 손자로, 나라의 수도를 대도(베이징)로 이전하였으며 남송을 정복하여 중국 전역을 지배하였다.

① 전시 제도를 도입하였다.
② 과거제를 처음 시행하였다.
③ 나라 이름을 원으로 바꾸었다.
④ 신라와 연합하여 백제와 고구려를 멸망시켰다.
⑤ 화북과 강남을 연결하는 대운하를 완성하였다.

14 다음 글의 배경이 된 나라의 사회 모습에 대한 설명으로 옳지 <u>않은</u> 것은?

마르코 폴로 등은 오랫동안 대칸(쿠빌라이 칸)과 궁에 머문 뒤 이제 고향으로 돌아가면 어떨까 하고 자기들끼리 이야기하였다. …… 아주 낯선 해양을 거쳐 중국으로 들어온 때여서 다른 나라의 진기한 것들에 대해 이야기하였다.

– 마르코 폴로, 「동방견문록」

① 구어체 소설과 희곡이 널리 읽혔다.
② 항저우, 취안저우 등 무역항이 번성하였다.
③ 음악과 연극이 어우러진 잡극이 유행하였다.
④ 목화 재배가 확대되어 면직물 산업이 발달하였다.
⑤ 9품중정제를 통해 호족이 중앙에 진출하여 문벌 귀족으로 성장하였다.

★ 시험에 잘 나와!
15 다음을 보고 학생들이 나눈 대화 내용으로 가장 적절한 것은?

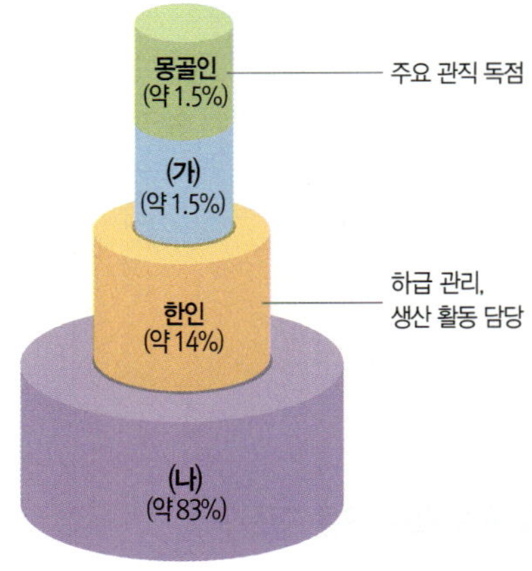

① (가)는 남인이라고 불렸어.
② (나)는 재정과 행정을 담당하며 우대받았어.
③ (가)는 관직 진출에 제한을 받았고 세금도 가장 많이 내야 했어.
④ 원이 몽골 제일주의에 따라 사회 계층을 구성하였음을 알 수 있어.
⑤ (나)는 서아시아, 중앙아시아, 유럽 등에서 온 외국인으로 구성되었어.

16 다음에서 설명하는 지폐를 쓰시오.

> 원대에 사용된 지폐로, 동서 교류가 활발해지고 상업이 발전하는 과정에서 원이 동전 사용을 제한하자 널리 쓰였다.

(   )

E   유라시아·인도양 교역권의 발달

17 밑줄 친 '이곳'으로 옳은 것은?

① 역참   ② 태학   ③ 시박사
④ 원로원   ⑤ 평민회

18 다음으로 알 수 있는 원대의 특징으로 가장 적절한 것은?

> - 이슬람 세계의 천문학, 역법 등이 원에 전해져 곽수경이 수시력을 만들었다.
> - 화약 무기, 나침반, 활판 인쇄술 등의 과학 기술이 이슬람 세계를 거쳐 유럽에 전해졌다.

① 동아시아 문화권이 형성되었다.
② 동서 문화 교류가 활발하게 이루어졌다.
③ 사대부가 등장하여 학문과 사상이 발전하였다.
④ 군사력이 약화되어 북방 민족의 침입이 잦았다.
⑤ 개인의 자유로운 삶을 추구하는 청담 사상이 나타났다.

서술형 문제

서술형 감잡기

1 다음을 읽고 물음에 답하시오.

> 송 태조는 문인을 우대하는 (㉠) 정책을 내세워 지방관을 문관으로 임명하였고, 전시 제도를 시행하였다.

(1) ㉠에 들어갈 정책을 쓰시오.

(2) (1)에서 답한 정책이 송에 미친 영향을 <u>두 가지</u> 서술하시오.

> | 핵심어 | 사대부, 군사력

서술형 익히기

2 지도와 같이 유라시아·인도양 교역권이 발달할 수 있었던 배경을 <u>두 가지</u> 서술하시오.

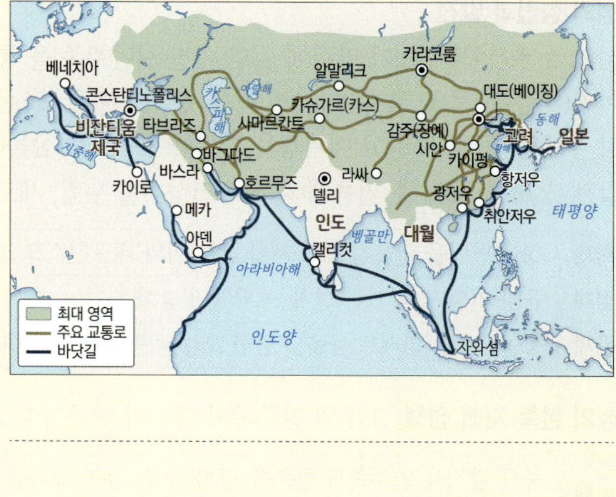

02 동아시아와 인도 지역 질서의 변화

A 명의 성립과 발전

1. 명의 성립과 발전

(1) 성립: 주원장(태조, 홍무제)이 금릉(난징)을 수도로 삼아 명 건국(1368) → 대도(베이징) 점령, 원을 만리장성 북쪽으로 몰아냄(한족 왕조의 중국 지배)
└ 원 말기에 농민 반란군을 이끌고 명을 건국하였어.

(2) 발전

홍무제	• 황제권 강화: 재상제 폐지, 황제가 6부 직접 통치, [*]이갑제 실시, 토지 대장·호적 대장 정비 └ 행정을 담당하는 기관이야. • 한족의 유교적 전통 회복: 몽골 풍습 금지, 과거제와 학교 교육 정비, 육유 반포 자료 ❶
영락제	• 자금성 건설, 베이징 천도, 몽골 공격, 대월(베트남) 정복 자료 ❷ • 정화의 함대 파견: 국력 과시, 여러 나라와 조공 관계를 맺음 핵심 자료 └ 영락제의 근거지였어.

2. 명의 쇠퇴와 멸망
명 중기 이후 관리들의 권력 다툼과 외적의 침입으로 국력 약화, [*]임진왜란 때 조선에 군대를 파견하여 재정 악화 → 이자성의 농민군에 멸망(1644)

자료 ❶ 홍무제의 육유 반포

> 1. 부모에게 효도하라.
> 2. 윗사람을 공경하라.
> 3. 이웃과 화목하게 지내라.
> 4. 자손을 잘 교육하라.
> 5. 주어진 일에 최선을 다하라.
> 6. 잘못을 저지르지 말라.

홍무제는 유교 윤리를 바탕으로 하는 여섯 가지 가르침(육유)을 반포하여 백성에게 유교 윤리를 직접 가르치고자 하였다. 이를 통해 한족의 유교적 전통을 회복하고자 하였다.

자료 ❷ 자금성 건설

자금성은 영락제가 건설하여 명·청의 황제들이 살았던 궁궐이다. 조선, 대월, 중앙아시아 각국의 사신들도 자금성을 방문하였고, 이는 명이 여러 나라와 교류하였음을 보여 준다.

---

[*] **이갑제**
110호를 1리로 편성하여 농민이 직접 조세를 걷고 치안을 유지하도록 한 제도이다.

[*] **임진왜란**
일본의 전국 시대를 통일한 도요토미 히데요시가 조선을 침략하여 약 7년간 지속된 전쟁이다.

B 청의 성립과 발전

1. 청의 성립과 발전

(1) 성립: 누르하치(태조)가 만주에 있던 여진족(만주족)을 통합하여 후금 건국(1616) → 홍타이지(태종)가 몽골 복속, 나라 이름을 청으로 바꿈, 조선 침략(병자호란, 1636) → 명 멸망 후 [*]팔기군을 이끌고 베이징을 점령하여 수도로 삼음(1644)

(2) 발전: 강희제·옹정제·건륭제 시기에 전성기를 누림, 새로운 [*]화이사상으로 통치

강희제	청에 반란을 일으킨 세력 제압, 러시아와 네르친스크 조약을 맺어 국경 확정
옹정제	군사 기밀 담당 기관 설치 → 황제권 강화
건륭제	몽골, 신장, 티베트 등을 포함한 오늘날 중국 영토의 대부분을 확보, 『사고전서』 편찬 └ 중국의 역대 서적을 모아 중국 전통 문화를 집대성한 책이야.

2. 청의 한족 지배 정책
소수의 만주족이 다수의 한족을 다스리고자 시행함

회유책	중요 관직에 만주족과 한족을 함께 등용, 유학 교육을 장려하고 과거제 실시, 『사고전서』 등 대규모 편찬 사업에 한족 참여
강압책	변발과 호복 등 만주족의 풍습 강요, 청 왕조(만주족)에 대한 비판 금지

---

[*] **팔기군**
누르하치가 만주족을 재편하기 위해 만든 조직으로, 군사와 행정을 겸하였다. 여덟 개의 깃발을 가리키는 데에서 이름이 붙여졌다.

[*] **화이사상**
한족이 자신들을 세계의 중심으로 여기고 주변 민족을 오랑캐라고 여긴 사상이다. 청은 자신들이 명을 이어받은 중화라는 새로운 화이사상을 내세웠고, 이에 조선과 일본 등 주변 나라에서는 스스로를 중화로 여기는 독자적인 화이사상이 나타났다.

교과서 핵심 자료 · 정화의 항해

↑ 정화의 항해로

↑ 정화의 함대가 가지고 온 기린

명 영락제의 명을 받은 정화는 대규모 함대를 이끌고 일곱 차례 항해에 나섰다. 정화의 함대는 동남아시아, 인도, 아프리카까지 진출하여 명의 국력을 과시하였고, 30여 개의 나라와 조공 관계를 맺었다. 또한 정화의 항해로 명은 많은 항해 지식을 쌓을 수 있었다.

✔ 완자쌤의 탐구 수업

❶ 영락제의 명으로 해외에 파견되어 일곱 차례의 항해를 이끈 인물은?

정화

❷ 명이 정화의 항해로 얻은 결과는?

정화의 함대는 일곱 차례 항해에 나서 동남아시아, 인도, 아프리카까지 진출하였고 명의 국력을 과시하며 30여 개의 나라와 조공 관계를 맺었습니다. 또한 명은 정화의 항해로 많은 항해 지식을 쌓을 수 있었습니다.

문제로 개념 확인

정답 친해 36쪽

1 다음 설명이 맞으면 ○표, 틀리면 ×표를 하시오.

⑴ 홍무제는 유교 윤리를 바탕으로 하는 육유를 반포하였다.　　　　(　　　)

⑵ 영락제는 자금성을 건설하여 자신의 근거지인 금릉(난징)으로 천도하였다.
　　　　(　　　)

2 빈칸에 들어갈 알맞은 내용을 쓰시오.

⑴ 명의 영락제는 (　　　　　)의 함대를 해외로 파견하였다.

⑵ 청은 (　　　　　) 때 오늘날 중국 영토의 대부분을 차지하였다.

3 다음 설명에 해당하는 청의 한족 지배 정책을 〈보기〉에서 골라 기호를 쓰시오.

> 보기
> ㄱ. 강압책　　　　　　　　ㄴ. 회유책

⑴ 만주족에 대한 비판을 금지하였다.　　　　(　　　)

⑵ 변발, 호복 등 만주족의 풍습을 강요하였다.　　　　(　　　)

⑶ 유학 교육을 장려하고 과거제를 실시하였다.　　　　(　　　)

⑷ 주요 관직에 만주족과 한족을 함께 등용하였다.　　　　(　　　)

비주얼로 핵심 콕콕

A 명의 성립과 발전

> **홍무제(명 건국)**
> • 재상제 폐지, 이갑제 실시
> • ☐☐ 반포

> **영락제**
> • 자금성 건설, 베이징 천도
> • 정화의 함대 파견

> **국력 약화, 재정 악화**

> **이자성의 농민군에 멸망**

B 청의 성립과 발전

> **누르하치(태조)의 후금 건국**

> **홍타이지(태종)**
> 국호 '청'으로 변경, 베이징 천도

> **강희제, 옹정제, 건륭제(전성기)**

> **한족 지배 정책**

강압책	회유책
• 변발, 호복 등 만주족 풍습 강요 • 청 왕조 비판 금지	• 만주족·☐☐을 함께 등용 • 유학 교육 장려

C 명·청의 경제와 사회

1. 명과 청의 경제·사회·문화

	예 고추, 담배, 감자, 옥수수, 고구마 등
경제	• 농업 생산력 향상, 아메리카에서 새로운 작물 유입, 상품 작물 재배(뽕나무, 면화 등) • 비단과 면직물 등 수공업 발달 → 시장 활성화 → 대도시 발달
사회	*신사가 지배층으로 성장하여 사회 주도, 새로운 학풍을 만듦, 향촌의 질서 유지
문화	• 명: 『삼국지연의』와 『서유기』 등 소설 유행, 양명학 유행 ┌ 이론과 형식보다 실천을 강조하는 유학이야. • 청: 『홍루몽』 등의 소설과 노래·춤·연기가 어우러진 경극 유행, 고증학 발전

└ 유교 경전을 실증적으로 연구하는 학문이야.

2. 명·청의 대외 교류

용어 바다로 나가는 것을 금지한다는 뜻으로, 민간인의 대외 무역을 제한하는 정책

(1) 명: 조공 관계를 통해서만 교류(해금 정책) → 점차 제한적으로 민간 무역 허용

(2) 청: 해상 무역 통제(해금 정책) → 일부 항구 개방 → 18세기 중반 이후 광저우 한 곳만 서양 상인에게 개방, 공행을 통한 무역만 허용 ┌ 청 정부의 특허를 받아 서양과 교역할 수 있었던 상인 조합이야.

(3) 은의 유입: 유럽, 일본 상인들이 중국의 물품을 은으로 구매 → 다량의 은이 중국에 유입 → 중국에서 은이 화폐로 널리 쓰임, 세금을 은으로 걷음 핵심 자료

(4) 문화 교류: 명 말부터 유럽 선교사들이 중국에 들어와 서양의 과학 기술 소개(마테오 리치가 *「곤여만국전도」 제작, 아담 샬이 천문학과 대포 제작 기술 소개)

* 신사
학생, 과거 합격자, 관직 경험자 등 유교적 교양을 갖춘 지식인이다. 청은 이들의 협조를 얻어 중국을 효율적으로 다스렸다.

* 「곤여만국전도」
이탈리아의 선교사 마테오 리치가 만든 세계 지도이다. 중국이 세계의 중심이라고 믿던 동아시아 사람들의 세계관에 큰 영향을 주었다.

D 일본 무사 정권의 성립과 변화

1. 무사 정권의 성립:
헤이안 시대 후반에 사회가 혼란해지자 귀족들이 무사를 고용 → 무사의 세력이 커져 *막부 성립, 이때부터 막부의 쇼군(장군)이 실질적으로 나라를 다스림

2. 무사 정권의 변화

(1) 가마쿠라 막부: 12세기 초 미나모토노 요리토모가 최초의 무사 정권을 수립, 일본 특유의 봉건제 성립, 원의 침입을 막아 내는 과정에서 쇠퇴 자료❶

(2) 무로마치 막부: 명과 조공·책봉 관계를 맺음, 조선과 국교를 맺음, 쇼군 계승 문제로 쇠퇴

(3) 전국 시대: 15세기 후반부터 막부의 통제력이 약해져 다이묘(영주)들이 100여 년간 세력을 다툼 → 도요토미 히데요시가 전국 시대를 통일하고 임진왜란을 일으킴

(4) 에도 막부: 도쿠가와 이에야스가 수립, 산킨코타이 제도 실시 자료❷

* 막부
전쟁터에서 무사들이 회의를 하던 천막을 가리켰으나 점차 쇼군 중심의 무사 정권 자체를 뜻하게 되었다.

자료❶ 일본의 봉건제

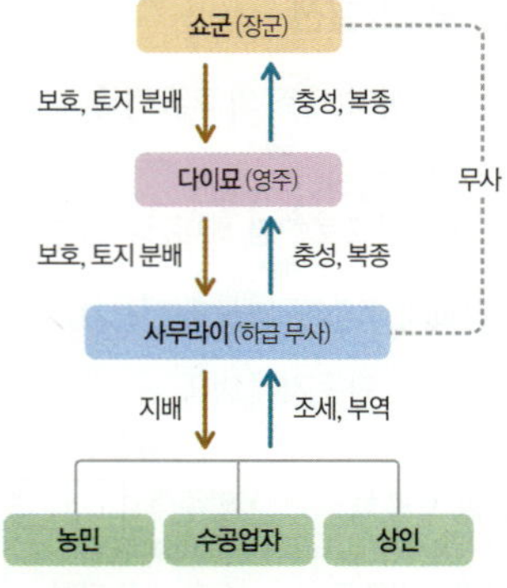

미나모토노 요리토모가 수립한 가마쿠라 막부 때부터 일본 특유의 봉건제가 시행되었다. 일본의 봉건제는 실질적으로 나라를 다스리는 쇼군(장군)과 그에게 받은 토지를 다스리는 다이묘(영주), 그 아래의 사무라이(하급 무사)로 이루어졌다.

자료❷ 산킨코타이 제도

┌ 다이묘가 영지로 돌아가도 다이묘의 가족은 에도에 인질로 남아 있어야 했어.

⊙ 에도(도쿄)로 가는 다이묘의 행렬

다이묘들이 자신의 영지와 쇼군이 머무는 에도에 1년마다 교대로 머무는 제도이다. 에도 막부의 쇼군은 다이묘를 통제하고 중앙 집권 체제를 강화하기 위해 산킨코타이 제도를 시행하였다. 다이묘의 이동에는 많은 비용이 들었기 때문에 다이묘의 경제력도 통제할 수 있었다.

교과서 핵심 자료 중국으로의 은 유입

↑ 명·청대에 화폐로 쓰인 말굽 모양의 은

← 16~17세기 세계 은의 유통

16~17세기 무렵 아메리카와 일본 등에서 은광이 개발되어 많은 양의 은이 생산되었다. 이에 유럽과 일본 상인들이 중국의 차, 비단, 도자기 등을 은으로 구매하였다. 많은 양의 은이 유입된 중국에서는 은이 화폐로 쓰였으며, 중국 정부는 세금을 은으로 걷었다.

✔ 완자쌤의 탐구 수업

❶ 유럽과 일본 상인들이 은으로 구매한 중국의 물품은?

차, 비단, 도자기 등

❷ 중국으로의 은 유입이 명·청대 사회에 미친 영향은?

유럽과 일본 상인들이 중국의 물품을 은으로 구매하면서 많은 양의 은이 중국에 들어와 화폐로 쓰였으며, 명·청대에 정부가 세금을 은으로 걷었습니다.

문제로 개념 확인

정답 친해 36쪽

1 다음 괄호 안의 내용 중 알맞은 말에 ○표를 하시오.

(1) (명 , 청)대에는 『홍루몽』 등의 소설과 경극이 유행하였다.

(2) 명대에는 이론과 형식보다 실천을 강조하는 유학인 (고증학 , 양명학)이 유행하였다.

(3) 명·청대에는 (무사 , 신사)가 지배층으로 성장하여 사회를 주도하고 새로운 학풍을 만들었다.

2 빈칸에 들어갈 알맞은 내용을 쓰시오.

(1) 이탈리아의 선교사 (   )은/는 「곤여만국전도」를 만들었다.

(2) 18세기 중반 이후 청은 광저우만 서양 상인에게 개방하고 (   )을/를 통한 무역만 허용하였다.

(3) 16~17세기 유럽과 일본의 상인들이 중국의 차, 비단, 도자기 등을 사고 지불한 많은 양의 (   )이/가 중국에 들어와 화폐로 쓰였다.

3 다음 물음에 답하시오.

(1) 미나모토노 요리토모가 수립한 일본 최초의 무사 정권은?　　(   )

(2) 일본 막부의 통제력이 약해져 다이묘들이 100여 년간 세력을 다툰 시대는?　　(   )

(3) 에도 막부 시대에 시행되었으며, 다이묘들이 자신의 영지와 쇼군이 있는 에도에 교대로 머무는 제도는?　　(   )

비주얼로 핵심 콕콕

C 명·청의 경제와 사회

경제	사회
농업, 상공업 발달	□□층 성장

문화	교류
양명학(명), 고증학(청) 발전	은의 유입, 공행 무역(청)

D 일본 무사 정권의 성립과 변화

가마쿠라 막부
(최초의 무사 정권)

↓

무로마치 막부
(명과 조공·책봉 관계 맺음)

↓

전국 시대
• 다이묘들의 세력 다툼
• 도요토미 히데요시가 전국 시대 통일

↓

□□ 막부
• 도쿠가와 이에야스가 수립
• 산킨코타이 제도 실시

E 에도 막부의 경제·문화와 대외 교류

1. 에도 막부의 경제·문화

경제	농업 생산력 향상, 상품 작물 재배 활발, 수공업과 광업 발달, 도시 발달
사회·문화	• 상업과 도시의 발전으로 '조닌'이라고 불리는 도시 상공업자 성장 → 가부키, *우키요에 등 조닌 문화 발달 └ 노래와 춤, 연기가 어우러진 연극이야. • 18세기에 일본의 고전을 연구하여 일본 고유의 정신을 밝히려는 국학 발달

┌ 전국 시대 이후 다이묘의 성 주위에 무사들이 모여 사는 조카마치가 형성되어 도시로 성장하였어.

2. 에도 막부의 대외 교류

(1) **제한적 무역**: 크리스트교 금지, 사무역 통제, 조선과는 통신사를 통해 교류, 중국과 네덜란드 상인에게는 나가사키를 개항하여 무역 허용(부채 모양의 인공 섬 데지마가 일본이 서양과 교류하는 유일한 창구)

┌ 천문학, 의학, 조선술, 포술 등이 있어.

(2) **난학** 수용: 네덜란드 상인으로부터 서양의 학문(난학)과 기술을 받아들임

↑ 가나가와 해변의 파도를 그린 우키요에

F 무굴 제국의 성립과 발전

1. 무굴 제국의 성립과 발전 [자료①]

성립	굽타 왕조 멸망 이후 이슬람 세력이 북인도 점령 → 16세기 초 바부르가 침입하여 델리를 정복하고 무굴 제국 수립(1526)
발전	• 아크바르 황제: 인도 북부의 대부분 차지, 종교의 다양성을 존중하는 관용적인 정책 실시 (비이슬람교도에게 거두던 지즈야 폐지, 힌두교도 관직 등용 등) **핵심 자료** • 아우랑제브 황제: 인도 남부를 정복하여 최대 영토 차지, 이슬람 제일주의를 내세우며 이슬람교가 아닌 종교 탄압(지즈야 부활, 힌두교 사원 파괴 등)
쇠퇴	각지의 반란과 서양 세력의 침입으로 점차 쇠퇴

┌ 비이슬람교도의 협조를 얻어 소수의 이슬람교도로 제국을 다스릴 수 있었어.

2. 무굴 제국의 문화: 인도·이슬람 문화 발전

(1) 종교: 힌두교와 이슬람교를 절충한 *시크교 발전 ── 힌디어, 페르시아어, 아랍어 등이 합쳐진 언어야.

(2) 언어: 공용어로 페르시아어를 사용, 일상에서는 우르두어 사용

(3) 건축·미술: 타지마할이 대표적 건축물, 미술은 무굴 회화 발달 [자료②] ── 페르시아의 세밀화와 인도 회화 기법이 융합한 회화야.

[자료①] **무굴 제국의 영역**

무굴 제국은 바부르가 인도에 침입하여 델리를 정복하고 세운 이슬람 왕조이다. 바부르의 손자인 아크바르 황제는 동쪽으로 벵골, 서쪽으로 아프가니스탄에 이르는 영역을 확보하였다. 이후 아우랑제브 황제는 인도 남부를 정복하여 최대 영토를 차지하였다.

└ 아우랑제브 황제의 지나친 정복 활동으로 재정이 어려워지기도 하였어.

[자료②] **타지마할**

┌ 이슬람 양식: 돔 모양 지붕, 『쿠란』 구절, 뾰족한 아치 등
인도 양식: 연꽃무늬, 격자무늬 창, 작은 탑 등

타지마할은 무굴 제국의 황제 샤자한이 황후 뭄타즈 마할을 추모하기 위해 만든 건축물로, 인도 양식과 이슬람 양식이 조화를 이루고 있다.

교과서 핵심 자료 · 아크바르 황제의 통치 정책

— 아크바르 황제

지금까지 나는 나하고 신앙이 다른 사람들을 박해하여 나와 같게 하려고 하였으며, 그것을 신에 대한 믿음이라고 생각하였다. 그러나 지식을 쌓아 감에 따라 나는 후회하는 마음에 사로잡혔다. 강제로 개종을 시킨 사람에게서 어떻게 성실한 신앙생활을 기대할 수 있을까?
– 아불 파즐, 『아크바르나마』

↑ 종교 지도자들과 토론하는 아크바르 황제

아크바르 황제는 종교의 다양성을 존중하는 관용적인 정책을 펼쳤다. 그는 백성에게 이슬람교로 개종할 것을 강요하지 않았고, 비이슬람교도에게 거두던 세금인 지즈야를 없앴다. 그는 힌두교의 브라만, 자이나교와 조로아스터교의 승려, 크리스트교 신부 등 종교인뿐만 아니라 무신론자, 학자들까지 초대하여 종교 및 사상을 주제로 토론을 벌였다. 또한 힌두교를 믿는 라지푸트족의 공주들과 결혼하여 동맹을 맺었고 고위 관리에 힌두교도를 등용하기도 하였다.

✔ 완자쌤의 탐구 수업

❶ 이슬람 왕조에서 비이슬람교도에게 거둔 세금으로, 아크바르 황제가 없앤 것은?

지즈야

❷ 아크바르 황제의 정책이 무굴 제국의 통치에 미친 영향은?

아크바르 황제는 종교의 다양성을 존중하는 관용적인 정책으로 힌두교도를 비롯한 비이슬람교도의 협조를 얻어 소수의 이슬람교도로 대제국을 다스릴 수 있었습니다.

문제로 개념 확인

정답 친해 36쪽

1 ㉠에 들어갈 내용을 쓰시오.

에도 시대에는 상업과 도시가 발전하여 '조닌'이라 불리는 도시 상공업자들이 성장하였고, 이들을 중심으로 가부키 등 (㉠   )이/가 발달하였다.

2 다음 설명이 맞으면 ○표, 틀리면 ×표를 하시오.

(1) 에도 시대에 네덜란드 상인으로부터 서양의 학문인 난학을 받아들였다. (　　)

(2) 에도 시대에는 일상생활과 풍경 등을 판화 기법으로 표현한 풍속화인 우키요에가 유행하였다. (　　)

(3) 17세기 초 에도 막부는 사무역을 통제하였으나 중국과 네덜란드 상인에게는 에도를 개항하여 무역을 허용하였다. (　　)

3 다음 괄호 안의 내용 중 알맞은 말에 ○표를 하시오.

(1) 무굴 제국에서는 힌두교와 이슬람교를 절충한 (시크교 , 조로아스터교)가 발전하였다.

(2) (아크바르 황제 , 아우랑제브 황제)는 비이슬람교도에게 거두던 지즈야를 없애고 종교의 다양성을 존중하였다.

(3) 무굴 제국에서는 공용어로 페르시아어가, 일상에서는 힌디어·페르시아어·아랍어 등이 합쳐진 (우르두어 , 산스크리트어)가 사용되었다.

비주얼로 핵심 콕콕

E 에도 막부의 경제·문화와 대외 교류

경제	• 농업, 수공업 발전 • 도시 발달
문화	조닌 문화 유행 (가부키, 우키요에 등)
교류	• 제한적 무역: 사무역 통제, 데지마에서 서양과 교류 • □□ 수용: 네덜란드 상인으로부터 서양의 학문을 받아들임

F 무굴 제국의 성립과 발전

정치	바부르 무굴 제국 건국 ↓ 아크바르 황제 관용 정책 실시 ↓ □□□□□ 황제 최대 영토 차지
문화	• 인도·이슬람 문화 • 타지마할 건립 • 시크교 발전 • 페르시아어·우르두어 사용

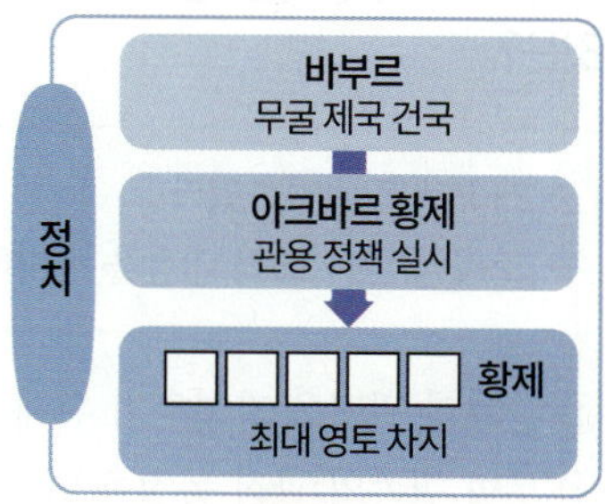

A 명의 성립과 발전

01 명에 대한 설명으로 옳은 것은?

① 만주족이 건국하였다.

② 송과 연합하여 요를 무너뜨렸다.

③ 영락제 때 베이징으로 수도를 옮겼다.

④ 몽골 제일주의에 따라 나라를 통치하였다.

⑤ 문치주의 정책을 시행하여 사대부 계층이 형성되었다.

02 다음 가르침을 반포한 황제의 활동으로 옳은 것은?

> 부모에게 효도하라. 윗사람을 공경하라. 이웃과 화목하게 지내라. 자손을 잘 교육하라. 주어진 일에 최선을 다하라. 잘못을 저지르지 말라.

① 이갑제를 실시하였다.

② 자금성을 건설하였다.

③ 과거 시험에 전시 제도를 도입하였다.

④ 남송을 정복하여 중국 전역을 지배하였다.

⑤ 신라와 연합하여 백제와 고구려를 멸망시켰다.

03 홍무제가 다음 정책을 시행한 목적으로 가장 적절한 것은?

> • 재상제를 폐지하였다.
> • 토지 대장과 호적 대장을 정비하였다.

① 황제의 권력을 강화하기 위해서

② 문벌 귀족의 관직 독점을 막기 위해서

③ 북방 민족의 고유 문화를 지키기 위해서

④ 거란, 서하 등과 평화를 유지하기 위해서

⑤ 강남 지방과 화북 지방을 연결하기 위해서

[04~05] 다음을 보고 물음에 답하시오.

04 지도에 나타난 항해를 주도한 인물로 옳은 것은?

① 정화   ② 곽수경   ③ 아구다

④ 왕안석   ⑤ 이자성

시험에 잘 나와!

05 지도에 나타난 항해에 대한 설명으로 옳은 것을 〈보기〉에서 고른 것은?

> **보기**
> ㄱ. 영락제의 명령으로 항해가 시작되었다.
> ㄴ. 항해는 시박사를 처음 설치한 배경이 되었다.
> ㄷ. 항해로 명은 30여 개 나라와 조공 관계를 맺었다.
> ㄹ. 항해는 곽수경이 수시력을 제작하는 데 영향을 주었다.

① ㄱ, ㄴ   ② ㄱ, ㄷ   ③ ㄴ, ㄷ

④ ㄴ, ㄹ   ⑤ ㄷ, ㄹ

B 청의 성립과 발전

06 ㉠, ㉡에 들어갈 나라로 옳은 것은?

> 누르하치(태조)가 (㉠)을/를 건국하였다. 이후 홍타이지(태종)가 나라 이름을 (㉡)으로 바꾸었다.

	㉠	㉡		㉠	㉡
①	거란	청	②	서하	명
③	서하	청	④	후금	명
⑤	후금	청			

07 청에 대한 설명으로 옳지 <u>않은</u> 것은?

① 새로운 화이사상을 제시하였다.
② 팔기군을 이끌고 베이징을 점령하였다.
③ 임진왜란 때 조선에 군대를 파견하였다.
④ 한족에 대한 회유책과 강압책을 실시하였다.
⑤ 네르친스크 조약을 체결하여 러시아와의 국경을 확정하였다.

08 (가)에 들어갈 내용으로 가장 적절한 것은?

① 3성 6부의 정치 체제가 성립되었어.
② 성리학이 통치 이념으로 자리 잡았어.
③ 한족이 세계의 중심이라고 주장하였어.
④ 스스로를 중화라 여기는 독자적인 화이사상이 형성되었어.
⑤ 한자의 영향을 받아 동아시아 각국이 고유의 문자를 만들었어.

09 다음에서 설명하는 황제를 쓰시오.

> 몽골, 신장, 티베트 등을 포함한 청의 최대 영토를 차지한 황제로, 이때의 영토는 오늘날 중국의 영토와 비슷하다. 또한 중국 문화를 집대성한 『사고전서』를 편찬하였다.

(   )

10 다음은 명대를 배경으로 한 가상 일기이다. 밑줄 친 ㉠~㉤ 중 적절하지 <u>않은</u> 것은?

> 어제는 ㉠뽕나무밭에 가서 일을 하였다. 일이 끝나고 힘들었지만 ㉡요즘 유행한다는 『홍루몽』을 읽고 잠들었다. 오늘은 친구를 만났는데, 친구가 바다 너머 다른 나라와의 무역으로 돈을 벌고 싶다고 이야기하였다. ㉢예전에는 우리 같은 백성은 무역에 참여할 수 없었다는데, 시대가 바뀌어서 ㉣요즘은 조금씩 제한이 풀리고 있다. 앞으로의 변화에 대비하기 위해 ㉤『곤여만국전도』를 보면서 다른 나라에 대한 공부를 해야겠다.

① ㉠　　② ㉡　　③ ㉢　　④ ㉣　　⑤ ㉤

⭐ 시험에 잘 나와!
11 다음 대화에서 주제로 다룬 계층에 대한 설명으로 옳은 것은?

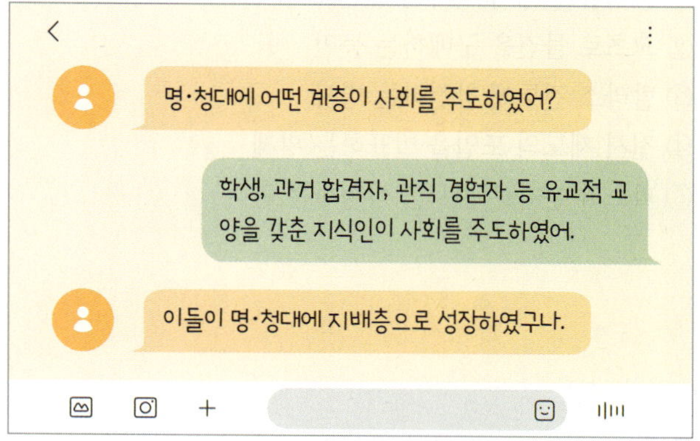

① 9품중정제를 통해 중앙 정부에 진출하였다.
② 부병제에 따라 농한기에 군사 훈련을 받았다.
③ 원대 지배 계층으로, 재정과 행정을 담당하였다.
④ 서아시아, 중앙아시아 등지에서 온 외국인으로 구성되었다.
⑤ 지방관을 도와 향촌의 질서를 유지하고 새로운 학풍을 만들었다.

12 ㉠, ㉡에 들어갈 학문으로 옳은 것은?

명대에는 성리학을 비판하며 이론과 형식보다 실천을 강조하는 (㉠)이 등장하였고, 청대에는 유교 경전을 실증적으로 연구하는 (㉡)이 발전하였다.

	㉠	㉡		㉠	㉡
①	고증학	성리학	②	고증학	훈고학
③	양명학	고증학	④	양명학	성리학
⑤	훈고학	고증학			

13 밑줄 친 '이 시대'에 볼 수 있는 모습으로 가장 적절한 것은?

사진은 경극 공연을 하는 모습이다. 이 시대에는 노래와 춤, 연기가 함께 어우러진 경극이 수도 베이징을 중심으로 유행하여 서민들의 환영을 받았다.

① 공행을 통해 무역하는 상인
② 교초로 물건을 구매하는 농민
③ 탈라스 전투에 참전하는 병사
④ 전시 제도의 도입을 발표하는 황제
⑤ 파스파 문자로 문서를 작성하는 관리

14 다음에서 설명하는 지도를 쓰시오.

이탈리아의 선교사 마테오 리치가 명에 머무르며 만든 세계 지도이다. 이 지도는 중국이 세계의 중심이라고 믿었던 동아시아 사람들의 세계관이 변화하는 데 영향을 주었다.

(   )

15 다음 자료를 활용한 탐구 주제로 가장 적절한 것은?

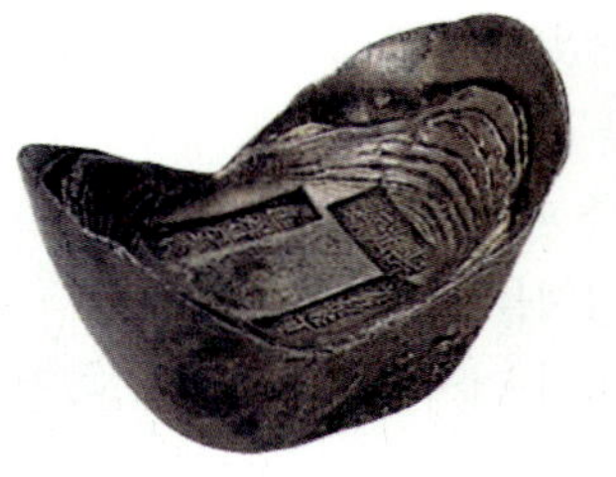

🔼 중국에서 화폐로 쓰인 말굽 모양의 은

① 교초의 확산
② 중국으로 모인 세계의 은
③ 이븐 바투타가 바라본 중국
④ 북방 민족의 고유 문자 사용
⑤ 모내기법의 도입과 농업 생산력의 증가

16 다음은 일본의 봉건제를 나타낸 도표이다. 이에 대한 설명으로 옳지 <u>않은</u> 것은?

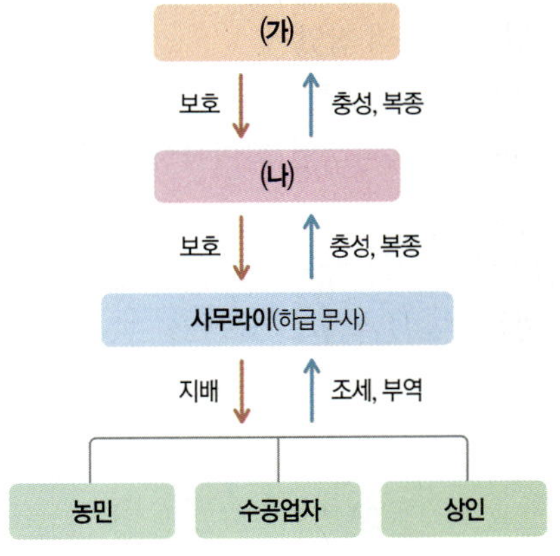

① (가)와 (나)는 모두 무사이다.
② (가)는 실질적으로 나라를 지배하였다.
③ 무로마치 막부 시기에 처음 시행된 제도이다.
④ 에도 시대의 (가)는 직할지만 다스리고 (나)에게 영지를 주었다.
⑤ 에도 시대의 (나)는 영지와 에도에 1년마다 번갈아 거주하여야 했다.

17 (가) 시기에 일본에서 있었던 사실로 옳은 것은?

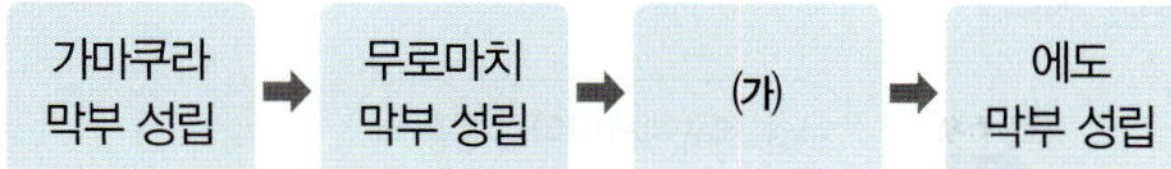

① 원의 침략을 받았다.
② 도다이지가 건립되었다.
③ 풍속화인 우키요에가 유행하였다.
④ 도요토미 히데요시가 일본을 통일하였다.
⑤ 미나모토노 요리토모가 막부를 수립하였다.

18 에도 막부에 대한 설명으로 옳은 것은?

① 국풍 문화가 형성되었다.
② 일본 최초의 무사 정권이다.
③ 도쿠가와 이에야스가 수립하였다.
④ 일본 특유의 봉건제가 성립하였다.
⑤ 도요토미 히데요시가 임진왜란을 일으켰다.

E 에도 막부의 경제·문화와 대외 교류

19 밑줄 친 '이 시대'의 대외 교류에 대한 설명으로 옳지 않은 것은?

이 시대에는 상업과 도시가 발전하자 '조닌'이라 불리는 도시 상공업자들이 성장하였고, 이들을 중심으로 조닌 문화가 발달하였다.

① 사무역을 통제하였다.
② 크리스트교를 금지하였다.
③ 중국에 견당사를 파견하였다.
④ 조선과 통신사를 통해 교류하였다.
⑤ 나가사키를 개항하여 일부 나라의 상인에게 무역을 허용하였다.

20 (가)에 들어갈 주제로 가장 적절한 것은?

- 탐구 주제: (가)
- 탐구 자료

⬆ 가부키 극장에서 공연을 하는 모습을 그린 우키요에
⬆ 가나가와 해변의 파도를 그린 우키요에

임진왜란 이후 일본에서는 노래와 춤, 연기가 어우러진 연극인 가부키, 일상생활이나 풍경 등을 판화 기법으로 표현한 풍속화인 우키요에가 유행하였다.

① 난학의 발달 배경
② 조닌 문화의 발달
③ 가나 문자의 형성 배경
④ 『일본서기』에 담긴 내용
⑤ 통신사를 통한 문화 교류

★ 시험에 잘 나와!
21 밑줄 친 '이 학문'에 대한 설명으로 옳은 것은?

① 이론과 형식보다 실천을 강조하였다.
② 일본 고유의 정신을 밝히려는 학문이다.
③ 유교 경전을 실증적으로 연구하는 학문이다.
④ 주희가 완성하여 동아시아 각국의 통치 이념이 되었다.
⑤ 네덜란드 상인으로부터 받아들인 서양의 학문을 이른다.

F 무굴 제국의 성립과 발전

22 무굴 제국에 대한 설명으로 옳은 것은?

① 인도·이슬람 문화가 발달하였다.
② 찬드라굽타 2세 때 전성기를 맞았다.
③ 이자성이 이끄는 농민군에 멸망하였다.
④ 시박사를 통해 다른 나라와 교류하였다.
⑤ 원의 침입을 막아 내는 과정에서 쇠퇴하였다.

23 ㉠에 공통으로 들어갈 내용을 쓰시오.

무굴 제국의 아크바르 황제는 비이슬람교도에게 부과하는 (㉠)을/를 폐지하였다. 그러나 이후 아우랑제브 황제는 (㉠)을/를 부활시켰다.

(   )

★ 시험에 잘 나와!
24 지도의 최대 영역을 차지한 황제에 대한 설명으로 옳은 것은?

① 타지마할을 건립하였다.
② 굽타 왕조를 수립하였다.
③ 힌두교 사원을 파괴하였다.
④ 델리를 정복하고 제국을 세웠다.
⑤ 남송을 정복하여 중국 전역을 지배하였다.

25 선생님의 질문에 대한 학생들의 답변으로 적절하지 <u>않은</u> 것은?

① 아잔타 석굴 사원이 조성되었어요.
② 일상에서 우르두어가 널리 쓰였어요.
③ 페르시아어가 공용어로 사용되었어요.
④ 힌두교와 이슬람교를 절충한 시크교가 발전하였어요.
⑤ 페르시아의 세밀화와 인도 미술이 융합된 회화가 발달하였어요.

26 다음 문화유산을 보고 학생들이 나눈 대화 내용으로 옳은 것은?

무굴 제국의 황제 샤자한이 황후 뭄타즈 마할을 추모하기 위해 만든 건축물이다.

① 블루 모스크라고도 불러.
② 이탈리아 르네상스의 대표적인 건축물이야.
③ 인도 양식과 이슬람 양식이 조화를 이루고 있어.
④ 12세기 이후 유럽에서 유행한 양식으로 지어졌어.
⑤ 크리스트교의 교리와 관련된 장면이 묘사된 스테인드글라스로 장식되었어.

서술형 문제

서술형 감잡기

1 다음을 보고 물음에 답하시오.

(1) 위 지도의 경로를 따라 이동한 물품을 쓰시오.

(2) (1)에서 답한 물품이 중국에 유입되면서 나타난 경제적 변화를 두 가지 서술하시오.

| 핵심어 | 화폐, 세금

서술형 익히기

2 다음을 읽고 물음에 답하시오.

청은 소수의 만주족으로 다수의 (㉠)을/를 효율적으로 다스리기 위해 다양한 정책을 펼쳤다.

(1) ㉠에 들어갈 민족을 쓰시오.

(2) 청이 (1)의 민족을 다스리기 위해 실시한 회유책과 강압책을 각각 서술하시오.

3 다음을 읽고 물음에 답하시오.

역사 신문

에도 막부, 다이묘의 이동을 명하다

에도 막부가 다이묘들에게 1년마다 영지와 에도에 교대로 거주할 것을 명하였다. 발표 내용이 시행되면 다이묘들은 영지로 이동할 때 가족들을 에도에 두어야 하기 때문에 불만의 목소리가 클 것으로 보인다.

(1) 위 기사에서 주제로 다룬 제도를 쓰시오.

(2) 에도 막부가 (1)의 제도를 실시한 이유를 서술하시오.

4 다음을 읽고 물음에 답하시오.

그림은 이 황제가 힌두교의 브라만과 크리스트교 신부 등의 종교인, 학자들과 토론하는 모습을 표현한 것이다.

(1) 밑줄 친 '이 황제'를 쓰시오.

(2) (1)에서 답한 황제가 비이슬람교도에게 펼친 정책의 특징을 서술하시오.

03 서아시아와 유럽 사회의 변화

A 이슬람 왕조와 오스만 제국의 발전

1. 이슬람 왕조의 변천

	중계 무역으로 번성하였어.
티무르 왕조	티무르가 몽골 제국의 부흥을 내세우며 세움(1370), 수도 사마르칸트가 번성함
사파비 왕조	티무르 왕조 쇠퇴 이후 서아시아에서 이스마일 1세가 수립(1501), 시아파 이슬람교를 국교로 삼음, 고대 페르시아왕의 칭호 '샤' 사용, 오스만 제국과 영토를 다툼

2. 오스만 제국의 성립과 발전 자료

(1) 성립: 오늘날 튀르키예 지역에서 오스만이 튀르크 부족을 모아 세움(1299)

(2) 발전

16세기 초 오스만 제국은 서아시아와 북아프리카 지역으로 영토를 확장하였어.

① 메흐메트 2세: 비잔티움 제국 정복, 콘스탄티노폴리스를 수도로 삼음(1453) 이때부터 이스탄불이라고 불렸어.

② 오스만 제국의 술탄이 이집트 정복 과정에서 칼리프의 칭호를 이어받음(*술탄 칼리프 제도)

③ 술레이만 1세(전성기): 헝가리 정복, 오스트리아의 수도 빈 공격, 유럽의 연합 함대 격파

> **❋ 술탄 칼리프 제도**
> 술탄 칼리프는 이슬람 세계의 정치적 지배자인 술탄과 종교 지도자인 칼리프를 합한 칭호이다. 오스만 제국의 술탄은 칼리프의 칭호를 획득하여 이슬람 세계의 정치와 종교를 아울러 다스리게 되었다.

자료 오스만 제국의 정복 활동

⬆ 콘스탄티노폴리스를 공격하는 오스만 제국의 군대

◀ 오스만 제국의 최대 영역

오늘날 튀르키예 지역에서 성장한 오스만 제국은 메흐메트 2세 때 비잔티움 제국을 정복하였다. 메흐메트 2세는 비잔티움 제국의 중요 통로였던 골든혼을 장악함으로써 콘스탄티노폴리스를 함락하였다. 이후 술레이만 1세 때 유럽의 연합 함대를 무찔러 지중해를 장악하였다. 이로써 오스만 제국은 아시아, 유럽, 아프리카 세 대륙에 걸친 대제국을 건설하였다.

B 오스만 제국의 사회·경제·문화

1. 오스만 제국의 사회·경제

'관용'은 너그럽게 받아들이거나 용서한다는 뜻이며, 오스만 제국은 비이슬람교도에게 이슬람교를 강요하지 않았어.

(1) 사회: 관용 정책 실시 → 다양한 민족과 종교가 공존 핵심 자료

① 밀레트 구성: 지즈야만 내면 독자적인 종교 공동체 내 자치 허용

② 예니체리 양성: 술탄의 친위 부대, 크리스트교도였으나 이슬람교로 개종함

(2) 경제: 동서 교역로 차지, 홍해와 지중해를 거쳐 아라비아 및 유럽과 교류 → 커피, 담배 등 유입, 수도 이스탄불은 국제 도시로 성장

시장인 바자르를 중심으로 커피 문화가 널리 퍼졌어.

이스탄불의 그랜드 바자르는 세계에서 가장 크고 오래된 시장이야.

2. 오스만 제국의 문화: 튀르크 전통문화와 이슬람, 비잔티움, 페르시아 문화가 융합

건축	비잔티움 양식을 도입한 이슬람 사원(모스크) 발달(*술탄 아흐메트 사원이 대표적)
미술	페르시아의 영향을 받아 세밀화 유행
학문	천문학, 수학, 지리학 등 실용적인 학문 발달

비잔티움 제국이 세운 성 소피아 대성당에 네 개의 첨탑을 세우고 이슬람 사원으로 사용하였어.

> **❋ 술탄 아흐메트 사원**
> 
> 오스만 제국을 대표하는 이슬람 사원으로, 내부가 2만여 개의 푸른색 타일로 장식되어 있어 '블루 모스크'라고도 불린다.

교과서 핵심 자료 — 오스만 제국의 통치 정책

(가) 밀레트(종교 공동체) 구성

이들은 세금을 면제받는 등 특별 대우를 받았고 고위 관리가 될 수 있었으며, 오스만 제국의 정복 전쟁에서 활약하였어.

(나) 예니체리 양성

↑ 이스탄불의 유대교 회당

↑ 아르메니아인의 결혼식

↑ 예니체리

오스만 제국은 정복지 주민에게 여러 정책을 펼쳐 넓은 영토를 안정적이고 효율적으로 다스리고자 하였다. 오스만 제국의 관용 정책으로 정복지 주민들은 독자적인 종교 공동체인 밀레트 안에서 자치를 누리며 생활할 수 있었다. 또한 오스만 제국은 크리스트교도 청년들을 이슬람교로 개종하여 예니체리로 양성하는 등 출신이나 신분에 관계없이 인재를 등용하였다.

완자쌤의 탐구 수업

❶ 오스만 제국의 정복지 주민들이 자치를 누리며 생활하였던 종교 공동체는?

밀레트

❷ 오스만 제국 술탄의 친위 부대를 이르는 말은?

예니체리

❸ 오스만 제국이 (가), (나)와 같은 정책을 실시한 이유는?

오스만 제국은 정복지 주민에게 관용 정책을 펼치고 출신이나 신분에 관계없이 인재를 등용하여 넓은 영토를 안정적이고 효율적으로 다스리고자 하였습니다.

문제로 개념 확인

정답 친해 39쪽

1 다음 괄호 안의 내용 중 알맞은 말에 ○표를 하시오.

(1) 오스만 제국의 메흐메트 2세는 (이집트 , 비잔티움 제국) 정복 후 콘스탄티노폴리스로 천도하였다.

(2) 오스만 제국의 (티무르 , 술레이만 1세)은/는 헝가리를 정복하고 오스트리아의 수도 빈을 공격하였다.

2 ㉠에 들어갈 내용을 쓰시오.

> 오스만 제국의 술탄은 아바스 왕조의 마지막 후손으로부터 칼리프의 칭호를 이어받아 (㉠   )(으)로 불리게 되었다.

3 다음 물음에 답하시오.

(1) '블루 모스크'라고도 불리는 오스만 제국의 건축물은? (   )

(2) 오스만 제국에서 지즈야를 내고 자치를 누렸던 종교 공동체는? (   )

(3) 원래 크리스트교도였으나 이슬람교로 개종 후 오스만 제국의 술탄에게 충성을 맹세하였고, 특별 대우를 받은 술탄의 친위 부대는? (   )

비주얼로 핵심 콕콕

A 이슬람 왕조와 오스만 제국의 발전

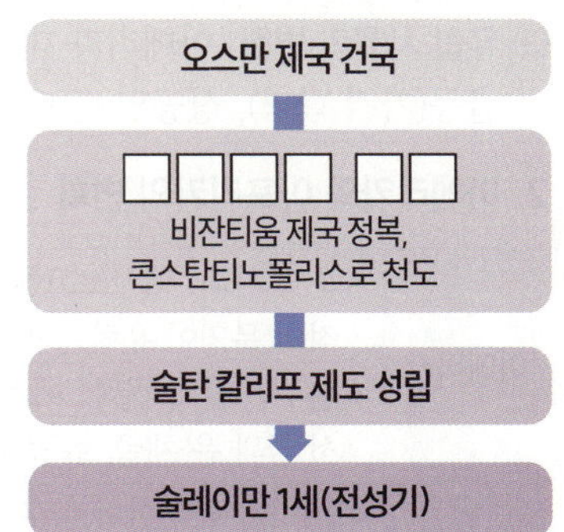

B 오스만 제국의 사회·경제·문화

사회	• 밀레트 구성 • 예니체리 양성
경제	수도 □□□□이 국제 도시로 성장
문화	• 비잔티움 양식을 도입한 모스크 발달 (술탄 아흐메트 사원) • 세밀화 유행

C 신항로 개척의 배경과 전개

1. 신항로 개척의 배경

(1) **동방에 대한 호기심 증대**: 마르코 폴로의 『동방견문록』 유행, 십자군 전쟁 이후 동방의 상품(*향신료, 비단, 도자기 등)이 유럽에서 큰 인기를 얻음

> 포르투갈이 개발한 배로, 큰 삼각돛을 달아 빠르고 안전하게 항해할 수 있었어.

(2) **동방과의 직접적인 교역로 모색**: 이슬람·이탈리아 상인의 동방 무역 독점

(3) **과학 기술 발달**: 천문학·지리학·나침반·선박 제조 기술(캐러벨선 등) 발달 → 먼 거리의 항해가 가능해짐

> 포르투갈은 아시아로 가는 동쪽 항로를, 에스파냐는 대서양으로 돌아가는 서쪽 항로를 개척하였어.

2. 신항로 개척의 전개: 대서양 연안의 포르투갈과 에스파냐가 주도 [핵심 자료]

포르투갈 지원	• **바르톨로메우 디아스**: 아프리카 남쪽 끝의 희망봉에 도착 • **바스쿠 다가마**: 희망봉을 돌아 인도의 캘리컷에 도착
에스파냐 지원	• **콜럼버스**: 대서양을 건너 서인도 제도에 도착 • **마젤란 일행**: 태평양을 가로질러 최초로 세계 일주 성공

✳ 향신료
음식에 맵거나 향기로운 맛을 더하는 조미료를 말한다. 후추, 육두구 등의 향신료는 고기의 맛을 좋게 하고 음식이 상하는 것을 막아 유럽인들에게 인기가 많았다.

↑ 후추

D 신항로 개척 이후의 변화

1. 세계 교역망의 확립과 유럽 사회의 변화

(1) **무역 중심지의 이동**: 무역의 중심지가 지중해에서 대서양으로 이동함 → 유럽, 아메리카, 아프리카를 잇는 삼각 무역의 형태로 발전 [핵심 자료]

(2) **유럽의 아시아 진출**: 유럽의 여러 나라는 *동인도 회사를 세우고 아시아로 진출

(3) **유럽 사회의 변화**: 아메리카 대륙에서 새로운 작물 전래, 막대한 금과 은이 유입되어 물가 급등(가격 혁명), 상공업·금융업 발달(*상업 혁명)

> 예 옥수수, 감자, 카카오, 사탕수수 등

✳ 동인도 회사
유럽 여러 나라가 인도, 동남아시아 등 아시아 지역과 교역하기 위하여 세운 무역 회사이다. 무역 독점권과 함께 군대 보유, 조약 체결 등의 권한을 가졌다.

✳ 상업 혁명
교역망이 확대되자 주식회사가 등장하고 어음과 보험 등 금융 제도가 확립되며 상공업과 금융업이 발달하였다(상업 혁명). 상업 혁명은 자본주의 발전의 바탕이 되었다.

2. 아메리카와 아프리카의 변화

아메리카	• **문명 파괴**: 멕시코고원의 아스테카 문명, 안데스고원의 잉카 문명 등 아메리카의 독자적인 문명이 유럽인이 아메리카에 진출하면서 파괴됨 [자료 ①] • **원주민 삶의 변화**: 에스파냐가 원주민을 동원하여 대농장에서 상품 작물 재배, 광산에서 금과 은 채굴, 유럽에서 유입된 천연두·홍역 등의 전염병에 노출
아프리카	아메리카 원주민의 인구 감소, 노동력 부족 → 유럽인은 아프리카 원주민을 노예로 동원(노예 무역) → 인구 감소, 성비 불균형, 부족 간의 갈등 심화 [자료 ②]

> 예 사탕수수, 담배 등

[자료 ①] **아메리카 문명의 발전과 쇠퇴**

오래전부터 아메리카 대륙의 멕시코고원에서는 아스테카 문명이 일어났고, 안데스고원에서는 잉카 문명이 발달하였다. 그러나 이러한 문명들은 신항로 개척 이후 유럽인이 아메리카에 진출하면서 파괴되었다. 아스테카 제국은 에스파냐의 코르테스가 이끈 병사들에게, 잉카 제국은 피사로와 그의 병사들에게 정복되었다.

[자료 ②] **노예 무역**

> 노예들은 쇠사슬에 묶인 채 좁은 공간에 실려 장거리를 이동하였어.

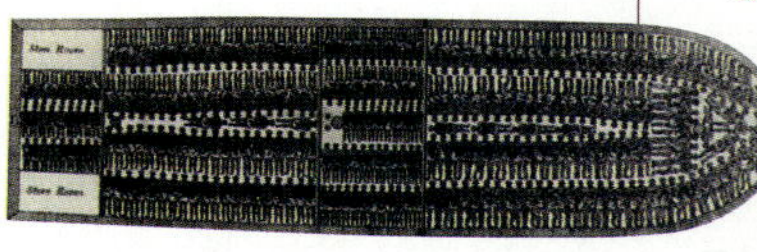

↻ 아프리카 노예 무역선의 구조

17세기 후반 유럽에서 설탕의 수요는 높아지는데 아메리카 원주민 수가 줄어들어 공급이 부족해졌다. 이에 유럽인들은 사탕수수 재배를 위해 아프리카 노예를 동원하였다. 많은 아프리카인들은 긴 항해를 견디지 못하고 아메리카에 도착하기도 전에 목숨을 잃었고, 도착한 노예들은 열악한 환경에서 일하였다.

교과서 핵심 자료 ✦ 신항로 개척의 전개와 영향

↑ 신항로 개척의 전개

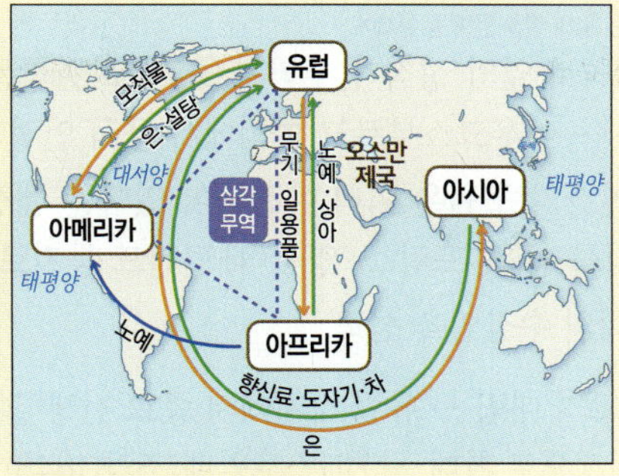

↑ 신항로 개척 이후 교역의 모습

대서양 연안에 위치한 포르투갈과 에스파냐는 적극적으로 신항로 개척에 나섰다. 신항로 개척 이후 무역의 중심지는 지중해에서 대서양으로 옮겨 갔고, 무역은 유럽, 아메리카, 아프리카를 잇는 삼각 무역의 형태로 발전하였다. 유럽 사람들은 아프리카에 무기, 옷감 등을 제공하고 노예를 공급받았고, 아프리카 노예들을 아메리카 농장에 팔아 그 대금으로 은, 설탕 등을 받았다.

✔ 완자쌤의 탐구 수업

❶ 신항로 개척을 주도한 유럽의 두 나라는?

에스파냐, 포르투갈

❷ 유럽 사람들이 아프리카에 무기나 옷감을 제공하고 공급받은 것은?

노예

❸ 신항로 개척 이후 나타난 무역의 변화는?

신항로 개척 이후 무역의 중심지가 지중해에서 대서양으로 옮겨 갔고, 유럽과 아메리카, 아프리카를 잇는 삼각 무역이 발전하였습니다.

문제로 개념 확인

정답 친해 39쪽

1 빈칸에 들어갈 알맞은 내용을 쓰시오.

(1) 마르코 폴로가 쓴 (　　　　　)은/는 유럽인들의 동방에 대한 호기심을 자극하였다.

(2) 신항로 개척은 유럽에서 캐러벨선을 개발한 (　　　　　)과/와 에스파냐가 주도하였다.

2 다음 설명에 해당하는 인물을 〈보기〉에서 골라 기호를 쓰시오.

> 보기
> ㄱ. 콜럼버스　　　　　　　　　　ㄴ. 마젤란 일행

(1) 대서양을 건너 서인도 제도에 도착하였다. (　　　)

(2) 태평양을 가로질러 최초로 세계 일주를 성공하였다. (　　　)

3 다음 설명이 맞으면 ○표, 틀리면 ×표를 하시오.

(1) 신항로 개척 이후 유럽과 아메리카, 아프리카를 잇는 삼각 무역이 발전하였다. (　　　)

(2) 신항로 개척 이후 유럽인의 진출로 잉카 문명 등 아시아의 문명이 파괴되었다. (　　　)

(3) 유럽인은 아메리카 원주민의 인구가 감소하자 아프리카 원주민을 노예로 동원하였다. (　　　)

비주얼로 핵심 콕콕

C 신항로 개척의 배경과 전개

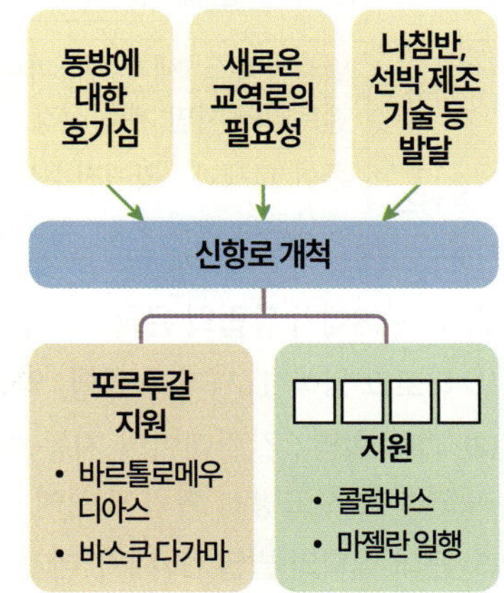

D 신항로 개척 이후의 변화

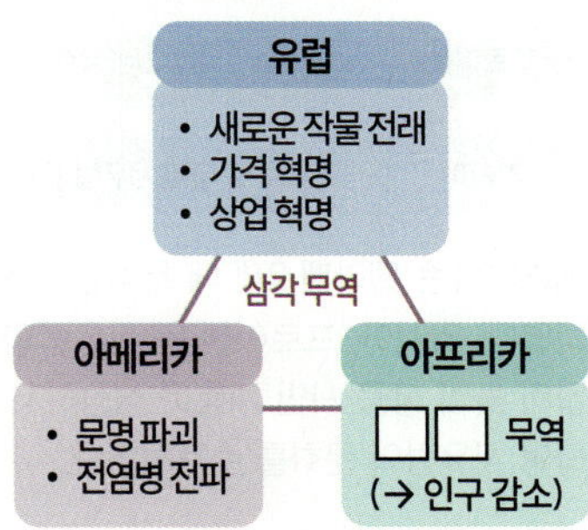

E 종교 개혁과 종교 전쟁

1. 종교 개혁 핵심 자료

   └ 로마 가톨릭교회가 신자에게 돈을 받고 교황의 이름으로 죽은 뒤의 벌을 면해 준 문서야.

(1) **루터**의 종교 개혁: 교황의 면벌부 판매 → 독일의 성직자 루터가 「**95개조 반박문**」을 발표 (1517) → 제후와 농민들의 지지를 받음 → 아우크스부르크 화의에서 공식 인정받음

(2) **칼뱅**의 종교 개혁: 스위스에서 칼뱅이 인간의 구원은 미리 예정되어 있다는 **예정설** 주장, 근면과 절약 강조 → 상공업자들의 지지를 받음, 프랑스·영국·네덜란드 등지로 전파

(3) **영국 국교회**: 국왕(헨리 8세)이 영국 교회의 수장임을 선포

2. 종교 전쟁: 로마 가톨릭교회(구교)와 신교의 대립 → 유럽 각지에서 종교 전쟁 발생, *30년 전쟁은 유럽 여러 나라가 참여한 국제 전쟁으로 확대 → *베스트팔렌 조약(1648)으로 끝남

> **＊ 30년 전쟁**
> 독일에서 일어난 전쟁으로, 스웨덴과 프랑스 등이 신교를, 에스파냐 등이 로마 가톨릭교회(구교)를 지원하였다.
>
> **＊ 베스트팔렌 조약**
> 칼뱅파가 공식적으로 인정되었으며, 스위스와 네덜란드의 독립이 승인된 조약이다.

F 재정·군사 국가의 등장

1. 재정·군사 국가

(1) 성립: 16~17세기 많은 전쟁을 겪으면서 유럽에서 군사력, 효율적인 징세 제도, 중앙 집권적 행정 기구를 갖춘 **재정·군사 국가** 등장

(2) 특징: 화약 무기로 무장한 **상비군** 중심, 별 모양 요새 건설, 행정 기구와 **관료제** 확대, 수입은 제한하고 수출은 늘리는 **중상주의** 정책 실시

   └ 국가의 위기에 항상 대비할 수 있도록 만들어진 군대로, 유지에 많은 비용이 들었어.

(3) 대표적인 재정·군사 국가 자료①

   용어 귀족과 자영농 사이의 지주층

영국	**엘리자베스 1세**가 에스파냐의 무적함대 격파, 동인도 회사를 설립하여 해외 시장 개척 → 젠트리와 시민 계층 성장, *의회 중심의 정치 체제 발전 └ 권리 장전의 승인으로 입헌 군주제의 토대가 마련되었어.
프랑스	**루이 14세**가 *왕권신수설 주장, 베르사유 궁전 건설, 콜베르를 재무 장관으로 등용하여 중상주의 정책 추진, 관료제와 상비군 정비, 스스로를 '태양왕'으로 칭함 자료②

2. 17~18세기 유럽의 문화

   └ 18세기에는 우아하고 섬세한 로코코 양식이 유행하기도 하였어.

(1) 바로크 양식: 17세기에 유행, 역동적이고 화려한 아름다움 강조 베르사유 궁전이 대표적

(2) '**과학 혁명**': 갈릴레이의 지동설, 뉴턴의 만유인력의 법칙 등 → 세상을 합리적으로 보는 **과학적 사고방식 확립에 기여**

(3) 근대 철학의 발달: 17세기 데카르트, 로크 등 인간의 이성을 강조하는 근대 철학 발달 → 18세기 인간의 이성이 사회를 진보하게 한다고 믿는 *계몽사상 등장

   └ 사회 계약설, 저항권을 주장하였어.

   └ 대표적인 사상가로 몽테스키외, 볼테르, 루소가 있어.

> **＊ 의회 중심 정치 체제 발전**
> 영국 의회는 왕의 전제 정치에 맞서 권리 청원을 제출하여 승인받았다. 그러나 곧 의회가 해산되었고, 이에 내전이 일어나 공화정이 세워졌다(청교도 혁명). 명예혁명이 일어나 권리 장전이 승인되었다.
>
> **＊ 왕권신수설**
> 왕의 권리는 신에게 받은 절대적인 것이므로 왕에게 절대복종해야 한다는 이론이다.
>
> **＊ 계몽사상**
> 인간의 이성으로 불합리한 제도와 전통을 개혁해야 한다고 주장하였으며, 이는 미국 혁명과 프랑스 혁명의 기반이 되었다.

자료① **여러 재정·군사 국가와 군주들**

에스파냐	펠리페 2세(오스만 제국 격파, 무적함대 육성)
프로이센	프리드리히 2세(상수시 궁전 건설, '국가 제일의 심부름꾼')
러시아	표트르 대제(서유럽 문화 적극 수용, 상트페테르부르크 천도)

에스파냐는 펠리페 2세 때 무적함대를 육성하여 지중해 무역을 장악하였다. 러시아, 프로이센 등 동유럽의 국가들은 도시와 상공업의 발달이 늦어 상공 시민 계층이 성장하지 못하였고, 계몽 군주들이 등장하여 서유럽의 문화를 수용하였다.

자료② **루이 14세와 베르사유 궁전**

└ 베르사유 궁전은 바로크 양식의 대표적 건축물이야.

ⓒ 베르사유 궁전

프랑스의 루이 14세는 왕권신수설을 내세우고 스스로를 '태양왕'이라고 부르며 왕권을 신성시하였다. 그리고 베르사유 궁전을 짓고 귀족들을 불러 모아 자신의 권위를 과시하였다.

교과서 핵심 자료 ◆ 유럽의 종교 개혁

(가) 루터의 「95개조 반박문」

> 제20조 교황이 모든 벌을 면제한다고 선언하다면 그것은 진정한 의미에서의 모든 벌이 아니라 단지 교황 자신이 내린 벌을 면제한다는 것뿐이다.
>
> 제36조 진실로 회개한 크리스트교도는 면벌부가 없어도 벌이나 죄에서 완전히 해방된다.

(나) 칼뱅의 예정설

> • 모든 사람은 동일한 상태로 창조된 것이 아니며, 어떤 사람에게는 영원한 삶이, 또 어떤 사람에게는 영원한 벌이 예정되어 있다.
> • 일찍이 신께서는 당신의 영원불변한 섭리를 통해 구제해 주고자 하는 자들과 파멸에 빠뜨리고자 하는 자들을 결정하셨다.

16세기 초 교황 레오 10세가 성 베드로 대성당의 증축 비용을 마련하기 위해 면벌부를 판매하자, 독일의 루터는 신앙과 신의 은총으로만 구원을 받을 수 있다며 교황을 비판하는 「95개조 반박문」을 발표하였다. 스위스에서는 칼뱅이 인간의 구원은 예정되어 있다는 예정설을 주장하였다. 그는 신의 구원을 믿고 근면하게 자신의 직업에 충실해야 하며, 열심히 일하여 부자가 되는 것은 신의 은총이라고 주장하였다. 이 주장은 상공업자들의 지지를 받았다.

✓ 완자쌤의 탐구 수업

❶ 루터가 (가)를 발표한 배경은?

교황 레오 10세가 성 베드로 대성당의 증축 비용을 마련하기 위해 신자들에게 면벌부를 판매하였기 때문입니다.

❷ 상공업자들이 (나)를 발표한 칼뱅의 주장을 지지한 이유는?

칼뱅은 신의 구원을 믿고 열심히 일하고 절약하여 부자가 되는 것은 신의 은총이라고 주장하였습니다. 상공업자들은 이윤을 중시하였기 때문에 이러한 칼뱅의 주장을 지지하였습니다.

문제로 개념 확인

정답 친해 39쪽

1 빈칸에 들어갈 알맞은 내용을 쓰시오.

(1) 칼뱅은 인간의 구원이 미리 예정되어 있다는 (   )을/를 주장하였다.

(2) (   )은/는 교황의 면벌부 판매를 비판하며 「95개조 반박문」을 발표하였다.

(3) 독일에서 일어난 30년 전쟁은 국제 전쟁으로 확대되었고, (   )을/를 맺고 끝났다.

2 ㉠에 들어갈 내용을 쓰시오.

> 16~17세기 유럽에서 등장한 재정·군사 국가는 관료제를 확대하였고, 수입은 제한하고 수출은 늘리는 (㉠   ) 정책을 펼쳤다.

3 다음 괄호 안의 내용 중 알맞은 말에 ○표를 하시오.

(1) 루이 14세는 (왕권신수설 , 사회 계약설)을 내세우며 왕권을 강화하였다.

(2) 영국의 (펠리페 2세 , 엘리자베스 1세)는 에스파냐의 무적함대를 물리쳤다.

(3) 18세기 유럽에서 등장한 (계몽사상 , 화이사상)은 인간의 이성이 사회를 진보하게 한다고 믿었다.

비주얼로 핵심 콕콕

E 종교 개혁과 종교 전쟁

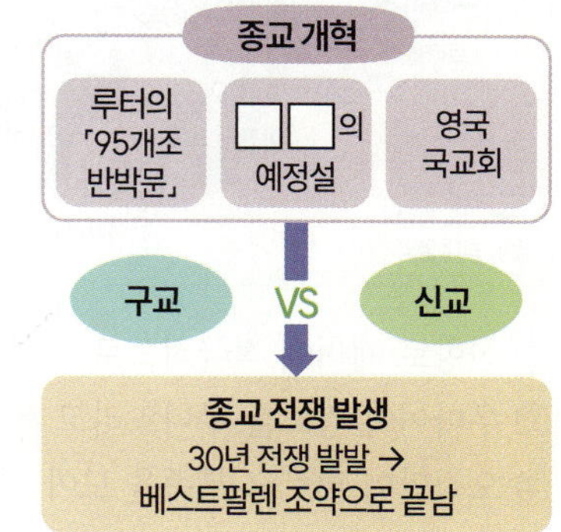

F 재정·군사 국가의 등장

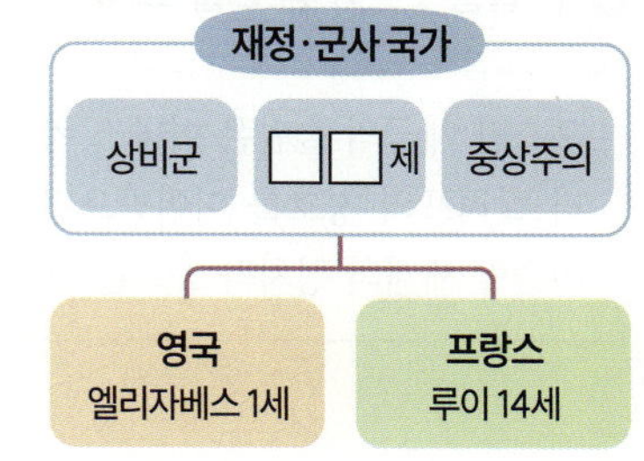

01 티무르 왕조에 대한 설명으로 옳은 것은?

① 탈라스 전투에서 승리하였다.
② 시아파 이슬람교를 국교로 삼았다.
③ 아크바르 황제 때 지즈야를 폐지하였다.
④ 수도 사마르칸트가 중계 무역으로 번성하였다.
⑤ 이스마일 1세가 페르시아 지역에서 수립하였다.

시험에 잘 나와!
02 지도의 최대 영역을 차지한 나라에 대해 학생들이 나눈 대화 내용으로 옳은 것은?

① 신항로 개척에 적극적으로 나섰어.
② 우마이야 왕조를 무너뜨리고 세워졌어.
③ 오스만이 튀르크 부족을 모아 건국하였어.
④ 아우랑제브 황제 때 최대 영토를 차지하였어.
⑤ 힌두교와 이슬람교를 절충한 시크교가 발전하였어.

03 밑줄 친 '이 칭호'를 쓰시오.

> 오스만 제국의 술탄은 아바스 왕조의 마지막 후손으로부터 칼리프의 칭호를 이어받으면서 이 칭호로 불렸으며, 이슬람 세계의 정치와 종교를 함께 다스리게 되었다.

(   )

04 선생님의 질문에 대한 학생들의 답변으로 가장 적절한 것은?

① 상수시 궁전을 건설하였어요.
② 러시아와 네르친스크 조약을 맺었어요.
③ 『유스티니아누스 법전』을 편찬하였어요.
④ 헝가리를 정복하고 오스트리아의 빈을 공격하였어요.
⑤ 5대 10국의 분열을 수습하고 카이펑을 수도로 하여 나라를 세웠어요.

05 다음 조직에 대한 설명으로 옳지 <u>않은</u> 것은?

① 오스만 제국의 정복 전쟁에서 활약하였다.
② 본래 크리스트교를 믿는 정복지의 청년들이었다.
③ 이슬람교로 개종한 후 술탄에게 충성을 맹세하였다.
④ 세금 면제 등 특별 대우를 받았고 고위 관리가 될 수 있었다.
⑤ 여덟 개의 깃발에 따라 부대를 편성한 데에서 이름이 붙여졌다.

06 다음 건축물에 대한 설명으로 옳은 것은?

◀ 술탄 아흐메트 사원

① '블루 모스크'로 불린다.
② 무굴 제국을 대표하는 건축물이다.
③ 로마네스크 양식이 잘 나타나 있다.
④ 유스티니아누스 황제 때 건립되었다.
⑤ 황제가 황후의 넋을 기리기 위해 건설하였다.

07 ㉠에 들어갈 내용으로 옳은 것은?

> 오스만 제국에서는 정복지의 주민들도 지즈야만 낸다면
> (㉠) 안에서 자치를 누리며 생활할 수 있었다.

① 공행　　　② 밀레트　　　③ 울루스
④ 이갑제　　　⑤ 팔기군

08 밑줄 친 '이 나라'에서 볼 수 있는 모습으로 적절하지 <u>않은</u> 것은?

> **역사 신문**
>
> **비잔티움 제국을 정복하다**
>
> 유럽으로 세력을 넓히던 <u>이 나라</u>의 메흐메트 2세가 비잔
> 티움 제국을 정복하였다. 그는 비잔티움 제국의 수도였
> 던 콘스탄티노폴리스를 수도로 삼을 것이라 발표하였다.

① 세밀화를 그리는 화가
② 바자르에서 커피를 마시는 상인
③ 타지마할의 건립을 명령하는 황제
④ 이스탄불에 모인 동서양의 외국인
⑤ 아르메니아의 풍습에 따른 결혼식에 참석하는 하객

C 신항로 개척의 배경과 전개

09 신항로 개척의 배경으로 적절한 것을 〈보기〉에서 고른 것은?

> **보기**
> ㄱ. 셀주크 튀르크가 예루살렘을 점령하였다.
> ㄴ. 흑사병이 유행하여 인구가 크게 감소하였다.
> ㄷ. 향신료, 비단 등 동방의 상품이 유럽에서 유행하였다.
> ㄹ. 나침반, 천문학, 선박 제조 기술 등의 발달로 먼 거
> 　　리까지 항해가 가능해졌다.

① ㄱ, ㄴ　　　② ㄱ, ㄷ　　　③ ㄴ, ㄷ
④ ㄴ, ㄹ　　　⑤ ㄷ, ㄹ

10 다음에서 설명하는 나라로 옳은 것은?

> 대서양 연안에 위치하였으며, 포르투갈과 함께 신항로
> 개척에 나선 나라이다. 대서양으로 돌아가는 서쪽 항로
> 를 개척하였다.

① 영국　　　② 프랑스　　　③ 에스파냐
④ 프로이센　　　⑤ 오스만 제국

11 빈칸에 들어갈 인물로 옳은 것은?

> **세계사 인물 사전**
>
> 포르투갈의 지원을 받고 신항로를 개척한 인물로,
> 희망봉을 돌아 인도의 캘리컷에 도착하였다.

① 콜럼버스　　　② 마르코 폴로
③ 마젤란 일행　　　④ 이븐 바투타
⑤ 바스쿠 다가마

12 콜럼버스의 활동으로 옳은 것은?

① 「곤여만국전도」를 제작하였다.
② 중국을 다녀온 후 『동방견문록』을 남겼다.
③ 대서양을 건너 서인도 제도에 도착하였다.
④ 아프리카 남쪽 끝의 희망봉에 도착하였다.
⑤ 태평양을 가로질러 최초로 세계 일주에 성공하였다.

D 신항로 개척 이후의 변화

13 ㉠에 공통으로 들어갈 지역으로 옳은 것은?

- 신항로 개척 이후 유럽인들이 (㉠)에 진출하면서 이곳의 문명들이 파괴되었다.
- 무역이 활발해지면서 유럽에 옥수수, 감자, 카카오 등 (㉠)의 새로운 작물이 전래되어 유럽인들의 생활이 풍요로워졌다.

① 남아시아   ② 동아시아   ③ 서아시아
④ 아메리카   ⑤ 아프리카

14 다음에서 설명하는 문명으로 옳은 것은?

사진은 아메리카 문명의 유적지인 마추픽추이다. 안데스고원에서 일어난 이 문명은 에스파냐의 피사로와 그의 병사들에게 정복되었다.

① 에게 문명   ② 인도 문명
③ 잉카 문명   ④ 아스테카 문명
⑤ 메소포타미아 문명

15 밑줄 친 ㉠~㉤ 중 옳지 않은 것은?

신항로 개척 이후 유럽에 나타난 변화

유럽은 ㉠새로 개척한 항로를 따라 아시아의 여러 나라와 교역하였고, ㉡일부 나라는 아시아에 동인도 회사를 건립하였다. ㉢유럽의 무역은 시박사를 통해 이루어졌으며, ㉣막대한 금과 은이 유입되어 물가가 급등하는 가격 혁명이 일어났다. 또한 ㉤주식회사가 등장하고 보험 제도가 확립되는 등 상공업, 금융업이 성장하는 상업 혁명이 일어나기도 하였다.

① ㉠   ② ㉡   ③ ㉢   ④ ㉣   ⑤ ㉤

★ 시험에 잘 나와!
16 (가)에 들어갈 답변으로 적절한 것을 〈보기〉에서 고른 것은?

보기
ㄱ. 훈족의 압박을 받았기 때문이야.
ㄴ. 상품 작물 재배에 동원되어 가혹한 노동에 시달렸기 때문이야.
ㄷ. 흑사병의 유행으로 유럽 인구의 약 3분의 1이 줄었기 때문이야.
ㄹ. 유럽에서 들어온 천연두, 홍역 등의 질병에 노출되었기 때문이야.

① ㄱ, ㄴ   ② ㄱ, ㄷ   ③ ㄴ, ㄷ
④ ㄴ, ㄹ   ⑤ ㄷ, ㄹ

17 다음 자료를 활용한 탐구 주제로 가장 적절한 것은?

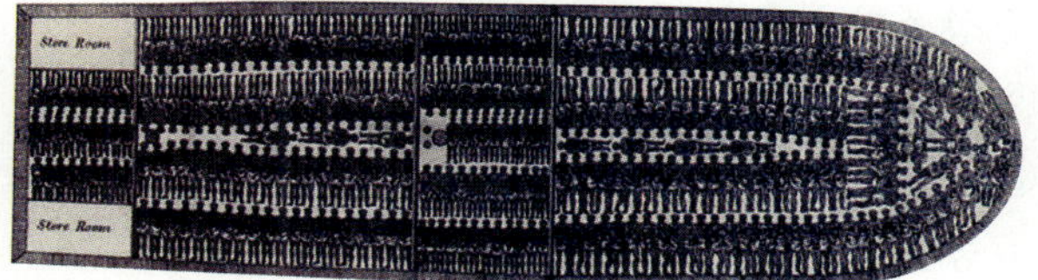

↑ 아프리카 노예 무역선의 구조

① 시박사를 통한 무역
② 십자군 전쟁 이후의 지중해 무역
③ 한자 동맹이 주도한 북유럽 무역
④ 신항로 개척 이후 아프리카에 나타난 변화
⑤ 신항로 개척의 배경이 된 선박 제조 기술의 발전

 종교 개혁과 종교 전쟁

18 다음 인물에 대한 설명으로 옳은 것은?

① 「95개조 반박문」을 발표하였다.
② 국왕이 영국 교회의 수장이라고 선언하였다.
③ 인간의 구원은 미리 예정되어 있다고 주장하였다.
④ 『우신예찬』을 지어 교황과 성직자의 부패를 풍자하였다.
⑤ 클레르몽 공의회를 열어 전쟁에 참여할 것을 호소하였다.

19 ㉠에 들어갈 인물을 쓰시오.

(㉠)은/는 열심히 일하고 절약하여 부를 쌓는 것은 신의 은총이라고 주장하여 상공업자들의 환영을 받았다.

( )

20 (가)에 들어갈 내용으로 가장 적절한 것은?

16~17세기 유럽에서 일어난 주요 전쟁

1. 배경: (가)
2. 전개: 유럽 각지에서 종교 전쟁 발생, 독일에서 일어난 30년 전쟁에 유럽의 여러 나라가 참가함 → 국제 전쟁으로 확대

① 교회의 대분열
② 아비뇽 유수의 발생
③ 로마 가톨릭교회와 신교의 대립
④ 십자군 전쟁 이후 교황의 권위 하락
⑤ 보름스 협약으로 인한 교황권의 변화

21 밑줄 친 '이 조약'으로 옳은 것은?

독일에서 일어난 종교 전쟁인 30년 전쟁은 여러 국가가 각자의 이해관계에 따라 참가하였고, 이 전쟁으로 독일 인구의 약 3분의 1이 감소하였다. 30년 전쟁은 이 조약이 맺어지면서 끝이 났다.

① 파리 조약　　② 메르센 조약
③ 베르됭 조약　　④ 네르친스크 조약
⑤ 베스트팔렌 조약

 재정·군사 국가의 등장

22 재정·군사 국가에 대한 설명으로 옳은 것은?

① 장원제를 바탕으로 성립하였다.
② 중앙 집권적 행정 기구를 갖추었다.
③ 지방 분권적인 정치 체제가 자리 잡았다.
④ 주군과 봉신은 계약을 바탕으로 주종 관계를 맺었다.
⑤ 정복지 주민들에게 지즈야만 내면 자치를 허용하였다.

23 ㉠에 공통으로 들어갈 군대에 대한 설명으로 옳은 것은?

> 16~17세기에 많은 전쟁을 겪으면서 유럽 국가들의 군
> 대 형태는 중무장한 기사 중심에서 화약 무기로 무장한
> (㉠) 중심으로 변화하였으며, 그 규모도 커졌다.
> (㉠)은/는 유지하는 데 많은 비용이 들었다.

① 술탄의 친위 부대이다.
② 언제든지 전쟁에 투입할 수 있었다.
③ 나라로부터 토지를 받은 농민으로 구성되었다.
④ 주군으로부터 받은 토지를 영주가 되어 다스렸다.
⑤ 원래 크리스트교도였으나 이슬람교로 개종하였다.

시험에 잘 나와!
24 밑줄 친 '이 왕'에 대한 설명으로 옳지 <u>않은</u> 것은?

이 왕의 삶을 들여다보다

프랑스를 재정·군사 국가로 만들었으며 베르사유
궁전을 남긴 이 왕의 삶을 재조명하는 전시를 준비
하였습니다. 많은 관람 부탁드립니다.
• 일시: 20△△년 △△월 △△일
• 장소: ○○ 박물관 특별 전시실

① 왕권신수설을 주장하였다.
② 관료제와 상비군을 정비하였다.
③ 스스로를 '태양왕'으로 칭하였다.
④ 에스파냐의 무적함대를 격파하였다.
⑤ 콜베르를 등용하여 중상주의 정책을 펼쳤다.

25 영국의 엘리자베스 1세의 활동으로 옳은 것은?

① 성 소피아 대성당을 건립하였다.
② 의회가 제출한 권리 청원을 받아들였다.
③ 국왕이 영국 교회의 수장임을 선포하였다.
④ 동인도 회사를 세워 아시아로 진출하였다.
⑤ 무적함대를 육성하여 오스만 제국의 함대를 격파하였다.

26 17~18세기 유럽 문화에 대한 탐구 활동으로 적절한
것을 〈보기〉에서 고른 것은?

> **보기**
> ㄱ. 데카르트의 저서를 읽어 본다.
> ㄴ. 갈릴레이의 주장을 검색해 본다.
> ㄷ. 시크교의 교리 내용을 알아본다.
> ㄹ. 비잔티움 양식을 도입한 모스크 사진을 찾아본다.

① ㄱ, ㄴ   ② ㄱ, ㄷ   ③ ㄴ, ㄷ
④ ㄴ, ㄹ   ⑤ ㄷ, ㄹ

27 (가)에 들어갈 사상을 쓰시오.

(   )

서술형 문제

서술형 감잡기

1 밑줄 친 '이 정책'의 특징과 사례를 각각 서술하시오.

> 아시아, 유럽, 아프리카 세 대륙에 걸친 영토를 지배한 오스만 제국은 정복지 주민에게 <u>이 정책</u>을 펼쳐 다양한 민족과 종교가 공존하였다.

> | 핵심어 | 이슬람교, 강요, 밀레트

서술형 익히기

2 다음을 읽고 물음에 답하시오.

> 신항로 개척 이후 무역의 중심지는 지중해에서 대서양으로 옮겨 갔다. 대서양 무역은 유럽, 아메리카, 아프리카를 잇는 (㉠)의 형태로 발전하였다.

(1) ㉠에 들어갈 무역 형태를 쓰시오.

(2) (1)에서 답한 무역의 내용을 서술하시오.

3 다음을 읽고 물음에 답하시오.

> 제20조 교황이 모든 벌을 면제한다고 선언하다면 그것은 진정한 의미에서의 모든 벌이 아니라 단지 교황 자신이 내린 벌을 면제한다는 것 뿐이다.
>
> 제36조 진실로 회개한 크리스트교도는 면벌부가 없어도 벌이나 죄에서 완전히 해방된다.

(1) 위 문서를 발표한 인물을 쓰시오.

(2) (1)에서 답한 인물이 위 문서를 발표하게 된 배경을 서술하시오.

4 다음을 읽고 물음에 답하시오.

16~17세기에 등장한 유럽의 (㉠)에서는 군사 기술이 발전하여 대포의 공격을 견디면서 적을 공격하기 쉬운 별 모양 요새가 만들어졌다.

↑ 별 모양 요새

(1) ㉠에 들어갈 국가 형태를 쓰시오.

(2) (1)에서 답한 국가 형태의 정치적·경제적 특징을 각각 서술하시오.

IV 단원 

01 / 유라시아 교역 및 문화 교류의 확대

(1) 송의 성립과 변화

태조의 정책	조광윤(태조)이 세움(960), 황제권 강화, 문인을 우대하는 (❶) 정책 실시(전시 제도 시행 등)
왕안석의 개혁	문치주의 정책 실시로 군사력 약화 → 북방 민족에 물자 제공, 재정 악화 → 왕안석의 개혁 시도(실패)
남송 성립	금의 공격 → 남쪽의 임안(항저우)으로 천도(1127)

(2) 북방 민족의 성장

북방 민족의 성장	• 거란(요): 야율아보기가 건국(916) → 발해 멸망, 나라 이름을 요로 바꿈 → 송과 대립 • (❷): 탕구트가 건국(1038) → 동서 무역로 차지, 송을 압박 • 금: 만주 지역에서 여진의 아구다가 건국(1115) → 송과 연합하여 요를 멸망시킴 → 송을 공격하여 남쪽으로 몰아냄
통치·문화	이원적 통치, 고유 문자 사용

(3) 송의 경제와 사회

경제	모내기법 도입, 상공업 발달, 지폐(교자) 사용 활발
사회·문화	• 사대부 성장, 주희가 (❸) 완성 • 화약 무기, 나침반, 활판 인쇄술 등 과학 기술 발달
대외 교류	동아시아·인도양 교역권 성장, 주요 항구에 시박사를 두어 무역 관리

(4) 몽골 제국의 성립과 원의 중국 지배

몽골 제국	몽골 부족을 통일한 테무친이 칭기즈 칸으로 추대되어 몽골 제국 수립(1206) → 유라시아 대륙에 걸친 대제국 건설, 여러 울루스로 분할 통치
원	• 쿠빌라이 칸: 대도(베이징)로 천도, 나라 이름을 원으로 변경(1271), 남송 정복(→ 중국 전역 지배) • 통치 정책: (❹)(몽골인이 주요 관직 독점, 색목인 우대, 한인과 남인 차별) • 경제: 면직물 산업 발달, 상업 발달, 교초(지폐) 사용 • 사회: 서민 문화 발달(구어체 소설, 희곡, 잡극 유행) • 동서 문화 교류: 역참제 실시, 대운하 및 해상 교역로 정비 → 유라시아·인도양 교역권 형성, 유럽인의 원 방문(마르코 폴로 등), 이슬람의 천문학과 역법 전래(→ 곽수경이 수시력 제작)

02 / 동아시아와 인도 지역 질서의 변화

(1) 명·청의 성립과 발전

명	• 성립: 주원장(홍무제)이 건국(1368) • 홍무제: 재상제 폐지, 토지 대장과 호적 대장 정비, 과거제와 학교 교육 정비, 육유 반포, 이갑제 실시 • 영락제: 자금성 건설, 베이징 천도, 대월(베트남) 정복, (❺)의 함대 파견 • 멸망: 국력 약화 → 이자성의 농민군에 멸망(1644)
청	• 성립: 누르하치(태조)가 후금 건국(1616) → 홍타이지(태종)가 나라 이름을 청으로 바꿈 • 발전: 강희제·옹정제·건륭제 시기에 전성기를 누림, 건륭제 때 최대 영토 확보 • 한족 지배 정책: 강압책과 회유책을 함께 펼침
경제·사회	• 상품 작물 재배, 수공업 발달, 시장과 대도시 발달 • (❻)이/가 지배층으로 성장, 사회 주도 • 명대에 양명학 발전, 청대에 고증학 발전
대외 교류	• 명: 해금 정책 → 제한적으로 민간 무역 허용 • 청: 해금 정책 → 18세기 중반 이후 공행 무역 실시 • 은의 유입: 은이 화폐로 쓰임, 세금을 은으로 걷음

(2) 일본 무사 정권의 성립과 변화

가마쿠라 막부	12세기 초 수립된 일본 최초의 무사 정권, 일본의 봉건제 시행
무로마치 막부	명과 조공·책봉 관계를 맺음 → 쇼군 계승 문제로 쇠퇴
전국 시대	15세기 후반부터 다이묘들이 약 100여 년간 세력을 다툼 → 도요토미 히데요시가 통일
에도 막부	• (❼)이/가 수립(1603) • 산킨코타이 제도 시행 • 경제·문화: 농업 생산력 향상, 수공업과 도시 발달, 조닌 문화 발달(가부키, 우키요에 등) • 대외 교류: 사무역 통제, 네덜란드 상인과 데지마에서 교역, 난학 수용(네덜란드 상인을 통해 서양의 학문과 기술을 받아들임)

(3) 무굴 제국의 성립과 발전

성립	16세기 초 바부르가 델리를 정복하고 세움(1526)
발전	• (❽): 인도 북부 대부분 차지, 비이슬람교도에게 거두던 지즈야 폐지, 힌두교도 관직 등용 • 아우랑제브 황제: 최대 영토 차지, 비이슬람교도 탄압(지즈야 부활, 힌두교 사원 파괴 등)
문화	인도·이슬람 문화 발달, 타지마할 건립, 시크교 발전, 무굴 회화 발달

O3 / 서아시아와 유럽 사회의 변화

(1) 오스만 제국의 발전

성립	오스만이 튀르크 부족을 모아 건국(1299)
발전	• 메흐메트 2세: 비잔티움 정복, 콘스탄티노폴리스로 천도 • 술탄 칼리프 제도: 술탄이 칼리프의 칭호를 받음 • (❾　　)(전성기): 헝가리 정복, 오스트리아의 빈 공격, 유럽 연합 함대 격파 → 지중해 장악
사회·경제·문화	• 사회: 밀레트(종교 공동체) 구성, 예니체리 양성 • 경제: 동서 교역로 차지, 수도 이스탄불이 번성함 • 문화: 튀르크 전통문화와 이슬람·비잔티움·페르시아 문화 융합, 모스크 발달(술탄 아흐메트 사원) 등

(2) 신항로 개척의 전개와 변화

배경	동방에 대한 호기심 증가, 이슬람·이탈리아 상인의 동방 무역 독점, 과학 기술의 발달
전개	• 포르투갈 주도: 바르톨로메우 디아스, 바스쿠 다가마 • 에스파냐 주도: 콜럼버스, 마젤란 일행
영향	• 유럽·아메리카·아프리카를 잇는 (❿　　) 발전 • 유럽: 새로운 작물 유입, 가격 혁명, 상업 혁명 • 아메리카: 문명 파괴, 원주민 인구 감소 • 아프리카: 아메리카 원주민의 인구가 급감하자 아프리카 원주민이 노예로 동원됨(노예 무역)

(3) 종교 개혁과 종교 전쟁

종교 개혁	루터가 교황의 면벌부 판매에 반박하며 「95개조 반박문」 발표(1517), 칼뱅이 인간의 구원은 미리 예정되어 있다는 (⓫　　) 주장, 영국 국교회 성립
종교 전쟁	로마 가톨릭교회(구교)와 신교의 대립 → 곳곳에서 전쟁 발발, 30년 전쟁은 유럽 여러 나라가 참여 → 베스트팔렌 조약(1648)으로 끝남

(4) 재정·군사 국가의 등장

특징	상비군 중심, 관료제 정비, 수입은 제한하고 수출은 늘리는 (⓬　　) 정책 실시
영국	엘리자베스 1세가 에스파냐의 무적함대 격파
프랑스	루이 14세가 왕권신수설 주장, 베르사유 궁전 건설, 콜베르를 등용하여 중상주의 정책 추진
과학과 철학의 발전	• '과학 혁명': 갈릴레이의 지동설, 뉴턴의 만유인력의 법칙 등 • 철학: 17세기에 데카르트, 로크 등이 인간의 이성을 강조 → 18세기에 계몽사상 등장

✖ 밑줄 친 내용을 바르게 고쳐 쓰시오.

1 송 태조는 황제가 직접 과거를 주관하는 9품중정제를 시행하였다.　　　　　　　(　　　　)

2 송대에 야율아보기가 완성한 성리학은 동아시아 각국의 통치 이념이 되었다.　　　　(　　　　)

3 원은 몽골인과 남인을 우대하는 몽골 제일주의 정책을 펼쳤다.　　　　　　　　(　　　　)

4 원대에 이슬람 세계의 천문학과 역법이 전해져 왕안석이 수시력을 만들었다.　　　(　　　　)

5 명의 홍무제는 정화의 함대를 해외로 보내 국력을 과시하였다.　　　　　　　(　　　　)

6 청에서는 유교 경전을 실증적으로 연구하는 양명학이 발전하였다.　　　　　　(　　　　)

7 일본 무로마치 막부 시기에 산킨코타이 제도가 실시되었다.　　　　　　　　(　　　　)

8 아크바르 황제는 무굴 제국의 최대 영토를 차지하였고 지즈야를 부활시켰다.　　　(　　　　)

9 오스만 제국 술탄의 친위 부대인 밀레트는 정복 전쟁에서 크게 활약하였다.　　　(　　　　)

10 바스쿠 다가마는 대서양을 건너 서인도 제도에 도착하였다.　　　　　　　(　　　　)

11 교황이 면벌부를 판매하자 헨리 8세는 「95개조 반박문」을 발표하였다.　　　(　　　　)

12 엘리자베스 1세는 왕권신수설을 주장하였고 베르사유 궁전을 건설하였다.　　　(　　　　)

마무리 문제

01 ㉠에 들어갈 황제에 대한 설명으로 옳은 것은?

> 당 멸망 후 송을 건국한 (㉠)은/는 황제가 직접 과거 시험을 주관하는 전시 제도를 도입하였다.

① 나라 이름을 원으로 바꾸었다.
② 문인을 우대하는 문치주의를 내세웠다.
③ 몽골 부족을 통일하여 칸으로 추대되었다.
④ 신라와 연합하여 백제, 고구려를 멸망시켰다.
⑤ 화북과 강남을 연결하는 대운하를 완성하였다.

만점 도전!

02 (가), (나) 나라에 대한 설명으로 옳은 것은?

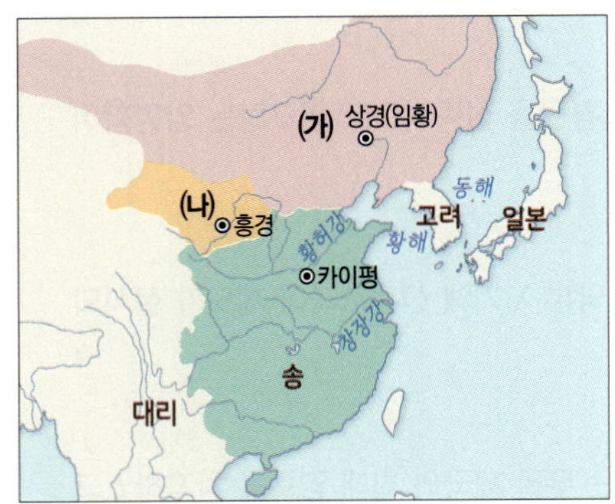

① (가) - 탕구트가 건국하였다.
② (가) - 홍건적의 난이 일어났다.
③ (나) - 왕안석이 개혁을 시도하였으나 실패하였다.
④ (나) - 발해를 멸망시키고 나라 이름을 요로 바꾸었다.
⑤ (가), (나) - 자신들만의 고유 문자를 만들어 사용하였다.

03 다음에서 설명하는 기관을 쓰시오.

> 당대부터 청대까지 세금과 무역을 담당한 관청으로, 송대에 주요 항구에 설치되며 크게 발전하였다.

(   )

04 밑줄 친 '이 나라'에서 볼 수 있는 모습으로 가장 적절한 것은?

① 『사고전서』를 저술하는 학자
② 모내기법으로 농사짓는 농민
③ 황제가 반포한 육유를 읽는 백성
④ 다른 울루스의 칸에게 보낼 편지를 쓰는 칸
⑤ 아메리카에서 들어온 옥수수를 재배하는 농민

05 ㉠에 들어갈 나라에 대한 설명으로 옳지 않은 것은?

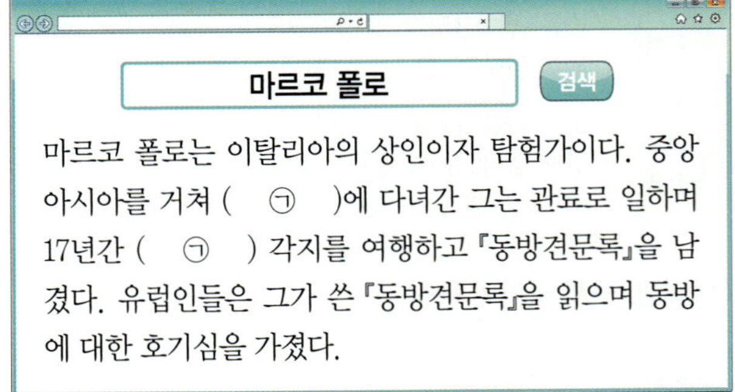

① 사대부가 지배층으로 성장하였다.
② 색목인이 재정과 행정 업무를 맡았다.
③ 음악과 연극이 어우러진 잡극이 크게 유행하였다.
④ 쿠빌라이 칸이 남송을 멸망시키고 중국 전역을 지배하였다.
⑤ 이슬람의 천문학, 역법이 전해져 곽수경이 수시력을 만들었다.

06 다음 문화유산을 건립한 황제의 활동으로 옳은 것은?

◀ 자금성

① 이갑제를 실시하였다.
② 수도를 베이징으로 옮겼다.
③ 러시아와 네르친스크 조약을 맺었다.
④ 명을 건국하고 원을 북쪽으로 몰아냈다.
⑤ 황제권 강화를 위해 재상제를 폐지하였다.

만점 도전!

07 다음 기사의 배경이 된 나라에 대한 설명으로 옳은 것은?

> **역사 신문**
>
> **만주족, 한족 통치 정책을 발표하다**
>
> 중국을 지배하게 된 만주족이 한족 통치 정책을 발표하였다. 황제는 중요 관직에 만주족과 한족을 함께 등용하고, 유학 교육을 장려할 것임을 밝혔다. 또한 만주족 풍습 강요, 왕조 비판 금지 정책도 발표하였다.

① 송과 연합하여 요를 무너뜨렸다.
② 이자성이 이끄는 농민군에게 멸망하였다.
③ 공용 문자인 파스파 문자를 만들어 사용하였다.
④ 해상 무역을 통제하여 공행을 통한 무역만 허용하였다.
⑤ 마테오 리치가 머무르며 「곤여만국전도」를 제작하였다.

08 명·청 시대의 사회 모습으로 옳지 <u>않은</u> 것은?

① 은이 화폐로 널리 쓰였다.
② 신사층이 사회를 주도하였다.
③ 뽕나무, 면화 등 상품 작물이 재배되었다.
④ 홍건적의 난 등 한인의 반란이 자주 일어났다.
⑤ 유럽의 선교사들이 중국에 들어와 활동하였다.

09 일본 무사 정권의 발전 과정을 일어난 순서대로 나열한 것은?

> (가) 도쿠가와 이에야스가 막부를 수립하였다.
> (나) 가마쿠라 막부가 원의 침입으로 쇠퇴하였다.
> (다) 무로마치 막부가 명과 조공·책봉 관계를 수립하였다.
> (라) 도요토미 히데요시가 전국 시대를 통일하고 임진왜란을 일으켰다.

① (가) – (나) – (라) – (다) ② (나) – (다) – (라) – (가)
③ (나) – (라) – (다) – (가) ④ (다) – (나) – (라) – (가)
⑤ (라) – (나) – (다) – (가)

10 밑줄 친 '이 시기'에 볼 수 있는 모습으로 적절한 것을 〈보기〉에서 고른 것은?

> **보기**
> ㄱ. 난학을 공부하는 학자
> ㄴ. 우키요에를 그리는 화가
> ㄷ. 임진왜란에 참전하는 무사
> ㄹ. 가나 문자를 제작하는 학자

① ㄱ, ㄴ   ② ㄱ, ㄷ   ③ ㄴ, ㄷ
④ ㄴ, ㄹ   ⑤ ㄷ, ㄹ

11 다음에서 설명하는 황제로 옳은 것은?

> 인도 남부를 정복하여 무굴 제국의 최대 영토를 차지한 황제로, 지즈야를 다시 거두고 힌두교 사원을 파괴하는 등 이슬람교가 아닌 다른 종교를 탄압하였다.

① 바부르
② 표트르 대제
③ 하인리히 4세
④ 아크바르 황제
⑤ 아우랑제브 황제

12 무굴 제국의 문화에 대한 탐구 활동으로 적절하지 <u>않은</u> 것은?

① 시크교의 교리 내용을 조사한다.
② 술탄 아흐메트 사원의 사진을 검색한다.
③ 페르시아어와 우르두어 쓰임의 차이를 살펴본다.
④ 타지마할에 나타난 인도 양식, 이슬람 양식을 찾아본다.
⑤ 인도 미술과 페르시아의 세밀화가 융합한 회화 작품을 알아본다.

13 다음 대화에서 주제로 다룬 나라에 대한 설명으로 옳은 것은?

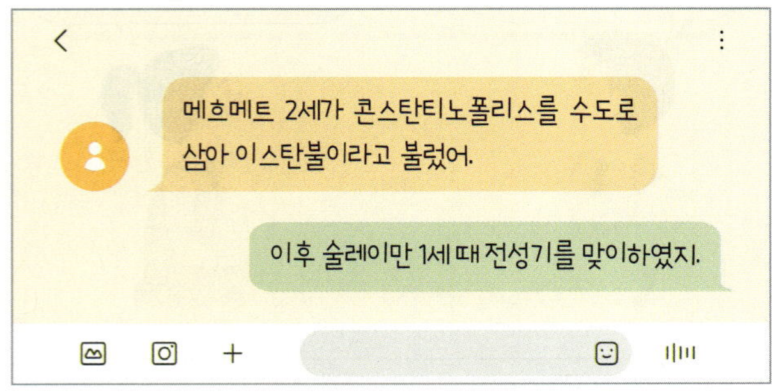

① 바부르가 건국하였다.
② 쿠빌라이 칸이 남송을 정복하였다.
③ 아크바르 황제가 지즈야를 폐지하였다.
④ 바르톨로메우 디아스와 바스쿠 다가마를 지원하였다.
⑤ 술탄이 칼리프의 지위를 이어받아 이슬람 세계의 최고 지배자가 되었다.

14 (가)에 들어갈 탐구 주제로 가장 적절한 것은?

① 인도·이슬람 문화의 발달
② 16~17세기 세계 은의 유통
③ 아메리카 원주민 삶의 변화
④ 제국을 다스린 관용적인 정책
⑤ 아시아와 유럽의 교차점, 이스탄불

15 (가), (나) 항로를 개척한 인물로 옳은 것은?

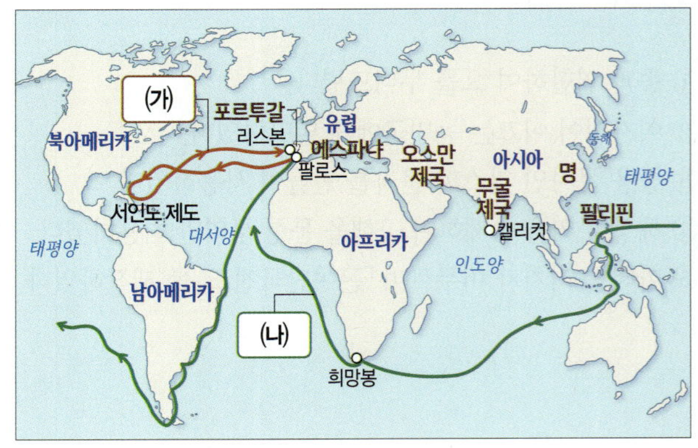

	(가)	(나)
①	콜럼버스	마젤란 일행
②	콜럼버스	바스쿠 다가마
③	마젤란 일행	콜럼버스
④	마젤란 일행	바스쿠 다가마
⑤	이븐 바투타	콜럼버스

16 선생님의 질문에 대한 학생들의 답변으로 적절한 것을 〈보기〉에서 고른 것은?

> **보기**
> ㄱ. 동인도 회사가 설립되었어요.
> ㄴ. 부족 간의 갈등이 심화되었어요.
> ㄷ. 인구가 줄고 성비가 불균형해졌어요.
> ㄹ. 잉카 문명, 아스테카 문명 등이 파괴되었어요.

① ㄱ, ㄴ ② ㄱ, ㄷ ③ ㄴ, ㄷ ④ ㄴ, ㄹ ⑤ ㄷ, ㄹ

만점 도전!

17 ㉠, ㉡에 들어갈 인물에 대한 설명으로 옳은 것은?

> 16세기 초 유럽에서는 종교 개혁의 움직임이 나타났다. 독일의 (㉠)은/는 교황의 면벌부 판매를 비판하였고, 스위스에서는 (㉡)이/가 예정설을 주장하였다.

① ㉠ – 근면과 절약을 강조하였다.
② ㉠ – 「95개조 반박문」을 발표하였다.
③ ㉠ – 주장이 베스트팔렌 조약에서 처음 인정받았다.
④ ㉡ – 영국 국교회를 수립하였다.
⑤ ㉡ – 주장이 아우크스부르크 화의에서 인정받았다.

18 다음에서 설명하는 경제 정책을 쓰시오.

> 유럽의 재정·군사 국가에서 실시한 정책으로, 수입은 제한하고 수출을 늘려 금과 은을 확보하려고 하였다.

(   )

19 밑줄 친 '이 왕'으로 옳은 것은?

> 이 왕은 해군력을 키워 에스파냐의 무적함대를 물리치고, 동인도 회사를 세워 아시아로 진출하였다.

① 헨리 8세 ② 루이 14세 ③ 펠리페 2세
④ 카롤루스 대제 ⑤ 엘리자베스 1세

20 인터뷰에 등장하는 왕에 대한 설명으로 옳은 것은?

> **장면 #1 기자와 왕의 인터뷰 장면**
> • **기자**: 왕께서는 어떤 업적을 세우셨나요?
> • **왕**: 저는 베르사유에 궁전을 지어 왕권을 안정시키고, 재무 장관 콜베르를 등용하여 국내의 상공업을 육성하였습니다.

① 비잔티움 제국을 정복하였다.
② 왕권신수설을 내세워 왕권을 강화하였다.
③ 헝가리를 정복하고 유럽 연합 함대를 정복하였다.
④ 네르친스크 조약으로 러시아와의 국경을 정하였다.
⑤ 성직자 임명권을 둘러싸고 교황과 대립하던 중 파문을 당하였다.

21 ㉠에 들어갈 철학에 대한 설명으로 옳은 것은?

> 18세기에 유럽에서 등장한 (㉠)은/는 인간의 이성이 사회를 진보하게 한다고 믿었다. 대표적인 사상가로 몽테스키외, 볼테르, 루소가 있다.

① 죽림칠현이 대표적이다.
② 「신학 대전」에서 집대성되었다.
③ 신앙과 이성의 조화를 중시하였다.
④ 왕에게 절대복종해야 한다고 주장하였다.
⑤ 미국 혁명과 프랑스 혁명의 기반이 되었다.

서술형

1 다음을 읽고 물음에 답하시오.

> 원은 몽골인, (㉠), 한인, 남인으로 구성되었다. 몽골인이 주요 관직을 독차지하였고, (㉠)도 우대를 받았다. 반면 한인과 남인은 사회적 차별을 받았고 관직 진출에도 한계가 있었다.

(1) ㉠에 공통으로 들어갈 계층을 쓰시오.

(2) (1)에서 답한 계층의 출신과 원에서 주로 담당하였던 업무를 서술하시오.

2 다음을 보고 물음에 답하시오.

(1) 위 지도에 나타난 항해를 추진한 황제를 쓰시오.

(2) 위 지도에 나타난 항해의 결과를 서술하시오.

논술형

3 ㈎, ㈏를 참고하여 유럽인의 신항로 개척에 대한 자신의 생각을 논술하시오.

> ㈎ 카니발은 가톨릭교회의 전통 축제로, 신항로 개척 이후 포르투갈인들이 라틴 아메리카에 전하였다. 카니발은 화려한 퍼레이드 축제로 바뀌었고, 브라질에서는 퍼레이드 음악에 맞추어 삼바를 춘다. 삼바는 아프리카 흑인 노예들이 추던 춤으로, 여기에 여러 장르가 합쳐지면서 점차 브라질의 민속 무용이 되었다.
>
> ㈏ 라틴 아메리카는 오늘날에도 다국적 기업의 주도로 커피, 아보카도 등 수출을 위한 단일 작물을 주로 재배한다. 이 때문에 라틴 아메리카의 여러 나라는 자국민이 먹을 식량 작물을 재배하기 어려워 식량 부족 문제를 겪고 있고, 강대국의 자본과 기술에 의존하여 작물을 재배하기 때문에 경제적인 문제도 나타나고 있다. 또한 산림을 모두 베거나 물을 너무 많이 사용하면서 생태계가 무너지는 문제도 있다.

제국주의와 국민 국가 건설 운동

유럽과 아메리카의 국민 국가 체제(1)

A 영국 혁명

1. 청교도 혁명(1642~1649)

(1) 배경: 시민 계급과 *젠트리의 성장, 제임스 1세와 찰스 1세의 전제 정치(*청교도 탄압)

(2) 전개: 의회의 권리 청원 제출 → 찰스 1세의 승인, 의회 해산 → 의회파와 왕당파의 내전

(3) 결과: 크롬웰이 이끄는 의회파 승리 → 찰스 1세 처형, 공화정 수립
　　　└─ "의회의 동의 없이 세금을 부과할 수 없다."라는 내용이었어.

2. 명예혁명(1688)
　　　└─ 청교도 혁명 이후 독재 정치를 펼쳐 국민의 지지를 잃었어.

(1) 배경: 크롬웰 사후 왕정 부활 → 찰스 2세와 제임스 2세의 전제 정치 강화

(2) 전개: 의회가 제임스 2세 폐위 → 제임스 2세의 딸 메리와 그녀의 남편 윌리엄 3세를 공동 왕으로 추대(1688) → 의회의 권리 장전 제출, 왕의 승인(1689) `자료`
　　　　　　　　　　　　　　　　　　　　　　`용어` 군주의 권력이 헌법이나 의회

(3) 영향: 왕과 의회의 협력을 바탕으로 하는 입헌 군주제의 토대 마련
　　　　　　　　　　　　　　　　　　　에 일정한 제약을 받는 정치 형태

> **젠트리**
> 귀족과 자영농 사이의 지주층으로, 농촌의 지도층이 되어 17세기 영국 의회의 다수 의석을 차지하였다.

> **청교도**
> 영국에 거주하던 칼뱅파 신도로, 주로 시민 계급과 젠트리로 구성되었다. 이들은 영국 국교회에 반대하며 개혁을 주장하였다.

`자료` **권리 장전**

제1조　국왕은 의회의 동의 없이 법의 효력을 정지하거나 법의 집행을 막을 수 없다. ─ 의회의 입법권을 알 수 있어.

제4조　국왕이 의회의 승인 없이 세금을 거두는 것은 위법이다.

제6조　의회의 동의 없이 왕국 내에서 군대를 모으거나 유지하는 것은 위법이다.

권리 장전에는 의회가 만든 법이 국왕의 권력보다 우선한다는 내용이 담겨 있다. 메리 여왕과 윌리엄 3세는 의회가 제출한 권리 장전을 받아들였다. 권리 장전이 승인되면서 영국에서는 입헌 군주제의 토대가 마련되었다. 영국에서는 청교도 혁명과 명예혁명을 겪으면서 국왕과 의회가 협력하는 정치 체제가 자리잡게 되었다.

◐ 권리 장전을 받는 메리 여왕과 윌리엄 3세

B 미국 혁명

1. 미국 혁명의 배경과 전개

배경	• 17세기부터 영국인이 종교적 자유와 경제적 기회를 찾아 북아메리카로 이주 • 영국이 프랑스와의 7년 전쟁으로 재정 악화 → 식민지에 인지세 부과, 식민지들의 반발로 인지세 폐지 → 영국 정부가 설탕, 차 등 세금 부과
전개	*보스턴 차 사건 발생(1773) → 영국의 강경 대응, 식민지 대표들이 대륙 회의 개최 → 식민지 민병대와 영국군의 충돌로 독립 전쟁 시작 → 조지 워싱턴을 총사령관으로 임명하고 독립 선언문 발표(1776) → 조지 워싱턴의 활약, 프랑스의 지원 등 식민지군의 요크타운 전투 승리(1781) → 파리 조약(1783)으로 독립을 인정받음 `핵심 자료`

동부 연안에 13개의 식민지를 건설하고 의회를 구성하여 자치를 누렸어.

`용어` 공문서, 신문 등 종이로 된 인쇄물에 부과한 세금

식민지군이 영국군에 크게 승리해서 승기를 잡은 전투야.

2. 미국 혁명의 결과
└─ 독립을 이룬 13개의 식민지인들이 연방제를 특징으로 하는 헌법을 만들었어.

(1) 헌법 제정: *연방제, 국민 주권, 삼권 분립 규정 `핵심 자료`
　　　　　　　　　　　　　`용어` 국가 권력을 세 개의 권한(입법, 사법, 행정권)으로 나누는 것

(2) 아메리카 합중국(미국) 수립: 조지 워싱턴을 초대 대통령으로 선출, 세계 최초의 민주 공화국 수립 → 프랑스 혁명과 라틴 아메리카의 독립운동에 영향을 줌

> **보스턴 차 사건**
> 식민지 주민들이 영국으로부터의 차 수입을 막고자 보스턴항에 정박 중이던 동인도 회사의 배를 습격해 차 상자를 바다에 던진 사건이다.

> **연방제**
> 중앙 정부와 지방 정부로 권력을 나누어 운영하는 정부 조직 방식이다. 미국은 중앙의 연방 정부가 외교권과 군사권 등을 가지며, 주 정부의 독자적인 권한을 인정한다.

교과서 핵심 자료 ◆ 미국의 독립 선언문과 미국 헌법

(가) 미국 독립 선언문

모든 인간은 평등하게 태어났고, 창조주는 양도할 수 없는 권리를 인간에게 부여하였으며, 거기에는 생명권과 자유권 및 행복 추구권이 포함되어 있다. …… 어떤 정부라도 이 목적을 훼손하는 경우에는 언제든지 새로운 정부를 수립할 수 있는 권리가 국민에게 있다.

(나) 미국 헌법

제1조 이 헌법에서 부여되는 모든 입법권은 미국 연방 의회에 속하며, 연방 의회는 상원과 하원으로 구성한다.
제2조 행정권은 미국 대통령에게 귀속된다.
제3조 미국의 사법권은 대법원 한 곳과 연방 의회가 수시로 만들어 설치하는 하급 법원에 속한다.

미국의 독립 선언문은 인간의 기본권(생명·자유·행복 추구권)을 규정하고 있다. 또한 국민 주권, 천부 인권, 저항권 등의 근대 민주주의의 원리를 담고 있다. 미국 헌법에는 연방제가 명시되어 있으며 국가의 권력을 입법, 행정, 사법으로 분리한다는 삼권 분립의 원칙이 담겨 있다.

✅ 완자쌤의 탐구 수업

❶ (가) 선언문에 담긴 근대 민주주의의 원리는?
국민 주권, 천부 인권, 저항권 등

❷ (나) 헌법에서 알 수 있는 미국 헌법의 특징은?
미국 헌법에는 연방제가 명시되어 있으며, 국가의 권력을 입법, 행정, 사법으로 분리한다는 삼권 분립의 원칙이 담겨 있습니다.

문제로 개념 확인

정답 친해 46쪽

1 다음 물음에 답하시오.

(1) 크롬웰이 이끈 의회파가 찰스 1세를 처형하고 공화정을 세운 사건은?
(　　　　)

(2) 메리 여왕과 윌리엄 3세가 권리 장전을 승인함으로써 토대가 마련된 정치 체제는?
(　　　　)

2 미국 혁명의 전개 과정을 일어난 순서대로 나열하시오.

(가) 파리 조약 체결　　(나) 독립 선언문 발표　　(다) 요크타운 전투 승리

(　　　　)

3 다음 괄호 안의 내용 중 알맞은 말에 ○표를 하시오.

(1) 미국 혁명으로 (민주 공화국 , 입헌 군주제)이/가 수립되었다.

(2) 미국 혁명은 (러시아 혁명 , 프랑스 혁명)과 라틴 아메리카의 독립운동에 영향을 주었다.

(3) 북아메리카의 식민지 대표들은 (링컨 , 조지 워싱턴)을 총사령관으로 임명하고 독립 선언문을 발표하였다.

비주얼로 핵심 콕콕

A 영국 혁명

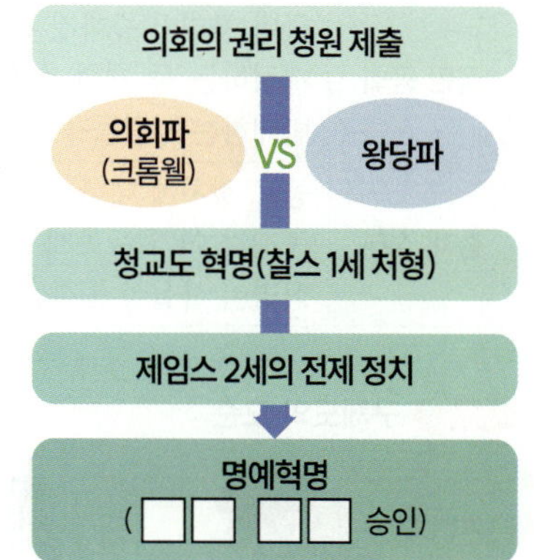

B 미국 혁명

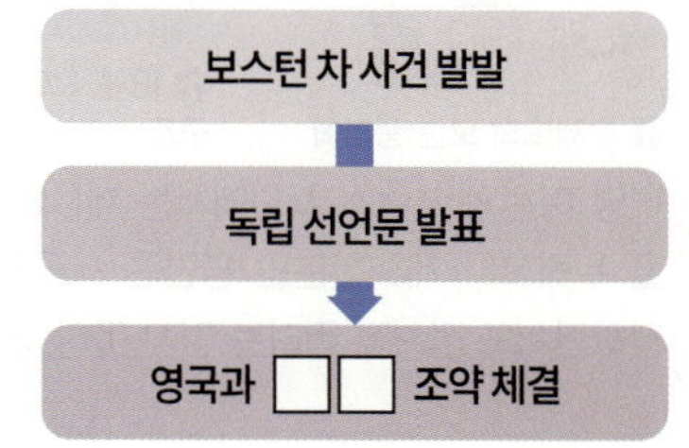

C 프랑스 혁명

1. 프랑스 혁명의 배경 혁명 이전의 프랑스의 사회 제도를 의미해.

(1) **구제도의 모순**: 불평등한 신분제 지속 자료①

① 제1, 2신분: 대토지 소유, 세금 면제의 특권을 누림, 정치에 참여가 가능함

② 제3 신분: 많은 세금을 부담, 정치 참여가 제한됨

(2) 시민 계급의 성장

① 경제: 상공업 활동으로 부를 축적함

② 사상: 계몽사상과 미국 혁명의 영향으로 구제도의 불평등에 대한 비판 의식을 가짐

2. 프랑스 혁명의 전개

(1) 혁명의 시작: 계속된 전쟁과 왕실의 사치로 국가 재정이 악화됨 → 루이 16세의 **＊삼부회** 소집 → 표결 방식을 두고 대립(제1, 2 신분은 신분별 표결을 주장, 제3 신분은 머릿수 표결을 주장)

(2) 혁명의 전개 자료②

국민 의회	제3 신분이 국민 의회 결성, ＊**테니스코트의 서약** 발표 → 루이 16세의 국민 의회 탄압 → 파리 시민들의 바스티유 습격, 혁명의 확산 → 국민 의회의 봉건제 폐지 선언, '인간과 시민의 권리선언(**인권 선언**)' 발표(1789) 핵심 자료 → 헌법 제정(입헌 군주제, 재산에 따른 선거 제한 규정)
입법 의회	새로운 헌법에 따라 입법 의회 구성 → 프랑스 혁명이 자국에 영향을 끼칠 것을 우려한 오스트리아, 프로이센 등이 프랑스를 위협하자 전쟁 선포 → 혁명 전쟁 시작 → 전쟁 중 물가 상승과 식량 부족으로 파리 민중이 왕궁을 습격함 → 왕권 정지, 국민 공회 수립(1792)
국민 공회	국민 공회가 공화정 선포, 루이 16세 처형 → 성인 남성의 보통 선거를 규정한 헌법을 제정하는 등 개혁 추진, ＊**로베스피에르**가 이끄는 급진파가 정권을 장악하고 혁명에 반대하는 사람들을 처형하는 등 공포 정치 실시
총재 정부	공포 정치에 대한 국민의 불만이 점점 커짐 → 온건파가 로베스피에르 처형 → 5명의 총재가 이끄는 총재 정부 수립 → **나폴레옹**의 쿠데타로 총재 정부가 무너짐, 프랑스 혁명이 사실상 종결됨 └ 총재가 행정과 외교를 담당하였지만 권력이 분산되고 국내외의 혼란이 지속되었어.

자료① 구제도의 모순

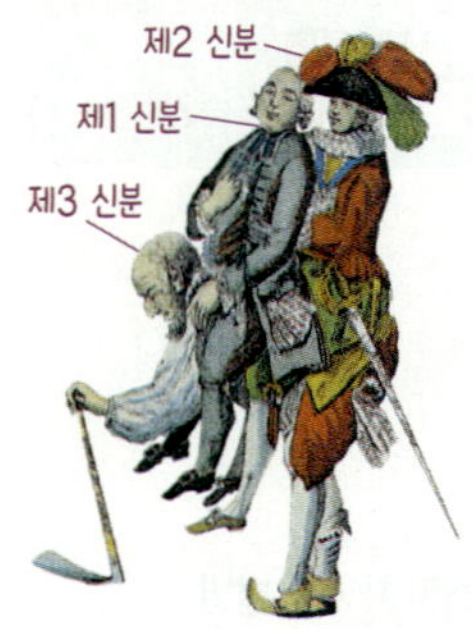

↑ 구제도의 모순 풍자화

↑ 18세기 프랑스의 신분 구조

혁명 이전의 프랑스 사회에서는 제1, 2 신분이 특권을 누렸으나 제3 신분인 평민은 세금을 대부분 부담하면서도 정치적 권리는 얻지 못하였다.

자료② 프랑스 혁명의 전개

↑ 바스티유 습격

↑ 루이 16세의 처형

루이 16세가 소집한 삼부회에서 제3 신분 대표들은 머릿수에 따른 표결을 요구하였으나 받아들여지지 않았다. 제3 신분이 결성한 국민 의회를 왕이 억압하려 하자 파리 민중은 당시 구제도의 상징이었던 바스티유를 습격하였다. 이후 입법 의회를 거쳐 탄생한 국민 공회는 공화정을 선포하고 루이 16세를 처형하였다.

교과서 핵심 자료 ‘인간과 시민의 권리선언(인권 선언)’

제1조 인간은 자유롭게 그리고 평등한 권리를 가지고 태어났다.
제2조 자유, 재산, 안전, 그리고 압제에 맞서는 저항권은 인간이 가진 불가침의 권리이다.
제3조 모든 주권의 원천은 국민에게 있다.
제6조 시민은 직접 또는 간접적으로 법의 제정에 참여할 권리를 갖는다.
– 프랑스 헌법위원회, 1789

○ '인권 선언'을 들고 있는 시민

1789년 국민 의회에서 발표한 ‘인간과 시민의 권리선언’ 서두의 내용이다. 국민 의회는 자유와 평등, 인간의 자연권, 국민 주권, 소유권 등에 관한 여러 조항이 포함된 ‘인권 선언’을 발표하였다. 계몽사상의 영향을 받아 작성된 인권 선언은 프랑스 혁명의 기본 이념을 담고 있다.

✔ 완자쌤의 탐구 수업

❶ 인권 선언에 나타난 인간의 기본권은?
자유권, 평등권, 저항권, 국민 주권 등

❷ 인권 선언이 발표된 배경은?
구제도의 모순과 시민 계급의 성장으로 프랑스 혁명이 일어났습니다. 제3 신분이 구성한 국민 의회는 인간의 자유와 평등 등을 담은 인권 선언을 발표하였습니다.

문제로 개념 확인

정답 친해 46쪽

1 다음 설명이 맞으면 ○표, 틀리면 ×표를 하시오.

(1) 프랑스 혁명은 구제도의 모순이 배경이 되어 일어났다. (　　　)

(2) 제3 신분은 많은 세금을 부담하면서도 정치 참여는 제한되었다. (　　　)

(3) 루이 16세가 삼부회를 소집하자 표결 방식을 두고 제1 신분과 제2 신분이 대립하였다. (　　　)

2 빈칸에 들어갈 알맞은 내용을 쓰시오.

(1) 프랑스의 제3 신분 대표들은 (　　　　　　)을/를 구성한 뒤 테니스코트의 서약을 발표하였다.

(2) 오스트리아, 프로이센 등이 프랑스를 위협하자 새로운 헌법에 따라 구성된 (　　　　　　)은/는 이에 맞서 전쟁을 벌였다.

(3) 1789년 국민 의회가 발표한 (　　　　　　)은/는 계몽사상에 영향을 받아 자유, 평등, 저항권, 국민 주권 등과 같은 프랑스 혁명의 이념을 담고 있다.

3 다음 설명에 해당하는 인물을 〈보기〉에서 골라 기호를 쓰시오.

> **보기**
> ㄱ. 나폴레옹　　　　　　ㄴ. 로베스피에르

(1) 쿠데타를 일으켜 5명의 총재가 이끄는 총재 정부를 무너뜨렸다. (　　　)

(2) 국민 공회의 지도자로, 루이 16세를 처형하는 등 공포 정치를 실시하였다. (　　　)

비주얼로 핵심 콕콕

C 프랑스 혁명

구제도의 모순 심화,
삼부회에서 표결 방식 대립

↓

프랑스 혁명의 시작

↓

국민 의회
(테니스코트의 서약 발표,
‘인권 선언’ 발표)

↓

입법 의회
(혁명 전쟁 시작)

↓

□□ □□
(루이 16세 처형, 로베스피에르의
공포 정치)

↓

총재 정부

↓

나폴레옹의 쿠데타
→ 프랑스 혁명의 사실상 종결

D 나폴레옹 시대

1. 통령 정부

(1) 수립 과정: 이탈리아와 이집트 원정에서 승리한 나폴레옹이 쿠데타로 총재 정부를 무너뜨리고 통령 정부 수립, 제1 통령에 취임
  └ **용어** 군대 등 힘을 사용하여 정권을 무너뜨리거나 빼앗음

(2) 대외 정책: 대프랑스 동맹 격파
  └ 영국을 중심으로 한 유럽국들이 나폴레옹의 대륙 지배에 대항하려고 체결하였어.

(3) 국내 개혁
  └ 나폴레옹의 개혁 정책은 국민의 지지를 얻었어.

재정 안정	프랑스 국립 은행 설립
교육 제도	국민 교육 제도 도입
통치 체제	중앙 집권적 행정 제도 마련, 도량형 통일
법전 편찬	*『나폴레옹 법전』 편찬(1804) → 새로운 시민 사회의 규범 제시

2. 제1 제정
용어 황제가 다스리는 정치 체제

(1) 수립: 국민 투표를 거쳐 나폴레옹이 황제에 즉위(1804) **자료**

(2) 활동: 국내의 혼란을 수습한 나폴레옹은 본격적인 정복 전쟁을 시작함, 트라팔가르 해전 (1805)에서 영국에 패배, 육지에서 오스트리아·프로이센·러시아 등을 격파하며 유럽 대부분을 장악 → 영국을 굴복시키고자 *대륙 봉쇄령(베를린 칙령) 선언

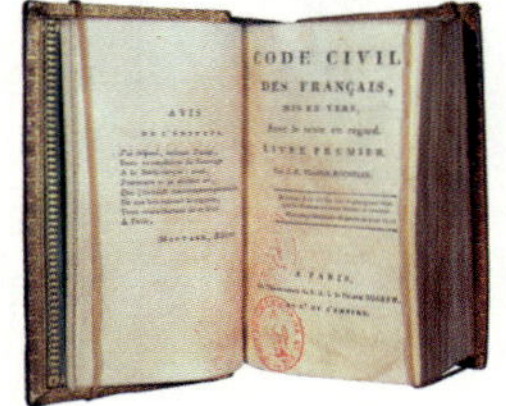

✳ 『나폴레옹 법전』

『나폴레옹 법전』은 개인의 자유, 법 앞에 평등과 같은 프랑스 혁명의 정신을 반영하였다.

✳ 대륙 봉쇄령
유럽 대륙의 어느 나라도 영국과 교역할 수 없도록 항구를 봉쇄한다는 법령이다.

자료 **나폴레옹의 황제 즉위**

↑ 나폴레옹의 황제 대관식 모습

↑ 나폴레옹의 모습

제1 통령이었던 나폴레옹은 국민 교육 제도를 도입하고 『나폴레옹 법전』을 편찬하는 등 여러 국내 개혁을 바탕으로 국민의 지지를 얻었고, 국민 투표를 통해 황제에 즉위하였다(제1 제정). 이후 나폴레옹은 유럽의 대부분을 장악하기 위하여 정복 전쟁을 벌여 오스트리아, 프로이센 등을 격파하고 신성 로마 제국을 해체시키며 대륙의 패권을 장악하였다.

└ 나폴레옹이 알프스산맥을 넘는 모습을 표현한 그림이야.

E 나폴레옹의 정복 전쟁과 영향

1. 나폴레옹 정복 전쟁의 전개
대륙 봉쇄령 선포 → 러시아가 대륙 봉쇄령을 어기고 영국과 지속적인 교역을 하자 프랑스가 러시아 원정에 나섬(1812) → 러시아의 혹독한 추위와 굶주림 등으로 러시아 원정 실패 → 유럽 국가들이 결성한 대프랑스 동맹에 프랑스가 크게 패배함 → 나폴레옹 몰락 **핵심 자료**
  └ 워털루 전투에서 패배하여 몰락하였어.

2. 나폴레옹 정복 전쟁의 영향

(1) 혁명 이념의 전파: 전쟁 과정에서 프랑스 혁명의 이념인 *자유주의가 유럽에 확산

(2) 민족주의의 확산: 나폴레옹의 침략과 지배에 저항하는 과정에서 유럽 각국의 *민족주의가 자극을 받음

(3) 국민 국가 체제 형성: 자유주의와 민족주의의 확산 → 일정한 영토에서 사는 사람들이 동일한 민족의식을 지니며 국가 운영에 참여하는 국민 국가가 등장함

✳ 자유주의
인간의 자유와 평등을 보장하고 중시하는 사상이다.

✳ 민족주의
민족을 중심으로 통일 국가를 이루어야 한다는 사상이다.

교과서 핵심 자료 — 나폴레옹 시기의 유럽

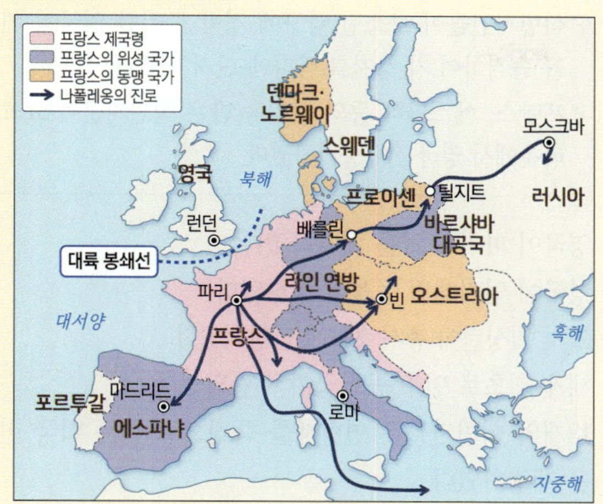

나폴레옹의 유럽 정복에 대항하여 영국을 중심으로 대프랑스 동맹이 결성되었다. 나폴레옹은 영국과의 해전에서는 패하였으나, 육지에서는 오스트리아와 프로이센 등을 격파하고 유럽의 대부분을 장악하였다. 이 과정에서 프랑스 혁명의 이념인 자유주의가 확산되었다. 한편, 나폴레옹의 지배에 대항하면서 유럽 각국에서는 민족의 단결을 주장하는 민족주의가 자극받았다.

✅ 완자쌤의 탐구 수업

❶ 나폴레옹의 유럽 정복에 대항하여 결성된 동맹은?

대프랑스 동맹

❷ 나폴레옹의 정복 전쟁이 유럽에 미친 영향은?

프랑스 혁명의 이념인 자유주의가 확산되었고, 유럽 각국이 나폴레옹의 지배에 저항하는 과정에서 민족의 단결을 주장하는 민족주의가 확산되었습니다.

문제로 개념 확인

정답 친해 46쪽

1 다음 물음에 답하시오.

(1) 나폴레옹이 쿠데타로 총재 정부를 무너뜨리고 세운 정부는? (   )

(2) 유럽 국가들이 나폴레옹의 유럽 정복에 대항하기 위해 체결한 군사 동맹은?

(   )

2 다음 설명이 맞으면 ○표, 틀리면 ✕표를 하시오.

(1) 나폴레옹은 프로이센을 굴복시키고자 대륙 봉쇄령을 선언하였다. (   )

(2) 나폴레옹은 개인의 자유, 법 앞에 평등과 같은 프랑스 혁명의 정신을 반영하여 『나폴레옹 법전』을 편찬하였다. (   )

3 나폴레옹 정복 전쟁의 전개 과정을 일어난 순서대로 나열하시오.

(가) 대륙 봉쇄령 선포   (나) 러시아 원정 추진   (다) 워털루 전투 패배

(   )

4 ㉠에 들어갈 내용을 쓰시오.

나폴레옹 정복 전쟁의 결과 프랑스 혁명의 이념인 자유주의 이념이 확산되었고, 전쟁에 대항하는 과정에서 유럽 각국의 (㉠   ) 이념이 자극되었다.

비주얼로 핵심 콕콕

D 나폴레옹 시대

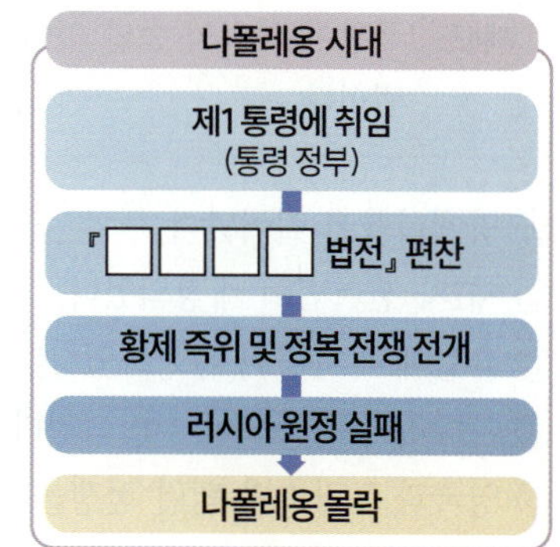

E 나폴레옹의 정복 전쟁과 영향

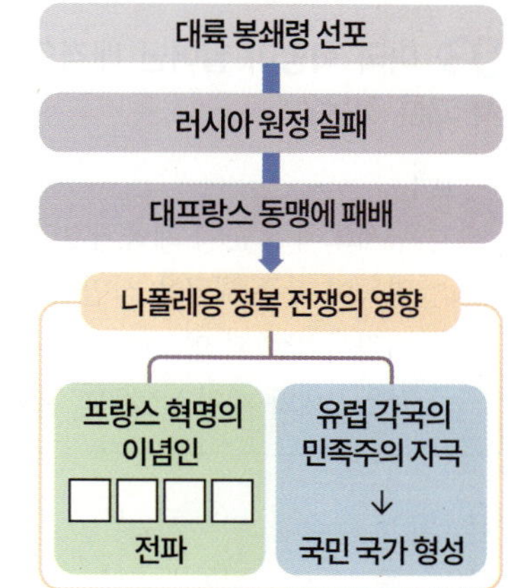

A 영국 혁명

01 영국의 크롬웰에 대한 설명으로 옳은 것은?

① 공화정을 세웠다.
② 권리 장전을 승인하였다.
③ 영국 국교회를 수립하였다.
④ 에스파냐의 무적함대를 격파하였다.
⑤ 공주인 메리와 함께 공동 왕으로 추대되었다.

02 다음 문서가 작성된 배경으로 가장 적절한 것은?

> 제1조 국왕은 의회의 동의 없이 법의 효력을 정지하거나 법의 집행을 막을 수 없다.
> 제4조 국왕이 의회의 승인 없이 세금을 거두는 것은 위법이다.

① 명예혁명이 일어났다.
② 제1차 선거법이 개정되었다.
③ 유럽에 흑사병이 유행하였다.
④ 아메리카 합중국이 수립되었다.
⑤ 영국과 프랑스가 백년 전쟁을 벌였다.

B 미국 혁명

03 미국 혁명이 일어난 배경으로 적절한 것을 〈보기〉에서 고른 것은?

> **보기**
> ㄱ. 구제도의 모순이 계속되었다.
> ㄴ. 영국이 각종 세금을 식민지에 부과하였다.
> ㄷ. 재정이 악화된 영국이 식민지에 간섭하였다.
> ㄹ. 찰스 2세와 제임스 2세의 전제 정치가 강화되었다.

① ㄱ, ㄴ
② ㄱ, ㄷ
③ ㄴ, ㄷ
④ ㄴ, ㄹ
⑤ ㄷ, ㄹ

04 (가), (나) 사이 시기에 있었던 사실로 옳은 것은?

> (가) 식민지인들이 보스턴 항구에 정박 중이던 영국의 배를 습격하여 차 상자를 바다에 던져 버렸다.
> (나) 프랑스, 에스파냐 등의 지원을 받은 식민지군이 요크타운에서 영국군에 승리하였다.

① 영국이 파리 조약을 체결하였다.
② 영국이 인지세법 등을 개정하였다.
③ 조지 워싱턴이 총사령관에 임명되었다.
④ 세계 최초로 민주 공화국이 수립되었다.
⑤ 13개의 식민지들은 연방제를 특징으로 하는 미국 헌법을 제정하였다.

[05~06] 다음을 읽고 물음에 답하시오.

> 모든 인간은 (㉠)하게 태어났고, 창조주는 양도할 수 없는 권리를 인간에게 부여하였으며, 거기에는 생명권과 자유권 및 행복 추구권이 포함되어 있다. 이러한 권리를 보장하려고 인간은 정부를 만들었으며, 정부의 정당한 권력은 통치를 받는 사람들의 동의로부터 나온다. 어떤 정부라도 이 목적을 훼손하는 경우에는 언제든지 새로운 정부를 수립할 수 있는 권리가 (㉡)에게 있다.

05 ㉠, ㉡에 들어갈 내용으로 옳은 것은?

	㉠	㉡		㉠	㉡
①	평등	국민	②	평등	대통령
③	평등	재판관	④	불평등	국민
⑤	불평등	대통령			

06 위 선언문에 대한 설명으로 옳지 <u>않은</u> 것은?

① 미국 혁명 당시 발표되었다.
② 인간의 기본권을 명시하였다.
③ 근대 민주주의 원칙을 포함하였다.
④ 입헌 군주제가 마련되는 계기가 되었다.
⑤ 북아메리카 13개의 식민지 대표들이 발표하였다.

07 다음에서 설명하는 인물을 쓰시오.

- 영국과 독립 전쟁이 일어나자 식민지군을 이끌며 활약하였다.
- 각 주의 대표들에 의해 아메리카 합중국의 초대 대통령으로 선출되었다.

( )

08 ㉠에 들어갈 정치 체제로 옳은 것은?

독립 직후의 미국은 여러 주의 연합체였다. 중앙 정부의 필요성이 제기되어 공화제 이후 헌법이 새로 제정되었고 각 주의 대표들이 초대 대통령을 선출하였다. 이로써 최초의 (㉠)인 아메리카 합중국이 수립되었다.

① 귀족정
② 도시 국가
③ 민주 공화국
④ 입헌 군주국
⑤ 재정·군사 국가

09 다음 헌법에 대한 설명으로 옳지 <u>않은</u> 것은?

제1조 1항 이 헌법에서 부여되는 모든 입법권은 미국 연방 의회에 속하며, 연방 의회는 상원과 하원으로 구성한다.
제2조 1항 행정권은 미국 대통령에게 귀속된다.
제3조 1항 미국의 사법권은 대법원 한 곳과 연방 의회가 수시로 만들어 설치하는 하급 법원에 속한다.

① 삼권 분립을 규정하였다.
② 국왕의 권력을 강조하였다.
③ 국민 주권의 원리를 포함하였다.
④ 13개 식민지 대표들이 만들었다.
⑤ 주 정부의 독자적인 권한을 인정하였다.

 프랑스 혁명

10 밑줄 친 '이 용어'로 옳은 것은?

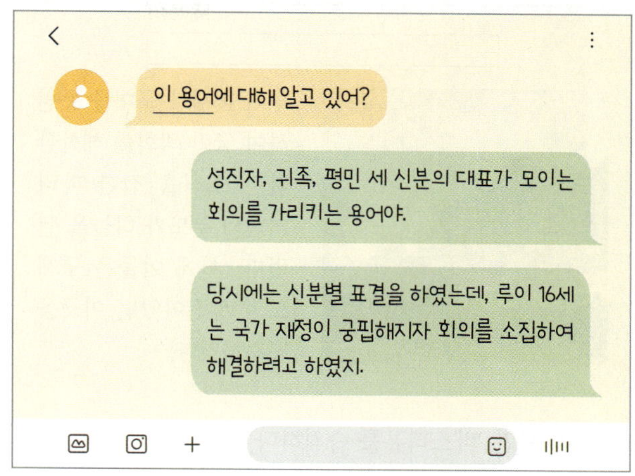

① 삼부회
② 국민 공회
③ 국민 의회
④ 대륙 회의
⑤ 입법 의회

시험에 잘 나와!
11 선생님의 질문에 대한 학생들의 답변으로 가장 적절한 것은?

① 찰스 1세가 청교도를 탄압하였어요.
② 시민들이 불평등한 구제도에 불만을 가졌어요.
③ 영국인이 식민지에 각종 세금을 부과하였어요.
④ 부르봉 왕조가 부활하고 전제 정치가 시작되었어요.
⑤ 찰스 2세와 제임스 2세가 전제 정치를 강화하였어요.

12 다음 기사의 제목으로 가장 적절한 것은?

역사 신문

루이 16세가 군대를 동원하여 국민 의회를 해산한다는 소식을 접한 파리 시민의 분노가 하늘을 찔렀다. 이에 이들은 구제도의 상징이었던 이곳을 공격하였다.

① 파리 시민, 바스티유를 습격하다!
② 국민 의회, 테니스코트의 서약을 발표하다!
③ 국민 공회, 공화정 체제의 전환을 선언하다!
④ 파리 시민, 왕궁을 습격하여 왕권을 정지시키다!
⑤ 나폴레옹, 무능한 정부를 향해 쿠데타를 일으키다!

★시험에 잘 나와!
13 다음 선언문에 대한 설명으로 옳은 것을 〈보기〉에서 고른 것은?

제1조	인간은 자유롭게 그리고 평등한 권리를 가지고 태어났다.
제2조	자유, 재산, 안전, 그리고 압제에 맞서는 저항권은 인간이 가진 불가침의 권리이다.
제3조	모든 주권의 원천은 국민에게 있다.
제6조	시민은 직접 또는 간접적으로 법의 제정에 참여할 권리를 갖는다.

보기
ㄱ. 입법 의회에서 발표하였다.
ㄴ. 국민 주권과 저항권이 나타나 있다.
ㄷ. 노동자들의 선거권 확대 요구가 담겨 있다.
ㄹ. 프랑스 혁명의 기본 이념을 반영하고 있다.

① ㄱ, ㄴ ② ㄱ, ㄷ ③ ㄴ, ㄷ
④ ㄴ, ㄹ ⑤ ㄷ, ㄹ

14 ㈎에 들어갈 인물로 옳은 것은?

① 나폴레옹 ② 찰스 1세 ③ 루이 16세
④ 제임스 2세 ⑤ 로베스피에르

D 나폴레옹 시대

15 나폴레옹 집권 시기에 볼 수 있는 모습으로 적절하지 않은 것은?

① 트라팔가르 해전에 참전한 군인
② 국민 투표를 마치고 온 파리 시민 남성
③ 프랑스 국민 은행에서 근무하는 노동자
④ 국민 교육 제도의 시행을 알리는 공무원
⑤ 빈 체제가 무너졌다는 소식에 환호하는 시민

16 다음 법전을 편찬한 인물에 대한 설명으로 옳은 것은?

법전은 1804년 프랑스에서 편찬되었으며 개인의 자유, 법 앞에의 평등과 같은 프랑스 혁명의 정신이 반영되어 있다.

① 권리 장전을 승인하였다.
② 루이 16세를 처형하였다.
③ 강력한 군비 확장 정책을 실시하였다.
④ 국민 투표를 통해 황제에 즉위하였다.
⑤ 식민지 민병대의 총사령관으로 임명되었다.

E 나폴레옹의 정복 전쟁과 영향

17 검색창에 들어갈 전쟁의 영향으로 가장 적절한 것은?

황제가 된 나폴레옹이 유럽 지역을 침략해 나갔다. 트라팔가르 해전에서 영국에 패하였지만 지상에서는 오스트리아와 프로이센 등을 격파하며, 유럽 전 지역을 정복하였다.

① 권리 장전이 승인되는 계기가 되었다.
② 십자군 전쟁이 일어나는 계기가 되었다.
③ 프랑스 혁명이 일어나는 계기가 되었다.
④ 세계 최초로 민주 공화국이 수립되는 계기가 되었다.
⑤ 유럽 여러 나라에서 민족주의 이념이 확산하는 계기가 되었다.

★ 시험에 잘 나와!
18 지도와 같이 전개된 전쟁 중에 있었던 사실로 옳지 <u>않은</u> 것은?

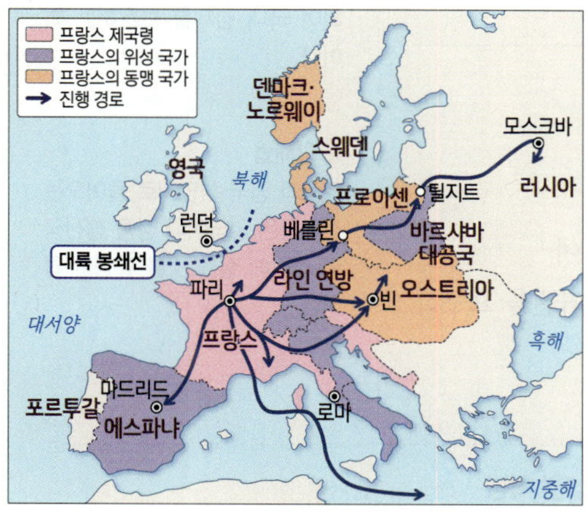

① 러시아가 영국과 교역하였다.
② 국민 의회가 테니스코트의 서약을 발표하였다.
③ 영국을 중심으로 대프랑스 동맹이 만들어졌다.
④ 프랑스 혁명의 이념인 자유주의 이념이 퍼져 나갔다.
⑤ 프랑스가 영국을 굴복시키고자 대륙 봉쇄령을 선포하였다.

서술형 문제

서술형 감잡기

1 다음을 읽고 물음에 답하시오.

그림은 아메리카 식민지인들이 영국 배를 습격하여 홍차 상자를 바다에 던져 버린 이 사건을 상상하여 그린 것이다.

(1) 밑줄 친 '이 사건'을 쓰시오.

(2) (1)에서 답한 사건이 일어난 배경을 서술하시오.

| 핵심어 | 설탕, 세금

서술형 익히기

2 다음을 읽고 물음에 답하시오.

1804년 황제 즉위식 당시 이 인물은 스스로 황제의 관을 쓰고 자신이 황후로 봉한 아내 조세핀에게 직접 관을 씌워 주었다. 이후 황제가 된 이 인물은 프랑스에 반대하는 유럽의 여러 나라를 정복하였다.

(1) 밑줄 친 '이 인물'을 쓰시오.

(2) (1)에서 답한 인물이 추진한 정복 전쟁이 유럽에 미친 영향을 <u>두 가지</u> 서술하시오.

02 유럽과 아메리카의 국민 국가 체제(2)

A 빈 체제의 성립

1. 빈 회의(1814~1815)

(1) 목적: 나폴레옹의 몰락 이후 전쟁의 혼란을 수습하기 위함

(2) 진행: 오스트리아의 재상인 메테르니히가 오스트리아의 수도 빈에서 회의 주도

(3) 결과: 유럽 각국의 영토와 지배권을 프랑스 혁명 이전으로 되돌리는 데 합의 → 빈 체제 형성(보수적인 질서 유지)

2. 빈 체제

	오스만 제국을 견제하던 러시아, 영국, 프랑스가 그리스를 지원하였어.
영향	유럽 여러 나라에 옛 왕조가 부활, *자유주의와 민족주의 운동이 탄압을 받음
동요	그리스가 독립 전쟁에서 승리하여 오스만 제국으로부터 독립 → 빈 체제 동요

> ✱ **자유주의와 민족주의 운동**
> 자유주의 운동은 개인의 자유와 평등을 추구하였으며, 민족주의 운동은 민족의 독립과 통일을 추구하였다.

B 프랑스와 영국의 자유주의 운동

1. 프랑스의 자유주의 운동

빈 체제에 따라 부활한 왕정이야.

7월 혁명 (1830)	• 배경: 부르봉 왕조 부활, 샤를 10세의 전제 정치(의회 해산, 언론과 시민의 자유 제한) • 전개: 파리 시민과 자유주의자들이 혁명으로 샤를 10세를 몰아내고 루이 필리프를 왕으로 추대 → 입헌 군주제 수립 자료❶
2월 혁명 (1848)	• 배경: 새로운 왕정이 부유한 소수에게만 선거권을 부여하는 등 소수의 이익 보호 • 전개: 파리 시민과 노동자들이 선거권 확대를 요구하며 혁명을 일으킴 → 왕정 폐지, 공화정 수립 자료❷ 오스트리아에서 메테르니히가 추방되었어. • 영향: 유럽에 자유주의와 민족주의 운동의 확산, 빈 체제 붕괴

2. 영국의 자유주의 운동

(1) 배경: 의회를 중심으로 한 자유주의 확대

(2) 선거권 확대

① 제1차 선거법 개정(1832): 부패 선거구 폐지, 도시 중산 계급까지 선거권 부여

② *차티스트 운동: 선거권을 얻지 못한 노동자들이 인민헌장을 발표하고 선거권을 요구하는 서명 운동 전개 핵심자료 당시에는 노동자들의 선거권 요구가 받아들여지지 않았어.

(3) 자유 무역 체제 확립: *곡물법과 *항해법 폐지(정부의 경제 규제 완화)

> ✱ **차티스트 운동**
> 제1차 선거법 개정에도 선거권을 얻지 못한 노동자들은 인민헌장을 발표하고 차티스트 운동을 벌였다.
>
> ✱ **곡물법**
> 수입 곡물에 높은 관세를 부과하여 국내 경제를 보호하는 법이다.
>
> ✱ **항해법**
> 영국과 영국 식민지로 들어오는 수입품은 영국이나 상품 생산국의 선박에 실을 것을 규정한 법이다.

자료❶ **프랑스 7월 혁명** 7월 혁명에는 부르주아, 노동자, 소년 등이 참여하였어.

7월 혁명을 그린 그림으로, 자유의 여신이 삼색기와 총을 들고 민중을 이끌고 있다. 7월 혁명에 다양한 계층이 참여하였음을 알 수 있다.

➊ 들라크루아, 「민중을 이끄는 자유의 여신」

자료❷ **프랑스 2월 혁명**

7월 혁명으로 들어선 새로운 왕정이 부유한 소수에게만 선거권을 부여하자 파리 시민과 노동자들은 선거권 확대를 요구하며 2월 혁명을 일으켰다.

➊ 2월 혁명 군중의 파리 시청 앞 집회의 모습

무엇을 배울까?
▶ 빈 체제와 유럽의 자유주의 운동
▶ 미국의 발전
▶ 이탈리아와 독일의 통일
▶ 라틴 아메리카의 독립운동과 변화

교과서 핵심 자료 ◆ 인민헌장과 선거권 확대

(가) 인민헌장의 내용(1838)

- 21세 이상 모든 남자에게 선거권을 부여할 것
- 유권자 보호를 위하여 비밀 투표를 실시할 것
- 의원 출마자의 재산 자격 제한을 폐지할 것
- 인구 비례에 따라 선거구를 조정할 것
- 매년 선거를 실시할 것

(나) 영국의 선거권 개정 과정

구분	유권자 및 특징
제1차	· 산업 자본가와 중산 계급 · 부패 선거구 폐지
제2차	도시의 노동자와 소시민
제3차	농촌과 광산의 노동자, 비밀 투표제
제4차	만 21세 이상의 남자에게 보통 선거권, 만 30세 이상의 여자에게 제한 선거권
제5차	만 21세 이상의 남녀에게 보통 선거권

1832년에 영국은 선거법을 개정하였으나 대부분의 노동자들은 선거권을 얻지 못하였다. 이에 노동자들은 요구 사항을 담은 인민헌장을 발표하고 참정권의 확대를 주장하였다. 당시 의회에서는 이들의 요구가 받아들여지지 않았지만 이후 선거법 개정에 영향을 주었다.

✔ 완자쌤의 탐구 수업

❶ 인민헌장을 발표하며 노동자들이 벌인 서명 운동은?

차티스트 운동

❷ 인민헌장의 발표가 영국의 선거권 개정에 미친 영향은?

인민헌장 발표 당시에는 노동자들의 요구가 받아들여지지 않았지만 이후 노동자들이 지속적인 선거법 개정을 요구하여 유권자의 확대를 이끌어 내는 등 선거법 개정에 영향을 미쳤습니다.

문제로 개념 확인

정답 친해 48쪽

1 다음 괄호 안의 내용 중 알맞은 말에 ○표를 하시오.

(1) 빈 체제 아래 (보수주의 , 자유주의)와 민족주의 운동이 탄압받았다.

(2) 빈 체제는 (그리스 , 프랑스)가 오스만 제국으로부터 독립하자 동요하였다.

(3) 메테르니히는 나폴레옹의 몰락 이후 유럽 각국의 국제 질서를 (영국 혁명 , 프랑스 혁명) 이전으로 되돌리려고 하였다.

2 다음 설명에 해당하는 혁명을 〈보기〉에서 골라 기호를 쓰시오.

보기
ㄱ. 2월 혁명
ㄴ. 7월 혁명

(1) 파리 시민이 샤를 10세를 몰아내고 루이 필리프를 왕으로 세웠다. (　　　)

(2) 파리 시민과 노동자들이 선거권 확대를 요구하며 공화정을 세웠다. (　　　)

3 ㉠에 들어갈 내용을 쓰시오.

영국의 노동자들은 (㉠　　　　　)을/를 발표하고, 선거권 확대를 요구하는 차티스트 운동을 벌였다.

비주얼로 핵심 콕콕

Ⓐ 빈 체제의 성립

나폴레옹 몰락

↓

빈 체제 성립
- □□□□□의 빈 회의 주도 → 보수적인 질서 유지
- 자유주의와 민족주의 운동 탄압

↓ 그리스 독립

빈 체제 동요

Ⓑ 프랑스와 영국의 자유주의 운동

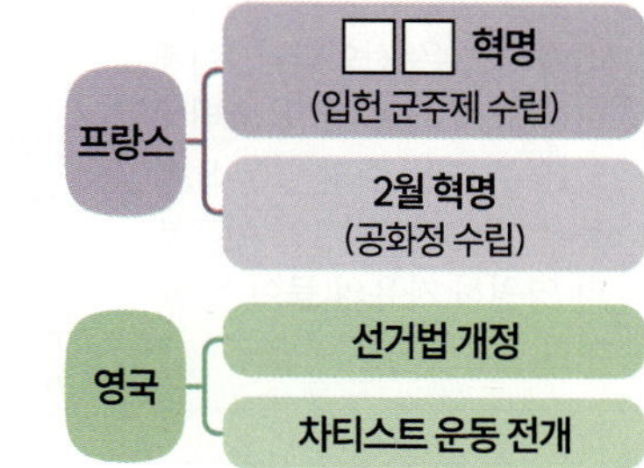

C 이탈리아와 독일의 통일

1. 이탈리아의 통일

(1) 통일 전 상황: 여러 나라로 분열되어 주변국의 간섭을 받음 ┌ 이탈리아 북부 일부 지역은 오스트리아 등의 간섭을 받았어.

(2) 전개: 프랑스 2월 혁명의 영향을 받음, **사르데냐 왕국**이 주도 `핵심 자료`

카부르	프랑스의 도움을 받아 오스트리아와의 전쟁에서 승리 → 이탈리아 중북부 통합
가리발디	의용대를 이끌고 시칠리아와 나폴리 점령 → 점령지를 사르데냐 국왕에게 바침

(3) 통일의 완성: 이탈리아 왕국 성립(1861) → 베네치아 획득(1866), 로마 교황령 통합(1870)

2. 독일의 통일

(1) **관세 동맹** 체결(1834): 프로이센의 주도로 체결, 경제적 통합 달성

(2) 프랑크푸르트 의회 개최(1848): 자유주의자들이 통일 방안 논의 → 프로이센 중심의 통일 방안과 오스트리아 중심의 통일 방안의 대립으로 성과를 거두지 못함

(3) 독일 제국의 수립(1871): **비스마르크**의 **철혈 정책** 추진 → 오스트리아 격파, 북독일 연방 결성 → 프랑스와의 전쟁에서 승리, 남독일 여러 나라를 연방에 포함시킴 → 프로이센의 **빌헬름 1세**가 황제로 즉위, 독일 제국 수립 선포 `핵심 자료`

✴ 관세 동맹
독일 내 동맹국 간에 거래되는 상품에 대해 관세를 부과하지 않기로 한 협정이다.

✴ 빌헬름 1세
빌헬름 1세는 프랑스 베르사유 궁전에서 황제 즉위식을 올리고 독일 제국의 수립을 알렸다.

⬆ 빌헬름 1세의 황제 즉위식

D 미국의 발전

1. 미국의 남북 전쟁(1861~1865)

(1) 독립 이후 미국의 상황: 서부 개척과 영토 매입으로 태평양 연안까지 영토 확대 → 풍부한 자원과 많은 인구 확보 → 19세기 중반부터 산업화 진행

(2) 전쟁의 배경: **남부와 북부의 산업** 구조 차이, 노예제 문제로 대립 심화

남부	대농장 경영 발달, 자유 무역과 노예제 유지 주장
북부	상공업 발달, 보호 무역과 노예제 폐지 주장

┌ 노예를 이용하여 재배한 목화를 영국에 수출했어.

└ 공장에서 상품을 생산하여 영국과 경쟁해야 했어.

(3) 전쟁의 전개: 노예제 확대에 반대한 링컨의 대통령 당선 → 남부의 여러 주가 연방 탈퇴, 북부 공격 → **남북 전쟁** 발발(1861) → 링컨의 **노예 해방 선언** 발표, 우세한 경제력과 여론의 지지로 북부 승리 `자료 ①`

2. 미국의 발전

남북 전쟁 이후 국민적 단합 강화, **대륙 횡단 철도** 완성(1869), 보호 무역 실시, 이민자의 수용으로 노동력 확보 → 19세기 말 세계 최대의 공업국으로 성장 `자료 ②`

┌ 철강과 기계 산업이 발달하였어.

✴ 남부와 북부의 산업

	북부 · 남부
총인구	2.5 : 1
섬유 제품 생산량	17 : 1
철 생산량	20 : 1
석탄 생산량	38 : 1
면화 생산량	1 : 24

남부는 노예를 이용하여 목화를 재배하는 대농장 경영이 발달하였고, 북부는 임금 노동자를 바탕으로 한 공업이 발달하였다.

`자료 ①` **링컨의 노예 해방 선언**

> 미국의 대통령인 나, 에이브러햄 링컨은 선언한다. 현재 미국에 대하여 반란 상태에 있는 주 또는 주의 일부 노예들은 1863년 1월 1일 이후부터 영원히 자유의 몸이 될 것이다.

링컨은 남북 전쟁 중 노예 해방 선언을 발표하였다. 전쟁 초기에는 남부가 우세하였지만 링컨의 노예 해방 선언으로 국제 여론의 지지를 얻어 남북 전쟁에서 북부가 승리할 수 있는 계기가 마련되었다.

`자료 ②` **미국의 영토 확장**

1869년 미국 최초의 대륙 횡단 철도가 완성되어 물류 수송이 원활해졌고 지역 간 통합이 이루어졌다. 이를 바탕으로 미국의 산업화가 본격적으로 시작되었고, 미국은 19세기 말 세계 최대의 공업국으로 성장하였다.

교과서 핵심 자료 ✦ 이탈리아와 독일의 통일

(가) 이탈리아와 독일의 통일 과정

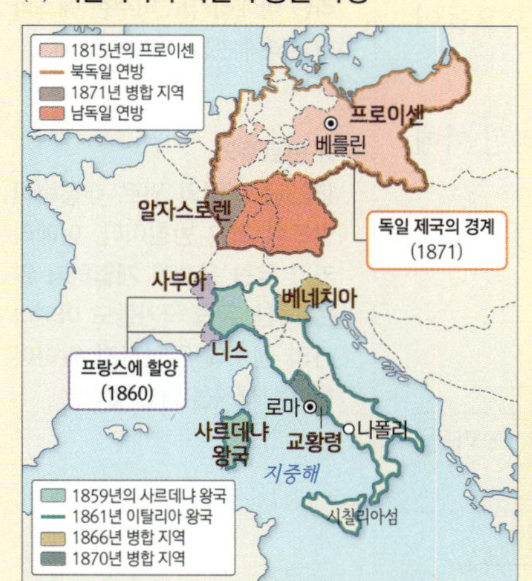

(나) 비스마르크의 철혈 정책

◀ 비스마르크

사르데냐 왕국의 재상인 카부르가 오스트리아를 물리치고, 가리발디가 이탈리아 남부를 점령한 후 사르데냐 왕에게 바침으로써 이탈리아 왕국이 성립되었다. 한편, 독일은 비스마르크의 철혈 정책을 중심으로 오스트리아와 프랑스와의 전쟁에서 승리한 후 통일을 이루었다.

✔ 완자쌤의 탐구 수업

❶ (가) 지도에 나타난 이탈리아의 통일 과정은?

이탈리아 중북부에서는 카부르가 오스트리아를 물리쳤고, 남부에서는 가리발디가 시칠리아와 나폴리를 점령하여 사르데냐 국왕에게 바침으로써 이탈리아의 통일이 이루어졌습니다.

❷ (나) 인물이 독일의 통일을 위해 추진한 정책의 내용은?

비스마르크는 무력의 중요성을 강조하며 독일의 통일은 협상이 아니라 오직 철과 피에 의해서만 해결할 수 있다는 철혈 정책을 주장하였습니다.

문제로 개념 확인

정답 친해 48쪽

1 다음 괄호 안의 내용 중 알맞은 말에 ○표를 하시오.

(1) 이탈리아는 (사르데냐 왕국 , 시칠리아 왕국)의 주도로 통일이 이루어졌다.

(2) 독일은 (프로이센 , 오스트리아)을/를 중심으로 관세 동맹을 맺으면서 통일의 기반을 마련하였다.

2 다음 설명에 해당하는 인물을 〈보기〉에서 골라 기호를 쓰시오.

> 보기
> ㄱ. 가리발디　　　　　　　ㄴ. 비스마르크

(1) 철혈 정책이라 불리는 군비 확장 정책을 추진하였다. (　　　)

(2) 점령지인 시칠리아와 나폴리를 사르데냐 국왕에게 바쳤다. (　　　)

3 빈칸에 들어갈 알맞은 내용을 쓰시오.

(1) 미국에서는 노예제 확대를 반대한 (　　　　　)이/가 대통령에 당선되자 이를 계기로 남북 전쟁이 일어났다.

(2) 대농장 경영이 발달한 남부는 노예를 이용해 재배한 목화를 영국에 수출하는 (　　　　　)과/와 노예제 유지를 주장하였다.

비주얼로 핵심 콕콕

C 이탈리아와 독일의 통일

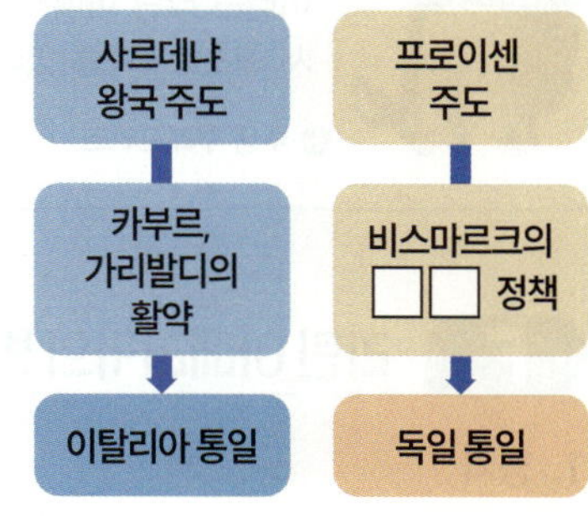

D 미국의 발전

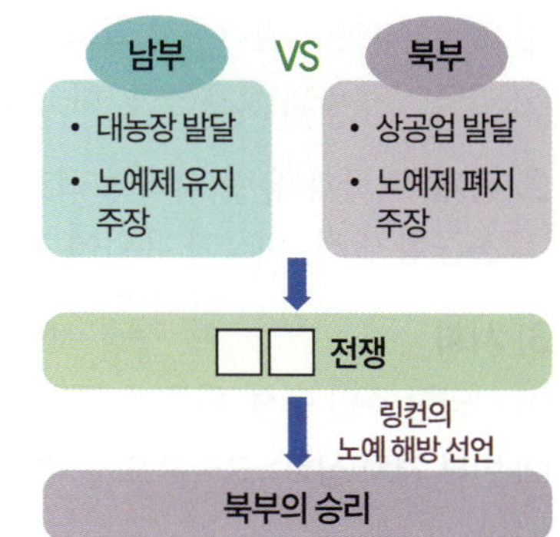

E 라틴 아메리카의 독립운동

1. 배경: 16세기 이후 에스파냐와 포르투갈 등의 식민 지배를 받음, 미국의 독립과 프랑스 혁명의 영향, 나폴레옹 전쟁으로 에스파냐 등 식민지 본국의 간섭 약화, *크리오요들이 본국의 억압과 수탈에 반발

└ 영국이 라틴 아메리카와의 무역을 원했기 때문이야.

2. 확산: 유럽의 보수 세력이 라틴 아메리카를 식민지로 되돌리고자 함 → 영국의 라틴 아메리카 독립 지지, 미국이 *먼로주의 발표(1823) → 독립운동이 활발해짐

└ 먼로 선언이라고도 해.

3. 각국의 독립 핵심 자료

(1) **특징:** 볼리바르, 산마르틴 등 크리오요들이 독립운동 주도

(2) **전개**

아이티	프랑스의 지배 → 투생 루베르튀르의 주도로 흑인 노예들이 독립운동을 벌임 → 라틴 아메리카에서 가장 먼저 독립, 아이티 공화국 수립(1804)
멕시코	에스파냐의 지배 → 이달고 신부의 민중 봉기 등으로 독립, 멕시코 공화국 수립
브라질	포르투갈의 지배 → 포르투갈에서 망명한 왕자가 독립 선언 → 헌법 제정
기타	에스파냐의 지배를 받던 베네수엘라·콜롬비아·칠레·페루·아르헨티나 등이 볼리바르와 산마르틴 등의 주도로 독립함 자료

자료 라틴 아메리카의 독립 영웅들

노예였던 투생 루베르튀르는 흑인 노예들을 중심으로 한 독립운동을 주도하였다. 그 결과 아이티는 라틴 아메리카에서 최초로 독립하였다.

← 투생 루베르튀르

볼리바르는 크리오요 출신으로 베네수엘라, 콜롬비아, 에콰도르를 합한 콜롬비아 공화국을 수립하였다. 현재도 라틴 아메리카 해방의 영웅으로 추앙받고 있다.

← 볼리바르

산마르틴은 아르헨티나 출신의 크리오요로 독립 혁명군을 이끌고 에스파냐군을 물리쳤다. 이후 아르헨티나와 칠레, 페루의 독립에 기여하였다.

← 산마르틴

F 라틴 아메리카의 변화

1. 정치

(1) **독재 정권의 출현:** 크리오요가 부와 권력 독점 → 군부를 형성하여 정권 장악, 군부 세력이 정변을 일으켜 정치적 혼란이 지속됨

(2) **외세의 간섭**

용어 이익을 얻을 수 있는 권리

① 영국: 자본을 빌려주고 철도, 광산 등의 이권 차지

② 미국: *쿠바의 보호국화, 미국에 우호적인 정권을 수립함

2. 경제: 미국과 유럽 지역에 식료품과 원료 수출, 공업 제품과 자본 수입 → 농업과 공업의 불균형 발전, 미국과 유럽에 경제적으로 크게 의존함

└ 라틴 아메리카의 각국 정부가 독립과 내란에 따른 군사비를 영국, 미국 등 외세로부터 지원받았기 때문이야.

3. 사회

(1) **다양한 주민 구성:** 원주민, 흑인, 크리오요체와 같은 유럽 이주민 계열과 혼혈 등이 섞임

(2) **빈부 격차 심화:** 크리오요가 대지주로 성장, 대다수는 빈곤에 시달림

크리오요
라틴 아메리카로 이주한 에스파냐인의 후손을 이르는 말이다.

먼로주의
1823년 미국의 먼로 대통령이 발표한 외교 방침이다. 아메리카가 유럽 문제에 개입하지 않는 대신, 유럽 국가들도 아메리카의 정치에 간섭하지 말아야 한다는 내용을 담고 있다.

미국의 쿠바 보호국화
1898년 미국은 에스파냐와의 전쟁에서 승리하여 쿠바를 보호국으로 삼는 등 라틴 아메리카에 대한 영향력을 확대해 나갔다.

교과서 핵심 자료 ⁺ 라틴 아메리카의 독립

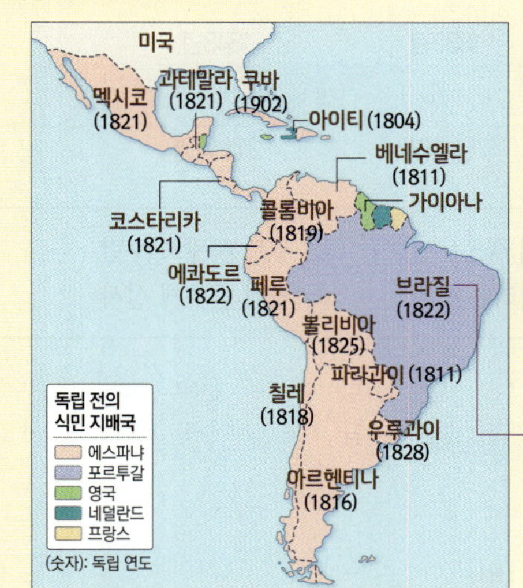

라틴 아메리카 지역에서는 미국의 독립과 프랑스 혁명의 영향을 받아 독립운동이 일어났다. 1804년 아이티가 가장 먼저 독립하여 아이티 공화국을 수립하였다. 이후 아르헨티나, 콜롬비아, 페루, 멕시코, 브라질 등이 독립하였다. 라틴 아메리카의 독립운동은 에스파냐의 후손인 볼리바르, 산마르틴 등 크리오요가 본국의 억압과 수탈에 반발하여 주도하였다.

브라질은 전쟁 없이 포르투갈로부터 독립하였고, 제정을 수립하였어.

✓ 완자쌤의 탐구 수업

❶ **라틴 아메리카에서 최초로 독립을 한 국가는?**

아이티

❷ **아이티의 독립이 라틴 아메리카의 독립운동에서 갖는 의미는?**

1804년에 투생 루베르튀르를 중심으로 한 아이티의 흑인 노예들은 프랑스에 저항하였고 라틴 아메리카 최초로 독립을 이루었습니다. 아이티의 독립 이후 멕시코, 브라질 등이 독립하는 등 라틴 아메리카에서 활발한 독립운동이 일어났습니다.

문제로 개념 확인

정답 친해 48쪽

1 다음 설명이 맞으면 ○표, 틀리면 ×표를 하시오.

(1) 크리오요는 라틴 아메리카로 이주한 영국인의 후손이다. (　　)

(2) 미국은 유럽이 아메리카 대륙에 간섭하는 것을 허용하지 않겠다는 내용의 먼로주의를 발표하였다. (　　)

2 다음 설명에 해당하는 인물을 〈보기〉에서 골라 기호를 쓰시오.

> 보기
> ㄱ. 볼리바르　　　ㄴ. 산마르틴　　　ㄷ. 이달고 신부

(1) 에스파냐를 물리치고 아르헨티나 독립에 공헌하였다. (　　)

(2) 베네수엘라, 콜롬비아, 에콰도르를 합한 콜롬비아 공화국을 수립하였다. (　　)

(3) 에스파냐의 지배를 받던 멕시코에서 민중 봉기를 지휘하며 독립을 호소하였다. (　　)

3 다음 괄호 안의 내용 중 알맞은 말에 ○표를 하시오.

(1) (젠트리 , 크리오요)는 라틴 아메리카의 독립운동을 주도하였다.

(2) 19세기 말 (미국 , 영국)은 쿠바를 보호국으로 삼는 등 라틴 아메리카에서 영향력을 키워 나갔다.

비주얼로 핵심 콕콕

E 라틴 아메리카의 독립운동

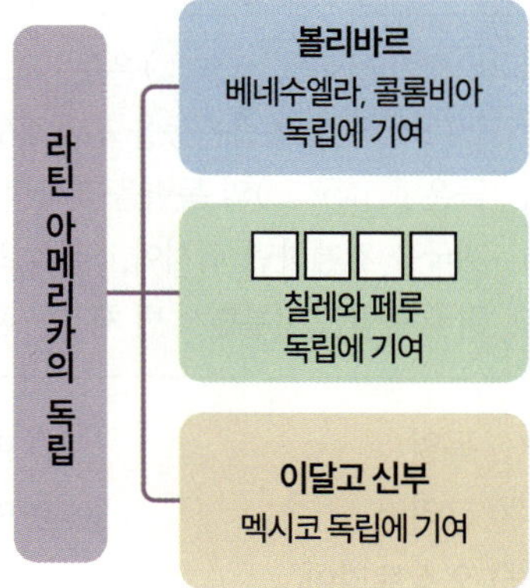

F 라틴 아메리카의 변화

정치
• □□□□의 권력 독점
• 영국, 미국의 간섭

경제
• 농업·공업의 불균형한 발전
• 해외에 경제적으로 의존

사회
• 다양한 주민 구성
• 빈부 격차 심화

핵심 문제

A 빈 체제의 성립

01 밑줄 친 '이 회의'를 주도한 인물로 옳은 것은?

> 나폴레옹이 몰락하자 전쟁의 혼란을 수습하기 위해 유럽의 각국 대표들은 오스트리아 빈에 모여 <u>이 회의</u>를 개최하였다. <u>이 회의</u>에서 유럽 각국의 영토와 지배권을 프랑스 혁명 이전으로 되돌리는 데 합의하였다.

① 먼로　　　　　　② 나폴레옹
③ 메테르니히　　　④ 비스마르크
⑤ 로베스피에르

02 ㉠에 공통으로 들어갈 국가로 옳은 것은?

> 19세기 들어 (　㉠　)은/는 오스만 제국의 지배에서 벗어나기 위해 독립운동을 전개하였다. 유럽의 자유주의자들은 (　㉠　)의 독립을 적극적으로 지지하였고, 오스만 제국을 견제하던 러시아, 영국, 프랑스가 지원에 나섰다. 결국 독립을 이루면서 빈 체제는 흔들리기 시작하였다.

① 독일　　　　　　② 미국
③ 그리스　　　　　④ 이탈리아
⑤ 오스트리아

B 프랑스와 영국의 자유주의 운동

03 프랑스 2월 혁명의 결과로 옳은 것은?

① 공화정이 수립되었다.
② 샤를 10세가 즉위하였다.
③ 나폴레옹이 쿠데타로 정권을 잡았다.
④ 크롬웰이 이끄는 의회파가 승리하였다.
⑤ 자유와 평등의 이념을 담은 인권 선언이 발표되었다.

04 (가) 시기에 프랑스에서 있었던 사실로 옳은 것을 〈보기〉에서 고른 것은?

1830년		1848년
	(가)	
7월 혁명		2월 혁명

> **보기**
> ㄱ. 빈 체제 형성　　　ㄴ. 부르봉 왕조 수립
> ㄷ. 루이 필리프 즉위　ㄹ. 입헌 군주제 실시

① ㄱ, ㄴ　　　② ㄱ, ㄷ　　　③ ㄴ, ㄷ
④ ㄴ, ㄹ　　　⑤ ㄷ, ㄹ

시험에 잘 나와!
05 검색창에 들어갈 사건을 쓰시오.

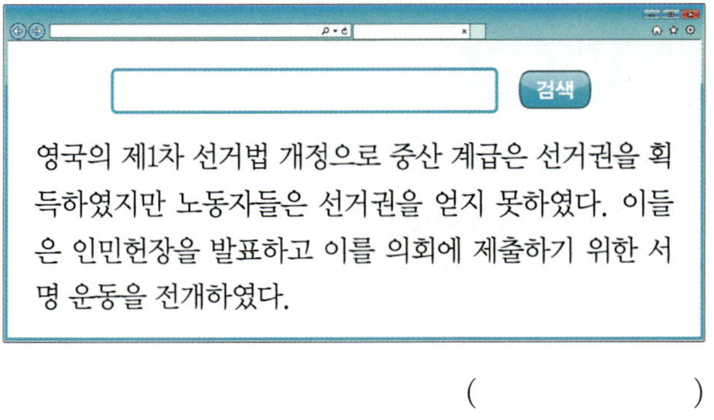

> 영국의 제1차 선거법 개정으로 중산 계급은 선거권을 획득하였지만 노동자들은 선거권을 얻지 못하였다. 이들은 인민헌장을 발표하고 이를 의회에 제출하기 위한 서명 운동을 전개하였다.

(　　　　　　　　)

06 (가)에 들어갈 내용으로 옳은 것은?

구분	유권자 및 특징
개정 전	귀족, 젠트리
제1차	(가)
제2차	도시의 노동자와 소시민
……	……
제5차	만 21세 이상의 남녀에게 보통 선거권 부여

① 부패 선거구 폐지
② 비밀 투표제 시행
③ 여성 참정권 인정
④ 재산에 따른 표결 부여
⑤ 농촌과 광산 노동자의 선거권 인정

C　이탈리아와 독일의 통일

07 다음 인물의 활동으로 옳은 것은?

① 먼로주의를 발표하였다.
② 베르사유 궁전을 건축하였다.
③ 노예 해방 선언을 발표하였다.
④ 이탈리아 중북부를 통합하였다.
⑤ 강력한 군비 확장 정책을 추진하였다.

08 밑줄 친 '그'에 대한 설명으로 옳은 것은?

> 그는 '붉은 셔츠단'이라는 의용대를 이끌고 정복한 지역을 사르데냐 왕국에 바침으로써 통일에 기여하였다.

① 나폴리를 점령하였다.
② 빈 회의를 주도하였다.
③ 『나폴레옹 법전』을 편찬하였다.
④ 찰스 1세를 처형하고 공화정을 세웠다.
⑤ 의회가 제출한 권리 장전을 받아들였다.

09 독일 통일의 과정을 일어난 순서대로 나열한 것은?

> (가) 비스마르크가 철혈 정책을 추진하였다.
> (나) 프로이센의 빌헬름 1세가 황제로 즉위하였다.
> (다) 프로이센을 중심으로 관세 동맹이 체결되었다.
> (라) 프로이센이 오스트리아를 격파하고 북독일 연방을 결성하였다.

① (가) - (나) - (다) - (라)　　② (나) - (다) - (가) - (라)
③ (다) - (가) - (나) - (라)　　④ (다) - (가) - (라) - (나)
⑤ (라) - (다) - (나) - (가)

10 (가)에 들어갈 발표 주제로 가장 적절한 것은?

> • 발표 주제: ______(가)______
> • 모둠별 발표 자료
> 　– 1모둠: 프랑스의 7월 혁명과 2월 혁명
> 　– 2모둠: 영국의 선거법 개정 운동
> 　– 3모둠: 이탈리아와 독일의 통일

① 종교 개혁의 배경
② 왕권신수설의 영향
③ 사회주의 사상의 등장
④ 재정·군사 국가의 등장
⑤ 자유주의와 민족주의 운동의 확대

D　미국의 발전

11 미국의 남북 전쟁에 대한 설명으로 옳지 않은 것은?

① 남부는 자유 무역을 주장하였다.
② 북부는 노예제 폐지를 주장하였다.
③ 남부와 북부의 산업 구조 차이로 일어났다.
④ 북부가 남부를 공격하며 전쟁이 시작되었다.
⑤ 우세한 공업 생산력과 여론의 지지로 북부가 승리하였다.

★ 시험에 잘 나와!
12 다음 선언에 대한 설명으로 옳은 것은?

> 현재 미국에 대하여 반란 상태에 있는 주 또는 주의 일부 노예들은 1863년 1월 1일 이후부터 영원히 자유의 몸이 될 것이다.

① 남북 전쟁 중에 발표되었다.
② 노동자의 선거권 확대를 요구하였다.
③ 미국 독립 전쟁 과정에서 제기되었다.
④ 의회의 동의 없이 세금을 징수할 수 없다는 내용을 담고 있다.
⑤ 아메리카에 대한 유럽의 간섭과 식민지화를 반대하는 내용을 담고 있다.

13 밑줄 친 '이 전쟁'의 결과로 옳지 <u>않은</u> 것은?

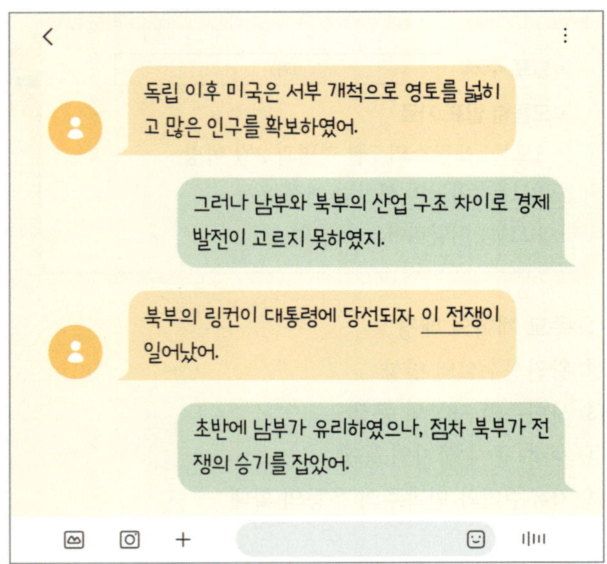

① 보스턴 차 사건이 발생하였다.
② 미국에서 보호 무역이 시행되었다.
③ 대륙 횡단 철도의 건설이 완공되었다.
④ 미국이 세계적인 공업 국가로 성장하였다.
⑤ 미국으로 들어오는 이민자의 수가 증가하였다.

E 라틴 아메리카의 독립운동

14 선생님의 질문에 대한 학생들의 답변으로 옳은 것은?

① 카부르 　② 볼리바르
③ 산마르틴 　④ 비스마르크
⑤ 투생 루베르튀르

15 (가)에 들어갈 답변으로 옳은 것은?

① 빈 회의를 개최하였어.
② 철혈 정책을 추진하였어.
③ 러시아 원정을 단행하였어.
④ 흑인 노예들과 함께 아이티의 독립을 주도하여 공화국을 수립하였어.
⑤ 베네수엘라, 콜롬비아, 에콰도르를 합한 콜롬비아 공화국을 수립하였어.

시험에 잘 나와!
16 (가)에 들어갈 내용으로 적절한 것을 〈보기〉에서 고른 것은?

> 에스파냐와 포르투갈 등의 식민 지배를 받아 오던 라틴 아메리카에서는 19세기 이후 미국 혁명과 프랑스 혁명 등의 영향을 받아 독립운동이 일어났다. 유럽의 보수 세력이 라틴 아메리카를 식민지로 되돌리려고 하였으나 ____(가)____ 에 힘입어 더 많은 라틴 아메리카 나라들이 독립을 이루었다.

보기
ㄱ. 곡물법과 항해법 폐지
ㄴ. 링컨의 노예 해방 선언
ㄷ. 라틴 아메리카와 무역을 하려는 영국의 지지
ㄹ. 유럽의 아메리카 대륙 간섭을 허용하지 않겠다는 미국의 선언

① ㄱ, ㄴ 　② ㄱ, ㄷ 　③ ㄴ, ㄷ
④ ㄴ, ㄹ 　⑤ ㄷ, ㄹ

17 밑줄 친 '이 국가'를 쓰시오.

> 이 국가는 에스파냐의 식민 통치를 받았으며 가톨릭 사제인 이달고 신부가 독립 투쟁을 이끌었다. 그 결과 공화국이 세워졌다.

(   )

서술형 문제

서술형 감잡기

1 다음을 읽고 물음에 답하시오.

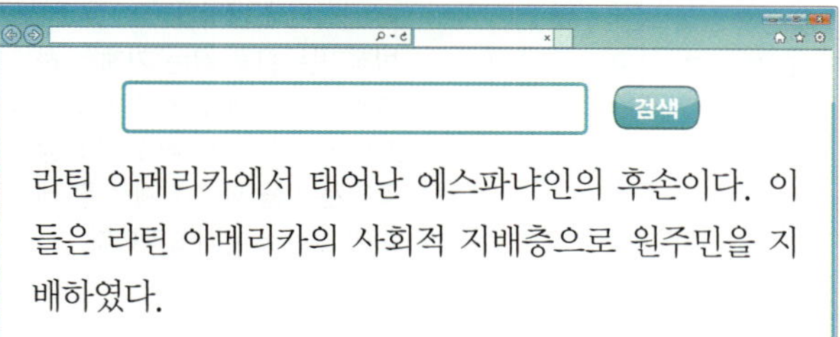

그림은 혁명을 묘사한 「민중을 이끄는 자유의 여신」이다. 당시 파리 시민들은 루이 필리프를 왕으로 세우고 입헌 군주제를 수립하였다.

(1) 밑줄 친 '혁명'을 쓰시오.

(2) (1)에서 답한 혁명이 일어난 배경을 서술하시오.

| **핵심어** | 부르봉 왕조, 전제 정치, 의회 해산 |

F 라틴 아메리카의 변화

18 검색창에 들어갈 세력의 활동으로 옳은 것은?

> 라틴 아메리카에서 태어난 에스파냐인의 후손이다. 이들은 라틴 아메리카의 사회적 지배층으로 원주민을 지배하였다.

① 대륙 회의를 개최하였다.
② 부르봉 왕조를 몰아냈다.
③ 구제도의 모순에 반발하였다.
④ 왕에게 권리 장전을 제출하였다.
⑤ 군부를 형성하여 정권을 장악하였다.

서술형 익히기

2 다음 문서가 발표된 배경을 서술하시오.

> • 21세 이상 모든 남자에게 선거권을 부여할 것
> • 유권자 보호를 위하여 비밀 투표를 실시할 것
> • 의원 출마자의 재산 자격 제한을 폐지할 것
> • 인구 비례에 따라 선거구를 조정할 것
> • 매년 선거를 실시할 것
>
> – 1838

시험에 잘 나와!

19 독립 이후 라틴 아메리카에서 나타난 사회 모습으로 옳지 <u>않은</u> 것은?

① 크리오요가 대지주로 성장하였다.
② 미국이 쿠바를 보호국으로 만들었다.
③ 농업과 공업이 균형적으로 발전하였다.
④ 경제적으로 미국과 유럽에 대한 의존도가 높아졌다.
⑤ 군부 세력이 정변을 일으키는 정치적 혼란이 많았다.

03 유럽의 산업화와 제국주의

A 산업 혁명의 전개와 확산

1. 산업 혁명의 의미: 18세기 후반에 기계 발명과 기술 혁신으로 나타난 경제·사회 구조의 큰 변화

└ 영국은 19세기 들어 '세계의 공장'으로 불렸어.

2. 산업 혁명의 배경: 18세기 후반 영국에서 가장 먼저 시작

(1) 정치적 안정: 시민 혁명 이후 정치적으로 안정 → 경제 활동의 자유 보장

(2) 풍부한 자원: 석탄과 철 등 지하자원 풍부

(3) 식민지 활용: 넓은 해외 식민지 확보 → 원료 공급지와 상품 판매 시장으로 활용

(4) 노동력 확보: *인클로저 운동 → 토지를 잃은 농민들이 도시로 이동, 공장에 노동력 제공

3. 산업 혁명의 전개: 전통적인 가내 수공업의 쇠퇴 → *공장제 기계 공업의 확산

(1) 면직물 공업의 기계화: 영국의 산업 혁명은 면직물 공업에서 시작됨(신항로 개척 이후 인도에서 목화로 만든 면직물이 유럽에 들어오면서 면직물 수요 증가 → *방적기와 방직기 발명) 자료❶

└ **용어** 수증기로 동력(움직이는 힘)을 만들어 내는 기관

(2) 새로운 동력 개발: 제임스 와트의 증기 기관 개량 → 기계의 새로운 동력으로 사용 → 면직물의 대량 생산이 가능해짐 핵심 자료

(3) 교통과 통신의 발달: 시장 확대, 교역량 증가 → 산업화 확산

교통	• 영국의 스티븐슨이 증기 기관차 제작, 철도 건설 자료❷ • 미국의 풀턴이 증기선 제작(수상 교통의 발달) └ **용어** 증기 기관을 이용한 배
통신	모스의 유선 전신 발명, 전화기 발명

4. 산업 혁명의 확산: 영국과 가까운 벨기에, 프랑스 등으로 확산 → 독일, 미국 등으로 확산

(1) 미국: 남북 전쟁 이후 급속한 발전, 대륙 횡단 철도 완성

(2) 독일: 통일 후 정부 주도의 산업화 추진, 중화학 공업 중심으로 발전

(3) 기타: 일본, 러시아 등으로 확산 └ 시베리아 횡단 철도를 건설하며 산업화가 이루어졌어.

> ✳ **인클로저 운동**
> 지주들이 공동 경작지와 미개간지에 울타리를 쳐서 자신의 소유지로 삼은 일이다. 16세기에는 양 사육 지역의 확대를 위해, 18세기에는 곡물 경작지의 확대를 위해 전개되었다.

> ✳ **공장제 기계 공업**
> 자본가가 다수의 임금 노동자를 공장에 고용한 뒤 기계로 물품을 대량 생산하는 방식이다.

> ✳ **방적기와 방직기**
> 방적기는 실을 뽑는 기계로 하그리브스의 제니 방적기, 크럼프턴의 뮬 방적기 등이 있다. 방직기는 천을 짜는 기계로 존 케이의 나는 북이 대표적이다.

자료❶ 면직물 공업의 발전

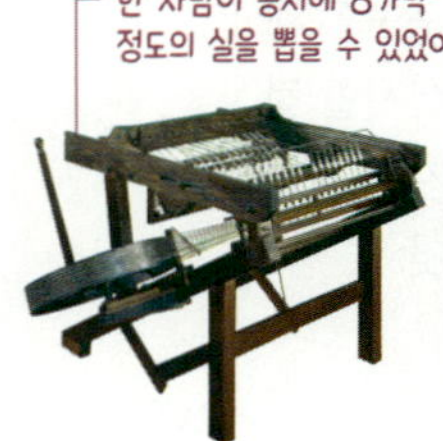

↑ 제니 방적기

↑ 수력 방적기

↑ 뮬 방적기

면직물의 수요가 늘자 실을 뽑는 방적기가 만들어졌다. 18세기 중반에 발명된 제니 방적기는 많은 실을 동시에 뽑을 수 있어 생산량의 증대를 가져왔다. 이후에 등장한 수력 방적기는 물의 힘을 이용하여 실을 생산하였다. 뮬 방적기는 제니 방적기와 수력 발전기의 장점을 합친 것이다. 방적기는 증기 기관의 발명으로 생산력이 폭발적으로 증가하였다.

자료❷ 19세기 유럽 철도망의 변화

영국의 앞선 기술이 유럽 각국으로 전파되면서 산업 혁명이 확산되었고, 교통수단의 발달로 철도 건설이 확대되었다. 영국과 프랑스는 민간이 철도 건설을 주도하였고, 독일은 국가가 철도를 건설하고 산업화를 주도하였다. 이처럼 철도가 여러 도시와 국가들을 연결하면서 상품 시장이 확대되었다.

교과서 핵심 자료 ― 새로운 동력의 개발

↑ 공장제 기계 공업의 모습

↑ 증기 기관차

제임스 와트가 개량한 증기 기관이 기계의 새로운 동력으로 이용되면서 공장에서 면직물이 대량으로 생산되었다. 이로써 면직물 공업은 전통적인 가내 수공업에서 공장제 기계 공업으로 발전하였다. 한편, 증기 기관차가 제작되면서 산업에 필요한 원료와 제품 수송이 원활해졌다.

✔ 완자쌤의 탐구 수업

❶ 제임스 와트가 개량한 새로운 동력 기관은?

증기 기관

❷ 제임스 와트가 개량한 새로운 동력 기관이 산업 분야에 미친 영향은?

강한 동력을 만드는 증기 기관의 발명으로 기계를 이용한 대량 생산이 가능해졌습니다. 이로써 전통적인 가내 수공업이 쇠퇴하고 공장제 기계 공업이 발전하였습니다.

문제로 개념 확인

정답 친해 50쪽

1 다음 물음에 답하시오.

⑴ 18세기 후반에 가장 먼저 산업 혁명이 시작된 국가는?　　　　　(　　　　　)

⑵ 영국의 지주들이 공동 경작지와 공유지에 울타리를 쳐 자신의 소유지로 삼은 운동은?　　　　　(　　　　　)

2 빈칸에 들어갈 알맞은 내용을 쓰시오.

⑴ 제임스 와트는 (　　　　　)을/를 개량하여 산업 혁명의 확산에 크게 기여하였다.

⑵ 영국에서는 면직물의 수요가 늘어나자 이를 대량으로 생산하기 위해 실로 옷감을 짜는 기계인 (　　　　　)이/가 발명되었다.

3 다음 괄호 안의 내용 중 알맞은 말에 ○표를 하시오.

⑴ (미국 , 러시아)은/는 남북 전쟁 이후 급속한 산업화가 진행되었다.

⑵ 19세기에 영국의 (풀턴 , 스티븐슨)이 증기 기관차를 개발한 이후 각지에 철도가 건설되었다.

⑶ 19세기에 미국의 (모스 , 제임스 와트)가 발명한 유선 전신으로 먼 곳과 빠르게 연락이 가능해졌다.

비주얼로 핵심 콕콕

A 산업 혁명의 전개와 확산

배경 — 노동력 확보 / 정치적 안정 / 풍부한 자원 / 식민지 활용 ⊕ ↓ □ □ □ □ (18세기 후반 영국에서 시작)

전개 —
- 공장제 기계 공업 확산
- 방적기, 방직기 발명
- 증기 기관차(스티븐슨)
- 증기선(풀턴)
- 유선 전신(모스)

확산 — 영국 → 벨기에, 프랑스 → 미국, 독일, 러시아, 일본

B 산업 사회의 형성

1. 산업 사회의 형성: 대량 생산된 상품을 새로운 교통수단을 이용해 운송 → 이전보다 생활이 풍요롭고 편리해짐, 지역 간 교류가 활발해짐 ┌예 증기 기관차, 증기선 등

┌용어 자본을 가진 새로운 지배 계급 ┌용어 자본가에게 임금을 받으며 생활하는 계급

2. 자본주의 체제의 확립: 산업화가 진행되면서 자본가와 노동자 계급이 등장 → 자본가가 이윤을 얻기 위해 노동자를 고용하여 상품을 생산하는 새로운 생산 관계가 형성 → 생산과 소비가 시장에 따라 결정되는 자본주의 체제 확립, 애덤 스미스가 *자유방임주의를 주장하며 자본주의 체제를 이론적으로 뒷받침함

> **＊ 자유방임주의**
> 영국의 애덤 스미스가 국가의 간섭을 최소한으로 줄이고 개인의 자유로운 경제활동을 보장한다면 국가의 부를 증진할 수 있다고 주장한 사상이다.

C 사회 문제의 발생과 사회주의의 등장

1. 사회 문제의 발생 `핵심 자료`

┌ 자본가들은 성인 남성보다 임금이 낮은 여성과 아동을 고용하여 더 큰 이윤을 얻으려고 하였어.

노동 문제	• 낮은 임금과 장시간 노동, 여성과 아동의 노동력 착취 • 일자리 부족 등 노동 문제 → 기계 파괴 운동(러다이트 운동) 전개, 노동조합 결성(임금 인상과 노동 조건 개선 요구) `자료❶`
빈부 격차	산업화로 경제 규모가 커지고 풍요로운 삶의 기회가 확대됨 → 산업화의 혜택이 모두에게 돌아가지 않으면서 빈부 격차가 커짐
도시 문제	• 산업화로 도시 인구의 급증 → 주택 부족 • 상하수도 시설 미비 → 전염병 유행 등 위생 문제 발생
*환경 오염 문제	산업 혁명 이후 석탄과 석유의 사용으로 대기와 물, 토양 오염이 심각해짐

＊ 환경 오염 문제

↑ 19세기 영국의 한 도시의 모습
산업 혁명 이후 석탄과 석유 등이 새로운 동력으로 사용되면서 도시의 대기와 물이 오염되었다.

2. 사회주의의 등장

(1) 배경: 산업 혁명 이후 노동 문제, 빈부 격차 등 각종 사회 문제 발생, 자본주의 체제 비판

(2) 주장: 자본주의 체제를 비판하고, 생산 수단의 공동 소유를 통한 사유 재산 폐지로 빈부 격차를 없앨 수 있다고 주장함

① 초기 사회주의자: 자본가와 노동자가 힘을 합쳐 이상적인 사회를 만들 수 있다고 주장함, *오언이 작업 공동체의 형성 주장

② 마르크스: 노동자가 단결하여 자본가를 타도하고, 사유 재산 제도가 없는 새로운 사회 건설을 주장 `자료❷`

(3) 영향: 노동자들과 지식인들의 호응, 유럽의 사회주의 운동에 영향을 줌

＊ 오언
오언은 초기 사회주의자로서 경쟁 대신 협동을 강조하였다. 작업 공동체인 뉴 라나크를 만들어 아동 노동 금지, 교육과 주택 보급 등을 내세웠다.

자료❶ 러다이트 운동

↑ 러다이트 운동으로 기계를 부수는 노동자들

러다이트 운동은 19세기 초반 영국에서 일어난 기계 파괴 운동으로 비밀 조직에서 만든 가상의 인물인 네드 러드의 이름에서 명칭이 유래하였다. 노동자들은 기계의 사용으로 일자리가 줄었다고 생각하여 기계를 부수었다.

자료❷ 마르크스의 주장

↑ 마르크스

> 자본가는 노동력에 생산 수단을 첨가해야만 노동력을 소비할 수 있다. …… 노동자는 생산 수단을 독점하고 있는 곳이라면 어디든 자기 자신을 유지하는 데 필요한 노동 시간 외에 추가로 시간을 투자한다. – 마르크스, 「자본론」

마르크스 등의 지식인들은 산업화에 따른 사회 문제를 해결하는 방안으로 사회주의 사상을 제시하였다. 마르크스는 초기 사회주의자들의 비현실성을 비판하면서 노동자의 투쟁과 단결을 강조하였다.

교과서 핵심 자료 · 산업화로 나타난 사회 문제

(가) 산업 사회의 두 계층

19세기 중엽 자본가와 노동자의 서로 다른 상황을 보여 주고 있어.

(나) 아동 노동의 실태를 알 수 있는 인터뷰

문: 몇 살 때 공장 일을 시작하였나요?
답: 여섯 살 때부터 일하였습니다.
문: 작업 시간은 몇 시부터 몇 시까지였나요?
답: 새벽 다섯 시부터 저녁 일곱 시까지인데, 일이 밀릴 때는 저녁 아홉 시까지 일하였습니다.
문: 일을 잘못하거나 늦게 할 때면 어떤 일을 당했나요?
답: 허리띠로 맞았습니다.
— 영국 의회 조사단에 제출된 보고서(1832)

산업 혁명이 진행되면서 자본가와 노동자라는 새로운 계층이 생겼고, 빈부 격차가 심해지면서 삶의 모습도 달라졌다. 노동자들은 생계를 이어 가기 위해 부녀자는 물론 어린아이까지 낮은 임금을 받으며 장시간 공장에서 일해야만 하였다.

완자쌤의 탐구 수업

❶ **(가)를 통해 알 수 있는 사회 문제는?**
산업 혁명으로 나타난 혜택이 모든 사람에게 고루 돌아가지 못하면서 빈부 격차가 커졌습니다.

❷ **(나)에서처럼 19세기에 어린아이들이 장시간 노동을 하게 된 배경은?**
산업 혁명이 진행되는 과정에서 자본가들은 많은 이윤을 얻기 위해 상대적으로 임금이 저렴한 어린아이들에게 장시간 노동을 강요하였습니다.

문제로 개념 확인

정답 친해 50쪽

1 다음 설명이 맞으면 ○표, 틀리면 ×표를 하시오.

⑴ 산업 사회가 형성되면서 자본가와 노동자 계급이 등장하였다. (　　　)

⑵ 자본주의 체제는 사유 재산 제도를 부정하고, 생산 수단을 공동 소유하고 관리하는 경제 체제이다. (　　　)

2 ㉠에 들어갈 운동을 쓰시오.

19세기 초반 영국의 일부 노동자들은 공장의 기계가 자신들의 일자리를 빼앗는다고 생각하여 기계를 파괴하는 (㉠　　　　　)을/를 전개하였다.

3 다음 설명에 해당하는 인물을 〈보기〉에서 골라 기호를 쓰시오.

보기
ㄱ. 마르크스　　　　　　ㄴ. 애덤 스미스

⑴ 자유방임주의를 주장하며 자본주의 체제를 이론적으로 뒷받침하였다. (　　　)

⑵ 노동자가 단결하여 자본가를 타도하고, 사유 재산 제도가 없는 사회를 건설해야 한다고 주장하였다. (　　　)

비주얼로 핵심 콕콕

B 산업 사회의 형성

자본가와 노동자 계급의 등장 ／ 생산과 소비가 시장에 따라 결정
↓
□□□□ 체제의 확립
↓
애덤 스미스
• 자유방임주의 주장
• 자본주의 체제 뒷받침

C 사회 문제의 발생과 사회주의의 등장

사회 문제 발생
• 노동 문제의 발생 → 러다이트 운동 전개
• 빈부 격차, 도시 문제, 환경 오염 문제 발생

사회주의 등장
• 자본주의 체제 비판 (생산 수단의 공동 소유 주장)
• □□□□□가 노동자의 단결, 자본가 타도 주장

D 제국주의의 등장과 아프리카·아시아 침탈

1. 제국주의: 서양 열강들이 군사력과 경제력을 앞세워 추진한 대외 팽창 정책
┌ **용어** 여러 강한 나라

(1) 배경: 19세기 후반 산업 혁명에 따른 자본주의 경제 발전 → 공업의 발달로 생산량 증대 → 원료 공급지와 새로운 소비 시장 필요

(2) 주장: *사회 진화론과 인종주의를 바탕으로 식민지 침략을 정당화함 **자료**
└ 인종 간에 우열이 있다고 주장하는 사고방식으로 백인종이 유색 인종보다 우월하다고 생각하였어.

2. 제국주의 열강의 아프리카 침탈

(1) 배경 및 내용: 19세기 탐험가들의 활동으로 아프리카에 지하자원이 풍부하다는 사실이 유럽에 전해짐 → 유럽 열강이 아프리카를 침략하기 시작, *베를린 회의에서 아프리카 분할에 합의(1884) → 식민지 획득 경쟁 치열(파쇼다 사건, *모로코 사건 발생) **핵심 자료**
예 스탠리, 리빙스턴

영국	종단 정책(이집트 카이로와 남아프리카 케이프타운 식민지를 남북으로 연결)
프랑스	횡단 정책(알제리와 마다가스카르를 동서로 연결)
독일	발칸 지역과 서아시아, 아프리카 지역으로 세력 확장

(2) 결과: 20세기 초 라이베리아와 에티오피아를 제외한 아프리카 전역이 열강의 식민지가 됨

3. 제국주의 열강의 아시아 침탈
제국주의가 등장하기 전부터 차와 향신료를 찾아 유럽 상인들이 몰려들었어.

영국	• 인도 진출: 17세기 동인도 회사를 통해 인도 지배 → 19세기 후반 총독이 직접 통치 • 동남아시아 진출: 말레이반도, 미얀마 지배 • 태평양 진출: 18세기 후반 오스트레일리아, 뉴질랜드 지배
프랑스	인도차이나반도에서 세력 확장(베트남, 라오스, 캄보디아 점령)
네덜란드	포르투갈을 밀어내고 인도네시아 대부분을 식민지로 삼음, *대농장(플랜테이션) 경영
독일	태평양의 마셜 제도, 캐롤라인 제도 등 차지
미국	에스파냐와의 전쟁에서 승리한 뒤 필리핀과 괌 차지, 하와이 병합

⁂ 사회 진화론
우월한 사회나 국가가 열등한 사회나 국가를 지배하는 것이 당연하다는 이론이다.

⁂ 베를린 회의
벨기에의 콩고 사유지 선언에 반발하여 열린 회의이다. 회의에 참가한 열강은 '먼저 점령하여 지배권을 획득한 나라'가 선점권을 갖는다는 분할 원칙에 합의하였다.

⁂ 모로코 사건
독일이 세력을 확장하는 과정에서 모로코를 둘러싸고 프랑스와 두 차례 대립한 사건이다.

⁂ 대농장(플랜테이션)
서양 열강은 동남아시아로 진출한 이후 이 지역에서 차, 고무, 커피, 사탕수수 등 단일한 상품 작물을 대량으로 재배하는 대농장을 경영하여 많은 경제적 이익을 얻었다.

자료 제국주의 열강의 주장
이 시에서 키플링은 약소국에 대한 우월감을 드러내며 제국주의 침략을 정당화하였어.

> 백인의 짐을 져라. 그대가 키운 최정예를 보내라. 그대의 아들들을 역경의 길로 보내라. 그대가 잡은 원주민들의 욕구를 달래기 위해 …… 절반은 악마 같고 절반은 어린이 같은 자들에게 아주 힘겹게 시중들기 위해
> – 키플링, 「백인의 짐」

제국주의 열강은 사회 진화론과 인종주의를 바탕으로 식민지 침략을 정당화하였다. 그들은 아시아와 아프리카 원주민을 미개한 인종으로 생각하고 우월한 자신들이 식민 지배를 하여 문명과 진보의 혜택을 베푸는 것이 백인의 사명이라고 주장하였다.

E 산업화와 제국주의의 영향

1. 서구 문물의 확산
예 민주주의
식민지 국가는 제국주의 열강이 요구하는 특정 품목으로만 교역하였어.

(1) 배경: 철도와 증기선 등 교통수단과 통신의 발달 → 서양의 선진 문물이 전 세계로 퍼져 나감

(2) 내용: *표준시 사용, 정치 제도와 다양한 사상의 확산, 식민지 국가의 무역이 제한됨
예 자유주의와 민족주의 등

2. 인구의 이동: 산업화 진행 후 도시 인구의 폭발적 증가 → 국내와 해외로 이주
예 아메리카 대륙, 오스트레일리아, 뉴질랜드 등

3. 생태환경의 변화: 제국주의 열강들이 식민지에서 목재나 광물 등 원료를 무분별하게 착취 → 식민지 산림 파괴, 유럽인의 해외 진출과 정착 → 식민지 국가의 생태환경 변화

⁂ 표준시
영국의 그리니치 천문대를 기준으로 표준시가 정해졌다. 그리니치 천문대에 그어진 본초 자오선은 경도와 시간대의 기준이 되는 선으로, 경도 15°마다 1시간씩 차이가 난다.

교과서 핵심 자료 — 제국주의 열강의 아프리카·아시아 침탈

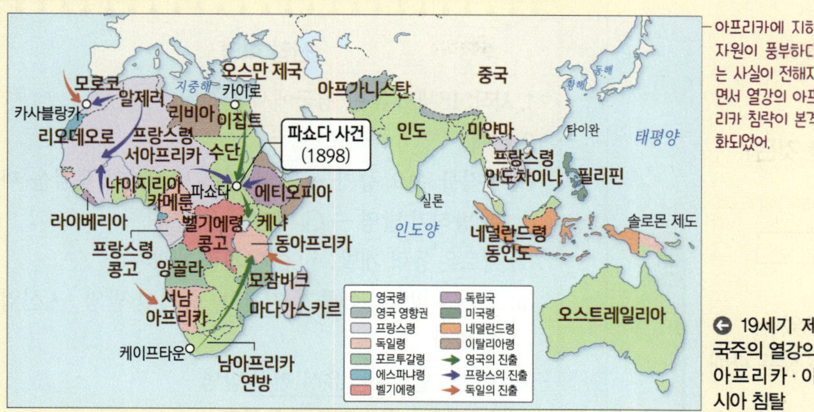

아프리카에 지하 자원이 풍부하다는 사실이 전해지면서 열강의 아프리카 침략이 본격화되었어.

← 19세기 제국주의 열강의 아프리카·아시아 침탈

아프리카에서 종단 정책을 추진하던 영국과 횡단 정책을 추진하던 프랑스는 아프리카 파쇼다 지역에서 충돌하였다. 한편, 열강은 아시아 지역도 식민지로 만들기 위한 경쟁을 벌였다. 이 과정에서 중국 등 여러 나라들이 이권을 빼앗겼고, 동남아시아에서는 단일한 상품 작물을 대량으로 생산하는 대농장(플랜테이션)이 나타났다.

✔ 완자쌤의 탐구 수업

❶ 파쇼다 사건이 일어난 원인은?

아프리카에서 종단 정책을 펴던 영국과 횡단 정책을 펴던 프랑스가 아프리카 파쇼다 지역에서 충돌하였습니다.

❷ 제국주의 열강의 침략으로 아시아 지역에 나타난 변화는?

중국 등 여러 나라들이 제국주의 열강에 이권을 빼앗겼습니다. 또한 동남아시아에서는 차, 커피, 사탕수수, 고무 등의 단일한 상품을 대량으로 생산하는 대농장이 나타났습니다.

문제로 개념 확인

정답 친해 50쪽

1 빈칸에 들어갈 알맞은 내용을 쓰시오.

(1) 백인종이 다른 인종보다 우월하다는 (   )은/는 제국주의 열강의 식민 지배를 정당화하였다.

(2) (   )은/는 우월한 사회나 국가가 열등한 사회나 국가를 지배한다는 이론으로 제국주의의 사상적 기반이 되었다.

2 다음 설명에 해당하는 국가를 〈보기〉에서 골라 기호를 쓰시오.

보기	
ㄱ. 미국	ㄴ. 프랑스

(1) 에스파냐와의 전쟁에서 승리한 뒤 필리핀과 괌을 차지하였다. (   )

(2) 알제리와 마다가스카르를 동서로 연결하는 횡단 정책을 실시하였다. (   )

3 다음 괄호 안의 내용 중 알맞은 말에 ○표를 하시오.

(1) 영국은 17세기에 동인도 회사를 통해 (인도 , 베트남)을/를 지배하였다.

(2) 산업화로 인한 서구 문물의 확산으로 (미국 , 영국)의 그리니치 천문대를 기준으로 한 표준시가 사용되었다.

비주얼로 핵심 콕콕

D 제국주의의 등장과 아프리카·아시아 침탈

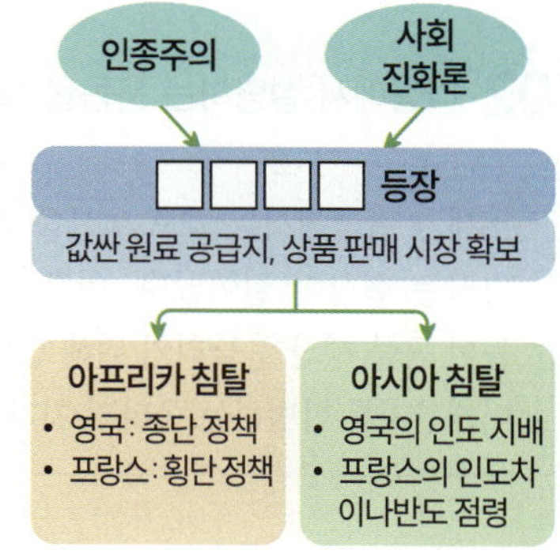

E 산업화와 제국주의의 영향

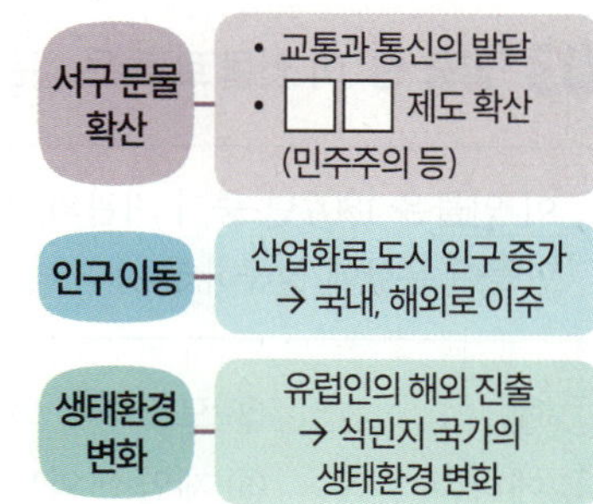

핵심 문제

A 산업 혁명의 전개와 확산

01 (개)에 들어갈 탐구 주제로 가장 적절한 것은?

> • 탐구 주제: (가)
> • 탐구 내용
> – 시민 혁명 이후 정치적으로 안정을 이루었다.
> – 넓은 식민지를 확보하여 원료 공급지와 상품 판매처로 활용하였다.

① 종교 개혁의 결과
② 신항로 개척의 배경
③ 미국 혁명의 성공 원인
④ 산업 혁명이 영국에서 시작된 배경
⑤ 사회주의 사상의 등장이 유럽 사회에 미친 영향

02 다음에서 설명하는 운동을 쓰시오.

> 16세기 영국에서는 양모 생산을 위해 농경지를 방목지로 바꾸는 현상이 일어났다. 이후 18세기에는 영국의 지주들이 곡물 생산을 늘리기 위해 합법적으로 공동 경작지와 미개간지를 합병하는 울타리 치기 운동을 전개하였다.

( )

03 밑줄 친 '이 인물'로 옳은 것은?

> 이 인물은 1807년 증기 기관의 동력을 이용한 증기선을 만들어 운항에 성공하였다.

① 벨 ② 모스 ③ 풀턴
④ 에디슨 ⑤ 제임스 와트

04 밑줄 친 ㉠~㉤ 중 옳지 않은 것은?

> ### 산업 혁명
>
> 1. **시작**: 18세기 후반 영국에서 시작됨
> 2. **전개**
> (1) 면직물 수요 증가 → 실을 뽑는 방적기와 옷감을 짜는 방직기 발명 → ㉠대량 생산 가능
> (2) 새로운 동력 개발: ㉡증기 기관 개량
> (3) 교통의 발달: ㉢증기 기관차, 증기선 발명 → 산업화 확산
> (4) 통신의 발달: ㉣유선 전신 발명
> 3. **결과**: ㉤가내 수공업의 활성화
> 4. **확산**: 영국에서 시작되어 벨기에, 프랑스, 미국 등 세계 각국으로 확산

① ㉠ ② ㉡ ③ ㉢ ④ ㉣ ⑤ ㉤

시험에 잘 나와!

05 선생님의 질문에 대한 학생들의 답변으로 가장 적절한 것은?

① 계몽사상이 등장하였어요.
② 르네상스가 시작되었어요.
③ 중상주의 정책이 실시되었어요.
④ 공장제 기계 공업이 발달하였어요.
⑤ 영국에서 차티스트 운동이 전개되었어요.

06 ㉠, ㉡에 들어갈 내용으로 옳은 것은?

> 산업 혁명 시기 영국의 (㉠)이/가 증기 기관차를 제작한 이후 철도가 건설되었다. 모스가 (㉡), 벨이 전화를 발명하는 등 통신 수단이 크게 발달하였다.

	㉠	㉡		㉠	㉡
①	풀턴	전구	②	풀턴	유선 전신
③	스티븐슨	전구	④	스티븐슨	증기선
⑤	스티븐슨	유선 전신			

07 다음 지도를 활용한 탐구 주제로 가장 적절한 것은?

① 신항로 개척의 과정
② 항해법 제정의 영향
③ 보스턴 차 사건의 발생 배경
④ 영국 내 인도 면직물의 수요 감소 원인
⑤ 새로운 동력 개발로 인한 교통수단의 발달

08 ㉠에 들어갈 국가로 옳은 것은?

> 18세기 후반 유럽에서 시작된 산업 혁명은 여러 나라로 퍼져 나갔다. 그중 (㉠)은/는 남북 전쟁 이후 풍부한 지하자원과 노동력을 바탕으로 산업이 빠르게 발전하였다. 또한 1869년 완성된 대륙 횡단 철도 등을 바탕으로 19세기 말 세계 최대 공업국으로 성장하였다.

① 미국　　② 영국　　③ 프랑스
④ 네덜란드　　⑤ 오스트레일리아

09 산업 혁명 이후 변화된 사회 모습으로 적절하지 <u>않은</u> 것은?

① 자본주의 체제가 확립되었다.
② 중상주의 정책이 실시되었다.
③ 자본가와 노동자라는 새로운 계급이 등장하였다.
④ 빈부 격차가 커지고 각종 사회 문제가 발생하였다.
⑤ 새로운 교통수단의 발달로 지역 간 교류가 활발해졌다.

시험에 잘 나와!

10 ㈎에 들어갈 인물로 옳은 것은?

① 먼로　　② 마르크스　　③ 스티븐슨
④ 애덤 스미스　　⑤ 제임스 와트

11 산업 혁명 이후 나타난 변화로 적절한 것을 〈보기〉에서 고른 것은?

> **보기**
> ㄱ. 영국에서 젠트리가 등장하였다.
> ㄴ. 노동자들이 노동조합을 결성하였다.
> ㄷ. 자크리의 난, 와트 타일러의 난 등이 일어났다.
> ㄹ. 석탄과 석유가 새로운 동력으로 사용되면서 환경 오염이 심각해졌다.

① ㄱ, ㄴ　　② ㄱ, ㄷ　　③ ㄴ, ㄷ
④ ㄴ, ㄹ　　⑤ ㄷ, ㄹ

12 ㉠에 들어갈 운동을 쓰시오.

> 산업 혁명 초기에 여러 노동 문제가 발생하자 일부 노동자들은 기계의 사용으로 일자리가 줄어들었다고 생각하여 기계를 파괴하는 (㉠)을/를 전개하였다.

(   )

13 다음 인물이 주장하는 사상으로 옳은 것은?

① 계몽사상　② 민족주의　③ 사회주의
④ 인종주의　⑤ 자유주의

14 다음 보고서가 작성된 시기에 영국에서 볼 수 있는 모습으로 가장 적절한 것은?

> **아동 노동의 실태를 알 수 있는 인터뷰**
> - **문**: 몇 살 때 공장 일을 시작하였나요?
> - **답**: 여섯 살 때부터 일하였습니다.
> - **문**: 작업 시간은 몇 시부터 몇 시까지였나요?
> - **답**: 새벽 다섯 시부터 저녁 일곱 시까지인데, 일이 밀릴 때는 저녁 아홉 시까지 일하였습니다.
> ─ 영국 의회 조사단에 제출된 보고서(1832)

① 젠트리가 등장하였다.
② 권리 장전이 승인되었다.
③ 왕이 청교도를 탄압하였다.
④ 의회파와 왕당파 사이에 내전이 발생하였다.
⑤ 자본주의 체제를 비판하는 사회주의 사상이 출현하였다.

D 　제국주의의 등장과 아프리카·아시아 침탈

15 다음 대화의 주제에 대한 설명으로 옳은 것은?

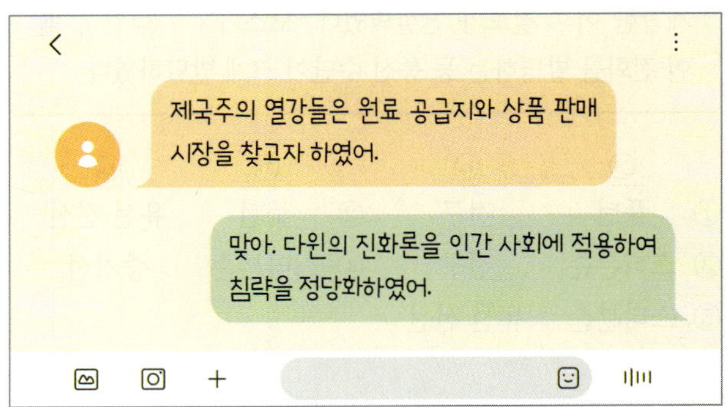

① 백인종이 유색 인종보다 우월하다는 논리를 담고 있다.
② 민족을 중심으로 통일 국가를 이루어야 한다는 사상이다.
③ 인간의 이성을 바탕으로 사회가 진보할 수 있다고 믿는 사상이다.
④ 왕권은 신이 내려준 것이므로 절대적으로 복종해야 한다는 이론이다.
⑤ 우월한 사회나 국가가 열등한 사회나 국가를 지배하는 것은 당연하다는 논리가 포함되어 있다.

16 시험에 잘 나와!　다음 글에 대한 설명으로 옳지 <u>않은</u> 것은?

> 백인의 짐을 져라. 그대가 키운 최정예를 보내라. 그대의 아들들을 역경의 길로 보내라. 그대가 잡은 원주민들의 욕구를 달래기 위해 …… 절반은 악마 같고 절반은 어린이 같은 자들에게 아주 힘겹게 시중들기 위해
> ─ 키플링, 「백인의 짐」

① 원주민을 '악마'나 '어린아이'처럼 보았다.
② 사회 진화론과 함께 제국주의를 뒷받침하였다.
③ 제국주의 국가의 식민지 침략을 정당화하였다.
④ 생산 수단의 공동 소유로 빈부 격차를 없앨 수 있다고 내세웠다.
⑤ 아시아·아프리카인을 문명화하는 것이 백인의 의무라고 주장하였다.

17 ㉠, ㉡에 들어갈 내용으로 옳은 것은?

19세기 리빙스턴 등 탐험가들의 활동으로 (㉠)에 지하자원이 풍부하다는 사실에 유럽에 전해졌다. 이후 유럽 열강들은 경쟁적으로 이 지역을 침략하였다. 이들은 1884년에 개최된 (㉡)를 통해 이 지역에 대한 분할에 합의하였다.

	㉠	㉡
①	아시아	대륙 회의
②	아시아	베를린 회의
③	아프리카	대륙 회의
④	아프리카	베를린 회의
⑤	동남아시아	베를린 회의

18 그림과 같은 정책을 펼친 국가에 대한 설명으로 옳은 것은?

① 인도차이나반도를 식민지로 삼았다.
② 괌을 차지하고 하와이를 병합하였다.
③ 오스트레일리아와 뉴질랜드를 지배하였다.
④ 마셜 제도, 캐롤라인 제도 등을 지배하였다.
⑤ 알제리와 마다가스카르를 동서로 연결하였다.

19 밑줄 친 '이 국가'에 대한 설명으로 옳은 것은?

풍자화는 '르 프티 주르날'이라는 신문에 실린 것이다. 동화의 내용에 빗대어 영국을 할머니 가면을 쓴 늑대로, 이 국가를 빵(파쇼다)을 든 소녀로 표현하였다. 양국은 1898년에 충돌하면서 갈등이 고조되었다.

① 시베리아 횡단 철도를 건설하였다.
② 아프리카 종단 정책을 전개하였다.
③ 모로코를 둘러싸고 독일과 충돌하였다.
④ 인도네시아 대부분 지역을 식민지화하였다.
⑤ 에스파냐와의 전쟁에서 승리한 후 필리핀을 식민지화하였다.

시험에 잘 나와!

20 다음 자료를 활용한 탐구 주제로 가장 적절한 것은?

그림은 자본가가 아프리카를 상징하는 원주민의 입에 술을 붓는 동안 군인은 원주민에게서 동전을 쥐어짜고 있으며 선교사는 성경을 읽고 있는 모습을 풍자하고 있다.

① 빈 체제의 형성
② 러다이트 운동의 배경
③ 라틴 아메리카 독립운동의 의의
④ 제국주의 국가의 식민지 수탈 과정
⑤ 산업 혁명 이후 사회 문제의 발생과 사회주의의 등장

21 20세기 초 아프리카에서 독립을 유지한 국가로 옳은 것을 〈보기〉에서 고른 것은?

> **보기**
> ㄱ. 모로코　　　　ㄴ. 이집트
> ㄷ. 라이베리아　　ㄹ. 에티오피아

① ㄱ, ㄴ　　② ㄱ, ㄷ　　③ ㄴ, ㄷ
④ ㄴ, ㄹ　　⑤ ㄷ, ㄹ

시험에 잘 나와!
22 검색창에 들어갈 농업 경영 방식을 쓰시오.

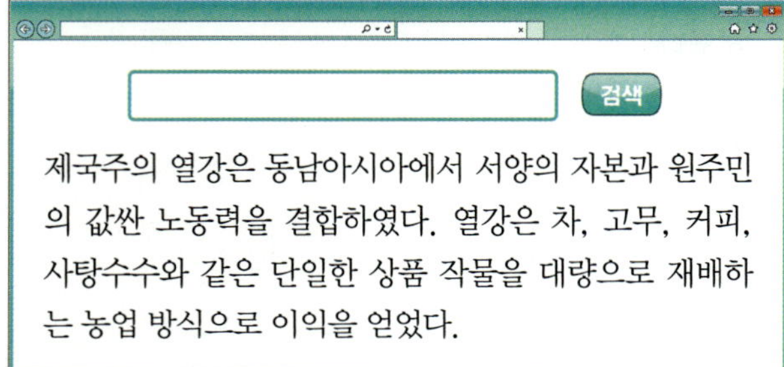

(　　　　　　)

23 ㉠에 들어갈 국가에 대한 설명으로 옳은 것은?

> 19세기 후반 뒤늦게 식민지 경쟁에 뛰어든 (㉠)은/는 세력을 확장하는 과정에서 프랑스와 충돌하였다. 또한 서아시아, 아프리카 지역으로 세력을 확장하였다.

① 하와이를 병합하였다.
② 오스트레일리아를 지배하였다.
③ 베트남과 캄보디아 등을 점령하였다.
④ 태평양의 마셜 제도 등을 차지하였다.
⑤ 인도네시아 대부분 지역을 식민지로 삼았다.

24 다음은 19세기 아시아 태평양 지역을 나타낸 지도이다. ㈎, ㈏ 지역에 해당하는 설명으로 옳은 것은?

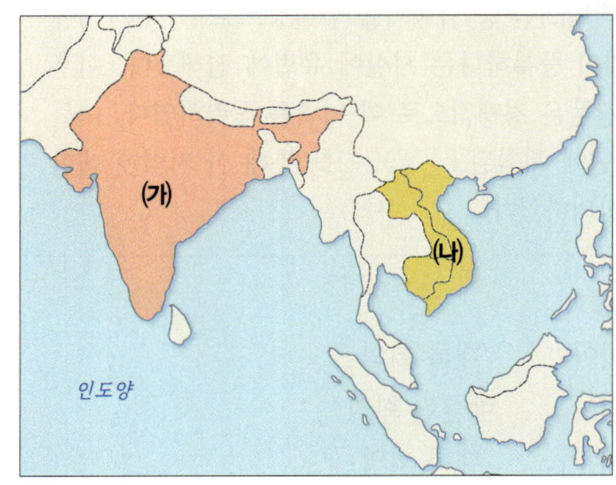

① ㈎ – 독일의 식민지였다.
② ㈎ – 미국의 보호를 받았다.
③ ㈏ – 프랑스가 점령하였다.
④ ㈏ – 영국의 동인도 회사를 통해 지배받았다.
⑤ ㈎, ㈏ – 유럽 열강이 베를린 회의에서 분할에 합의하였다.

E **산업화와 제국주의의 영향**

25 빈칸에 들어갈 내용으로 가장 적절한 것은?

> 산업 혁명 이후 교통과 통신의 발달로 세계를 잇는 연결망이 형성되었다. 또한 유럽의 도시 인구가 폭발적으로 증가하였고, ⬚
> 그 결과 식민지에서 목재나 광물 등 공업의 원료가 되는 자원이 무분별하게 착취되면서 식민지 국가의 산림과 생태환경이 크게 변화하였다.

① 종교 개혁이 발생하였다.
② 미국에서 남북 전쟁이 발생하였다.
③ 라틴 아메리카 국가들이 독립하였다.
④ 전통적인 가내 수공업이 발달하였다.
⑤ 유럽인들이 아메리카 대륙, 오스트레일리아 등으로 이주하였다.

서술형 문제

서술형 감잡기

1 다음을 읽고 물음에 답하시오.

> 18세기 후반부터 유럽에서는 기계의 발명과 기술의 혁신으로 경제와 사회 구조에 큰 변화가 나타났는데, 이를 (㉠)(이)라고 한다. (㉠)은/는 영국에서 가장 먼저 시작되었다.

(1) ㉠에 공통으로 들어갈 내용을 쓰시오.

(2) (1)에서 답한 내용이 영국에서 가장 먼저 시작된 배경을 세 가지 서술하시오.

> | 핵심어 | 식민지, 지하자원, 인클로저 운동

서술형 익히기

2 밑줄 친 '이 운동'이 일어난 배경을 서술하시오.

> **역사 신문**
>
> ### 노동자들이 기계를 부수다
>
> 산업화가 진행되면서 빈부의 격차는 점점 심해졌다. 최근 도시 곳곳에서 일부 노동자들이 기계를 부수는 이 운동을 벌이고 있다. 이 운동의 명칭은 비밀 조직에서 만든 가상의 인물인 '러드'의 이름에서 유래하였다.

3 다음을 읽고 물음에 답하시오.

> 산업 혁명 이후 노동 문제와 빈부 격차의 심화 등이 심각한 사회 문제로 떠오르자, 자본주의 체제의 모순을 비판하는 (㉠)이/가 등장하였다.

(1) ㉠에 들어갈 사상을 쓰시오.

(2) (1)에서 답한 사상의 주요 내용을 두 가지 서술하시오.

4 다음 자료에 나타난 사상이 제국주의에 미친 영향을 서술하시오.

그림은 백인이 유색 인종을 등에 지고 문명화를 위해 올라 가고 있는 모습을 풍자한 것이다. 그림에서 백인으로 표현한 영국인과 미국인이 바구니 속에 유색 인종으로 표현한 해당 국가의 식민지 사람들을 짊어지고 걷고 있다.

04 / 아시아의 국민 국가 건설 운동(1)

A 오스만 제국의 국민 국가 건설 운동

1. 오스만 제국의 개혁
(1) 배경: 19세기에 러시아와 영국 등 유럽 열강의 잇따른 침략, 그리스와 발칸반도 국가의 독립 등으로 쇠퇴 **핵심 자료**
(2) <u>탄지마트</u> —— 탄지마트는 튀르키예어로 '은혜로운 개혁'을 뜻해.

목적	오스만 제국의 대내외적 위기 극복 — **예** 서양식 교육 제도와 징병 제도 실시
내용	민족과 종교에 따른 차별 폐지 등 근대적 개혁 추진 → 성과 미흡 → *미드하트 파샤 등이 서양식 의회 개설, 근대적 헌법 제정(1876, 입헌 군주제 실시 및 의회 설립 등)
결과	보수 세력의 반발, 유럽 열강의 간섭 → 큰 성과를 얻지 못함

2. 청년 튀르크당의 혁명 **핵심 자료**
— 극단적인 튀르크 민족주의를 앞세운 주장으로 다른 민족의 반발을 사기도 하였어.
(1) 배경: 개혁의 실패, 술탄 압둘 하미드 2세의 전제 정치 강화(헌법 폐지, 의회 해산 등)
(2) 내용: 젊은 관리와 지식인들이 청년 튀르크당 결성 → 무력 혁명으로 정권 장악(1908) 후 헌법과 의회 부활 → <u>근대적 개혁 추진</u> — 여성 차별 금지, 언론 자유 보장, 보통 선거 실시 등

> ✱ **미드하트 파샤**
> 오스만 제국의 정치인으로, 술탄이 주도한 탄지마트가 기대에 미치지 못하자 그는 근대적 개혁을 담은 헌법을 만들고, 의회 설립을 주도하였다.

B 아랍·이란·이집트의 민족 운동

1. 아랍의 민족 운동
이슬람교 순화 운동인 *와하브 운동("『쿠란』으로 돌아가라.") 전개 → 아랍인의 민족의식을 깨워 줌 → 사우디아라비아 왕국의 건국 이념이 됨

2. 이란의 민족 운동
— 알 아프가니의 주도로 담배 독점권 반환을 요구하였어.
카자르 왕조의 쇠퇴 → 러시아, 영국에게 이권을 빼앗기자 개혁 추진 → 영국이 담배 독점권 획득 → 이란의 상인·이슬람교 지도자를 중심으로 담배 불매 운동 전개, 의회 구성 및 헌법 제정(입헌 혁명) → 보수 세력의 반발과 열강의 간섭으로 실패

3. 이집트의 근대화 운동
— 무함마드 알리가 권력을 장악하면서 시작되었어.
(1) 무함마드 알리의 개혁: 적극적인 근대화 정책 추진, 오스만 제국으로부터 자치권 획득 **자료①**
(2) 민족 운동의 전개: 19세기 영국과 프랑스의 원조를 받아 수에즈 운하 건설 → *아라비 파샤를 중심으로 한 군부의 민족 운동 전개 → 영국이 진압 후 이집트를 보호국화함 **자료②**

> ✱ **와하브 운동**
> 18세기 아라비아반도에서 이븐 압둘 와하브가 시작한 이슬람교 순화 운동으로, 이슬람교 초기의 순수성을 되찾자고 주장하였다.
>
> ✱ **아라비 파샤**
> '이집트 독립운동의 아버지'로 불리며, '이집트인을 위한 이집트 건설'이라는 구호를 내세워 혁명을 일으켰다.

자료① 무함마드 알리의 근대화 정책

무함마드 알리는 징병제를 시행하고, 서양식 군사 훈련을 실시하였다. 또한 근대식 공장 시설을 설립하고 학교를 만드는 등 적극적인 근대화 정책을 실시하였다. 이를 통해 국력을 강화하고자 하였다.

◑ 무함마드 알리

자료② 수에즈 운하 건설

— 1869년에 개통된 지중해와 홍해를 연결하는 세계 최대의 인공 수로야.

수에즈 운하의 건설로 유럽에서 인도까지의 항로가 크게 단축되었다. 그러나 이집트는 수에즈 운하를 건설하는 과정에서 많은 빚을 져 열강의 간섭을 받게 되었다. 이후 영국이 수에즈 운하의 주식을 사들여 경영권을 장악하였다.

◑ 수에즈 운하 개통 전후의 변화

교과서 핵심 자료 — 오스만 제국의 변화

↑ 오스만 제국의 영토 축소

19세기 들어 오스만 제국은 영국과 러시아 등 열강의 침략과 제국 내 여러 나라의 독립으로 영토가 축소되고 쇠퇴하였다. 위기를 겪자 술탄은 탄지마트라고 불리는 개혁을 추진하였다. 그러나 개혁의 성과는 미미하였고, 술탄은 헌법을 폐지하고 의회를 해산하는 등 전제 정치를 실시하였다. 이에 청년 튀르크당은 헌법과 의회의 부활을 주장하며 혁명을 일으켰다.

✓ 완자쌤의 탐구 수업

❶ 오스만 제국의 개혁 정책을 이르는 말은?

탄지마트

❷ 청년 튀르크당이 혁명을 일으킨 이유는?

청년 튀르크당은 탄지마트의 성과가 미미하고, 술탄이 헌법을 폐지하고 의회를 해산하는 등 전제 정치를 실시하자 혁명을 일으켰습니다.

문제로 개념 확인

정답 친해 54쪽

1 ㉠에 들어갈 내용을 쓰시오.

> 오스만 제국은 (㉠   )(이)라는 근대적 개혁을 실시하여 민족과 종교에 따른 차별을 폐지하였다.

2 다음 설명이 맞으면 ○표, 틀리면 ×표를 하시오.

(1) 오스만 제국에서는 술탄이 주도한 개혁의 성과가 미흡하자 아라비 파샤 등이 서양식 의회를 개설하였다. (   )

(2) 청년 튀르크당은 무력으로 정권을 장악한 뒤 여성 차별을 금지하고, 언론의 자유를 보장하는 근대적 개혁을 추진하였다. (   )

3 다음 괄호 안의 내용 중 알맞은 말에 ○표를 하시오.

(1) 19세기 중엽 (이란 , 이집트)은/는 수에즈 운하를 건설하였다.

(2) 18세기 아라비아반도에서 이슬람교의 초기 순수성을 되찾자는 (와하브 운동 , 담배 불매 운동)이 전개되었다.

(3) 19세기 후반 (아라비 파샤 , 무함마드 알리)를 중심으로 한 군부는 '이집트인을 위한 이집트 건설'이라는 구호를 외치며 혁명을 시도하였다.

비주얼로 핵심 콕콕

A 오스만 제국의 국민 국가 건설 운동

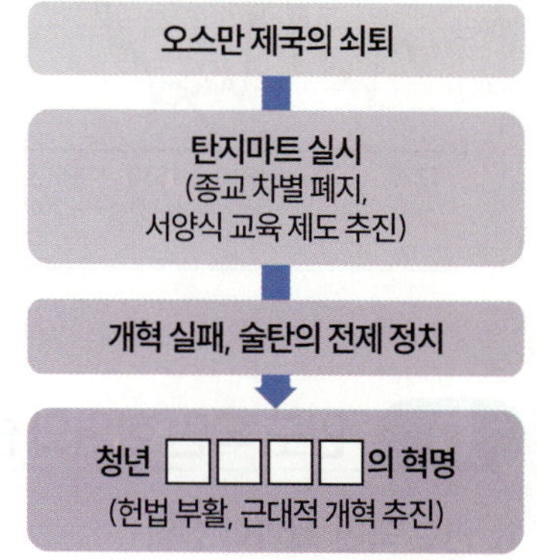

B 아랍·이란·이집트의 민족 운동

C 영국의 인도 침략과 세포이의 항쟁

1. 영국의 인도 침략: 무굴 제국의 쇠퇴, 영국과 프랑스가 동인도 회사를 앞세워 인도 진출
→ 영국이 *플라시 전투(1757)에서 승리, 19세기 중반 인도 대부분 지역을 장악

2. 인도 사회의 변화

(1) 경제: 값싼 영국산 면직물의 대량 유입, 영국으로 수출하기 위한 아편과 면화 재배 강요
→ 인도 면직물 산업 붕괴 `자료①`

(2) 문화: 영국이 인도의 종교와 문화 무시, 힌두교와 이슬람교의 종교적 갈등을 부추김

3. 세포이의 항쟁 `자료②`

배경	영국의 지배와 인도 문화를 무시한 통치 방식에 대한 인도인들의 불만
전개	*세포이를 중심으로 봉기(1857) → 다양한 계층이 참여하는 대규모 민족 운동으로 확산 → 내부 분열과 영국의 반격으로 실패
결과	• 영국이 무굴 제국의 황제 폐위(무굴 제국 멸망) ── 영국 국왕이 인도 황제를 겸하고 총독을 파견하였어. • 동인도 회사 해체 → 영국령 인도 제국 수립(영국의 인도 직접 지배, 1877)

플라시 전투
영국군이 인도의 벵골 세력과 프랑스군 연합을 격퇴한 전투로, 영국은 이 승리로 벵골 지역의 지배권을 확보하였다.

세포이
영국 동인도 회사에 고용된 인도인 용병으로, 대부분 이슬람교도와 힌두교도로 구성되었다.

`자료①` **인도와 영국의 면직물 교역**

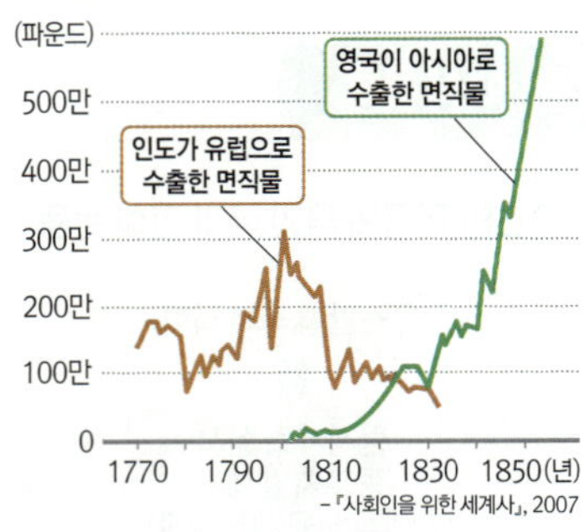

인도는 산업 혁명 이전까지 세계에서 가장 큰 면직물 수출 국가였다. 산업 혁명 이후 영국에서 대량으로 생산한 값싼 면직물이 인도로 유입되면서 인도 면직물 산업이 급격히 몰락하였다.

`자료②` **세포이의 항쟁**

↑ 당시 탄약 주머니(왼쪽)와 탄약을 넣는 방법(오른쪽)

동인도 회사가 세포이에게 지급한 탄약 주머니에 힌두교도가 신성시하는 소기름과 이슬람교도가 꺼리는 돼지기름을 칠했다는 소문이 돌았다. 그러자 세포이들은 이를 종교 탄압으로 받아들였다. 이처럼 영국이 인도인의 종교적 전통을 무시하자 세포이들은 항쟁을 일으켰다.

D 인도 국민 회의와 반영 운동

1. 인도 국민 회의의 성립

(1) 결성 배경

① 인도 민족 운동의 확산: 서양식 근대 교육을 경험한 인도의 지식인·종교 지도자 등이 성장, 영국의 지배에 반대하는 민족 운동 전개

② 영국의 인도인 회유 정책: 영국이 인도인의 불만을 가라앉히고자 결성(1885)

(2) 초기 활동: 영국의 지배 인정, 영국이 허용하는 범위 안에서 인도인의 권익 확보에 노력함

2. 인도 국민 회의의 반영 운동 `핵심 자료`

민족 운동이 활발하던 지역이었어.

배경	영국이 *벵골 분할령 발표(1905) → 인도인을 분열시키고 민족 운동의 힘을 분산하려고 함
전개	인도 국민 회의가 콜카타 대회를 개최하여 영국 상품 배척, 스와라지(자치), 스와데시(국산품 애용), 국민 교육 실시의 4대 강령 주장, 반영 운동 주도 → 대규모 민족 운동으로 발전
결과	영국의 벵골 분할령 취소(1911), 형식적으로 인도인의 자치 인정

벵골 분할령
영국령 인도 제국의 총독이 벵골 지역을 힌두교도 중심의 서벵골과 이슬람교도 중심의 동벵골로 나누어 통치한다고 발표한 법령이다.

교과서 핵심 자료 — 인도 국민 회의의 반영 운동

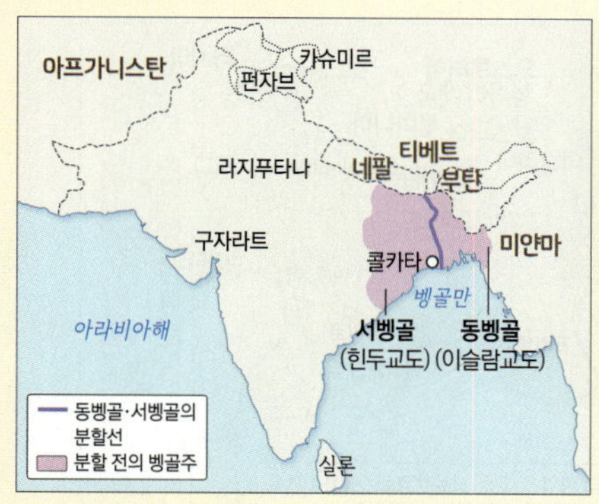

↑ 인도 국민 회의 창립총회
← 벵골 분할령

영국은 벵골 분할령을 발표하여 반영 운동의 중심지인 벵골 지역의 세력을 약화시키고, 힌두교도와 이슬람교도의 종교적 대립을 자극하여 민족 운동의 힘을 분열시키려고 하였다. 이에 인도 국민 회의는 영국 상품 배척, 스와라지(인도인의 자치), 스와데시(국산품 애용), 국민 교육 실시를 결의하는 4대 강령을 발표하며 적극적으로 반영 운동에 앞장섰다.

완자쌤의 탐구 수업

❶ 영국이 벵골 분할령을 발표한 이유는?

영국은 반영 운동이 활발하던 벵골 지역의 세력을 약화시키고 종교 대립을 자극하여 인도인을 분열시키려고 하였습니다.

❷ 영국의 벵골 분할령 발표 이후 인도 국민 회의의 활동은?

인도 국민 회의는 콜카타 대회를 개최하여 영국 상품 불매, 스와라지, 스와데시, 국민 교육 실시 등을 주도하며 반영 운동을 전개하였습니다.

문제로 개념 확인

정답 친해 54쪽

1 빈칸에 들어갈 알맞은 내용을 쓰시오.

⑴ (　　　　　)은/는 벵골 분할령 발표를 계기로 반영 운동에 앞장섰다.

⑵ 영국 동인도 회사에 고용된 인도인 용병을 (　　　　　)(이)라고 한다.

⑶ 영국은 (　　　　　)에서 프랑스를 물리치고 인도의 벵골 지역을 다스릴 권리를 획득하였다.

2 ㉠에 들어갈 내용을 쓰시오.

> 인도 국민 회의는 콜카타 대회를 개최하여 영국 상품 불매, 스와라지(자치), (㉠　　　　　)(국산품 애용), 국민 교육 실시 등 4대 강령을 채택하였다.

3 인도 반영 운동의 전개 과정을 일어난 순서대로 나열하시오.

> ㈎ 영국이 인도인을 분열시키고자 벵골 분할령 발표
> ㈏ 인도인을 무시한 통치 방식에 반발하여 세포이의 항쟁 발생
> ㈐ 서양식 근대 교육을 경험한 지식인 등이 인도 국민 회의 결성

(　　　　　)

비주얼로 핵심 콕콕

C 영국의 인도 침략과 세포이의 항쟁

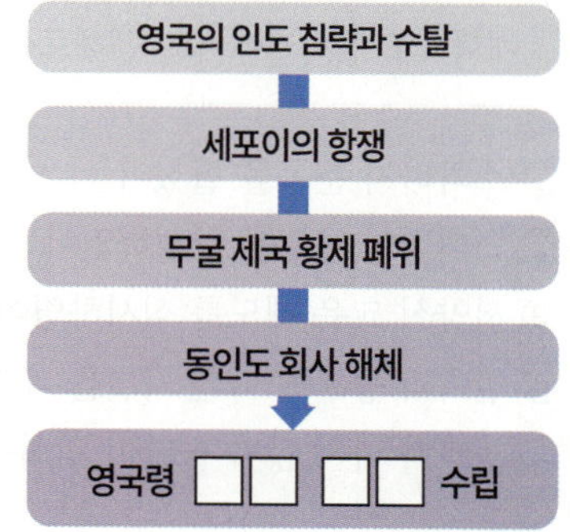

D 인도 국민 회의와 반영 운동

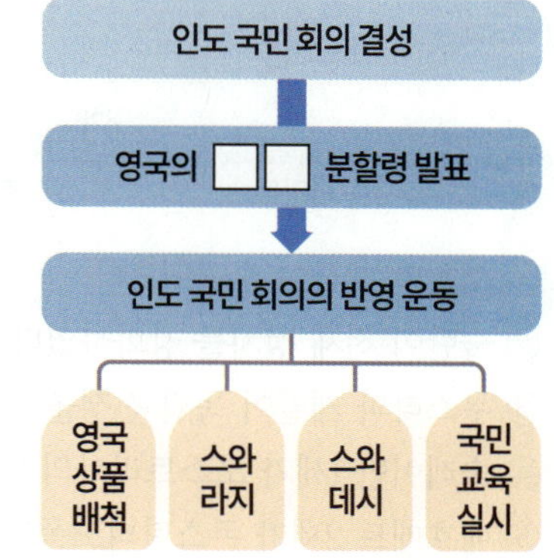

A 오스만 제국의 국민 국가 건설 운동

01 ㉠에 들어갈 개혁으로 옳은 것은?

> 19세기에 들어 오스만 제국은 위기를 극복하기 위해 1839년부터 (㉠)(이)라는 근대적 개혁을 실시하였다.

① 탄지마트
② 입헌 혁명
③ 메이지 유신
④ 와하브 운동
⑤ 변법자강 운동

02 다음에서 설명하는 개혁에 대해 <u>잘못</u> 말한 학생은?

> 오스만 제국에서 대내외적인 위기를 극복하고자 추진한 개혁으로 튀르키예어로 '은혜로운 개혁'을 뜻한다.

① 스와라지 운동을 펼쳤어.
② 근대적인 군대를 양성하였어.
③ 서양식 교육 제도를 실시하였어.
④ 민족과 종교에 따른 차별을 폐지하였어.
⑤ 성과가 나지 않자 술탄이 의회를 해산하였어.

03 (가) 시기에 있었던 사실로 옳은 것은?

1839년		1908년
	(가)	
탄지마트		청년 튀르크당의 혁명

① 오스만 제국이 수립되었다.
② 술탄이 전제 정치를 강화하였다.
③ 무스타파 케말이 독립 전쟁을 일으켰다.
④ 술레이만 1세가 오스트리아의 빈을 공격하였다.
⑤ 메흐메트 2세가 콘스탄티노폴리스를 수도로 삼았다.

04 오스만 제국의 영역이 지도와 같이 축소된 배경으로 가장 적절한 것은?

① 나폴레옹의 침략을 받았다.
② 카자르 왕조가 쇠퇴하였다.
③ 세포이의 항쟁이 발생하였다.
④ 영국의 동인도 회사가 진출하였다.
⑤ 러시아와 영국 등 유럽 열강의 침략을 받았다.

시험에 잘 나와!
05 밑줄 친 '이 단체'가 외친 구호로 가장 적절한 것은?

> 사진은 이 단체가 행진하는 모습으로, 깃발에는 '규율, 정의, 질서, 헌법 만세'라는 글이 적혀 있다. 오스만 제국의 젊은 군인과 학생을 중심으로 조직된 이 단체는 1908년 무장 혁명을 일으켜 정권을 장악하였다.

① 『쿠란』으로 돌아가라!
② 영국 상품을 배척하자!
③ 술탄이 폐지한 헌법을 되살려라!
④ 생산 수단을 공동으로 분배하라!
⑤ 아랍 민족을 위한 국가를 건설하자!

06 청년 튀르크당의 개혁 내용으로 옳은 것을 〈보기〉에서 고른 것은?

> **보기**
> ㄱ. 여성 차별 금지
> ㄴ. 보통 선거의 실시
> ㄷ. 스와라지(자치) 주장
> ㄹ. 담배 불매 운동 전개

① ㄱ, ㄴ　　② ㄱ, ㄷ　　③ ㄴ, ㄷ
④ ㄴ, ㄹ　　⑤ ㄷ, ㄹ

B 아랍·이란·이집트의 민족 운동

07 와하브 운동에 대한 설명으로 옳은 것은?

① 빈 체제의 동요를 가져왔다.
② 영국의 벵골 분할령에 대항하였다.
③ 영국의 담배 독점 판매권에 저항하였다.
④ 극단적인 튀르크 민족주의를 주장하였다.
⑤ 『쿠란』의 가르침에 따라 생활할 것을 주장하였다.

08 검색창에 들어갈 인물을 쓰시오.

이집트 총독이 된 인물로 징병제를 실시하는 등 군대를 개혁하였다. 또한 근대적 공장을 만들고 농업 생산력을 높이기 위한 사업을 추진하는 등 근대화 운동을 전개하였다. 이후 이집트는 오스만 제국으로부터 자치권을 얻었다.

(　　　　　　)

09 (가)에 해당하는 운하에 대한 설명으로 옳지 <u>않은</u> 것은?

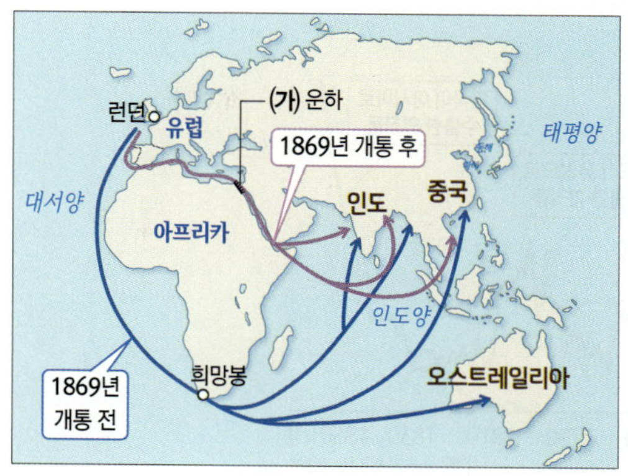

① 영국과 프랑스의 원조를 받아 건설되었다.
② 이집트가 영국의 간섭을 받는 계기가 되었다.
③ 영국이 운하의 주식을 사들여 경영권을 장악하였다.
④ 마르코 폴로의 『동방견문록』의 영향을 받아 시작되었다.
⑤ 운하의 건설로 유럽에서 인도까지의 항로가 크게 단축되었다.

C 영국의 인도 침략과 세포이의 항쟁

10 ㉠, ㉡에 들어갈 내용으로 옳은 것은?

> 18세기에 무굴 제국이 쇠퇴하자 영국과 프랑스는 인도를 차지하기 위해 경쟁하였다. (　㉠　)를 앞세워 인도에 진출한 두 국가는 무역 주도권을 두고 충돌하였다. 1757년에 영국이 인도의 (　㉡　)에서 프랑스를 물리치고 승리하면서 벵골 지역의 통치권을 차지하였다. 19세기 중반에는 인도의 대부분 지역을 식민지로 만들었다.

	㉠	㉡
①	세포이	파쇼다
②	세포이	플라시
③	동인도 회사	플라시
④	동인도 회사	파쇼다
⑤	동인도 회사	예루살렘

11 다음 그래프와 같은 변화가 나타난 배경으로 가장 적절한 것은?

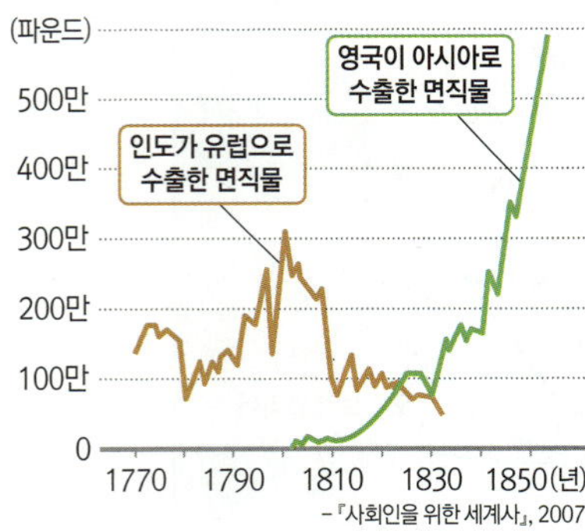

① 영국이 동인도 회사를 해체하였다.

② 인도 국민 회의가 반영 운동을 전개하였다.

③ 영국이 힌두교와 이슬람교의 대립을 조장하였다.

④ 영국이 인도인에게 크리스트교로의 개종을 강요하였다.

⑤ 영국이 공장에서 대량 생산한 값싼 면직물을 인도에 수출하였다.

12 ★시험에 잘 나와! (개)에 들어갈 내용으로 옳은 것을 〈보기〉에서 고른 것은?

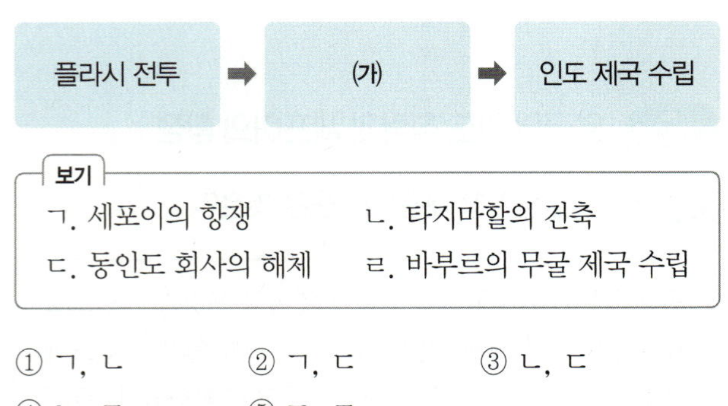

보기
ㄱ. 세포이의 항쟁   ㄴ. 타지마할의 건축
ㄷ. 동인도 회사의 해체   ㄹ. 바부르의 무굴 제국 수립

① ㄱ, ㄴ　　② ㄱ, ㄷ　　③ ㄴ, ㄷ
④ ㄴ, ㄹ　　⑤ ㄷ, ㄹ

13 세포이의 항쟁 결과로 옳은 것은?

① 영국령 인도 제국이 수립되었다.

② 영국이 벵골 분할령을 취소하였다.

③ 인도 각 주의 자치권이 인정되었다.

④ 콘스탄티노폴리스가 이스탄불로 불렸다.

⑤ 아라비 파샤를 중심으로 한 민족 운동이 전개되었다.

14 밑줄 친 '이 단체'에 대한 설명으로 옳은 것은?

사진은 인도에서 1885년에 결성한 단체의 창립총회 모습이다. 초기의 이 단체는 영국이 허용하는 범위 안에서 인도인의 권리와 이익을 위해 활동하였다.

① 힌두교 사원을 파괴하였다.

② 담배 독점권 반환을 요구하였다.

③ 극단적인 튀르크 민족주의를 내세웠다.

④ 영국 동인도 회사에 고용된 용병으로 활동하였다.

⑤ 영국이 인도인 관리와 지식인을 중심으로 결성하였다.

15 지도에 나타난 상황이 인도에 미친 영향으로 가장 적절한 것은?

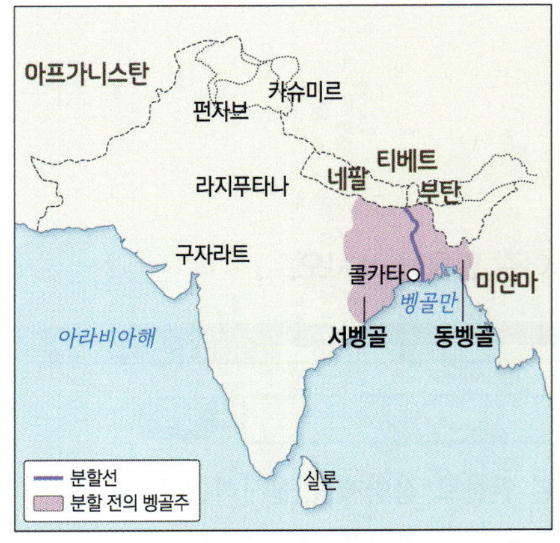

① 플라시 전투가 발발하였다.

② 인도 국민 회의가 결성되었다.

③ 영국령 인도 제국이 수립되었다.

④ 인도 국민 회의가 반영 운동에 앞장섰다.

⑤ 힌두교와 이슬람교를 절충한 시크교가 발전하였다.

16 영국의 벵골 분할령 발표 이후에 나타난 인도의 사회 모습으로 적절하지 <u>않은</u> 것은?

① 전쟁에 참여하는 예니체리
② 콜카타 대회를 준비하는 종교인
③ 영국 상품 판매를 거부하는 상인
④ 인도인의 자치를 주장하는 정치인
⑤ 국민 교육의 실시를 위해 회의를 소집하는 교육인

17 ㉠, ㉡에 들어갈 종교를 각각 쓰시오.

> 19세기 후반부터 인도에서는 서양식 근대 교육을 받은 지식인을 중심으로 영국의 지배에 반대하는 민족 운동이 확대되었다. 이에 영국은 1905년 반영 운동이 활발하던 벵골 지역을 (㉠)이/가 중심이 된 서벵골과 (㉡)이/가 중심이 된 동벵골로 나누어 통치하는 법령을 발표하여 분열을 조장하였다.

㉠: (   ), ㉡: (   )

★시험에 잘 나와!
18 인도의 국민 국가 수립 과정을 일어난 순서대로 나열한 것은?

> (가) 세포이들이 항쟁을 주도하였다.
> (나) 무굴 제국의 황제가 폐위되었다.
> (다) 영국이 플라시 전투에서 프랑스를 물리쳤다.
> (라) 인도 국민 회의가 콜카타 대회를 개최하였다.

① (가) − (나) − (다) − (라)
② (나) − (다) − (가) − (라)
③ (다) − (가) − (나) − (라)
④ (다) − (가) − (라) − (나)
⑤ (라) − (다) − (나) − (가)

서술형 문제

서술형 감잡기

1 다음을 읽고 물음에 답하시오.

> 19세기에 오스만 제국은 러시아와 영국 등의 침입을 받아 크게 쇠퇴하였다. 이에 술탄은 위기를 극복하고자 (㉠)(이)라고 불리는 근대적 개혁을 추진하였다.

(1) ㉠에 들어갈 근대적 개혁을 쓰시오.

____

(2) (1)에서 답한 근대적 개혁의 내용을 <u>두 가지</u> 서술하시오.

| 핵심어 | 종교 차별 폐지, 서양식 교육 제도

____

____

서술형 익히기

2 다음을 읽고 물음에 답하시오.

> 영국이 (㉠)을/를 발표하여 인도의 민족 운동을 분열하려 하자, 인도 국민 회의는 콜카타 대회에서 <u>4대 강령</u>을 채택하고 반영 운동을 주도하였다.

(1) ㉠에 들어갈 법령을 쓰시오.

____

(2) 밑줄 친 '4대 강령'의 내용을 서술하시오.

____

____

05 아시아의 국민 국가 건설 운동(2)

A 아편 전쟁과 중국의 개항

1. 청과 영국의 무역 변화: 18세기 중반 이후 광저우의 공행에게만 서양과의 무역 허락

2. 제1차 아편 전쟁(1840~1842)
영국이 청과의 무역에서 생긴 적자를 줄이기 위해서였어.
(1) 배경: *삼각 무역(영국이 인도산 아편을 청에 밀수출 → 청의 은 유출, 아편 중독자 증가)
(2) 전개: 청 정부가 임칙서를 광저우로 파견하여 아편 단속 → 영국의 청 공격 → 청의 패배
(3) 결과: 난징 조약 체결(상하이 등 5개 항구 개항, 영국에 홍콩 할양, 배상금 지불 등) [자료]
[용어] 국가 간 합의에 의하여 자기 나라 영토를 다른 나라에 넘겨줌

3. 제2차 아편 전쟁(1856~1860)
(1) 배경: 영국과 청의 무역량이 나아지지 않음, 애로호 사건 발생
청의 관리가 애로호의 선원들을 해적 혐의로 체포하는 과정에서 영국 국기를 강제로 끌어내렸어.
(2) 전개: 영국이 프랑스와 연합하여 청 공격 → 청의 패배
(3) 결과: 톈진 조약, 베이징 조약 체결(외국 공사의 베이징 주재, 크리스트교의 포교 허용 등)

[자료] **난징 조약의 내용**
영사 재판권을 인정하고, 영국에 최혜국 대우를 허용하였어.

- 상하이 등 5개 항구를 개방하고 홍콩을 영국에 넘긴다.
- 중국 땅에서 범죄를 저지른 외국인은 외국의 법으로 처벌한다.
- 전쟁 배상금 1,200만 달러를 지급한다.

제1차 아편 전쟁에서 패배한 청은 영국과 난징 조약을 맺고 상하이 등 5개 항구를 개방하였다. 난징 조약에는 홍콩을 할양한다는 내용과 영사 재판권의 인정, 최혜국 대우의 허용 등 불평등한 내용이 포함되었다.

✳ 삼각 무역

19세기 영국은 인도에서 재배한 아편을 청에 팔아 무역 적자를 메우려 하였다.

B 중국의 근대화 운동

1. 태평천국 운동(1851~1864)
크리스트교의 영향을 받아 상제회를 조직하였어.

배경	아편 전쟁 이후 청 정부가 영국에 배상금을 내기 위해 세금을 늘리자 농민의 불만이 커짐
전개	홍수전이 만주족을 몰아내고 한족의 국가를 세우자고 주장하며 주도(1851) → 토지 균등 분배·남녀평등·전족과 같은 악습 폐지 등을 주장 → 난징을 점령하고 세력 확대 [핵심 자료]
결과	내부 분열로 세력 약화 → 신사층이 모집한 의용군과 외국 군대의 공격을 받아 진압됨

여성의 발을 어릴 때부터 자라지 못하게 한 중국의 옛 풍속이야.

2. 양무운동

배경	아편 전쟁과 태평천국 운동의 과정에서 서양 무기의 우수성을 깨달음
전개	이홍장, 증국번 등 한인 관료들이 *중체서용을 내세우며 부국강병 정책 주도 → 근대식 해군 창설, 군수 공장 등 각종 산업 시설(*금릉 기기국 등) 설치 [핵심 자료]
결과	의식·제도의 개혁 없이 서양 기술만 수용, 청일 전쟁의 패배로 한계점이 드러남

정부의 체계적인 계획 없이 지방 관료가 제각기 정책을 추진하였어.

3. 변법자강 운동
서양의 기술뿐만 아니라 제도까지 받아들이자는 운동이야.

배경	청일 전쟁 이후 외세의 간섭 심화 → 열강의 침입에 대한 중국인의 위기감이 심화됨
전개	캉유웨이, 량치차오 등 개혁 지식인들이 일본의 메이지 유신을 본받아 정치 개혁을 주장함 → 황제의 지지를 얻어 의회 설립, 입헌 군주제 확립, 신식 군대 양성 등 추진 [핵심 자료]
결과	서태후를 중심으로 한 보수파의 반발로 100여 일 만에 중단

일본 메이지 천황 시기에 일어난 근대적 개혁이야.

✳ 중체서용

중국의 전통적인 체제는 유지하고 서양의 기술만을 받아들이자는 주장이다.

✳ 금릉 기기국

난징(금릉)에 세운 근대식 군수 공장이다. 이홍장은 양무운동으로 대포, 총포, 화약을 생산하기 위한 군수 공장을 지었다. 또한 무기 생산에 필요한 철 등을 얻기 위하여 광산을 개발하고 철도를 부설하였다.

▶ 아편 전쟁과 중국의 근대화 운동
▶ 일본의 메이지 유신과 제국주의 침략
▶ 신해혁명과 중화민국의 성립
▶ 조선의 개항과 근대화 운동

교과서 핵심 자료 — 중국의 근대화 운동

⬆ 홍수전

⬆ 이홍장

⬆ 캉유웨이

태평천국 운동을 이끈 홍수전은 한족 중심의 국가 건설과 토지의 균등 분배를 주장하였다. 서양 무기의 우수성을 확인한 이홍장, 증국번 등은 중국의 사상과 제도는 유지하되, 서양의 기술만을 받아들이자는 중체서용을 내세운 양무운동을 추진하였다. 청일 전쟁 패배 이후 캉유웨이, 량치차오 등은 일본의 메이지 유신을 본받아 변법자강 운동을 전개하였다.

✔ 완자쌤의 탐구 수업

① 홍수전이 일으킨 근대화 운동은?

태평천국 운동

② 이홍장 등이 추진한 양무운동의 목표는?

이홍장 등은 양무운동을 통해 중국의 사상과 제도는 유지하고, 서양의 기술만을 받아들여 부국강병을 이루고자 하였습니다.

③ 변법자강 운동을 이끈 세력이 본받은 일본의 개혁은?

메이지 유신

문제로 개념 확인

정답 친해 56쪽

1 다음 물음에 답하시오.

(1) 제1차 아편 전쟁의 결과 영국과 청이 체결한 조약은?　　　　（　　　　　）

(2) 광저우에서 서양과의 무역을 할 수 있도록 청이 허가한 상인 조합은?

（　　　　　）

2 제2차 아편 전쟁의 결과를 〈보기〉에서 골라 쓰시오.

> 보기
> ㄱ. 상하이 개항
> ㄴ. 영국에 홍콩 할양
> ㄷ. 크리스트교 포교 허용
> ㄹ. 외국 공사의 베이징 주재

（　　　　　）

3 빈칸에 들어갈 알맞은 내용을 쓰시오.

(1) 캉유웨이 등의 지식인은 일본의 (　　　　　)을/를 본받아 변법자강 운동을 추진하였다.

(2) 크리스트교의 영향을 받은 (　　　　　)은/는 만주족을 몰아내고 한족의 국가를 세우자고 주장하며 태평천국 운동을 일으켰다.

비주얼로 핵심 콕콕

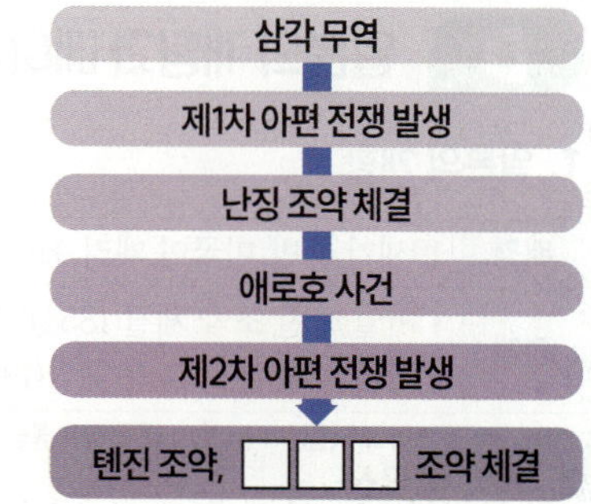

A 아편 전쟁과 중국의 개항

- 삼각 무역
- 제1차 아편 전쟁 발생
- 난징 조약 체결
- 애로호 사건
- 제2차 아편 전쟁 발생
- 톈진 조약, □□□ 조약 체결

B 중국의 근대화 운동

태평천국 운동	• 홍수전 주도 • 토지 균등 분배 주장
□□ 운동	• 이홍장 등 주도 • 중체서용 주장
변법자강 운동	• 캉유웨이 등 주도 • 메이지 유신을 본받음

C 신해혁명과 중화민국의 수립

1. 의화단 운동

배경	열강의 이권 침탈 심화 → 중국인들의 반외세 감정 확산
전개	비밀 결사 의화단이 *'부청멸양'을 내걸고 선교사·교회·철도 등 공격(1899) → 베이징까지 진출하여 외국 공관 습격
결과	영국·일본·러시아 등 8개국 연합군에 진압 → *신축 조약 체결(1901)

2. 신해혁명(1911)

민간 철도를 나라의 것으로 만들고 이를 담보로 외국에 돈을 빌리려고 하였어.

배경	청 왕조를 몰아내고 새로운 정부를 수립하려는 혁명 운동의 확산 → 쑨원이 도쿄에서 중국 동맹회를 조직(1905), 삼민주의를 내세워 혁명 운동을 주도 자료
전개	청 정부의 민간 철도 국유화 시도 → 우창에서 신식 군대가 봉기 → 여러 지역이 호응하여 독립 선언(신해혁명) → 혁명 세력이 쑨원을 임시 대총통으로 추대, 중화민국 수립(1912)
결과	청 정부의 위안스카이 파견 → 위안스카이가 청 황제를 퇴위시키고 중화민국의 대총통이 됨 → 위안스카이 사후 각지에서 *군벌 세력 등장 → 정치적 혼란을 겪음

중국 최초의 공화정이야.

자료 쑨원의 삼민주의

삼민주의는 신해혁명과 중화민국 수립의 이념적 기반이 되었어.

나는 유럽과 미국의 진화가 3대 주의와 밀접한 관련이 있다고 생각한다. 로마가 멸망하자 민족주의가 일어나 유럽 각국이 독립하였다. 이후 각국이 전제 정치를 행하자 백성이 고통을 견디지 못해 민권주의가 일어났다. …… 경제 문제가 정치 문제의 뒤를 이어 일어나 민생주의가 두드러지게 되었다.   – 쑨원, 「민보」 발간사

쑨원은 만주족 왕조인 청 정부를 타도하는 것(민족주의), 공화제 정부를 수립하는 것(민권주의), 토지 제도 개혁 등을 통해 국민 생활을 안정시키는 것(민생주의)을 주요 내용으로 하는 삼민주의를 내세워 혁명 운동을 주도하였다.

＊ 부청멸양
청을 도와 서양 세력을 쫓아내자는 뜻으로, 의화단 세력이 내세운 구호였다.

＊ 신축 조약
청 정부는 열강의 요구에 따라 막대한 배상금을 지불하고, 베이징에 외국 군대의 주둔을 허용하는 내용의 조약을 맺었다.

＊ 군벌
군사력을 바탕으로 특정 지역의 행정과 주민을 장악한 정치 집단이다.

D 일본의 개항과 메이지 유신

1. 일본의 개항

배경	19세기 중반 미국이 페리 제독의 함대를 일본에 파견하여 무력으로 개항 강요
전개	• 미일 화친 조약 체결(1854): 일본의 문호 개방, *최혜국 대우 인정 핵심 자료 • 미일 수호 통상 조약 체결(1858): 미국에 *영사 재판권 인정

두 조약 모두 일본에 불리한 내용을 담은 불평등 조약이었어.

2. 메이지 유신

개항 이후 일본에 외국 상품이 유입되면서 물가가 올랐기 때문이야.

(1) 배경: 막부의 굴욕적인 외교 정책에 대한 비판, 생활이 어려워진 백성의 불만 고조

(2) 전개: 일부 지방의 하급 무사들이 막부 타도 운동 전개 → 에도 막부 붕괴, 천황을 중심으로 한 새로운 정부(메이지 정부) 수립(1868)

(3) 내용

중앙에서 직접 지방을 통치하였어.

정치	에도를 도쿄로 바꾸어 수도로 삼음, 지방 영주의 번(영지)을 없애고 현을 설치
경제·사회	상공업 육성, 징병제 실시, 서양식 교육 도입, 서양의 과학 기술 수용, 유학생 및 이와쿠라 사절단 파견 등 핵심 자료

소학교를 세우고 의무 교육을 실시하였어.

(4) 일본 제국 헌법 발표: 일부 지식인들의 자유 민권 운동 전개 → 천황의 절대적인 권력을 인정하는 일본 제국 헌법 발표(1889) → 의회 설립

정부는 이들의 운동을 탄압하면서도 주장을 일부 받아들였어.

＊ 최혜국 대우
어떤 나라와 조약을 맺을 때 그 나라에 부여하는 가장 유리한 대우를 이미 조약을 체결한 나라에게도 부여하는 규정이다.

＊ 영사 재판권
외국에 파견된 영사가 그곳에 거주하는 자기 나라 국민의 재판을 본국의 법에 따라 재판하는 권리를 의미한다.

교과서 핵심 자료 · 일본의 근대화

(가) 미일 화친 조약(1854)

- 시모다, 하코다테 항구를 개항할 것
- 일본에 수출입하는 모든 상품은 별도로 정한 바에 따라 관세를 낼 것
- 일본인에게 죄를 지은 미국인은 미국 영사 재판소에서 조사하여 미국법에 따라 처벌받을 것

(나) 이와쿠라 사절단

아시아 태평양 지역으로의 진출을 노리던 미국은 페리 함대를 앞세워 개항을 요구하였다. 에도 막부는 결국 이를 받아들여 미일 화친 조약을 체결하고 문호를 개방하였다. 에도 막부가 붕괴되고 새롭게 수립된 메이지 정부는 이와쿠라 도모미를 단장으로 한 사절단을 미국과 유럽에 파견하였다(1871~1873). 사절단은 서양의 상황을 파악하고 서양과 맺은 불평등한 조약을 다시 협상하기 위해 파견되었고, 이후 일본의 근대화에 중요한 역할을 하였다.

✔ 완자쌤의 탐구 수업

❶ 미일 화친 조약의 내용은?

시모다, 하코다테의 항구를 개항하였고, 미국의 최혜국 대우가 인정되었습니다.

❷ 이와쿠라 사절단의 파견 목적은?

일본 메이지 정부는 서양의 상황을 파악하고 서양과 맺은 불평등한 조약을 다시 협상하기 위해 이와쿠라 도모미를 단장으로 한 사절단을 미국과 유럽에 파견하였습니다.

문제로 개념 확인

정답 친해 56쪽

1 빈칸에 들어갈 알맞은 내용을 쓰시오.

(1) 의화단은 청을 도와 서양 세력을 멸하자는 (   )을/를 구호로 내걸었다.

(2) 의화단 운동의 결과 외국 군대의 베이징 주둔을 허용하는 (   )이/가 체결되었다.

2 다음 괄호 안의 내용 중 알맞은 말에 ○표를 하시오.

(1) 신해혁명은 (우창 , 베이징)에서 신식 군대가 봉기를 일으키면서 시작되었다.

(2) 에도 막부는 (미일 화친 조약 , 시모노세키 조약)을 체결하여 문호를 개방하였다.

(3) 청 정부는 (캉유웨이 , 위안스카이)를 파견하여 신해혁명을 진압하고자 하였다.

(4) 신해혁명의 결과 (쑨원 , 이홍장)을 임시 대총통으로 하는 중화민국이 수립되었다.

3 ㉠에 들어갈 내용을 쓰시오.

1889년 일본 정부는 천황의 절대적인 권력을 인정하는 (㉠   )을/를 발표하였다. 이 헌법에 따라 의회를 설립하였다.

비주얼로 핵심 콕콕

C 신해혁명과 중화민국의 수립

| 의화단 운동 | 비밀 결사 의화단 주도 → '부청멸양' 주장 → 연합군에 진압 → 신축 조약 체결 |

신해혁명	청 정부의 철도 국유화 시도 → 우창에서 신식 군대 봉기
	쑨원이 임시 대총통이 됨
	□□□□ 수립

D 일본의 개항과 메이지 유신

일본의 개항
(미일 화친 조약, 미일 수호 통상 조약 체결)

□□□ 유신
(에도 막부 붕괴, 메이지 정부 수립)

일본 제국 헌법 발표

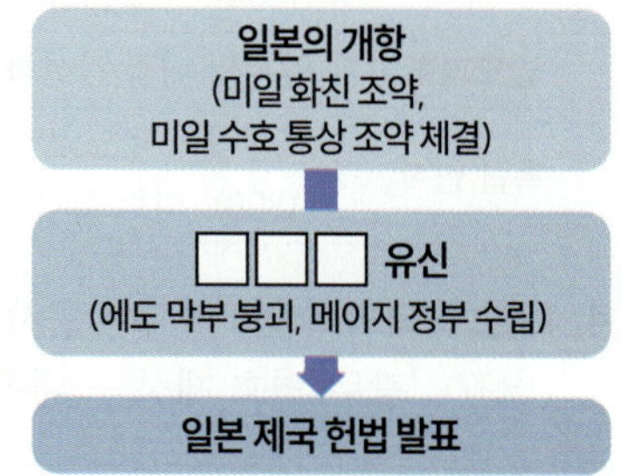

E 일본의 제국주의 침략

1. 일본의 대외 침략

(1) 배경: 메이지 유신으로 일본의 국력 성장 → 적극적인 대외 팽창 정책 추진

(2) 전개: 조선을 압박하여 강제로 개항시킴, 류큐를 차지하여 오키나와현으로 삼음

2. 청일 전쟁(1894~1895)

	조선에서 일어난 동학 농민 운동을 진압한다는 구실로 파견하였어.
배경	조선에 대한 지배권을 두고 청과 일본이 대립
전개	청과 일본이 조선에 군대 파견(1894) → 일본의 청 기습 공격 → 일본의 승리
결과	청과 **시모노세키 조약** 체결(1895, 일본의 배상금 획득, 랴오둥반도와 타이완을 넘겨받음), 배상금으로 군사 시설을 늘리고 *산업화 추진 → **삼국 간섭**(1895)으로 일본이 랴오둥반도를 청에 반환 자료❶ **핵심 자료** └─ 제국주의 국가로 성장할 수 있는 발판을 마련하였어.

3. 러일 전쟁(1904~1905)

배경	삼국 간섭 이후 만주와 한반도에 러시아의 영향력이 확대됨 └─ 영국과 미국의 지원을 받았어.
전개	일본이 영국과 동맹을 맺고 러시아 공격(1904) → 일본의 승리 자료❷
결과	일본과 러시아가 **포츠머스 조약** 체결(1905) → 한반도에 대한 지배권 인정, 만주의 이권 확보

＊ 일본의 산업화
일본은 청일 전쟁 배상금으로 제철소를 건설하여 강철을 생산하고 무기를 만들었다.

↑ 일본 야하타 제철소

＊ 삼국 간섭
일본이 랴오둥반도를 차지하자 러시아가 프랑스, 독일을 끌어들여 일본을 압박한 사건이다.

자료❶ 일본 제국주의 풍자화

일본이 1894년에 청일 전쟁에서 승리한 이후 영국의 도움을 받아 서양의 제국주의 열강 모임에 들어가고 있는 모습을 풍자한 그림이다.

자료❷ 러일 전쟁 풍자화

러일 전쟁 전 왜소한 체구로 표현된 일본이 체구가 큰 러시아에 도전하는 모습을 풍자한 그림이다. 일본은 러시아의 남하를 견제하던 영국과 동맹을 맺고 러일 전쟁을 일으켰다. 전쟁에서 승리한 일본은 이후 본격적으로 식민지 건설에 나섰다.

F 조선의 개항과 근대화 운동

1. 조선의 개항: *운요호 사건을 빌미로 일본이 조선에 개항 요구 → **강화도 조약** 체결 (1876) → 부산 등 3곳의 항구 개항

2. 조선의 개화 정책 추진: 청과 일본에 사절단 파견, 신식 군대(별기군) 창설 등

3. 조선의 근대화 운동

	용어 자신의 경제적 이득을 위해 백성의 재물을 빼앗거나 부정부패를 저지르는 관리
갑신정변	**김옥균** 등의 급진 개화파가 정변을 일으킴(1884) → 실패, 청의 간섭 심화
동학 농민 운동	**전봉준** 등이 농민들을 모아 탐관오리의 횡포와 외세의 침입에 반발하여 봉기(1894) → 일본이 진압을 목적으로 조선에 군대를 파견
갑오개혁	일본의 내정 간섭과 개혁 강요로 근대적 개혁 추진(신분제와 과거제 폐지 등)
독립 협회	**서재필**의 주도로 설립, 자주 국권 운동 전개 → **독립문** 건립, **만민 공동회** 개최(1898), 의회 설립 운동 전개 └─ 서울 종로에서 개최된 대중 집회야.

4. 대한 제국의 수립: 러시아 공사관에서 돌아온 고종이 황제로 즉위한 후 대한 제국 선포 (1897), '광무' 연호 제정 → **대한국 국제** 반포(1899)

＊ 운요호 사건
1875년 일본은 군함 운요호를 강화도에 파견하였다. 조선이 운요호에 경고 사격을 하자 일본은 이를 빌미로 개항을 강요하였다.

＊ 강화도 조약
일본의 해안 측량권 허용, 영사 재판권 인정 등의 내용을 담고 있는 불평등 조약이다.

교과서 핵심 자료 ✦ 청일 전쟁의 결과

- 청은 조선이 완전한 자주국임을 확인함
- 청은 랴오둥반도와 타이완 전체, 그리고 그 부속 섬을 일본에게 넘겨줄 것
- 청은 일본에 배상금으로 은 2억 냥을 이자와 함께 지급할 것
- 일본을 위해 추가로 사스, 충칭, 쑤저우, 항저우의 항구를 개항할 것

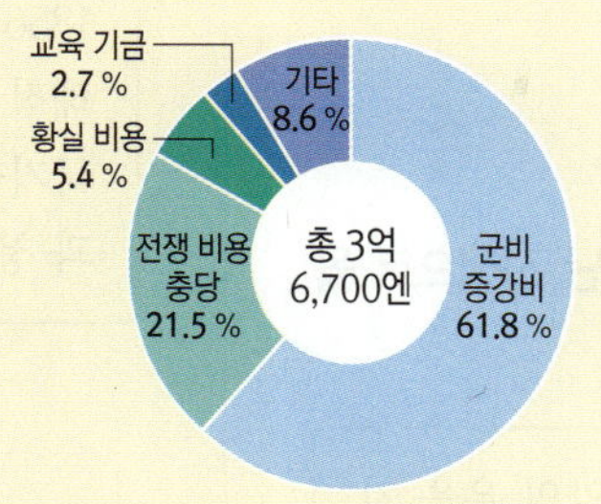

– 「신편 한국사 40」, 2002

↑ 시모노세키 조약의 내용　　↑ 일본의 전쟁 배상금 사용 내역

시모노세키 조약은 청일 전쟁이 끝날 무렵 청의 이홍장과 일본의 이토 히로부미가 일본 시모노세키에서 체결한 강화 조약이다. 청이 군비 2억 냥을 배상하고 랴오둥반도와 타이완을 일본에 할양하라는 내용 등이 담겨 있다. 일본은 청일 전쟁으로 얻은 배상금을 군사 시설을 늘리고 산업화를 추진하는 데 사용하여 제국주의 국가로 성장할 수 있는 발판을 마련하였다.

✔ 완자쌤의 탐구 수업

❶ 일본이 청일 전쟁에서 승리한 후 청과 맺은 조약은?

시모노세키 조약

❷ 일본이 제국주의 국가로 성장하게 된 배경은?

청일 전쟁 승리 후 일본은 청으로부터 받은 배상금으로 산업화를 추진하고 군사 시설을 늘리는 데 사용하여 제국주의 국가로 성장할 수 있는 발판을 마련하였습니다. 이후 러일 전쟁에서 승리하며 한반도에 대한 지배권을 인정받았습니다.

문제로 개념 확인

정답 친해 56쪽

1 다음 괄호 안의 내용 중 알맞은 말에 ○표를 하시오.

(1) 일본은 (류큐 , 오사카)를 병합한 뒤 오키나와현으로 만들었다.

(2) 삼국 간섭으로 일본이 (타이완 , 랴오둥반도)을/를 청에 반환하였다.

(3) 만주와 한반도에 (영국 , 러시아)의 영향력이 확대되자 일본은 전쟁을 일으켰다.

2 다음 설명에 해당하는 조약을 〈보기〉에서 골라 기호를 쓰시오.

> 보기
> ㄱ. 포츠머스 조약　　　　ㄴ. 시모노세키 조약

(1) 청일 전쟁의 결과 체결된 조약으로 일본이 청으로부터 배상금을 획득하였다.　　(　)

(2) 미국의 중재로 일본과 러시아가 체결하였으며, 체결 이후 일본이 한반도에 대한 지배권을 인정받았다.　　(　)

3 다음 설명이 맞으면 ○표, 틀리면 ×표를 하시오.

(1) 갑오개혁은 청의 내정 간섭과 개혁 강요로 추진되었다.　　(　)

(2) 일본은 운요호 사건을 빌미로 조선에 개항을 요구하였다.　　(　)

(3) 독립 협회는 독립문을 건립하고, 만민 공동회를 개최하였다.　　(　)

(4) 김옥균 등 급진 개화파가 정변을 일으켰으나 실패하였고, 이후 일본의 간섭이 심화되었다.　　(　)

비주얼로 핵심 콕콕

E　일본의 제국주의 침략

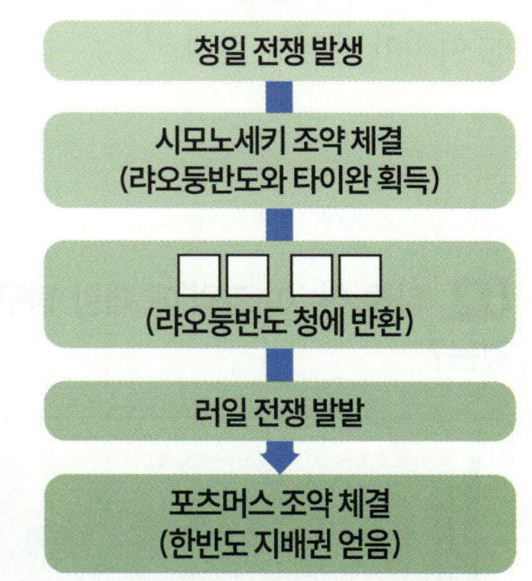

F　조선의 개항과 근대화 운동

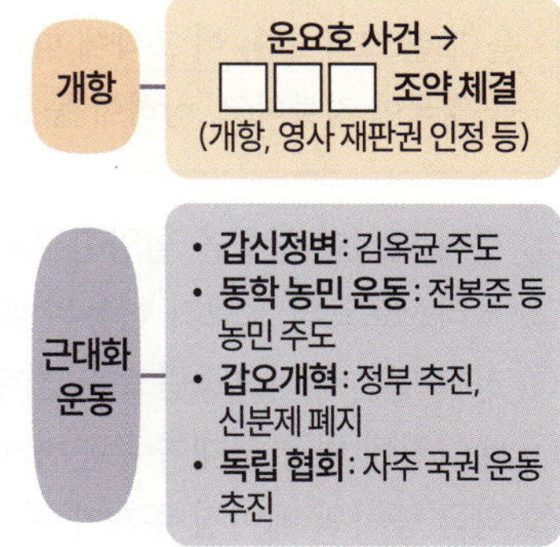

핵심 문제

A 아편 전쟁과 중국의 개항

01 다음과 같은 무역이 배경이 되어 일어난 전쟁으로 옳은 것은?

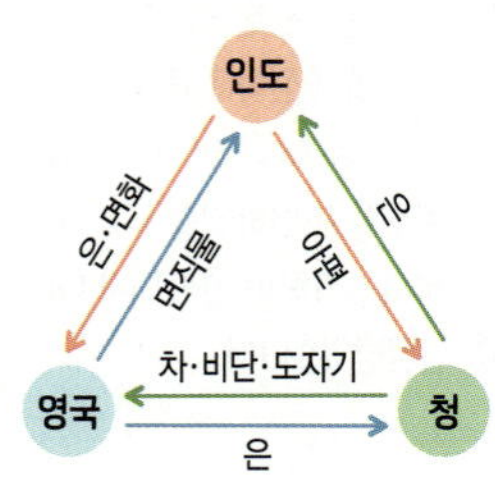

영국은 막대한 양의 은을 지급하고 중국의 차와 비단, 도자기를 수입하였다. 이후 영국은 무역 적자를 줄이기 위해 인도에서 재배한 아편을 청에 몰래 팔았다.

① 러일 전쟁
② 청일 전쟁
③ 플라시 전투
④ 제1차 아편 전쟁
⑤ 아시아 태평양 전쟁

02 밑줄 친 '이 조약'에 대한 탐구 활동으로 가장 적절한 것은?

중국이 아편 전쟁에서 패배한 후 흠차대신 기영이 중국 측 대표로 나서 영국 전함에서 이 조약에 서명하는 모습을 그린 그림이다. 이 조약에 따라 중국은 거액의 배상금을 영국에 지불하고, 상하이 등 5개 항구를 개항하였다.

① 청이 영국에 홍콩을 할양한 이유를 파악한다.
② 크리스트교의 포교가 허용된 배경을 알아본다.
③ 청이 일본에 랴오둥반도를 넘겨준 계기를 찾아본다.
④ 베이징에 외국 군대가 주둔하게 된 계기를 조사한다.
⑤ 외국 공사의 베이징 주재가 허용된 시기를 살펴본다.

03 다음에서 설명하는 사건을 쓰시오.

1856년 청 관원들이 영국 국적의 선박에 올라가 선원을 해적 혐의로 체포하였는데, 영국은 이 과정에서 자국의 국기를 모욕했다고 항의하였다. 이 사건을 계기로 영국과 청 사이에 다시 전쟁이 일어났다.

(   )

B 중국의 근대화 운동

04 태평천국 운동을 주도한 세력의 주장으로 옳은 것을 〈보기〉에서 고른 것은?

보기
ㄱ. 만주족을 몰아내고 한족의 국가를 세우자!
ㄴ. 일본의 메이지 유신을 본받아 개혁을 실시하자!
ㄷ. 토지를 균등하게 분배하고 남녀 평등을 실천하자!
ㄹ. 중국의 전통은 유지하고 서양 기술만을 받아들이자!

① ㄱ, ㄴ   ② ㄱ, ㄷ   ③ ㄴ, ㄷ
④ ㄴ, ㄹ   ⑤ ㄷ, ㄹ

시험에 잘 나와!
05 다음 주장을 펼친 인물로 옳은 것은?

① 쑨원   ② 이홍장   ③ 임칙서
④ 홍수전   ⑤ 캉유웨이

06 밑줄 친 '이 운동'에 대한 설명으로 옳은 것은?

① 캉유웨이가 이끌었다.
② 비밀 결사가 주도하였다.
③ 청 왕조의 타도를 목표를 하였다.
④ 청일 전쟁의 패배로 한계가 드러났다.
⑤ 지방 영주의 번을 없애고 현을 실시하였다.

07 다음 주장을 펼친 근대화 운동에 대한 설명으로 옳지 않은 것은?

> 애로호 전쟁, 태평천국 운동 이래 증국번과 이홍장 등이 선두에 서서 서양의 근대 물질문화를 채용하였으나, 이로써 부강을 이룰 수 없음이 청프 전쟁과 청일 전쟁에서 패한 것으로 명백해졌다. …… 제도를 개혁하기 위해서는 서양의 제도를 배워야 한다. 근대 서양의 의회 정치야말로 군민 일체와 상하 일심의 정치를 이룩하는 것으로 중국이 받아들여야 할 제도이다.

① 보수 세력의 반대로 실패하였다.
② 입헌 군주제의 수립을 추구하였다.
③ 일본의 메이지 유신을 본보기로 삼았다.
④ 중국의 사상과 제도는 유지하고 서양의 기술을 수용하였다.
⑤ 청일 전쟁 이후 캉유웨이, 량치차오 등 개혁 지식인들이 주도하였다.

08 ㉠, ㉡에 들어갈 인물로 옳은 것은?

> 태평천국 운동을 주도한 (㉠)은 토지 균등 분배 등을 주장하였고, 양무운동을 주도한 (㉡)은/는 부국강병을 위한 개혁을 주장하였다.

	㉠	㉡		㉠	㉡
①	쑨원	이홍장	②	쑨원	캉유웨이
③	홍수전	이홍장	④	홍수전	캉유웨이
⑤	홍수전	위안스카이			

09 다음에서 설명하는 개혁에 대한 내용으로 옳은 것은?

> 캉유웨이 등 일부 지식인들은 서양 기술만을 도입하려 했던 것에 한계가 있음을 인정하였다. 이에 이들은 메이지 유신을 본받아 새로운 개혁을 추진하였다.

① 의회를 설립하였다.
② 근대식 해군을 창설하였다.
③ 철도의 국유화를 추진하였다.
④ 공행을 통한 무역만 허용하였다.
⑤ 정화의 함대를 외국에 파견하였다.

C ## 신해혁명과 중화민국의 수립

10 ㉠에 공통으로 들어갈 조직에 대한 설명으로 옳지 않은 것은?

> 산둥 지방에서는 (㉠)(이)라는 비밀 결사가 조직되어 외국 공관을 공격하고 철도 등을 파괴하였다. 서태후 등 보수적인 관리들은 (㉠)을/를 이용하여 서양 세력을 몰아내고자 열강에 선전 포고를 하기도 하였다.

① 부청멸양을 내세웠다.
② 도쿄에서 쑨원이 조직하였다.
③ 선교사와 교회를 공격하였다.
④ 영국 등 8개국 연합군에 의해 진압되었다.
⑤ 중국인의 반외세 감정이 배경이 되어 결성되었다.

11 중국의 근대화 운동을 일어난 순서대로 나열한 것은?

> (가) 외세 배척 운동으로 청을 도와 서양을 물리치자고 주장하였다.
> (나) 일본의 메이지 유신을 본받아 의회 설립, 입헌 군주제 확립 등을 추구하였다.
> (다) 중국의 사상과 제도는 유지하면서 서양의 기술만을 받아들여 부국강병을 꾀하였다.
> (라) 제1차 아편 전쟁 이후 일어난 대규모 농민 운동으로 토지의 균등한 분배와 남녀평등을 주장하였다.

① (가) - (나) - (다) - (라) 　② (나) - (라) - (가) - (다)
③ (다) - (라) - (나) - (가) 　④ (라) - (다) - (가) - (나)
⑤ (라) - (다) - (나) - (가)

12 다음에서 설명하는 혁명에 대해 학생들이 나눈 대화 내용으로 옳은 것은?

> 전국 각지에서 청 정부의 민간 철도 국유화 정책에 반대하는 운동이 일어났다. 이러한 상황에서 우창에서 일어난 신식 군대의 봉기가 혁명으로 이어졌다.

① 하급 무사들이 주도하였어.
② 애로호 사건을 계기로 발생하였어.
③ 중화민국이 수립되는 결과를 가져 왔어.
④ 제1차 아편 전쟁이 일어나는 배경이 되었어.
⑤ 메이지 유신을 본받아 입헌 군주제를 추진하였어.

시험에 잘 나와!
13 청 왕조 타도를 내세운 중국의 민족 운동으로 옳은 것을 〈보기〉에서 고른 것은?

> **보기**
> ㄱ. 5·4 운동 　　ㄴ. 신해혁명
> ㄷ. 의화단 운동 　ㄹ. 태평천국 운동

① ㄱ, ㄴ 　② ㄱ, ㄷ 　③ ㄴ, ㄷ
④ ㄴ, ㄹ 　⑤ ㄷ, ㄹ

14 밑줄 친 '이 인물'에 대한 설명으로 옳은 것은?

역사 신문

중화민국이 수립되다

1912년 오늘 이 인물은 임시 대총통 취임식을 거행한 후 중화민국 임시 정부 수립을 선포하였다. 그는 취임과 함께 양력을 사용하였고, 중화민국 원년으로 삼았다. 국기는 오색기가 제정되었다.

① 삼민주의를 주장하였다.
② 문화 대혁명을 일으켰다.
③ 태평천국 운동을 이끌었다.
④ 혁명 세력과 연합하여 청 황제를 몰아냈다.
⑤ 제1차 국공 합작 중에 공산당을 탄압하였다.

15 다음에서 설명하는 인물을 쓰시오.

> 1912년 중화민국 수립이 선포되자 청 정부가 신해혁명 세력을 진압하기 위해 파견한 인물이다. 이후 청 황제를 폐위시키고 중화민국의 대총통에 취임하였다.

(　　　　　　)

D 　일본의 개항과 메이지 유신

16 ㉠에 들어갈 국가로 옳은 것은?

> 19세기 중엽 청이 아편 전쟁에서 패배하였다는 소식을 들은 일본인들은 큰 충격을 받고 위기의식을 느꼈다. 이러한 상황에서 (　㉠　)의 페리 제독이 함대를 이끌고 와서 통상을 요구하자, 일본은 조약을 맺고 개항하였다.

① 독일 　② 미국 　③ 영국
④ 러시아 　⑤ 프랑스

17 미일 화친 조약에 대한 설명으로 옳은 것을 〈보기〉에서 고른 것은?

> **보기**
> ㄱ. 문호 개방의 계기가 되었다.
> ㄴ. 최혜국 대우의 내용을 담고 있다.
> ㄷ. 크리스트교의 포교가 허용되었다.
> ㄹ. 미국에 대한 영사 재판권이 인정되었다.

① ㄱ, ㄴ　　② ㄱ, ㄷ　　③ ㄴ, ㄷ
④ ㄴ, ㄹ　　⑤ ㄷ, ㄹ

18 (가) 시기에 일본에서 있었던 사실로 옳은 것은?

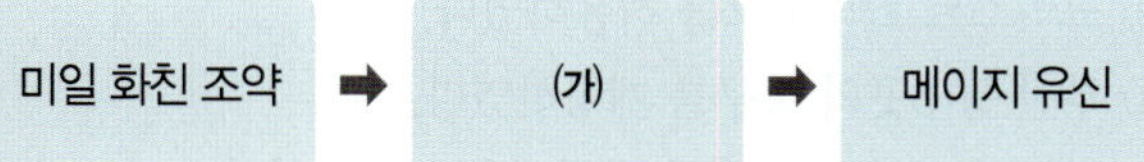

① 일본 제국 헌법을 발표하였다.
② 러시아와의 전쟁에서 승리하였다.
③ 미일 수호 통상 조약을 체결하였다.
④ 나가사키를 개항하여 무역을 허용하였다.
⑤ 지방 영주의 번을 없애고 현을 설치하였다.

19 밑줄 친 '이 정부' 시기에 일어난 일로 옳은 것은?

일본의 이 정부는 서양의 문물을 살펴보고, 서양과 맺은 불평등 조약을 재협상하고자 미국과 유럽에 이와쿠라를 단장으로 하는 사절단을 파견하였다.

① 징병제가 실시되었다.
② 에도 막부가 수립되었다.
③ 미일 화친 조약이 체결되었다.
④ 산킨코타이 제도를 실시하였다.
⑤ 미일 수호 통상 조약이 맺어졌다.

20 다음 헌법을 제정한 목적으로 가장 적절한 것은?

> 제1조　일본 제국은 대대로 이어온 천황이 통치한다.
> 제3조　천황의 권한은 신성하여 침범할 수 없다.
> 제4조　천황은 국가의 원수이며 통치권을 총괄하며, 헌법의 조항에 따라 이를 시행한다.
> 제7조　천황은 제국 의회를 소집하고 그 개회, 폐회, 정회 및 의회의 해산을 명할 수 있다.　– 일본 제국 헌법

① 에도 막부를 부흥시키기 위함이다.
② 봉건적 지배 체제를 확립하기 위함이다.
③ 천황의 절대적인 권력을 인정하기 위함이다.
④ 정치 체제를 민주 공화정으로 바꾸기 위함이다.
⑤ 민권이 보장되는 시민 사회를 건설하기 위함이다.

E 　**일본의 제국주의 침략**

21 학생의 질문에 대한 답변으로 가장 적절한 것은?

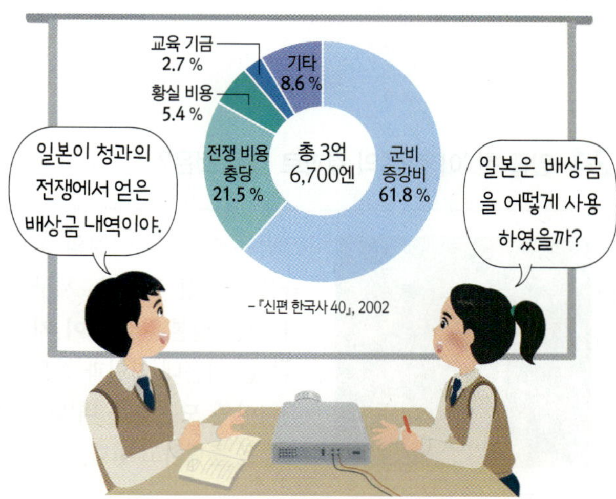

① 조닌 문화를 후원하는 데 사용하였어.
② 메이지 유신을 실시하는 데 사용하였어.
③ 통신사를 통해 조선과 교류하는 데 사용하였어.
④ 산업화를 추진하고 군비를 확장하는 데 사용하였어.
⑤ 도쿠가와 이에야스가 정권을 장악하는 데 사용하였어.

22 다음 내용에 해당하는 조약을 쓰시오.

> • 청은 랴오둥반도와 타이완 전체, 그리고 그 부속 섬을 일본에 넘겨줄 것
> • 청은 일본에 배상금으로 은 2억 냥을 이자와 함께 지급할 것

(   )

23 다음 글이 작성된 배경으로 가장 적절한 것은?

> 일본이 청국에 랴오둥반도를 반환하지 않는다면 독일, 러시아, 프랑스와 일본 간에 전쟁이 일어날 수도 있습니다. 이는 분명 귀국도 원하지 않을 것이므로 양보가 불가능한 것은 아니라고 생각합니다.

① 갑신정변이 일어났다.
② 대한 제국이 수립되었다.
③ 태평천국 운동이 전개되었다.
④ 시모노세키 조약이 체결되었다.
⑤ 러시아와 일본이 전쟁을 벌였다.

24 밑줄 친 '이 전쟁'의 결과로 옳은 것은?

그림은 <u>이 전쟁</u> 이전의 모습을 풍자한 것이다. 체구가 작은 일본은 열강이 지켜보는 가운데 거인과 같은 러시아에 도전장을 내밀어 대결을 준비하고 있다.

① 일본이 타이완을 넘겨받았다.
② 포츠머스 조약이 체결되었다.
③ 일본에서 징병제가 실시되었다.
④ 러시아가 주도한 삼국 간섭이 일어났다.
⑤ 일본이 입헌 군주국의 모습을 갖추게 되었다.

F 조선의 개항과 근대화 운동

25 다음 대화의 주제가 된 조약에 대한 설명으로 옳은 것은?

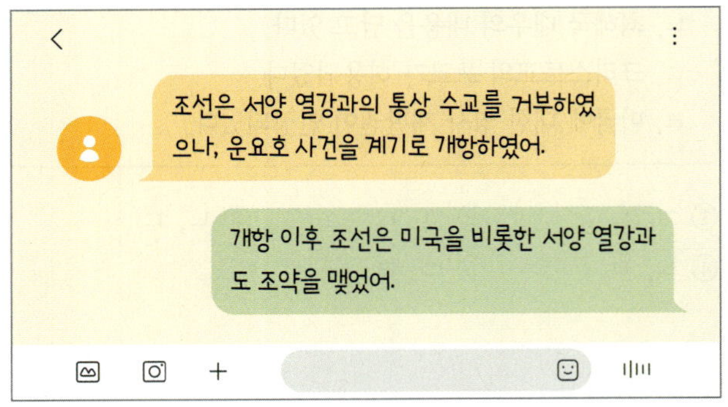

① 배상금을 지불하였다.
② 청일 전쟁의 결과로 체결되었다.
③ 크리스트교의 포교를 허용하였다.
④ 부산 등 3곳의 항구를 개항하였다.
⑤ 일본이 한반도에 대한 지배권을 인정받았다.

26 독립 협회에 대한 설명으로 옳지 <u>않은</u> 것은?

① 독립문을 세웠다.
② 대한국 국제를 반포하였다.
③ 서재필의 주도로 설립되었다.
④ 자주 국권 운동을 전개하였다.
⑤ 종로에서 만민 공동회를 개최하였다.

27 시험에 잘 나와!
조선의 근대화 운동을 일어난 순서대로 나열한 것은?

> (가) 갑신정변이 발생하였다.
> (나) 갑오개혁이 시행되었다.
> (다) 독립 협회가 설립되었다.
> (라) 동학 농민 운동이 전개되었다.

① (가) − (나) − (다) − (라)   ② (가) − (라) − (나) − (다)
③ (나) − (다) − (라) − (가)   ④ (나) − (라) − (가) − (다)
⑤ (라) − (다) − (가) − (나)

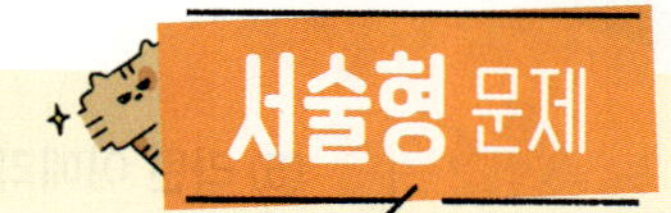

서술형 감잡기

1 다음 내용에 해당하는 조약이 체결된 배경을 서술하시오.

> • 상하이 등 5개 항구를 개방하고 홍콩을 영국에 넘긴다.
> • 중국 땅에서 범죄를 저지른 외국인은 외국의 법으로 처벌한다.
> • 공행 제도를 폐지한다.
> • 전쟁 배상금 1,200만 달러를 지급한다.

| **핵심어** | 아편, 임칙서

서술형 익히기

2 다음을 읽고 물음에 답하시오.

> 나는 유럽과 미국의 진화가 3대 주의와 밀접한 관련이 있다고 생각한다. 로마가 멸망하자 민족주의가 일어나 유럽 각국이 독립하였다. 이후 각국이 전제 정치를 행하자 백성이 고통을 견디지 못해 민권주의가 일어났다. …… 경제 문제가 정치 문제의 뒤를 이어 일어나 민생주의가 두드러지게 되었다.

⑴ 위 내용을 주장한 인물을 쓰시오.

⑵ 밑줄 친 '3대 주의'의 내용을 각각 서술하시오.

3 다음을 읽고 물음에 답하시오.

> 1868년 일부 지방의 하급 무사들이 에도 막부를 무너뜨리고, 메이지 천황을 중심으로 새로운 정권을 수립하였다. 새로 들어선 정부는 대대적인 개혁을 추진하였다.

⑴ 밑줄 친 '개혁'을 일컫는 말을 쓰시오.

⑵ ⑴에서 답한 개혁의 내용을 두 가지 서술하시오.

4 다음을 읽고 물음에 답하시오.

서재필의 주도로 만들어진 이 단체는 종로 광장에 시민들과 학생들을 모아 집회를 열었다. 또한 대한의 자주 독립권을 지키자는 자주 국권 운동을 펼쳤다.

⑴ 밑줄 친 '이 단체'를 쓰시오.

⑵ ⑴에서 답한 단체의 활동을 두 가지 서술하시오.

V 단원

01 ~ 02 / 유럽과 아메리카의 국민 국가 체제

(1) 영국 혁명과 미국 혁명

영국 혁명	의회의 권리 청원 제출, 찰스 1세의 승인 → 찰스 1세의 전제 정치 지속 → 청교도 혁명, 공화정 수립(1649) → 찰스 2세와 제임스 2세의 전제 정치 → 의회가 메리 공주와 남편인 윌리엄 3세를 공동 왕으로 추대 → 왕이 권리 장전 승인(1689) → 의회를 중심으로 한 (❶　　　)의 토대 마련
미국 혁명	• 배경: 영국의 재정 악화 → 식민지에 세금 부과 • 전개: 보스턴 차 사건 발생 → 식민지 민병대와 영국군 충돌 → 식민지 대표의 독립 선언문 발표 → 식민지군의 승리, 영국과 (❷　　　) 체결(13개 식민지의 독립 인정, 1783) • 결과: 아메리카 합중국 수립, 헌법 제정(연방제)

(2) 프랑스 혁명

혁명의 발생	삼부회 소집 → 국민 의회 결성 → 바스티유 습격 → 입법 의회 구성 → 파리 민중의 왕궁 습격
혁명의 과격화	(❸　　　) 구성 → 공화정 선포, 루이 16세 처형 → 로베스피에르의 공포 정치 → 온건파가 로베스피에르 처형, 총재 정부 구성
나폴레옹 집권	나폴레옹이 쿠데타로 통령 정부 구성, 내정 개혁 추진 → 황제로 즉위, 나폴레옹 정복 전쟁 → 러시아 원정 실패, 대프랑스 동맹에 패배

(3) 자유주의와 민족주의의 확산

빈 체제	프랑스 혁명 이전의 보수적인 질서 추구
자유주의 운동	• 프랑스: 7월 혁명(입헌 군주제 수립), 2월 혁명(공화정 수립) → 빈 체제 붕괴 • 영국: (❹　　　) 전개(인민헌장 발표)
민족주의 운동	• 이탈리아: 사르데냐 왕국 중심의 통일 운동(카부르와 가리발디의 활약) • 독일: 프로이센 중심의 통일 운동(비스마르크의 철혈 정책)

(4) 남북 전쟁과 미국의 발전

남북 전쟁	남부와 북부의 산업 구조 차이로 전쟁 발발 → 링컨의 노예 해방 선언 → 북부의 승리
미국의 발전	대륙 횡단 철도 완성(1869), 19세기 말 최대 공업국으로 성장

(5) 라틴 아메리카의 독립운동과 변화

각국의 독립	• (❺　　　): 라틴 아메리카에서 가장 먼저 독립 • 멕시코: 이달고 신부의 민중 봉기 등으로 독립 • 기타: 볼리바르와 산마르틴 등 크리오요의 주도로 베네수엘라·콜롬비아 등이 독립
라틴 아메리카의 변화	• 다양한 주민 구성, 독재 정권 출현, 빈부 격차 심화, 취약한 경제 구조(미국과 유럽에 의존) • 외세의 간섭: 영국(철도, 광산 등의 이권 차지), (❻　　　)(쿠바의 보호국화)

03 / 유럽의 산업화와 제국주의

(1) 산업 혁명의 전개와 확산

배경	18세기 후반 (❼　　　)에서 시작(정치적 안정, 풍부한 자원, 노동력 확보, 넓은 식민지 활용)
전개	• 면직물 공업 기계화, 증기 기관 개량 → 공장제 기계 공업 확산 • 교통과 통신의 발달 → 19세기 이후 산업화 확산
영향	• 산업 사회로 변화, 물질적 풍요, 도시화 진행, 자본주의 체제 확립(자본가와 노동자 계급 등장) • 각종 사회 문제 발생(노동 문제, 빈부 격차 심화, 환경 오염 심화) → 사회주의 사상 등장

(2) 제국주의의 등장과 아프리카·아시아 침탈

제국 주의	다른 나라를 침략하여 식민지 건설(사회 진화론과 인종주의 기반)
열강의 경쟁	• 영국이 종단 정책, (❽　　　)이/가 횡단 정책 추진, 영국과 프랑스의 충돌(파쇼다 사건, 1898) • 프랑스와 독일의 대립(모로코 사건)
열강의 침략	• 영국: 동인도 회사를 통해 인도 지배(→ 19세기 후반 총독이 직접 통치), 동남아시아·태평양 진출 • 프랑스: 베트남, 라오스, 캄보디아 점령 • 네덜란드: 인도네시아 대부분 지역을 식민지로 삼음 • 독일: 마셜 제도, 캐롤라인 제도 등 차지 • 미국: 하와이 병합, 필리핀·괌 차지

(3) 산업화와 제국주의의 영향

서구 문물의 확산	산업화로 교통과 통신의 발달 → 서양의 선진 문물의 확산(표준시, 정치 제도와 사상의 확산)
인구의 이동	산업화로 도시 인구 증가 → 국내, 해외로 이주
생태환경의 변화	제국주의 열강의 정착으로 식민지 생태환경의 변화

04~05 / 아시아의 국민 국가 건설 운동

(1) 서아시아와 아프리카의 국민 국가 건설 운동

오스만 제국	• (❾　　　　): 술탄의 주도로 근대적 개혁 추진(민족·종교 차별 폐지 등) → 서양식 의회 개설, 근대적 헌법 제정 등 • 청년 튀르크당 혁명: 개혁 재추진(헌법, 의회 부활)
아랍	와하브 운동 전개(이슬람교 본래의 순수성 회복)
이란	담배 불매 운동, 입헌 혁명 전개
이집트	무함마드 알리의 근대화 추진 → 수에즈 운하 건설 → 아라비 파샤의 민족 운동 전개

(2) 인도의 국민 국가 건설 운동

열강의 인도 침략	영국, 프랑스의 인도 침략 → 영국이 플라시 전투에서 프랑스에 승리 → (❿　　　　) 지역 통치권 차지
세포이의 항쟁	영국의 수탈 심화 → 세포이들의 항쟁 → 민족 운동으로 발전 → 영국의 진압, 영국령 인도 제국 수립
민족 운동 전개	벵골 분할령 발표 → 인도 국민 회의의 반영 운동 → 벵골 분할령 철회, 형식적으로 인도의 자치 인정

(3) 중국의 근대화 운동과 중화민국의 수립

개항	• 제1차 아편 전쟁 → 난징 조약 체결 • 제2차 아편 전쟁 → 톈진 조약, 베이징 조약 체결
근대화 운동	• 태평천국 운동: 홍수전 주도, 토지 균등 분배 주장 • (⓫　　　　): 이홍장 등 주도, 서양 기술 도입 주장 • 변법자강 운동: 메이지 유신을 본받아 추진 • 의화단 운동: 부청멸양 주장, 신축 조약 체결 • 신해혁명(1911): 쑨원이 중국 동맹회 결성, 삼민주의 → 신식 군대가 우창에서 봉기, 중화민국 수립

(4) 일본의 개항과 제국주의 침략

개항	미국 페리 제독 함대의 개항 강요 → 미일 화친 조약, 미일 수호 통상 조약 체결
개혁	에도 막부 붕괴 → 메이지 정부 수립, 메이지 유신 추진(서양식 근대 국가 수립 목표)
침략 전쟁	청일 전쟁(1894~1895)과 러일 전쟁(1904~1905)에서 일본 승리

(5) 조선의 개항과 근대화 운동

개항	운요호 사건 → 일본과 (⓬　　　　) 체결(1876)
근대화 운동	갑신정변, 동학 농민 운동, 갑오개혁 추진, 독립 협회 설립, 대한 제국 수립

핵심 선택지 바로잡기

✖ 밑줄 친 내용을 바르게 고쳐 쓰시오.

1 메리 여왕과 윌리엄 3세는 의회가 제출한 <u>권리 청원</u>을 수용하였다. (　　　　)

2 국민 공회를 주도한 <u>루이 16세</u>는 공포 정치를 실시하였다. (　　　　)

3 프랑스 <u>7월 혁명</u>으로 왕정이 폐지되고 공화정이 수립되었다. (　　　　)

4 <u>가리발디</u>는 철혈 정책을 추진하여 독일의 통일을 이루었다. (　　　　)

5 아프리카에서 세력을 확장하던 프랑스와 <u>영국</u>은 모로코에서 대립하였다. (　　　　)

6 <u>와하브 왕국</u>은 대내외적 위기를 극복하기 위해 탄지마트라는 개혁을 추진하였다. (　　　　)

7 미국은 플라시 전투에서 승리하여 인도의 벵골 지역을 장악하였다. (　　　　)

8 인도 국민 회의는 <u>세포이의 항쟁</u>을 계기로 반영 운동을 전개하였다. (　　　　)

9 <u>변법자강 운동</u>은 8개국 연합군에 진압된 후 신축 조약을 체결하였다. (　　　　)

10 <u>이홍장</u>은 삼민주의를 내세우며 혁명 운동을 전개하였다. (　　　　)

11 일본은 <u>미일 수호 통상 조약</u>을 체결하여 최혜국 대우를 인정하였다. (　　　　)

12 조선은 갑신정변을 계기로 일본과 <u>강화도 조약</u>을 체결하였다. (　　　　)

마무리 문제

01 다음 문서에 대한 설명으로 옳은 것을 〈보기〉에서 고른 것은?

> 제1조 국왕은 의회의 동의 없이 법의 효력을 정지하거나 법의 집행을 막을 수 없다.
> 제4조 국왕이 의회의 승인 없이 세금을 거두는 것은 위법이다.

보기
ㄱ. 프랑스 혁명의 기본 이념을 담고 있다.
ㄴ. 공동 왕인 메리와 윌리엄 2세가 승인하였다.
ㄷ. 입헌 군주제의 기초가 마련되는 계기가 되었다.
ㄹ. 찰스 1세가 승인하고 이후에 의회를 해산하였다.

① ㄱ, ㄴ   ② ㄱ, ㄷ   ③ ㄴ, ㄷ
④ ㄴ, ㄹ   ⑤ ㄷ, ㄹ

만점 도전!

02 미국 혁명의 과정을 일어난 순서대로 나열한 것은?

> ㈎ 보스턴 차 사건 발생
> ㈏ 미국 독립 선언문 발표
> ㈐ 연방제를 특징으로 한 헌법 제정
> ㈑ 파리 조약에서 식민지의 독립 승인

① ㈎ − ㈏ − ㈐ − ㈑   ② ㈎ − ㈏ − ㈑ − ㈐
③ ㈏ − ㈎ − ㈑ − ㈐   ④ ㈏ − ㈑ − ㈐ − ㈎
⑤ ㈐ − ㈎ − ㈑ − ㈏

03 프랑스 혁명 당시 국민 의회의 활동으로 옳은 것은?

① 샤를 10세를 몰아냈다.
② 봉건제 폐지를 선언하였다.
③ 프랑스 국민 은행을 설립하였다.
④ 공안 위원회를 구성하고 공포 정치를 실시하였다.
⑤ 오스트리아, 프로이센 등과 혁명 전쟁을 시작하였다.

04 선생님의 질문에 대한 학생들의 답변으로 옳은 것은?

① 빈 회의를 이끌었어요.
② 삼부회를 소집하였어요.
③ 대륙 봉쇄령을 내렸어요.
④ 공포 정치를 실시하였어요.
⑤ 7월 혁명으로 왕위에 올랐어요.

05 다음에서 설명하는 체제를 쓰시오.

> 프랑스 혁명 이후 유럽 각국의 대표들은 오스트리아의 수도에 모여 각국의 영토와 지배권을 프랑스 혁명 이전으로 되돌린다는 원칙에 합의하였다. 이로써 새로운 정치 질서가 형성되었다.

(   )

06 다음 헌장을 발표한 운동에 대한 설명으로 옳은 것은?

> • 21세 이상 모든 남자에게 선거권을 부여할 것
> • 유권자 보호를 위하여 비밀 투표를 실시할 것
> • 인구 비례에 따라 선거구를 조정할 것
> • 매년 선거를 실시할 것

① 영국의 명예혁명에 영향을 주었다.
② 로마 가톨릭교회와 신교가 대립하였다.
③ 찰스 1세의 전제 정치가 배경이 되었다.
④ 부패 선거구를 폐지하는 계기가 되었다.
⑤ 영국의 노동자들이 선거권을 얻고자 주도하였다.

07 지도는 19세기 유럽의 정세를 나타낸 것이다. (가), (나) 국가의 통일 운동에 대한 설명으로 옳지 <u>않은</u> 것은?

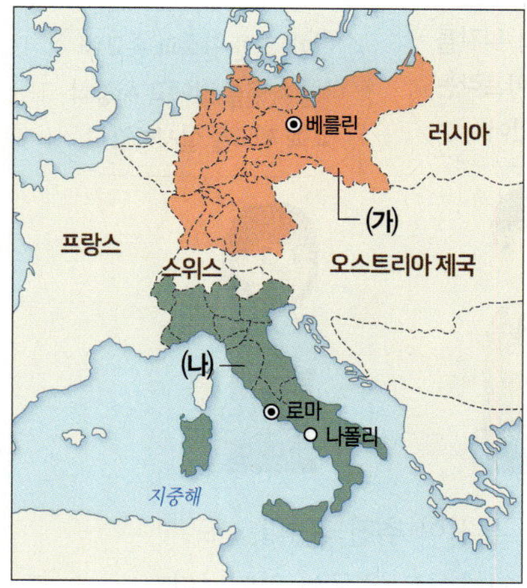

① (가) - 카부르, 가리발디 등이 활약하였다.
② (가) - 통일 후 빌헬름 1세가 황제로 즉위하였다.
③ (나) - 프랑스 2월 혁명의 영향을 받았다.
④ (나) - 사르데냐 왕국이 통일을 주도하였다.
⑤ (가), (나) - 통일 과정에서 오스트리아와 전쟁을 벌여 승리하였다.

08 빈칸에 들어갈 인물에 대한 설명으로 옳은 것은?

> **세계사 인물 사전**
>
> • 프로이센의 재상이다.
> • 독일의 문제는 철과 피로 해결할 수 있다고 주장하며 적극적으로 군비를 확장하였다.

① 시칠리아와 나폴리를 점령하였다.
② 작업 공동체인 뉴 라나크를 만들었다.
③ 남북 전쟁 중에 노예 해방 선언을 발표하였다.
④ 통일 이후 베르사유 궁전에서 즉위식을 올렸다.
⑤ 오스트리아를 격파하고 북독일 연방을 수립하였다.

09 (가)에 들어갈 탐구 주제로 가장 적절한 것은?

> • 탐구 주제: (가)
> • 모둠별 탐구 자료
> - 1모둠: 미국의 독립과 프랑스 혁명의 영향을 살펴본다.
> - 2모둠: 크리오요들이 본국의 억압과 수탈에 반발한 시기를 조사한다.

① 아프리카의 분할 과정
② 민족 자결주의의 등장 배경
③ 7월 혁명과 2월 혁명의 의의
④ 미국과 에스파냐 전쟁의 결과
⑤ 라틴 아메리카 독립운동의 전개

10 산업 혁명이 영국에서 시작될 수 있었던 배경에 대해 잘못 말한 학생은?

① 모직물 공업이 발달하였기 때문이야.
② 사회주의 사상이 등장하였기 때문이야.
③ 석탄과 철 등 지하자원이 풍부하였기 때문이야.
④ 시민 혁명 이후 정치적 안정을 이루었기 때문이야.
⑤ 인클로저 운동으로 농민들이 도시로 이동하였기 때문이야.

11 ㉠에 공통으로 들어갈 내용으로 옳은 것은?

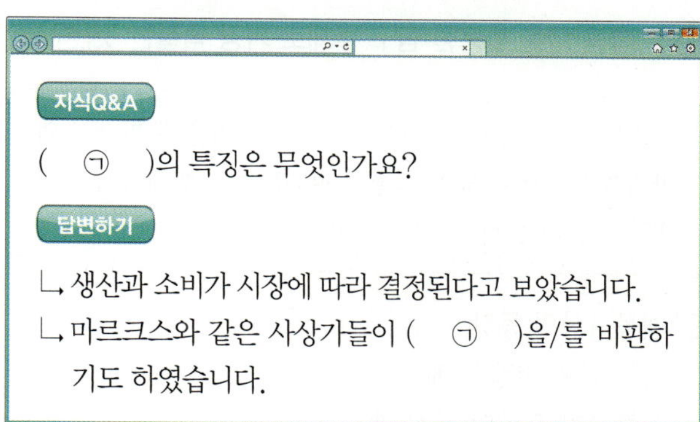

① 계몽사상　　② 민족주의　　③ 사회주의
④ 자본주의　　⑤ 자유주의

[12~13] 다음을 읽고 물음에 답하시오.

> (가) 뒤늦게 식민지 경쟁에 뛰어들어 서아시아, 아프리카로 세력을 넓혀 나갔다.
> (나) 알제리와 마다가스카르를 연결하는 횡단 정책을 추진하였다. 이 과정에서 파쇼다 사건이 발생하였다.
> (다) 아프리카를 남북으로 점령해 가면서 이집트의 카이로와 남쪽의 케이프타운을 잇는 종단 정책을 펼쳤다.

12 (가)~(다)에 해당하는 국가로 옳은 것은?

	(가)	(나)	(다)
①	독일	영국	프랑스
②	독일	프랑스	영국
③	영국	독일	프랑스
④	영국	프랑스	독일
⑤	프랑스	영국	독일

13 (가)~(다) 국가에 대한 설명으로 옳지 <u>않은</u> 것은?

① (가) – 하와이를 병합하였다.
② (나) – 베트남과 캄보디아 등을 식민지로 삼았다.
③ (다) – 말레이반도와 미얀마를 지배하였다.
④ (가), (나) – 아프리카의 모로코를 둘러싸고 대립하였다.
⑤ (나), (다) – 인도의 지배권을 두고 플라시에서 싸웠다.

14 다음 글을 활용한 탐구 주제로 가장 적절한 것은?

> 오스트레일리아에 정착한 영국인이 들여온 토끼가 수억 마리까지 불어나 먹이 그물이 파괴되었고 현재까지 토끼 전쟁은 사회 문제로 진행 중이다.

① 계몽사상의 등장
② 미국 남북 전쟁의 배경
③ 인클로저 운동의 전개 과정
④ 시베리아 횡단 철도 건설의 영향
⑤ 산업화와 제국주의가 생태환경에 미친 영향

15 다음 대화의 주제가 된 국가에 대한 설명으로 옳은 것은?

① 개항 이후 메이지 유신이 추진되었다.
② 기계를 파괴하는 러다이트 운동이 일어났다.
③ 홍수전을 중심으로 태평천국 운동이 전개되었다.
④ 영국의 지배 방식에 대한 불만으로 세포이의 항쟁이 일어났다.
⑤ 술탄의 전제 정치에 반발하여 청년 튀르크당이 무력 혁명을 일으켰다.

만점 도전!
16 밑줄 친 '이 단체'에 대한 설명으로 옳은 것은?

> 19세기 후반 인도에서는 서양식 근대 교육을 경험한 인도의 지식인 등이 성장하였고, 이들을 중심으로 영국의 지배에 반대하는 민족 운동이 확대되었다. 이에 1885년에 영국은 인도인의 불만을 가라앉히고자 인도인 관리와 지식인들을 중심으로 이 단체를 만들었다. 초기 이 단체는 영국의 지배를 인정하고 영국이 허용하는 범위 안에서 인도인의 권익을 확보하기 위해 노력하였다.

① 플라시 전투에 참여하였다.
② 세포이의 항쟁을 계기로 해체되었다.
③ 극단적인 튀르크 민족주의를 내세웠다.
④ 스와라지, 스와데시 운동을 전개하였다.
⑤ 술탄의 친위 부대로 정복 전쟁에 참여하였다.

17 이란의 민족 운동에 대한 설명으로 옳은 것은?

① 이븐 압둘 와하브가 종교 운동을 전개하였다.
② 무함마드 알리의 주도로 근대적 개혁이 추진되었다.
③ 미드하트 파샤의 주도로 서양식 의회가 설립되었다.
④ 아라비 파샤를 중심으로 한 군부가 혁명을 일으켰다.
⑤ 알 아프가니를 중심으로 담배 불매 운동이 전개되었다.

만점 도전!

18 다음 조약들의 공통점으로 가장 적절한 것은?

> • 난징 조약   • 미일 수호 통상 조약

① 공행 제도를 폐지하였다.
② 유럽 국가와 체결하였다.
③ 전쟁 배상금을 지불하였다.
④ 불평등한 조항을 포함하였다.
⑤ 전쟁에서 패배한 후 체결되었다.

19 학생들의 대화 주제가 된 근대화 운동에 대한 설명으로 옳은 것은?

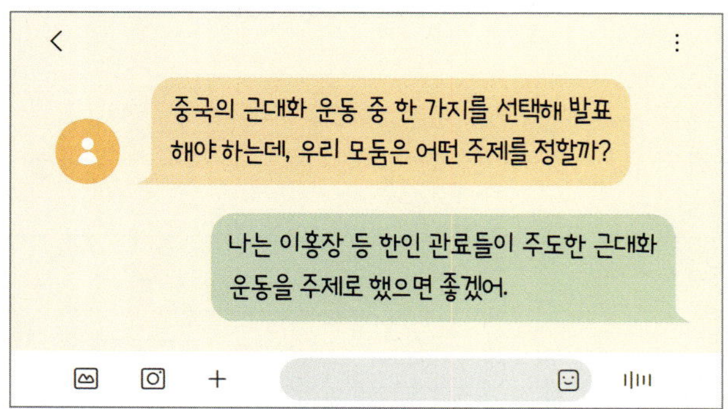

① 부청멸양이라는 구호를 내세웠다.
② 우창에서 신식 군대가 봉기하였다.
③ 신사층이 조직한 의용군의 공격을 받아서 진압되었다.
④ 중국의 사상은 유지하고 서양의 기술만을 받아들였다.
⑤ 일본의 메이지 유신을 본받아 입헌 군주제를 지향하였다.

20 밑줄 친 '이 전쟁'에 대한 설명으로 옳은 것은?

그림은 이 전쟁에서 승리한 일본이 영국의 도움을 받아 제국주의 열강 모임에 들어가는 모습을 풍자한 것이다. 그림의 왼쪽에 양복을 입고 나막신을 신은 일본인을 서양 열강이 놀란 표정으로 쳐다보고 있다.

① 일본이 청을 기습 공격하며 시작되었다.
② 전쟁 이후 포츠머스 조약이 체결되었다.
③ 전쟁의 결과로 미일 화친 조약이 체결되었다.
④ 러시아, 프랑스, 독일은 랴오둥반도를 청에 반환하게 하였다.
⑤ 영국과 미국의 지원을 받아 전쟁이 일본에 유리하게 전개되었다.

21 (가) 시기에 조선에서 있었던 사실로 옳은 것을 〈보기〉에서 고른 것은?

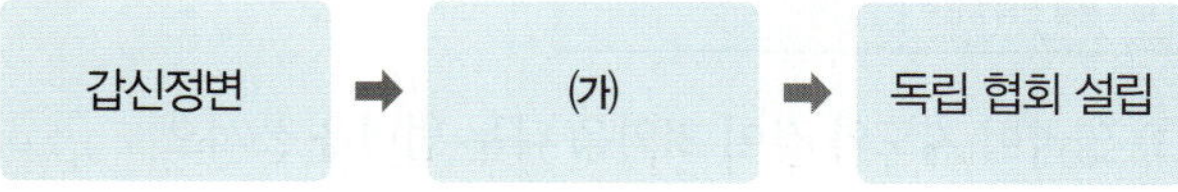

> **보기**
> ㄱ. 대한국 국제가 반포되었다.
> ㄴ. 고종이 러시아 공사관에서 돌아왔다.
> ㄷ. 신분제 폐지 등 갑오개혁이 추진되었다.
> ㄹ. 전봉준 등이 동학 농민 운동을 일으켰다.

① ㄱ, ㄴ   ② ㄱ, ㄷ   ③ ㄴ, ㄷ
④ ㄴ, ㄹ   ⑤ ㄷ, ㄹ

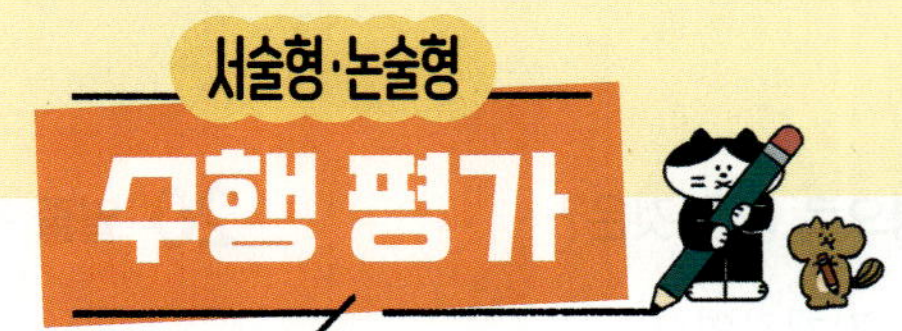

서술형

1 다음을 읽고 물음에 답하시오.

> 18세기 후반부터 유럽에서는 기계의 발명과 기술의 혁신으로 (㉠)이/가 나타났다. 이후 교통과 통신이 발달하면서 세계를 잇는 커다란 연결망이 만들어져 지역 간 이동이 활발해졌다. 그 과정에서 <u>서양의 선진 문물이 전 세계로 확산</u>되었다.

(1) ㉠에 들어갈 내용을 쓰시오.

(2) 밑줄 친 내용의 사례를 **두 가지** 서술하시오.

2 다음을 보고 물음에 답하시오.

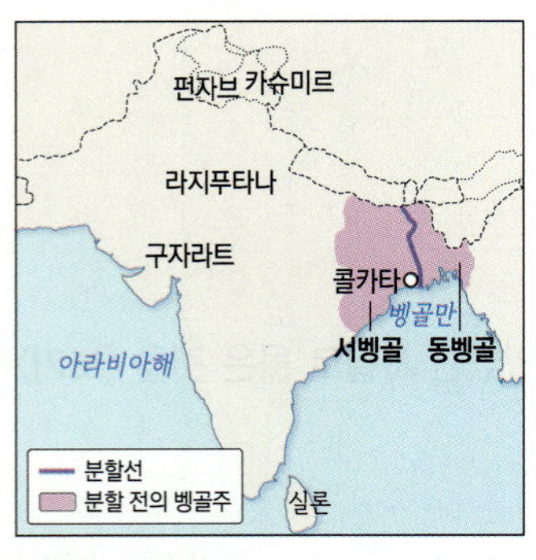

(1) 영국이 지도와 같이 지역을 나눈 법령을 쓰시오.

(2) (1)에서 답한 법령이 인도 국민 회의의 활동에 미친 영향을 서술하시오.

논술형

3 다음을 읽고 물음에 답하시오.

> (개) 이홍장, 증국번 등 한인 관료들은 중국의 제도를 유지한 채 서양의 우수한 기술과 무기를 수용하여 부국강병을 이루고자 하였다.
>
> (내) 캉유웨이, 량치차오 등 개혁 지식인들은 일본의 메이지 유신을 본받아 서양의 기술뿐 아니라 제도까지 받아들이는 개혁을 할 것을 주장하였다. 그들은 의회를 세우고 입헌 군주제를 도입하는 등의 개혁을 추진하였다.

(1) (개), (내)에 들어갈 운동을 각각 쓰시오.

(2) 나라면 (개), (내) 중 어떤 방식으로 근대화 운동을 추진하였을지 논술하시오.

VI

세계 대전과
사회 변동

세계 대전과 국제 질서의 변화(1)

A 제1차 세계 대전의 배경과 발발

1. 제1차 세계 대전의 배경

(1) 제국주의 열강의 대립: 19세기 후반 제국주의 열강이 식민지를 차지하려고 치열하게 대립 → 3국 동맹과 3국 협상 결성 ┌ 독일, 오스트리아·헝가리 제국, 이탈리아 └ 영국, 프랑스, 러시아

(2) 발칸반도에서의 대립: *범게르만주의를 내세운 오스트리아·헝가리 제국이 슬라브족 국가인 보스니아 헤르체고비나를 병합함 → 세르비아 등 *범슬라브주의를 내세운 국가들과 대립 핵심 자료 ┌ 발칸반도의 여러 민족은 오스만 제국의 지배가 약화되자 활발한 독립운동을 벌이는 과정에서 서로 대립하였어.

2. 제1차 세계 대전의 발발: 세르비아계 청년이 오스트리아·헝가리 제국의 황태자 부부를 암살함(사라예보 사건, 1914) → 오스트리아·헝가리 제국이 세르비아에 선전 포고 → 러시아가 세르비아 지지, 독일이 오스트리아·헝가리 제국 지지 → 전쟁 발발

> ※ 범게르만주의
> 독일, 오스트리아·헝가리 제국 등을 중심으로 게르만족의 통합을 이루려고 한 사상이다.
>
> ※ 범슬라브주의
> 러시아를 중심으로 세르비아 등 슬라브족의 통합을 이루려고 한 사상이다.

B 제1차 세계 대전의 전개와 결과

1. 제1차 세계 대전의 전개: 동맹국과 연합국의 대립 자료①

(1) 전쟁의 전개

┌ 용어 전쟁에서 전투가 벌어지는 지역
┌ 용어 땅을 파서 그 안에 몸을 숨기고 적의 군대를 공격하는 전투

서부 전선	서쪽으로 진격하는 독일군을 연합국 군대가 방어 → 참호전 지속
동부 전선	독일이 러시아를 공격하여 러시아가 큰 피해를 입음

(2) 전쟁의 변화: 영국의 해상 봉쇄 → 독일이 *무제한 잠수함 작전 전개 → 여객선 루시타니아호가 침몰하여 많은 미국인 사망 → 미국이 연합국 편으로 참전 → 연합국이 전쟁에서 유리해짐 → 러시아가 국내에서 발생한 혁명으로 독일과 조약을 맺고 전쟁 이탈

(3) 전쟁의 결과: 독일이 서부 전선 총공격 실패, 동맹국의 항복 → 독일에서 혁명이 일어나 새 정부(공화국)가 수립됨 → 독일의 항복 선언으로 전쟁 종결(1918)

2. 제1차 세계 대전의 특징: 참호전과 총력전의 전개, 신무기의 등장 자료②
┌ 용어 모든 힘과 자원을 동원하는 전쟁

> ※ 무제한 잠수함 작전
> 영국이 독일로 가는 물자를 막으려고 해상을 봉쇄하자 독일은 중립국 선박도 공격하는 무제한 잠수함 작전을 벌였다.

↑ 작전에 사용된 독일 잠수함

자료① 제1차 세계 대전의 전개

제1차 세계 대전이 시작되자 동맹국이던 이탈리아는 연합국 편에, 오스만 제국과 불가리아는 동맹국 편에 섰다.

자료② 제1차 세계 대전의 특징

기관총, 탱크, 잠수함, 독가스 등 신무기도 사용되었어.

↑ 참호에서 적을 살피는 군인들

↑ 방독면을 쓰고 기관총을 든 군인들

제1차 세계 대전에서는 참호전이 등장하였고, 모든 힘과 자원을 동원하는 총력전이 전개되었다. 이에 따라 여성이 전쟁 물품을 만들거나 식민지인이 전쟁에 동원되었다.

교과서 핵심 자료 — 제1차 세계 대전의 배경

↑ 발칸반도의 상황

발칸반도에서는 범게르만주의와 범슬라브주의를 내세운 여러 나라가 대립하여 '유럽의 화약고'라고 불렸다. 1914년에 세르비아계 청년이 오스트리아·헝가리 제국의 황태자 부부를 암살하는 사라예보 사건이 일어나자 오스트리아·헝가리 제국이 세르비아에 선전 포고하면서 전쟁이 일어났다.

✔ 완자쌤의 탐구 수업

❶ 범게르만주의를 내세운 국가는?

오스트리아·헝가리 제국

❷ 제1차 세계 대전의 배경은?

19세기 후반 제국주의 열강들은 이해관계에 따라 3국 동맹과 3국 협상을 맺었습니다. 또한 발칸반도에서는 범게르만주의와 범슬라브주의를 내세운 국가들이 대립하였습니다.

문제로 개념 확인

정답 친해 63쪽

1 다음 괄호 안에 내용 중 알맞은 말에 ○표를 하시오.

(1) 독일은 오스트리아·헝가리 제국, 이탈리아와 함께 (3국 동맹 , 3국 협상)을 맺었다.

(2) (범게르만주의 , 범슬라브주의)를 내세운 오스트리아·헝가리 제국은 보스니아 헤르체고비나를 병합하였다.

(3) 제1차 세계 대전이 시작되자 동맹국이던 (프랑스 , 이탈리아)는 연합국 편에, 오스만 제국과 불가리아는 동맹국 편에 섰다.

2 다음 설명에 해당하는 국가를 〈보기〉에서 골라 기호를 쓰시오.

보기
ㄱ. 독일   ㄴ. 러시아

(1) 국내에서 혁명이 일어나자 전쟁에서 이탈하였다.   (   )
(2) 영국이 해상을 봉쇄하자 무제한 잠수함 작전을 전개하였다.   (   )

3 ㉠에 들어갈 내용을 쓰시오.

제1차 세계 대전에서는 땅을 파서 구덩이 안에 몸을 숨기고 적의 군대를 공격하는 (㉠   ) 형태로 전개되면서 전쟁이 장기화되었다.

비주얼로 핵심 콕콕

A 제1차 세계 대전의 배경과 발발

B 제1차 세계 대전의 전개와 결과

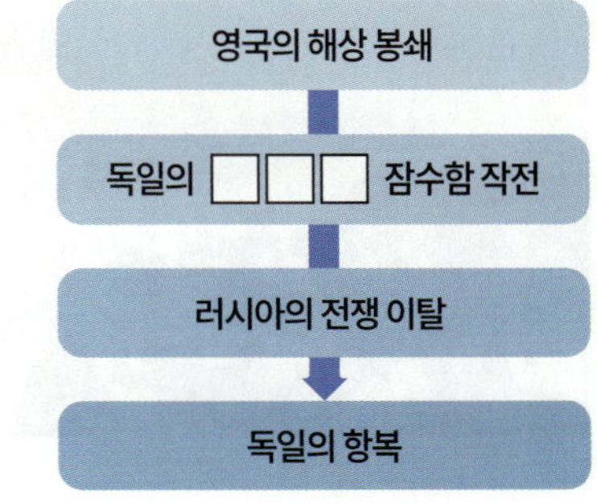

C 베르사유 체제의 성립

1. 파리 강화 회의 개최(1919): 연합국이 제1차 세계 대전이 끝난 뒤 전후 문제를 처리하고자 파리 강화 회의 개최, 미국 대통령 윌슨이 제안한 14개조 평화 원칙을 바탕으로 진행(군비 축소·*민족 자결주의·비밀 외교 금지·국제기구 창설 등)

2. 베르사유 조약의 체결(1919): 파리 강화 회의의 결과 연합국과 독일이 체결

(1) 내용: 전쟁의 책임이 독일에 있음을 분명히 함 → 독일의 영토 축소, 식민지 상실, 군비 축소, 막대한 배상금 지불 등 규정 **핵심 자료** ┌ 연합국은 독일 이외의 다른 패전국과도 개별적으로 조약을 맺어 영토와 배상금을 강요하였어.

(2) 결과: 베르사유 체제 성립 → 승전국 중심의 세계 질서 형성

3. 국제 연맹의 창설(1920)

(1) 목적: 국제 평화 유지와 안전 확보를 위한 국제기구 창설 ─ 미국이 창설을 제안하였지만 참여하지 않았어.

(2) 한계: 미국 등 강대국의 불참과 분쟁을 막을 군사적 수단이 없어 큰 영향력을 미치지 못함

✻ 민족 자결주의
식민 지배를 받고 있는 나라 및 민족의 주권 문제를 처리할 때에는 식민지 주민의 이익과 손해를 반영하고 공평하게 처리해야 한다는 내용이다. 그러나 이 원칙은 패전국의 식민지 일부에만 적용되었다.

D 러시아 혁명의 전개

1. 혁명 이전의 러시아 상황

(1) 불만 고조: 19세기 무렵 차르(황제)의 통치 아래 있던 러시아는 농업 중심의 경제 체제를 유지함, 급속한 산업화로 노동자 계층이 늘고 지식인 사이에서 사회주의 사상이 확산 → 차르의 전제 정치 지속 → 러시아 민중의 불만이 높아짐

(2) 피의 일요일 사건(1905): 러일 전쟁으로 생활이 어려워진 러시아 노동자들이 개혁을 요구하며 시위함 → 정부군이 무력으로 진압하여 많은 희생자 발생 → 차르 니콜라이 2세가 개혁을 약속하였으나 큰 성과를 거두지 못함 **자료①**
└ 헌법 제정과 의회(두마) 설치를 약속하였어.

2. 러시아 혁명(1917)

3월 혁명	• 배경: 제1차 세계 대전 참전으로 인명 피해와 경제적 어려움 발생 • 전개: 노동자들이 전쟁 중지, 차르 타도, 식량 배급 등을 요구하며 시위 • 결과: *소비에트 결성 → 차르 체제를 무너뜨리고 임시 정부 수립
11월 혁명 **자료②**	• 배경: 임시 정부의 개혁 부진과 전쟁 지속에 대한 불만 고조 • 전개: 레닌이 이끄는 *볼셰비키가 무장봉기를 일으킴 • 결과: 임시 정부 붕괴 → 소비에트 정부 수립

✻ 소비에트
'대표자 회의'라는 뜻의 러시아어로, 노동자와 군인(병사)들로 구성되었다.

✻ 볼셰비키
'다수파'라는 뜻의 러시아어로 러시아 사회 민주주의 노동당에서 다수를 차지한 급진 세력을 의미한다.

자료① 피의 일요일 사건

노동자들이 수도 상트페테르부르크에서 개혁을 요구하는 시위를 벌였다. 이때 차르 니콜라이 2세가 시위를 무력으로 진압하며 많은 희생자가 발생하였다.

자료② 11월 혁명의 시위대 모습

레닌이 이끄는 볼셰비키가 노동자의 지지 속에 무장봉기를 일으켜 임시 정부를 무너뜨렸다. 이후 최초의 사회주의 정부인 소비에트 정부를 세웠다.

교과서 핵심 자료 · 베르사유 조약의 체결

- 독일은 자르강 유역 탄광 지대의 독점 채굴권 및 소유권을 프랑스에 넘겨준다.
- 독일은 식민지에 관한 모든 권리와 소유권을 연합국에 넘겨준다.
- 전쟁에 따른 모든 책임은 바이마르 공화국(독일)을 비롯한 동맹국에 있다.
- 독일은 …… 200억 마르크에 해당하는 배상금을 지불해야 한다.

↑ 베르사유 조약을 풍자한 그림

← 베르사유 조약의 내용(1919)

파리 강화 회의의 결과 연합국과 독일은 베르사유 조약을 체결하였다. 이 조약은 전쟁의 책임이 독일에 있음을 분명히 밝히고 독일의 영토와 군비를 축소하는 등의 내용을 담고 있다. 또한 베르사유 조약은 독일이 제2차 세계 대전을 일으키는 배경이 되기도 하였다. 이를 토대로 형성된 승전국 중심의 세계 질서를 베르사유 체제라고 한다.

✓ 완자쌤의 탐구 수업

❶ 제1차 세계 대전 이후 형성된 세계 질서를 일컫는 말은?

베르사유 체제

❷ 자료를 통해 알 수 있는 베르사유 조약의 특징은?

전쟁에서 패한 독일의 영토와 식민지를 빼앗고 막대한 배상금을 강요하는 등 독일에 가혹한 내용으로 구성되었습니다. 이처럼 베르사유 체제는 영국, 프랑스, 미국, 이탈리아 등 승전국 중심의 전후 세계 질서였습니다.

문제로 개념 확인

정답 친해 63쪽

1 다음 물음에 답하시오.

⑴ 제1차 세계 대전의 전후 문제를 처리하고자 개최된 회의는?　(　　　　)

⑵ 제1차 세계 대전이 끝난 뒤 연합국과 독일이 체결한 것으로, 패전국 독일의 전쟁에 대한 책임을 분명히 밝힌 조약은?　(　　　　)

2 빈칸에 들어갈 알맞은 내용을 쓰시오.

⑴ 제1차 세계 대전 이후 형성된 승전국 중심의 국제 질서를 (　　　　)(이)라고 한다.

⑵ 제1차 세계 대전 이후 (　　　　)은/는 국제 평화를 유지하기 위해 국제 연맹 창설을 제안하였으나, 정작 참여하지 않았다.

3 다음 설명에 해당하는 사건을 〈보기〉에서 골라 기호를 쓰시오.

> 보기
> ㄱ. 3월 혁명　　　　　ㄴ. 11월 혁명

⑴ 레닌이 이끄는 볼셰비키가 소비에트 정부를 수립하였다.　(　　　)

⑵ 노동자들이 소비에트를 결성하여 차르 체제를 무너뜨리고 임시 정부를 수립하였다.　(　　　)

비주얼로 핵심 콕콕

C 베르사유 체제의 성립

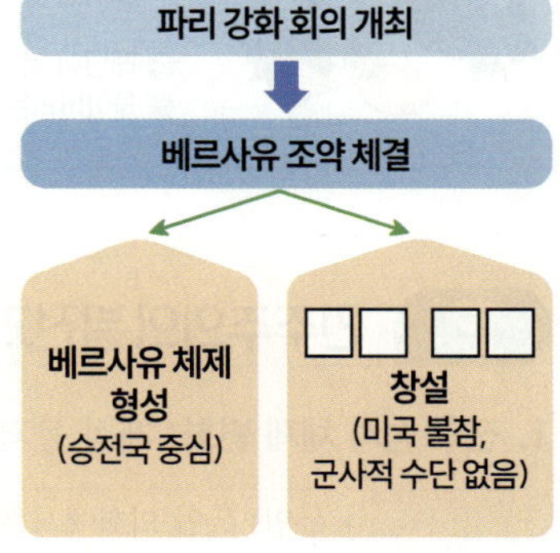

D 러시아 혁명의 전개

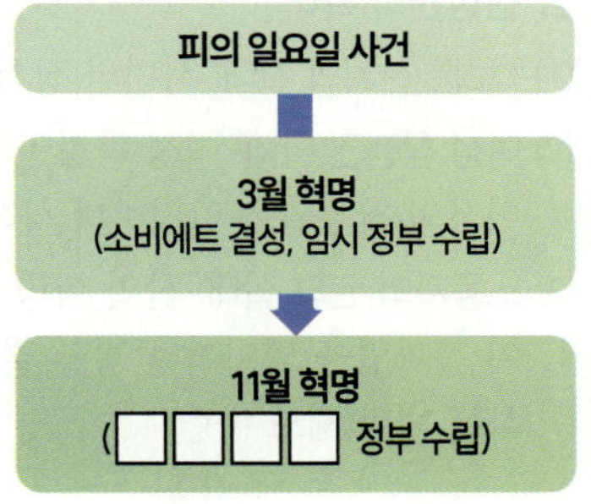

E 소련의 수립과 발전

1. 레닌의 정책과 소련의 수립

(1) 전쟁 중단: 독일과 서로 공격하지 않겠다는 조약을 맺고 제1차 세계 대전에서 이탈

(2) 사회주의 개혁 실시: 지주와 자본가로부터 토지와 산업 시설을 몰수하여 국가가 이를 직접 소유하고 관리함 **자료①** ― 이 개혁에 반대하는 반혁명 세력과 혁명 세력 간에 내전이 발생하여 경제난이 심해졌어.

(3) *코민테른 결성: 사회주의 혁명을 확산하고자 국제 공산당 연합 조직 결성 **자료②**

(4) *신경제 정책(NEP) 추진: 경제난이 심해지자 자본주의적 요소를 일부 도입

(5) 소비에트 사회주의 공화국 연방(소련) 수립(1922): 러시아를 중심으로 여러 소비에트 정부를 하나로 묶어 수립

2. 스탈린의 정책: 레닌의 뒤를 이어 집권

― 중공업 중심의 급속한 공업 발전 계획이었어.

(1) 사회주의 경제 정책 추진: 농업의 집단화, 경제 개발 5개년 계획 추진

(2) 독재 강화: 정치적 반대 세력 제거, 공산당 독재 체제 강화

자료①ㅤ레닌의 사회주의 개혁

레닌은 의회를 해산하고 지주와 자본가로부터 은행, 철도, 공장 등 주요 산업 시설을 몰수하고 토지를 국유화하는 사회주의 개혁을 실시하였다.

◐ 레닌이 차르, 귀족, 자본가를 쓸어버리는 내용의 풍자화

자료②ㅤ코민테른과 사회주의의 확산

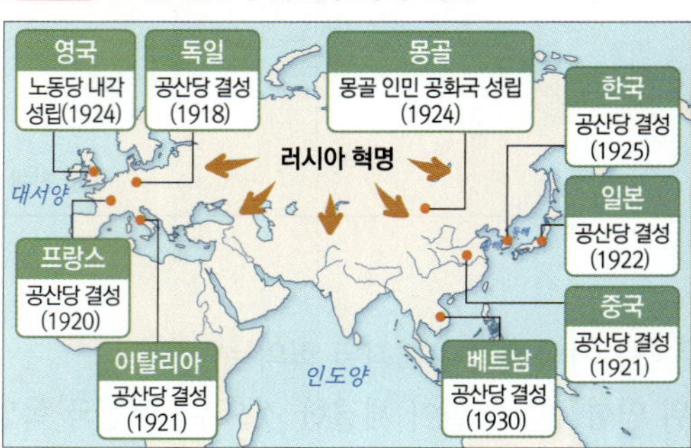

레닌은 국제 공산당 연합 조직인 코민테른을 만들어 사회주의 혁명을 전 세계로 확산하고자 하였다. 그 결과 사회주의 사상이 널리 전파되어 세계 각국에 공산당이 조직되고, 노동 운동과 민족 해방 운동이 활발해졌다.

F 민주주의의 발전과 확대

1. 전후 정치 체제 변화: 제정 붕괴 → 민주주의 채택, 공화정 수립

패전국	• 독일: 독일 의회에서 바이마르 헌법 제정, 바이마르 공화국 수립 **핵심 자료** • 오스트리아·헝가리 제국: 전후 해체 → 여러 민주 공화국이 탄생 • 오스만 제국: 시리아, 이라크, 팔레스타인 등으로 분리
신생 독립국	식민지 국가들이 독립을 요구함 → 패전국의 식민지였던 폴란드와 체코슬로바키아 등이 민족 자결주의 원칙에 따라 독립, 대부분 민주주의 헌법 채택

2. 참정권의 확대

예 20세기 초 영국 서프러제트 운동(여성 참정권을 확보하고자 팽크허스트를 비롯한 여성 운동가들이 벌인 여성 참정권 운동)

(1) *보통 선거의 확대: 시민의 정치적 권리 요구 증가, 민주주의 채택 국가의 확산

(2) 여성 참정권 확대: 여성 참정권 운동 전개, 제1차 세계 대전 중 여성의 참전 → 많은 국가가 여성의 참정권을 인정하기 시작함 **핵심 자료**

(3) 노동자의 권리 확대: 산업 혁명 이후 노동자의 권리에 대한 관심 증가, 노동자들이 단결하여 총파업을 벌이거나 정당 결성 → 제1차 세계 대전 이후 각국은 노동자의 권리를 보장하는 법과 제도 마련

❋ 코민테른

'공산주의 인터내셔널'의 약칭으로, 1919년 3월에 모스크바에서 각국의 사회주의 정당과 단체가 참여하여 세운 국제 공산당 연합 조직이다.

❋ 신경제 정책(NEP)

소규모 기업의 활동 인정, 농민의 잉여 생산물 판매 허용 등과 같은 자본주의적 시장 경제 요소를 일부 도입한 정책이다.

❋ 보통 선거

일정 나이 이상의 모든 국민이 성별이나 재산 등에 제한 없이 누구나 참여할 수 있는 선거를 뜻한다.

교과서 핵심 자료⁺ 전후 민주주의의 발전

(가) 독일 바이마르 헌법의 내용

제1조	독일 연방은 공화국이다. 국가 권력은 국민으로부터 나온다.
제22조	국회 의원은 비례 대표의 원칙에 따라 20세 이상의 남자 및 여자의 보통 선거, 평등 선거, 직접 선거, 비밀 선거로 뽑는다.
제159조	노동조합을 결성하고 노동 조건 및 경제 조건을 보호하고 개선하기 위한 권리는 누구에게나 보장된다.

(나) 여성 참정권 획득 시기

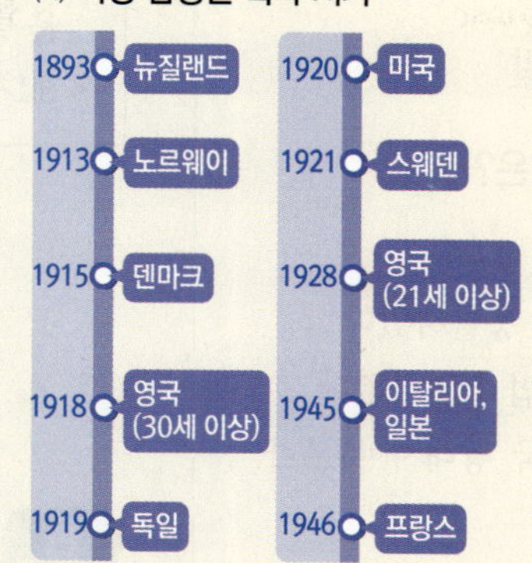

독일의 바이마르 헌법은 국민 주권, 보통 선거의 원칙, 노동자의 권리 등을 담은 민주적인 헌법으로, 오늘날 여러 민주주의 국가의 헌법에 영향을 미쳤다. 한편, 여성들은 19세기부터 지속적으로 참정권을 요구하였고, 전쟁에 참여하는 등 여성의 사회적, 경제적 역할이 커졌다. 그 결과 제1차 세계 대전 이후 여성들의 참정권을 인정하는 국가가 늘어났다.

✅ 완자쌤의 탐구 수업

❶ (가) 헌법에 명시된 권리는?
국민 주권, 보통 선거의 원칙 등

❷ 여성의 참정권을 가장 먼저 인정한 국가는?
뉴질랜드

❸ 제1차 세계 대전 이후 민주주의가 확대된 배경은?
전후 독일을 비롯한 많은 나라에서 민주주의를 채택하였습니다. 또한 제1차 세계 대전에서 여성을 포함한 일반 시민의 역할이 커졌고, 이에 대한 정당한 정치적 권리를 인정하기 시작하였습니다.

문제로 개념 확인

정답 친해 63쪽

1 다음 설명에 해당하는 인물을 〈보기〉에서 골라 기호를 쓰시오.

보기
ㄱ. 레닌　　　　　　　　　　ㄴ. 스탈린

(1) 농업의 집단화와 경제 개발 5개년 계획을 추진하였다. ( )
(2) 신경제 정책(NEP)을 추진하여 자본주의적 요소를 일부 도입하였다. ( )

2 다음 설명이 맞으면 ○표, 틀리면 ×표를 하시오.

(1) 레닌은 코민테른을 만들어 민주주의 혁명을 확산하고자 하였다. ( )
(2) 오스트리아·헝가리 제국이 해체되고 바이마르 공화국이 세워졌다. ( )
(3) 제1차 세계 대전 이후 신생 독립국은 대부분 민주주의 헌법을 채택하였다. ( )

3 빈칸에 들어갈 알맞은 내용을 쓰시오.

(1) 제1차 세계 대전 이후 패전국의 식민지는 ( ) 원칙에 따라 독립하였다.
(2) 제1차 세계 대전 이후 민주주의가 확산되면서 성별이나 재산 등에 관계없이 일정 나이 이상의 모든 국민이 참여하는 ( )이/가 확대되었다.

비주얼로 핵심 콕콕

E 소련의 수립과 발전

레닌
- 토지와 산업의 국유화
- □□□□ 결성 (국제 공산당 연합)
- 신경제 정책(NEP) 추진

스탈린
- 농업의 집단화
- 경제 개발 5개년 계획 추진

F 민주주의의 발전과 확대

제1차 세계 대전
- 여러 민주 공화국의 탄생
- 시민의 정치적 권리 요구 증가

↓

민주주의의 발전

- 보통 선거 실시
- 여성 □□□ 확대

핵심 문제

 제1차 세계 대전의 배경과 발발

01 제1차 세계 대전의 배경으로 옳은 것은?

① 청이 영국 배인 애로호를 단속하였다.
② 아프리카 파쇼다에서 영국과 프랑스가 충돌하였다.
③ 일본 군함 운요호가 조선 앞바다에 불법 침입하였다.
④ 사라예보에서 오스트리아·헝가리 제국 황태자 부부가
  암살당하였다.
⑤ 보스턴항에서 식민지 주민들이 동인도 회사의 배에 올
  라 차 상자를 바다에 버렸다.

02 (가), (나) 국가에 대한 설명으로 옳은 것은?

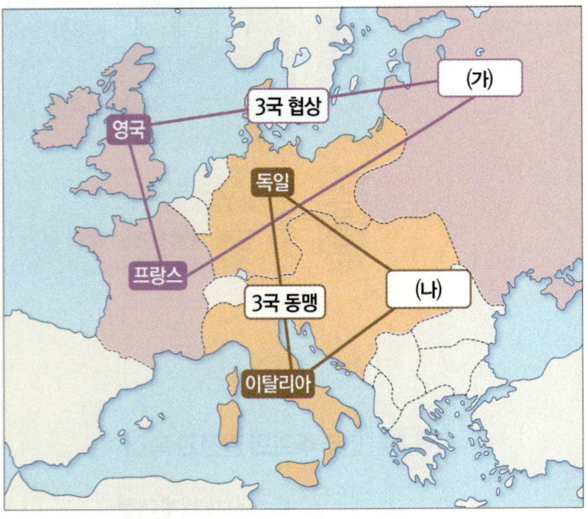

① (가) – 범게르만주의를 내세웠다.
② (가) – 보스니아 헤르체고비나를 병합하였다.
③ (나) – 범슬라브주의를 내세웠다.
④ (나) – 제1차 세계 대전이 발발하자 연합국 편으로 돌아
  섰다.
⑤ (나) – 황태자 부부가 암살되자 세르비아에 선전 포고를
  하였다.

03 다음에서 설명하는 국가를 쓰시오.

• 발칸반도에서 세력이 약화되자, 여러 민족이 독립운동
  을 벌이는 과정에서 서로 대립하였다.
• 제1차 세계 대전에서 동맹국 편으로 참전하였다.

(   )

 제1차 세계 대전의 전개와 결과

04 ㉠에 공통으로 들어갈 국가로 옳은 것은?

• 제1차 세계 대전에 동맹국으로 참전한 (㉠)은/는
  서부 전선에서 빠르게 진격하였다.
• 동부 전선에서는 (㉠)이/가 러시아를 공격하여
  심각한 피해를 입혔다.

① 독일　　　　② 미국　　　　③ 영국
④ 프랑스　　　⑤ 이탈리아

05 밑줄 친 '이 작전'의 영향으로 가장 적절한 것은?

① 러시아가 전쟁에서 이탈하였다.
② 이탈리아가 3국 동맹에서 탈퇴하였다.
③ 미국이 연합국으로 전쟁에 참여하였다.
④ 오스만 제국과 불가리아가 동맹국 편에 섰다.
⑤ 독일이 오스트리아·헝가리 제국을 지지하였다.

06 제1차 세계 대전의 전개 과정을 일어난 순서대로 나열한 것은?

> (가) 독일이 항복을 선언하였다.
> (나) 러시아가 전쟁에서 이탈하였다.
> (다) 미국이 연합국으로 참전하였다.
> (라) 독일에서 혁명으로 새 정부가 수립되었다.

① (가) – (나) – (다) – (라)　② (가) – (다) – (나) – (라)
③ (나) – (다) – (가) – (라)　④ (다) – (나) – (가) – (라)
⑤ (다) – (나) – (라) – (가)

07 다음 자료를 활용한 탐구 주제로 가장 적절한 것은?

↑ 참호에서 적을 살피는 군인들

↑ 방독면을 쓰고 기관총을 든 군인들

① 신항로의 개척 과정
② 공장제 기계 공업의 확대
③ 제국주의 침략과 서구 문물의 확산
④ 제1차 세계 대전 당시 전투 양상의 변화
⑤ 동인도 회사의 성립과 인도 면직업의 몰락

08 다음으로 알 수 있는 제1차 세계 대전의 특징으로 가장 적절한 것은?

> 제1차 세계 대전에서 여성이 군복 등 전쟁 물품을 만들거나 간호 인력으로 전쟁에 참여하였다. 또한 제국주의 열강의 식민지인들도 전쟁에 동원되었다.

① 참호전의 형태로 전개되었다.
② 상비군이 등장하기 시작하였다.
③ 기관총, 잠수함 등이 등장하였다.
④ 국가의 모든 힘과 자원이 투입되었다.
⑤ 신무기가 사용되면서 큰 피해가 발생하였다.

C **베르사유 체제의 성립**

09 검색창에 들어갈 인물로 옳은 것은?

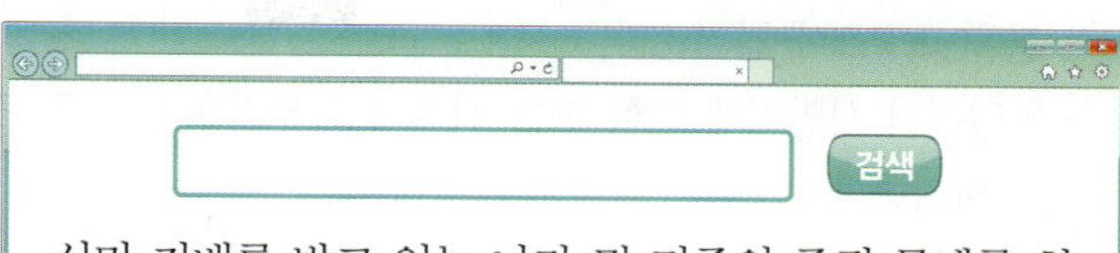

① 링컨　② 먼로　③ 윌슨
④ 카부르　⑤ 크롬웰

★ 시험에 잘 나와!

10 밑줄 친 '이 회의'에 대한 설명으로 옳은 것을 〈보기〉에서 고른 것은?

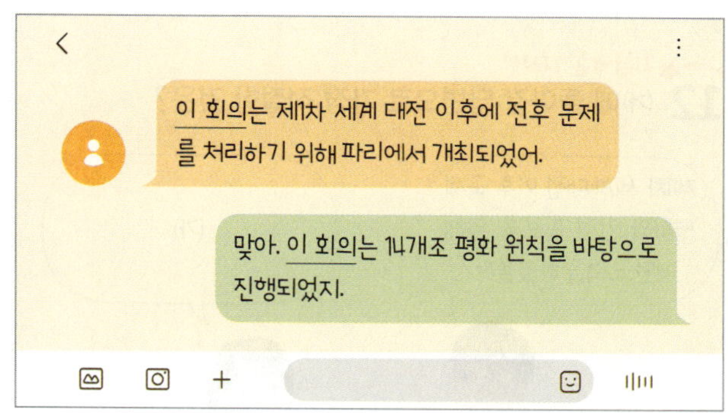

> **보기**
> ㄱ. 독일의 주도로 개최되었다.
> ㄴ. 국제 연합의 창설로 이어졌다.
> ㄷ. 베르사유 조약 체결의 토대가 되었다.
> ㄹ. 군비 축소, 비밀 외교 금지 등을 포함한 원칙을 바탕으로 진행되었다.

① ㄱ, ㄴ　② ㄱ, ㄷ　③ ㄴ, ㄷ
④ ㄴ, ㄹ　⑤ ㄷ, ㄹ

11 다음 조약에 대해 <u>잘못</u> 이해한 학생은?

- 독일은 자르강 유역 탄광 지대의 독점 채굴권 및 소유권을 프랑스에 넘겨준다.
- 독일에서 식민지에 관한 모든 권리와 소유권을 연합국에 넘겨준다.
- 전쟁에 따른 모든 책임은 바이마르 공화국(독일)을 비롯한 동맹국에 있다.
- 독일은 …… 200억 마르크에 해당하는 배상금을 지불해야 한다.

① 파리 강화 회의의 결과로 체결되었어.

② 독일에서 30년 전쟁이 끝난 후 체결되었어.

③ 전쟁의 책임이 독일에 있음을 분명히 밝혔어.

④ 승전국 중심의 세계 질서가 형성되는 결과를 가져왔어.

⑤ 독일이 이후 제2차 세계 대전을 일으키는 배경이 되기도 하였어.

12 (가)에 들어갈 답변으로 가장 적절한 것은?

시험에 잘 나와!

① 3국 동맹이 결성되었어.

② 3국 협상이 결성되었어.

③ 소비에트가 조직되었어.

④ 코민테른이 결성되었어.

⑤ 국제 연맹이 조직되었어.

13 다음 사건의 배경에 대한 탐구 활동으로 가장 적절한 것은?

1905년에 러시아의 노동자들이 수도 상트페테르부르크에서 개혁을 요구하는 시위를 벌였고, 정부군은 시위대에 발포하는 사건이 일어났다.

① 러일 전쟁의 영향을 조사한다.

② 청일 전쟁의 영향을 찾아본다.

③ 삼부회가 소집된 배경을 분석한다.

④ 제1차 세계 대전의 영향을 확인한다.

⑤ 랴오둥반도가 반환된 배경을 살펴본다.

14 빈칸에 들어갈 내용으로 적절한 것을 〈보기〉에서 고른 것은?

1917년 3월 러시아에서는 노동자와 군인들이 전쟁 중지, 차르 타도, 식량 배급 등의 구호를 외치며 시위를 벌였다. 이 혁명의 결과 [   ]

보기

ㄱ. 소비에트가 결성되었다.

ㄴ. 탄지마트가 단행되었다.

ㄷ. 임시 정부가 수립되었다.

ㄹ. 노예 해방 선언이 발표되었다.

① ㄱ, ㄴ   ② ㄱ, ㄷ   ③ ㄴ, ㄷ

④ ㄴ, ㄹ   ⑤ ㄷ, ㄹ

15 밑줄 친 '혁명'으로 옳은 것은?

> 러시아의 볼셰비키가 무장봉기를 일으켜 임시 정부를 무너뜨린 <u>혁명</u>이다.

① 3월 혁명
② 7월 혁명
③ 신해혁명
④ 11월 혁명
⑤ 청년 튀르크당 혁명

시험에 잘 나와!

16 다음은 러시아 혁명의 전개 과정을 나타낸 것이다. (가) 시기에 일어난 사건으로 옳지 <u>않은</u> 것은?

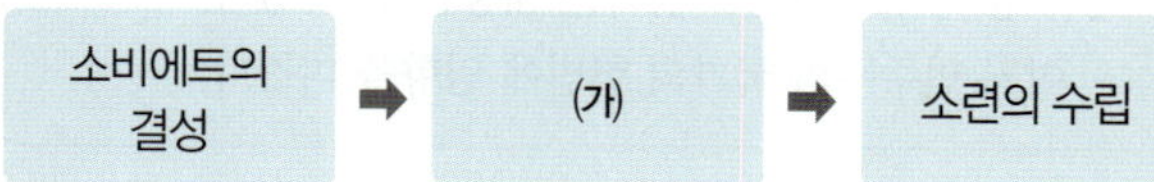

① 소비에트 정부가 수립되었다.
② 볼셰비키가 무장봉기를 일으켰다.
③ 스탈린이 공산당 독재 체제를 강화하였다.
④ 차르가 퇴위하고 임시 정부가 수립되었다.
⑤ 러시아가 제1차 세계 대전에서 이탈하였다.

E 소련의 수립과 발전

17 ㉠, ㉡에 들어갈 내용으로 옳은 것은?

> **소련의 수립**
> • 주제: (㉠)의 활동
> • 내용
> – 볼셰비키를 이끌고 임시 정부를 무너뜨림
> – 사회주의 개혁을 추진하여 토지와 산업 시설을 국유화함
> – 사회주의 혁명을 확산하고자 국제 공산당 연합 조직인 (㉡)을/를 결성함

	㉠	㉡		㉠	㉡
①	레닌	소비에트	②	레닌	코민테른
③	레닌	소비에트 정부	④	스탈린	코민테른
⑤	스탈린	소비에트 정부			

18 다음에서 설명하는 정책을 쓰시오.

> 레닌은 경제가 어려워지자 소규모 기업의 활동을 인정하고, 농민의 잉여 생산물의 판매를 허용하는 등 자본주의적 시장 경제 요소를 일부 도입하였다.

(   )

19 다음과 같은 상황이 미친 영향으로 가장 적절한 것은?

> 러시아에서는 국제 공산당 연합 조직이 결성되었다. 그 결과 사회주의 사상이 널리 전파되었고, 노동 운동과 민족 해방 운동이 활발해졌다.

① 인도 제국이 수립되었다.
② 메테르니히가 추방되었다.
③ 청년 튀르크당이 혁명을 일으켰다.
④ 중국과 한국에서 공산당이 결성되었다.
⑤ 프랑스와 영국이 파쇼다에서 충돌하였다.

20 (가)에 들어갈 답변으로 가장 적절한 것은?

① 빈 회의를 주도하였어.
② 코민테른을 결성하였어.
③ 14개조 평화 원칙을 발표하였어.
④ 아르헨티나와 칠레의 독립운동을 주도하였어.
⑤ 중공업 중심의 경제 개발 5개년 계획을 추진하였어.

F 민주주의의 발전과 확대

21 ㉠에 들어갈 내용으로 옳은 것은?

> 제1차 세계 대전이 끝나자 식민 지배를 받던 여러 국가는 독립을 요구하였다. 유럽에서는 패전국의 식민지들이 민족 자결주의 원칙에 따라 독립하였다. 새롭게 등장한 여러 독립국은 대부분 (㉠)을/를 채택하였다.

① 공산주의　　② 민주주의　　③ 사회주의
④ 인종주의　　⑤ 제국주의

22 다음에서 설명하는 국가로 옳은 것은?

> 제1차 세계 대전에 동맹국으로 참전하였으나, 전쟁에서 패전국이 되어 이후 해체되었다. 이후 이 나라에 속하던 지역에서 여러 민주 공화국이 탄생하였다.

① 러시아　　　　　② 프랑스
③ 이탈리아　　　　④ 체코슬로바키아
⑤ 오스트리아·헝가리 제국

23 선생님의 질문에 대한 학생들의 답변으로 가장 적절한 것은?

① 아이티가 프랑스로부터 독립하였어요.
② 오스만 제국이 영향력을 확대하였어요.
③ 러시아에서 사회주의 혁명이 일어났어요.
④ 체코슬로바키아와 폴란드가 독립하였어요.
⑤ 프로이센을 중심으로 통일 운동이 일어났어요.

24 밑줄 친 '이 헌법'에 대한 설명으로 옳은 것을 〈보기〉에서 고른 것은?

> **역사 신문**
>
> #### 독일 의회, 이 헌법을 제정하다
>
> 독일 의회는 비례 대표제의 원칙에 따라 20세 이상의 남녀 보통 선거, 평등 선거, 직접 선거, 비밀 선거로 국회 의원을 선출하는 내용을 담은 이 헌법을 제정하였다.

> **보기**
> ㄱ. 여성의 참정권을 인정하지 않았다.
> ㄴ. 입헌 군주제가 확립되는 계기를 가져왔다.
> ㄷ. 노동자의 권리를 보장하는 내용을 담고 있다.
> ㄹ. 여러 민주주의 국가의 헌법에 영향을 미쳤다.

① ㄱ, ㄴ　　　② ㄱ, ㄷ　　　③ ㄴ, ㄷ
④ ㄴ, ㄹ　　　⑤ ㄷ, ㄹ

시험에 잘 나와!

25 (가)에 들어갈 탐구 주제로 가장 적절한 것은?

> • 탐구 주제: (가)
> • 모둠별 조사 내용
> – 1모둠: 20세기 초 영국에서 팽크허스트를 비롯한 여성 운동가들이 전개한 서프러제트 운동 소개
> – 2모둠: 제1차 세계 대전에서 여성들의 전쟁 참여가 미친 결과
> – 3모둠: 전후 여성의 사회적·경제적 참여 확대

① 인민헌장의 의의
② 여성 참정권의 확대
③ 러다이트 운동의 확산
④ 차티스트 운동의 전개
⑤ 바이마르 공화국의 수립 과정

서술형 문제

서술형 감잡기

1 다음을 보고 물음에 답하시오.

(1) 지도에 나타난 전쟁을 쓰시오.

(2) (1)에서 답한 전쟁이 일어난 배경을 <u>두 가지</u> 측면에서 서술하시오.

> **|핵심어|** 3국 협상과 3국 동맹, 범슬라브주의와 범게르만주의

서술형 익히기

2 다음 조약으로 형성된 세계 질서의 특징을 서술하시오.

> **제119조** 독일은 해외 식민지에 관한 모든 권리와 소유권을 연합국의 주요 국가에 넘겨준다.
> **제231조** 전쟁에 따른 모든 책임은 바이마르 공화국(독일)을 비롯한 동맹국에 있다.

3 다음을 읽고 물음에 답하시오.

> 제1차 세계 대전이 끝나고 국제 평화와 안전 확보를 목표로 (㉠)이/가 창설되어 군비 축소, 국제 분쟁의 평화적 해결 등을 협의하였다.

(1) ㉠에 들어갈 국제기구를 쓰시오.

(2) (1)에서 답한 국제기구의 한계를 <u>두 가지</u> 서술하시오.

4 다음을 읽고 물음에 답하시오.

> **제22조** 국회 의원은 비례 대표의 원칙에 따라 20세 이상의 남자 및 여자의 보통·평등·직접·비밀 선거로 뽑는다.
> **제159조** 노동조합을 결성하고 노동 조건 및 경제 조건을 보호하고 개선하기 위한 권리는 누구에게나 보장된다.

(1) 위 내용이 담긴 헌법을 쓰시오.

(2) (1)에서 답한 헌법이 사회에 미친 영향을 서술하시오.

A 대공황의 발생과 극복 노력

1. 대공황의 발생

제1차 세계 대전에서 군수 물자 판매로 성장한 미국은 전후 유럽을 대신하여 1920년대의 경제를 주도하였어.

(1) 배경: 제1차 세계 대전 이후 미국의 세계 경제 주도 → 전쟁 후 기업들의 생산 증가 → 소비가 생산을 따라가지 못하며 재고 증가 → 생산량 감축, 실업자 증가 → 소비 위축의 악순환 → 경제 불황 시작 _{용어} 경제가 좋지 못한 상태

(2) 전개: 뉴욕 증권 거래소의 주가 폭락(1929) → 많은 회사가 문을 닫고 은행이 파산함, 실업자 폭증 → 미국이 세계 각지에서 투자금을 회수 → *대공황의 확산 _{자료①}

2. 대공황 극복을 위한 노력

(1) 미국의 **뉴딜** 정책: 루스벨트 대통령이 주도, 정부가 시장과 경제활동에 적극 개입 → 사회 보장 제도 시행, 대규모 공공사업으로 일자리 제공 등 _{자료②}

(2) 영국과 프랑스의 **보호 무역** 정책: 본국과 식민지를 하나의 경제권으로 묶는 *블록 경제 실시 → 본국의 상품을 식민지에 판매, 수입품에는 높은 관세를 매겨 수입량을 억제

＊ 대공황
세계적으로 일어나는 큰 규모의 경제 침체로, 흔히 1929년에 발생한 경제 위기를 일컫는다.

＊ 블록 경제
본국과 식민지 사이에 긴밀한 경제적 교류를 하는 정책이다. 영국은 '파운드 블록', 프랑스는 '프랑 블록'을 만들어 대공황을 극복하고자 하였다.

자료① 대공황 시기 실업자의 발생

> 저는 3가지 일을 할 줄 알고 3개 국어를 할 수 있으며 3년 동안 (나라를 위해) 싸웠고 3명의 아이가 있습니다. 그리고 지난 3개월 동안 일을 하지 못하였습니다. 다만 제가 원하는 것은 오직 하나의 일자리입니다.

1929년 미국 뉴욕 증권 거래소의 주가가 갑자기 큰 폭으로 떨어지자 투자금을 잃은 많은 기업이 문을 닫고 은행도 파산하였다. 수많은 사람이 일자리를 잃고 미국 경제가 위기에 빠졌다.

자료② 뉴딜 정책

대공황이 시작되자 미국 정부는 댐, 다리 등을 건설하는 대규모 공공사업을 벌여 일자리를 늘리는 정책을 시행하였다. 또한 사회 보장 제도 등으로 구매력을 늘려 대공황을 극복하고자 하였다.

◀ 미국의 테네시강 유역 개발 공사

B 전체주의 국가의 등장

1. 전체주의의 등장: 대공황 전후의 경제적 혼란과 사회적 불안을 틈타 이탈리아, 독일, 일본 등에서 *전체주의 세력이 권력 장악 핵심 자료

이들은 식민지가 적고 경제적 기반이 취약했기 때문에 대공황으로 큰 타격을 입었어.

2. 전체주의 국가의 대외 침략

이탈리아	• **무솔리니**가 이끄는 **파시스트당**이 정권 장악(1922) → 시민들의 자유 억압, 파시스트당을 제외한 모든 정당의 활동 금지 • 에티오피아 침략(1935~1937), 그리스 침공(1940~1941)
독일	• 베르사유 조약에 따른 배상금 부담과 대공황으로 경제 악화 → **히틀러의 나치스**가 정권 장악 → 독일인의 우수성을 강조하고 유대인을 탄압하는 인종주의 정책 실시 • 오스트리아 병합, 체코슬로바키아 점령
일본	• 대공황 이후 군부 세력이 권력 장악 → *군국주의를 내세움 • 대륙 침략 본격화 → 만주 사변(1931)을 일으켜 만주국 수립 → 국제 연맹을 탈퇴하고 중일 전쟁(1937~1945)을 일으켜 중국을 침략함

(나치스) 국민의 지지를 받았어.
(나치스) 히틀러가 이끈 독일의 정당이었어.

＊ 전체주의
개인의 모든 활동은 민족이나 국가와 같은 전체의 발전을 위해서만 존재한다는 이념을 바탕으로 국가가 국민 생활을 통제하는 독재 체제이다.

＊ 군국주의
국가의 가장 중요한 목적을 군사력에 바탕을 둔 대외 발전에 두고, 전쟁을 위한 정책을 최우선으로 여기는 정치 체제이다.

▶ 대공황의 발생과 극복 노력
▶ 제2차 세계 대전의 전개
▶ 전체주의 국가의 등장
▶ 제2차 세계 대전의 결과

교과서 핵심 자료 전체주의의 특징

(가) 이탈리아의 파시즘

국가를 떠나서는 인간과 영혼의 가치도 존재하지 않는다. 어떠한 단체도 국가를 떠나서 존재하지 않으며, 국민이 국가를 발생시키는 것이 아니라 국가가 국민을 창조한다.

(나) 독일의 나치즘

나라 간의 국경은 인간이 만들거나 바꿀 수 있는 것이다. 어떤 국가가 커다란 영토를 가졌다고 해서 그 권리가 영원히 보장되는 것은 아니다. 힘이 있으면 정복자가 되고, 힘이 없으면 땅을 빼앗기는 법이다.

대공황 전후 경제 위기와 사회 불안 속에서 개인보다 국가의 이익을 우선시하는 전체주의가 확산되었다. 이탈리아에서는 무솔리니가 이끄는 파시스트당이 로마로 진군하여 정권을 장악하였고, 독일에서는 히틀러가 이끄는 나치스가 대외 팽창을 주장하며 집권하였다.

✔ 완자쌤의 탐구 수업

❶ (가), (나)에 공통으로 드러난 사상은?
전체주의

❷ (가), (나)를 주장하는 세력(국가)의 공통점은?
두 세력(국가)은 독재 체제를 갖추고 민족이나 국가 전체의 이익을 최우선으로 여기며 개인의 모든 활동을 국가 권력이 통제하는 전체주의를 내세웠습니다. 또한 대공황의 위기를 군비 증강과 대외 팽창을 통해 극복하고자 하였습니다.

문제로 개념 확인

정답 친해 66쪽

1 다음 물음에 답하시오.

(1) 1929년 미국 뉴욕 증권 거래소의 주가가 크게 폭락하면서 시작된 세계적 경제 위기는? (   )

(2) 미국의 루스벨트 대통령이 경제 위기를 극복하기 위해 정부의 적극적인 경제 활동 개입을 주장하며 실시한 경제 정책은? (   )

2 빈칸에 들어갈 알맞은 내용을 쓰시오.

(1) 독일에서는 (   )이/가 이끄는 나치스가 국민의 지지를 받아 정권을 장악하였다.

(2) 이탈리아, 독일, 일본에서는 경제적 혼란과 사회적 불안을 틈타 개인의 이익보다 국가의 이익을 우선시하는 (   ) 세력이 권력을 잡았다.

3 ㉠에 들어갈 국가를 쓰시오.

파시스트당이 정권을 장악한 (㉠   )은/는 에티오피아를 침략하였다. 독일은 오스트리아를 병합하고 체코슬로바키아를 점령하였다. 일본은 국제 연맹을 탈퇴하고 중일 전쟁을 일으켰다.

비주얼로 핵심 콕콕

A 대공황의 발생과 극복 노력

대공황의 발생
- 미국
  - 뉴딜 정책 (사회 보장 제도, 대규모 공공사업)
- 영국과 프랑스
  - □□ 경제 (본국과 식민지를 하나의 경제권화)

B 전체주의 국가의 등장

대공황의 발생
↓
전체주의
- 이탈리아 — 파시즘
- 독일 — 나치즘
- □□ — 군국주의

C 제2차 세계 대전의 전개와 결과

1. 제2차 세계 대전의 발발

(1) *추축국의 형성: 군사력을 키운 이탈리아, 독일, 일본이 군사 동맹을 체결함

(2) 전쟁 발발: *독소 불가침 조약 체결(1939) → 독일의 폴란드 공격(1939) → 영국과 프랑스가 독일에 선전 포고 → 전쟁 시작
    용어 서로 침략하지 않는다는 뜻

2. 제2차 세계 대전의 전개 `자료`

유럽	• 독일: 폴란드 장악, 덴마크·노르웨이 공격, 프랑스 파리 점령(1940) → 불가침 조약을 어기고 소련 공격(1941) ┌ 프랑스 드골 장군이 영국으로 건너가 임시 정부를 구성하고 항전하였어. • 이탈리아: 그리스와 아프리카 침략
아시아 태평양	중일 전쟁의 장기화 → 일본이 전쟁 물자 확보를 목적으로 동남아시아를 침략함 → 미국의 경제 봉쇄 → 일본이 미국의 하와이 진주만 기지 기습 → 미국이 연합국으로 참전 → 아시아 태평양 전쟁 발발(1941) `핵심 자료`
전세의 변화	미드웨이 해전(1942)에서 미군이 일본군 격파 → 스탈린그라드 전투(1943)에서 소련군이 독일군을 상대로 승리 → 이탈리아 항복(1943) → 노르망디 상륙 작전(1944. 6.)으로 프랑스 파리 해방(1944. 8.) `핵심 자료`
종결	• 독일: 파리 해방 후 영미 연합군과 소련군이 독일 공격 → 독일 항복(1945. 5.) • 일본: 연합국이 여러 차례에 거쳐 일본에 항복을 요구함 → 일본의 항복 거절 → 미국이 일본에 *원자 폭탄 투하 → 무조건 항복 선언(1945. 8.) → 연합국의 승리

3. 제2차 세계 대전의 결과 및 영향

(1) 결과: 수많은 인명 피해와 재산 피해 발생

(2) 영향

① 전쟁 범죄 발생: 유대인 대량 학살 등 반인륜적 전쟁 범죄 발생

② 환경 파괴: 석유 연료 소비량 증가로 탄소 발생 → 대기 환경 파괴, 유조선 격침으로 수질 오염 발생

③ 국제 연합(UN)의 결성: 전후 여러 국가의 대표들이 국제 협력과 평화 유지를 위해 창설함(1945. 10.)

✳ 추축국
'추축'은 정치나 권력의 중심을 뜻한다. 독일과 이탈리아, 일본은 공산주의의 확산을 막겠다는 명목으로 상호 동맹(방공 협정)을 맺었다.

✳ 독소 불가침 조약
반공을 강조하던 독일 나치스와 자본주의와 파시즘을 비난하던 소련 공산당이 비밀리에 맺은 상호 불가침 조약이다.

✳ 원자 폭탄
원자핵이 분열할 때 나오는 대량 에너지를 활용한 폭탄이다. 미국이 전쟁 중에 개발에 성공하면서 일본의 히로시마와 나가사키에 원자 폭탄 투하를 결정하였다.

`자료` **제2차 세계 대전의 전개**

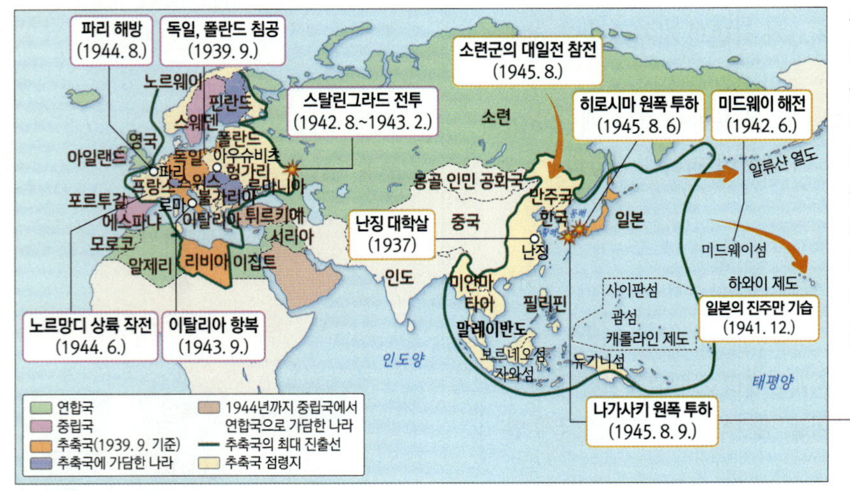

독일의 폴란드 침공으로 제2차 세계 대전이 시작되었다. 전쟁 초기에는 독일, 이탈리아, 일본 등 추축국이 우세하였다. 그러나 미드웨이 해전에서 미국이 일본군에 승리를 거두고, 스탈린그라드 전투에서 소련이 접전 끝에 독일군을 물리치면서 전세가 역전되었다. 노르망디 상륙 작전으로 파리가 해방되었고 이후 연합국이 독일을 공격하면서 독일은 항복하였다. 미국이 일본에 원자 폭탄을 투하하면서 1945년 8월 일본이 항복하며 전쟁은 끝이 났다.

┌ 미국이 히로시마와 나가사키에 원자 폭탄을 투하하였고, 이로써 일본이 무조건 항복하였어.

교과서 핵심 자료 ◆ 제2차 세계 대전의 주요 전투

↑ 일본의 진주만 기지 기습(1941)

↑ 노르망디 상륙 작전(1944)

일본이 전쟁 물자 확보를 위해 동남아시아를 침략하자 미국이 일본의 동남아시아 침략을 비난하며 석유와 철강 수출을 금지하였다. 이에 일본은 하와이 진주만의 미군 기지를 기습하였다. 한편, 1944년 연합국은 독일이 점령한 노르망디 해안에 대규모 군대를 상륙시켰다. 이 작전의 성공으로 독일이 점령하고 있던 프랑스 파리가 해방되었다.

✔ 완자쌤의 탐구 수업

❶ 일본의 진주만 기지 기습으로 나타난 전쟁의 변화는?

미국의 하와이 진주만 기지가 기습당하자 미국이 연합국으로 제2차 세계 대전에 참전하면서 아시아 태평양 전쟁이 일어났습니다.

❷ 노르망디 상륙 작전의 결과는?

노르망디 상륙 작전이 성공하면서 독일에 점령당하였던 프랑스 파리가 해방되었습니다.

문제로 개념 확인 🐧

정답 친해 66쪽

1 다음 괄호 안의 내용 중 알맞은 말에 ○표를 하시오.

⑴ 독일이 (미국 , 소련)과 불가침 조약을 맺고 폴란드를 침공하면서 제2차 세계 대전이 시작되었다.

⑵ 일본은 (중국 , 러시아)과/와의 전쟁이 길어지자 전쟁 물자를 확보하기 위해 동남아시아를 침략하였다.

2 다음 설명에 해당하는 사건을 〈보기〉에서 골라 기호를 쓰시오.

> **보기**
> ㄱ. 노르망디 상륙 작전　　　　　ㄴ. 일본의 진주만 기지 기습

⑴ 미국이 일본에 석유 수출을 금지하자, 일본이 미군 기지를 기습 공격하였다.
(　　　)

⑵ 연합국이 독일이 점령한 해안에 대규모 군대를 상륙시키면서 독일이 점령하고 있던 파리가 해방되었다.
(　　　)

3 ㉠에 들어갈 국제기구를 쓰시오.

제2차 세계 대전이 끝난 후 여러 국가의 대표들은 국제 협력을 도모하고 평화를 유지하고자 (㉠　　　　　)을/를 창설하였다.

비주얼로 핵심 콕콕 🌳

C 제2차 세계 대전의 전개와 결과

연합국 　VS　 □□국

독일의 폴란드 침공, 소련 공격

일본의 진주만 기지 기습

미국의 참전, 미드웨이 해전 승리

소련의 스탈린그라드 전투 승리

이탈리아의 항복

노르망디 상륙 작전 전개

독일의 항복

미국의 원자 폭탄 투하

일본의 항복

A 대공황의 발생과 극복 노력

01 1929년의 대공황에 대한 설명으로 옳지 <u>않은</u> 것은?

① 사회주의 사상이 등장하는 계기가 되었다.
② 수많은 기업과 은행이 파산하는 결과를 가져왔다.
③ 유럽 및 아시아 등 세계 경제에 큰 타격을 주었다.
④ 미국 증권 거래소의 주가가 폭락하면서 시작되었다.
⑤ 소비가 생산을 따라가지 못하고 재고가 쌓이는 상황이 원인이었다.

02 시험에 잘 나와!
다음과 같은 상황 이후 미국에서 있었던 사실로 옳은 것은?

> 저는 3가지 일을 할 줄 알고 3년 동안 나라를 위해 싸웠고 3명의 아이가 있습니다. …… 지난 3개월 동안 일을 하지 못하였습니다. 다만 제가 원하는 것은 오직 하나의 일자리입니다.

① 먼로주의가 발표되었다.
② 독립 선언문이 발표되었다.
③ 테네시강 유역이 개발되었다.
④ 노예 해방 선언이 발표되었다.
⑤ 대륙 횡단 철도가 완공되었다.

03 밑줄 친 '이 정책'을 쓰시오.

> 1929년 미국에서 대공황이 일어나자 미국은 정부가 시장 경제에 적극적으로 개입하고 사회 보장 제도를 실시하는 이 정책을 추진하였다.

(   )

04 영국과 프랑스의 블록 경제에 대한 내용으로 옳은 것을 〈보기〉에서 고른 것은?

> **보기**
> ㄱ. 보호 무역 정책을 폈다.
> ㄴ. 일당 독재 체제를 수립하였다.
> ㄷ. 수입품에 높은 관세를 부과하였다.
> ㄹ. 공산주의를 막기 위한 동맹을 체결하였다.

① ㄱ, ㄴ   ② ㄱ, ㄷ   ③ ㄴ, ㄷ
④ ㄴ, ㄹ   ⑤ ㄷ, ㄹ

B 전체주의 국가의 등장

05 ㉠에 들어갈 이념으로 옳은 것은?

> **역사 신문**
>
> **새로운 이념이 확산하다**
>
> 이탈리아, 독일, 일본 등에서는 개인의 모든 활동은 민족이나 국가와 같은 전체의 발전을 위해서만 존재한다고 주장하는 (㉠) 세력이 권력을 잡았다.

① 공산주의   ② 자본주의   ③ 전체주의
④ 제국주의   ⑤ 범게르만주의

06 다음과 같이 주장한 인물에 대한 설명으로 옳은 것은?

> 국가를 떠나서는 인간과 영혼의 가치도 존재하지 않는다. 어떠한 단체도 국가를 떠나서 존재하지 않으며, 국민이 국가를 발생시키는 것이 아니라 국가가 국민을 창조한다.

① 코민테른을 결성하였다.
② 파시스트당을 이끌었다.
③ 레닌의 뒤를 이어 집권하였다.
④ 14개조 평화 원칙을 발표하였다.
⑤ 세르비아계 청년에게 암살당하였다.

07 (가)에 들어갈 인물로 옳은 것은?

① 레닌
② 스탈린
③ 히틀러
④ 루스벨트
⑤ 무솔리니

08 다음에서 유추할 수 있는 독일의 정책으로 가장 적절한 것은?

> 나라 간의 국경은 인간이 만들거나 바꿀 수 있는 것이다. 힘이 있으면 정복자가 되고, 힘이 없으면 땅을 빼앗기는 법이다.

① 중상주의 정책
② 대외 팽창 정책
③ 보호 무역 정책
④ 신경제 정책(NEP)
⑤ 농업 집단화 정책

09 빈칸에 들어갈 내용으로 가장 적절한 것은?

> 대공황이 발생하자 일본에서는 군부 세력이 권력을 잡고 군국주의를 내세웠다. 이후 일본은 국제 연맹에서 탈퇴하고 [   ]

① 러일 전쟁을 일으켰다.
② 중일 전쟁을 일으켰다.
③ 메이지 유신을 추진하였다.
④ 시모노세키 조약을 체결하였다.
⑤ 조선을 압박하여 개항하게 하였다.

C 제2차 세계 대전의 전개와 결과

10 다음에서 설명하는 용어를 쓰시오.

> 대공황 이후 상호 군사 동맹을 맺은 이탈리아, 독일, 일본을 이르는 말이다.

(   )

11 ㉠, ㉡에 들어갈 내용으로 옳은 것은?

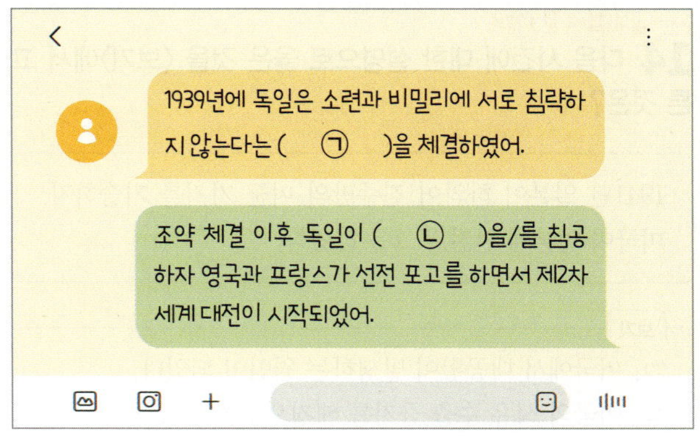

	㉠	㉡
①	베르사유 조약	영국
②	베르사유 조약	폴란드
③	독소 불가침 조약	영국
④	독소 불가침 조약	폴란드
⑤	독소 불가침 조약	프랑스

12 (가)에 들어갈 사건으로 옳은 것은?

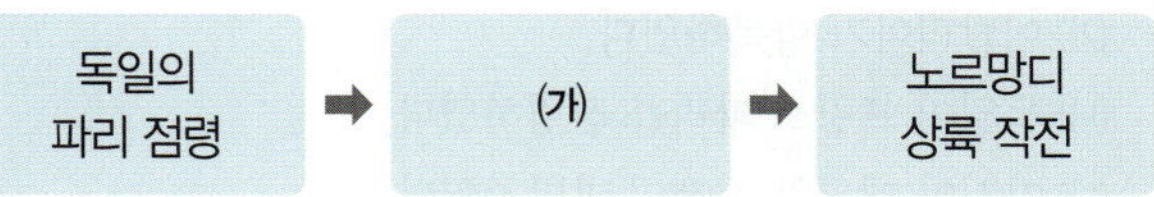

① 독일의 폴란드 침공
② 일본의 중일 전쟁 시작
③ 독일의 오스트리아 병합
④ 이탈리아의 에티오피아 침략
⑤ 소련의 스탈린그라드 전투 승리

13 다음에서 설명하는 사건을 쓰시오.

1944년 영국을 비롯한 연합국은 독일이 점령한 해안에 대규모 군대를 상륙시키는 작전을 전개하였다. 그 결과 프랑스 파리가 해방되었다.

(   )

시험에 잘 나와!
14 다음 사건에 대한 설명으로 옳은 것을 〈보기〉에서 고른 것은?

1941년 일본이 하와이 진주만의 미군 기지를 기습하자, 미국이 일본에 선전 포고를 하였다.

보기
ㄱ. 미국에서 대공황이 발생하는 원인이 되었다.
ㄴ. 미국의 석유 수출 금지를 배경으로 일어났다.
ㄷ. 아시아 태평양 전쟁이 일어나는 결과를 가져왔다.
ㄹ. 일본이 동남아시아 침략을 시작하는 계기가 되었다.

① ㄱ, ㄴ   ② ㄱ, ㄷ   ③ ㄴ, ㄷ
④ ㄴ, ㄹ   ⑤ ㄷ, ㄹ

15 제2차 세계 대전의 전개 과정을 일어난 순서대로 나열한 것은?

(가) 이탈리아가 항복하였다.
(나) 독일이 프랑스 파리를 점령하였다.
(다) 아시아 태평양 전쟁이 발발하였다.
(라) 독일이 소련과 불가침 조약을 맺었다.

① (가) − (나) − (라) − (다)   ② (나) − (라) − (가) − (다)
③ (나) − (라) − (다) − (가)   ④ (라) − (나) − (가) − (다)
⑤ (라) − (나) − (다) − (가)

16 선생님이 설명하는 사건의 배경으로 가장 적절한 것은?

① 영국의 해상 봉쇄
② 독일의 폴란드 침공
③ 미국의 원자 폭탄 투하
④ 이탈리아의 그리스 공격
⑤ 소련의 스탈린그라드 전투 승리

17 다음은 제2차 세계 대전 이후에 쓰인 가상 편지이다. 밑줄 친 ㉠~㉤ 중 옳지 <u>않은</u> 것은?

안녕, ○○아, 잘 지내고 있니?
내가 있는 드레스덴은 폭격으로 도시 곳곳이 파괴되었어. 전쟁이 끝난 지 1년이 넘었지만 난 아직도 작년의 일들이 생생해. 1944년 8월에 ㉠프랑스 파리가 독일로부터 해방된 이후 ㉡영미 연합군과 소련군은 각각 서쪽과 동쪽에서 독일을 공격하였어. 그 결과 1945년 5월에 ㉢독일이 항복을 선언하였지. 곧이어 ㉣일본도 무조건 항복을 선언하면서 ㉤제2차 세계 대전은 추축국의 승리로 끝이 났어. 전쟁은 끝이 났지만 많은 사람들이 희생되었고 문화유산이 파괴되었어. 다시는 이런 끔찍한 전쟁이 일어나지 않기를 바라고 있어. 그럼 다음에 또 편지할게.

① ㉠   ② ㉡   ③ ㉢   ④ ㉣   ⑤ ㉤

18 빈칸에 들어갈 내용으로 가장 적절한 것은?

수행 평가 보고서

- **학습 목표:** 제2차 세계 대전의 결과를 알 수 있다.
- **모둠별 조사 내용**
  - 1모둠: 수많은 인명 피해 상황을 파악한다.
  - 2모둠: 수질, 대기 등 환경 파괴의 내용을 조사한다.
  - 3모둠:

---

① 빈 회의의 결정 내용을 살펴본다.
② 코민테른 결성의 배경을 파악한다.
③ 국제 연합 창설의 의의를 조사한다.
④ 유럽 연합의 등장 시기를 알아본다.
⑤ 파리 강화 회의의 결과를 정리한다.

시험에 잘 나와!

19 (가)에 들어갈 답변으로 적절한 것을 〈보기〉에서 고른 것은?

보기

ㄱ. 참호전이 처음으로 등장하였어.
ㄴ. 많은 사람이 원자 폭탄의 피해를 입었어.
ㄷ. 유대인 대량 학살과 같은 전쟁 범죄가 일어났어.
ㄹ. 베르사유 조약이 체결되어 승전국 중심의 전후 질서가 이루어졌어.

① ㄱ, ㄴ ② ㄱ, ㄷ ③ ㄴ, ㄷ
④ ㄴ, ㄹ ⑤ ㄷ, ㄹ

서술형 문제

서술형 감잡기

1 다음을 읽고 물음에 답하시오.

> 1929년 미국에서 큰 경제 위기가 일어나자 미국 경제에 의존하던 세계 여러 나라로 경제 위기가 퍼져나가는 상황이 발생하여 실업자가 늘어났다.

(1) 밑줄 친 '상황'을 쓰시오.

(2) (1)에서 답한 상황을 극복하기 위한 미국과 영국·프랑스의 정책을 각각 서술하시오.

| **핵심어** | 뉴딜 정책, 보호 무역 정책

서술형 익히기

2 다음을 읽고 물음에 답하시오.

> 베르사유 조약으로 막대한 배상금을 지불해야 하였던 독일은 전 세계적으로 경제 위기가 터지자 경제 상황이 악화되었다. 이러한 상황에서 이 정당이 국민의 지지를 받으며 독일의 정권을 장악하였다.

(1) 밑줄 친 '이 정당'을 쓰시오.

(2) (1)에서 답한 정당이 추진한 정책을 두 가지 서술하시오.

03 전쟁 범죄에 맞선 평화 유지 노력

A 제2차 세계 대전의 피해

1. 배경: 두 차례의 세계 대전 중 대량 살상 무기(전차와 폭격기, 원자 폭탄)의 등장, 전쟁에서 무차별 공격이 지속

2. 제2차 세계 대전 중 발생한 피해

(1) *인명 피해* 발생: 신무기의 사용으로 민간인 포함 약 5,000만 명이 희생됨
— 미국과 영국의 폭격으로 독일 드레스덴의 건물 대부분이 파괴되었어.

(2) 도시와 산업 시설 파괴: 런던, 드레스덴 등 대도시 폭격(민간인 피해 발생, 산업 시설이 파괴됨), 미국이 일본에 원자 폭탄 투하(수많은 사람이 희생됨)
— 독일은 폴란드를 점령한 후 독일인 이주를 위해 폴란드인을 강제로 이주시켰어.

(3) 인권 침해 발생: 식민지 주민이 강제로 군인이 되거나 군수 공장 등에 동원됨, 독일과 일본은 의학 지식을 얻는다는 이유로 생체 실험을 함, 강제 이주와 추방, 일본의 일본군 '위안부' 강제 동원 등

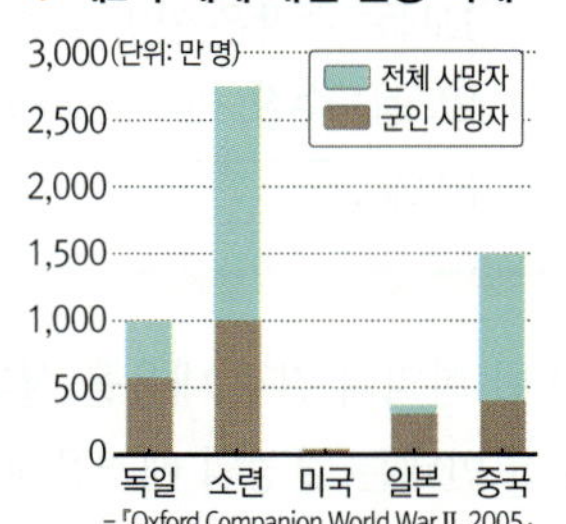

※ 제2차 세계 대전 인명 피해

– 「Oxford Companion World War II, 2005」

제2차 세계 대전 당시 대량 학살 등으로 인명 피해가 컸다.

B 일본과 독일의 전쟁 범죄

1. 일본의 전쟁 범죄 `핵심 자료`

(1) 난징 대학살: 일본이 중일 전쟁을 일으킴(1937) → 중화민국의 수도인 난징 점령 → 도시 전체 파괴, 중국군 포로뿐 아니라 여성과 아이를 포함한 민간인을 폭행하고 살해함

(2) 일본 731 부대의 생체 실험: 한국인과 중국인을 대상으로 생체 실험 자행

(3) *일본군 '위안부'*: 일본의 점령지 및 전투 지역 곳곳에 군 위안소 설치 → 한국, 중국, 필리핀, 인도네시아 등 점령지에서 수많은 여성을 강제로 동원함

2. 독일의 전쟁 범죄

(1) *홀로코스트* `자료`
— 독일은 1935년 뉘른베르크법을 제정하여 유대인의 정치적 권리를 빼앗고 독일인과 유대인의 결혼을 금지하였어.

차별	히틀러가 독일의 정권을 장악한 후 유대인을 차별하는 법을 제정함, 별도의 유대인 주거 지역을 만들어 사회에서 격리시킴
학살	제2차 세계 대전 중 나치스는 독일과 독일군 점령 지역에 유대인 수용소를 만들고 학살함(강제 노동, 생체 실험, 총살 등)

— 용어 서아시아와 유럽, 특히 동유럽에 거주하는 유랑 민족

(2) 기타: 독일에 거주하는 슬라브인, 유색 인종, 장애인, 집시 등을 박해함

※ 일본군 '위안부'

일본에 의해 끌려간 여성들은 인권을 짓밟히며 고통스러운 삶을 살았다. 이들은 전쟁이 끝난 이후에도 육체적, 정신적 고통으로 힘든 삶을 살아야만 하였다.

※ 홀로코스트

제2차 세계 대전 중 독일 나치스가 유대인을 대상으로 일으킨 대량 학살을 의미한다.

`자료` **홀로코스트**

아우슈비츠 수용소는 독일이 폴란드에 설치한 대표적인 유대인 수용소이다. 이곳에는 가스실, 철벽, 고문실 등이 남아 있다. 유럽 각지의 유대인 수용소에서 대략 600만 명이 살해당한 것으로 추정한다.

← 아우슈비츠 수용소 정문

나치스는 독일 지역뿐 아니라 점령지에도 수용소를 만들어 유대인을 생체 실험의 대상으로 삼고 화학 무기 개발을 위한 실험을 하기도 하였다.

← 작센하우젠 수용소에 있는 생체 실험실

교과서 핵심 자료 — 일본의 전쟁 범죄

↑ 일본 군인이 난징에서 사람들을 학살한 것을 보도한 기사

여성들은 일본군 '위안부'가 되어 끔찍한 삶을 강요당하였어.

↑ 김순덕, 「끌려감」

일본은 1937년 중일 전쟁을 일으킨 후 중화민국의 수도 난징을 점령하고 전쟁 포로뿐 아니라 여성, 아이를 포함한 민간인의 목숨을 빼앗았다. 또한 일본은 일본군 점령지에 군 위안소를 설치하고, 한국을 비롯한 중국, 인도네시아, 필리핀 등에서 여성들을 강제로 끌고 갔다. 이에 대해 일본 정부는 오늘날까지도 공식적인 사죄나 제대로 된 배상을 하지 않고 있다.

✓ 완자쌤의 탐구 수업

❶ 일본이 점령한 중화민국의 수도는?

난징

❷ 제2차 세계 대전 중 일본이 자행한 전쟁 범죄 사례는?

일본은 중일 전쟁을 일으켜 중화민국의 수도 난징을 점령해 도시를 파괴하고 민간인을 포함한 수많은 사람들을 폭행하고 살해하였습니다. 또한 아시아 곳곳의 점령지 여성들을 일본군 '위안부'로 강제 동원하였습니다.

문제로 개념 확인

정답 친해 69쪽

1 다음 설명이 맞으면 ○표, 틀리면 ✕표를 하시오.

(1) 일본은 한국인과 중국인 등을 상대로 생체 실험을 하였다. (　　　)

(2) 제2차 세계 대전 중 영국은 일본에 원자 폭탄을 떨어뜨렸다. (　　　)

2 빈칸에 들어갈 알맞은 내용을 쓰시오.

(1) 일본은 점령지 및 전쟁을 벌이고 있는 지역에 군 위안소를 만들고 각국의 여성들을 (　　　　　)(으)로 동원하였다.

(2) 1937년 일본은 중일 전쟁을 일으킨 뒤 중화민국의 수도인 (　　　　　)을/를 점령하여 많은 중국인을 폭행하고 살해하였다.

3 ㉠에 들어갈 내용을 쓰시오.

제2차 세계 대전 중 독일 나치스가 정권을 장악한 후 유대인을 대상으로 일으킨 대량 학살을 일컬어 (㉠　　　　　)(이)라고 한다.

비주얼로 핵심 콕콕

A 제2차 세계 대전의 피해

인명 피해	• 대량 살상 무기의 등장 → 군인과 민간인의 희생 • □□ 폭탄 투하
인권 침해	• 식민지 주민들을 군인, 군수 공장에 동원 • 독일과 일본의 생체 실험 • 강제 이주와 추방

B 일본과 독일의 전쟁 범죄

일본	• 난징 대학살 자행 • 일본군 '□□□' 동원 • 731 부대 설치 → 생체 실험 자행
독일	• 홀로코스트 (유대인 대량 학살) • 집시, 슬라브인 박해

C 전후 처리와 국제 연합의 창설

1. 전후 처리

(1) 목적: 제2차 세계 대전이 진행되는 동안 연합국 대표들이 전후 문제를 처리하고 새로운 질서를 세우고자 함

(2) 대서양 헌장(1941): 미국과 영국의 대표가 전후 평화 원칙 발표 자료 1

(3) 전후 처리를 위한 회담

당시 소련은 일본과 불가침 조약을 맺은 상황이었어.

카이로 회담(1943)	한국의 독립과 일본의 무조건 항복 문제 논의
얄타 회담(1945. 2.)	전후 미국·영국·프랑스·소련이 독일 영토를 나누어 점령하고, 소련이 연합군과 함께 일본을 공격하기로 결정함
포츠담 회담(1945. 7.)	일본에 무조건 항복 권유, 전후 처리 문제 논의

조직 아래에 유네스코, 국제 사법 재판소 등을 두었어.

2. 국제 연합(UN)의 창설(1945) 자료 2

창설	대서양 헌장의 정신에 따라 51개국 대표들이 *국제 연합 헌장을 만들고 이에 합의함
특징	• 미국과 소련 등 강대국 참여 • 국제 분쟁이 일어날 경우 군사적인 수단(유엔 평화 유지군) 파견 가능

카이로 회담
미국, 영국, 중국 대표가 모여 전개한 회담으로, 이 회담에서 연합국은 식민지 중 유일하게 한국의 독립을 보장하였다.

국제 연합 헌장
국제 연합이 창설되면서 채택된 문서로 인류가 다시는 전쟁에서 불행을 겪는 일이 없어야 한다는 선언과 인권과 자유를 위해 노력해야 한다는 내용 등이 담겨 있다.

자료 1 **대서양 헌장**

↑ 미국의 루스벨트(왼쪽)와 영국의 처칠(오른쪽)

미국의 루스벨트와 영국의 처칠은 영토를 확대하지 않고 여러 민족의 자결을 인정하는 등 8개의 전후 질서 기본 방침을 정하였다. 이는 이후 국제 연합이 창설되는 배경이 되었다.

자료 2 **국제 연합의 창설**

↑ 국제 연합 본부(미국 뉴욕)

국제 연합은 국제 평화와 안전 유지, 국제 협력을 목표로 창설되었다. 또한 국제 연합은 안전 보장 이사회의 상임 이사국의 결정에 따라 분쟁 지역에 유엔 평화 유지군을 파견할 수 있었다.

D 인권 회복과 평화 실현을 위한 노력

1. 인권 회복을 위한 노력 핵심 자료

(1) 뉘른베르크 재판: 독일 나치스의 주요 인사 등 재판 → 사형 12명, 종신형 3명 등

(2) 극동 국제 군사 재판(도쿄 재판)

독일에서 열렸으며, 전쟁을 일으킨 개인에게 형사 책임을 물었어.

내용	일본 총리와 사령관 도조 히데키 포함 A급 전범 중 사형 7명, 금고형 18명 등 선고
한계	일본 천황 등 일부 전쟁 범죄자를 대상에서 제외, 생체 실험에 대한 처벌 미흡

2. 평화 실현을 위한 노력

국제 분쟁을 해결하기 위해 전쟁을 수단으로 삼지 않겠다는 내용이야.

(1) 국제적 노력: 제노바 회의(1922, 전쟁 배상금과 외교 관계 문제 논의), 로카르노 조약(1925, 유럽 국경선 문제 처리), 켈로그·브리앙 조약(1928, 전쟁을 불법으로 규정)

(2) *과거사 반성 노력: 서독 총리가 유대인 학살에 대해 무릎 꿇고 사죄, 공동 역사 교과서 제작

(3) 기억을 위한 노력: 박물관, 기념관, 추모관 등 건립 예 야드바셈 박물관(나치스가 일으킨 홀로코스트의 희생자들을 추모하는 이스라엘 국립 기념관)

과거사 반성 노력
제2차 세계 대전 이후 유럽인들은 과거사에 대한 반성과 화해를 위한 노력을 하고 있다. 1970년 폴란드를 방문한 서독 빌리 브란트 총리는 유대인 학살에 대해 사죄하였고, 독일과 프랑스는 공동의 역사 교과서를 제작하였다.

교과서 핵심 자료 ◆ 국제 군사 재판

(가) 뉘른베르크 재판의 피고들

(나) 극동 국제 군사 재판(도쿄 재판)의 피고들

제2차 세계 대전 이후 독일과 일본에서 전범을 처벌하기 위한 국제 군사 재판이 열렸다. 뉘른베르크 재판에서는 '반인륜적 범죄'라는 개념이 최초로 법 집행에 적용되었으며, 전범 24명이 기소되어 12명에게 사형이 선고되었다. 한편, 극동 국제 군사 재판에서는 도조 히데키 등 25명이 실형을 선고받았으나 일본 천황은 재판의 대상에서 제외되었다. 또한 생체 실험을 자행한 731 부대의 책임자도 생체 실험 자료를 넘기는 조건으로 처벌받지 않았다.

✔ 완자쌤의 탐구 수업

❶ (가), (나) 재판이 열린 각각의 나라는?

(가): 독일, (나): 일본

❷ 두 재판에서 내려진 판결 내용은?

(가): 뉘른베르크 재판에서는 '반인륜적 범죄'라는 개념이 최초로 법 집행에 적용되었고, 독일 나치스의 주요 전쟁 범죄자 12명이 사형 선고를 받았습니다.

(나): 극동 국제 군사 재판에서는 도조 히데키 등 25명이 실형을 선고받았으나 일본 천황과 731 부대 책임자들이 처벌받지 않는 등 전범 처리가 제대로 이루어지지 않았습니다.

문제로 개념 확인

정답 친해 69쪽

1 다음 설명에 해당하는 회담을 〈보기〉에서 골라 기호를 쓰시오.

> 보기
> ㄱ. 얄타 회담　　　　　　　ㄴ. 카이로 회담

(1) 일본의 무조건 항복 문제와 한국의 독립을 논의하였다.　　　(　　　)
(2) 독일에 대한 4개국 분할 점령과 소련의 대일전 참전이 결정되었다. (　　　)

2 ㉠에 들어갈 단체를 쓰시오.

> 제2차 세계 대전 이후 미국과 소련 등 여러 나라들이 모여 국제 평화와 안전을 위해 (㉠　　　　　)을/를 세웠다.

3 빈칸에 들어갈 알맞은 내용을 쓰시오.

(1) 1928년 주요 국가들이 (　　　　　)을/를 맺어 전쟁을 일으키는 행위를 불법으로 규정하였다.
(2) 일본에서 열린 (　　　　　)에서 7명이 사형을 선고받았으나, 천황과 731 부대 책임자들은 처벌받지 않았다.

비주얼로 핵심 콕콕

C 전후 처리와 국제 연합의 창설

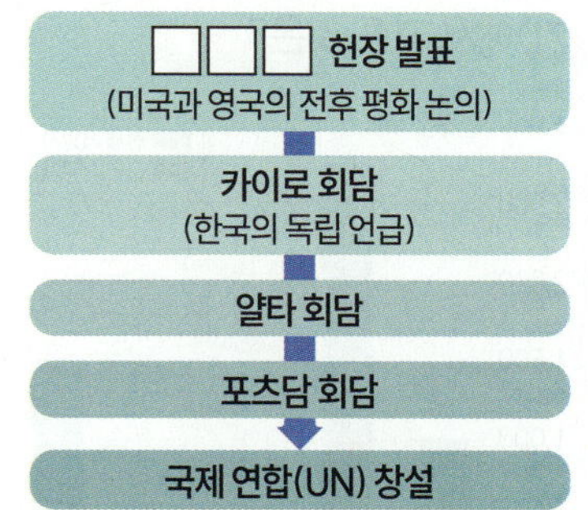

D 인권 회복과 평화 실현을 위한 노력

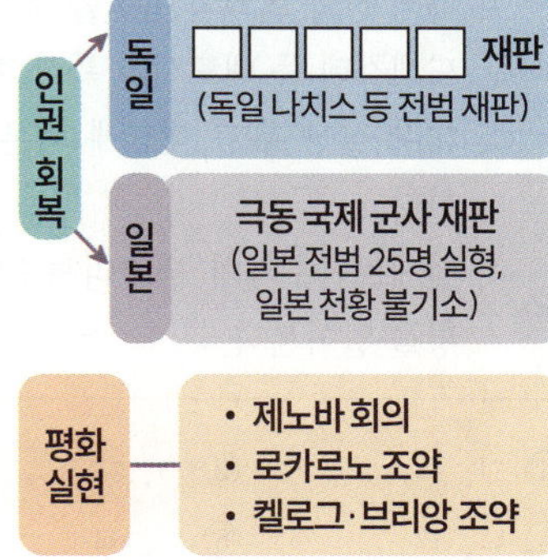

핵심 문제

01 제1, 2차 세계 대전 중 일어난 인권 침해의 사례로 적절하지 <u>않은</u> 것은?

① 식민지 주민들이 군수 공장 등에 동원되었다.
② 독일 나치스가 폴란드인을 강제로 이주시켰다.
③ 피의 일요일 사건으로 많은 희생자가 발생하였다.
④ 일본이 수많은 여성을 일본군 '위안부'로 끌고 갔다.
⑤ 독일과 일본이 의학적 지식을 얻는다는 명분으로 생체 실험을 하였다.

★ 시험에 잘 나와!

02 다음 자료를 활용한 탐구 활동으로 적절한 것을 〈보기〉에서 고른 것은?

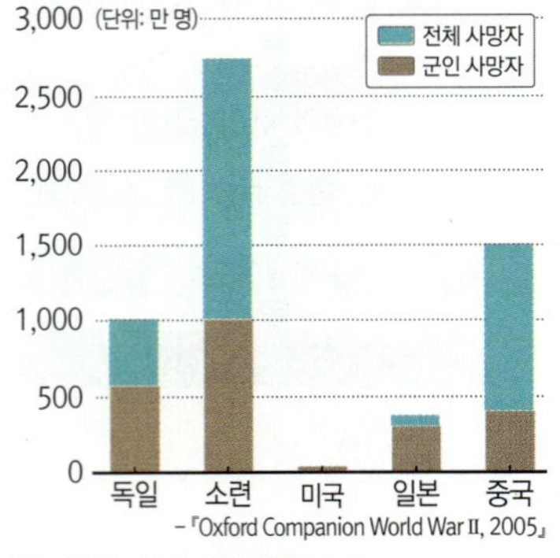

↑ 제2차 세계 대전 희생자 수
– 『Oxford Companion World War II, 2005』

> **보기**
> ㄱ. 파리 강화 회의의 목적을 조사한다.
> ㄴ. 드레스덴 등 대도시의 폭격 피해 사례를 찾아본다.
> ㄷ. 대량 살상 무기 개발에 따른 민간인의 피해를 검색한다.
> ㄹ. 범게르만주의와 범슬라브주의가 대립한 이후의 상황을 알아본다.

① ㄱ, ㄴ   ② ㄱ, ㄷ   ③ ㄴ, ㄷ
④ ㄴ, ㄹ   ⑤ ㄷ, ㄹ

03 (가)에 들어갈 탐구 주제로 가장 적절한 것은?

> • 탐구 주제: (가)
> • 탐구 자료

↑ 아우슈비츠 수용소(왼쪽)와 희생자들의 신발(오른쪽)

① 일본의 전쟁 범죄
② 홀로코스트의 사례
③ 스탈린그라드 전투의 경과
④ 무제한 잠수함 작전의 피해
⑤ 제국주의 국가의 식민 통치

04 다음에서 설명하는 사건을 쓰시오.

> 1937년 일본은 중화민국의 수도를 점령하여 중국군뿐 아니라 민간인을 포함한 많은 사람을 학살하였다.

(   )

05 다음 회담을 일어난 순서대로 나열한 것은?

> (가) 포츠담 회담이 개최되어 전후 처리 문제를 결정하였다.
> (나) 카이로 회담을 열어 한국의 독립과 일본의 무조건 항복 문제를 논의하였다.
> (다) 얄타 회담을 개최하여 소련이 연합군과 함께 일본을 공격하기로 결정하였다.

① (가) – (나) – (다)   ② (가) – (다) – (나)
③ (나) – (가) – (다)   ④ (나) – (다) – (가)
⑤ (다) – (나) – (가)

06 국제 연합에 대한 설명으로 옳지 <u>않은</u> 것은?

① 미국, 소련 등 강대국이 참여하였다.
② 베르사유 조약의 결과로 성립되었다.
③ 대서양 헌장의 정신에 따라 창설되었다.
④ 조직 아래에 유네스코 등 전문 기구를 두었다.
⑤ 국제 분쟁이 일어날 경우 유엔 평화 유지군 파견이 가능하다.

D 인권 회복과 평화 실현을 위한 노력

07 (가), (나) 재판에 대한 설명으로 옳은 것은?

(가) 뉘른베르크 재판	(나) 극동 국제 군사 재판

① (가) – 제1차 세계 대전을 일으킨 전범을 재판하였다.
② (가) – 바이마르 공화국이 무너지는 결과를 가져왔다.
③ (나) – 난징 대학살이 일어나는 계기가 되었다.
④ (나) – 일본 천황은 재판의 대상에서 제외되었다.
⑤ (가), (나) – 제1차 세계 대전 중에 열렸다.

08 밑줄 친 '이 조약'으로 옳은 것은?

① 로카르노 조약
② 베르사유 조약
③ 베스트팔렌 조약
④ 독소 불가침 조약
⑤ 켈로그·브리앙 조약

서술형 문제

서술형 감잡기

1 다음을 읽고 물음에 답하시오.

> 나는 이 국가의 군대에 '위안부'로 끌려갔던 김학순입니다. …… 내 팔을 끌고 "이리 따라와."라고 했어요. 무서워서 안 가려고 반항을 하니까 발로 차면서 "내 말을 들으면 너는 살 것이고, 내 말에 반항하면 너는 여기서 죽는 거야."라고 했죠.

(1) 밑줄 친 '이 국가'를 쓰시오.

(2) (1)에서 답한 국가가 저지른 전쟁 범죄를 두 가지 서술하시오.

> | 핵심어 | 난징 대학살, 731 부대

서술형 익히기

2 다음을 읽고 물음에 답하시오.

> 1945년부터 약 1년간 독일에서는 주요 전쟁 범죄자와 조직을 심판하는 국제 군사 재판이 개최되었다. 이 과정에서 나치스의 만행이 세상에 알려졌다.

(1) 위 재판이 열린 도시를 쓰시오.

(2) 밑줄 친 '만행'의 사례를 서술하시오.

04 아시아와 아프리카의 민족 운동

A 한국과 중국의 민족 운동

1. 한국의 민족 운동

배경	제1차 세계 대전 이후 민족 자결주의의 영향으로 민족 운동이 활발해짐
전개	일제의 식민 지배에 저항하는 3·1 운동이 일어남(1919)
영향	• 대한민국 임시 정부 수립과 중국의 5·4 운동 등에 영향을 미침 • 3·1 운동 전후로 민족주의 진영(실력 양성 운동)과 사회주의 진영(농민과 노동자 중심의 사회 운동)으로 분화

> 경성(서울), 평양 등 주요 도시에서 시작된 만세 시위는 이후 국내뿐만 아니라 만주, 연해주, 일본, 미국 등으로 퍼져 나갔어.

> 경제적·문화적으로 민족의 힘을 키우자는 운동이었어.

2. 중국의 민족 운동

(1) 5·4 운동 **핵심 자료**

배경	• 민족 자결주의와 한국의 3·1 운동에 영향을 받음 • 제1차 세계 대전 중 일본이 중국에 *21개조 요구 강요 → 중국 정부의 승인
전개	파리 강화 회의에서 중국이 21개조 요구 무효 주장 → 승전국 대표들이 중국의 주장을 수용하지 않음 → 베이징의 학생들을 중심으로 5·4 운동 전개

(2) 국공 합작: 5·4 운동 이후 중국에서 국민당과 공산당이 결성됨 → 쑨원이 이끈 국민당이 군벌과 제국주의 열강을 물리치고자 공산당과 연합(제1차 국공 합작) → 장제스의 공산당 탄압 → 제1차 국공 합작 결렬 → 장제스가 군벌 타도, 중국 통일(1928) → 마오쩌둥이 이끄는 중국 공산당의 *대장정 → *중일 전쟁 발발(1937) → 제2차 국공 합작 결성

> 쑨원의 뒤를 이어 중국 국민당을 이끌었어.

＊ 21개조 요구
제1차 세계 대전 중 일본이 중국에 제출한 요구 사항으로, 독일이 가지고 있던 산둥반도의 이권 등을 일본이 넘겨받는다는 조항이 포함되었다.

＊ 대장정
마오쩌둥이 이끄는 중국 공산당이 중국 국민당의 공격을 피해 약 1만 2,500km가 넘는 거리를 행군한 일을 일컫는다.

＊ 중일 전쟁
1937년 7월 7일 베이징 루거우차오에서 일어난 총성을 빌미로 일본군이 이곳을 점령하면서 중일 전쟁이 본격적으로 시작되었다.

B 인도의 민족 운동

1. 배경: 영국은 제1차 세계 대전에 인도가 참여하면 전쟁 후 자치를 허용하겠다고 약속함 → 인도의 제1차 세계 대전 참전 → 전후 영국이 인도의 민족 운동을 탄압 **자료①**

> 재판 없이 인도인을 체포하거나 감옥에 가둘 수 있는 롤럿법이 시행되었어.

2. 전개

간디	인도 국민 회의를 이끌며 영국 상품 불매와 납세 거부 등의 *비폭력·불복종 운동 전개, 영국의 소금 독점에 맞서 소금 행진을 벌임 **자료②**
네루	인도의 완전한 독립을 주장하며 인도 독립 동맹 창설 → 민족 운동 전개

> 용어 세금을 납부하는 일

> 군사권과 외교권은 여전히 영국의 인도 총리에게 있었어.

3. 결과: 영국이 제한된 범위에서 인도 각 주의 자치권 인정

＊ 비폭력·불복종 운동
폭력을 쓰지 않고 법률이나 명령을 따르지 않는 운동으로, 인도의 간디가 전개하였다. 간디는 납세 거부, 공직 거부, 영국 상품 불매와 국산품 애용 등을 주장하였다.

자료① 제1차 세계 대전에 참전한 인도인들

제1차 세계 대전 당시 인도는 영국으로부터 자치를 약속받고 전쟁에 참여하였다. 그러나 전쟁이 끝난 후 영국은 오히려 인도에 대한 식민 통치를 강화하고 롤럿법 등을 시행하여 인도의 민족 운동을 탄압하였다.

자료② 간디의 소금 행진

영국은 인도인이 소금을 생산하거나 판매하는 것을 금지하며 많은 이익을 챙겼다. 간디는 인도인이 먹는 소금은 인도인 스스로 생산해야 한다고 주장하며 약 300km에 걸친 소금 행진을 벌였다.

교과서 핵심 자료 ◆ 중국의 5·4 운동

- 중국은 산둥반도에서 독일이 갖고 있던 이권을 일본에 승계한다.
- 뤼순과 다롄의 조차 기간과 만주 철도 주식회사의 철도 이권을 연장한다.
- 중국은 정치·재정·군사 고문에 일본인을 초빙한다.

↑ 21개조 요구

↑ 중국 베이징의 톈안먼 광장 앞에서 5·4 운동을 벌이는 모습

제1차 세계 대전 중 중국 군벌 정부는 일본의 21개조 요구를 수용하였다. 전쟁이 끝난 후 중국인들은 빼앗긴 이권을 되찾고자 하였으나, 파리 강화 회의에서 승전국 대표들은 일본의 산둥반도 이권을 인정하였다. 이에 중국 베이징의 학생들을 중심으로 일본의 21개조 요구 철폐와 군벌 타도 등을 주장하는 5·4 운동이 일어났다.

✔ 완자쌤의 탐구 수업

❶ 제1차 세계 대전 중 중국에 21개조 요구를 강요한 국가는?

일본

❷ 5·4 운동 당시 중국 베이징의 학생들이 요구하였던 것은?

5·4 운동 당시 중국 베이징의 학생들은 일본의 21개조 요구 철폐, 중국 내 일본 등 제국주의 세력 배척, 군벌 타도 등을 요구하였습니다.

문제로 개념 확인

정답 친해 70쪽

1 빈칸에 들어갈 알맞은 내용을 쓰시오.

(1) 중국의 5·4 운동은 한국에서 일제의 식민 지배에 저항한 (   )의 영향을 받아 전개되었다.

(2) 제1차 세계 대전 중 일본은 중국에 (   )을/를 강요하여 독일이 가지고 있던 산둥반도의 이권을 차지하였다.

2 다음 괄호 안의 내용 중 알맞은 말에 ○표를 하시오.

(1) 쑨원이 이끄는 중국 (공산당 , 국민당)은 군벌과 제국주의 열강을 물리치고자 제1차 국공 합작을 결성하였다.

(2) (간디 , 네루)는 영국으로부터 인도의 완전한 독립을 주장하며 인도 독립 동맹을 창설하고 민족 운동을 전개하였다.

3 ㉠에 들어갈 민족 운동을 쓰시오.

인도 국민 회의를 이끌던 간디는 폭력을 쓰지 않으면서 영국 정부의 명령이나 법률에 따르지 않는 (㉠   )을/를 전개하였다. 이에 따라 간디는 납세 거부, 공직 거부, 영국 상품 불매 운동 등을 벌였다.

비주얼로 핵심 콕콕

A 한국과 중국의 민족 운동

한국의 민족 운동 ─ 3·1운동의 전개 → □□□□ 임시 정부 수립

중국의 민족 운동 ─ 5·4운동 → 국민당과 공산당의 결성 → 제1차 국공 합작 → 결렬 → 중일 전쟁 → 제2차 국공 합작

B 인도의 민족 운동

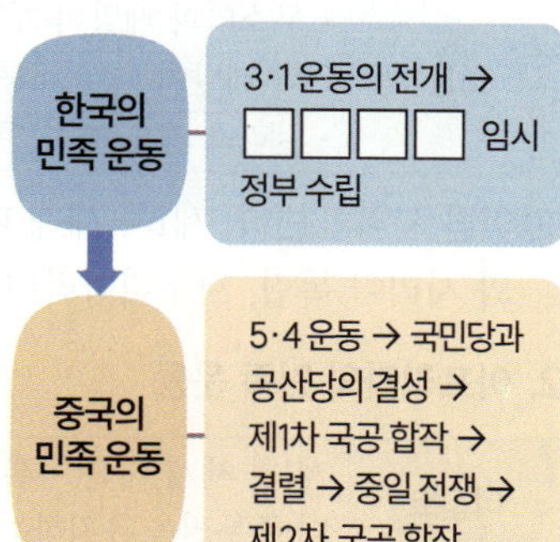

인도의 민족 운동
- 간디: 비폭력·불복종 운동, □□ 행진
- 네루: 인도의 완전한 독립 주장, 인도 독립 동맹 창설

↓

영국이 인도 각 주의 자치권 인정
(군사권·외교권은 제외)

C 동남아시아의 민족 운동

1. 베트남

(1) 판보이쩌우: 근대화에 성공한 일본의 사례를 본보기로 삼아 일본에 유학생 파견을 주장함

(2) **호찌민**: 프랑스의 식민지였던 베트남이 독립을 조건으로 제1차 세계 대전에 참여하여 연합군을 지원함 → 프랑스의 약속 불이행 → 호찌민이 베트남 공산당을 창당하고 베트남의 독립을 위한 민족 운동을 이끎 핵심 자료

2. 인도네시아

지역, 문화, 이념, 종교의 차이를 수용하고 여러 세력을 통합하고자 노력하였어.

(1) **수카르노**: 인도네시아 국민당을 결성하여 네덜란드에 저항하는 독립운동 전개 핵심 자료

(2) 카르티니: 여학교를 세우는 등 여성 교육 운동 전개
식민 지배에서 벗어나기 위해 '어머니가 될 여성을 위한 교육'을 강조하였어.

3. 필리핀: 에스파냐의 필리핀 지배 → 에스파냐와 미국의 지배권 다툼 후 미국 승리, 미국의 필리핀 지배 → *아기날도 등이 독립운동 전개

❋ 아기날도

미국과 에스파냐가 필리핀의 지배권을 두고 전쟁을 벌이자 아기날도는 필리핀의 독립을 약속한 미국을 지원하였다. 이후 미국이 약속을 어기자 독립운동을 벌였다.

D 서아시아와 아프리카의 민족 운동

1. 서아시아의 민족 운동

(1) 오스만 제국의 개혁

용어 국내의 정치

배경	제1차 세계 대전에서 오스만 제국의 패전 → 영토 상실, 연합국의 내정 간섭 → **무스타파 케말**이 독립 전쟁을 일으켜 주권과 영토를 보장받음
내용	• 무스타파 케말이 개혁 주도: 술탄 제도 폐지, 튀르키예 공화국 수립(1923) → 무스타파 케말이 초대 대통령으로 선출됨 종교와 정치를 분리하기 위한 개혁이었어. • 칼리프 제도 폐지, 튀르키예 문자 제정, 여성 참정권 인정 등 자료 ❶

(2) 아랍 지역의 변화: 제1차 세계 대전 이후 영국·프랑스의 간섭 → 독립운동 전개 → 이라크와 시리아 독립, 사우디아라비아의 통일 왕국 수립, *팔레스타인 지역 문제 발생

2. 아프리카의 민족 운동

이집트	제1차 세계 대전 이후 민족 운동 전개 → 이집트는 영국이 수에즈 운하의 관리권과 군대 주둔권을 유지하는 조건으로 독립함(1922)
사하라 사막 남쪽	통일된 아프리카를 추구하는 *범아프리카주의 확산 → 여러 차례 범아프리카 회의 개최(노예 제도 폐지 결의, 인종 차별 문제 논의 등) 자료 ❷

❋ 팔레스타인 지역 문제

영국은 제1차 세계 대전 중 팔레스타인 지역의 아랍인과 유대인에게 영국을 도와주면 독립을 지지하겠다고 각각 약속하였다. 그러나 영국은 두 약속을 모두 지키지 않았고 이후 이 지역에서 갈등이 지속되고 있다.

❋ 범아프리카주의

사하라 사막 남쪽 지역에서 아프리카인 스스로의 힘으로 독립하여 아프리카 대륙을 통일하자고 주장한 사상이다.

자료 ❶ 튀르키예 문자를 소개하는 무스타파 케말

무스타파 케말은 튀르키예 공화국의 초대 대통령에 선출된 뒤 문맹률을 낮추기 위한 문자 개혁을 실시하였다. 무스타파 케말은 로마자를 본떠 새로운 튀르키예 문자를 만들었다. 그 결과 많은 국민이 아랍 문자를 사용할 때보다 더 쉽게 튀르크어를 표기할 수 있게 되었다.

자료 ❷ 범아프리카 회의

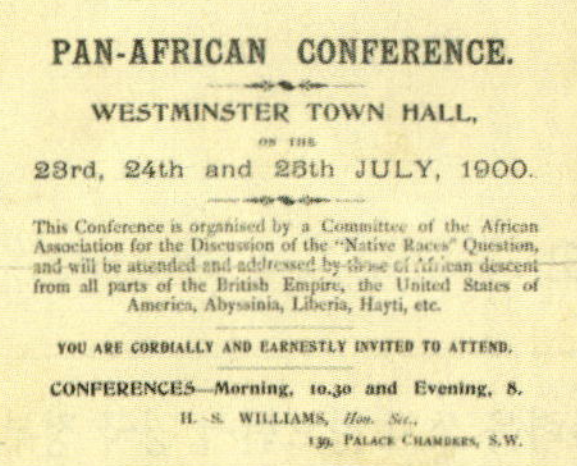

↥ 런던에서 열린 범아프리카 회의 초대장 (1900)

아프리카의 사하라 사막 남쪽 지역에서는 통일된 아프리카를 추구하는 범아프리카주의가 퍼졌으며 여러 차례 범아프리카 회의가 열렸다. 제1차 회의에서는 노예 제도 폐지 등을 결의하였고, 제5차 회의에서는 모든 식민지의 동시 독립과 자결권이 선언되기도 하였다.

교과서 핵심 자료 ✦ 베트남과 인도네시아의 민족 운동

┌ 프랑스령 인도차이나는 오늘날의 베트남과 라오스, 캄보디아이며, 네덜란드령 동인도는 오늘날의 인도네시아에 해당돼.

↑ 동남아시아의 식민지화

↑ 호찌민

↑ 수카르노

프랑스의 식민지였던 베트남에서는 호찌민이 베트남 공산당을 결성하여 민족 운동을 이끌었다. 네덜란드의 오랜 지배를 받았던 인도네시아에서는 수카르노가 인도네시아 국민당을 창설하여 민족 운동을 이끌었다.

✔ 완자쌤의 탐구 수업

❶ 지도에서 인도네시아를 지배하였던 제국주의 열강을 찾으면?

네덜란드

❷ 인도네시아의 민족 운동을 이끌었던 대표적인 인물은?

수카르노

❸ 제1차 세계 대전 이후 베트남에서 민족 운동이 활발하게 전개된 배경은?

베트남은 독립을 조건으로 제1차 세계 대전에 참여하여 프랑스를 비롯한 연합국을 도왔습니다. 그러나 전쟁이 끝난 후 프랑스가 약속을 어기자 호찌민을 비롯한 베트남인들은 프랑스에 저항하는 민족 운동을 벌였습니다.

문제로 개념 확인

정답 친해 70쪽

1 다음 괄호 안의 내용 중 알맞은 말에 ○표를 하시오.

(1) 네덜란드의 오랜 지배를 받았던 (필리핀 , 인도네시아)에서는 수카르노가 민족 운동을 이끌었다.

(2) 베트남의 (호찌민 , 판보이쩌우)은/는 베트남 공산당을 결성하고 프랑스에 저항하는 민족 운동을 전개하였다.

2 다음 설명이 맞으면 ○표, 틀리면 ✕표를 하시오.

(1) 오스만 제국의 무스타파 케말은 술탄 제도를 폐지하고 칼리프 제도를 도입하였다. (　　　)

(2) 오스만 제국은 제1차 세계 대전에 참여하여 패하였고, 이후 많은 영토를 상실하는 등 위기를 맞았다. (　　　)

3 빈칸에 들어갈 알맞은 내용을 쓰시오.

(1) 이집트는 (　　　　　)의 관리권과 군대 주둔권을 영국이 유지하는 조건으로 독립하였다.

(2) 아프리카 사하라 사막 남쪽 지역에서는 아프리카인 스스로 독립하여 아프리카 대륙을 통일하자고 주장하는 (　　　　　)이/가 퍼졌다.

비주얼로 핵심 콕콕

C 동남아시아의 민족 운동

베트남	• **호찌민**: 베트남 공산당 결성 • **판보이쩌우**: 일본에 유학생 파견 주장
인도네시아	• **수카르노**: 인도네시아 국민당 결성 • **카르티니**: 여성 교육 강조
필리핀	□□□□ : 에스파냐(이후 미국)에 저항

D 서아시아와 아프리카의 민족 운동

서아시아	**오스만 제국의 개혁** 무스타파 케말의 주도 → □□□□ 공화국 수립 → 칼리프 제도 폐지 등
아프리카	사하라 사막 남쪽 지역에서 범아프리카주의 확산 → 범아프리카 회의 개최

A 한국과 중국의 민족 운동

01 ㉠에 들어갈 사상으로 옳은 것은?

제1차 세계 대전 이후 아시아 지역에서는 (㉠)의 영향을 받아 민족 운동이 활발하게 일어났다. 한국에서 일어난 3·1 운동, 중국에서 일어난 5·4 운동이 대표적이다.

① 먼로주의 ② 인종주의 ③ 자본주의
④ 제국주의 ⑤ 민족 자결주의

02 다음 운동에 대한 설명으로 옳은 것을 〈보기〉에서 고른 것은?

수많은 학생과 시민이 경성(서울) 탑골 공원에 모여 독립 선언서를 낭독하고 시위를 벌였다. 비슷한 시간에 평양 등 주요 도시에서도 만세 시위가 일어났고, 이는 곧 만주, 연해주, 일본, 미국 등 해외로 퍼졌다.

보기
ㄱ. 소금 행진을 전개하였다.
ㄴ. 영국 상품 불매를 외쳤다.
ㄷ. 중국의 5·4 운동에 영향을 미쳤다.
ㄹ. 대한민국 임시 정부 수립의 계기가 되었다.

① ㄱ, ㄴ ② ㄱ, ㄷ ③ ㄴ, ㄷ
④ ㄴ, ㄹ ⑤ ㄷ, ㄹ

03 밑줄 친 '이 운동'을 쓰시오.

3·1 운동을 전후로 한국에서는 민족주의 진영이 경제적·문화적으로 민족의 힘을 키우자는 <u>이 운동</u>을 이끌었다.

(   )

04 다음과 같이 전개된 민족 운동으로 옳은 것은?

① 양무운동 ② 5·4 운동
③ 의화단 운동 ④ 변법자강 운동
⑤ 태평천국 운동

★시험에 잘 나와! 05 ㈎ 시기에 중국에서 있었던 사실로 옳은 것은?

	㈎	
제1차 국공 합작 결성		제1차 국공 합작 결렬

① 일본이 중일 전쟁을 일으켰다.
② 중국에서 신해혁명이 일어났다.
③ 장제스가 쑨원의 뒤를 이어 권력을 잡았다.
④ 쑨원이 중화민국의 임시 대총통으로 취임하였다.
⑤ 장제스가 군벌을 무너뜨리고 중국을 통일하였다.

06 중일 전쟁의 영향으로 가장 적절한 것은?

① 중화민국이 수립되었다.
② 중국에서 공산당과 국민당이 합작하였다.
③ 일본이 랴오둥반도와 타이완을 반환하였다.
④ 일본이 한반도에 대한 지배권을 인정받았다.
⑤ 베이징의 학생들을 중심으로 산둥반도의 이권 반환 등을 요구하였다.

B 인도의 민족 운동

07 제1차 세계 대전 이후 전개된 인도의 민족 운동에 대해 잘못 설명한 학생은?

① 공직을 거부하였어.
② 세금 납부를 거부하였어.
③ 영국 상품을 불매하였어.
④ 인도산 상품을 애용하였어.
⑤ 벵골 분할령에 반대하였어.

08 빈칸에 들어갈 내용으로 가장 적절한 것은?

제1차 세계 대전 이후 인도의 간디는 폭력을 쓰지 않고 법률이나 명령을 따르지 않는 〔　　　〕

① 의화단 운동을 벌였다.
② 만민 공동회를 개최하였다.
③ 동학 농민 운동을 이끌었다.
④ 실력 양성 운동을 이끌었다.
⑤ 비폭력·불복종 운동을 전개하였다.

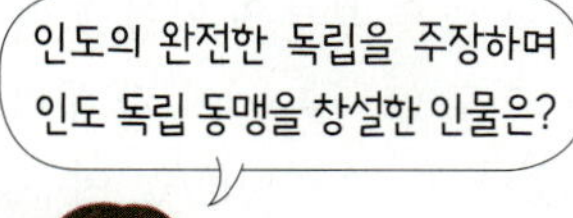

09 (가)에 들어갈 인물로 옳은 것은?

① 간디　　　② 네루　　　③ 쑨원
④ 카르티니　　　⑤ 판보이쩌우

C 동남아시아의 민족 운동

10 ㉠에 들어갈 인물을 쓰시오.

（　㉠　）은/는 인도네시아가 열강의 식민 지배에서 벗어나려면 '어머니가 될 여성을 위한 교육'이 중요하다고 여겼다.

（　　　　　　）

11 밑줄 친 '우리'로 옳은 것은?

① 태국　　　② 미얀마　　　③ 베트남
④ 필리핀　　　⑤ 인도네시아

12 ㉠, ㉡에 들어갈 내용으로 옳은 것은?

	㉠	㉡		㉠	㉡
①	미얀마	미국	②	미얀마	영국
③	필리핀	미국	④	필리핀	영국
⑤	인도네시아	미국			

[13~14] 다음을 보고 물음에 답하시오.

13 지도의 (가), (나) 지역을 지배하였던 국가로 옳은 것은?

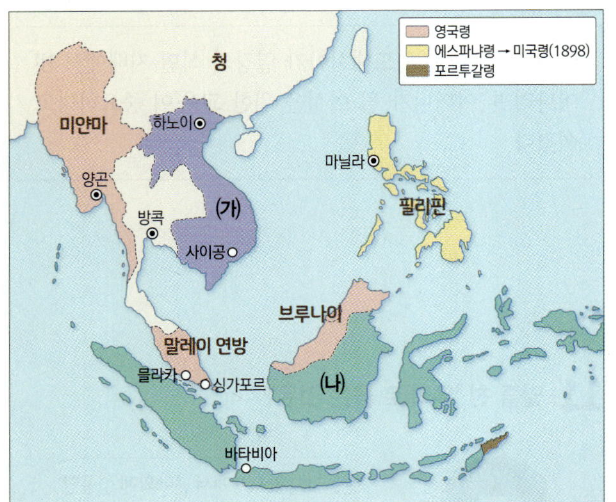

	(가)	(나)
①	영국	네덜란드
②	영국	에스파냐
③	프랑스	네덜란드
④	프랑스	에스파냐
⑤	포르투갈	에스파냐

14 (나) 지역에서 민족 운동을 이끈 인물과 그 인물의 활동으로 옳은 것을 〈보기〉에서 고른 것은?

> **보기**
> ㄱ. 호찌민 – 정당을 조직하여 민족 운동을 이끌었다.
> ㄴ. 아기날도 – 식민 지배에 저항하며 독립운동을 이끌었다.
> ㄷ. 카르티니 – 여학교를 세우는 등 여성 교육 운동을 전개하였다.
> ㄹ. 수카르노 – 지역, 문화, 이념, 종교적 차이를 수용하고 여러 세력을 통합하고자 노력하였다.

① ㄱ, ㄴ   ② ㄱ, ㄷ   ③ ㄴ, ㄷ
④ ㄴ, ㄹ   ⑤ ㄷ, ㄹ

15 검색창에 들어갈 국가에서 일어난 민족 운동으로 옳은 것은?

프랑스의 식민 지배를 받았으며, 이후 독립 보장을 조건으로 제1차 세계 대전에 참여하여 프랑스를 비롯한 연합국을 지원하였다. 그러나 전쟁 이후 프랑스가 독립을 보장해 주겠다는 약속을 지키지 않자 활발한 민족 운동이 전개되었다.

① 장제스가 군벌을 무너뜨렸다.
② 청년 튀르크당이 혁명을 일으켰다.
③ 간디가 인도 국민 의회를 이끌었다.
④ 호찌민이 베트남 공산당을 결성하였다.
⑤ 미드하트 파샤가 서양식 의회를 세웠다.

D **서아시아와 아프리카의 민족 운동**

16 ㉠, ㉡에 들어갈 국가로 옳은 것은?

> **역사 신문**
>
> **제1차 세계 대전 이후 변화의 바람이 불다!**
>
> 제1차 세계 대전에서 동맹국의 편에 섰던 (㉠)은/는 패전국이 되어 영토의 많은 부분을 잃었고 연합국의 간섭을 받게 되었다. 이후 (㉠)이/가 무너지고 (㉡)이/가 수립되었다. (㉡)은/는 이후 정치와 사회 전반에 걸쳐 개혁을 추진하였다.

	㉠	㉡
①	이라크	사우디아라비아
②	이라크	튀르키예 공화국
③	오스만 제국	사우디아라비아
④	오스만 제국	튀르키예 공화국
⑤	사우디아라비아	오스만 제국

17 선생님이 설명하는 인물의 활동으로 옳은 것을 〈보기〉에서 고른 것은?

| 보기 |
ㄱ. 탄지마트를 추진하였다.
ㄴ. 술탄 제도를 유지하였다.
ㄷ. 여성 참정권을 인정하였다.
ㄹ. 칼리프 제도를 폐지하였다.

① ㄱ, ㄴ 　② ㄱ, ㄷ 　③ ㄴ, ㄷ
④ ㄴ, ㄹ 　⑤ ㄷ, ㄹ

★ 시험에 잘 나와!
18 다음에서 설명하는 회의로 옳은 것은?

PAN-AFRICAN CONFERENCE.

WESTMINSTER TOWN HALL,

ON THE

23rd, 24th and 25th JULY, 1900.

This Conference is organised by a Committee of the African Association for the Discussion of the "Native Races" Question, and will be attended and addressed by those of African descent from all parts of the British Empire, the United States of America, Abyssinia, Liberia, Hayti, etc.

YOU ARE CORDIALLY AND EARNESTLY INVITED TO ATTEND.

CONFERENCES—Morning, 10.30 and Evening, 8.

H. S. WILLIAMS, Hon. Sec., 139, PALACE CHAMBERS, S.W.

ⓒ 런던에서 열린 회의 초대장(1900)

사하라 사막 남쪽 지역에서 아프리카인이 스스로의 힘으로 독립하여 아프리카 대륙을 통일하자고 주장하는 사상이 퍼지면서 여러 차례 아프리카의 독립과 문제를 논의하는 회의가 열렸다.

① 빈 회의 　② 베를린 회의
③ 제노바 회의 　④ 파리 강화 회의
⑤ 범아프리카 회의

서술형 문제

서술형 감잡기

1 다음을 읽고 물음에 답하시오.

> (　⊙　)이/가 결렬된 이후 마오쩌둥이 이끄는 중국 공산당은 국민당의 포위를 뚫고 먼 거리를 행군하였는데, 이를 대장정이라고 한다.

(1) ⊙에 들어갈 사건을 쓰시오.

(2) (1)에서 답한 사건이 결렬된 배경을 서술하시오.

| 핵심어 | 장제스, 공산당

서술형 익히기

2 다음을 읽고 물음에 답하시오.

> 이 국가는 북아프리카에 위치하며, 제1차 세계 대전 이후 영국의 지배에 저항하는 반영 운동을 전개하였다. 이후 1922년에 이 국가는 영국으로부터 독립을 인정받았다.

(1) 밑줄 친 '이 국가'를 쓰시오.

(2) (1)에서 답한 국가가 영국으로부터 독립할 수 있었던 조건을 서술하시오.

01~02 / 세계 대전과 국제 질서의 변화

(1) 제1차 세계 대전(1914~1918)

배경	3국 동맹과 (❶　　　　)의 결성, 발칸반도에서 러시아 중심의 범슬라브주의와 독일 및 오스트리아·헝가리 제국 중심의 범게르만주의의 대립
전개	오스트리아·헝가리 제국의 황태자 부부가 세르비아계 청년에게 암살되는 사라예보 사건이 일어남 → 오스트리아·헝가리 제국이 세르비아에 선전 포고 → 전쟁 발발 → 영국의 해상 봉쇄 → 독일의 무제한 잠수함 작전 → 미국의 참전 → 러시아의 전쟁 이탈 → 독일의 항복
특징	총력전, 참호전, 신무기의 등장

(2) 베르사유 체제와 국제 연맹의 창설

파리 강화 회의	연합국이 전후 처리를 위해 개최, 미국 대통령 윌슨이 제안한 14개조 평화 원칙을 바탕으로 진행
베르사유 조약	독일의 영토와 군비 축소 및 배상금 지불 명시 → 승전국 중심의 세계 질서인 (❷　　　　) 형성
국제 연맹 창설	전후 국제 연맹 창설 → 미국 등 강대국 불참, 분쟁을 막을 군사적 수단 부재

(3) 러시아 혁명과 소련의 발전

러시아 혁명	급속한 산업화, 차르의 전제 정치 → 피의 일요일 사건(1905) → 불만 지속 → 1917년 3월 혁명(차르 퇴위, 임시 정부 수립) → 볼셰비키의 11월 혁명(임시 정부 타도, 소비에트 정부 수립)
소련의 발전	• 레닌: 사회주의 개혁과 신경제 정책(NEP) 추진, 코민테른 창설 → 소련(소비에트 사회주의 공화국 연방) 수립(1922) • (❸　　　　): 중공업 중심의 경제 개발 5개년 계획 추진, 공산당 독재 체제 강화

(4) 민주주의의 발전과 확대

공화정 확대	독일에서 독일 의회가 바이마르 헌법을 만들고 바이마르 공화국 수립(1919), 폴란드 및 체코슬로바키아 등 신생 독립국들이 민주주의 헌법 채택
참정권 확대	• 재산, 성별에 따른 제한이 없는 (❹　　　　) 실시 • 여성의 전쟁 참여와 사회 활동의 증가 → 여성 참정권 확대

(5) 대공황의 발생

배경	미국 경제의 호황 → 과잉 생산 → 재고 증가 → 뉴욕 증권 거래소의 주가 폭락 → 회사와 은행 파산 → 실업자 증가 → 대공황 발생(1929)
전개	• 미국: 루스벨트의 (❺　　　　) 추진 • 영국과 프랑스: 블록 경제, 보호 무역 정책 실시

(6) 전체주의 국가의 등장

이탈리아	무솔리니가 이끄는 (❻　　　　)이/가 정권 장악 → 에티오피아와 그리스 침략
독일	히틀러가 이끄는 나치스의 정권 장악 → 오스트리아 병합, 체코슬로바키아 점령 등
일본	군부의 군국주의 강화 → 중일 전쟁 발발(1937)

(7) 제2차 세계 대전(1939~1945)

배경	이탈리아, 독일, 일본이 군사 동맹 결성(추축국)
전개	독일의 폴란드 공격 → 영국·프랑스의 선전 포고(1939) → 독일의 소련 공격 → 일본의 진주만 기지 기습(아시아 태평양 전쟁 발발) → 미국의 참전 → 소련의 (❼　　　　) 승리, 전세 유리 → 연합군의 노르망디 상륙 작전 전개 → 파리 해방(1944)
종결	독일의 항복, 미국의 원자 폭탄 투하로 일본 항복

03 / 전쟁 범죄에 맞선 평화 유지 노력

(1) 민간인의 희생과 전쟁 범죄의 발생

민간인 희생	• 대량 살상 무기 사용 → 많은 민간인이 희생됨 • 식민지 주민들이 전쟁 및 군수 공장 등에 동원됨
전쟁 범죄 발생	• 일본: 난징 대학살, 731 부대의 생체 실험 자행, 일본군 '위안부' 동원 • 독일: 유대인을 대상으로 (❽　　　　)을/를 자행

(2) 전후 처리와 국제 연합의 창설

전후 처리	• 대서양 헌장(1941): 미국과 영국의 전후 평화 원칙 공동 선언 • 카이로 회담(1943): 연합국 대표들이 한국 독립과 일본의 무조건 항복을 결정함 • (❾　　　　)(1945): 연합국 대표들이 독일 분할 점령과 소련의 대일전 참전 결정 • 포츠담 회담(1945): 일본에 무조건 항복을 권유함
국제 연합 창설	대서양 헌장의 정신에 따라 국제 연합(UN)이 창설됨(1945), 국제 분쟁에 유엔 평화 유지군 파견 가능

(3) 인권 회복과 평화 실현을 위한 노력

국제 군사 재판	• (⑩): 독일 나치스의 주요 인사 등 재판 → 사형 12명, 종신형 3명 등 선고 • 극동 국제 군사 재판(도쿄 재판): 일본의 주요 인사 7명에게 사형 선고(일본 천황은 재판을 받지 않음)
평화 실현 노력	• 제노바 회담(1922), 로카르노 조약(1925), 켈로그·브리앙 조약(1928) 체결 • 공동의 역사 교과서 제작

04 / 아시아와 아프리카의 민족 운동

(1) 한국과 중국의 민족 운동

한국	3·1 운동 → 대한민국 임시 정부 수립(1919)
중국	• 5·4 운동: 파리 강화 회의에서 승전국들이 일본의 21개조 요구 인정 → 산둥반도 이권 반환 등을 요구하는 시위 전개 • 국민당과 공산당 결성 → 제1차 국공 합작 → 장제스의 공산당 탄압, 제1차 국공 합작 결렬 → 공산당의 대장정 → (⑪) 발발 → 제2차 국공 합작

(2) 인도의 민족 운동

전개	• (⑫): 비폭력·불복종 운동 주도(영국 상품 불매·국산품 애용·납세 거부 등), 소금 행진 주도 • 네루: 인도의 완전한 독립을 주장하며 인도 독립 동맹 결성
성과	영국이 제한된 범위에서 각 주의 자치권 인정

(3) 동남아시아의 민족 운동

베트남	• 판보이쩌우: 일본에 유학생 파견 주장 • (⑬): 베트남 공산당 결성 → 프랑스에 저항
인도네시아	• 수카르노: 인도네시아 국민당 결성 → 네덜란드에 저항 • 카르티니: 여성 교육 운동 전개
필리핀	아기날도: 에스파냐와 미국에 맞서 독립운동 전개

(4) 서아시아와 아프리카의 민족 운동

서아시아	• 오스만 제국: (⑭)의 개혁 → 술탄 제도 폐지, 튀르키예 공화국 수립, 칼리프 제도 폐지 등 • 이라크 독립, 사우디아라비아의 통일 왕국 수립 등
아프리카	• 이집트: 제1차 세계 대전 이후 영국으로부터 독립, 수에즈 운하의 관리권과 군대 주둔권은 영국이 유지 • 사하라 사막 남쪽 지역에서 범아프리카주의 확산

핵심 선택지 바로잡기

✖ 밑줄 친 내용을 바르게 고쳐 쓰시오.

1 1914년 오스트리아·헝가리 제국의 황태자가 사망한 <u>피의 일요일</u> 사건이 일어났다. (   )

2 제1차 세계 대전 이후에 창설된 국제 연합은 분쟁을 제재할 군사적 수단이 없었다. (   )

3 스탈린은 1917년 11월 혁명을 이끌었으며, 신경제 정책(NEP)을 추진하였다. (   )

4 제1차 세계 대전의 결과 독일에서는 <u>튀르키예 공화국</u>이 수립되었다. (   )

5 영국과 프랑스는 대공황을 극복하고자 블록 경제를 형성하고 <u>자유 무역</u>을 하였다. (   )

6 <u>무솔리니</u>가 이끄는 나치스는 독일의 정권을 장악하였고, 오스트리아를 병합하였다. (   )

7 1944년 연합국의 무제한 잠수함 작전의 전개로 프랑스 파리가 해방되었다. (   )

8 1937년 일본은 중국의 수도였던 <u>베이징</u>을 점령하고 대학살을 저질렀다. (   )

9 1943년 <u>얄타</u>에 모인 미국, 중국, 영국의 대표는 한국의 독립 문제를 논의하였다. (   )

10 <u>뉘른베르크 재판</u>에서 일본의 주요 전쟁 책임자 7명에게 사형이 선고되었다. (   )

11 인도의 간디는 인도의 완전한 독립을 주장하며 <u>인도 독립 동맹 결성</u>하였다. (   )

12 <u>판보이쩌우</u>는 인도네시아 국민당을 결성하고 네덜란드에 저항하였다. (   )

01 제1차 세계 대전의 배경으로 적절한 것을 〈보기〉에서 고른 것은?

보기
ㄱ. 전체주의 국가들이 출현하였다.
ㄴ. 3국 협상과 3국 동맹이 경쟁하였다.
ㄷ. 범게르만주의와 범슬라브주의가 대립하였다.
ㄹ. 대공황으로 경제 위기가 전 세계로 확산하였다.

① ㄱ, ㄴ   ② ㄱ, ㄷ   ③ ㄴ, ㄷ
④ ㄴ, ㄹ   ⑤ ㄷ, ㄹ

만점 도전!
02 제1차 세계 대전의 전개 과정을 일어난 순서대로 나열한 것은?

(가) 러시아가 전쟁에서 이탈하였다.
(나) 미국이 연합국 편으로 참전하였다.
(다) 영국이 독일의 해상을 봉쇄하였다.
(라) 독일이 무제한 잠수함 작전을 전개하였다.

① (가) − (나) − (라) − (다)   ② (가) − (다) − (라) − (나)
③ (나) − (다) − (가) − (라)   ④ (나) − (라) − (다) − (가)
⑤ (다) − (라) − (나) − (가)

03 제1차 세계 대전의 특징을 잘못 말한 학생은?

① 국가의 모든 인적·물적 자원이 총동원되었어.
② 제국주의 국가의 식민지 주민들이 동원되었어.
③ 여성들이 군복과 같은 군수품 제작에 동원되었어.
④ 원자 폭탄이 사용되어 큰 인명 피해가 발생하였어.
⑤ 군인들이 참호를 파고 대치하는 양상으로 전개되었어.

04 다음 조약에 대한 설명으로 옳지 <u>않은</u> 것은?

제119조 독일은 해외 식민지에 관한 모든 권리와 소유권을 연합국의 주요 국가에 넘겨준다.
제231조 전쟁에 따른 모든 책임은 바이마르 공화국(독일)을 비롯한 동맹국에 있다.

① 파리 강화 회의 결과 체결되었다.
② 히틀러가 이끄는 나치스가 체결하였다.
③ 베르사유 체제가 형성되는 결과를 가져왔다.
④ 패전국인 독일에 대한 보복적인 측면이 있었다.
⑤ 독일이 제2차 세계 대전을 일으키는 배경이 되었다.

05 다음은 러시아 혁명의 내용을 정리한 표이다. ㉠, ㉡에 들어갈 내용으로 옳은 것은?

구분	3월 혁명	11월 혁명
전개	노동자와 군인들이 중심인 (㉠) 결성	레닌이 이끄는 (㉡)의 무장봉기 발생
결과	임시 정부 수립	소비에트 정부 수립

	㉠	㉡		㉠	㉡
①	볼셰비키	소비에트	②	볼셰비키	코민테른
③	소비에트	볼셰비키	④	소비에트	코민테른
⑤	코민테른	소비에트			

06 빈칸에 들어갈 내용으로 가장 적절한 것은?

수행 평가 보고서
• **주제:** 제1차 세계 대전 종결 이후 각국의 상황
• **조사 내용:**

① 러시아에서 3월 혁명이 일어났다.
② 영국이 프랑스, 러시아와 동맹을 맺었다.
③ 독일이 오스트리아·헝가리 제국과 동맹을 맺었다.
④ 오스만 제국이 시리아, 이라크 등으로 분리되었다.
⑤ 오스트리아·헝가리 제국이 보스니아 헤르체고비나를 병합하였다.

07 다음 상황을 극복하기 위한 각국의 노력으로 옳은 것을 〈보기〉에서 고른 것은?

> 제1차 세계 대전 이후 미국에서는 여러 기업이 생산량을 늘렸으나 소비가 이를 따라가지 못하자 재고가 쌓였다. 이 상황에서 1929년 뉴욕 증권 거래소 주가가 급락하면서 대공황이 일어났다.

보기

ㄱ. 영국은 블록 경제를 실시하였다.
ㄴ. 미국은 정부의 시장 개입을 축소하였다.
ㄷ. 미국은 사회 보장 제도를 적극 실시하였다.
ㄹ. 프랑스는 본국과 식민지의 경제권을 분리하였다.

① ㄱ, ㄴ ② ㄱ, ㄷ ③ ㄴ, ㄷ
④ ㄴ, ㄹ ⑤ ㄷ, ㄹ

만점 도전!

08 다음 대화의 주제가 된 국가에 대한 설명으로 옳은 것을 〈보기〉에서 고른 것은?

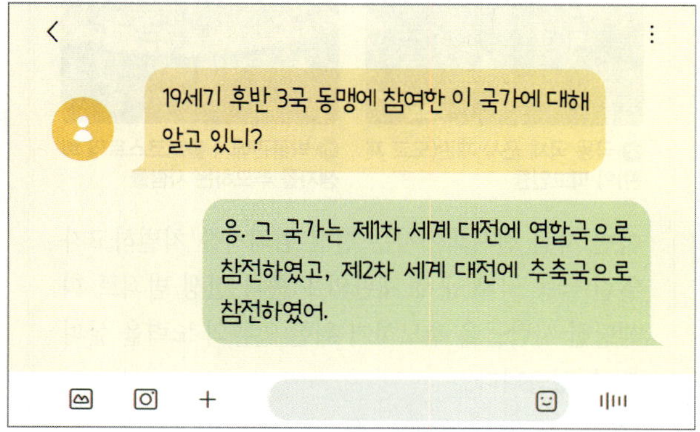

보기

ㄱ. 대공황 이후 에티오피아를 침략하였다.
ㄴ. 국제 연맹을 탈퇴하고 만주 사변을 일으켰다.
ㄷ. 대공황 이전 파시스트당이 정권을 장악하였다.
ㄹ. 폴란드를 침공하여 제2차 세계 대전을 일으켰다.

① ㄱ, ㄴ ② ㄱ, ㄷ ③ ㄴ, ㄷ
④ ㄴ, ㄹ ⑤ ㄷ, ㄹ

09 다음 국가들의 공통적인 특징으로 적절한 것은?

> • 독일 • 일본 • 이탈리아

① 제1차 세계 대전의 패전국이다.
② 제2차 세계 대전의 승전국이다.
③ 대공황이 처음 발생한 국가이다.
④ 민족 자결주의 원칙에 따라 독립하였다.
⑤ 개인의 이익보다는 민족이나 국가 전체의 이익을 최우선으로 내세웠다.

10 (가), (나) 시기 사이에 있었던 사실로 옳은 것은?

(가) 일본의 진주만 기지 기습  **(나) 노르망디 상륙 작전** 

① 이탈리아의 항복
② 독일의 파리 점령
③ 독일의 폴란드 공격
④ 독소 불가침 조약 체결
⑤ 미국의 원자 폭탄 투하

11 제2차 세계 대전에 대한 설명으로 옳지 <u>않은</u> 것은?

① 소련이 스탈린그라드 전투에서 승리하였다.
② 전차와 폭격기 등 대량 살상 무기가 사용되었다.
③ 유대인이 학살되는 등 반인륜적인 범죄가 일어났다.
④ 전쟁 이후 대서양 헌장의 정신에 따라 국제 연합(UN)이 창설되었다.
⑤ 오스트리아·헝가리 제국의 황태자 부부가 세르비아계 청년에게 암살된 사건을 계기로 일어났다.

12 ㉠, ㉡에 들어갈 내용으로 옳은 것은?

> • 제2차 세계 대전 중 (㉠)에서는 히틀러가 이끈 나치스가 약 600만 명의 유대인을 계획적으로 대량 학살하였다.
> • 1937년에 난징을 점령한 (㉡)은 중국군을 잡는다는 구실로 수십만 명의 중국인을 학살하였다.

	㉠	㉡		㉠	㉡
①	독일	소련군	②	독일	일본군
③	소련	독일군	④	소련	일본군
⑤	일본	소련군			

13 밑줄 친 '학살'에 대한 설명으로 옳지 <u>않은</u> 것은?

① 731 부대가 주도하였다.
② 생체 실험이 자행되었다.
③ 집단적인 총살이 이루어졌다.
④ 독일이 저지른 전쟁 범죄이다.
⑤ 유대인 등이 가스실에서 학살당하였다.

14 다음에서 설명하는 내용을 쓰시오.

> 1941년에 미국과 영국의 대표가 만나 전후 질서의 기본 원칙을 제시한 공동 선언이다. 영토를 확대하지 않고, 여러 민족의 자결 등을 인정하는 8개 원칙을 내세웠다.

(   )

15 (가), (나) 사건으로 옳은 것은?

> (가) 1928년에 체결한 조약으로, 국제 분쟁을 해결하고자 전쟁을 일으키는 행위를 불법으로 정하였다.
> (나) 1943년에 개최된 회의로, 연합국 대표들이 모여 한국의 독립과 일본의 무조건 항복 문제를 논의하였다.

	(가)	(나)
①	로카르노 조약 체결	카이로 회담 개최
②	로카르노 조약 체결	포츠담 회담 개최
③	베르사유 조약 체결	카이로 회담 개최
④	켈로그·브리앙 조약 체결	카이로 회담 개최
⑤	켈로그·브리앙 조약 체결	포츠담 회담 개최

만점 도전!

16 빈칸에 들어갈 사진 전시회의 주제로 가장 적절한 것은?

⬆ 극동 국제 군사 재판(도쿄 재판)의 피고인들

⬆ 박물관에서 홀로코스트의 희생자를 추모하는 사람들

이번 사진 전시회에서는 전쟁 범죄자를 처벌하고자 열린 극동 국제 군사 재판의 모습과 전쟁 범죄로 희생당한 사람들을 추모하기 위한 인류의 노력을 살펴볼 수 있습니다.
• 일시: 20△△년 △△월 △△일
• 장소: ○○ 박물관 특별 전시실

① 제1차 세계 대전의 아픔을 기억하다
② 아시아·아프리카 국가들이 독립하다
③ 신무기와 새로운 전투 양상이 나타나다
④ 전쟁 범죄를 반성하고 아픔을 기억하다
⑤ 대공황 시기의 경제적 어려움을 극복하다

17 다음과 같은 주장이 제기된 민족 운동의 배경으로 적절한 것은?

> • 뤼순과 다롄의 조차 연장을 철회하라!
> • 산둥반도의 이권을 내준 친일파를 처단하라!

① 벵골 분할령이 발표되었다.
② 애로호 사건이 발생하였다.
③ 일본의 21개조 요구가 승인되었다.
④ 일본이 랴오둥반도와 타이완을 넘겨받았다.
⑤ 술탄이 헌법을 폐지하고 의회를 해산하였다.

만점 도전!

18 밑줄 친 '이 전쟁'으로 옳은 것은?

> **지식Q&A**
> 이 전쟁이 벌어진 후 어떤 일이 있었나요?
>
> **답변하기**
> └ 난징의 수많은 중국인이 학살당하였습니다.
> └ 중국 국민당과 공산당이 두 번째로 합작을 맺고 외세의 침략에 맞섰습니다.

① 러일 전쟁　　　　② 아편 전쟁
③ 중일 전쟁　　　　④ 청일 전쟁
⑤ 아시아 태평양 전쟁

19 다음에서 설명하는 인물로 옳은 것은?

> 인도가 영국과의 관계를 끊고 완전한 독립을 이뤄야 한다고 주장하였으며, 인도 독립 동맹을 결성하여 민족 운동을 주도하였다.

① 간디　　② 네루　　③ 수카르노
④ 아기날도　　⑤ 판보이쩌우

20 밑줄 친 '이 국가'에 대한 설명으로 옳은 것은?

> • 인물: 호찌민
> • 업적: 호찌민은 공산당을 조직하여 프랑스로부터 이 국가의 독립을 이끌어 낸 인물이다.

① 5·4 운동이 일어났다.
② 제1차 세계 대전에 참여하였다.
③ 영국으로부터 자치를 인정받았다.
④ 범아프리카주의가 확산된 지역이었다.
⑤ 군벌을 무너뜨리고 통일을 이루어 냈다.

21 무스타파 케말에 대한 설명으로 옳은 것을 〈보기〉에서 고른 것은?

> **보기**
> ㄱ. 삼민주의를 내세웠다.
> ㄴ. 네덜란드로부터 독립을 이끌어 냈다.
> ㄷ. 술탄 제도와 칼리프 제도를 폐지하였다.
> ㄹ. 튀르키예 공화국의 대통령에 취임하였다.

① ㄱ, ㄴ　　　② ㄱ, ㄷ　　　③ ㄴ, ㄷ
④ ㄴ, ㄹ　　　⑤ ㄷ, ㄹ

22 ㉠에 공통으로 들어갈 사상으로 옳은 것은?

> (　㉠　)은/는 사하라 사막 남쪽 지역에서 통일된 아프리카를 추구하는 사상이다. (　㉠　)이/가 퍼지면서 여러 차례 아프리카의 독립을 논의하는 회의가 열렸다.

① 사회주의　　② 자본주의　　③ 비동맹주의
④ 민족 자결주의　　⑤ 범아프리카주의

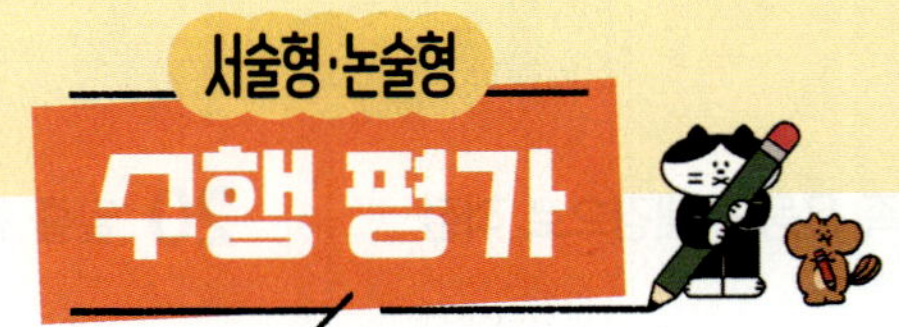

서술형

1 (가), (나)를 바탕으로 전체주의 국가의 특징을 두 가지 서술하시오.

> (가) 국가를 떠나서는 인간과 영혼의 가치도 존재하지 않는다. 어떠한 단체도 국가를 떠나서는 존재하지 않으며 …… 국가가 국민을 창조한다.
> – 무솔리니
>
> (나) 어떤 국가가 커다란 영토를 가졌다고 해서 그 권리가 영원히 보장되는 것은 아니다. 힘이 있으면 정복자가 되고, 힘이 없으면 땅을 빼앗기는 법이다.
> – 히틀러

2 다음을 읽고 물음에 답하시오.

> 1945년 여러 나라의 대표들이 모여 대서양 헌장의 정신에 따라 창설한 기구로, 제1차 세계 대전 이후에 창설된 국제 연맹과 큰 차이가 있었다.

(1) 윗글에서 설명하는 국제기구를 쓰시오.

(2) (1)에서 답한 국제기구의 특징을 국제 연맹과 비교하여 서술하시오.

논술형

3 내가 판사라면 (가)의 아이히만에게 어떤 판결을 내렸을지 (나)의 관점에서 논술하시오.

> (가) 아이히만은 제2차 세계 대전 당시 유대인을 아우슈비츠 수용소로 보내는 업무를 담당하였다. 독일이 항복을 한 이후에 아이히만은 숨어 지내다가 체포되었고, 전쟁이 끝난 지 16년 만인 1961년에 재판을 받았다. 그는 법정에서 "유대인 학살은 국가의 명령에 따른 결과로, 단 한 사람도 내 손으로 직접 죽이지 않았고 죽이라고 명령하지도 않았다."라고 주장하였다.
>
> (나) 제2차 세계 대전 중에 이루어진 대량 학살이나 생체 실험과 같은 비인간적인 행위는 전쟁 범죄로 다루어졌다. 이러한 전쟁 범죄를 처벌하기 위한 여러 재판에서는 '반인륜적 범죄'라는 개념이 최초로 적용되었다. 반인륜적 범죄는 민간인을 살인하고 학살하는 것, 노예화하는 것을 포함해 비인간적으로 대우하는 것, 정치적·인종적·종교적인 이유로 박해하는 것을 포함하는 개념이다.

VII

현대 세계의 전개와 과제

01 냉전 체제와 제3 세계의 형성

A 냉전 체제의 형성

1. *냉전 체제의 형성 배경: 제2차 세계 대전 이후 미국과 소련의 대립 심화
└ 영국의 처칠은 소련의 폐쇄적이고 비밀스러운 태도를 '철의 장막'에 비유하기도 하였어.

2. 자본주의 진영과 공산주의 진영의 대립

구분	자본주의 진영(미국 주도)	공산주의 진영(소련 주도)
정치	트루먼 독트린 발표(1947) 핵심 자료	코민포름(공산당 정보국) 조직
경제	미국이 *마셜 계획 추진 → 서유럽에 경제 원조를 함	소련이 동유럽 공산주의 국가들과 코메콘(경제 상호 원조 회의) 조직
군사	미국이 서유럽 국가들과 군사 동맹인 북대서양 조약 기구(NATO)를 결성	소련이 동유럽 공산주의 국가들과 군사 동맹인 바르샤바 조약 기구(WTO) 결성

✽ 냉전(Cold War)
자본주의 진영과 공산주의 진영이 직접적인 무력 충돌보다는 정치·군사·외교 등에서 경쟁·대립하던 상황을 말한다.

✽ 마셜 계획
미국이 제2차 세계 대전 이후 어려워진 서유럽의 경제를 살리고자 시행한 원조 계획이다.

B 냉전 체제의 심화

1. 독일에서의 냉전: 제2차 세계 대전 이후 4개 연합국의 독일 분할 점령 → 미국·영국·프랑스가 점령 지역에서 화폐 개혁 단행 → 소련의 베를린 봉쇄(1948~1949) → 독일의 분단 → 소련의 *베를린 장벽 설치(1961)
└ 독일은 미국, 영국, 프랑스, 소련이 분할하여 점령하였고, 수도인 베를린 역시 4개국이 분할 점령하였어.

2. 쿠바에서의 냉전: 소련이 미국과 가까운 쿠바에 핵미사일 기지 건설 시도 → 미국의 쿠바 해상 봉쇄 → 미국과 소련 간 핵전쟁의 위기 발생(쿠바 미사일 위기, 1962) → 소련의 미사일 철수 결정으로 위기 해소 자료①

3. 아시아에서의 냉전
└ 냉전은 아시아에서 군사적 충돌인 '열전'으로 나타나기도 하였어.

중국	국공 내전(장제스의 국민당과 마오쩌둥의 공산당 사이의 내전) → 마오쩌둥이 이끄는 공산당의 승리, 중화 인민 공화국 수립(1949) → 장제스가 이끈 중국 국민당은 패배 후 타이완으로 밀려남
한국	냉전의 영향 등으로 남북 분단 → 소련의 지원을 받은 북한의 남침으로 6·25 전쟁 발발(1950) → *국제 연합군과 중국군의 개입 → 정전, 분단 고착
베트남	공산주의 정권이 들어선 북베트남과 미국의 지원을 받은 남베트남의 대립 → 베트남 전쟁 발발(1964) → 북베트남이 승리하여 베트남을 통일함(1975) 자료②

└ (한국 행) 미국과 소련이 38도선을 경계로 분할 점령하였어.

✽ 베를린 장벽
동독인이 서베를린으로 탈출하는 것을 막고자 소련이 세운 장벽으로, 냉전의 상징이 되었다.

✽ 국제 연합군과 중국군의 개입
6·25 전쟁이 일어나자 자본주의 진영의 국가들이 국제 연합군으로 참전하여 남한을 도왔다. 이후 국군과 국제 연합군이 인천 상륙 작전에 성공하자, 중국군이 참전하여 북한을 도왔다.

자료① 쿠바 미사일 위기

⬆ 쿠바 미사일 위기 풍자화

소련이 미국과 가까운 쿠바에 핵미사일 기지 건설을 시도하면서 미국이 쿠바 해상을 봉쇄하였고, 미국과 소련 사이에 핵전쟁의 위기가 닥쳤다. 결국 소련이 쿠바에서 미사일을 철수하기로 하면서 위기가 해소되었다.

자료② 베트남 전쟁

⬆ 베트남 전쟁에 참여한 미군(1964)

공산주의 정권이 들어선 북베트남이 베트남 전체를 통일하려 하자 미국은 공산주의의 확산을 저지한다는 명분으로 남베트남을 지원하며 전쟁에 직접 개입하였다. 이후 한국 등 여러 나라가 베트남전에 참전하였다.

교과서 핵심 자료 — 냉전 체제의 형성

↑ 미국 대통령 트루먼의 선언(1947)

↑ 마셜 계획

제2차 세계 대전이 끝난 후 소련의 영향으로 동유럽 지역에 공산주의 정권이 세워지자, 미국은 트루먼 독트린을 발표하고 마셜 계획을 추진하여 서유럽에 경제적인 도움을 주었다.

✔ 완자쌤의 탐구 수업

❶ 1947년 미국의 대통령이 공산주의 세력의 확산을 막기 위해 발표한 선언은?

트루먼 독트린

❷ 전후 미국이 서유럽에 경제 원조를 한 이유는?

제2차 세계 대전으로 서유럽의 경제가 어려워졌고, 전쟁 이후 소련의 영향으로 동유럽 지역에 공산주의 세력이 확산되자 미국은 유럽에서 소련의 영향력이 커지는 것을 막고자 하였습니다. 이에 마셜 계획을 발표하여 서유럽에 경제적인 도움을 주었습니다.

문제로 개념 확인

정답 친해 76쪽

1 다음 물음에 답하시오.

(1) 미국이 서유럽의 경제 부흥을 위해 추진한 계획은? (　　　　　)

(2) 소련이 동유럽 공산주의 국가들과 결성한 군사 동맹 기구는? (　　　　　)

2 ㉠에 들어갈 국가를 쓰시오.

> 1962년에 소련이 미국과 가까운 (㉠　　　　)에 핵미사일 기지를 건설하려고 하자 미국이 해상을 봉쇄하면서 세계는 핵전쟁의 위기에 처하였다.

3 다음 괄호 안의 내용 중 알맞은 말에 ○표를 하시오.

(1) 중국 (공산당 , 국민당)을 이끈 마오쩌둥은 국공 내전에서 승리한 후 1949년 중화 인민 공화국 수립을 선포하였다.

(2) 공산주의 정권이 들어선 북베트남과 (미국 , 영국)의 지원을 받은 남베트남 사이에 전쟁이 일어나 북베트남이 승리하였다.

비주얼로 핵심 콕콕

A 냉전 체제의 형성

자본주의 진영 (미국 중심)	공산주의 진영 (소련 중심)
• □□□ 독트린 발표 • 마셜 계획 추진 • 북대서양 조약 기구(NATO) 조직	• 코민포름 창설 • 코메콘 결성 • 바르샤바 조약 기구(WTO) 조직

B 냉전 체제의 심화

냉전의 심화
• 독일: □□□ 장벽 설치 → 분단 고착
• 쿠바: 쿠바 미사일 위기
• 중국: 국공 내전
• 한국: 6·25 전쟁
• 베트남: 베트남 전쟁

C 제3 세계의 등장

1. 아시아와 아프리카 국가들의 독립

아시아	• 인도: 영국으로부터 독립(1947) → 종교 갈등으로 인도(힌두교)와 파키스탄(이슬람교)으로 분리(1947) → 동파키스탄(파키스탄 자치령)이 방글라데시로 독립(1971) • 베트남: 프랑스와 독립 전쟁을 벌임 → 남북으로 분단됨 → 베트남 전쟁 발발(1964) → 공산주의를 추구하던 북베트남의 베트남 통일(1975) • 이스라엘: 유대인이 영국, 미국 등의 도움으로 건국(1948) → *중동 전쟁 발발 • 기타: 필리핀, 인도네시아, 시리아, 요르단 등이 독립
아프리카	• 이집트: 나세르가 왕정을 몰아내고 공화정 수립(1952) → 수에즈 운하의 국유화 선언, 영국과 프랑스로부터 운영권 회복(1956) • 리비아: 1951년 이탈리아로부터 독립 [리비아의 독립을 시작으로 1960년에는 아프리카 17개국이 독립하여 '아프리카의 해'라고 불리기도 하였어.] • 알제리: 8년간에 걸친 전쟁 끝에 프랑스로부터 독립(1962) • *아프리카의 영토 분쟁으로 빈곤이나 기아 문제 등 발생

2. *제3 세계의 형성 `핵심 자료`

— 인도와 중국의 대표가 만나 상호 불가침, 평화 공존 등에 합의하였어.

(1) 주도 세력: 비동맹주의를 내세운 아시아와 아프리카 독립국

(2) 활동: 평화 5원칙 발표(1954) → 제1차 아시아·아프리카 회의(반둥 회의) 개최(1955) → 평화 10원칙 발표, 제1차 비동맹 회의 개최(1961) [제3 세계 국가 간 상호 협력을 다짐한 회의로 이집트의 나세르, 인도의 네루, 유고슬라비아 연방의 티토가 주도하였어.]

(3) 영향: 제3 세계의 국제적 영향력 확대로 냉전 체제에 변화가 일어남

---

* **중동 전쟁(1948~1979)**
팔레스타인 거주민과 주변 아랍 국가들이 이스라엘과 대립하였고, 이들 간에 네 차례의 전쟁이 일어났다.

* **아프리카의 영토 분쟁**
열강이 아프리카 부족들의 기존 영역과 민족, 종교 등을 무시한 채 식민지 국경을 정하였고, 이는 독립 이후 여러 분쟁의 배경이 되었다.

* **제3 세계**
자본주의 진영(제1 세계)과 공산주의 진영(제2 세계) 중 그 어느 쪽에도 속하지 않겠다는 비동맹주의를 내세운 아프리카와 아시아 독립국들을 가리킨다.

D 냉전 체제의 완화

1. 배경: 미국과 소련 중심의 양극 체제에서 다극 체제로의 변화 [미국과 소련의 영향력이 약화되었고, 제3 세계도 등장하였어.]

(1) 소련의 영향력 약화: 중국과 소련의 이념 및 국경 갈등, 체코슬로바키아·폴란드 등이 독자 노선을 추구함

(2) 미국의 영향력 약화: 프랑스가 북대서양 조약 기구(NATO)에서 탈퇴하고 독자적인 노선을 선택함, 일본과 독일의 경제가 성장함 [독자적으로 핵무기 개발을 진행하였어.]

2. 과정: 닉슨 독트린 발표(1969) → 중국이 미국 탁구 선수단을 초청하여 친선 경기를 함(1971) → 미국 대통령 닉슨의 중국 방문(1972) → 동독과 서독의 국제 연합(UN) 동시 가입(1973) → 미국과 중국의 정식 국교 수립(1979), 미국과 소련 간 *전략 무기 제한 협정(SALT) 체결(1979) `자료①` `자료②` ['핑퐁 외교'라고도 불렸어.]

* **전략 무기 제한 협정(SALT)**
미국과 소련 간의 공격용 및 방어용 전략 핵무기를 제한하는 것에 관한 협정으로 냉전 완화에 기여하였다.

`자료①` **닉슨 독트린**

• 미국은 앞으로 베트남 전쟁과 같은 군사적 개입을 피한다.
• 미국은 강대국의 핵 위협을 제외한 내란이나 침략에 대하여 아시아 각국 스스로 협력하여 그에 대처하기를 바란다.
• 미국은 …… 직접적, 군사적, 정치적 과잉 개입은 하지 않는다.

1964년에 시작된 베트남 전쟁이 오래 이어지는 상황에서 1969년 미국 대통령 닉슨은 아시아에서 일어나는 전쟁에 군사적 개입을 피할 것이라고 선언하였다.

`자료②` **닉슨의 중국 방문**

1972년 미국 대통령 닉슨이 중국에 방문하여 중국 국가 주석 마오쩌둥을 만났다. 이후 화해와 협력의 분위기가 만들어지고 냉전의 긴장이 완화되었다.

교과서 핵심 자료 ✦ 제3 세계 국가들의 공동 목표

(가) 제1차 반둥 회의 개막 연설

↑ 인도네시아의 수카르노

(나) 평화 10원칙(일부)

2. 모든 국가의 주권과 영토의 보전을 존중한다.
3. 모든 인종과 국가 사이의 평등을 인정한다.
4. 다른 나라의 내정에 간섭하지 않는다.
6. 강대국에 유리한 집단적인 방위를 거부한다.
7. 서로 침략하지 않는다.
8. 국제 분쟁을 평화적인 방법으로 해결한다.
9. 서로의 이익을 위해 협력한다.

1955년에 아시아와 아프리카의 29개국 대표들은 인도네시아 반둥에 모여 제1차 아시아·아프리카 회의(반둥 회의)를 개최하였다. 이 회의에서 모든 국가의 영토 및 주권 존중과 국제 분쟁의 평화적 해결 등을 강조하는 평화 10원칙이 발표되었다.

✓ 완자쌤의 탐구 수업

❶ (가)에서 '우리'를 가리키는 말로, 자본주의 진영과 공산주의 진영 중 그 어느 쪽에도 속하지 않는 국가들을 이르는 말은?

제3 세계

❷ (가), (나)를 통해 알 수 있는 아시아·아프리카 국가들의 공동 목표는?

제2차 세계 대전 이후 등장한 많은 아시아·아프리카 독립국들은 각국의 주권과 영토를 보전하고자 하였으며 국가 간 평등의 원칙을 내세웠습니다. 또한 상호 불가침과 평화 공존을 지향하였습니다.

문제로 개념 확인

정답 친해 76쪽

1 다음 괄호 안의 내용 중 알맞은 말에 ○표를 하시오.

(1) 유대인은 미국과 영국의 도움으로 1948년 (리비아 , 이스라엘)을/를 세웠다.

(2) 인도는 1947년 영국으로부터 독립한 해에 인도와 (파키스탄 , 방글라데시)(으)로 분리되었다.

2 다음 설명이 맞으면 ○표, 틀리면 ×표를 하시오.

(1) 이집트의 나세르는 수에즈 운하의 국유화를 선언하였다. (   )

(2) 1955년 개최된 아시아·아프리카 회의(반둥 회의)에서는 평화 5원칙이 발표되었다. (   )

3 다음 설명에 해당하는 국가를 〈보기〉에서 골라 기호를 쓰시오.

> **보기**
> ㄱ. 미국 ㄴ. 소련

(1) 베트남 전쟁이 오래 이어지는 상황에서 1969년 닉슨 독트린을 발표하였다. (   )

(2) 중국과 이념 및 국경 갈등을 겪었고, 체코슬로바키아와 폴란드 등이 독자 노선을 추구하면서 영향력이 약화되었다. (   )

비주얼로 핵심 콕콕

C 제3 세계의 등장

> 아시아·아프리카 여러 나라의 독립
> ↓
> □□ □□ 형성
> • 비동맹주의를 내세움
> • 제1차 아시아·아프리카 회의(반둥 회의) 개최 → 평화 10원칙 발표

D 냉전 체제의 완화

> 미국과 소련의 영향력 약화
> ↓
> 냉전 체제의 완화
> • □□ 독트린 발표
> • 동·서독의 국제 연합(UN) 동시 가입
> • 미국과 중국의 정식 국교 수립
> • 소련과 미국의 전략 무기 제한 협정(SALT) 체결

E 소련의 해체와 사회주의 진영의 붕괴

1. 소련의 해체 핵심 자료

(1) 배경: 1970년대 이후 소련의 사회 경직과 경제 침체

(2) 고르바초프의 개혁: 동유럽 국가들에 대한 불간섭 선언, *개혁(페레스트로이카)·개방(글라스노스트) 정책 추진, 냉전 종식 선언(몰타 회담, 1989) ─ 소련의 공산당 서기장 고르바초프는 미국의 부시 대통령과 함께 냉전이 끝났음을 공식적으로 선언하였어.

(3) 소련의 해체: 고르바초프의 정책에 반대한 소련 공산당의 쿠데타 시도 → 옐친의 쿠데타 진압, 권력 장악 → 소련 해체, *독립 국가 연합(CIS) 결성(1991)

2. 사회주의 진영의 붕괴

─ 폴란드에서 자유 노조를 이끌던 바웬사가 대통령에 선출되었어.

(1) 동유럽: 소련의 개혁·개방 정책과 불간섭 선언으로 폴란드, 체코슬로바키아, 헝가리 등에서 민주화 운동이 일어남 → 사회주의 정권 붕괴, 정치 민주화 및 시장 경제 제도 도입

(2) 독일: 베를린 장벽 붕괴(1989) → 서독이 동독을 흡수하는 방식으로 독일 통일(1990)

(3) 유고슬라비아 연방: 1990년대 여러 나라가 독립하면서 사실상 해체 → 세르비아인의 독립을 막는 과정에서 유고슬라비아 전쟁 발생 → 크로아티아, 코소보 등에서 사상자 발생

✴ 개혁(페레스트로이카)·개방(글라스노스트)
페레스트로이카는 시장 경제 체제를 일부 도입하겠다는 경제 정책이고, 글라스노스트는 언론의 자유 등 정치 민주화(자유화) 정책을 뜻한다.

✴ 독립 국가 연합(CIS)
소련이 해체되면서 독립한 국가들의 국제기구로, 총 11개국이 속하였다. 이후 조지아, 우크라이나, 몰도바가 탈퇴하였다.

F 중국의 개혁·개방과 유럽 연합의 성립

1. 중국의 개혁·개방

─ 농촌을 중심으로 경제 발전을 이루려는 대약진 운동을 전개하였어.

마오쩌둥	• 독자적인 공산주의 경제 정책 추진 → 실패 후 정치적 위기에 빠짐 • 문화 대혁명(1966~1976): *홍위병을 앞세워 중국의 전통문화와 자본주의 부정, 많은 예술인과 지식인 억압 자료❶
덩샤오핑	• *흑묘백묘론 주장, 개혁·개방 정책 추진(시장 경제 요소 도입) • 톈안먼 사건(1989): 민주화를 요구하는 시위를 중국 정부가 무력으로 진압함

2. 유럽 연합의 성립 자료❷

─ 유럽 석탄 철강 공동체(ECSC, 1952) → 유럽 경제 공동체(EEC) → 유럽 공동체(EC)를 거쳐 유럽 연합(EU)이 탄생하였어.

(1) 창설 과정: 마스트리흐트 조약 체결로 유럽 연합(EU)이 창설됨(1993)

(2) 주요 활동: 단일 화폐인 유로화 사용(경제 통합), 여러 사안을 함께 논의

3. 냉전 이후 국제 질서: G7(주요 7개국 정상 회의)과 G20(기존 G7 국가에 신흥 경제국, 유럽 연합을 포함한 정상 회의)에서 정치 및 경제 문제 논의, 중국의 영향력 확대 시도와 미국의 견제, 러시아의 영향력 확대 도모

✴ 홍위병
문화 대혁명의 추진 세력으로, 대체로 중고등학생들로 구성되었다.

✴ 흑묘백묘론
검은 고양이(흑묘)든 흰 고양이(백묘)든 쥐만 잘 잡으면 된다는 것으로, 중국의 경제 발전을 위해 자본주의적 방법도 도입할 수 있다는 것을 비유한 말이다.

자료❶ 문화 대혁명

↑ 문화 대혁명 시기의 홍위병

마오쩌둥은 독자적인 공산주의 경제 정책이 실패로 끝난 후 정치적 위기에 빠지자 홍위병을 앞세워 문화 대혁명을 일으켰다. 이 사건으로 중국의 전통문화가 파괴되었고 많은 예술인과 지식인이 억압받았다.

자료❷ 유럽 연합의 탄생

↑ 유럽 연합기와 유로화

1993년 유럽 공동체(EC)가 확대되면서 유럽 연합(EU)이 탄생하였다. 유럽 연합은 단일 화폐인 유로화를 만들고 유럽 의회를 구성하는 등 하나의 경제 및 정치 공동체를 지향하며 오늘날에도 긴밀한 관계를 유지하고 있다.

교과서 핵심 자료 · 소련의 해체와 사회주의 진영의 붕괴

↑ 냉전의 종식을 선언한 미국 대통령 부시(왼쪽)와 소련의 고르바초프(오른쪽)(1989)

↑ 동유럽 국가인 에스토니아에서 철거되는 레닌 동상(1989)

소련의 고르바초프가 동유럽에 대한 불간섭을 선언하였고, 1989년 미국 대통령 부시와 함께 냉전이 끝났다고 공식적으로 선언하였다(몰타 회담). 냉전의 종식이 공식 선언된 이후인 1991년 소련은 해체되고 러시아 등이 포함된 독립 국가 연합(CIS)이 수립되었다.

✔ 완자쌤의 탐구 수업

❶ **소련 해체 이후 러시아 등이 포함되어 결성된 국제기구는?**

독립 국가 연합(CIS)

❷ **소련 내 여러 공화국들이 독립을 선포한 배경은?**

소련의 고르바초프는 1970년대 이후 소련의 경제적 어려움이 심화되자 동유럽 국가들에 대한 불간섭을 선언하고 개혁·개방 정책을 추진하였습니다. 이 영향으로 동유럽의 많은 사회주의 국가가 독립을 선포하였습니다.

문제로 개념 확인

정답 친해 76쪽

1 다음 물음에 답하시오.

(1) 소련의 경제 침체가 이어지자 시장 경제 체제를 일부 도입하자며 추진된 경제 정책을 뜻하는 말은? (   )

(2) 연방이었다가 1990년대 사실상 여러 나라로 해체되었으며, 세르비아인의 독립을 막는 과정에서 전쟁을 겪은 국가는? (   )

2 다음 설명에 해당하는 인물을 〈보기〉에서 골라 기호를 쓰시오.

> 보기
> ㄱ. 옐친 ㄴ. 고르바초프

(1) 미국 대통령과 함께 냉전이 끝났음을 공식 선언하였다. (   )

(2) 소련 공산당이 개혁에 반대하며 쿠데타를 시도하자 이를 막아 내고 권력을 장악하였고, 이후 소련의 해체를 선언하였다. (   )

3 빈칸에 들어갈 알맞은 내용을 쓰시오.

(1) 1989년 동독과 서독을 가로막던 (   )이/가 무너졌고, 이후 서독이 동독을 흡수하는 방식으로 독일이 통일되었다.

(2) 1993년에 마스트리흐트 조약으로 창설된 (   )은/는 유럽에서 단일 화폐를 만드는 등 하나의 경제 및 정치 공동체를 지향하고 있다.

비주얼로 핵심 콕콕

E 소련의 해체와 사회주의 진영의 붕괴

고르바초프의 개혁
- 개혁(페레스트로이카)·개방(글라스노스트) 정책 추진
- 동유럽 국가에 불간섭 선언
- 냉전 종식 선언(☐☐ 회담)

↓

소련 공산당의 쿠데타 시도

옐친의 쿠데타 진압, 권력 장악

소련의 해체와 사회주의 진영의 붕괴

F 중국의 개혁·개방과 유럽 연합의 성립

중국
- **마오쩌둥**: 독자적인 공산주의 경제 정책 추진, 실패
  → ☐☐ ☐☐☐을 일으킴
- **덩샤오핑**: 개혁·개방 정책 추진
  → 톈안먼 사건 발생

유럽
유럽 연합(EU) 창설
→ 단일 화폐(유로화) 발행

A 냉전 체제의 형성

01 미국이 서유럽 국가들과 결성한 군사 동맹 기구로 옳은 것은?

① 코메콘
② 코민포름
③ 코민테른
④ 바르샤바 조약 기구(WTO)
⑤ 북대서양 조약 기구(NATO)

02 다음 선언이 발표된 이후에 일어난 일로 옳은 것은?

> 오늘날 전 세계의 거의 모든 나라는 자본주의 방식과 공산주의 방식 중 하나를 선택해야 합니다. 모든 민족이 자유로운 상황에서 스스로 운명을 결정할 수 있도록 미국이 도울 것입니다. — 트루먼, 1947

① 뉴딜 정책이 도입되었다.
② 마셜 계획이 추진되었다.
③ 국제 연합(UN)이 창설되었다.
④ 신경제 정책(NEP)이 마련되었다.
⑤ 소비에트 사회주의 공화국 연방이 세워졌다.

03 밑줄 친 '이 국가'에 대한 설명으로 옳은 것은?

> • 이 국가는 미국이 주도하는 자본주의 진영에 맞서 공산주의 진영을 이끌었다.
> • 영국의 수상인 처칠은 이 국가의 폐쇄적이고 비밀스러운 태도를 철의 장막에 비유하여 표현하였다.

① 코메콘을 조직하였다.
② 마셜 계획을 추진하였다.
③ 바이마르 헌법을 만들었다.
④ 미국의 하와이 진주만 기지를 기습하였다.
⑤ 전후 평화 원칙이 담긴 대서양 헌장을 발표하였다.

B 냉전 체제의 심화

04 다음과 같이 분할된 국가에 대한 설명으로 옳은 것을 〈보기〉에서 고른 것은?

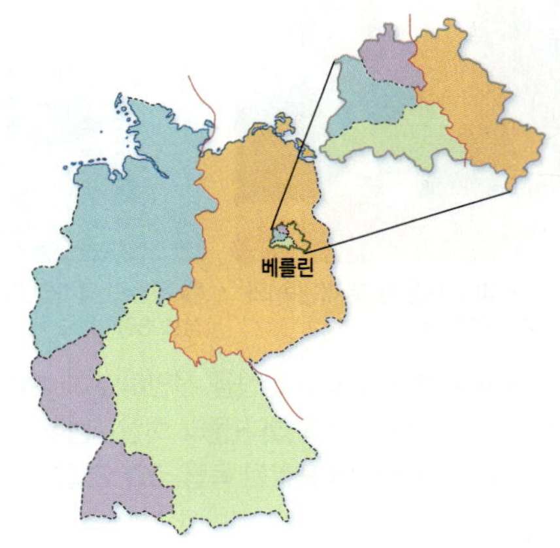

> **보기**
> ㄱ. 미국, 영국, 소련, 중국이 점령하였다.
> ㄴ. 소련이 수도인 베를린에 장벽을 쌓았다.
> ㄷ. 분할 점령되다가 냉전의 심화로 분단되었다.
> ㄹ. 제2차 세계 대전에서 연합국으로 참전하였다.

① ㄱ, ㄴ
② ㄱ, ㄷ
③ ㄴ, ㄷ
④ ㄴ, ㄹ
⑤ ㄷ, ㄹ

05 선생님이 설명하는 사건으로 옳은 것은?

① 6·25 전쟁
② 베트남 전쟁
③ 사라예보 사건
④ 쿠바 미사일 위기
⑤ 피의 일요일 사건

[06~07] **[06~07] 다음을 보고 물음에 답하시오.**

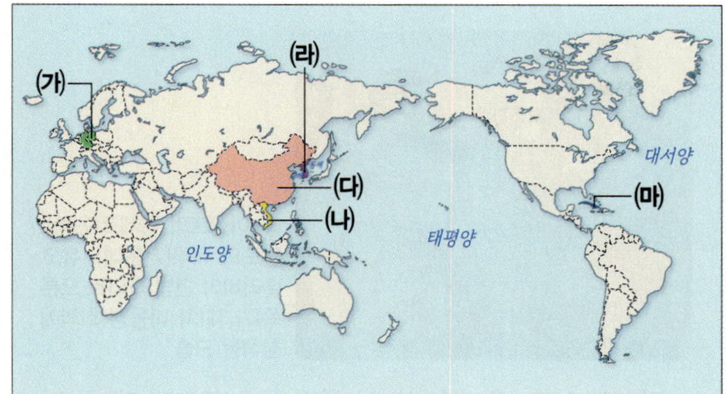

06 다음에서 설명하는 사건과 그 국가로 옳은 것은?

소련의 지원을 받은 북한의 기습 남침으로 전쟁이 일어났다. 이후 자본주의 진영의 국가들은 국제 연합군을 결성하고 참전하였다.

	사건	국가		사건	국가
①	국공 내전	(가)	②	국공 내전	(나)
③	6·25 전쟁	(다)	④	6·25 전쟁	(라)
⑤	베트남 전쟁	(마)			

07 (다) 지역에서 있었던 사실로 옳은 것은?

① 방글라데시가 세워졌다.
② 베를린이 약 1년간 봉쇄되었다.
③ 중화 인민 공화국이 수립되었다.
④ 수에즈 운하의 운영권을 되찾았다.
⑤ 아시아·아프리카 회의를 처음으로 열었다.

08 ㉠에 들어갈 국가를 쓰시오.

북베트남이 베트남 전체를 통일하려 하자 공산주의의 확산을 우려한 (㉠)은/는 남베트남을 지원하였다. 이후 한국 등 여러 나라가 베트남 전쟁에 참여하였다.

(   )

C 제3 세계의 등장

09 다음 상황의 직접적인 배경을 알아보기 위한 탐구 활동으로 적절한 것은?

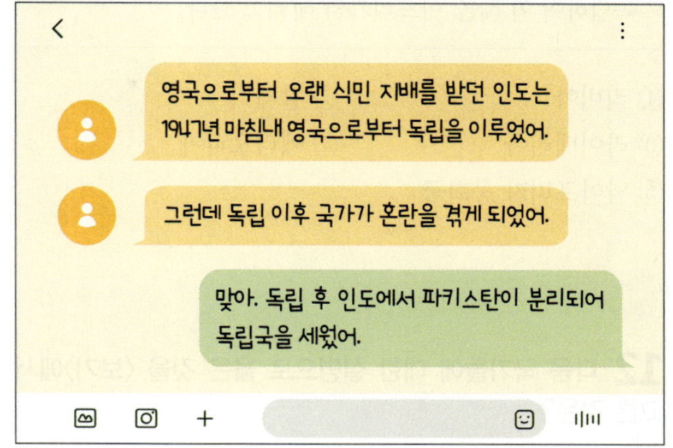

① 플라시 전투의 결과를 알아본다.
② 벵골 분할령이 발표된 시기를 파악한다.
③ 세포이의 항쟁이 미친 영향을 조사한다.
④ 인도 국민 회의의 활동 성과를 살펴본다.
⑤ 힌두교와 이슬람교의 대립 양상을 분석한다.

시험에 잘 나와!

10 검색창에 들어갈 국가에 대한 설명으로 옳은 것은?

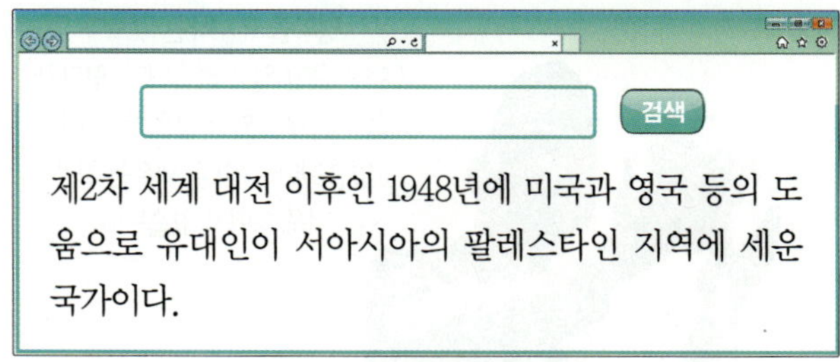

제2차 세계 대전 이후인 1948년에 미국과 영국 등의 도움으로 유대인이 서아시아의 팔레스타인 지역에 세운 국가이다.

① 국공 내전을 겪었다.
② 아기날도가 독립운동을 이끌었다.
③ 술탄 제도와 칼리프 제도를 폐지하였다.
④ 주변 아랍 국가들과 여러 차례 중동 전쟁을 벌였다.
⑤ 영국이 군대 주둔권을 유지하는 조건으로 독립을 인정하였다.

11 밑줄 친 '이 국가'로 옳은 것은?

> 1951년 이 국가의 독립을 시작으로 아프리카의 많은 나라가 독립하였다. 1960년에는 아프리카에서 17개국이 독립하여 이 해를 '아프리카의 해'라고 한다.

① 리비아
② 알제리
③ 라이베리아
④ 에티오피아
⑤ 남아프리카 공화국

12 다음 국가들에 대한 설명으로 옳은 것을 〈보기〉에서 고른 것은?

> **보기**
> ㄱ. 인도 – 1947년 영국으로부터 독립한 국가이다.
> ㄴ. 베트남 – 남북으로 분단되었다가 통일된 국가이다.
> ㄷ. 방글라데시 – 1947년에 인도에서 분리된 이슬람 국가이다.
> ㄹ. 인도네시아 – 파키스탄의 자치령(동파키스탄)이었다가 1971년에 독립하였다.

① ㄱ, ㄴ
② ㄱ, ㄷ
③ ㄴ, ㄷ
④ ㄴ, ㄹ
⑤ ㄷ, ㄹ

13 다음 연설이 이루어진 회의의 결과로 옳은 것은?

⬆ 인도네시아의 수카르노

① 국제 연맹이 창설되었다.
② 평화 10원칙이 발표되었다.
③ 베르사유 조약이 체결되었다.
④ 유럽의 국경선 문제가 처리되었다.
⑤ 일본이 산둥반도의 이권을 인정받았다.

14 다음 자료를 활용한 탐구 주제로 가장 적절한 것은?

◀ 이집트의 나세르(왼쪽), 인도의 네루(가운데), 유고슬라비아 연방의 티토(오른쪽)가 제1차 비동맹 회의에 참석한 모습

이집트와 인도, 유고슬라비아 연방 등은 1961년 제1차 비동맹 회의를 열어 미국 및 소련과 동맹을 맺지 않은 국가 간의 결속을 다지고 개발 도상국의 이익과 권리를 지키기 위해 노력하였다.

① G20의 탄생
② 제3 세계의 대두
③ 냉전 체제의 심화
④ 대서양 헌장 발표
⑤ 범아프리카주의의 확산

★ 시험에 잘 나와!
15 다음 원칙에 합의한 세력에 대한 설명으로 옳은 것을 〈보기〉에서 고른 것은?

> 2. 모든 국가의 주권과 영토의 보전을 존중한다.
> 3. 모든 인종과 국가 사이의 평등을 인정한다.
> 4. 다른 나라의 내정에 간섭하지 않는다.
> 6. 강대국에 유리한 집단적인 방위를 거부한다.
> 7. 서로 침략하지 않는다.
> 8. 국제 분쟁을 평화적인 방법으로 해결한다.

> **보기**
> ㄱ. 냉전 체제를 주도하는 세력이었다.
> ㄴ. 국제 질서가 다극화되는 데 기여하였다.
> ㄷ. 자본주의 진영 국가들을 중심으로 결성되었다.
> ㄹ. 주로 아시아와 아프리카의 신생 독립국이었다.

① ㄱ, ㄴ
② ㄱ, ㄷ
③ ㄴ, ㄷ
④ ㄴ, ㄹ
⑤ ㄷ, ㄹ

D 냉전 체제의 완화

16 다음 상황을 뒷받침하는 사례로 적절한 것을 〈보기〉에서 고른 것은?

> 국제 질서가 미국과 소련이 주도하던 양극 체제에서 다극 체제로 변해 갔다.

보기

ㄱ. 소련이 베를린을 봉쇄하였다.
ㄴ. 소련이 중국과 국경 문제로 갈등을 겪었다.
ㄷ. 프랑스가 북대서양 조약 기구(NATO)를 탈퇴하였다.
ㄹ. 미국·영국·프랑스가 독일 점령 지역에서 화폐 개혁을 단행하였다.

① ㄱ, ㄴ   ② ㄱ, ㄷ   ③ ㄴ, ㄷ
④ ㄴ, ㄹ   ⑤ ㄷ, ㄹ

17 (가)에 들어갈 사건으로 옳은 것은?

닉슨 독트린 발표 ➡ (가) ➡ 미국과 중국의 국교 수립

① 마셜 계획 추진
② 베를린 장벽 설치
③ 트루먼 독트린 발표
④ 제1차 아시아·아프리카 회의 개최
⑤ 동독과 서독의 국제 연합(UN) 동시 가입

18 다음 외교 정책에 대한 설명으로 옳은 것은?

> 미국은 강대국의 핵 위협을 제외한 내란·침략에 대해 아시아 각국이 스스로 협력하여 그에 대처하기를 바란다.

① 파리 강화 회의의 원칙이 되었다.
② 냉전 체제가 완화되는 데 영향을 미쳤다.
③ 제1차 반둥 회의에서 발표된 정책이었다.
④ 아프리카를 하나로 통일하기 위해 발표되었다.
⑤ 독일의 해외 식민지 상실, 군비 축소 등이 결정되었다.

E 소련의 해체와 사회주의 진영의 붕괴

19 빈칸에 들어갈 내용으로 옳은 것을 〈보기〉에서 고른 것은?

> **수행 평가 보고서**
>
> • **주제**: 고르바초프의 활동과 업적
> • **조사 자료**
>   – 1모둠: 냉전의 종식을 선언하였다.
>   – 2모둠:

보기

ㄱ. 소련을 해체하였다.
ㄴ. 정치 민주화를 추진하였다.
ㄷ. 시장 경제 체제를 도입하였다.
ㄹ. 소련 공산당이 벌인 쿠데타를 진압하였다.

① ㄱ, ㄴ   ② ㄱ, ㄷ   ③ ㄴ, ㄷ
④ ㄴ, ㄹ   ⑤ ㄷ, ㄹ

★ 시험에 잘 나와!
20 다음 상황이 일어난 직접적인 배경으로 가장 적절한 것은?

> 1980년대 후반에 폴란드, 체코슬로바키아, 헝가리 등에서 민주화 운동이 일어나 사회주의 정권이 붕괴되었다. 이후 이 국가들은 정치적 자유화를 추진하고 시장 경제 제도를 도입하였다.

① 고르바초프가 동유럽에 불간섭을 선언하였다.
② 트루먼이 공산주의 세력을 막겠다고 발표하였다.
③ 먼로가 유럽의 아메리카 간섭을 허용하지 않겠다고 발표하였다.
④ 닉슨이 아시아에서 일어나는 전쟁에 개입하지 않겠다고 선언하였다.
⑤ 레닌이 자본주의적 요소를 일부 도입하는 신경제 정책(NEP)을 추진하겠다고 발표하였다.

21 다음에서 설명하는 국제기구를 쓰시오.

> 소련이 해체되면서 독립한 국가들이 결성한 국제기구이다. 처음에는 러시아 연방을 포함하여 11개국이 속하였으나 이후 3개 국가가 탈퇴하였다.

(   )

22 1980년대 후반 이후 독일에서 일어난 정치 변화로 적절한 것을 〈보기〉에서 고른 것은?

보기
ㄱ. 베를린 봉쇄
ㄴ. 베를린 장벽의 붕괴
ㄷ. 서독의 동독 흡수 통일
ㄹ. 4개 연합국에 의한 분할 점령

① ㄱ, ㄴ   ② ㄱ, ㄷ   ③ ㄴ, ㄷ
④ ㄴ, ㄹ   ⑤ ㄷ, ㄹ

F 중국의 개혁·개방과 유럽 연합의 성립

23 밑줄 친 '이 인물'에 대한 설명으로 옳은 것을 〈보기〉에서 고른 것은?

사진은 중국 공산당을 이끈 이 인물이 1949년에 새로운 국가인 중화 인민 공화국의 수립을 선포하는 모습이다.

보기
ㄱ. 톈안먼 사건을 진압하였다.
ㄴ. 국공 내전을 승리로 이끌었다.
ㄷ. 개혁·개방 정책을 추진하였다.
ㄹ. 독자적인 공산주의 경제 정책을 추진하였다.

① ㄱ, ㄴ   ② ㄱ, ㄷ   ③ ㄴ, ㄷ
④ ㄴ, ㄹ   ⑤ ㄷ, ㄹ

24 학생의 질문에 대한 답변으로 옳지 <u>않은</u> 것은?

① 중국의 전통문화가 많이 파괴되었어.
② 많은 지식인과 예술인이 탄압을 당하였어.
③ 마오쩌둥이 정치적 위기를 극복하고자 일으켰어.
④ 사회주의 사상으로 무장한 홍위병이 주도하였어.
⑤ 검은 고양이든 흰 고양이든 쥐만 잘 잡으면 된다는 사상을 기반으로 하였어.

25 _{시험에 잘 나와!} ㉠에 들어갈 기구로 옳은 것은?

역사 신문

(㉠)이/가 창설되다

제2차 세계 대전으로 피해가 컸던 유럽 국가들은 1950년대부터 통합을 추진하였다. 오늘 드디어 그 결실을 이루어 정치적·경제적 통합을 위한 첫발을 내딛었다. 이에 따라 여기에 속한 유럽의 국가들은 공동의 정치 문제를 정기적으로 논의하고, 공동의 화폐를 사용할 계획이다.

① 국제 연합(UN)
② 유럽 연합(EU)
③ 유럽 공동체(EC)
④ 유럽 경제 공동체(EEC)
⑤ 북대서양 조약 기구(NATO)

서술형 문제

서술형 감잡기

1 다음을 읽고 물음에 답하시오.

> (㉠) 체제는 제2차 세계 대전 이후 미국과 소련을 중심으로 직접적인 무력 충돌보다는 정치, 군사, 외교 등에서 경쟁과 대립을 유지하던 상황을 말한다.

(1) ㉠에 들어갈 내용을 쓰시오.

(2) (1)에서 답한 체제하에서 자본주의 진영과 공산주의 진영의 대립 양상을 <u>두 가지</u> 서술하시오.

> |핵심어| 마셜 계획, 코메콘, 북대서양 조약 기구(NATO), 바르샤바 조약 기구(WTO)

서술형 익히기

2 다음을 읽고 물음에 답하시오.

> 2. 모든 국가의 주권과 영토의 보전을 존중한다.
> 3. 모든 인종과 국가 사이의 평등을 인정한다.
> 6. 강대국에 유리한 집단적인 방위를 거부한다.
> 8. 국제 분쟁을 평화적인 방법으로 해결한다.
>   - 평화 10원칙

(1) 위 원칙을 발표한 국가들을 이르는 말을 쓰시오.

(2) 위 원칙을 발표한 국가들의 기본 노선을 서술하시오.

3 다음을 읽고 물음에 답하시오.

> • 미국은 앞으로 베트남 전쟁과 같은 군사적 개입을 피한다.
> • 미국은 강대국의 핵 위협을 제외한 내란이나 침략에 대하여 아시아 각국 스스로 협력하여 그에 대처하기를 바란다.
> • 미국은 …… 직접적, 군사적, 정치적 과잉 개입은 하지 않는다.

(1) 위 내용이 포함된 선언을 쓰시오.

(2) (1)에서 답한 선언이 국제 질서에 미친 영향을 서술하시오.

4 다음을 읽고 물음에 답하시오.

> 1970년대 이후 소련 사회가 경직되고 경제는 어려워졌다. 1980년대 중반 소련의 (㉠)이/가 이러한 문제를 해결하고자 여러 정책을 시행하였고, 동유럽 국가에 불간섭을 선언하였다.

(1) ㉠에 들어갈 인물을 쓰시오.

(2) (1)에서 답한 인물이 추진한 정책을 <u>두 가지</u> 서술하시오.

02 민주주의와 인권의 확산

A 탈권위주의 운동

1. *탈권위주의 운동의 배경

(1) 냉전의 심화: 미국의 베트남 전쟁 개입, 소련의 동유럽 자유화 운동 탄압, 핵무기 경쟁 등
(2) 산업화에 따른 변화: 미국과 서유럽의 경제 성장, 물질만능주의 확산 〔용어 물질(돈)로 무엇이든 할 수 있다는 사고방식〕
(3) *베이비 붐 세대의 등장: 대학 교육을 받은 청년층이 자유와 해방의 가치 추구

2. 탈권위주의 운동의 특징

주요 내용	• 청년과 학생들이 핵전쟁과 차별에 반대, 비폭력 평화 운동 지향 • 장발·청바지·로큰롤 음악 등으로 자신들의 가치 표현
대표 사례	프랑스의 68 운동(1968): 프랑스 드골 정부의 실정과 사회 모순에 저항하여 청년과 학생들이 주도한 운동, 반전 운동을 벌이던 대학생이 학교 측에 감금당한 것을 계기로 시위 전개, '모든 권위에 저항하라' 등을 외치며 시위 → 노동자들도 총파업으로 가세
전개 형태	반전 평화 운동, 민주화 운동, 민권 운동, 여성 운동 등 다양한 형태로 전개
영향	미국과 유럽을 넘어 라틴 아메리카와 아시아로 확산

＊ 탈권위주의 운동
오랜 시간 계속되어 온 관습이나 기존의 정치 체제로부터 벗어나고자 하는 운동이다.

＊ 베이비 붐 세대
제2차 세계 대전 이후부터 1960년대에 걸쳐 출생률이 증가하였는데 이 시기에 태어난 세대를 베이비 붐 세대라고 한다.

B 반전 평화 운동

1. 반전 평화 운동의 배경:
두 차례의 세계 대전에서 생화학 무기나 핵폭탄 등 대량 살상 무기로 많은 사람들이 희생됨〔예 독가스〕, 쿠바 미사일 위기의 발생, 베트남 전쟁의 실상 전파〔미군이 베트남의 한 민간인 마을을 학살하였다는 소식이 알려졌어.〕, 세계 각지에서 분쟁과 테러가 일어남

2. 반전 평화 운동의 전개

베트남 전쟁 반대 시위	미국에서 반전 평화 시위 전개 → 독일, 프랑스, 아시아 등지로 확산 → 미군이 베트남 전쟁에서 철수하는 데 영향을 줌 〔핵심 자료〕
이라크 전쟁 반대 시위	2003년 미국의 이라크 침공 이후 세계 곳곳에서 이라크 전쟁에 반대하는 반전 평화 시위가 전개됨 〔자료①〕
국제 사회의 노력	• *핵 확산 금지 조약(NPT)을 체결하여 대량 살상 무기를 축소하고자 노력함 • 국제 연합(UN)이 평화 유지군을 분쟁 지역에 파견함 • 시민 사회가 반핵 시위 등 반전 평화 운동을 전개함 〔자료②〕

＊ 핵 확산 금지 조약(NPT)
핵무기가 없는 나라가 새로 핵무기를 보유하지 못하도록 막고, 기존에 핵무기를 가지고 있던 나라가 다른 나라에 핵무기 및 관련 기술을 넘기는 것을 금지한 조약이다.

자료① 이라크 전쟁 반대 시위

미국 뉴욕의 세계 무역 센터 건물이 붕괴되어 수많은 사람이 목숨을 잃거나 다쳤어.

9·11 테러를 명분으로 2003년에 미국이 이라크를 침공하였다(이라크 전쟁). 이후 세계 곳곳에서 이라크 전쟁에 반대하는 반전 평화 시위가 전개되었다.

자료② 반핵 시위

반전과 평화를 상징하는 기호야.

제2차 세계 대전에서는 원자 폭탄 등이 사용되고, 1962년에는 쿠바 미사일 위기가 발생하자 시민 사회는 핵무기의 확산을 막기 위한 반핵 시위를 벌였다.

▶ 탈권위주의 운동과 반전 평화 운동　　　▶ 민주화 운동
▶ 민권 운동　　　▶ 노동·여성·환경 운동

교과서 핵심 자료 · 베트남 전쟁 반대 시위

↑ 베트남 전쟁 반대 시위(1968)

사람은 얼마나 많은 세월이 흘러야
자유를 얻을 수 있을까?
– 「Blowin' in the Wind」 가사 중

엄마, 제 총을 땅에 내려놔 주세요.
나는 더 이상 그들을 쏠 수가 없어요.
– 「Knockin' on Heaven's Door」 가사 중

↑ 밥 딜런의 반전 평화 운동 노래

베트남 전쟁에 개입한 미군이 1968년에 베트남 중부의 한 민간인 마을을 학살했다는 소식이 미국 내에 알려졌다. 이를 계기로 1960년대 미국에서는 청년들을 중심으로 베트남 전쟁에 반대하는 시위가 전개되었고, 이후 반전 평화 운동이 전 세계로 퍼지게 되었다. 이 시기 밥 딜런과 같은 가수는 반전 평화를 외치는 노래를 많이 불렀는데, 이러한 유명 가수의 활동은 반전 평화 운동이 전 세계로 확산하는 데 영향을 미쳤다.

✔ 완자쌤의 탐구 수업

❶ 1960년대 반전 평화 운동의 직접적인 계기가 된 전쟁은?

베트남 전쟁

❷ 1960년대 미국에서 전개된 반전 평화 운동의 영향은?

미국에서 전개된 베트남 전쟁 반대 시위는 미군이 베트남 전쟁에서 철수하는 데 영향을 주었습니다. 또한 독일·프랑스를 비롯한 유럽과 일본 등 아시아 각국에서 반전 평화 운동이 확산하는 계기가 되었습니다.

문제로 개념 확인

정답 친해 80쪽

1 빈칸에 들어갈 알맞은 내용을 쓰시오.

⑴ 오랜 시간 계속되어 온 관습이나 기존의 정치 체제로부터 벗어나고자 하는 운동을 (　　　　)(이)라고 한다.

⑵ 1968년 학생들이 프랑스 드골 정부의 실정과 사회 모순에 저항하여 벌인 대표적인 운동에는 프랑스의 (　　　　)이/가 있다.

2 다음 설명이 맞으면 ○표, 틀리면 ×표를 하시오.

⑴ 1960년대 미국에서 일어난 반전 평화 운동은 미군이 베트남 전쟁에서 철수하는 데 영향을 주었다.　　　　(　　　)

⑵ 2003년 미국의 시리아 침공 이후 세계 곳곳에서 시리아 전쟁 등에 반대하는 반전 평화 시위가 전개되었다.　　　　(　　　)

3 ㉠에 들어갈 내용을 쓰시오.

제2차 세계 대전에서 생화학 무기나 원자 폭탄 등 대량 살상 무기로 발생한 희생과 1962년에 일어난 쿠바 미사일 위기 이후로 세계 각국은 핵무기의 확산을 막고자 (㉠　　　　)을/를 체결하였다.

비주얼로 핵심 콕콕

A 탈권위주의 운동

냉전의 심화　　　산업화
↓
탈권위주의 운동 전개
- **주도 세력**: 청년과 학생들
- **주요 내용**: 핵전쟁과 차별 및 기존의 권위 체제에 저항
- **대표 사례**: □□□의 68 운동

B 반전 평화 운동

대량 살상 무기의 사용　　　분쟁과 테러 발생
↓
반전 평화 운동 전개
- 베트남 전쟁 반대 시위 등
- 핵 확산 금지 조약(NPT)의 체결, 국제 연합(UN)의 □□ 유지군 파견 등

C 민주화 운동

1. 배경: 독재 정권의 부정부패 → 학생과 시민들을 중심으로 민주화 운동을 전개함

2. 각국의 민주화 운동

용어 잘못이나 옳지 못한 일을 잡아내어 따짐

한국	이승만 정권의 부정 선거를 규탄하는 시위 전개 → 이승만 정권 붕괴(4·19 혁명, 1960) → 독재에 저항하는 민주화 운동이 꾸준히 전개됨
체코 슬로바키아	공산주의 체제에서 벗어나려는 움직임이 일어나자 소련이 동맹국을 동원하여 억압함 → 억압에 저항하는 민주화 운동이 전개됨(프라하의 봄, 1968) 자료①
에스파냐	1930년대 내전 끝에 에스파냐를 장악한 프랑코 독재 정권에 맞서 1970년대 전국적인 시위 전개 → 1975년 정권 붕괴
필리핀	마르코스 독재 정권에 맞서 시위 전개 → 정권 붕괴(*에드사 혁명, 1986)
중국	민주화 요구 고조 → 정부의 무력 진압(톈안먼 사건, 1989) 자료②
튀니지	민주화 운동으로 부패한 정권 붕괴(*튀니지 혁명, 2011)

아랍 지역의 민주화 운동에 큰 영향을 주었어.

※ 에드사 혁명
20여 년간 필리핀을 독재로 다스리던 마르코스 정권이 1986년에 부정 선거를 일으키자, 시민들이 민주화 운동을 벌여 정권을 무너뜨린 사건이다.

※ 튀니지 혁명
북아프리카에 위치한 튀니지에서는 집권 세력의 호화로운 생활이 인터넷에 폭로되어 시위가 일어났고 정권이 무너졌다.

자료① **프라하의 봄**

1960년대 동유럽에서는 공산주의 체제에서 벗어나기 위한 움직임이 나타났다. 특히 체코슬로바키아에서는 시민들이 개혁에 반대하는 소련과 그 동맹국의 억압에 저항하는 운동을 전개하였다(프라하의 봄).

자료② **톈안먼 사건**

덩샤오핑의 개혁·개방 정책 이후 중국 베이징 톈안먼 광장에서는 정치 민주화를 요구하는 대규모 시위가 일어났다. 그러나 중국 정부가 이를 무력으로 진압하면서 많은 사상자가 생겨났다.

D 민권 운동

1. 배경: 제2차 세계 대전 이후 종교, 인종, 성별에 따른 차별에 저항하고 자유와 평등한 권리를 보장받고자 민권 운동이 전개됨
용어 국민으로서 마땅히 누려야 할 자유와 평등한 권리

2. 미국의 민권 운동 핵심 자료

1950년대 미국 남부에서 제정된 법이야.

배경	짐 크로 법(공공장소에서 백인과 흑인 분리, 흑인 차별을 규정)에 따른 백인과 흑인 차별
전개	• 몽고메리시의 버스 승차 거부 운동 1955년 미국의 흑인 여성 로자 파크스가 백인에게 버스 자리를 양보하지 않아 체포된 사건을 계기로 일어난 민권 운동이야. • 마틴 루서 킹이 흑인 차별에 반대하는 운동(워싱턴 행진, 1963) 전개
결과	*민권법 통과(1964) → 백인과 흑인 사이의 법적 차별 철폐

3. 남아프리카 공화국의 민권 운동 핵심 자료

용어 기간을 정하지 않고 평생 동안 교도소에 가두어 의무적인 작업을 시키는 형벌

배경	인종 분리 정책인 *아파르트헤이트 시행
전개	넬슨 만델라가 흑인 민권 운동 전개 → 반역죄로 체포(종신형 선고), 감옥에서 민권 운동 전개 → 석방 후에 클레르크 대통령과 함께 민권 운동 전개, 노벨 평화상 공동 수상
결과	1990년대 아파르트헤이트 폐지 → 백인과 흑인의 법적 차별이 없어짐

※ 민권법
인종, 종교, 성별 등에 따른 차별을 금지한 법이다. 이 법의 시행으로 학교와 직장, 공공시설에서 인종 분리가 폐지되었다.

※ 아파르트헤이트
남아프리카 공화국에서 백인과 흑인을 공공시설, 주거 등에서 분리하여 차별하였던 정책이다.

교과서 핵심 자료 · 흑인 민권 운동의 전개

↑ 연설하는 마틴 루서 킹(1963)

넬슨 만델라(왼쪽)와 클레르크 대통령(오른쪽)이 공동으로 노벨 평화상을 수상하는 모습이야.

↑ 넬슨 만델라와 클레르크 대통령(1993)

흑인들은 시민으로서 자유와 평등한 권리를 보장받고자 인종 차별에 저항하는 운동을 벌였다. 미국 남부에서는 1963년 마틴 루서 킹이 '법 앞에서의 평등'을 외치며 흑인 차별에 반대하는 워싱턴 행진을 이끌었다. 그 결과 1964년에 민권법이 제정되었다. 남아프리카 공화국에서는 넬슨 만델라가 인종 분리 정책인 아파르트헤이트에 맞서 흑인 민권 운동을 이끌었다. 그 결과 1990년대 아파르트헤이트가 폐지되었다.

✓ 완자쌤의 탐구 수업

❶ 1963년에 미국에서 워싱턴 행진을 주도한 인물은?

마틴 루서 킹

❷ 마틴 루서 킹과 넬슨 만델라가 한 활동의 공통점은?

두 인물은 모두 흑인과 백인을 분리하는 자국의 법적인 차별에 맞서 흑인 민권 운동을 전개하였습니다. 마틴 루서 킹은 미국에서 민권법이 제정되는 데 영향을 미쳤고, 넬슨 만델라는 남아프리카 공화국에서 아파르트헤이트의 폐지를 이끌어 냈습니다.

문제로 개념 확인

정답 친해 80쪽

1 다음 물음에 답하시오.

(1) 1968년에 체코슬로바키아에서 개혁에 반대하는 소련과 그 동맹국의 억압에 맞서 저항한 민주화 운동을 일컫는 말은? (   )

(2) 1986년에 필리핀에서 일어난 민주화 운동으로, 부정 선거를 저지른 마르코스 독재 정권을 무너뜨린 혁명을 이르는 말은? (   )

2 다음 괄호 안의 내용 중 알맞은 말에 ○표를 하시오.

(1) (넬슨 만델라 , 마틴 루서 킹)은/는 미국에서 흑인 차별에 반대하는 워싱턴 행진을 이끈 인물이다.

(2) 1964년 미국에서는 인종이나 종교, 성별 등에 따른 차별을 금지한 (민권법 , 짐 크로 법)이 제정되었다.

3 다음 설명에 해당하는 국가를 〈보기〉에서 골라 기호를 쓰시오.

> 보기
> ㄱ. 미국   ㄴ. 남아프리카 공화국

(1) 몽고메리시에서 버스 승차 거부 운동이 일어났다. (   )

(2) 백인과 흑인을 공공시설이나 주거 등에서 분리하여 차별하는 아파르트헤이트가 시행되다가 1990년대에 폐지되었다. (   )

비주얼로 핵심 콕콕

C 민주화 운동

민주화 운동
• **한국**: 4·19 혁명(1960)
• **체코슬로바키아**: 프라하의 봄 (1968)
• **에스파냐**: □□□ 독재 정권에 맞선 시위(1970년대)
• **필리핀**: 에드사 혁명(1986)
• **중국**: 톈안먼 사건(1989)
• **튀니지**: 튀니지 혁명(2011)

D 민권 운동

미국
짐 크로 법 시행 → □□□ 행진 전개(마틴 루서 킹) → 민권법 통과 → 백인과 흑인의 법적 차별 철폐

남아프리카 공화국
아파르트헤이트 시행 → 흑인 민권 운동 전개(넬슨 만델라) → 1990년대 법적 차별 폐지

E 노동 운동과 여성 운동

1. 노동 운동

1980년대 영국과 미국에서는 보수 성향의 정부가 등장하면서 실업자에 대한 사회 보장 등이 줄어들기도 하였어.

배경	• 산업화로 노동자 수가 증가함 • 두 차례의 세계 대전으로 노동자의 권리에 대한 관심이 높아짐
전개	• 노동자·기업가·정부 대표가 회의체를 구성하여 갈등 해결 • 노동자들이 *노동조합 구성, 단체 교섭권 활용하여 노동 운동 전개
성과	국제 연맹의 하위 기구로 국제 노동 기구(ILO)를 설립함(1919) → 국제 연합(UN) 산하의 전문 기구가 됨 → 국제 노동 기구 총회에서 노동 기본 원칙과 권리선언 채택(*노동 3권 명시, 1일 8시간 노동 국제 표준화, 아동 노동과 강제 노동 금지 원칙 명시 등) 자료❶

2. 여성 운동

두 차례의 세계 대전 이후 여성들은 참정권을 획득하였어.

배경	• 두 차례의 세계 대전 이후 여성의 권리 신장, 민권 운동의 영향을 받음 • 남녀 임금 차이 등 사회적·문화적 차별이 지속됨
전개	• 1960년대 후반 이후 *신체 자기 결정권 확보, 동일 노동·동일 임금 주장 • 베티 프리단과 같은 여성 운동가 남녀평등 주장, 가부장제 반대 자료❷
성과	• 1970년대 영국에서 차별 금지법이 통과됨 • 미국에서 여성 평등권 명시한 헌법이 개정됨

자료❶ 노동 기본 원칙과 권리선언

1. 결사의 자유와 단체 교섭권의 인정
2. 모든 형태의 강제 노동 폐지
3. 아동 노동의 금지
4. 고용과 직업상의 차별 철폐
   – 국제 노동 기구(ILO), 1998

1998년 노동 기본 원칙과 권리선언에는 결사의 자유, 단체 교섭권과 같은 노동 기본권이 명시되었다. 2022년에는 '안전하고 건강한 근로 환경'이 추가되었다.

자료❷ 베티 프리단

미국의 베티 프리단은 1963년 『여성의 신비』에서 능력 있는 여성들이 가정에만 매여 있는 까닭을 사회가 정한 전통적인 여성상 때문이라며 남녀평등을 주장하였다.

＊ 노동조합
노동 조건의 개선과 노동자의 사회적·경제적인 지위 향상을 목적으로 노동자가 조직한 단체를 말한다.

＊ 노동 3권
노동자의 인간다운 생활을 보장하고자 헌법에 보장된 기본권으로, 단결권, 단체 교섭권, 단체 행동권이 있다.

＊ 신체 자기 결정권
사회의 간섭에서 벗어나 자기의 몸에 관한 결정을 스스로 내릴 수 있는 권리이다.

F 환경 운동

1. 환경 문제의 대두: 무분별한 개발로 사막화 심화, 화석 연료 사용에 따른 *온실가스 증가로 지구 온난화 가속, 해수면 상승과 빙하의 감소로 기상 이변 발생, 대기 오염과 해양 오염으로 생태계 파괴 심화 등

용어 예상치 못한 상태

2. 환경 문제 해결을 위한 노력 핵심 자료

국가 간 협력	• 환경과 개발에 관한 리우 선언(1992): 브라질에서 열린 국제 연합(UN) 환경 개발 회의에서 채택, *지속가능한 발전을 실현하기 위한 협력 방안 포함 • 기후 변화 협약(1994): 온실가스 농도 안정을 위한 협약 발효 • 교토 의정서(1997): 선진국의 온실가스 감축 목표치를 정함 • 파리 협정(2015): 선진국과 개발 도상국의 온실가스 감축 목표치 설정, 이행에 합의
민간단체	그린피스와 세계 자연 기금(WWF) 등의 비정부 기구(NGO)가 해양 오염을 막고 생태계를 보전하기 위한 다양한 활동 전개

정부 간 협정이 아닌 민간의 국제 협력으로 설립된 조직이야.

＊ 온실가스
이산화 탄소나 메테인, 이산화 질소 등 지구 대기를 오염시켜 온실 효과를 일으키는 가스이다.

＊ 지속가능한 발전
경제 개발을 하면서도 생태환경이 지속될 수 있도록 균형을 맞춘 발전을 뜻한다.

교과서 핵심 자료 환경 문제를 해결하기 위한 노력

제2조 산업화 이전 대비 온도 상승을 2℃ 이하로 유지하고 더 나아가 1.5℃까지 억제하기 위해 노력한다.

제9조 선진국은 선도적으로 개발 도상국을 위한 재원을 조성하고 다른 국가는 자발적으로 참여한다.

제14조 2023년부터 5년 단위로 전 지구적 이행을 점검한다.

↑ 파리 협정(2015)

↑ 그린피스의 생물 다양성 보호 시위(2022)

2015년 파리 협정에서는 개발 도상국도 온실가스 감축 목표에 동참하기로 하였다. 그린피스와 세계 자연 기금(WWF)과 같은 비정부 기구(NGO)도 생태계를 보전하기 위한 활발한 환경 운동을 벌이고 있다.

✓ 완자쌤의 탐구 수업

❶ 개발 도상국의 온실가스 감축 목표치를 설정하고, 이를 이행하기로 한 협정은?

파리 협정

❷ 환경 문제를 해결하기 위한 민간단체의 노력은?

그린피스와 세계 자연 기금(WWF) 등의 비정부 기구(NGO)는 해양 오염을 막고, 생태계와 생물종의 다양성을 지키기 위한 환경 운동을 전개하고 있습니다.

문제로 개념 확인

정답 친해 80쪽

1 밑줄 친 '이 선언'을 쓰시오.

이 선언은 1998년에 발표된 것으로, 여기에는 노동 3권을 비롯한 노동 기본권이 명시되어 있으며, 강제 노동 및 아동 노동 금지 조항이 포함되어 있다. 2022년에는 이 선언에 '안전하고 건강한 근로 환경'이 추가되었다.

(   )

2 빈칸에 들어갈 알맞은 내용을 쓰시오.

(1) 여성 인권에 대한 관심이 높아진 결과 1970년대 영국에서는 (   ) 이/가 통과되었다.

(2) 화석 연료의 사용이 늘어나면서 이산화 탄소나 메테인, 이산화 질소와 같은 (   )이/가 증가하여 지구 온난화가 가속화되었다.

3 다음 설명에 해당하는 협약을 〈보기〉에서 골라 기호를 쓰시오.

보기
ㄱ. 파리 협정   ㄴ. 교토 의정서   ㄷ. 환경과 개발에 관한 리우 선언

(1) 선진국의 온실가스 감축 목표치를 처음으로 정하였다.   (   )

(2) 개발 도상국이 온실가스 감축에 동참하고 이행하기로 하였다.   (   )

(3) 1992년에 채택된 것으로, 지속가능한 발전을 실현하기 위한 협력 방안이 포함되었다.   (   )

비주얼로 핵심 콕콕

E 노동 운동과 여성 운동

노동 운동
- **내용**: 노동조합을 구성하여 시위 전개
- **성과**: 국제 □□ 기구(ILO) 설립 → 노동 기본 원칙과 권리선언 채택 (노동 3권 명시)

여성 운동
- **내용**: 남녀평등 주장, 가부장제 반대, 신체 자기 결정권 확보 주장 등
- **성과**: 영국에서 차별 금지법 제정, 미국에서 여성 평등권이 명시된 헌법 개정 등

F 환경 운동

국가 간 협력
- 환경과 개발에 관한 □□ 선언
- 기후 변화 협약
- 교토 의정서
- 파리 협정

민간 협력
- 그린피스와 세계 자연 기금(WWF) 등의 비정부 기구(NGO) ↓ 해양 오염 방지와 생태계 보전 활동 전개

A 탈권위주의 운동

01 탈권위주의 운동에 대한 설명으로 옳지 <u>않은</u> 것은?

① 청년과 학생들이 주도하였다.
② 냉전 질서가 해체되는 상황에서 일어났다.
③ 물질만능주의가 퍼지는 상황을 배경으로 일어났다.
④ 기존의 정치 체제로부터 벗어나고자 한 운동이었다.
⑤ 민주화 운동, 민권 운동 등 다양한 형태로 전개되었다.

02 다음 사건이 일어난 국가로 옳은 것은?

> 1968년 대학생들이 드골 정부의 실정과 사회 모순에 저항하여 시위를 벌였다. 이 시위에서 학생들은 '모든 권위에 저항하라' 등을 외쳤다.

① 독일 　　　② 미국 　　　③ 영국
④ 멕시코 　　⑤ 프랑스

03 빈칸에 들어갈 내용으로 적절한 것을 〈보기〉에서 고른 것은?

> 유럽과 미국 등지에서는 제2차 세계 대전 이후부터 1960년대 걸쳐 출생률이 증가한 결과 새로운 세대가 등장하였다. 이들은 주로 대학에서 교육을 받았으며, 자유와 해방의 가치를 추구하는 경향이 강하였다. 또한 이들은

보기
ㄱ. 비동맹주의를 내세웠다.
ㄴ. 오래된 관습에 저항하였다.
ㄷ. 평화 10원칙에 합의하였다.
ㄹ. 청바지, 로큰롤 음악 등으로 가치를 표현하였다.

① ㄱ, ㄴ 　　② ㄱ, ㄷ 　　③ ㄴ, ㄷ
④ ㄴ, ㄹ 　　⑤ ㄷ, ㄹ

B 반전 평화 운동

04 밑줄 친 '이 전쟁'으로 옳은 것은?

> 이 전쟁에 개입한 미군이 1968년에 한 민간인 마을을 학살하였다는 소식이 미국 내에 알려졌고, 이후 이를 계기로 이 전쟁에 반대하는 시위가 전개되었다. 이는 곧 반전 평화 운동이 전 세계에 퍼지는 계기가 되었다.

① 중동 전쟁 　　　　② 베트남 전쟁
③ 이라크 전쟁 　　　④ 유고슬라비아 전쟁
⑤ 아시아 태평양 전쟁

05 ★시험에 잘 나와! 1960년대 이후 전개된 반전 평화 운동에 대한 학생들의 대화 내용으로 적절하지 <u>않은</u> 것은?

① 시민 사회가 반핵 시위를 벌이기도 하였어.
② 국제 사회는 핵 확산 금지 조약(NPT)을 체결하였어.
③ 핵무기를 비롯한 대량 살상 무기의 사용을 반대하였어.
④ 2003년 미국의 이라크 침공에 반대하는 시위가 전개되었어.
⑤ 1964년 미국에서 인종, 종교 등에 따른 차별을 금지하는 민권법이 제정되는 데 직접적인 배경이 되었어.

C 민주화 운동

06 선생님이 설명하는 인물로 옳은 것은?

① 쑨원 　　　② 장제스 　　　③ 덩샤오핑
④ 마오쩌둥 　⑤ 위안스카이

07 다음에서 설명하는 사건을 쓰시오.

> 1968년에 체코슬로바키아의 시민들이 개혁에 반대하는 소련과 그 동맹국의 억압에 저항하며 벌인 민주화 운동을 말한다.

(   )

08 검색창에 들어갈 사건으로 옳은 것은?

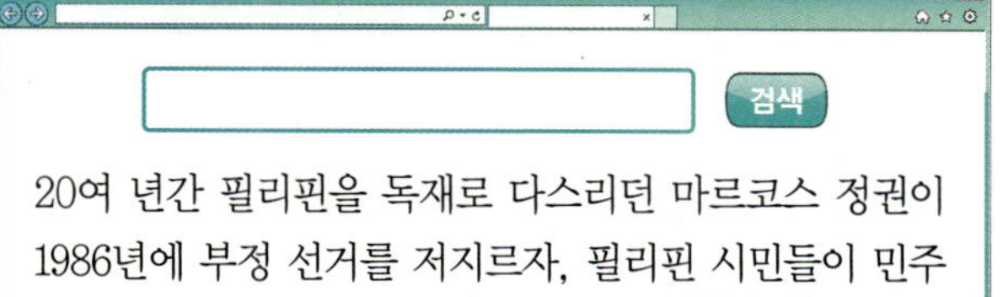

> 20여 년간 필리핀을 독재로 다스리던 마르코스 정권이 1986년에 부정 선거를 저지르자, 필리핀 시민들이 민주화 운동을 벌여 마르코스 정권을 무너뜨렸다.

① 4·19 혁명   ② 문화 대혁명
③ 에드사 혁명   ④ 튀니지 혁명
⑤ 청년 튀르크당 혁명

09 다음과 같이 전개된 민주화 운동에 대한 설명으로 옳은 것을 〈보기〉에서 고른 것은?

> 북아프리카에 위치한 이 국가에서는 정권의 호화로운 생활을 폭로하는 글이 인터넷에 올라오면서 이를 계기로 민주화 운동이 일어났다.

┌ 보기 ┐
ㄱ. 부패한 정권이 결국 붕괴되었다.
ㄴ. 아랍 지역의 민주화에 영향을 주었다.
ㄷ. 프랑코의 오랜 독재에 저항한 운동이었다.
ㄹ. 공산주의 체제에서 벗어나려는 운동이었다.

① ㄱ, ㄴ   ② ㄱ, ㄷ   ③ ㄴ, ㄷ
④ ㄴ, ㄹ   ⑤ ㄷ, ㄹ

D   민권 운동

10 다음 연설을 한 인물에 대한 설명으로 옳은 것은?

① 뉴딜 정책을 추진하였다.
② 냉전의 종식을 선언하였다.
③ 워싱턴 행진을 주도하였다.
④ 노예 제도의 폐지를 이끌어 냈다.
⑤ 페레스트로이카와 글라스노스트를 펼쳤다.

11 밑줄 친 '이 인물'에 대한 설명으로 옳은 것을 〈보기〉에서 고른 것은?

시험에 잘 나와!

> 이 인물은 남아프리카 공화국의 민권 운동을 주도하다가 반역죄로 체포되었다. 이후 종신형을 선고받았고 교도소에 수감되었다. 그러나 이 인물은 끝까지 포기하지 않고 교도소에서도 민권 운동을 벌였다. 이 인물은 석방된 이후 클레르크 대통령과 함께 흑인 민권 운동을 전개하였다.

┌ 보기 ┐
ㄱ. 노예 제도를 폐지하였다.
ㄴ. 인종 분리 정책에 저항하였다.
ㄷ. 1964년 미국의 민권법 통과에 기여하였다.
ㄹ. 흑인 민권 운동으로 노벨 평화상을 수상하였다.

① ㄱ, ㄴ   ② ㄱ, ㄷ   ③ ㄴ, ㄷ
④ ㄴ, ㄹ   ⑤ ㄷ, ㄹ

12 ㉠, ㉡에 들어갈 내용으로 옳은 것은?

> 미국 남부에서는 (㉠)이/가 제정되어 화장실과 같은 공공장소에서 백인과 흑인 사이의 차별이 지속되었다. 한편, 남아프리카 공화국에서도 백인 정권이 인종 분리 정책인 (㉡)이/가 시행되어 흑인 차별이 일어났다.

	㉠	㉡
①	롤럿법	글라스노스트
②	롤럿법	아파르트헤이트
③	민권법	글라스노스트
④	짐 크로 법	글라스노스트
⑤	짐 크로 법	아파르트헤이트

E **노동 운동과 여성 운동**

13 국제 노동 기구(ILO)에 대한 설명으로 옳은 것을 〈보기〉에서 고른 것은?

> **보기**
> ㄱ. 노동 기본 원칙과 권리선언을 채택하였다.
> ㄴ. 국제 연합(UN)의 하위 기구로 시작하였다.
> ㄷ. 아동 노동에 대한 금지 원칙을 제시하였다.
> ㄹ. 지속가능한 발전을 실현하기 위한 협력 방안을 발표하였다.

① ㄱ, ㄴ ② ㄱ, ㄷ ③ ㄴ, ㄷ
④ ㄴ, ㄹ ⑤ ㄷ, ㄹ

★ 시험에 잘 나와!
14 다음에서 설명하는 인물로 옳은 것은?

> 미국의 여성 운동가로 1963년 발표한 『여성의 신비』에서 능력 있는 여성들이 가정에만 매여 있는 까닭을 사회가 정한 전통적인 여성상 때문이라고 비판하였다.

① 수카르노 ② 아기날도 ③ 카르티니
④ 판보이쩌우 ⑤ 베티 프리단

15 20세기 중반 이후 나타난 여성 운동에 대한 설명으로 옳은 것을 〈보기〉에서 고른 것은?

> **보기**
> ㄱ. 민권 운동의 영향을 받았다.
> ㄴ. 신체 자기 결정권을 확보하고자 하였다.
> ㄷ. 동일 노동에 따른 차별 임금을 주장하였다.
> ㄹ. 가부장제나 전통적인 여성상에 대해 긍정적으로 보았다.

① ㄱ, ㄴ ② ㄱ, ㄷ ③ ㄴ, ㄷ
④ ㄴ, ㄹ ⑤ ㄷ, ㄹ

F **환경 운동**

16 다음 기사에 나타난 환경 문제로 가장 적절한 것은?

역사 신문

아랄해의 물, 왜 이렇게 줄었나?

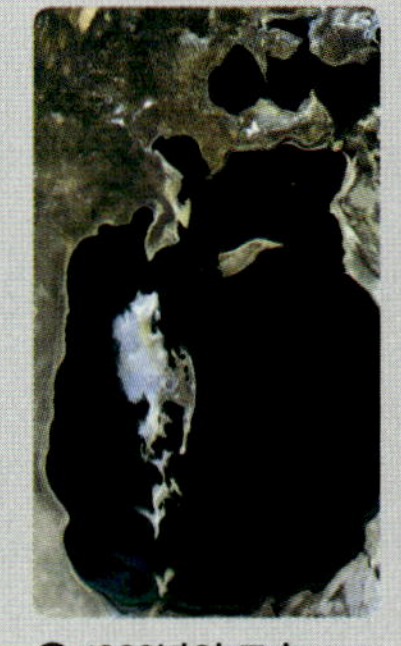

↑ 1989년의 모습   ↑ 2008년의 모습

아랄해의 물이 점점 말라 가고 있다. 1989년의 아랄해와 2008년의 아랄해의 모습을 비교해 볼 때 물이 줄어든 모습이 확연히 드러난다. 전문가들은 무분별한 개발로 열대 우림을 비롯한 세계의 삼림이 빠르게 파괴되고 있는 것을 아랄해가 말라 가는 한 원인으로 분석하고 있다.

① 사막화 ② 미세 먼지
③ 수질 오염 ④ 토양 오염
⑤ 해수면 상승

17 다음에서 설명하는 용어를 쓰시오.

> 1992년 브라질에서 열린 국제 연합(UN) 환경 개발 회의에서 채택된 개념으로, 경제 개발을 하면서도 생태환경이 지속될 수 있도록 균형을 맞춘 발전을 뜻한다.

(   )

시험에 잘 나와!

18 ㈎에 들어갈 내용으로 적절하지 **않은** 것은?

① 국제 연합(UN)이 환경 회의를 열고 있어.
② 선진국은 온실가스 감축에 불참하고 있어.
③ 개발 도상국은 온실가스의 단계적 감축에 합의하였어.
④ 세계 자연 기금(WWF) 등의 비정부 기구가 활동하고 있어.
⑤ 1992년에 환경과 개발에 관한 리우 선언을 채택하였어.

19 다음 자료를 활용한 포스터의 제목으로 가장 적절한 것은?

⊕ 그린피스가 시위를 전개하는 모습

① 난민을 보호하자!   ② 인종 차별을 막자!
③ 노동 기본권을 지키자!   ④ 여성의 인권을 보호하자!
⑤ 생태계와 생물종을 지키자!

서술형 문제

서술형 감잡기

1 다음을 읽고 물음에 답하시오.

> 오랜 시간 계속되어 오던 관습이나 기존의 정치 체제로부터 벗어나고자 하는 운동을 말한다.

⑴ 윗글에서 설명하는 운동을 쓰시오.

⑵ ⑴에서 답한 운동의 주도 세력과 전개 형태를 각각 서술하시오.

> | 핵심어 | 청년, 반전 평화, 민권, 여성

서술형 익히기

2 다음을 읽고 물음에 답하시오.

> • 산업화 이전 대비 온도 상승을 2℃ 이하로 유지하고 더 나아가 1.5℃까지 억제하기 위해 노력한다.
> • 2023년부터 5년 단위로 전 지구적 이행을 점검한다.

⑴ 위 내용이 포함된 협정을 쓰시오.

⑵ ⑴에서 답한 협정의 특징을 교토 의정서와 비교하여 서술하시오.

세계화와 지역 세계의 변화

A 신자유주의의 등장과 확산

1. 자본주의 경제의 성장: 제2차 세계 대전 이후 세계 경제 위축 → 세계 각국의 물가 안정 정책 추진, 유럽과 미국은 주요 산업을 국유화하는 등 국가의 경제 개입 강화 → 1960년대 이후 자본주의 경제의 성장 ┌─ 서독과 일본 등 제2차 세계 대전의 패전국과 한국, 타이완, 싱가포르, 홍콩 등 신흥 공업국의 경제가 성장하였어.

2. 신자유주의 경제 정책의 추진 `핵심 자료`

의미	정부 개입을 줄이고 무역의 자유화와 시장 개방을 추구하는 경제 정책
배경	1970년대 두 차례의 *석유 파동으로 세계 경제가 어려워지자 영국(대처 총리)과 미국(레이건 대통령)이 경제 위기를 극복하고자 신자유주의 경제 정책 추진
내용	복지 비용 축소, 국영 기업의 민영화 등 ┌─ 용어 국가가 운영하던 기업을 민간이 운영하는 것

> ✽ **석유 파동**
> 1973∼1974년, 1978∼1980년에 세계적으로 석유 가격이 크게 올라 전 세계가 경제적으로 큰 어려움을 겪었던 사건을 말한다.

B 세계화의 확산

1. 세계화의 전개

┌─ 사회주의 진영의 붕괴 이후 냉전 체제가 완화되면서 세계화가 빠르게 진행되었어.

의미	국경을 초월하여 전 세계가 하나의 지구촌으로 통합되어 가는 현상
배경	교통과 통신의 발달로 국가 간 교류 활발, 냉전 체제의 완화 등
전개	• 자유 무역의 확대 → *세계 무역 기구(WTO) 결성, 특정 국가 간 *자유 무역 협정(FTA) 체결 확산, 다국적 기업의 성장 `자료①` 용어 세계 각지에 자회사와 지사 등을 둔 기업 • 국가 간 무역 경쟁 심화 → 지역별 경제 협력체의 등장 `자료②`

2. 세계화의 성과와 과제

(1) 성과: 다른 나라의 상품을 저렴한 가격에 구매 가능, 문화의 이동 과정에서 여러 문화가 융합되어 새로운 문화가 형성됨, 선진국이 자본을 투자하고 기술을 제공하면서 개발 도상국의 경제가 성장함

(2) 과제: 빈부 격차와 경제적 불평등 심화, 문화 차이에 따른 사회 갈등 발생, 문화 교류 과정에서 문화가 획일화되거나 지역의 고유문화가 소멸함

> ✽ **세계 무역 기구(WTO)**
> 1995년에 설립된 기구로, 무역과 투자의 자유화를 확대하고 국가 간 무역 분쟁을 조정하기 위한 목적으로 설립되었다.
>
> ✽ **자유 무역 협정(FTA)**
> 특정 국가 간에 상품이나 서비스를 교역할 때 관세 및 무역 장벽을 완화하거나 없애고자 맺는 협정이다.

`자료①` **다국적 기업의 성장**

↑ 인도의 스마트폰 생산 공장

자유 무역이 확대되면서 인도, 동남아시아 등에 생산 공장을 두는 다국적 기업이 늘고 있다.

`자료②` **지역별 경제 협력체**

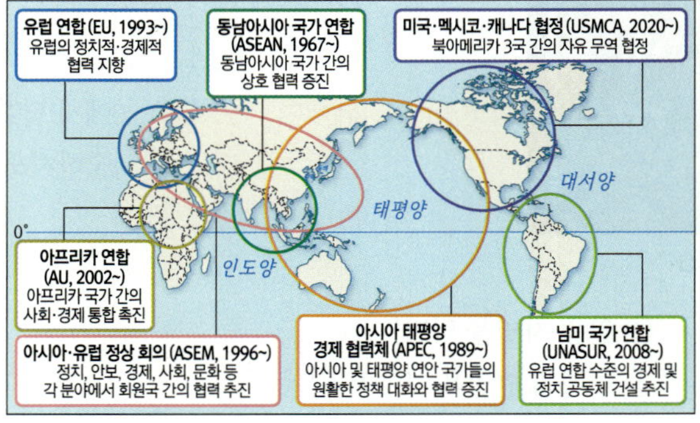

국가 간 무역 경쟁이 치열해지자 특정 지역 내에서 국가 간 무역 장벽을 없앤 지역별 경제 협력체가 등장하였다. 유럽 연합(EU), 동남아시아 국가 연합(ASEAN), 아시아 태평양 경제 협력체(APEC) 등이 대표적이다.

- ▶ 신자유주의의 등장과 확산
- ▶ 과학 기술과 대중문화의 발달
- ▶ 세계화의 확산
- ▶ 현대 세계의 문제와 해결 노력

교과서 핵심 자료 — 신자유주의 경제 정책

↑ 영국 총리 대처   ↑ 미국 대통령 레이건

1970년대에 석유 파동으로 세계 경제가 어려워지자, 영국과 미국을 중심으로 신자유주의 경제 정책이 등장하였다. 영국의 대처 총리와 미국의 레이건 대통령은 정부의 시장과 기업에 대한 개입을 줄이고(작은 정부), 무역의 자유화와 시장 개방을 추구하였다. 또한 국영 기업을 민영화하고 기업의 자유로운 활동을 보장하였으며 사회 복지 비용을 줄였다. 1990년대 사회주의 진영이 무너지면서 신자유주의가 확산되었다.

✔ 완자쌤의 탐구 수업

❶ 1970년대 말 이후 신자유주의 경제 정책을 추진한 영국의 총리는?

대처

❷ 신자유주의 경제 정책이 등장한 배경은?

1970년대에 석유 가격이 두 차례나 크게 오르는 석유 파동이 일어나 전 세계가 경제적으로 큰 어려움을 겪었습니다. 이를 극복하고자 신자유주의 경제 정책이 등장하였습니다.

문제로 개념 확인

정답 친해 82쪽

1 빈칸에 들어갈 알맞은 내용을 쓰시오.

(1) 1970년대에는 석유 가격이 두 차례나 크게 오르는 (   )이/가 일어나 세계 경제가 어려워졌다.

(2) 영국의 대처 총리와 미국의 레이건 대통령은 정부 개입을 줄이고 무역의 자유화와 시장 개방을 추구하는 (   ) 경제 정책을 펼쳤다.

2 다음 물음에 답하시오.

(1) 특정 국가 간에 상품이나 서비스를 교역할 때 관세 및 무역 장벽을 완화하거나 없애고자 맺는 협정은?   (   )

(2) 1995년 무역과 투자의 자유화를 확대하고 국가 간 무역 분쟁을 조정하기 위한 목적으로 설립된 기구는?   (   )

3 다음 설명에 해당하는 협력체를 〈보기〉에서 골라 기호를 쓰시오.

> 보기
> ㄱ. 유럽 연합(EU)   ㄴ. 아시아 태평양 경제 협력체(APEC)

(1) 유럽의 정치적·경제적 협력과 통합을 지향한다.   (   )

(2) 아시아 및 태평양 연안 국가들의 원활한 정책 대화와 협력을 증진하는 것을 목표로 한다.   (   )

비주얼로 핵심 콕콕

A 신자유주의의 등장과 확산

> 1970년대 석유 파동으로
> 경제적 어려움 심화
> ↓
> 신자유주의 경제 정책 추진

- **의미**: 정부 개입을 줄이고 무역의 자유화와 시장 개방 추구하는 경제 정책
- **내용**: 국영 기업의 ☐☐화, 복지 비용 축소 등
- **주도 국가**: 영국(대처), 미국(레이건)

B 세계화의 확산

> 세계화
>
> - 자유 무역의 확대 → 세계 무역 기구(WTO) 결성, 자유 무역 협정(FTA) 체결, ☐☐☐ 기업의 성장
> - 국가 간 무역 경쟁 심화 → 지역별 경제 협력체 등장

성과 ↓   과제 ↓

| 문화 융합, 개발 도상국의 경제 성장 등 | 빈부 격차 심화, 문화 획일화 등 |

C 과학 기술과 대중문화의 발달

1. 과학 기술의 발달

긍정적 영향	• 고속 철도 등 교통 기술의 발달로 인적·물적 교류가 확대됨 • 인터넷과 전화 등 정보 통신 기술의 발달로 실시한 세계 소식을 접함
부정적 영향	• 물질만능주의가 확산됨, 인간성 상실 등에 영향을 줌 • 전통적 가치관과 생활 양식의 급격한 변화를 낳음, 예상치 못한 환경 문제가 발생함

└─ 용어 돈만 있으면 무엇이든지 마음대로 할 수 있다는 사고방식

2. 대중문화의 발달

(1) 배경: *대중 사회의 출현, 대중 매체의 발달 → *대중문화 등장

(2) 영향: 대중문화의 확산으로 문화 획일화 현상 등의 문제 발생

예 서양의 팝 음악의 전 세계적 유행, 할리우드 영화의 전 세계 상영 등

*** 대중 사회**
경제의 성장, 교육 수준의 향상, 민주주의의 발전 등으로 불특정 다수의 사회적 영향력이 커진 사회를 말한다.

*** 대중문화**
많은 사람이 쉽게 접하고 즐기는 문화를 말한다.

D 현대 세계의 문제와 해결 노력

1. 현대 세계의 다양한 문제: 세계 곳곳에서 종교·민족·자원·영토 등을 둘러싸고 갈등 발생
→ 분쟁과 내전으로 난민·빈곤·질병 등 발생 핵심 자료

└─ 용어 전쟁이나 재난으로 자국에서 삶의 터전을 잃은 사람들

나라 간 빈부 격차	세계화가 심화되면서 *남북문제 발생 → 아시아·아프리카에서 영양실조로 기아 문제, 의료 시설과 의약품 부족 문제 등이 발생 ┌ 20세기 후반 유고슬라비아 연방이 해체되면서 그리스 정교와 이슬람교의 충돌 등이 발생하였어.
종교·민족 갈등	• 팔레스타인 지역의 아랍인들과 이스라엘의 유대인 간의 충돌 지속 자료① • 유고슬라비아 분쟁, 코소보와 카슈미르에서 분쟁 발생
지역 분쟁	• 지역에서의 테러 발생 증가(*9·11 테러 등) → 많은 민간인의 희생 • 르완다, 남수단 등 세계 곳곳에서 내전이 지속적으로 발생
자원 분쟁	자원을 둘러싼 영유권 분쟁 발생(센카쿠·댜오위다오 분쟁, 남중국해 분쟁 등)

2. 문제 해결을 위한 국제 사회의 노력

국가 차원	국제 연합(UN) 산하 여러 기구의 활동(유엔 평화 유지군 파견, 세계 식량 기구의 구호 활동 등), 각종 국제 협약 체결
민간단체 차원	• 국경 없는 의사회, 국제 사면 위원회 등 비정부 기구(NGO)의 활동 자료② • *공정 무역 확대 주장, 세계화 반대 시위 등 전개　예 WTO 반대 시위
개인 차원	• 서로 다른 인종과 문화에 대한 개방적 태도 필요 • 세계 시민으로서 공존하려는 노력 실천

*** 남북문제**
지구 남반구 지역과 북반구 지역 사이의 경제적 차이로 일어나는 여러 가지 문제를 말한다. 주로 지구 남반구에는 개발 도상국이, 북반구에는 선진 공업국이 몰려 있다.

*** 9·11 테러**
2001년 9월 11일에 비행기를 이용하여 미국 뉴욕 세계 무역 센터의 건물을 무너뜨린 자살 테러였다.

*** 공정 무역**
제품의 생산부터 유통, 판매까지 생산자 및 노동자의 권리와 이익이 공정하게 보장되는 것을 추구하는 무역이다.

자료① 팔레스타인 지역의 분쟁

↑ 파괴된 팔레스타인 지역의 모습(2021)

1948년 팔레스타인 지역에 유대인 국가인 이스라엘이 세워졌다. 이후 이 지역에서 아랍인들과 유대인 사이의 종교·민족 갈등으로 분쟁이 지속되고 있다. 분쟁으로 많은 건물이 파괴되고 많은 사람들이 피해를 입고 있다.

자료② 국경 없는 의사회의 활동

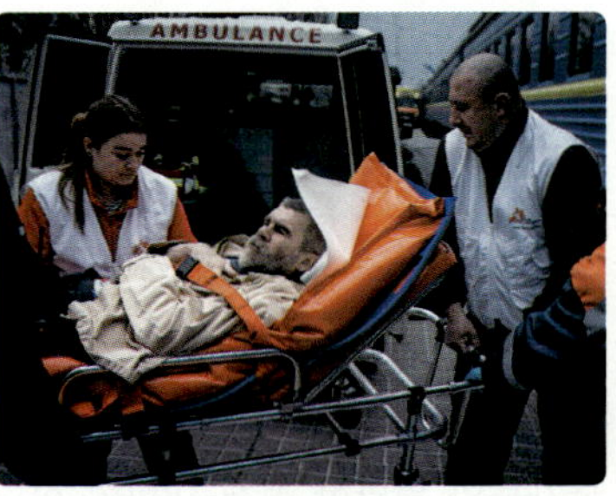

↑ 국경 없는 의사회의 의료 봉사 현장(2023)

국경 없는 의사회는 국제 의료 구호 단체로, 국제 분쟁이나 전염병 등으로 의료 지원이 부족한 지역의 사람들을 돕기 위해 활동하는 비정부 기구(NGO)이다. 이들의 활동은 많은 생명을 구하는 데 큰 도움이 되고 있다.

교과서 핵심 자료 ✦ 세계의 주요 분쟁과 극복 노력

↑ 세계의 주요 분쟁 지역

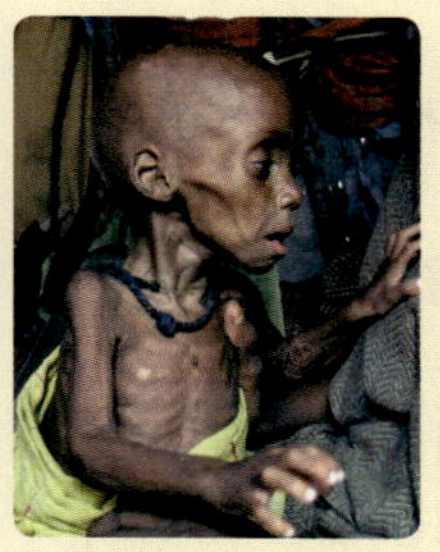
↑ 영양실조로 고통받는 아프리카의 한 어린이

오늘날 세계 곳곳에서 크고 작은 분쟁과 갈등이 끊이지 않고 있다. 이러한 분쟁으로 빈곤이나 난민 문제 등도 일어나고 있다. 세계 평화와 인류의 공존을 위협하는 분쟁을 해결하기 위해 국제 사회, 비정부 기구(NGO)와 같은 민간단체, 개인들의 지속적인 노력이 필요하다.

✓ 완자쌤의 탐구 수업

◆ 자료에 나타난 문제를 해결하기 위해 국제 연합(UN)에서 기울이는 노력은?

국제 연합(UN)은 평화 유지군을 보내 국제 분쟁의 평화적 해결을 위해 노력하고 있습니다. 또한 국제 연합 산하의 세계 식량 기구는 빈곤과 기아 문제를 해결하고자 분쟁 지역에 구호 물품을 보내기도 합니다.

문제로 개념 확인

정답 친해 82쪽

1 빈칸에 들어갈 알맞은 내용을 쓰시오.

(1) 불특정 다수의 사회적 영향력이 커지고 대중 매체가 발달하면서 많은 사람이 쉽게 접하고 즐기는 (　　　　)이/가 등장하였다.

(2) 과학 기술의 발달로 인적·물적 교류가 확대되고 생활이 풍요로워졌으나, 돈만 있으면 무엇이든 마음대로 할 수 있다는 사고방식인 (　　　　)이/가 확산하기도 하였다.

2 다음 설명이 맞으면 ○표, 틀리면 ×표를 하시오.

(1) 현대 세계의 다양한 문제를 해결하기 위해 국경 없는 의사회나 국제 사면 위원회와 같은 비정부 기구(NGO)가 다양한 활동을 하고 있다. (　　　)

(2) 지구 남반구에는 선진 공업국이, 북반구에는 개발 도상국이 몰려 있어 남반구와 북반구 지역 사이의 경제적 차이로 발생하는 여러 가지 문제를 남북문제라고 한다. (　　　)

3 ㉠에 들어갈 내용을 쓰시오.

세계 여러 지역에서는 종교, 민족, 자원 등을 둘러싼 갈등으로 분쟁을 겪고 있다. 분쟁 지역에서는 많은 사상자가 발생하고 있으며, 빈곤 문제, 질병 문제도 일어나고 있다. 또한 전쟁이나 갈등으로 자국에서 삶의 터전을 잃은 (㉠　　　　)이/가 증가하고 있다.

비주얼로 핵심 콕콕

C 과학 기술과 대중문화의 발달

과학 기술	• **긍정적 변화**: 인적·물적 교류의 확대, 실시간 세계 소식을 접함 등 • **부정적 변화**: 물질만능주의 확산, 전통적 가치관의 급격한 변화 등
대중 문화	대중 사회의 출현, 대중 매체의 발달 → 많은 사람이 쉽게 접하고 즐기는 □□ 문화 등장

D 현대 세계의 문제와 해결 노력

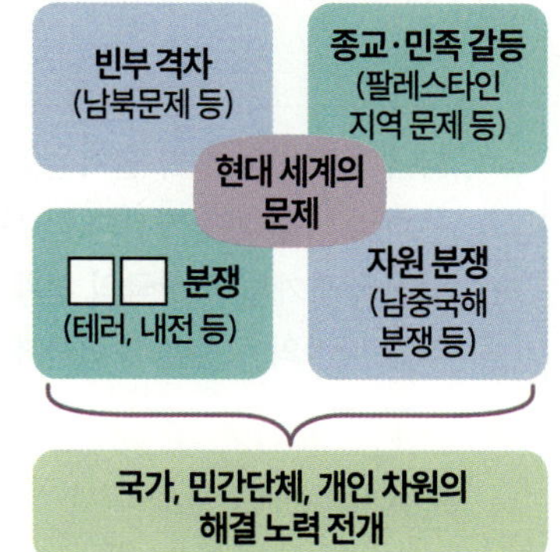

A 신자유주의의 등장과 확산

01 다음에서 설명하는 경제 정책으로 옳은 것은?

> 1970년대 두 차례의 석유 파동으로 세계 경제가 어려워지자, 영국과 미국을 중심으로 정부 개입을 줄이고 무역의 자유화와 시장 개방을 추구하는 정책이 추진되었다.

① 뉴딜 정책
② 개혁·개방 정책
③ 신경제 정책(NEP)
④ 신자유주의 경제 정책
⑤ 독자적인 공산주의 경제 정책

02 ㉠, ㉡에 들어갈 인물로 옳은 것은?

> 1970년대 세계 경제가 어려워지자 영국의 (㉠)과/와 미국의 (㉡)은/는 국영 기업을 민영화하고 사회 복지 비용을 줄이는 정책을 폈다.

	㉠	㉡		㉠	㉡
①	대처	닉슨	②	대처	먼로
③	대처	레이건	④	처칠	닉슨
⑤	처칠	레이건			

B 세계화의 확산

03 세계화에 따른 변화로 적절한 것을 〈보기〉에서 고른 것은?

> **보기**
> ㄱ. 다국적 기업의 수가 줄어들었다.
> ㄴ. 문화의 이동 과정에서 여러 문화가 융합되었다.
> ㄷ. 선진국과 개발 도상국의 경제 격차가 좁혀졌다.
> ㄹ. 다른 나라의 상품을 저렴하게 살 수 있게 되었다.

① ㄱ, ㄴ
② ㄱ, ㄷ
③ ㄴ, ㄷ
④ ㄴ, ㄹ
⑤ ㄷ, ㄹ

04 다음에서 설명하는 기구로 옳은 것은?

> 자유 무역을 확대하고 국가 간 무역 분쟁을 조정하기 위한 목적으로 1995년에 설립되었다. 이 기구의 출범과 함께 자유 무역 협정(FTA)의 체결도 점차 늘어났다.

① 유럽 연합(EU)
② 독립 국가 연합(CIS)
③ 세계 무역 기구(WTO)
④ 세계 식량 기구(WFP)
⑤ 북대서양 조약 기구(NATO)

★시험에 잘 나와!
05 다음 지도에 나타난 지역별 경제 협력체가 결성된 배경으로 가장 적절한 것은?

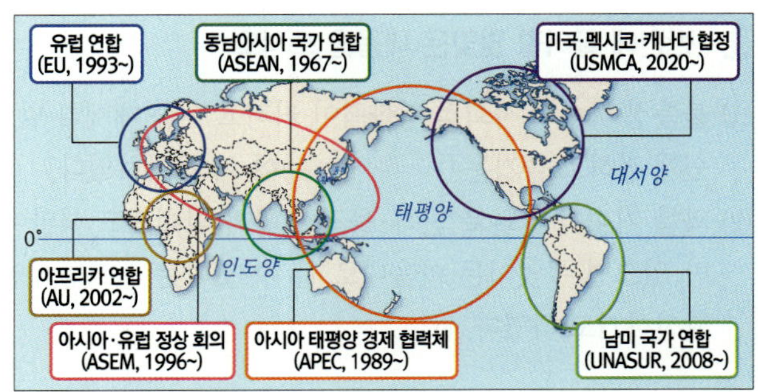

① 대공황이 발생하였다.
② 국가 간 무역 경쟁이 심화하였다.
③ 독일이 동독과 서독으로 분단되었다.
④ 동유럽의 여러 나라가 공산화되었다.
⑤ 미국과 소련의 체제 경쟁이 심화하였다.

C 과학 기술과 대중문화의 발달

06 과학 기술의 발달에 따른 변화로 적절하지 <u>않은</u> 것은?

① 인적·물적 교류가 증가하였다.
② 물질만능주의가 사라지게 되었다.
③ 예상치 못한 환경 문제가 나타나기도 하였다.
④ 실시간 세계 곳곳의 소식을 접할 수 있게 되었다.
⑤ 전통적인 가치관과 생활 양식이 급격하게 변화하였다.

07 밑줄 친 '이 문화'를 쓰시오.

> 제2차 세계 대전 이후 대중 사회가 등장하고, 라디오나 텔레비전과 같은 대중 매체가 발달하면서 많은 사람이 쉽게 접하고 즐기는 <u>이 문화</u>가 등장하였다.

(   )

D 현대 세계의 문제와 해결 노력

08 다음 주제에 대한 탐구 활동으로 가장 적절한 것은?

> • **탐구 주제:** 냉전 이후 세계 여러 나라에서 종교, 민족, 자원 등을 원인으로 벌어진 분쟁을 알아본다.

① 국공 내전의 원인을 파악한다.
② 쿠바 미사일 위기의 배경을 조사한다.
③ 아시아 태평양 전쟁의 결과를 찾아본다.
④ 베트남 전쟁의 배경과 전개 과정을 정리한다.
⑤ 유고슬라비아 전쟁의 전개 과정과 결과를 살펴본다.

09 ㈎에 들어갈 내용으로 적절하지 <u>않은</u> 것은?

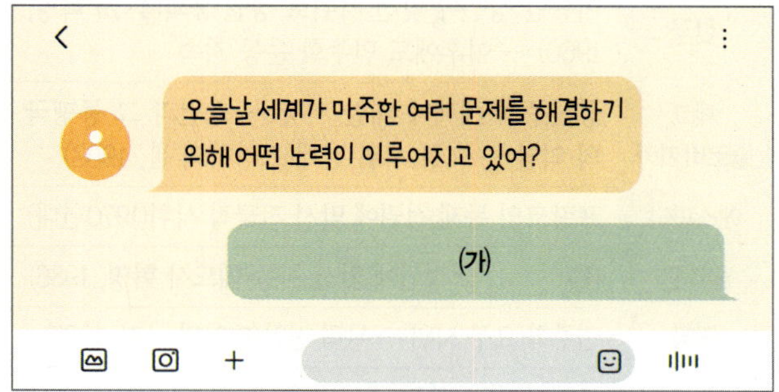

① 유엔 평화 유지군이 분쟁 지역에 파견되기도 해.
② 국제 연합(UN) 산하의 여러 기구가 활동하고 있어.
③ 국가들은 국제 협약을 체결하여 문제를 해결하기도 해.
④ 국경 없는 의사회와 같은 정부 기구가 다양한 활동을 벌이고 있어.
⑤ 민간단체들은 세계화 반대 시위나 공정 무역을 확대하자는 시위를 벌이기도 해.

서술형 문제

서술형 감잡기

1 다음을 읽고 물음에 답하시오.

> (㉠   )은/는 국경을 초월하여 하나의 지구촌으로 통합되어 가는 현상으로, 사회주의 진영이 붕괴된 이후 빠르게 진행되었다.

(1) ㉠에 들어갈 현상을 쓰시오.

(2) (1)의 성과와 과제를 각각 서술하시오.

> **|핵심어|** 저렴한 가격, 문화 융합, 문화 획일화

서술형 익히기

2 다음을 읽고 물음에 답하시오.

> 주로 지구 남반구에 개발 도상국이 몰려 있고 북반구에 선진 공업국이 몰려 있는데, 이러한 남반구와 북반구 사이의 경제적 차이로 일어나는 여러 가지 문제를 (㉠   )(이)라고 부른다.

(1) ㉠에 들어갈 문제를 쓰시오.

(2) (1)에서 답한 문제의 사례를 <u>두 가지</u> 서술하시오.

01 / 냉전 체제와 제3 세계의 형성

(1) 냉전 체제의 형성과 심화

냉전의 형성	• 자본주의 진영(미국 주도): 트루먼 독트린 발표 (1947), (❶)을/를 추진 → 서유럽에 경제 원조, 북대서양 조약 기구(NATO) 결성 • 공산주의 진영(소련 주도): 코민포름(공산당 정보국), 코메콘(경제 상호 원조 회의), 바르샤바 조약 기구(WTO) 결성
냉전의 심화	• 독일: 분단(1949) → 베를린 장벽 설치(1961) • 중국: 국공 내전 → 공산당의 승리 → 마오쩌둥의 (❷) 수립 선포(1949) • 한국: 남북 분단 → 6·25 전쟁 발발 • 쿠바: 쿠바 미사일 위기 발생(1962) • 베트남: 베트남 전쟁, 북베트남 승리로 통일(1975)

(2) 제3 세계의 등장과 냉전 체제의 완화

아시아· 아프리카 국가들의 독립	• 인도: 영국으로부터 독립(1947) • (❸): 유대인이 미국 등의 도움으로 건국 (1948) → 중동 전쟁 발발 • 이집트: 나세르가 공화정 수립(1952) → 수에즈 운하의 국유화, 운영권 회복 • 기타: 베트남, 인도네시아, 시리아 등 독립
제3 세계	• 비동맹주의를 내세운 아시아와 아프리카의 독립국 • 제1차 아시아·아프리카 회의(반둥 회의)에서 (❹) 발표(1955)
냉전의 완화	• 1960년대 중반 이후 미국과 소련의 영향력 약화, 제3 세계 등장 → 다극 체제로 변화 • 닉슨 독트린 발표(1969), 미국과 중국의 정식 국교 수립(1979), 미국과 소련의 전략 무기 제한 협정 (SALT) 체결(1979) 등

(3) 소련의 해체와 사회주의 진영의 붕괴

소련의 해체	• 배경: 1970년대 이후 소련 사회 경직, 경제 침체 • (❺): 개혁(페레스트로이카)과 개방(글라스노스트) 정책 추진, 냉전 종식 선언(1989) • 소련의 해체: 공산당의 쿠데타 시도 → 옐친 진압 → 소련 해체, 독립 국가 연합(CIS) 결성(1991)
사회주의 진영의 붕괴	• 폴란드, 체코슬로바키아, 헝가리 등의 민주화 운동 → 동유럽 사회주의 정권 붕괴 • 독일: 베를린 장벽 붕괴(1989) → 독일 통일(1990) • 유고슬라비아 연방: 여러 나라로 독립 → 해체

(4) 중국의 개혁·개방과 유럽 연합의 성립

중국의 개혁·개방	• 마오쩌둥: 정치적 위기 → 문화 대혁명 추진 • (❻): 흑묘백묘론 주장, 개혁·개방 정책 추진, 톈안먼 사건 발생(1989)
유럽 연합 창설	마스트리흐트 조약 체결 → 유럽 연합(EU) 창설 (1993)
냉전 이후	G7(주요 7개국 정상 회의), G20(G7 국가에 신흥 경제국, 유럽 연합(EU)이 속한 정상 회의) 등

02 / 민주주의와 인권의 확산

(1) 탈권위주의 운동

배경	• 냉전이 심화됨, 산업화로 물질만능주의가 확산됨 → 베이비 붐 세대가 자유와 해방의 가치 추구
전개	• 청년과 학생 주도, 프랑스에서 (❼) 발생 • 형태: 반전 평화 운동, 민주화 운동, 민권 운동, 여성 운동 등

(2) 반전 평화 운동

배경	대량 살상 무기로 희생 발생, 쿠바 미사일 위기의 발생, 베트남 전쟁의 실상 전파, 분쟁과 테러 등
전개	베트남 전쟁 반대 시위, 쿠바 미사일 위기 이후 핵 확산 금지 조약(NPT) 체결, 반핵 시위 등

(3) 민주화 운동

한국	이승만 정권에 맞선 시위로 정권 붕괴(4·19 혁명, 1960) → 이후에도 민주화 운동 지속
체코 슬로바키아	공산주의 체제에 대한 저항 → 소련과 그 동맹국의 억압 → 저항 시위 전개(프라하의 봄, 1968)
에스파냐	프랑코의 독재 정권에 맞선 전국적 시위(1970년대)
필리핀	(❽) 정권에 맞선 저항(에드사 혁명, 1986)
중국	민주화 요구 시위 → 무력 진압(톈안먼 사건, 1989)
튀니지	부패한 정권 붕괴(튀니지 혁명, 2011)

(4) 민권 운동

미국	짐 크로 법에 따른 흑인 차별 → 몽고메리시의 버스 승차 거부 운동, 마틴 루서 킹의 흑인 민권 운동 전개(워싱턴 행진) → 민권법 통과(1964)
남아프리카 공화국	아파르트헤이트 시행 → (❾)이/가 흑인 민권 운동 전개 → 아파르트헤이트 폐지

(5) 노동 운동과 여성 운동

노동 운동	국제 연맹의 하위 기구로 국제 노동 조합(ILO) 설립 → 국제 연합(UN) 산하의 전문 기구가 되어 노동 기본 원칙과 권리선언 채택(1998)
여성 운동	두 차례 세계 대전 이후 여성 권리 신장, 민권 운동 → 영국에서 차별 금지법 통과, 미국에서 여성 평등권을 명시한 헌법 개정

(6) 환경 운동

국가 간 협력	환경과 개발에 관한 리우 선언(1992), 기후 변화 협약 발효(1994), 선진국의 온실가스 감축 목표치를 정한 (❿)(1997), 개발 도상국이 온실가스 감축에 동참한 파리 협정(2015) 체결 등
민간 노력	그린피스와 세계 자연 기금(WWF)과 같은 비정부 기구(NGO)의 활동 등

03 / 세계화와 지역 세계의 변화

(1) 신자유주의의 등장과 세계화의 확산

신자유주의	• 배경: 1970년대 두 차례의 (⓫)(으)로 세계 경제의 어려움 심화 • 전개: 국영 기업의 민영화, 복지 비용 축소 등
세계화의 확산	자유 무역의 확대 → (⓬) 결성, 자유 무역 협정(FTA) 체결 확산, 다국적 기업 성장 등
지역별 경제 협력체	국가 간 무역 경쟁 심화 → 유럽 연합(EU), 아시아 태평양 경제 협력체(APEC)와 같은 지역별 경제 협력체의 등장

(2) 과학 기술과 대중문화의 발달

과학 기술	교통·정보 통신 기술의 발달 → 인적·물적 교류 확대, 물질만능주의 확산, 예상치 못한 환경 변화 등
대중문화	대중 사회 출현, 대중 매체의 발달 → 대중문화의 확산(문화 획일화 현상 등 문제 발생)

(3) 현대 세계의 문제와 해결 노력

문제	지구 남반구(개발 도상국)와 북반구(선진국)의 경제 차이로 발생하는 (⓭), 팔레스타인 지역에서 아랍인과 유대인의 충돌, 코소보 및 카슈미르에서의 분쟁, 9·11 테러와 르완다 내전 등 발생
해결 노력	국제 연합(UN) 산하 전문 기구의 활동, 국제 협약 체결, 비정부 기구(NGO)의 활동 등

핵심 선택지 바로잡기

✖ 밑줄 친 내용을 바르게 고쳐 쓰시오.

1 1947년 미국의 <u>닉슨</u> 대통령은 공산주의 세력의 확산을 막겠다고 선언하였다. (   )

2 바르샤바 조약 기구(WTO)는 미국이 서유럽 국가들과 군사 동맹을 목적으로 만들었다. (   )

3 비동맹주의를 내세운 아시아와 아프리카 독립국들을 가리켜 제1 세계라고 한다. (   )

4 소련의 고르바초프와 미국의 부시 대통령은 <u>반둥 회의</u>에서 냉전의 종식을 선언하였다. (   )

5 중국의 <u>마오쩌둥</u>은 사회주의를 유지하며 자본주의적 요소를 수용하는 개혁을 하였다. (   )

6 1968년에 체코슬로바키아에서 일어난 민주화 운동을 <u>에드사 혁명</u>이라고 한다. (   )

7 필리핀에서는 <u>프랑코</u>의 독재 정권에 맞서 민주화 운동이 일어났다. (   )

8 미국에서는 <u>베티 프리단</u>이 흑인 차별에 반대하는 워싱턴 행진을 주도하였다. (   )

9 미국에서는 워싱턴 행진 이후 <u>짐 크로 법</u>이 통과되어 법적 차별이 사라졌다. (   )

10 <u>교토 의정서</u>에서 개발 도상국의 온실가스 감축 목표치를 정하였다. (   )

11 <u>중상주의</u> 경제 정책은 정부 개입을 줄이고 무역의 자유화를 추구하는 것이다. (   )

12 현대 세계의 문제를 해결하고자 국경 없는 의사회와 같은 <u>정부 기구</u>가 다양한 활동을 하고 있다. (   )

마무리 문제

01 (가), (나)에 대한 설명으로 옳은 것은?

진영	경제 원조	군사 동맹
(가)	마셜 계획	북대서양 조약 기구(NATO)
(나)	코메콘	바르샤바 조약 기구(WTO)

① (가) – 소련이 주도하였다.
② (가) – 비동맹주의를 내세웠다.
③ (가) – 자본주의 진영을 가리킨다.
④ (나) – 서독을 점령하였다.
⑤ (나) – 트루먼 독트린을 발표하였다.

[02~03] 다음을 읽고 물음에 답하시오.

> 오늘날 전 세계의 거의 모든 나라는 자본주의 방식과 공산주의 방식 중 하나를 선택해야 합니다. 모든 민족이 자유로운 상황에서 운명을 스스로 결정할 수 있도록 미국이 도울 것입니다. 그래서 무엇보다 지원을 염두에 두고 있습니다.

02 위 내용을 발표한 인물로 옳은 것은?

① 닉슨　　② 트루먼　　③ 덩샤오핑
④ 마오쩌둥　　⑤ 고르바초프

만점 도전!

03 밑줄 친 '지원'의 내용으로 옳은 것은?

① 마셜 계획을 추진하였다.
② 개혁·개방 정책을 추진하였다.
③ 베를린으로 가는 육로를 1년간 봉쇄하였다.
④ 소련을 해체하고 독립 국가 연합(CIS)을 결성하였다.
⑤ 수에즈 운하의 국유화를 선언하고 운영권을 되찾았다.

04 (가)에 들어갈 사건으로 옳은 것은?

히틀러 사망 후 독일이 항복함 → (가) → 베를린 장벽이 설치됨

① 스탈린그라드 전투가 벌어졌다.
② 노르망디 상륙 작전이 전개되었다.
③ 동·서독이 국제 연합(UN)에 동시 가입하였다.
④ 미국, 영국, 프랑스, 소련이 독일을 분할 점령하였다.
⑤ 서독이 동독을 흡수하는 방식으로 독일이 통일되었다.

05 다음 인물의 활동으로 옳은 것은?

- 1985년 공산당 서기장에 당선됨
- 미국의 부시 대통령과 몰타 회담을 개최하여 냉전의 종식을 선언함

① 뉴딜 정책을 실시하였다.
② 톈안먼 사건을 진압하였다.
③ 신경제 정책(NEP)을 추진하였다.
④ 문화 대혁명을 일으켜 권력을 강화하였다.
⑤ 시장 경제 체제를 수용하고 정치 민주화를 추진하였다.

06 ㉠에 공통으로 들어갈 전쟁을 쓰시오.

- 일기 제목: (㉠)의 발생
오늘 역사 시간에는 (㉠)을/를 배웠다. (㉠)은/는 이스라엘이 건국되면서 유대인과 팔레스타인 주변 아랍 국가들 간에 일어난 전쟁이다.

(　　　　　)

07 ㈎에 들어갈 내용으로 가장 적절한 것은?

수행 평가 보고서

- 주제: ___________㈎___________
- 조사 할 내용
  - 제1차 아시아·아프리카 회의의 참여 세력
  - 평화 10원칙의 내용

---

① 제3 세계의 형성
② 냉전 체제의 심화
③ 신자유주의의 확산
④ 전쟁 범죄자의 처벌
⑤ 전체주의 국가의 등장

08 다음에서 설명하는 인물을 쓰시오.

"흰 고양이든 검은 고양이든 쥐만 잘 잡으면 된다."라는 흑묘백묘론을 주장하였다. 자본주의든 공산주의든 상관없이 중국 인민을 잘살게 하면 그것이 제일이라고 하였다.

(   )

09 선생님의 질문에 대한 학생들의 답변으로 적절한 것을 〈보기〉에서 고른 것은?

보기

ㄱ. 독일에서 베를린 장벽이 무너졌어요.
ㄴ. 동유럽 국가들이 민주화 운동을 벌였어요.
ㄷ. 바르샤바 조약 기구(WTO)가 결성되었어요.
ㄹ. 영국이 신자유주의 경제 정책을 추진하였어요.

---

① ㄱ, ㄴ
② ㄱ, ㄷ
③ ㄴ, ㄷ
④ ㄴ, ㄹ
⑤ ㄷ, ㄹ

10 다음과 같은 상황이 일어나게 된 배경으로 가장 적절한 것은?

↑ 동유럽 각지에서 철거되는 레닌의 동상

① 대공황이 발생하였다.
② 국가 간 무역 경쟁이 심화되었다.
③ 소련이 쿠바에 핵미사일 기지 건설을 시도하였다.
④ 두 차례의 석유 파동으로 세계 경제가 어려워졌다.
⑤ 소련이 동유럽 국가들에 간섭하지 않겠다고 선언하였다.

11 밑줄 친 ㉠~㉢ 중 옳지 <u>않은</u> 것은?

㉠냉전 체제의 대립이 완화되는 상황에서 1968년 프랑스에서는 ㉡청년과 학생들을 중심으로 '모든 권위에 저항하라.'라는 구호를 외치며 ㉢정부의 실정에 저항하였던 68 운동이 일어났다. 68 운동에는 ㉣노동자들도 총파업으로 참여하였다. 이후 운동은 ㉤반전 평화 운동, 민권 운동 등 다양한 형태로 전개되었다.

---

① ㉠
② ㉡
③ ㉢
④ ㉣
⑤ ㉤

12 밑줄 친 '이 전쟁'으로 옳은 것은?

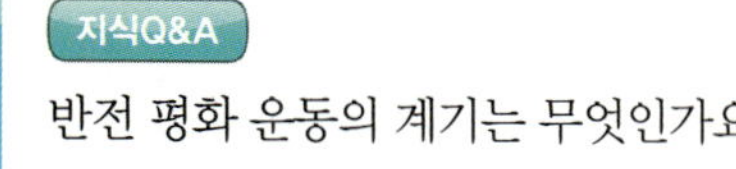

① 국공 내전
② 러일 전쟁
③ 중동 전쟁
④ 6·25 전쟁
⑤ 베트남 전쟁

13 다음 사건들의 공통점으로 옳은 것을 〈보기〉에서 고른 것은?

- 1960년 한국에서는 이승만 정권의 부정 선거를 규탄하는 시위가 일어났다.
- 1970년대 에스파냐에서는 프랑코의 독재 정권에 맞선 전국적인 시위가 전개되었다.

보기
ㄱ. 민주화 운동에 해당한다.
ㄴ. 토지의 균등 분배를 주장하였다.
ㄷ. 부패한 독재 체제에 맞서 일어났다.
ㄹ. 입헌 군주제가 확립되는 계기를 마련하였다.

① ㄱ, ㄴ   ② ㄱ, ㄷ   ③ ㄴ, ㄷ
④ ㄴ, ㄹ   ⑤ ㄷ, ㄹ

14 밑줄 친 '이 운동'에 대한 설명으로 옳지 <u>않은</u> 것은?

두 차례 세계 대전 이후 종교, 인종, 성별에 따른 차별에 저항하고 시민으로서 자유와 평등한 권리를 보장받기 위한 <u>이 운동</u>이 일어났다.

① 남아프리카 공화국에서는 마틴 루서 킹이 주도하였다.
② 미국 몽고메리시에서는 버스 승차 거부 운동이 일어났다.
③ 1963년 워싱턴에서는 흑인 차별에 반대하는 행진이 전개되었다.
④ 이 운동의 결과 1990년대 남아프리카 공화국에서 아파르트헤이트가 폐지되었다.
⑤ 이 운동의 결과 미국에서는 1964년에 민권법이 통과되어 흑인과 백인 사이의 법적 차별이 없어졌다.

15 다음에서 설명하는 선언을 쓰시오.

1998년에 발표된 선언으로 여기에는 노동 3권을 비롯한 노동 기본권이 명시되어 있다. 또한 이 선언에는 강제 노동 및 아동 노동 금지 조항도 포함되어 있다.

(   )

16 다음 인물들이 실시한 정책의 특징으로 옳은 것은?

⬆ 영국 총리 대처   ⬆ 미국 대통령 레이건

① 주요 산업을 국유화한다.
② 국가의 경제 개입을 강화한다.
③ 무역의 자유화와 시장 개방을 추구한다.
④ 관세를 높여 수입을 억제하고 상공업을 육성한다.
⑤ 정부가 대규모 공공사업을 벌여 일자리를 제공한다.

만점 도전!

17 (가)에 들어갈 답변으로 적절하지 <u>않은</u> 것은?

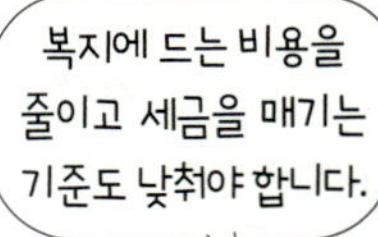

① 다국적 기업이 성장하였어.
② 개발 도상국의 경제가 성장하였어.
③ 빈부 격차와 경제적 불평등이 완화되었어.
④ 문화가 이동하여 융합되는 현상이 일어났어.
⑤ 다른 나라의 상품을 저렴한 가격에 구매하게 되었어.

18 다음과 같은 특징을 지닌 지역별 경제 협력체로 옳은 것은?

- 유럽의 정치적·경제적 협력 지향
- 공동 화폐 사용

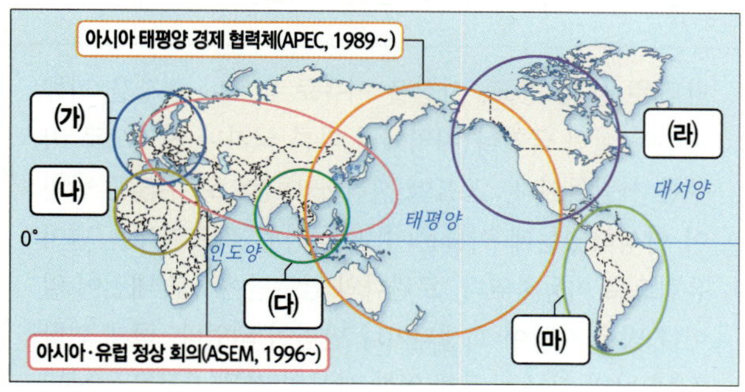

① (가)　　② (나)　　③ (다)　　④ (라)　　⑤ (마)

19 (가)에 들어갈 내용으로 가장 적절한 것은?

- **발표 주제:** (가)
- 배경: 경제의 성장, 교육 수준의 향상, 민주주의의 발전, 대중 매체의 발달로 많은 사람들이 쉽게 접하고 즐기는 문화가 발달함
- 문제점: 각 지역의 문화가 고유성을 잃고 획일화됨

① 대중문화의 발달　　② 과학 기술의 발달
③ 신자유주의의 확산　　④ 세계화의 성과와 과제
⑤ 자본주의 경제의 성장

20 다음에서 설명하는 분쟁으로 옳은 것은?

20세기 후반에 연방이 해체되면서 그리스 정교와 이슬람교의 충돌 등으로 많은 사상자가 발생한 분쟁이다.

① 9·11 테러　　② 르완다 내전
③ 시리아 내전　　④ 남중국해 분쟁
⑤ 유고슬라비아 전쟁

21 다음 활동에 대해 학생들이 나눈 대화 내용으로 가장 적절한 것은?

- 그린피스가 생물 다양성 보호를 위한 시위를 벌였다.
- 국경 없는 의사회가 우크라이나 전쟁 지역에서 환자를 안전한 지역으로 대피시켰다.

① 여성의 지위 향상을 위해 노력하고 있어.
② 난민을 보호하려는 목적으로 결성되었어.
③ 국제 연합(UN)의 산하의 국제기구들이야.
④ 공정 무역으로 국가 간 빈부 격차를 해소하려 하였어.
⑤ 현대 사회 문제 해결을 위해 정부뿐만 아니라 민간단체도 노력하고 있어.

22 ㉠, ㉡에 들어갈 내용으로 옳은 것은?

- (㉠)가 진행되면서 선진국과 개발 도상국의 경제적 격차가 커졌다.
- 남반구와 북반구에 있는 국가들의 경제적 차이로 일어나는 여러 가지 문제를 (㉡)라고 부른다.

	㉠	㉡		㉠	㉡
①	공산화	남북문제	②	공산화	난민 문제
③	세계화	남북문제	④	세계화	난민 문제
⑤	온난화	남북문제			

23 ㉠에 들어갈 기구로 옳은 것은?

사진전 초대장

전 세계에 평화 유지군을 파견하고 있으며 산하에 세계 식량 기구와 같은 전문 기구를 두고 구호 활동을 하는 (㉠)의 사진전에 여러분을 초대합니다.

① 국제 연합(UN)
② 유럽 연합(EU)
③ 세계 무역 기구(WTO)
④ 바르샤바 조약 기구(WTO)
⑤ 북대서양 조약 기구(NATO)

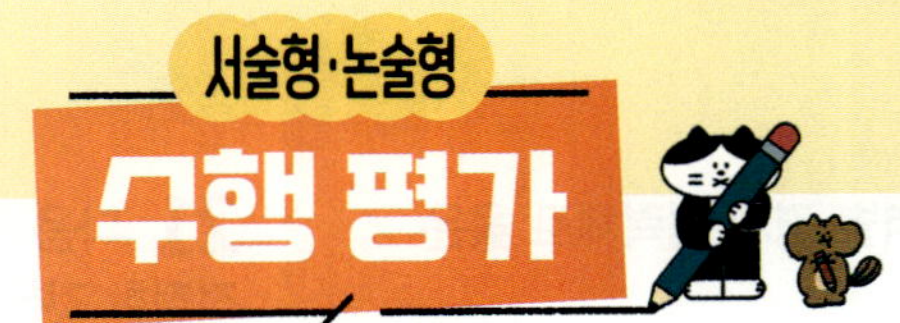

서술형

1 다음을 읽고 물음에 답하시오.

제2차 세계 대전 이후 미국과 소련의 대립이 심화되었다. 소련의 영향으로 동유럽 여러 나라에 공산주의 정권이 들어서자 미국의 대통령은 공산주의 세력의 확산을 막겠다고 선언하였다.

(1) 밑줄 친 '선언'을 쓰시오.

(2) (1)의 선언 이후 미국과 소련이 아시아에서 대립한 사례를 세 가지 서술하시오.

| 핵심어 | 중국, 한국, 베트남

2 다음 인물들이 추진한 활동의 공통점을 서술하시오.

- 넬슨 만델라는 남아프리카 공화국에서 인종 분리 정책인 아파르트헤이트에 저항하였고 1990년대 이 정책이 폐지되는 데 기여하였다.
- 마틴 루서 킹은 미국 남부에서 '법 앞에서의 평등'을 외쳤고, 1963년에는 워싱턴 행진을 전개하여 1964년 민권법 제정을 이끌어 냈다.

논술형

3 다음을 읽고 난민 수용에 대한 찬성과 반대의 입장 중 하나를 골라 자신의 생각을 논술하시오.

난민은 정치, 종교, 사상을 이유로 박해나 전쟁을 피해 자신이 살던 국가나 지역에서 다른 국가나 지역으로 이주한 사람들이다. 2011년 시리아 내전으로 수많은 난민이 발생하였는데 이들은 주변 국가인 튀르키예를 넘어 유럽으로 이동하였다. 르완다와 남수단에서도 내전이 일어나 많은 사람이 희생되거나 난민이 되었다. 국제 연합(UN) 난민 기구는 국제 연합 산하의 전문 기구로서 난민 문제를 해결하고자 노력하고 있다. 오늘날 세계 각국에서는 난민을 받아들여야 한다는 인도주의적 입장과 무조건적인 난민 수용에 반대하는 입장이 대립하는 등 난민 수용을 둘러싸고 의견이 대립하기도 한다.

완자

정확한 답과 친절한 해설

정답 친해

중학
역사
①

책 속의 가젭 별책 (특허 제 0557442호)
'정답 친해'는 본책에서 쉽게 분리할 수 있도록 제작되었으므로
유통 과정에서 분리될 수 있으나 파본이 아닌 정상제품입니다.

visang

완자

정답 친해

중학 역사 ①

역사 학습의 기초

01 역사의 의미와 역사 학습의 목적

문제로 개념 확인 + 비주얼로 핵심 콕콕

11쪽 | **1** 역사 **2** (1) ㄱ (2) ㄴ **3** (1) ○ (2) ×
4 (1) 세기 (2) 연호
A 객관적 **B** 다양

시험 대비 핵심 문제   12~13쪽

01 ① **02** ⑤ **03** ① **04** ① **05** ② **06** ②
07 서기 **08** ③
서술형 문제 | 1~2번 해설 참조

01 역사의 의미
대화의 주제는 한자어 '역사(歷史)'이다. 역사는 과거에 실제로 일어난 사실이며, 인류가 남긴 발자취를 말한다. 역사의 의미는 '사실로서의 역사'와 '기록으로서의 역사'로 나눌 수 있다.
바로 알기 ① 우리는 일상생활에서 역사를 쉽게 만날 수 있다.

02 '기록으로서의 역사'의 사례
제시된 글은 '기록으로서의 역사'에 대한 설명이다. 그리스 문화나 훈민정음에 대한 평가는 '기록으로서의 역사'의 사례이다.
바로 알기 ㄱ, ㄴ은 사실 그 자체로, '사실로서의 역사'의 사례에 해당한다.

03 사실로서의 역사
'사실로서의 역사'는 과거에 일어난 사실 그 자체이므로 객관적인 역사이다.
바로 알기 ②, ③, ④, ⑤는 '기록으로서의 역사'에 대한 설명이다.

04 사관의 특징
+ 자료로 이해하기

신라는 당과 연합하여 백제와 고구려를 멸망시켰어. 이후 당을 한반도에서 몰아내고 삼국을 통일하였어.

- 신라가 다른 민족(당)을 끌어들여 같은 민족(백제, 고구려)을 멸망시키는 것은 도적을 불러들여 형제를 죽이는 것과 같다.
  — 신채호
- 신라가 당 황제에게 군사를 요청한 것은 두 나라(백제, 고구려)를 진압하여 영원히 싸움이 없게 하고 백성을 평안히 하려는 것이었다.
  — 김부식

제시된 글은 삼국을 통일한 신라와 당의 연합에 대한 신채호와 김부식의 상반된 평가로, 동일한 역사적 사건도 이를 바라보는 관점에 따라 다르게 평가될 수 있음을 알 수 있다.
바로 알기 ① 역사를 공부할 때 역사가의 관점을 파악하는 것이 중요하다.

05 역사 학습의 목적
우리는 역사를 배움으로써 자신의 정체성을 확인할 수 있고, 미래를 내다보는 안목도 키울 수 있다. 또한 역사를 탐구하는 과정에서 역사적 사고력과 비판력, 판단력 등을 기를 수 있으며, 서로의 문화를 이해하고 존중하는 태도도 갖출 수 있다.
바로 알기 ② 역사 학습으로 부끄러운 과거를 반성할 수 있다.

06 역사 학습의 목적
자료에서 일제 강점기의 역사를 청산하려는 의도가 보인다는 설명을 통해 역사를 배우면 과거의 사례에서 삶의 지혜와 교훈을 얻을 수 있다는 점을 파악할 수 있다.

07 서기
제시된 글은 서기에 대한 설명이다. 최근에는 종교색을 지우고 BCE(공통 시대 이전)와 BC(공통 시대)를 사용하기도 한다.

08 세기와 연호
㉠은 세기, ㉡은 연호이다. 고구려 광개토 대왕의 연호는 '영락', 고려 태조의 연호는 '천수'로 연호는 왕마다 바꾸어 불렀다.
바로 알기 서기는 대체로 예수가 태어난 해를 기준으로 기원전(B.C.)과 기원후(A.D.)로 나누는 연대 표현 방법이다.

서술형 문제   13쪽

1 역사의 의미
(1) **답** (가): 랑케, (나): 카
(2) **예시 답안** 랑케는 객관적인 '사실로서의 역사'를, 카는 주관적인 '기록으로서의 역사'를 강조하였다.

점수	채점 기준
상	랑케와 카가 강조한 역사의 의미를 모두 서술한 경우
하	랑케와 카가 강조한 역사의 의미 중 한 가지만 서술한 경우

2 역사 학습의 목적
(1) **답** 다양성
(2) **예시 답안** 역사 학습으로 길러진 문화의 다양성을 이해하는 태도는 인류가 갈등을 극복하고 평화롭게 살아가는 바탕이 된다.

점수	채점 기준
상	인류가 갈등을 극복하고 평화롭게 살아가는 바탕이 된다고 서술한 경우
하	평화의 바탕이 된다고만 서술한 경우

02 역사 탐구의 절차와 방법

문제로 개념 확인 + 비주얼로 핵심 콕콕

15쪽 | 1 ⑴ 문자 자료 ⑵ 역사 시대 2 사료 비판
3 ⑴ 도표 ⑵ 역사 지도 4 ⑴ ㄱ ⑵ ㄴ
A 연표 B 분석

시험 대비 핵심 문제 16~17쪽

01 ④ 02 ④ 03 ④ 04 사료 비판 05 ② 06 ②
07 ④ 08 ①
서술형 문제 | 1~2번 해설 참조

01 선사 시대와 역사 시대
선사 시대와 역사 시대는 문자의 사용 유무로 나뉜다. 선사 시대는 문자 기록이 없던 시기이며, 역사 시대는 문자 자료를 사용한 시기이다.

02 사료의 특징
사료는 옛사람들이 남긴 흔적으로, 역사를 탐구하거나 역사책을 쓰는 데 이용된다. 오늘날에는 과학 기술의 발달로 기록 수단이 다양해져 사료의 범위가 음성 기록, 영상 기록으로 확대되었다.
바로 알기 ㄱ. 기원전(B.C.)과 기원후(A.D.)로 구분하는 연대 표현 방식을 서기라고 한다. ㄷ은 연호에 대한 설명이다.

03 문자 자료의 특징

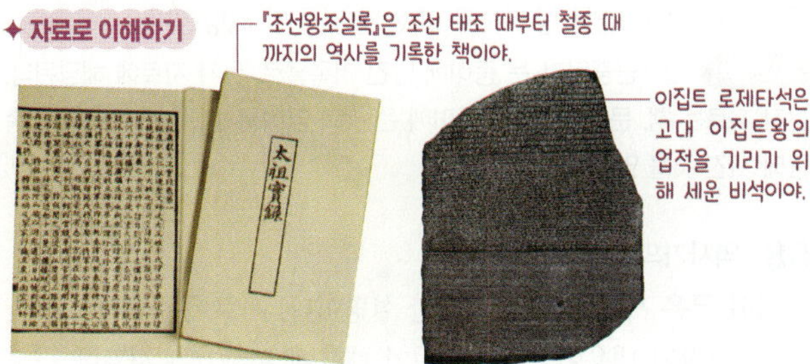

『조선왕조실록』, 이집트 로제타석은 모두 문자로 기록되어 있다. 문자 자료에는 책, 문서, 일기 등 종이에 쓴 것과 금석문, 비문 등 돌이나 금속 등에 새긴 것이 있다.

04 사료 비판
㉠에 들어갈 내용은 사료 비판이다. 사료 비판은 역사가가 사료에 나오는 내용을 철저하게 검증하는 과정으로 사료에는 과장, 잘못, 누락, 조작된 내용이 있을 수 있으므로 사료 비판이 필요하다. 역사가는 사료 비판을 거친 자료를 연구하여 역사를 서술한다.

05 역사 학습에 도움을 주는 자료
㉮는 도표, ㉯는 연표이다. 도표는 숫자로 된 정보를 정리한 자료이고, 연표는 역사적 사건을 일어난 순서대로 나타낸 자료이다.
바로 알기 사진은 역사를 시각적으로 보여 주는 자료이다. 역사 지도는 지도에 영토나 영역, 이동 경로, 수도 등의 역사 정보를 나타낸 자료이다.

06 역사 탐구의 절차
역사 탐구는 ㉮ '2000년대 한류'를 탐구 주제로 선정 – ㉭ 인터넷을 활용하여 관련 자료 수집 – ㉰ 자료 상호 비교 – ㉯ 정리한 내용을 동영상으로 제작 순서로 진행한다.

07 역사 자료의 수집
인터넷 검색, 도서관 방문, 답사 등을 통해 학생들이 역사 자료의 수집 방법에 대해 이야기하고 있음을 알 수 있다.
바로 알기 ①, ⑤는 탐구 결과의 정리 및 발표, ②, ③은 역사 자료의 분석 및 해석 단계에 해당한다.

08 역사 자료의 분석과 해석
역사 탐구의 절차 중 ㉮는 자료의 분석과 해석 단계이다. 자료 수집이 완료되면 자료들을 비교하여 서로 모순되는 내용이 없는지 따져서 내용 오류가 있는 자료를 찾아낸다. 이러한 검증을 거쳐 탐구 주제를 해결할 수 있도록 자료를 분석하고 해석한다. 이때 문제 해결에 도움이 되는 증거를 분류하고 그 이유를 생각한다.
바로 알기 ㄷ은 탐구 결과의 정리, ㄹ은 역사 자료의 수집 단계에서 할 일이다.

서술형 문제 17쪽

1 사료와 사료 비판
⑴ **답** 사료
⑵ **예시 답안** 사료에는 과장되거나 잘못된 내용이 포함될 수 있고, 누락되거나 조작된 내용도 들어갈 수 있으므로 역사가는 사료를 철저하게 검증하는 사료 비판을 거쳐야 한다.

점수	채점 기준
상	사료의 특성을 두 가지 서술한 경우
하	사료의 특성을 한 가지만 서술한 경우

2 탐구 결과의 정리
⑴ **답** 탐구 결과의 정리
⑵ **예시 답안** 연표는 사건의 상호 관계를 파악하고, 같은 시기에 다른 지역에서 일어난 사건을 비교하는 데 편리하다.

점수	채점 기준
상	연표의 장점을 두 가지 서술한 경우
하	연표의 장점을 한 가지만 서술한 경우

01 역사의 의미

역사는 과거에 실제로 일어났던 일이며, 인류가 남긴 물질물명과 정신적 유산을 포함한 모든 발자취를 말한다. 또한 인류가 어떻게 살아왔는가에 대한 이야기이기도 하다. 역사는 '사실로서의 역사'와 '기록으로서의 역사' 두 가지 의미를 담고 있다.

바로 알기 ⑤는 사료 비판에 대한 설명이다. 사료에는 과장이나 오류, 누락이나 조작된 내용이 있을 수 있기 때문에 사료 비판이 필요하다.

02 '사실로서의 역사'와 '기록으로서의 역사'

'사실로서의 역사'는 과거에 일어난 사실 그 자체를 말하므로, 객관적 역사라고도 한다. '기록으로서의 역사'는 역사를 기록하는 사람이 과거의 많은 사건 가운데 의미 있다고 판단하여 고른 사실로, 기록한 사람의 관점과 생각이 담겨 있어 주관적 역사라고도 한다.

바로 알기 ㄴ은 '기록으로서의 역사', ㄹ은 '사실로서의 역사'에 대한 설명이다.

03 '사실로서의 역사'의 사례

✦ 자료로 이해하기

랑케는 역사적 사실 자체가 중요하므로 역사가의 주관이 개입되지 않은 객관적인 '사실로서의 역사'를 강조하였다. 고대 그리스에서 올림피아 제전을 열었다는 서술은 과거에 일어난 사실 그 자체로, 랑케의 입장이 반영된 서술이다.

바로 알기 ①, ③, ④, ⑤는 기록자의 해석이 담긴 '기록으로서의 역사'에 해당하는 서술이다.

04 역사 학습의 목적

기사는 여러 나라의 학생들이 교류하는 모습에 대한 것이다. 우리는 다른 나라의 역사를 배움으로써 문화의 다양성을 이해하고 존중하는 자세를 기를 수 있다. 서로의 문화를 존중하는 마음가짐은 인류가 갈등을 극복하고 더불어 평화롭게 살아가는 바탕이 될 수 있다.

05 서기의 특징

㈎에 들어갈 내용은 서기이다. 서기는 기원전(B.C.)과 기원후(A.D.)로 나누어 연대를 표현하는 방식으로, 대체로 예수가 태어난 해를 기준으로 나눈다. 최근에는 종교색을 지운 BCE(공통 시대 이전)와 CE(공통 시대)로 구분하기도 한다.

바로 알기 ㄱ은 보통 국왕이 즉위한 해에 붙이던 연대 이름인 연호와 관련이 있다. 고구려 광개토 대왕의 연호는 '영락', 고려 태조의 연호는 '천수'로 연호는 왕마다 바꾸어 불렀다. ㄷ은 세기에 대한 설명이다.

06 사료의 특징

밑줄 친 '이것'은 사료이다. 사료는 옛사람들이 남긴 흔적을 이르는 것으로, 역사를 탐구하거나 역사책을 쓰는 데 이용하는 자료이다. 옛사람들은 보통 문자로 기록을 남겼기 때문에 역사 탐구에는 문자 자료가 많이 활용되었다. 사료는 유물, 유적, 문헌 또는 문자 자료와 비문자 자료로 구분할 수 있다. 오늘날에는 과학 기술이 발전함에 따라 음성과 영상 기록도 사료에 포함한다.

바로 알기 ④ 사료는 과거의 사실을 모두 정확하게 말해 주지 않는다. 사료에는 과장되거나 잘못된 내용이 들어갈 수 있고, 누락되거나 조작된 내용도 있을 수 있다. 이는 역사가가 사료 비판을 하는 이유이다.

07 비문자 자료의 사례

비문자 자료는 유적과 유물 중 그림, 조각, 건축, 영상, 음성 등 문자 이외에 다양한 방식으로 표현된 것들이 해당된다.

바로 알기 ③ 『난중일기』는 종이에 남긴 기록물로, 문자 자료에 해당된다. 문자 자료는 책, 문서, 일기 등 종이에 쓴 것과 금석문, 비문 등 돌이나 금속 등에 새긴 것을 말한다.

08 역사가의 사료 비판

제시된 글은 사료의 성격에 대한 설명이다. 사료에는 과장, 잘못, 누락, 조작된 내용이 있을 수 있기 때문에 역사가는 사료에 나오는 내용을 철저하게 검증하는 사료 비판을 해야 한다. 이후 이 과정을 거친 자료로 과거 상황을 분석하고 해석하여 역사를 서술해야 한다.

09 역사 학습에 도움을 주는 자료

㉠은 역사 지도, ㉡은 연표이다. 역사 지도는 지도에 영토나 영역, 수도 등의 역사 정보를 나타낸 자료이다. 연표는 역사 사건을 일어난 순서대로 나타낸 표로, 사건의 상호 관계를 파악하고 같은 시기 다른 지역에서 일어난 사건을 비교하는 데 편리하다.

지역의 문화유산을 직접 보려고 찾아왔다는 내용을 통해 학생이 답사를 간 상황임을 알 수 있다. 답사는 유적이나 현장을 조사해야 할 때 해당 장소에 직접 가서 살펴보는 자료 조사 방법이다.

11 자료의 분석과 해석

역사 탐구의 절차 중 자료의 분석과 해석 단계에서는 먼저 자료들을 비교하여 서로 모순되는 내용이 없는지 따져서 내용 오류가 있는 자료를 찾아낸다. 이러한 검증을 거쳐 탐구 주제를 해결할 수 있도록 자료를 분석하고 해석한다. 이때 문제 해결에 도움이 되는 증거를 분류하고 그 이유를 생각한다.

바로 알기 ④는 탐구 결과의 정리 및 발표 단계에서 할 일이다.

서술형·논술형 수행 평가 22쪽

1 사관의 특징

(1) **답** 사관

(2) **예시 답안** 동일한 역사적 사건이나 인물도 이를 바라보는 역사가의 관점 즉, 사관에 따라 다르게 평가·해석될 수 있다.

점수	채점 기준
상	동일한 인물 또는 사건도 역사가의 사관에 따라 평가가 달라질 수 있다고 서술한 경우
하	역사가마다 사관이 다르다고만 서술한 경우

2 인터뷰의 장점

(1) **답** 인터뷰

(2) **예시 답안** 인터뷰로 구술 자료를 수집하여 문헌 자료로 남아 있지 않은 과거 사람들의 생활 모습을 알 수 있다.

점수	채점 기준
상	구술 자료를 수집하여 문헌 자료로 남아 있지 않은 과거 사람들의 생활 모습을 알 수 있다고 서술한 경우
하	과거 사람들의 생활 모습을 알 수 있다고만 서술한 경우

3 알렉산드로스의 정복 활동에 대한 평가

예시 답안 • 알렉산드로스의 정복 활동에 대해 긍정적으로 평가한 경우: 나는 알렉산드로스의 정복 활동에 대해 긍정적으로 평가한다. 왜냐하면 알렉산드로스의 동방 원정으로 그리스 문화가 여러 지역에 전파될 수 있었고, 이를 기반으로 그리스 문화와 동방 문화가 어우러진 헬레니즘 문화가 형성되었기 때문이다. 헬레니즘 문화는 인도인들이 부처를 인간의 모습으로 표현한 불상을 제작하는 데 기여하였다. 이에 따라 쿠샨 왕조 시기에 발달한 간다라 양식은 동아시아에도 전해져 동아시아 각국에서 불상이 제작되는 데 영향을 주었다.

• 알렉산드로스의 정복 활동에 대해 부정적으로 평가한 경우: 나는 알렉산드로스의 정복 활동에 대해 부정적으로 평가한다. 왜냐하면 알렉산드로스가 일으킨 전쟁으로 많은 사람이 죽었으며, 그가 정복지의 사람들을 죽이고 노예로 삼는 등 난폭하게 통치하였기 때문이다. 또한 알렉산드로스의 정복 활동으로 아케메네스 왕조 페르시아나 이집트 등 여러 나라의 고유한 문화유산이 파괴되었다. 알렉산드로스의 정복 전쟁은 인류에 인적, 경제적, 문화적 손실을 가져왔다고 생각하기 때문에 알렉산드로스를 난폭한 침략자라고 한 네루의 평가에 동감한다.

점수	채점 기준
상	알렉산드로스의 정복 활동에 대한 긍정적 또는 부정적 평가를 두 가지 근거를 들어 논술한 경우
중	알렉산드로스의 정복 활동에 대한 긍정적 또는 부정적 평가를 한 가지 근거를 들어 논술한 경우
하	알렉산드로스의 정복 활동에 대한 자신의 평가만 서술한 경우

문명의 발생과 고대 세계의 형성

01 선사 문화와 문명의 특징

문제로 개념 확인 ⊕ 비주얼로 핵심 콕콕

25쪽 | 1 (1) 아프리카 (2) 호모 사피엔스 **2** (1) ㄴ (2) ㄱ (3) ㄴ
(4) ㄱ **3** 신석기 혁명
A 에렉투스 **B** 간석기

27쪽 | 1 ㄷ, ㄹ **2** (1) 쐐기 문자 (2) 함무라비 왕 **3** 파라오
4 (1) 나일강 (2) 피라미드
C 문명 **D** 사후

29쪽 | 1 (1) 인더스강 (2) 아리아인 **2** 카스트제 **3** (1) 갑골문
(2) 주 **4** (1) ㄴ (2) ㄱ
E 갠지스강 **F** 봉건제

시험 대비 핵심 문제   30~35쪽

01 ①	**02** ⑤	**03** ④	**04** ③	**05** ④	**06** ④	**07** ②
08 ⑤	**09** 문명		**10** ⑤	**11** ①	**12** ③	**13** ⑤
14 쐐기 문자		**15** ③	**16** ④	**17** ③	**18** ①	**19** ④
20 ④	**21** ③	**22** ②	**23** 브라만교		**24** ④	**25** ⑤
26 ②	서술형 문제 **|** 1~4번 해설 참조					

01 오스트랄로피테쿠스 아파렌시스의 특징

약 390만 년 전에 아프리카 지역에서 나타난 최초의 인류는 오스트랄로피테쿠스 아파렌시스이다. 오스트랄로피테쿠스 아파렌시스는 동물과 달리 두 발로 서서 걷는 직립 보행을 하였으며, 간단한 도구를 만들어 사용하였다.

바로 알기 ②는 호모 사피엔스, ③, ④는 호모 에렉투스, ⑤는 호모 네안데르탈렌시스의 특징이다.

02 동물과 구별되는 인류의 특징

인류는 두 발로 서서 걷는 직립 보행을 하였고, 도구와 불 그리고 간단한 언어를 사용하였다. 또한 사후 세계에 대해 관심을 가져 죽은 자를 땅속에 묻는 풍습이 있었으며, 동굴 벽화를 남기기도 하였다.

바로 알기 ⑤ 인류는 아프리카에서 출현하였고, 점차 아프리카를 떠나 세계 여러 지역으로 이동하여 다양한 자연환경에 적응하며 살아갔다. 인류 중 호모 에렉투스가 처음으로 아프리카를 벗어나 유럽과 아시아 등지로 이동하였다.

03 인류의 진화 과정

인류의 진화 과정을 출현한 순서대로 나열하면 (라) 오스트랄로피테쿠스 아파렌시스 – (나) 호모 에렉투스 – (다) 호모 네안데르탈렌시스 – (가) 호모 사피엔스이다.

04 구석기 시대의 사회

주먹도끼가 처음 제작된 시대는 구석기 시대이다. 구석기 시대에는 돌을 깨뜨리거나 떼어 내서 만든 뗀석기를 사용하였으며, 식물의 뿌리나 열매 등을 모으는 채집 생활과 동물을 사냥하는 수렵 생활을 하였다.

바로 알기 ①, ②, ④, ⑤는 신석기 시대에 대한 설명이다.

05 구석기 시대의 생활 모습

빌렌도르프의 비너스와 라스코 동굴 벽화는 구석기 시대의 문화유산이다. 구석기 시대에는 다산과 풍요를 바라며 조각상을 만들거나 사냥이 성공하기를 빌며 동굴 벽화를 그렸다. 또한 구석기 시대 사람들은 식량을 찾아 자주 이동하였기 때문에 일정한 주거지 없이 동굴이나 바위 그늘, 막집 등에서 살았다. 그들은 큰 동물들을 무리 지어 사냥하였고, 도구로 뗀석기를 사용하였다.

바로 알기 ④ 갈돌과 갈판은 신석기 시대에 처음 사용한 도구이다.

06 신석기 시대의 사회

그림은 타실리나제르 벽화이다. 벽화에는 곡식 낟알을 줍거나 소 등의 가축을 기르는 모습이 그려져 있다. 이와 같은 농경과 목축 생활은 신석기 시대부터 시작되었다. 신석기 시대에는 토기를 만들어 식량을 저장하거나 음식을 조리하는 데 사용하였다.

바로 알기 ①, ③은 문명 발생 시기, ②, ⑤는 구석기 시대에 대한 설명이다.

07 신석기 시대의 생활 모습

✦ 자료로 이해하기

가락바퀴와 빗살무늬 토기는 신석기 시대에 사용한 도구이다. 신석기 시대에는 밀과 옥수수, 보리 등을 재배하는 농경 생활과 우리나 축사에 가두어 동물을 기르는 목축 생활을 시작하였다.

바로 알기 ㄴ은 구석기 시대, ㄹ은 문명 발생 시기에 볼 수 있는 모습이다.

08 구석기 시대와 신석기 시대의 공통점

구석기 시대와 신석기 시대는 지배 계급과 피지배 계급이 뚜렷하게 나누어지지 않은 평등 사회라는 공통점이 있다.

바로 알기 ①, ③은 신석기 시대 이후, ②는 구석기 시대, ④는 문명 발생 시기에만 해당되는 설명이다.

09 문명

원시생활에서 벗어나 고도로 발달한 인간의 문화와 사회를 이르는 말은 문명이다. 문명은 티그리스강과 유프라테스강, 나일강, 인더스강, 황허강 등 큰 강 유역에서 발생하였다.

10 문명의 발생 배경

신석기 시대를 거치면서 사람들은 농사를 짓기 위해 큰 강 주변에 모여 살았고, 홍수를 막고자 둑을 쌓고 가뭄에 대비하여 농지에 물을 대는 관개 시설을 만들었다. 청동으로 만든 무기를 사용하면서 정복 전쟁을 벌였으며, 일부 지배 계급이 왕궁, 신전 등을 건립하는 과정에서 도시 국가가 성립하였다. 사람들은 통치와 교역에 관한 내용을 기록하고자 문자를 만들어 사용하였다.

바로 알기 ⑤ 구석기 시대부터 사냥의 성공을 빌며 동굴에 벽화를 그리기 시작하였다.

11 수메르인의 활동

㉠에 들어갈 민족은 수메르인이다. 메소포타미아 문명을 일으킨 수메르인은 도시 중앙에 지구라트라는 신전을 세웠으며, 달과 별 등의 움직임을 연구하여 태음력을 발전시켰고, 이를 바탕으로 60진법을 만들었다. 또한 쐐기 문자를 이용하여 통치와 교역 등에 관한 내용을 점토판에 새겼다.

12 메소포타미아 문명의 세계관

메소포타미아 지방은 개방적인 지형으로 다른 민족의 침입을 자주 받았다. 이곳의 사람들은 죽은 뒤의 세계보다는 현재의 안정된 삶을 중시하였다.

바로 알기 ①, ④는 이집트 문명, ②, ⑤는 아리아인과 관련이 있다.

13 지구라트의 건설

지구라트는 수메르인이 도시 중앙에 건립한 신전으로, 메소포타미아 문명과 관련이 있다. 메소포타미아 문명을 이끈 수메르인은 종교와 정치가 결합한 신권 정치를 행하였다. 지구라트는 흙벽돌을 계단식으로 쌓아 만들었는데, 현재는 기단 부분만 남아 있다.

14 쐐기 문자

수메르인들이 이용한 문자는 쐐기 문자이다. 갈대나 금속을 뾰족하게 만들어 점토판에 새겼으며, 문자의 선이 쐐기 모양으로 보여 쐐기 문자라고 불렀다.

15 함무라비 왕의 업적

밑줄 친 '그'는 함무라비 왕이다. 함무라비 왕은 바빌로니아 왕국의 왕으로, 기원전 1800년경 메소포타미아 지방을 통일하였으며 함무라비 법전을 만들어 통치 체제를 정비하였다.

바로 알기 ① 파라오는 이집트의 왕을 가리키는 말이다. ② 피라미드는 이집트인이 건립한 파라오의 무덤이다. ④ 「길가메시 서사시」는 메소포타미아 문명을 일으킨 수메르인이 지었다. ⑤는 중국 상의 왕에 대한 설명이다.

16 「사자의 서」

그림은 죽은 사람이 사후 세계에서 어떻게 행동해야 할지를 알려 주는 안내서는 「사자의 서」이다. 이집트인들은 「사자의 서」를 만들어 무덤에 넣기도 하였다.

17 이집트 문명의 특징

이집트의 왕인 파라오는 종교와 정치를 결합한 신권 정치로 절대적인 왕권을 누렸다. 이집트인들은 나일강의 범람 시기를 알고자 태양력을 만들었으며, 10진법을 사용하였다. 또한 사물의 모양을 본뜬 상형 문자를 만들어 파피루스에 기록하였다.

바로 알기 ③은 메소포타미아 문명의 바빌로니아 왕국에 대한 설명이다.

18 고대 이집트인의 생활 모습

㉠은 나일강, ㉡은 상형 문자이다. 이집트 문명은 기원전 3000년경 나일강 유역에서 일어났으며, 이집트인들은 사물의 모양을 본뜬 상형 문자를 이용하여 파피루스에 기록을 남겼다.

바로 알기 인더스강과 갠지스강은 인도 문명과 관련이 있다. 쐐기 문자는 메소포타미아 문명을 일으킨 수메르인이 사용한 문자이다.

19 이집트 문명의 내세적 세계관

자료는 이집트 문명의 문화유산이다. 고대 이집트인들은 사람이 죽은 후에도 영혼이 남는다고 믿었다. 그래서 미라를 만들었으며, 파라오의 미라를 보존하기 위해 피라미드를 세웠다.

20 아리아인의 이동

지도에 나타난 방향으로 이동한 민족은 아리아인이다. 중앙아시아의 유목 민족이었던 아리아인이 인더스강과 갠지스강으로 이동한 후 원주민을 지배하기 위해 카스트제(바르나)라는 엄격한 신분제를 만들었다.

바로 알기 ①, ②, ③은 수메르인, ⑤는 이집트인에 대한 설명이다.

21 카스트제의 특징

✦ 자료로 이해하기

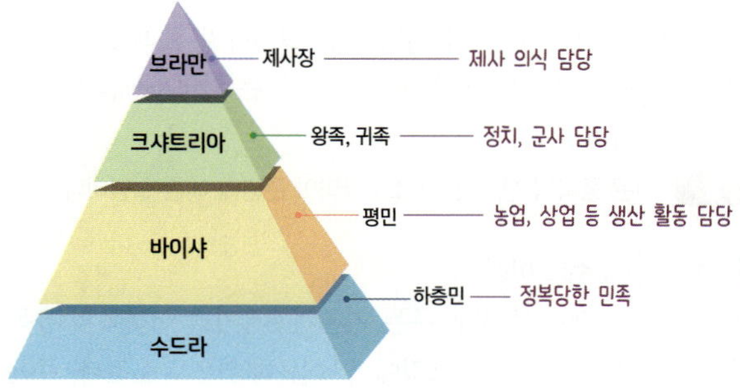

도표는 카스트제의 구조를 나타낸 것이다. 아리아인이 원주민을 지배하고자 만든 카스트제(바르나)는 계급에 따른 신분의 구분이 엄격하였고, 지위와 직업을 결정하는 기준이 되기도 하였다.

바로 알기 ③ 바빌로니아 왕국에서는 함무라비 법전이 만들어져 통치에 이용되었다.

22 인도 문명의 특징

인도 문명은 기원전 2500년경 인더스강 유역의 하라파, 모헨조다로 등에서 도시 문명이 일어나 시작되었다. 하라파, 모헨조다로 등의 도시는 주택과 하수 시설, 목욕장 등을 갖춘 계획도시였다. 이 도시의 사람들은 청동기와 그림 문자를 사용하였으며, 바닷길을 거쳐 메소포타미아 지방과 교류하였다.

바로 알기 ㄴ, ㄹ은 메소포타미아 문명에 대한 설명이다.

23 브라만교의 성립

아리아인은 태양, 물, 불 등 자연 현상을 다스리는 신들에게 제사 지내고, 신을 찬양하는 경전인 『베다』를 완성하였다. 이 과정에서 브라만교가 만들어졌다. 브라만은 종교적 권위를 내세워 특권을 누렸다.

24 중국 상의 특징

✦ **자료로 이해하기**

갑골문은 거북의 배딱지나 동물의 뼈에 새긴 문자야. 상의 왕은 갑골에 홈을 파고 홈에 짚을 넣어 열을 가한 뒤 금이 간 모양으로 점을 쳤어.

밑줄 친 '이 나라'는 상이다. 기원전 1600년경에 세워진 상은 청동으로 무기와 제사용 도구를 만들었고, 해와 달의 움직임을 관찰하여 달력을 제작하였다. 상의 왕은 나라의 중요한 일이 있을 때 점을 쳐서 결정하였으며, 점을 친 내용은 갑골문에 기록하였다. 갑골문은 한자의 기원이 되었다.

바로 알기 ④는 인도 문명에 대한 설명이다.

25 중국 주의 특징

지도는 중국 주의 세력 범위를 나타낸 것이다. 주는 넓은 영토를 효율적으로 다스리고자 수도 부근은 왕이 직접 다스리고, 나머지 지역은 제후가 다스리게 하는 봉건제를 실시하였다. 또한 '하늘이 덕이 있는 자에게 명령하여 천자로 삼는다.'는 천명사상을 내세워 왕권을 정당화하였다.

바로 알기 ㄱ은 중국의 상, ㄴ은 메소포타미아 문명에 대한 설명이다.

26 중국 주의 수도 이전

㉠에 들어갈 나라는 주이다. 주는 기원전 8세기경 서북쪽의 유목 민족이 침입해 오자 수도를 호경에서 낙읍(뤄양)으로 옮겼다. 주는 넓은 영토를 효율적으로 다스리기 위해 수도 부근은 왕이 직접 다스리고, 나머지 지역은 왕족이나 공신을 제후로 삼아 다스리게 하는 봉건제를 시행하였다.

바로 알기 ①, ⑤는 인도 문명, ③은 이집트 문명, ④는 메소포타미아 문명과 관련이 있다.

---

1 신석기 혁명의 배경

예시 답안 신석기 시대에는 곡식을 심어 가꾸는 농경 생활과 동물을 기르는 목축 생활이 시작되었다. 농경 생활과 목축 생활이 가져온 인류 생활의 큰 변화를 신석기 혁명이라고 한다.

점수	채점 기준
상	신석기 혁명이 나타난 배경을 두 가지 서술한 경우
하	신석기 혁명이 나타난 배경을 한 가지만 서술한 경우

2 고대 문명의 특징

(1) **답** ㈎: 이집트 문명, ㈏: 메소포타미아 문명, ㈐: 인도 문명, ㈑: 중국 문명

(2) **예시 답안** 고대 문명은 농경에 유리한 큰 강 유역에서 일어났다. 사람들이 청동으로 만든 무기를 사용하면서 정복 활동이 활발해졌고, 관개 농업의 발달로 농업 생산량이 늘어나고 빈부의 차가 커지면서 계급이 발생하였다. 이로써 형성된 일부 도시는 도시 국가로 발전하였으며, 사람들은 문자를 만들어 사용하였다.

점수	채점 기준
상	고대 문명의 공통적인 특징을 세 가지 서술한 경우
중	고대 문명의 공통적인 특징을 두 가지 서술한 경우
하	고대 문명의 공통적인 특징을 한 가지만 서술한 경우

3 함무라비 법전에 나타난 사회 모습

(1) **답** 함무라비 법전

(2) **예시 답안** 바빌로니아 왕국의 함무라비 법전을 보면 신분에 따라 처벌 내용이 달랐음을 알 수 있는데, 이로써 바빌로니아 왕국은 신분의 구분이 엄격하였음을 알 수 있다. 또한 법전으로 당시에 화폐를 사용하였으며, 복수를 합리화하였음을 알 수 있다.

점수	채점 기준
상	함무라비 법전으로 알 수 있는 당시의 사회 모습을 두 가지 서술한 경우
하	함무라비 법전으로 알 수 있는 당시의 사회 모습을 한 가지만 서술한 경우

4 주의 봉건제 실시

(1) **답** 봉건제

(2) **예시 답안** 주는 넓은 영토를 효율적으로 다스리고자 봉건제를 시행하였다. 시간이 지나면서 주 왕실과 제후 간의 혈연관계가 점차 느슨해졌고, 제후들은 점차 독자적인 세력으로 성장하였다.

점수	채점 기준
상	주의 봉건제 시행 목적과 결과를 모두 서술한 경우
하	주의 봉건제 시행 목적과 결과 중 한 가지만 서술한 경우

문제로 개념 확인 + **비주얼로 핵심 콕콕**

37쪽 | 1 (1) 아시리아 (2) 키루스 2세 (3) 그리스 　**2** (1) ○ (2) ✕

3 (1) 조로아스터교 (2) 페르세폴리스

A 관용 　**B** 불

39쪽 | 1 폴리스 　**2** (1) 스파르타 (2) 델로스 동맹

3 (1) ㄷ (2) ㄱ (3) ㄴ 　**4** (1) ○ (2) ✕ (3) ○

C 민주정 　**D** 소피스트

시험 대비 핵심 문제 　　　　　　40~43쪽

01 ② 　**02** 키루스 2세 　**03** ⑤ 　**04** ⑤ 　**05** ① 　**06** ⑤

07 ⑤ 　**08** ④ 　**09** ④ 　**10** ① 　**11** 도편 추방제 　**12** ③

13 ② 　**14** ④ 　**15** ③ 　**16** ② 　**17** ②

서술형 문제 | 1~2번 해설 참조

01 아시리아의 발전

아시리아는 기원전 7세기경 우수한 철제 무기와 기마 전술로 서아시아를 최초로 통일하였다. 그러나 가혹한 통치로 피정복민이 반란을 일으켜 60여 년 만에 멸망하였다.

바로 알기 ①은 파르티아, ③, ⑤는 아케메네스 왕조 페르시아, ④는 중국의 상에 대한 설명이다.

02 키루스 2세의 활동

㉠에 들어갈 왕은 키루스 2세이다. 아시리아가 멸망한 이후 키루스 2세가 서아시아를 다시 통일하였으며, 키루스 2세는 피정복민의 풍습을 존중하는 관용 정책을 펼쳐 피정복민의 협조를 얻음으로써 왕조를 오랫동안 유지하였다.

03 다리우스 1세의 업적

대제국을 건설하여 아케메네스 왕조 페르시아의 전성기를 이끈 왕은 다리우스 1세이다. 다리우스 1세는 넓은 영토를 효율적으로 다스리고자 전국을 20여 개의 주로 나누고 총독을 파견하였다. 또한 수사에서 사르디스에 이르는 '왕의 길'을 건설하여 자신의 명령을 빠르게 전달하고 세금을 쉽게 거두어 들였다.

바로 알기 ㄱ은 바빌로니아 왕국의 함무라비 왕, ㄴ은 알렉산드로스 제국을 세운 알렉산드로스에 대한 설명이다.

04 아케메네스 왕조 페르시아의 발전

지도의 최대 영역을 차지한 나라는 아케메네스 왕조 페르시아이다. 아케메네스 왕조 페르시아는 지중해 세계의 주도권을 잡기 위해 그리스와 세 차례 전쟁을 벌였으나 패배하였다.

바로 알기 ①은 바빌로니아 왕국, ②는 스파르타, ③은 스파르타와 아테네, ④는 중국의 주에 대한 설명이다.

05 아케메네스 왕조 페르시아 문화의 특징

✦ **자료로 이해하기**

아케메네스 왕조 페르시아의 수도인 페르세폴리스의 궁전 유적에는 여러 지역 문화의 영향을 받은 조각이나 건축물이 남아 있다. 이로써 아케메네스 왕조 페르시아는 국제적인 문화가 발전하였음을 알 수 있다.

바로 알기 ②는 알렉산드로스 제국, ③은 고대 이집트, ④는 그리스, ⑤는 로마의 문화적 특징과 관련이 있다.

06 아케메네스 왕조 페르시아의 문화

날개 달린 사자 장식 뿔잔과 '크세르크세스' 글자가 새겨진 잔은 아케메네스 왕조 페르시아의 황금 공예품이다. 아케메네스 왕조 페르시아는 정교하고 화려한 금속 세공술이 유명하였는데, 주로 사자나 새 등 동물의 모양을 새긴 공예품을 만들었다.

07 조로아스터교의 확산

학생들의 대화 주제는 조로아스터교이다. 조로아스터교를 믿는 사람들은 세상을 선과 악의 대결이 벌어지는 곳으로 보았으며, 선과 빛의 신 아후라 마즈다를 최고신으로 섬겼다. 조로아스터교의 교리는 이후 크리스트교, 이슬람교 등에 영향을 주었다.

바로 알기 ①은 브라만교에 대한 설명이다. ②는 메소포타미아 문명과 관련이 있다. ③은 불교에 대한 설명이다. ④는 이집트 문명과 관련이 있다.

08 폴리스의 특징

밑줄 친 '작은 도시 국가'는 폴리스이다. 그리스의 폴리스들은 정치적으로 독립되어 있었으나, 서로 같은 언어를 사용하고 같은 신을 믿었다. 또한 주기적으로 올림피아 제전을 열어 유대감을 강화하였다.

바로 알기 ④는 메소포타미아 문명과 관련이 있다.

09 폴리스의 구조

폴리스는 아크로폴리스와 아고라로 구분되어 있었다. 보통 가파른 구릉지에 방어용 성채나 신전을 지었고, 이를 아크로폴리스라고 불렀다. 그 아래에는 시장과 광장, 법원 등이 있었는데, 이를 아고라라고 하였다.

바로 알기 ㄱ, ㄷ은 아케메네스 왕조 페르시아에 대한 설명이다.

10 스파르타의 발전

밑줄 친 '이 나라'는 스파르타이다. 정복 국가로 출발한 스파르타는 강력한 군사 통치를 실시하였다. 스파르타의 시민들은 어려서부터 엄격한 군사 훈련을 받았기 때문에 스파르타는 막강한 군사력을 확보할 수 있었다. 왕과 귀족이 정치를 맡았으나 나라의 중요한 일은 민회에서 결정하였다.

바로 알기 ①은 아테네에 대한 설명이다. 아테네를 대표로 한 폴리스들은 페르시아의 침입에 대비하여 델로스 동맹을 맺었다. 스파르타는 펠로폰네소스 동맹을 주도하였다.

11 도편 추방제의 실시

투표로 독재자가 될 가능성이 높은 사람을 뽑아 일정 기간 쫓아낸 제도는 도편 추방제이다. 아테네의 클레이스테네스가 도입하여 처음 실시하였다.

12 아테네 민주정의 발전 과정

아테네의 민주정은 (나) 재산 규모에 따라 일부 평민의 정치 참여 인정(솔론 시기) – (가) 정치 참여 자격에서 재산 기준 폐지(클레이스테네스 시기) – (다) 관직·배심원 추첨 및 수당 지급(페리클레스 시기) 순서로 발전하였다.

13 페리클레스의 활동

◆ **자료로 이해하기**

> 우리 정치 제도에 입각한 통치는 소수보다는 다수에게 유리합니다. 이것이 우리 정치 제도가 민주 정치로 불리는 이유입니다. …… 공무에 진출하는 것은 능력에 대한 평판에 달려 있지, 신분이 영향을 주는 것은 아닙니다. 또한 가난도 그런 길을 막지 않으니 …….
> └ 가난한 시민도 정치에 참여할 수 있도록 하였어.

제시된 글을 발표한 인물은 아테네의 페리클레스이다. 기원전 5세기 페리클레스가 집권하였을 때 아테네의 민주정은 전성기를 맞았다. 시민들은 민회에 자유롭게 참여하여 폴리스의 중요한 문제를 논의하였다. 관직과 배심원은 대부분 추첨으로 뽑았고, 이들에게는 수당도 지급하였다.

14 델로스 동맹의 체결

그리스·페르시아 전쟁은 기원전 5세기에 일어났다. 그리스의 폴리스들은 이 전쟁에서 아케메네스 왕조 페르시아를 막아 냈고, 이후 아테네를 중심으로 한 폴리스들은 델로스 동맹을 맺어 아케메네스 왕조 페르시아의 침입에 대비하였다. 그러나 아테네가 지중해 무역을 장악하고 주변의 폴리스들을 압박하자 스파르타를 중심으로 펠로폰네소스 동맹이 맺어졌고, 이들이 아테네에 반발하면서 펠로폰네소스 전쟁이 일어났다.

바로 알기 ①, ②, ⑤는 그리스·페르시아 전쟁 이전, ④는 펠로폰네소스 전쟁 이후에 있었던 사실이다.

15 그리스의 철학 발달

㉠은 소피스트, ㉡은 소크라테스이다. 그리스의 철학자 집단인 소피스트는 진리의 상대성과 주관성을 강조한 반면, 소크라테스는 진리의 절대성과 객관성을 주장하며 소피스트를 비판하였다. 소크라테스의 철학은 플라톤과 아리스토텔레스에게 이어졌고, 이들의 사상은 서양 철학의 바탕이 되었다.

바로 알기 민회는 그리스와 로마에 있었던 정기적인 시민 총회이다. 헤로도토스는 역사, 피타고라스는 수학 분야에서 활약한 그리스의 인물이다.

16 그리스의 문화유산

마라톤 전투와 살라미스 해전은 그리스·페르시아 전쟁 때 있었던 전투로 그리스에서 일어났다. 따라서 그리스의 문화유산은 「아테나 여신상」과 파르테논 신전이다. 「아테나 여신상」 등의 조각과 파르테논 신전 등의 건축에서는 조화와 균형을 강조한 그리스 양식을 엿볼 수 있다.

바로 알기 ㄴ은 구석기 시대, ㄹ은 이집트 문명의 문화유산이다.

17 그리스 문화의 특징

그리스에서 신화의 신들은 인간의 모습과 감정을 지닌 것으로 묘사되었다. 또한 인간관계나 사회 문제를 주제로 한 연극이 유행하였으며, 건축과 조각에서는 조화와 균형을 강조한 그리스 양식이 나타났다. 그리스에서는 철학이 크게 발달하였는데, 소피스트에 이르러 철학의 관심이 자연에서 인간과 사회로 확대되었다.

바로 알기 ②는 이집트 문명과 관련이 있다.

서술형 문제　　　　　43쪽

1 아케메네스 왕조 페르시아의 관용 정책

(1) **답** 아케메네스 왕조 페르시아

(2) **예시 답안** 아케메네스 왕조 페르시아는 피정복민의 협조를 받기 위해 관용 정책을 실시하였다. 이로써 페르시아는 약 200년 동안 통일 왕조를 유지하며 번영할 수 있었다.

점수	채점 기준
상	페르시아가 관용 정책을 실시한 목적과 결과를 모두 서술한 경우
하	페르시아가 관용 정책을 실시한 목적과 결과 중 한 가지만 서술한 경우

2 아테네 민주정의 한계

(1) **답** 페리클레스

(2) **예시 답안** 아테네에서는 성인 남성만 정치에 참여할 수 있었고, 여성·노예·외국인은 정치에 참여할 수 없었다.

점수	채점 기준
상	성인 남성만 정치에 참여할 수 있었고, 여성·노예·외국인은 정치에 참여할 수 없었다고 서술한 경우
하	성인 남성만 정치에 참여할 수 있었다고 서술한 경우

O3 ⟋ 고대 서아시아와 지중해 세계의 형성(2)

문제로 개념 확인 + **비주얼로 핵심 콕콕**

45쪽 | 1 (1) 알렉산드로스 (2) 알렉산드리아 **2** 헬레니즘 문화
3 (1) 공화정 (2) 호민관 **4** (1) 로마-카르타고 전쟁(포에니 전쟁)
(2) 카이사르
A 로마 **B** 그라쿠스

47쪽 | 1 (1) 옥타비아누스 (2) 콘스탄티노폴리스 **2** 로마의 평화
3 (1) ○ (2) × (3) ○ **4** (1) 크리스트교 (2) 밀라노 칙령
C 옥타비아누스 **D** 만민법

시험 대비 핵심 문제 48~51쪽

01 ① **02** ② **03** ① **04** ③ **05** ⑤ **06** 공화정
07 ② **08** ⑤ **09** ③ **10** ① **11** ④ **12** ① **13** ②
14 ③ **15** ① **16** ① **17** ② **18** 밀라노 칙령 **19** ②
서술형 문제 | 1~2번 해설 참조

---

01 알렉산드로스의 업적

자료에서 설명하는 왕은 알렉산드로스이다. 마케도니아의 왕인 알렉산드로스는 그리스를 정복한 이후 동방 원정에 나서 대제국을 세웠다. 이로써 알렉산드로스 제국은 유럽, 아프리카, 아시아에 걸친 최대 영역을 차지하였다.

바로 알기 ②는 바빌로니아 왕국의 함무라비 왕, ③은 로마의 디오클레티아누스, ④는 아케메네스 왕조 페르시아의 다리우스 1세, ⑤는 로마의 옥타비아누스의 업적이다.

02 알렉산드로스 제국의 발전

지도는 알렉산드로스 제국의 최대 영역을 나타낸 것이다. 알렉산드로스 제국은 이집트, 아케메네스 왕조 페르시아 등을 정복하고 동방 원정을 추진하여 인더스강까지 세력을 넓혔다. 알렉산드로스는 정복지 곳곳에 알렉산드리아를 세우고 그리스인을 이주시켜 그리스 문화를 여러 지역에 전파하였다.

바로 알기 ①, ④는 그리스의 아테네, ③은 그리스의 아테네와 스파르타, ⑤는 아케메네스 왕조 페르시아와 관련이 있다.

03 알렉산드로스의 동서 융합 추진

알렉산드로스는 동방 원정 이후 정복지에 알렉산드리아라는 도시를 세우고 그리스인들을 이주시켰으며, 그리스어를 공용어로 사용하였다. 또한 정복지 출신의 사람을 관리로 뽑았으며, 그리스인과 페르시아인의 결혼을 장려하는 등 동서 융합을 꾀하였다.

바로 알기 ①은 아케메네스 왕조 페르시아의 다리우스 1세의 활동이다.

04 「라오콘 군상」의 특징

조각은 헬레니즘 문화를 대표하는 「라오콘 군상」으로, 바다뱀에 휘감겨 고통받는 인간의 모습을 사실적으로 표현하였다.

바로 알기 ①은 이집트 문명. ④, ⑤는 아케메네스 왕조 페르시아와 관련이 있다. ② 헬레니즘 문화는 그리스 문화와 동방 문화의 영향을 받았다.

05 헬레니즘 문화의 특징

헬레니즘 문화가 발전하면서 개인주의와 세계 시민주의가 발달하였다. 철학 분야에서는 이성을 강조한 스토아학파와 정신적 즐거움을 중시한 에피쿠로스학파가 등장하였다.

06 공화정의 구조

도표가 나타내는 정치 체제는 공화정이다. 공화정은 왕이 없고 개인이나 집단이 나라를 통치하는 정치 체제를 말한다. 기원전 6세기 말 로마의 귀족들은 왕을 몰아내고 공화정을 세웠다.

07 로마 공화정의 발전

㈎는 집정관, ㈏는 원로원이다. 집정관은 행정과 군사를 맡은 관직이며, 원로원은 로마의 최고 의결 기관이다. 로마의 공화정은 집정관과 원로원, 민회가 서로 견제와 균형을 이루며 발전하였다.

08 로마-카르타고 전쟁의 영향

제시된 글은 로마-카르타고 전쟁(포에니 전쟁)에 대한 설명이다. 이 전쟁을 거치면서 로마의 귀족들은 토지를 많이 차지하여 대농장(라티푼디움)을 경영한 반면, 자영 농민층은 토지를 잃고 몰락하였다.

바로 알기 ㄱ. 로마는 4세기 말 동서로 분리되었다. ㄴ. 로마는 기원전 27년 옥타비아누스가 집권하면서 실질적인 제정이 시작되었다.

09 티베리우스 그라쿠스의 활동

✦ 자료로 이해하기

> 조국을 위해 싸우고 죽어 가는 로마의 시민에게 남은 것은 햇볕과 공기밖에 없습니다. 이들은 집도 없고 땅도 없이 아내와 자식을 데리고 떠돌고 있습니다. └ 몰락한 자영 농민층에 대한 내용이야.

제시된 글은 티베리우스 그라쿠스의 연설문이다. 귀족들의 대농장(라티푼디움) 경영으로 자영 농민층이 몰락하자, 그라쿠스 형제는 개혁을 통해 자영 농민을 다시 일으켜 세우려고 하였다.

바로 알기 ①은 마케도니아의 알렉산드로스, ②는 그리스 아테네의 클레이스테네스, ④는 그리스 아테네의 솔론, ⑤는 아케메네스 왕조 페르시아의 키루스 2세의 활동이다.

10 카이사르의 활동

밑줄 친 '그'는 카이사르이다. 로마 공화정 말기에 카이사르가 권력을 잡아 사회 혼란을 수습하고자 하였다. 그러나 그는 독재를 반대한 세력에게 암살당하였다.

11 옥타비아누스의 활동

스스로 로마의 제1 시민을 뜻하는 '프린켑스'라고 칭한 인물은 옥타비아누스이다. 옥타비아누스는 카이사르 사후 혼란을 수습하고 권력을 장악하였다. 그는 원로원으로부터 존엄한 자라는 뜻의 '아우구스투스'라고 불리며 황제와 같은 권력을 누렸다.

바로 알기 ①은 알렉산드로스, ②는 예수, ③은 디오클레티아누스, ⑤는 아케메네스 왕조 페르시아의 키루스 2세에 대한 설명이다.

12 로마의 발전과 쇠퇴

지도의 최대 영역을 차지한 나라는 로마이다. 로마는 옥타비아누스 집권기부터 실질적으로 제정이 시작되었으며, 옥타비아누스 이후 200여 년간 '로마의 평화'라고 불리는 번영을 누렸다. 그러나 로마는 2세기 말부터 게르만족 등의 침입으로 쇠퇴하였다. 이후 여러 황제의 부흥 노력에도 4세기 말에는 동서로 분리되었다.

바로 알기 ②는 펠로폰네소스 동맹을 주도한 스파르타에 대한 설명이다.

13 디오클레티아누스의 통치

옥타비아누스 이후 로마는 200여 년 동안 '로마의 평화'라고 불리는 전성기를 누렸다. 그러나 2세기 말 이민족의 침입과 3세기 군대의 정치 개입으로 제국이 점차 쇠퇴하였다. 이에 3세기 말 디오클레티아누스가 제국을 4분할한 뒤 네 명의 통치자가 다스리게 하였다. 이후 로마는 4세기 말 동서로 분리되었다.

바로 알기 ①, ③, ④, ⑤는 '로마의 평화' 이전인 공화정 시기에 있었던 사실이다.

14 콘스탄티누스 대제의 업적

4세기 초 콘스탄티누스 대제는 로마를 부흥시키기 위해 수도를 콘스탄티노폴리스로 옮겼다. 또한 그는 제국을 안정시키려고 밀라노 칙령을 내려 크리스트교를 공인하였다.

바로 알기 ①은 알렉산드로스에 대한 설명이다. ② 조로아스터교를 창시한 것은 조로아스터로 알려져 있다. ④는 아테네의 페리클레스, ⑤는 아케메네스 왕조 페르시아의 다리우스 1세에 대한 설명이다.

15 로마 문화의 특징

수도교는 도시로 수돗물을 공급하기 위해 건설한 수로로, 위층은 수로로 쓰였고, 아래층은 사람과 마차의 이동 통로로 사용하였다. 콜로세움은 원형 경기장이다. 로마에서는 넓은 제국을 다스리는 데 도움이 되는 실용적인 문화가 발달하였다.

바로 알기 ②, ③, ④는 알렉산드로스 제국, ⑤는 그리스 문화와 관련이 있다.

16 로마법의 발달

㉠은 12표법, ㉡은 만민법이다. 12표법은 로마 최초의 성문법이며, 만민법은 로마 제국의 모든 민족에게 적용되었다.

바로 알기 ㄷ은 바빌로니아 왕국의 함무라비 법전, ㄹ은 시민법에 대한 설명이다.

17 로마의 문화

실용적인 문화가 발달하였던 로마의 도시에는 공중목욕탕, 공중화장실, 신전(판테온) 등 시민들을 위한 건물이 지어졌다.

바로 알기 ㄴ, ㄹ은 그리스의 문화에 대한 설명이다.

18 밀라노 칙령

㉮에 들어갈 내용은 밀라노 칙령이다. 콘스탄티누스 대제는 크리스트교가 확산되자 로마 제국의 안정을 위해 313년 밀라노 칙령을 내려 크리스트교를 공인하였다.

19 크리스트교의 등장과 확산

제시된 글은 크리스트교를 창시한 예수의 가르침이다. 크리스트교는 예수가 창시하였으며, 노예, 여성, 하층민 등 소외된 사람들을 중심으로 퍼져 나갔다. 황제 숭배를 거부하여 박해를 받았으나 확산이 지속되어 콘스탄티누스 대제 때 공인되었고, 4세기 말에는 테오도시우스 1세가 로마의 국교로 인정하였다.

바로 알기 ②는 조로아스터교에 대한 설명이다.

서술형 문제　　51쪽

1 헬레니즘 문화의 특징

(1) **답** 헬레니즘 문화

(2) **예시 답안** 헬레니즘 세계에서는 폴리스의 공동체 의식은 줄어들고, 개인의 행복과 자유를 추구하는 개인주의가 발달하였다. 또한 모두가 같은 제국의 시민이라는 세계 시민주의도 발달하였다.

점수	채점 기준
상	헬레니즘 문화의 특징을 두 가지 서술한 경우
하	헬레니즘 문화의 특징을 한 가지만 서술한 경우

2 그라쿠스 형제의 개혁

(1) **답** 그라쿠스 형제

(2) **예시 답안** 로마 – 카르타고 전쟁을 거치면서 로마 귀족들이 넓은 땅을 차지하고 대농장(라티푼디움)을 경영하였다. 반면, 자영 농민이 토지를 잃고 몰락하자 그라쿠스 형제는 자영 농민의 몰락을 막기 위해 개혁을 시도하였으나 귀족들의 반대로 실패하였다.

점수	채점 기준
상	그라쿠스 형제가 개혁을 추진한 배경과 목적을 모두 서술한 경우
하	그라쿠스 형제가 개혁을 추진한 배경과 목적 중 한 가지만 서술한 경우

04 고대 동아시아와 인도 세계의 형성

53쪽 | **1** (1) × (2) ○　**2** (1) ㄴ (2) ㄱ　**3** (1) 법가 (2) 만리장성
4 군현제
A 묵가　**B** 시황제

55쪽 | **1** (1) 한 고조 (2) 흉노 (3) 신　**2** (1) 유교 (2) 채륜 (3) 훈고학
(4) 사기　**3** (1) ㄴ (2) ㄷ (3) ㄱ
C 한 무제　**D** 장건

57쪽 | **1** (1) 불교 (2) 바이샤 (3) 카스트제　**2** (1) 마우리아 왕조
(2) 아소카왕　**3** (1) ㄴ (2) ㄱ　**4** (1) ○ (2) ○ (3) ×
E 상좌부　**F** 대승

시험 대비 **핵심 문제**　58~63쪽

01 ③　**02** ②　**03** ⑤　**04** ②　**05** ②　**06** ④　**07** ⑤
08 ⑤　**09** 군국제　**10** ②　**11** ②　**12** ③　**13** ②
14 훈고학　**15** ③　**16** ⑤　**17** ④　**18** ②　**19** ④
20 ③　**21** ④　**22** ①　**23** ⑤　**24** ⑤　**25** 대승 불교
26 ④　**27** ①

서술형 문제 | 1~4번 해설 참조

01 춘추 전국 시대의 사회 변화

춘추 전국 시대에는 철제 농기구와 소를 이용한 농경이 발달하면
서 농업 생산량이 크게 늘어났다. 상업과 수공업도 발달하면서 도
시와 시장이 성장하였고, 다양한 화폐가 사용되었다. 또한 정복
전쟁에 철제 무기가 사용되면서 전쟁의 규모가 확대되었다.

바로 알기　③은 한대 나타난 사회 변화로, 채륜이 종이를 만드는 기술을
개량하였다.

02 제자백가의 등장

춘추 전국 시대 제후국들이 부국강병을 위해 유능한 인재를 등용
하는 과정에서 제자백가가 등장하였다. 제자백가는 현실 문제를
해결하고자 여러 정치사상을 제시하였다.

바로 알기　①은 진, ③은 아케메네스 왕조 페르시아, ④는 로마, ⑤는 알렉
산드로스 제국에서 발전한 헬레니즘 문화와 관련이 있다.

03 제자백가의 주요 사상

㉠은 법가, ㉡은 묵가이다. 법가는 한비자가 법과 제도의 엄격한
적용을 주장한 사상이며, 묵가는 묵자가 차별 없는 사랑과 평화를
강조한 사상이다.

바로 알기　도가는 노자 등이 자연의 순리에 따르는 삶을 주장한 사상이다.

04 노자

인위적인 것보다 자연의 순서대로 살 것을 주장한 인물은 도가를
이끈 노자와 장자이다.

바로 알기　①, ③은 유가, ④는 묵가, ⑤는 법가를 주장한 사상가이다.

05 진의 중국 통일

✦ 자료로 이해하기

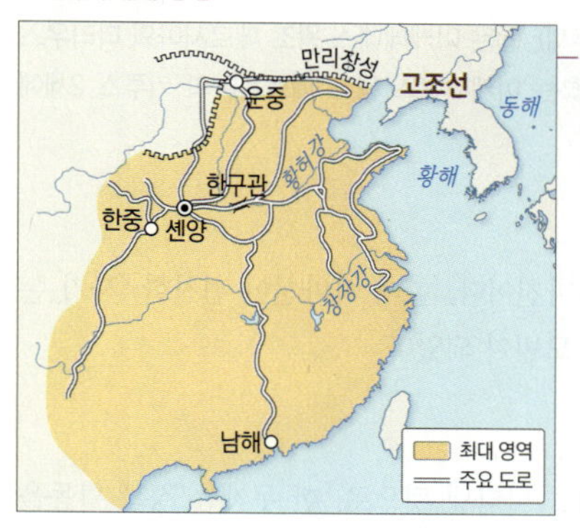

지도는 진(秦)의 최대 영역을 나타낸 것이다. 전국 7웅 중 하나였
던 진은 중국을 최초로 통일하였다. 진은 넓은 영토를 다스리기
위해 수도에서 각 지방을 연결하는 도로를 건설하였다.

바로 알기　①은 상, ③은 한, ④는 아케메네스 왕조 페르시아, ⑤는 주에
대한 설명이다.

06 시황제의 업적

제시된 글은 진의 시황제가 일으킨 분서갱유에 대한 것이다. 시황
제는 법가 사상을 바탕으로 자신의 정책에 반대하는 사상이나 학
자들을 탄압하였다. 또한 시황제는 흉노를 견제하고자 만리장성
을 쌓았고, 전국에 군현제를 실시하였으며 지역마다 달랐던 도량
형과 화폐 등을 통일하였다. 자신의 권위를 과시하기 위해 왕의
칭호를 '황제'로 바꾸기도 하였다.

바로 알기　④는 한 무제의 업적이다.

07 진의 문자 통일 정책

시황제가 전서체로 문자를 통일한 결과 지방에서도 황제의 명령
을 쉽게 이해할 수 있게 되어 국가의 법령을 효율적으로 추진할
수 있었다.

08 진의 멸망 이유

진은 대규모 토목 공사에 백성을 자주 동원하였고, 법가 사상을
바탕으로 백성을 가혹하게 다스려 백성의 불만을 샀다. 결국 진은
시황제가 죽은 후 각지에서 농민 봉기가 일어나 멸망하였다.

바로 알기　ㄱ, ㄴ은 한이 멸망한 이유와 관련이 있다.

09 군국제의 실시

제시된 글은 군국제에 대한 설명이다. 한 고조는 군현제와 봉건제
를 절충한 군국제를 시행하였다.

10 한의 발전과 쇠퇴

한은 (가) 군국제 실시 - (라) 군현제 전국 확대 실시 - (다) 왕망의 신 건국 - (나) 황건적의 난의 순서로 발전하다가 쇠퇴하였다.

11 한 무제의 통치

밑줄 친 '그'는 한 무제이다. 한 무제는 유교를 통치 이념으로 채택하였고, 이에 한대에는 유학이 크게 발전하였다.

바로 알기 ①은 유수(광무제), ③은 아케메네스 왕조 페르시아의 다리우스 1세, ④는 알렉산드로스, ⑤는 아케메네스 왕조 페르시아의 키루스 2세에 대한 설명이다.

12 사마천의 활동

㉠에 들어갈 인물은 사마천이다. 한대 사마천이 편찬한 『사기』는 이후 중국 역사 서술의 모범이 되었다.

13 한의 발전

지도는 한의 최대 영역을 나타낸 것으로, 한 무제는 정복 활동을 벌여 흉노를 정벌하였으며, 남으로는 베트남 북부까지 점령하였다. 또한 고조선을 정복하였다.

바로 알기 ①, ⑤는 진, ③은 춘추 전국 시대, ④는 로마와 관련이 있다.

14 훈고학의 발달

유교 경전의 옛글자를 해석하는 학문은 훈고학이다. 한 무제가 진대에 탄압받았던 유교를 통치 이념으로 삼으면서 유학이 크게 발전하였는데, 그중 훈고학이 발달하였다.

15 한의 문화

한대에는 유학 교육 기관인 태학에서 유학을 가르치며 훈고학 등 유학이 발달하였다. 또한 과학 기술이 발달하여 해시계와 지진계가 발명되었으며, 채륜이 종이 만드는 기술을 개량하기도 하였다.

바로 알기 ③ 조로아스터교는 아케메네스 왕조 페르시아에서 유행하였다.

16 장건의 서역 파견

✦ 자료로 이해하기

한 무제는 흉노를 정벌하기 위해 장건을 서역에 파견하였다. 비록 대월지와 동맹은 맺지 못하였지만, 그 과정에서 비단길이 개척되었다. 비단길이 개척된 이후 상인들의 왕래가 많아져 동서 교역이 활발하게 이루어졌다.

17 바닷길과 초원길

(가) 바닷길은 기원전 10세기부터 이집트 상인들이 인도양을 오가며 해상 교역을 하면서 개척되었고, 로마 상인들도 바닷길을 통해 무역하였다. (나) 초원길은 기원전 7세기경부터 기원전 2세기경까지 유목 민족인 스키타이가 유라시아 지역을 오가며 개척되었다. 흉노는 스키타이의 청동기 문화를 발전시켰고, 초원길을 따라 이동하며 중국은 물론 한반도와 일본에도 영향을 주었다.

바로 알기 ㄱ은 초원길, ㄷ은 비단길에 대한 설명이다.

18 흉노의 성장

밑줄 친 '이 민족'은 흉노이다. 흉노는 기원전 4세기경 등장한 유목 민족으로, 스키타이의 청동기 문화를 더욱 발전시키며 성장하였다. 그들의 청동기 문화는 중국은 물론 한반도와 일본에도 영향을 미쳤다. 흉노는 한때 한을 침략하여 승리를 거두기도 하였으나, 한 무제 때 정복되었다.

19 크샤트리아와 바이샤 세력의 성장

기원전 7세기경 갠지스강 유역에서 정복 전쟁이 활발해지고, 농업과 상업이 발달하면서 정치와 군사를 담당하는 크샤트리아와 생산을 담당하는 바이샤가 성장하였다. 이들은 브라만 중심의 사회와 카스트제에 따른 신분 차별을 비판하였다.

20 불교의 특징

불교는 기원전 6세기경 고타마 싯다르타(석가모니)가 창시하였다. 석가모니는 카스트제의 신분 차별을 부정하고 자비와 평등을 강조하였다. 불교의 가르침은 카스트 사회에 불만을 품고 있던 크샤트리아와 바이샤 세력의 환영을 받으며 인도의 여러 지역으로 확산되었다.

바로 알기 ③은 크리스트교에 대한 설명이다. 예수가 창시한 크리스트교는 유일신을 숭배하고 황제 숭배를 거부하여 박해를 받았다.

21 산치 대탑의 특징

산치 대탑은 마우리아 왕조의 아소카왕이 석가모니의 사리를 보관하기 위해 만든 것으로, 현존하는 가장 오래된 불탑이다. 산치 대탑의 문기둥에는 석가모니의 일생이 새겨져 있다.

바로 알기 ① 산치 대탑은 마우리아 왕조 시기에 세워졌다. ②는 피라미드에 대한 설명이다. ③ 수메르인은 도시 중앙에 지구라트라는 신전을 세웠다. ⑤ 진은 흉노를 막기 위해 만리장성을 쌓았다.

22 마우리아 왕조의 발전

지도는 마우리아 왕조의 최대 영역을 나타낸 것이다. 마우리아 왕조는 아소카왕 때 남부 일부를 제외한 인도 대부분 지역을 통일하며 전성기를 맞았다. 또한 이 시기에는 개인의 해탈을 강조하는 상좌부 불교가 발전하였다.

바로 알기 ㄷ, ㄹ은 쿠산 왕조에 대한 설명이다.

23 아소카왕의 업적

㉠에 공통으로 들어갈 인물은 아소카왕이다. 마우리아 왕조의 아소카왕은 칼링가 왕국을 정복한 후 정복 전쟁을 그만두고 불교의 가르침에 따라 나라를 다스렸다. 마우리아 왕조는 아소카왕 때 남부 지역 일부를 제외한 인도 대부분 지역을 통일하며 전성기를 누렸다.

바로 알기 ①은 찬드라굽타 마우리아, ②는 진의 시황제와 한 무제, ③은 한 무제, ④는 바빌로니아 왕국의 함무라비 왕의 업적이다.

24 쿠샨 왕조의 성립과 발전

1세기경 쿠샨족이 인도의 서북부에 세운 쿠샨 왕조는 중국과 인도, 서아시아를 연결하는 중계 무역으로 번영하였다. 2세기 카니슈카왕 때 활발한 정복 활동을 펼치며 전성기를 누렸다. 쿠샨 왕조 시기에는 대승 불교가 발전하였다.

바로 알기 ⑤ 쿠샨 왕조 시기에는 많은 사람의 구제를 강조하는 대승 불교가 발달하였다. 상좌부 불교는 마우리아 왕조 시기에 발전하였다.

25 대승 불교의 발전

많은 사람의 구제를 강조한 불교 종파는 대승 불교이다. 대승 불교는 부처를 신과 같은 존재로 여겨 신앙의 대상으로 삼았다. 대승 불교는 쿠샨 왕조 시기에 발전하였으며, 중앙아시아를 거쳐 동남아시아와 중국·한국 등을 포함한 동아시아로 전파되었다.

26 카니슈카왕의 업적

쿠샨 왕조의 전성기를 이끈 왕은 카니슈카왕이다. 카니슈카왕은 활발한 정복 활동을 벌였으며, 사원과 탑을 세워 불교를 널리 전파하는 데 힘썼다. 이 시기에는 대승 불교가 발달하였다.

바로 알기 ①은 한 무제, ②는 아케메네스 왕조 페르시아의 다리우스 1세, ③은 진의 시황제, ⑤는 알렉산드로스에 대한 설명이다.

27 간다라 양식의 발달

✦ 자료로 이해하기

①은 간다라 양식으로 제작된 간다라 불상이다. 간다라 양식은 대승 불교와 함께 동아시아에 전해져 불상 제작에 영향을 주었다.

바로 알기 ②는 마우리아 왕조 시기에 만들어진 아소카왕의 돌기둥이다. ③은 구석기 시대에 제작된 빌렌도르프의 비너스이다. ④는 헬레니즘 문화를 대표하는 「라오콘 군상」이다. ⑤는 아케메네스 왕조 페르시아의 날개 달린 사자 장식 뿔잔이다.

서술형 문제

63쪽

1 시황제의 통일 정책

예시 답안 시황제는 넓은 영토를 효율적으로 다스리고자 전국 시대에 각 나라마다 달랐던 화폐와 도량형을 통일하였다. 이로써 상업 활동과 세금 징수를 편리하게 하였다.

점수	채점 기준
상	시황제가 추진한 화폐·도량형 통일 정책의 목적과 효과를 모두 서술한 경우
하	시황제가 추진한 화폐·도량형 통일 정책의 목적과 효과 중 한 가지만 서술한 경우

2 한 무제의 경제 정책

(1) **답** 한 무제

(2) **예시 답안** 한 무제는 잦은 정복 전쟁으로 국가 재정이 부족해지자 소금, 철, 술을 나라가 독점하여 생산하고 판매하는 전매 제도를 실시하였다.

점수	채점 기준
상	한 무제가 소금, 철, 술의 전매 제도를 실시하였다고 서술한 경우
하	전매 제도를 실시하였다고만 서술한 경우

3 상좌부 불교의 발전

(1) **답** 상좌부 불교

(2) **예시 답안** 상좌부 불교는 부처의 가르침을 그대로 따를 것과 개인의 해탈을 강조하였다.

점수	채점 기준
상	상좌부 불교의 교리를 두 가지 서술한 경우
하	상좌부 불교의 교리를 한 가지만 서술한 경우

4 부처를 표현하는 방식의 변화

예시 답안 초기 불교도는 부처를 보리수, 수레바퀴 등으로 표현하였다. 알렉산드로스의 동방 원정 이후 부처를 표현하는 방식이 변화하였다. 인도인들은 그리스 신상을 보고 부처를 인간의 모습으로 표현한 불상을 만들기 시작하였다. 그리하여 쿠샨 왕조의 간다라 지방에서 인도 문화와 헬레니즘 문화가 어우러진 간다라 양식이 발달하였다.

점수	채점 기준
상	알렉산드로스의 동방 원정 이후 헬레니즘 문화의 영향을 받아 부처를 인간의 모습으로 표현하기 시작하였다고 서술한 경우
하	헬레니즘 문화의 영향을 받았다고만 서술한 경우

01 인류의 출현과 진화

도표는 인류의 진화 과정을 출현한 순서대로 나타낸 것이다. 그중 (가)에 들어갈 인류는 호모 에렉투스이다. 약 180만 년 전에 등장한 호모 에렉투스는 불과 간단한 언어를 사용하였다. 또한 집단으로 사냥을 하였으며, 인류 중 처음으로 아프리카를 벗어나 유럽과 아시아로 이동하였다.

바로 알기 ①, ②는 호모 사피엔스, ③은 오스트랄로피테쿠스 아파렌시스, ⑤는 호모 네안데르탈렌시스에 대한 설명이다.

02 구석기 시대와 신석기 시대 비교

구석기 시대에는 뗀석기를 사용하였고, 주로 채집과 수렵 생활을 하였으며 무리 지어 이동하면서 동굴이나 바위 그늘, 막집 등에서 살았다. 또한 시체를 매장하는 풍습이 있었다. 신석기 시대에는 간석기를 사용하였고, 농경과 목축 생활을 시작하였으며 움집을 지어 거주하였다. 또한 자연물에 영혼이 있다고 믿었으며, 특정 동물과 식물을 숭배하기도 하였다.

바로 알기 ④ 구석기 시대와 신석기 시대는 계급이 뚜렷하게 나누어지지 않은 평등 사회였다.

03 메소포타미아 문명의 특징

「길가메시 서사시」는 메소포타미아 문명을 형성한 수메르인이 지은 것이다. 수메르인은 개방적인 지형으로 다른 민족의 침입을 자주 받았기 때문에 사후 세계보다 현재의 안정된 삶을 더 중시하였다. 또한 수메르인은 쐐기 문자를 이용하여 정치와 교역에 관한 내용 등을 점토판에 새겼다.

바로 알기 ②, ③, ④, ⑤는 이집트 문명에 대한 설명이다.

04 고대 문명의 공통점

(가)는 이집트 문명, (나)는 메소포타미아 문명, (다)는 인도 문명, (라)는 중국 문명이다. 고대 문명은 큰 강 유역에서 발생하였으며, 관개 농업이 발달하고 농업 생산력이 향상되어 빈부의 차가 생겼다. 이로써 계급이 발생하였다. 또한 청동기를 사용하였고, 일부 지배 계급이 도시 국가를 형성하면서 문자를 사용하였다는 공통적인 특징이 있다.

바로 알기 ③은 그리스의 아테네와 관련이 있다.

05 인도 문명의 특징

(다)는 인도 문명이다. 기원전 2500년경 인도의 인더스강 주변의 하라파, 모헨조다로 등에서 발달된 도시 문명이 나타났다. 이 지역의 사람들은 청동기와 그림 문자를 사용하였으며, 메소포타미아 지방과도 교역하였다.

바로 알기 ①은 중국 문명, ②, ⑤는 메소포타미아 문명, ④는 이집트 문명과 관련이 있다.

06 주의 봉건제 실시

✦ 자료로 이해하기

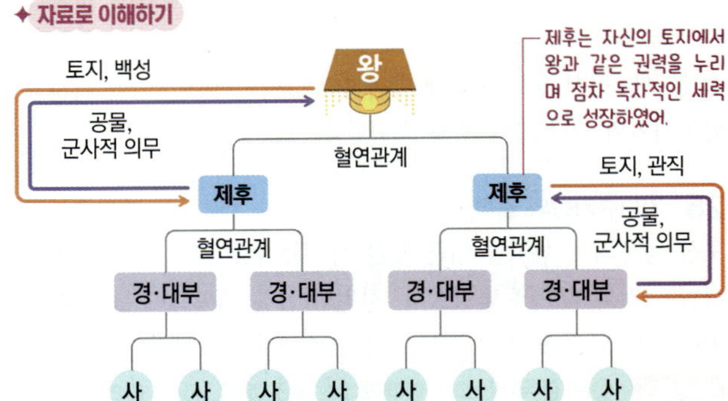

자료는 중국의 주에서 시행한 봉건제를 나타낸 것이다. 주는 넓은 지역을 다스리기 위해 수도 부근은 왕이 직접 다스리고, 나머지 지역은 혈연관계로 맺어진 왕족이나 공신을 제후로 삼아 다스리게 하는 봉건제를 시행하였다.

07 아케메네스 왕조 페르시아의 특징

자료는 키루스 2세의 원통으로, 아케메네스 왕조 페르시아의 문화유산이다. 아케메네스 왕조 페르시아는 다리우스 1세 때 최대 영역을 확보하면서 전성기를 맞았다. 한편, 페르시아인들은 아후라 마즈다를 최고신으로 섬기는 조로아스터교를 널리 믿었다.

바로 알기 ㄴ은 아시리아, ㄹ은 그리스에 대한 설명이다.

08 스파르타의 발전

폴리스, 강력한 군사 통치 실시 등의 내용으로 제시된 글이 스파르타에 대한 설명임을 알 수 있다. 그리스의 대표적인 폴리스 중 하나인 스파르타는 소수의 시민이 다수의 피지배층을 다스려야 했기 때문에 군사 통치를 실시하였다.

09 그리스 아테네의 사회 모습

그리스의 아테네에서는 민주정이 발달하였다. 클레이스테네스 때에는 도편 추방제가 도입되었다. 도편 추방제는 독재자가 될 가능성이 있는 사람의 이름을 도편에 적어 많은 표를 얻은 사람을 일정 기간 국외로 추방한 제도이다.

바로 알기 ①, ④, ⑤는 로마, ③은 아케메네스 왕조 페르시아에서 볼 수 있는 모습이다.

10 그리스의 문화

파르테논 신전, 인간적인 신의 모습 표현 등을 통해 그리스의 문화에 대한 자료임을 알 수 있다. 그리스에서는 인간 중심적이고 합리적인 문화가 발달하였다. 그리스 신화의 신들은 인간적인 모습과 감정을 지닌 것으로 묘사되었으며, 인간관계나 사회 문제를 주제로 한 연극이 유행하기도 하였다.

11 알렉산드로스 제국의 발전

델로스 동맹과 펠로폰네소스 동맹 사이에 일어난 펠로폰네소스 전쟁 이후 그리스 세계는 쇠퇴하였고, 그리스는 기원전 4세기경 마케도니아의 알렉산드로스에게 정복되었다. 알렉산드로스는 동방 원정을 추진하여 대제국을 세웠으며, 정복지 곳곳에 자신의 이름을 딴 알렉산드리아라는 도시를 세웠다. 알렉산드로스가 사망한 이후 알렉산드로스 제국은 분열되었다.

바로 알기 ①, ②, ③, ⑤는 펠로폰네소스 전쟁 이전에 있었던 사실이다.

12 헬레니즘 문화의 발달

헬레니즘 문화는 알렉산드로스 제국 시기에 그리스 문화와 동방 문화가 융합하여 발전하였다. 「라오콘 군상」, 「밀로의 비너스」 등 사실적이고 생동감이 넘치는 조각이 만들어졌으며, 수학과 과학 등 자연 과학이 발달하였다. 물리학에서는 아르키메데스, 기하학에서는 에우클레이데스(유클리드)가 활약하였다.

바로 알기 ㄱ, ㄹ은 그리스의 문화와 관련이 있다.

13 그라쿠스 형제의 개혁

㉠에 들어갈 인물은 그라쿠스 형제이다. 로마−카르타고 전쟁 이후 귀족들이 라티푼디움을 경영하자 자영 농민층이 점차 몰락하였고, 그라쿠스 형제는 자영 농민의 몰락을 막기 위해 개혁을 시도하였으나 보수적인 귀족들의 반대로 실패하였다.

14 로마의 제정 시기

옥타비아누스가 집권한 이후부터 로마에서는 실질적인 제정이 시작되었다. 옥타비아누스 이후 200여 년 동안 '로마의 평화'라고 불리는 전성기를 맞았으나, 이민족의 침입으로 쇠퇴하기 시작하였다. 이에 디오클레티아누스는 제국을 4분할하여 통치하였으며, 콘스탄티누스 대제는 수도를 콘스탄티노폴리스로 옮겨 로마 제국의 부흥을 꾀하였다. 그러나 로마는 4세기 말 동서로 분리되었다.

바로 알기 ①은 옥타비아누스 집권 이전에 있었던 사실이다.

15 로마의 문화

실용적인 문화가 발달하였던 나라는 로마이다. 로마에서는 제국을 효율적으로 통치하기 위해 법률을 제정하였다. 법률은 최초의 성문법인 12표법과 시민법을 거쳐 로마의 지배를 받는 제국 내 모든 민족에 적용되는 만민법으로 확대되었다.

바로 알기 ②는 알렉산드로스 제국의 헬레니즘 문화, ③은 아케메네스 왕조 페르시아, ④는 그리스, ⑤는 한의 문화와 관련이 있다.

16 춘추 전국 시대의 사회 변화

✦ 자료로 이해하기

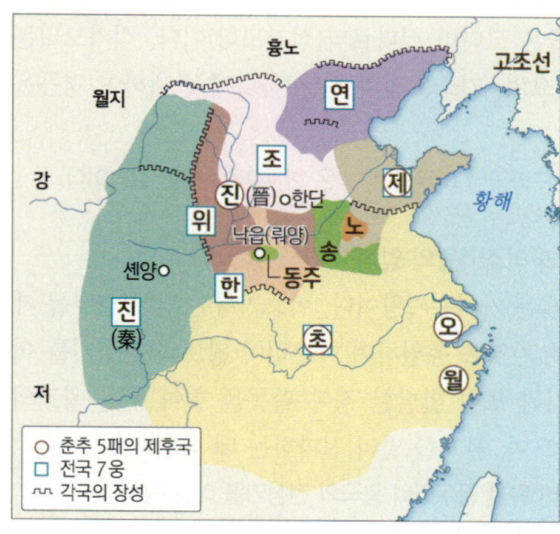

지도는 춘추 전국 시대의 여러 나라를 나타낸 것이다. 춘추 전국 시대에는 철제 무기를 사용하여 정복 전쟁이 활발하였다. 또한 철제 농기구 사용과 우경으로 농업 생산력이 증가하였다.

바로 알기 ①, ⑤는 한, ②는 로마, ④는 신석기 시대에 나타난 사회 변화이다.

17 시황제의 활동

밑줄 친 '이 왕'은 시황제이다. 시황제는 넓은 영역을 효율적으로 다스리기 위해 전국에 군현제를 실시하였으며, 지역마다 달랐던 화폐와 도량형, 문자 등을 통일하였다. 시황제는 자신의 권위를 세우기 위해 왕의 칭호를 '황제'로 바꾸고, 스스로를 첫 번째 황제라는 뜻의 시황제라고 불렀다. 대외적으로는 흉노의 침입을 막기 위해 전국 시대의 장성을 연결하여 만리장성을 쌓았다.

바로 알기 ②는 한 무제의 활동이다. 시황제는 법가 사상을 채택하였다.

18 한 무제의 대외 정책

한 무제, 흉노, 비단길 개척 등을 통해 밑줄 친 '시도'는 장건의 서역 파견에 대한 내용임을 알 수 있다. 한 무제는 대월지와 연합하여 흉노를 공격하고자 장건을 서역에 파견하였다. 비록 대월지와의 동맹은 실패하였으나, 그 과정에서 비단길이 개척되었으며 그 주변 상황에 대해서도 알게 되었다.

바로 알기 ①은 진의 시황제에 대한 설명이다. ③ 로마의 테오도시우스 1세는 크리스트교를 국교로 채택하였다. ④는 아케메네스 왕조 페르시아의 다리우스 1세, ⑤는 마우리아 왕조의 아소카왕에 대한 설명이다.

19 고타마 싯다르타(석가모니)의 활동

✦ 자료로 이해하기

㉠에 들어갈 인물은 고타마 싯다르타(석가모니)이다. 석가모니는 불교를 창시하였으며, 카스트제의 신분 차별에 반대하여 평등을 강조하였다.

바로 알기 ㄴ은 찬드라굽타 마우리아, ㄹ은 한 무제에 대한 설명이다.

20 카니슈카왕과 아소카왕의 업적

㉠은 아소카왕, ㉡은 카니슈카왕이다. 아소카왕은 남부 일부를 제외한 인도 대부분 지역을 통일하며 마우리아 왕조의 전성기를 이끌었다. 카니슈카왕 또한 활발한 정복 활동을 벌여 쿠샨 왕조의 전성기를 이끌었으며, 불교를 널리 전파하는 데 힘썼다.

바로 알기 함무라비 왕은 함무라비 왕국의 전성기를 이끈 왕이다.

21 상좌부 불교와 대승 불교 비교

(가)는 상좌부 불교, (나)는 대승 불교이다. 마우리아 왕조 시기에 발전한 상좌부 불교는 실론(스리랑카)을 거쳐 11세기 이후 동남아시아로 전파되었다.

바로 알기 ①은 브라만교, ②, ⑤는 대승 불교, ④는 크리스트교에 대한 설명이다.

22 간다라 양식의 형성

알렉산드로스의 동방 원정 이후 인도인들은 그리스 조각의 영향을 받아 부처를 인간의 모습으로 만들기 시작하였다. 이에 따라 인도 문화와 헬레니즘 문화가 결합한 간다라 양식이 발전하였다.

바로 알기 ①, ④는 한과 관련이 있다. ②, ⑤ 브라만교와 카스트제는 아리아인이 인도의 인더스강과 갠지스강으로 이동한 후 형성되었다.

서술형·논술형 수행 평가 70쪽

1 이집트 문명의 내세관

(1) **답** 이집트 문명

(2) **예시 답안** 이집트 문명은 죽은 뒤에도 영혼이 사라지지 않는다는 영혼 불멸과 죽은 뒤의 세계가 있다는 사후 세계를 믿었다. 반면, 메소포타미아 문명은 사후 세계보다 현재의 안정된 삶을 중시하였다.

점수	채점 기준
상	이집트 문명은 영혼 불멸과 사후 세계를 중시하였고, 메소포타미아 문명은 현재의 안정된 삶을 중시하였다고 서술한 경우
하	이집트 문명의 내세관만 서술한 경우

2 크리스트교의 성립과 확산

(1) **답** 크리스트교

(2) **예시 답안** 크리스트교를 창시한 예수는 민족과 신분에 상관없이 모두 평등하며, 누구나 사랑과 믿음으로 구원받을 수 있다고 가르쳤다. 이러한 교리에 따라 크리스트교는 여성, 하층민, 노예 등 소외된 사람들을 중심으로 널리 퍼져 나갔으며, 황제 숭배 거부로 박해를 받았음에도 점점 확산되어 갔다.

점수	채점 기준
상	인간 평등과 누구나 사랑과 믿음으로 구원받을 수 있다는 교리로 크리스트교가 확산되었다고 서술한 경우
하	위의 내용 중 한 가지만 서술한 경우

3 제자백가의 등장

(1) **답** (가): 유가, (나): 묵가, (다): 법가, (라): 도가

(2) **예시 답안** • 유가를 선택한 경우: 나는 유가를 선택할 것이다. 오늘날에는 어른 공경이나 효에 대한 의식이 많이 사라지고 있기 때문이다. 급속한 과학 기술의 발달은 전통적 가치관을 변화시켰으며, 인간성 상실 등에도 영향을 미쳤다. 그러므로 '예'와 '덕'을 강조하는 유가의 정신이 필요하다고 생각한다.

• 묵가를 선택한 경우: 나는 묵가를 선택할 것이다. 오늘날에는 세계 여러 나라에서 종교, 민족 등의 원인으로 분쟁이 일어나고 있으며, 이러한 분쟁으로 수많은 사상자와 난민이 증가하고 있다. 그렇기 때문에 또 다른 분쟁과 전쟁의 피해를 막기 위해서는 평화를 강조하는 묵가의 자세가 필요하다고 생각한다.

• 법가를 선택한 경우: 나는 법가를 선택할 것이다. 오늘날에는 음주 운전이나 성범죄, 아동 학대 등에 대한 범죄가 늘고 있다. 이러한 범죄는 도덕적인 방법으로는 해결하기 어려운 측면이 있다. 따라서 법을 강화하여 사회에 더욱 엄격하게 적용함으로써 범죄를 예방하고 피해를 줄일 수 있으므로 엄격한 법의 적용을 주장한 법가의 정신이 필요하다고 생각한다.

• 도가를 선택한 경우: 나는 도가를 선택할 것이다. 오늘날에는 산업화와 과학 기술의 발달에 따른 환경 문제가 심각해졌다. 무분별한 개발로 세계의 삼림이 파괴되는 것은 물론 사막화가 진행되었으며, 화석 연료 사용으로 지구 온난화가 가속화되었다. 그러므로 인위적인 것을 버리고, 무위자연을 강조한 도가의 정신이 필요하다고 생각한다.

점수	채점 기준
상	제가백가의 사상 중 하나를 골라 오늘날의 사회 문제의 해결책을 논술한 경우
하	자신이 선택하고 싶은 제자백가의 사상만 서술한 경우

세계 종교의 확산과 지역 문화의 발전

01 · 동아시아 문화의 형성

문제로 개념 확인 + 비주얼로 핵심 콕콕

73쪽 ┃ 1 (1) 북위 (2) 위진 남북조 시대 　**2** 한화 정책
3 (1) 9품중정제 (2) 문벌 귀족 　**4** (1) ㄴ (2) ㄱ
A 진 　**B** 귀족

75쪽 ┃ 1 (1) 과거제 (2) 양제 　**2** (1) 태종 (2) 신라
3 (1) ㄱ (2) ㄷ (3) ㄴ 　**4** 안사의 난
C 대운하 　**D** 율령

77쪽 ┃ 1 (1) 장안 (2) 오경정의 (3) 귀족적 (4) 당삼채
2 (나) − (가) − (다) 　**3** (1) 고조선 (2) 헤이조쿄 (3) 유교 (4) 가나 문자
E 훈고학 　**F** 당

시험 대비 핵심 문제　　　　78~83쪽

01 ②	02 ④	03 ②	04 9품중정제	05 ③	06 ③
07 ①	08 ⑤	09 ⑤	10 ⑤	11 ③	12 ②	13 ④
14 ②	15 탈라스 전투	16 ④	17 ④	18 ②	19 ③
20 ③	21 ①	22 ⑤	23 ⑤	24 다이카 개신	25 ⑤
26 ②	27 ①	28 ③			

서술형 문제 ┃ 1~4번 해설 참조

01 북위의 한화 정책

(가) 나라는 북위이다. 선비족이 세운 북위가 화북 지방을 통일하고, 강남 지방에는 동진을 이어 한족 왕조들이 들어서면서 남북조 시대가 전개되었다. 북위는 한족의 제도와 문물을 받아들였다. 특히 효문제는 선비족의 복장과 언어를 금지하고, 한족의 성씨를 사용하는 등 한화 정책을 추진하였다. 한족도 북방 민족의 문화를 받아들이면서 북방 민족과 한족의 문화가 점점 어우러졌다.

바로 알기 ①은 한, ③은 주, ④는 진, ⑤는 당에 대한 설명이다.

02 남조의 발전

(가) 왕조는 송(남조)이다. 북방 민족에게 밀려난 한족은 창장강의 남쪽(강남)으로 내려가 동진을 비롯하여 송, 제, 양, 진 등 여러 왕조를 세웠는데, 이 왕조들은 선진 농업 기술을 이용하여 강남 지방을 개발하였다. 이로써 강남 지방의 경제가 발전하였다.

바로 알기 ㄱ은 수, ㄷ은 당에 대한 설명이다.

03 위진 남북조 시대의 전개

위진 남북조 시대는 ㈎ 중국이 위·촉·오로 분열(삼국 시대) − ㈑ 북방 민족과 한족이 화북 지방에 여러 나라 건국(5호 16국 시대) − ㈏ 한족이 강남에서 동진 건국 − ㈐ 북위의 화북 지방 통일의 순서로 전개되었다.

04 9품중정제의 실시

밑줄 친 '이 제도'는 9품중정제이다. 9품중정제는 각 지방의 관리가 자기 지역의 인물을 중앙 정부에 추천하는 제도로, 위진 남북조 시대에 지방 호족이 문벌 귀족으로 성장하는 데 기여하였다.

05 위진 남북조 시대의 문화

✦ 자료로 이해하기

사진은 윈강 석굴 사원이다. 위진 남북조 시대에는 불교가 왕실을 중심으로 발전하면서 윈강과 룽먼 등에 거대한 석굴 사원이 만들어졌다. 또한 위진 남북조 시대에는 민간의 전통 신앙과 도가 사상 등이 결합하여 도교가 성립하였다. 남조에서는 청담 사상이 유행하였으며, 시·서예·회화 분야에서 귀족 문화가 발달하였다.

바로 알기 ③은 한의 문화에 대한 설명이다.

06 위진 남북조 시대의 사회 모습

「귀거래사」는 도연명이 관직을 버리고 고향으로 돌아가는 심정을 읊은 시로, 남조에서 발달하였던 귀족 문화를 보여 준다. 남조에서는 개인의 자유로운 삶을 추구하는 청담 사상이 유행하였다.

바로 알기 ①은 수대 이후에 볼 수 있는 모습이다. ②는 당, ④, ⑤는 한대에 볼 수 있는 모습이다.

07 수 문제의 정책

수 문제는 시험을 치러 관리를 뽑는 과거제를 실시하여 문벌 귀족의 관직 독점을 방지하고 왕권을 강화하고자 하였다. 또한 토지 제도와 군사 제도를 정비하여 국가 재정을 늘리고 군사력을 키웠다.

바로 알기 ②, ④는 한 무제, ③은 진의 시황제, ⑤는 마우리아 왕조의 아소카왕이 실시한 정책이다.

08 수대 대운하 건설의 목적

수는 강남 지방의 물자를 화북 지방으로 옮기기 위해 대운하를 건설하였다. 대운하는 물자 유통을 원활하게 하여 남북 간의 교류를 촉진하였고, 정치와 문화의 통합에도 도움을 주었다.

수는 대운하 건설 등 대규모 토목 공사를 자주 실시하고 많은 노동력을 동원하여 백성의 불만을 샀다. 또한 여러 차례 고구려 원정에 실패하면서 점차 쇠퇴하다가 반란이 일어나 멸망하였다.

바로 알기 ㄱ, ㄴ은 한이 멸망한 원인과 관련이 있다.

10 당 태종의 활동

수의 제도를 이어받아 율령 체제를 완성하였고, 동돌궐을 정복한 왕은 당 태종이다.

11 당의 중앙 행정 조직

✦ 자료로 이해하기

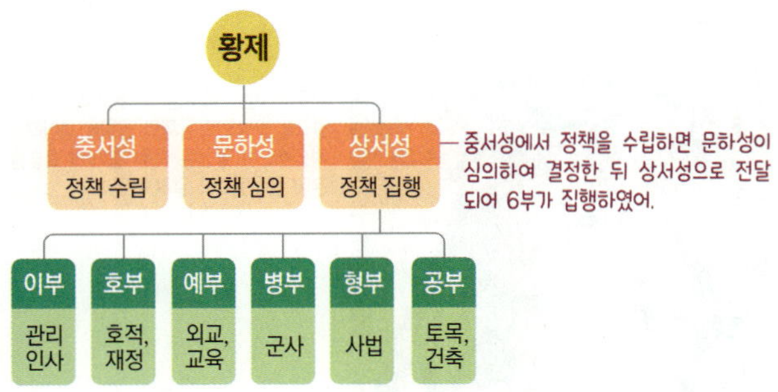

자료는 당의 중앙 행정 조직인 3성 6부를 나타낸 것이다. 당은 중서성과 문하성, 상서성으로 정책에 관한 기능을 분리하여 권력이 한 곳에 치우치는 것을 막았다. 신라, 발해, 일본 등은 당의 3성 6부제를 수용하여 통치 체제를 마련하였다.

바로 알기 ① 당은 지방에 주현을 두어 다스렸다. ② 로마의 공화정은 원로원과 집정관 등을 중심으로 운영되었다. ④는 그리스의 철학자 집단인 소피스트, ⑤는 그리스의 폴리스에 대한 설명이다.

12 당대에 있었던 사실

당은 고종 때 서돌궐을 정복하였으며, 세력이 강화되고 여러 나라와 교역하면서 수도 장안이 국제 도시로 번성하였다. 당 말에는 안사의 난, 황소의 난 등이 일어났으며, 각지에서 세력을 키운 절도사들이 반란을 일으켜 당이 멸망하였다.

바로 알기 ② 9품중정제는 위진 남북조 시대에 실시된 것으로, (개) 이전에 있었던 사실이다. 당대에는 시험으로 관리를 뽑는 과거제가 실시되었다.

13 당의 농민 지배

(개)는 부병제, (내)는 조용조이다. 당은 성인 남자에게 일정한 면적의 토지를 지급하는 균전제를 실시하였다. 농민은 토지를 받은 대가로 국가에 조용조를 바쳤으며, 부병제에 따라 농한기에 군사 훈련을 받고 전쟁 시 병사로 복무하였다.

14 부병제의 실시

(개)는 부병제이다. 당은 농민이 농사일이 바쁘지 않을 때 군사 훈련을 받고, 전쟁이 나면 병사로 복무하게 하였다. 당은 이로써 민생을 안정시키고 군사력을 확보하고자 하였다.

바로 알기 ①, ⑤는 과거제, ④는 조용조에 대한 설명이다. ③은 9품중정제와 관련이 있다.

15 탈라스 전투의 영향

㉠에 들어갈 사건은 탈라스 전투이다. 당은 서쪽으로 세력을 넓혀 가던 중 이슬람의 아바스 왕조와 탈라스에서 충돌하였다. 이 전투를 계기로 당의 종이 만드는 기술이 이슬람 세계에 전해지기도 하였다.

16 당의 쇠퇴

지도는 당의 최대 영역을 나타낸 것이다. 당은 현종 때 일어난 안사의 난 이후 지방 통제력이 약화되었다. 이러한 가운데 황소의 난 등 농민 봉기가 일어나 국력이 더욱 쇠퇴하였고, 결국 절도사 세력에게 멸망하였다.

바로 알기 ①은 신, ②, ③, ⑤는 한에 대한 설명이다.

17 안사의 난 이후의 상황

제시된 글은 안사의 난에 대한 설명이다. 안사의 난 이후 당 조정의 지방 통제력은 더욱 약화되었고, 각지에서 절도사가 세력을 키웠다. 결국 당은 절도사 세력의 반란으로 멸망하였다.

바로 알기 ①, ③은 주, ②, ⑤는 위진 남북조 시대에 있었던 사실이다.

18 당 문화의 특징

당대에는 경교, 이슬람교 등 다양한 종교가 전래되었다. 또한 현장 등의 승려가 인도를 순례하고 불경을 들여오면서 불교가 발전하였다. 학문에서는 훈고학을 집대성한 『오경정의』가 편찬되었다.

바로 알기 ② 윈강 석굴은 위진 남북조 시대에 북위가 만들었다.

19 당의 귀족적인 문화

당대에는 문학과 서예, 그림 등의 분야에서 귀족적인 문화가 발달하였다. 이백과 두보 등의 시인이 활약하였으며, 왕유의 수묵 산수화가 유행하였고, 구양순 등의 서예가가 이름을 떨쳤다.

바로 알기 ㄱ은 위진 남북조 시대에 유행한 귀족 문화의 사례이다. ㄹ. 간다라 양식의 불상은 쿠샨 왕조 시기에 처음 만들어졌다.

20 당의 사회 모습

선생님이 설명하는 도시는 장안이다. 장안은 당대에 인구 100만 명이 넘는 국제 도시로 성장하였다. 장안에는 여러 나라의 사신뿐만 아니라 상인, 학생, 승려 등이 방문하였으며, 외국에서 전래된 다양한 종교의 사원이 세워졌다.

바로 알기 ①, ②는 진과 한, ④는 위진 남북조 시대, ⑤는 진에서 볼 수 있는 모습이다.

21 당의 국제적인 문화

당삼채, 페르시아산 은제 물병은 서역 문화의 영향을 받은 문화유산으로, 당 문화의 국제적인 성격을 보여 준다. 당은 비단길과 바닷길을 거쳐 서역과 교류하면서 국제적인 문화가 발달하였다.

㉠은 고조선, ㉡은 신라이다. 고조선은 만주와 한반도에 처음 세워진 나라이며, 중국 한의 공격으로 멸망하였다. 7세기에 신라는 당과 연합하여 백제와 고구려를 차례대로 멸망시키고 삼국을 통일하였다.

(바로 알기) 발해는 고구려 유민들이 옛 고구려 땅에 세운 나라이다.

23 발해의 건국

발해는 고구려 유민들이 옛 고구려 땅에 세운 나라이다. 7세기 후반 신라의 삼국 통일 이후 발해가 건국되면서 남북국 시대가 형성되었다.

(바로 알기) ①은 고구려와 백제 등, ②는 일본의 야마토 정권, ③은 고조선 등, ④는 신라에 대한 설명이다.

24 다이카 개신

검색창에 들어갈 내용은 다이카 개신이다. 다이카 개신은 7세기 일본에서 중앙 집권 체제를 마련하려고 일어난 정치 개혁으로, 일본은 당의 율령을 받아들여 통치 체제를 정비하였다.

25 나라 시대의 발전

✦ 자료로 이해하기

제시된 문화유산은 도다이지 대불전으로, 나라 시대에 건립되었다. 8세기 초 일본은 당의 장안성을 본떠 만든 헤이조쿄(나라)를 세우고 수도로 정하였다. 나라 시대에는 당과 신라에서 불교문화가 들어와 도다이지를 비롯한 대규모 사찰이 많이 만들어졌다.

(바로 알기) ①, ③은 헤이안 시대, ②, ④는 야마토 정권 시기에 대한 설명이다.

26 일본 고대 국가의 발전 과정

일본 고대 국가의 발전 과정은 ㈎ 야요이 문화 성립 – ㈑ 야마토 정권의 주변 소국 통합 – ㈐ '일본'이라는 국호 처음 사용 – ㈏ 헤이안쿄(교토)로 수도 이전의 순서로 전개되었다.

27 동아시아 문화권의 공통 요소

당의 세력이 강해지면서 한반도, 일본, 베트남 등 주변 지역과 당의 교류가 활발해졌다. 그 과정에서 동아시아 국가들은 한자, 유교, 불교, 율령의 문화 요소를 공유하면서도 각국의 전통과 특성에 맞게 이를 독자적으로 발전시켜 나갔다.

28 동아시아 문화권의 형성

중국의 룽먼 석굴 불상은 불교, 발해의 중앙 정치 기구는 율령 체제를 보여 주는 자료로, 모두 동아시아 문화권의 형성과 관련이 있다. 당과 한반도, 일본, 베트남 등의 사신과 유학생, 승려 등이 교류하는 과정에서 한자, 불교, 율령, 유교 등의 문화 요소를 공유하는 동아시아 문화권이 형성되었다.

서술형 문제   83쪽

1 북위의 한화 정책

(1) (답) 북위

(2) (예시 답안) 북위의 한화 정책과 더불어 한족도 북방 민족의 문화를 받아들이면서 북방 민족의 문화와 한족의 문화가 융합되었다.

점수	채점 기준
상	북방 민족의 문화와 한족의 문화가 융합되었다고 서술한 경우
하	여러 민족의 문화가 어우러졌다고만 서술한 경우

2 수의 대운하 건설

(예시 답안) 수의 대운하 건설로 물자와 사람이 오가기 쉬워지자 남북 간의 교류가 활발해졌다. 이는 남북의 정치와 문화가 통합하는 데에도 도움을 주었다. 한편, 대규모 토목 공사에 많은 노동력이 동원되었는데, 이는 수가 쇠퇴하는 한 원인이 되기도 하였다.

점수	채점 기준
상	대운하 건설의 긍정적 영향과 부정적 영향을 모두 서술한 경우
하	대운하 건설의 긍정적 영향과 부정적 영향 중 한 가지만 서술한 경우

3 헤이안 시대의 국풍 문화

(1) (답) 국풍 문화

(2) (예시 답안) 헤이안 시대에는 한자를 변형한 가나 문자가 만들어졌고, 주택과 관복 등에서도 일본 고유의 특색이 나타났다.

점수	채점 기준
상	국풍 문화의 사례를 두 가지 서술한 경우
하	국풍 문화의 사례를 한 가지만 서술한 경우

4 동아시아 문화권의 형성

(1) (답) 한자

(2) (예시 답안) 한자는 신라의 이두, 일본의 가나 문자, 베트남의 쯔놈 문자가 만들어지는 데 큰 영향을 주었다.

점수	채점 기준
상	신라의 이두, 일본의 가나 문자, 베트남의 쯔놈 문자 형성에 큰 영향을 주었다고 서술한 경우
하	신라, 일본, 베트남의 문자 형성에 영향을 주었다고만 서술한 경우

✦ 자료로 이해하기

검색창에 들어갈 내용은 비슈누이다. 힌두교에서는 다양한 신을 믿는데, 그중 비슈누는 세상의 질서를 유지하는 역할을 하였다. 굽타 왕조의 왕들은 비슈누가 왕의 모습을 한 화신이라고 주장하며 자신의 권위를 높였다.

05 「마누 법전」 정비

제시된 글은 『마누 법전』에 대한 설명이다. 굽타 왕조 시대에 정비된 『마누 법전』은 카스트에 따른 의무와 규범을 담고 있어 힌두교를 뒷받침하였다.

06 인도 고전 문화의 발전

산스크리트 문학, 굽타 양식 등으로 보아 빈칸에 인도 고전 문화에 대한 것이 들어가야 한다. 굽타 왕조 시대에는 인도 고유의 특색이 드러나는 고전 문화가 발달하였는데, 문학에서는 『마하바라타』, 『라마야나』 등 산스크리트어로 쓴 서사시가 유행하였다. 미술에서는 간다라 양식과 인도 고유의 양식이 어우러진 굽타 양식이 발전하였다. 또한 천문학과 수학이 발달하였다.

07 인도 고전 문화의 특징

✦ 자료로 이해하기

아잔타 석굴의 보살 벽화는 굽타 왕조 시대에 만들어졌다. 굽타 왕조 시대에는 인도 고유의 특색이 드러나는 고전 문화가 발달하였다. 미술에서는 간다라 양식과 인도 고유의 양식이 융합된 굽타 양식이 발달하였으며, 산스크리트어로 쓴 문학이 유행하였다. 또한 원주율을 이용하여 지구의 둘레를 계산하였고, 숫자 ‘0(영)’의 개념이 사용되기도 하였다.

바로 알기 ①은 마우리아 왕조 시기의 문화와 관련이 있다. 산치 대탑은 마우리아 왕조의 아소카왕이 석가모니의 사리를 보관하기 위해 만들었다.

━━━━━━━━ 왼쪽 단 ━━━━━━━━

O2 크리스트교와 이슬람교의 확산(1)

문제로 개념 확인 ✚ **비주얼로 핵심 콕콕**

85쪽 ❘ 1 (1) ○ (2) ✕   **2** (1) 힌두교 (2) 비슈누   **3** 마누 법전
4 (1) 0(영) (2) 산스크리트어 (3) 굽타 양식

A 카스트제   **B** 수학

87쪽 ❘ 1 (1) 아케메네스 왕조 페르시아 (2) 조로아스터교

2 (1) 이슬람교 (2) 메디나   **3** 지즈야   **4** (1) ㄴ (2) ㄱ

C 총독   **D** 무함마드

89쪽 ❘ 1 (1) ○ (2) ✕ (3) ✕ (4) ○   **2** 쿠란

3 (1) 아라비안나이트 (2) 모스크 (3) 아라비아 숫자 (4) 이슬람 문화권

E 이슬람   **F** 설화

시험 대비 핵심 문제 90~95쪽

01 ①	02 ②	03 ④	04 ④	05 마누 법전	06 ①
07 ①	08 ②	09 ⑤	10 ⑤	11 ⑤	12 ⑤	13 ①
14 ④	15 ②	16 칼리프		17 ④	18 ②	19 ②
20 ②	21 ①	22 ③	23 ②	24 ②	25 ④	26 ④

서술형 문제 ❘ 1~4번 해설 참조

01 굽타 왕조의 발전

㈎에 들어갈 왕조는 굽타 왕조이다. 굽타 왕조는 쿠샨 왕조가 멸망한 이후 찬드라굽타 1세가 분열된 북인도를 통일하면서 성립하였다. 찬드라굽타 2세 때 벵골만에서 아라비아해까지 영토를 확장하며 전성기를 맞이하였다.

02 굽타 왕조의 영역

지도는 굽타 왕조의 최대 영역을 나타낸 것이다. 굽타 왕조는 4세기 초 찬드라굽타 1세가 북인도를 통일하면서 성립하였다. 뒤를 이은 찬드라굽타 2세 때 최대 영역을 확보하며 전성기를 누렸다. 이 시기에 굽타 왕조는 활발한 해상 무역으로 번영하였으며, 사산 왕조 페르시아, 로마, 중국 등과 활발하게 교류하였다.

바로 알기 ㄴ은 마우리아 왕조, ㄹ은 아케메네스 왕조 페르시아에 대한 설명이다.

03 힌두교의 등장

제시된 글은 힌두교에 대한 설명이다. 힌두교는 카스트제에 따른 신분 차별을 인정하였으며, 자신의 카스트에 따른 의무를 성실히 수행하면 더 나은 카스트로 태어날 수 있다고 하였다.

바로 알기 ①은 브라만교, ②는 조로아스터교, ③은 불교, ⑤는 대승 불교에 대한 설명이다.

08 사산 왕조 페르시아의 발전

사산 왕조 페르시아는 3세기 초 서아시아에서 아케메네스 왕조 페르시아의 부흥을 내세우며 성립하였다. 지방에 총독을 파견하여 다스렸고, 수도 크테시폰을 중심으로 동서를 잇는 중계 무역으로 발전하였다. 비잔티움 제국과의 잦은 전쟁과 내부 반란으로 점차 약해지다가 7세기에 이슬람 세력의 공격으로 멸망하였다.

바로 알기 ①은 한, ③은 아케메네스 왕조 페르시아, ④는 진, ⑤는 알렉산드로스 제국에 대한 설명이다.

09 조로아스터교의 국교화

사산 왕조 페르시아의 국교는 조로아스터교이다. 조로아스터교는 조로아스터가 만들었다고 알려진 종교로, 세상을 선과 악의 대결이 벌어지는 곳으로 보고 선과 빛의 신인 아후라 마즈다를 최고신으로 섬겼다.

10 사산 왕조 페르시아의 문화

사산 왕조 페르시아의 문물은 비단길을 따라 중국을 거쳐 한반도에 전해졌다. 신라의 무덤인 황남 대총에서는 사산 왕조 페르시아의 것과 비슷한 모양의 물병이 출토되었다. 이로써 사산 왕조 페르시아의 공예품이 동아시아에 전파되어 영향을 미쳤음을 알 수 있다.

11 6세기 후반 아라비아반도의 교역로 변화

지도는 6세기 후반 아라비아반도의 교역로 변화를 나타낸 것이다. 6세기 후반 서아시아 일대에서는 비잔티움 제국과 사산 왕조 페르시아가 대립하면서 기존의 교역로가 막히고 그 대신 아라비아반도를 지나는 교역로가 활성화되었다. 이에 따라 아라비아반도의 메카와 메디나가 무역의 중심지로 떠올랐다.

12 이슬람교의 정립

밑줄 친 '이 종교'는 이슬람교이다. 이슬람교를 정립한 무함마드는 유일신 알라에 대한 절대복종을 내세웠으며, 모든 인간은 신 앞에 평등하다고 하였다.

바로 알기 ①은 크리스트교, ②는 상좌부 불교, ③, ④는 힌두교에 대한 설명이다.

13 무함마드의 활동

메카의 상인으로 7세기 초 이슬람교를 정립한 무함마드는 유일신 알라에게 절대복종해야 하며, 모든 인간은 신 앞에 평등하다고 가르쳐 메카 귀족들의 탄압을 받았다.

바로 알기 ②, ⑤는 힌두교와 관련이 있다. ③은 마우리아 왕조의 아소카왕과 관련이 있다. ④는 이슬람교도 중 수니파의 주장이다.

14 헤지라

메카 귀족들의 탄압을 피해 무함마드와 신도들이 메카에서 메디나로 거처를 옮긴 일을 헤지라라고 한다. 헤지라 이후 무함마드는 세력을 키워 메카를 정복하고 그 주변 지역을 통일하였다.

바로 알기 ① 모스크는 이슬람 사원을 말한다. ② 지즈야는 이슬람 세력이 피정복민에게 거둔 세금이다. ③ 칼리프는 이슬람 공동체의 최고 권력자이자 종교 지도자를 말한다. ⑤ 아라베스크는 모스크 내부를 장식한 기하학적 무늬나 글자이다.

15 정통 칼리프 시대에 있었던 사실

제시된 글은 정통 칼리프 시대에 대한 설명이다. 무함마드 사후 네 명의 칼리프가 차례로 선출되어 이슬람 공동체를 이끌었다. 정통 칼리프 시대에 이슬람 세력은 시리아, 이집트, 사산 왕조 페르시아 등을 정복하여 영토를 넓혔다.

바로 알기 ①은 아바스 왕조, ③, ④는 우마이야 왕조, ⑤는 무함마드 시대에 있었던 사실이다.

16 칼리프

이슬람 공동체의 최고 권력자이자 종교 지도자를 칼리프라고 한다. 무함마드 사후 무함마드의 혈통을 계승한 네 명의 칼리프가 선출되어 이슬람 공동체를 이끌었는데 이 시기를 정통 칼리프 시대라고 한다.

17 이슬람교의 확산 배경

정통 칼리프 시대에 이슬람 제국은 정복지 주민에게 이슬람교를 강요하지 않고 이슬람교로 개종하면 지즈야를 면제해 주었다. 더불어 평등을 강조하는 교리로 이슬람교는 빠르게 확산되었다.

바로 알기 ㄱ은 불교, ㄷ은 힌두교의 확산 배경과 관련이 있다.

18 우마이야 왕조의 정책

✦ 자료로 이해하기

지도는 우마이야 왕조의 최대 영역을 나타낸 것이다. 제4대 칼리프인 알리가 피살되자 우마이야 가문이 권력을 잡았다. 우마이야 왕조는 중앙아시아에서 북부 아프리카, 유럽의 이베리아반도까지 영토를 넓혔다. 그러나 아랍인을 우대하는 정책을 펼쳐 비이슬람교도들의 불만을 샀고, 내부 분열을 겪으며 쇠퇴하였다.

바로 알기 ①은 사산 왕조 페르시아, ③은 굽타 왕조에 대한 설명이다. ④ 사산 왕조 페르시아는 정통 칼리프 시대에 이슬람 세력에게 정복되었다. ⑤는 정통 칼리프 시대에 대한 설명이다.

19 아바스 왕조의 정책

아랍인 중심의 민족 차별 정책을 없앤 왕조는 아바스 왕조이다. 아바스 왕조는 우마이야 왕조의 아랍인 우대 정책에 불만을 가진 세력을 모아 우마이야 왕조를 무너뜨렸다. 그리고 민족 차별 정책을 없애 비아랍인에게 부과하던 세금을 면제하고, 비아랍인도 군인이나 관리로 임명하였다.

20 아바스 왕조의 발전

도표는 이슬람 제국의 전개를 나타낸 것으로 (가)에 들어갈 왕조는 아바스 왕조이다. 아바스 왕조는 아랍인 중심의 민족 차별 정책을 폐지하여 비아랍인에게 부과하던 세금을 면제하고, 비아랍인도 관리나 군인으로 임명하였다. 또한 751년 탈라스 전투에서 당에 승리하여 동서 교역로를 차지하고 국제 무역으로 번영하였다.

바로 알기 ①은 후우마이야 왕조, ③은 정통 칼리프 시대, ④는 인도의 굽타 왕조에 대한 설명이다. ⑤는 정통 칼리프 시대와 우마이야 왕조의 성립 사이에 일어난 일이다.

21 이슬람 제국의 동서 교역

이슬람 제국은 유럽과 아프리카, 아시아를 잇는 통로에 위치하여 여러 나라와 활발하게 교역하였다. 이슬람 상인은 인도, 동남아시아, 동아시아에 진출하여 향신료, 비단 등을 거래하였다. 유럽, 아프리카와는 모피, 금 등을 거래하면서 많은 이익을 얻었다. 이슬람 제국의 무역은 동서 교류에 크게 기여하였고, 이슬람교가 확산되는 데에도 영향을 미쳤다.

바로 알기 ① 이슬람 제국은 비단길과 바닷길을 이용하여 여러 나라와 교역하였다.

22 바그다드의 번성

✦ 자료로 이해하기

아바스 왕조의 수도였던 바그다드를 묘사한 그림이야. 바그다드는 10세기경 인구 100만 명 이상이 사는 대도시였어.

밑줄 친 '이 도시'는 바그다드이다. 바그다드는 아바스 왕조의 수도로 유럽과 아시아를 잇는 교역로의 중심에 위치하여 대도시로 번성하였다. 이슬람 제국은 금·은을 화폐로 사용하였으나, 어음과 수표로 거래하기도 하였다. 8세기 이후 곳곳에 병원이 세워졌고, 아라베스크로 장식한 모스크가 많이 만들어졌다.

바로 알기 ③은 굽타 왕조 시대에 발달한 인도의 고전 문화와 관련이 있다. 굽타 왕조 시대에는 『마하바라타』 등 인도 고유의 언어인 산스크리트어로 쓴 문학이 발달하였다.

23 이슬람 사회의 특징

이슬람 사회에서는 무함마드가 알라의 계시를 정리한 이슬람교의 경전인 『쿠란』이 일상생활의 기본 규범이 되었다. 이에 따라 돼지고기와 술을 먹지 않았으며, 5행이라고 불리는 다섯 가지 의무를 지켜야 했다. 또한 아랍어로 쓰인 『쿠란』은 다른 언어로 번역하는 것이 금지되었기 때문에 이슬람 사회에서는 아랍어가 공용어로 사용되었다.

바로 알기 ㄴ. 이슬람 사회에서는 아랍어를 공용어로 사용하였다. 페르시아어를 공용어로 사용한 나라로는 사산 왕조 페르시아 등이 있다. ㄹ. 카스트제에 따른 신분 차별을 인정한 것은 힌두교이다.

24 이슬람교도의 다섯 가지 의무

『쿠란』에는 이슬람교도가 지켜야 하는 다섯 가지 의무(5행)가 적혀 있다. 5행에는 알라가 유일신임을 고백하는 신앙 고백, 하루에 다섯 번 메카를 향해 기도하는 예배, 라마단 기간 동안 해가 떠 있을 때 금식하는 단식, 가난한 사람에게 기부하는 희사, 일생에 한 번 이상 성지를 방문하는 성지 순례가 포함된다.

바로 알기 ②는 힌두교와 관련이 있다. 이슬람교에서는 알라만을 유일신으로 모신다.

25 이슬람 자연 과학의 발달

✦ 자료로 이해하기

아스트롤라베와 이드리시의 세계 지도는 이슬람 세계의 자연 과학과 관련이 있다. 이슬람 세계에서는 수학, 지리학, 화학, 천문학, 의학 등 자연 과학이 크게 발달하였다. 천문 도구인 아스트롤라베가 정교하게 발전하였으며, 지리학 또한 발달하여 지역 및 세계 지도가 만들어졌다.

26 이슬람 문화권의 형성

이슬람 세계가 넓어지면서 이슬람교를 바탕으로 다양한 문화 요소가 어우러진 이슬람 문화권이 형성되었다. 문학에서는 『아라비안나이트』와 같은 설화 문학이 유행하였으며, 화학·의학·천문학·지리학 등 자연 과학이 발달하였다. 특히 연금술이 유행하는 과정에서 화학이 발달하였고, 아랍어에서 비롯된 화학 용어는 오늘날까지 사용되고 있다.

바로 알기 ㄱ. 대안탑은 당의 현장이 인도에서 가져온 불경과 불상을 보관하려고 건립한 탑이다. ㄷ. 아잔타 석굴 사원은 굽타 왕조가 조성한 석굴 사원이다.

1 힌두교가 인도 사회에 미친 영향

(1) **답** 마누 법전

(2) **예시 답안** 힌두교는 카스트제에 따른 신분 차별을 인정하였고, 카스트에 따른 의무와 규범을 담은 『마누 법전』이 정비되면서 카스트제를 뒷받침하였다. 이에 따라 힌두교가 확산되면서 카스트제가 인도 사회에 정착되어 갔다.

점수	채점 기준
상	카스트제를 뒷받침하는 『마누 법전』이 정비되면서 카스트제가 인도 사회에 정착되는 데 영향을 주었다고 서술한 경우
하	『마누 법전』이 카스트제를 뒷받침하였다고만 서술한 경우

2 힌두교의 확산

(1) **답** 힌두교

(2) **예시 답안** 굽타 왕조 시대에 형성된 힌두교는 브라만교의 까다로운 제사 절차를 단순화하고, 인도 사람들이 믿던 여러 신들을 힌두교의 신으로 흡수하며 빠르게 퍼졌다.

점수	채점 기준
상	굽타 왕조 시대에 힌두교가 빠르게 확산된 이유를 두 가지 서술한 경우
하	굽타 왕조 시대에 힌두교가 빠르게 확산된 이유를 한 가지만 서술한 경우

3 시아파와 수니파의 대립

(1) **답** 시아파, 수니파

(2) **예시 답안** 시아파는 무함마드의 혈통을 중시하여 알리와 그 후손만을 무함마드의 정통한 후계자라고 하였다. 반면, 수니파는 무함마드의 혈통이 아니더라도 능력이 있다면 칼리프가 될 수 있다고 하였다.

점수	채점 기준
상	시아파와 수니파의 주장을 모두 서술한 경우
하	시아파와 수니파 중 한 종파의 주장만 서술한 경우

4 이슬람 제국의 동서 교역의 배경

예시 답안 이슬람 사회에서는 상업 행위를 통해 이익을 얻는 것을 긍정적으로 여겨 상업 활동의 편의를 위한 도로망을 정비하고 상인들의 상업 활동을 보장하였다. 또한 이슬람 세계는 유럽과 아프리카, 아시아를 잇는 통로에 위치하여 비단길과 바닷길을 통한 동서 교역이 활발하였다.

점수	채점 기준
상	이슬람 제국이 동서 교역을 할 수 있었던 배경을 두 가지 서술한 경우
하	이슬람 제국이 동서 교역을 할 수 있었던 배경을 한 가지만 서술한 경우

03 크리스트교와 이슬람교의 확산 (2)

문제로 개념 확인 + **비주얼로 핵심 콕콕**

97쪽 Ⅰ 1 게르만족   **2** (1) ㄱ (2) ㄴ (3) ㄱ (4) ㄴ

3 (1) 오스만 제국 (2) 콘스탄티노폴리스 (3) 유스티니아누스 황제

A 프랑크   **B** 황제

99쪽 Ⅰ 1 (다) - (나) - (가)   **2** (1) 그리스어 (2) 슬라브족

(3) 유스티니아누스 법전 (4) 모자이크   **3** 성 소피아 대성당

C 그리스 정교   **D** 그리스

시험 대비 핵심 문제   100~101쪽

01 ①   **02** ④   **03** ②   **04** ⑤   **05** 콘스탄티노폴리스

06 ④   **07** ⑤   **08** ④

서술형 문제 Ⅰ 1~2번 해설 참조

01 게르만족의 이동

✦ 자료로 이해하기

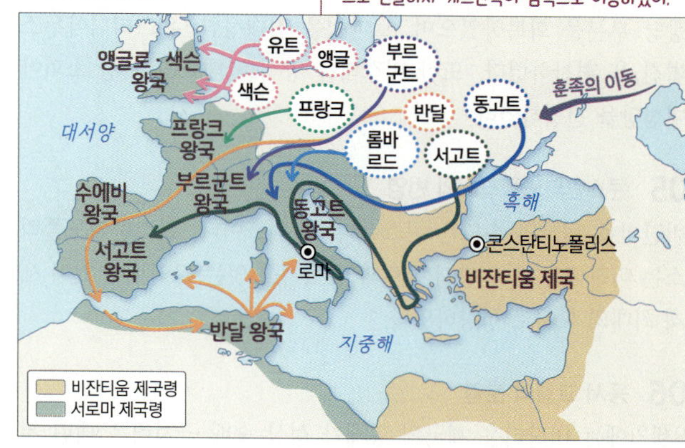

지도는 게르만족의 이동을 나타낸 것이다. 4세기 후반 중앙아시아의 유목 민족인 훈족의 압박을 받아 게르만족이 대규모로 이동하여 서로마 제국 곳곳에 나라를 세웠다. 이때 쇠약해진 서로마 제국은 게르만족 출신 용병 대장에게 멸망하였다.

02 프랑크 왕국의 성장

게르만족이 세운 여러 나라 중 갈리아 지방에 자리 잡은 프랑크 왕국은 5세기 말 크리스트교를 받아들여 로마 교회의 지지를 얻었으며, 8세기 초에는 서유럽에 쳐들어온 이슬람 세력의 침입을 막아 크리스트교 세계를 보호하였다. 이로써 프랑크 왕국은 성장할 수 있는 기반을 마련하였다.

바로 알기 ㄱ은 페르시아 제국, ㄷ은 로마 제국에 대한 설명이다. 로마 제국을 부흥시키기 위해 디오클레티아누스는 제국을 4분할하여 통치하였다.

03 비잔티움 제국의 발전

밑줄 친 '이 나라'는 비잔티움 제국이다. 비잔티움 제국은 유스티니아누스 황제 때 전성기를 맞아 옛 로마 제국 영토의 상당 부분을 회복하여 아시아, 아프리카, 유럽에 걸친 제국을 건설하였다. 비잔티움 제국의 황제는 정치적·군사적 지배자이자 교회의 수장 역할을 하였으며, 그리스 정교를 국교로 삼았다.

(바로 알기) ②는 아바스 왕조에 대한 설명이다. 아바스 왕조는 탈라스 전투에서 당에 승리하여 동서 교역로를 차지하였다.

04 유스티니아누스 황제의 업적

✦ 자료로 이해하기

㉠에 들어갈 인물은 유스티니아누스 황제이다. 6세기 비잔티움 제국의 전성기를 이끈 유스티니아누스 황제는 옛 로마 제국 영토의 상당 부분을 회복하였으며, 로마법을 집대성한 『유스티니아누스 법전』을 편찬하였다. 또한 비잔티움 양식을 대표하는 성 소피아 대성당을 건립하였다.

05 콘스탄티노폴리스의 번영

비잔티움 제국의 수도는 콘스탄티노폴리스이다. 콘스탄티노폴리스는 비잔티움 제국 당시 유럽과 아시아를 잇는 교역로에 있어 세계 최대의 도시로 성장하였다.

06 동서 교회의 분열

8세기에는 비잔티움 제국의 황제가 성상 숭배 금지령을 내린 것을 계기로 동서 교회의 대립이 심해졌고, 결국 동·서로마 교회는 로마 교황을 중심으로 하는 로마 가톨릭교회와 비잔티움 제국의 황제를 중심으로 하는 그리스 정교로 나뉘었다.

(바로 알기) ①, ②, ③, ⑤는 성상 숭배 금지령 이전에 있었던 사실이다.

07 비잔티움 문화의 특징

비잔티움 제국은 그리스 정교를 바탕으로 고대 그리스·로마 문화와 헬레니즘 문화가 어우러진 독자적인 문화를 발전시켰다. 비잔티움 제국에서는 그리스어를 공용어로 사용하였으며, 그리스와 로마의 고전을 연구하고 보존하여 이탈리아에서 르네상스가 일어나는 데 영향을 주었다. 건축에서는 돔과 아치, 내부의 모자이크 벽화를 특징으로 하는 비잔티움 양식이 발전하였다.

(바로 알기) ⑤는 이슬람 문화권에 대한 설명이다.

08 비잔티움 문화의 영향

키릴 문자와 성 소피아 성당은 키예프 공국의 문화유산이다. 그리스 정교를 비롯한 비잔티움 제국의 문화는 슬라브족에게 전파되어 오늘날 동유럽 문화의 토대가 되었다. 러시아의 기원인 키예프 공국 또한 비잔티움 문화의 영향을 받았다.

서술형 문제　101쪽

1 카롤루스 대제의 업적

(1) (답) 카롤루스 대제

(2) (예시 답안) 프랑크 왕국의 전성기를 이끈 카롤루스 대제는 영토를 넓히고 정복한 지역에 크리스트교를 전파하여 교황으로부터 서로마 황제의 관을 받았다. 또한 곳곳에 학교를 세우고 학문과 예술 발전을 이끌어 게르만 문화와 로마 문화, 크리스트교가 어우러진 서유럽 문화의 기틀을 마련하였다.

점수	채점 기준
상	카롤루스 대제의 업적을 두 가지 서술한 경우
하	카롤루스 대제의 업적을 한 가지만 서술한 경우

2 비잔티움 양식의 특징

(1) (답) 성 소피아 대성당

(2) (예시 답안) 비잔티움 양식을 대표하는 건축물인 성 소피아 대성당은 벽 위에 거대한 돔을 올리고 모자이크 벽화로 내부를 장식하였다.

점수	채점 기준
상	성 소피아 대성당에 반영된 비잔티움 양식의 특징을 두 가지 서술한 경우
하	성 소피아 대성당에 반영된 비잔티움 양식의 특징을 한 가지만 서술한 경우

O4 서아시아와 유럽의 교류와 갈등(1)

문제로 개념 확인 ✚ 비주얼로 핵심 콕콕

103쪽 ㅣ 1 (1) 농노 (2) 계약 관계　**2** (1) 성직자 임명권
(2) 보름스 협약　　**3** (1) ○ (2) × (3) ○
A 장원　**B** 카노사

105쪽 ㅣ 1 (1) 셀주크 튀르크 (2) 클레르몽 공의회 (3) 예루살렘
2 (1) × (2) ○ (3) ○　　**3** 지중해
C 교황　**D** 도시

시험 대비 핵심 문제　　　　　106~109쪽

01 ④　**02** ①　**03** ②　**04** ②　**05** ⑤　**06** ②　**07** ①
08 스콜라 철학　**09** ④　**10** ③　**11** 클레르몽 공의회
12 ⑤　**13** ①　**14** ④　**15** ③　**16** ①　**17** ④
서술형 문제 ㅣ 1~2번 해설 참조

01 서유럽 봉건 사회의 성립

서유럽에서는 주군과 봉신 사이에 맺은 주종 관계와 봉신이 주군으로부터 받은 봉토를 다스리는 형태인 장원제를 바탕으로 봉건 사회가 성립하였다.

바로 알기 ① 중세 서유럽 봉건 사회는 지방 분권적인 정치 체제였다. ②는 몽골 제국, ③은 로마의 공화정에 대한 설명이다. ⑤ 서유럽 봉건 사회는 프랑크 왕국의 분열을 배경으로 성립하였다.

02 서유럽 봉건 사회의 구조

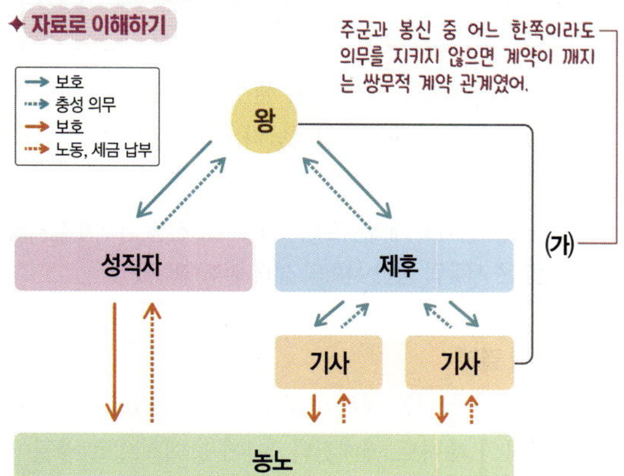

(가) 관계는 중세 서유럽 사회에서 주군과 봉신 사이에 맺은 주종 관계이다. 기사들은 자기보다 강한 기사를 주군으로 섬겼으며, 주군은 기사에게 봉토를 주고 신하(봉신)로 삼았다. 주종 관계와 장원제는 서유럽 봉건 사회의 바탕이 되었다.

바로 알기 ①은 주의 봉건제에 대한 설명이다.

03 장원의 운영

㉠에 들어갈 내용은 장원이다. 중세 서유럽의 기사들은 주군으로부터 받은 봉토를 영주가 되어 장원의 형태로 운영하였다. 영주는 주군의 간섭을 받지 않고 장원을 다스릴 수 있어 장원의 일을 재판할 수 있었고, 세금을 걷을 수 있었다.

바로 알기 ① 역참은 사신과 상인들에게 숙식과 말 등을 제공하기 위해 일정한 거리마다 둔 것으로, 원 등에서 설치되었다. ③ 울루스는 몽골어로 '많은 사람'이라는 뜻으로 점차 부족, 국가를 가리키는 말로 쓰였다. ④ 3성 6부는 수대에 처음 시행되어 당대에 정비된 중앙 행정 조직이다. ⑤ 라티푼디움은 로마의 귀족들이 노예를 이용하여 경영한 대농장이다.

04 중세 서유럽 장원의 구조

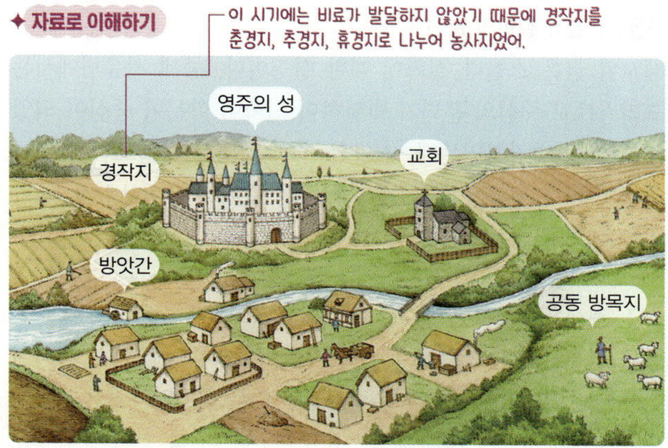

그림은 중세 서유럽 장원의 구조를 나타낸 것이다. 영주는 장원에서 일어난 일을 재판하였으며, 세금을 걷을 권리를 가졌다. 장원의 농민은 대부분 농노였는데, 이들은 영주의 땅을 농사지었고 영주에게 세금을 내야 했으며 거주 이전의 자유가 없었다. 그러나 약간의 재산을 소유할 수 있었으며, 결혼을 할 수 있었다.

바로 알기 ② 농노는 방앗간과 대장간 등 영주의 시설을 사용할 경우 사용료를 내야 했다.

05 중세 서유럽의 교회 개혁 운동

9세기 이후 유럽에서 왕과 제후가 성직자 임명권을 차지하는 일이 많아지자 교회는 점차 세속화되었고 성직 매매 등의 부패가 나타났다. 이에 10세기 초 클뤼니 수도원 등 일부 수도원을 중심으로 교회를 개혁하려는 운동이 일어났다.

06 카노사의 굴욕이 일어난 배경

밑줄 친 '이 사건'은 카노사의 굴욕이며, 그림은 신성 로마 제국의 황제 하인리히 4세가 카노사 성주에게 교황과의 화해 주선을 부탁하는 모습을 표현한 것이다. 11세기 후반 교황과 신성 로마 제국의 황제는 성직자 임명권을 두고 대립하였으나, 하인리히 4세는 파문을 당하자 교황에게 용서를 빌었다(카노사의 굴욕, 1077).

바로 알기 ①은 십자군 전쟁의 시작, ③은 동서 교회 분열의 배경, ④는 프랑크 왕국의 발전, ⑤는 십자군 전쟁의 배경과 관련이 있다.

07 보름스 협약 체결의 결과

제시된 글은 교황만이 성직자 임명권을 가질 수 있다고 결정한 보름스 협약(1122)이다. 카노사의 굴욕 이후 몇 차례 교황과 황제의 대립이 있었으나 보름스 협약에서 교황만이 성직자 임명권을 가질 수 있다고 결정하였다. 보름스 협약 체결 이후 교황의 영향력이 계속 커졌고, 13세기 무렵 절정에 이르러 '교황은 해, 국왕은 달'에 비유될 정도로 강력해졌다.

바로 알기 ②는 프랑크 왕국의 크리스트교 수용과 관련이 있다. ③은 로마 제국 시기 크리스트교가 확산된 결과이다. ④는 9세기 무렵부터 유럽 교회에서 나타난 모습으로, 교회 개혁 운동의 배경이 되었다. ⑤는 아비뇽 유수의 배경이다.

08 스콜라 철학의 발전

제시된 글은 스콜라 철학에 대한 설명이다. 중세 서유럽에서는 크리스트교 중심의 문화가 발달하여 신학이 학문이 중심이 되었고 철학이 발전하였는데, 신앙과 이성의 조화를 강조하는 스콜라 철학이 유행하였다. 스콜라 철학은 토마스 아퀴나스가 『신학 대전』에서 집대성하였다.

09 중세 서유럽의 사회 모습

중세 서유럽의 농노는 일주일에 3일 정도 영주의 땅에서 농사지어야 했다. 또한 이 시기 서유럽에서는 학문이 발달하면서 곳곳에 대학이 세워졌으며 자치적으로 운영되었다. 건축 분야에서는 12세기 이후에 뾰족한 탑과 스테인드글라스를 특징으로 하는 고딕 양식이 유행하였다. 문학에서는 『아서왕 이야기』 등 기사들의 영웅담이나 사랑을 소재로 한 기사도 문학이 인기를 끌었다.

바로 알기 ④는 로마 제국 시기에 볼 수 있는 모습이다. 수많은 아치를 연결하여 지은 원형 경기장인 콜로세움은 로마의 대표적인 건축물이다.

10 고딕 양식의 발달

사진은 고딕 양식의 대표적 건축물인 샤르트르 대성당이다. 중세 서유럽에서는 크리스트교의 영향을 받아 건축이 교회와 수도원을 중심으로 발달하였다. 11세기에는 로마네스크 양식이 유행하였으며, 12세기 이후 유행한 고딕 양식은 뾰족한 탑, 화려한 스테인드글라스를 특징으로 하였다.

바로 알기 ㄱ, ㄹ은 로마네스크 양식에 대한 답변이다. 로마네스크 양식은 11세기 서유럽에서 유행한 건축 양식으로, 둥근 천장과 반원형의 아치를 특징으로 한다.

11 클레르몽 공의회

밑줄 친 '종교 회의'는 클레르몽 공의회이다. 비잔티움 제국의 황제는 셀주크 튀르크의 위협을 받자 로마 교황에게 도움을 요청하였다. 교황 우르바누스 2세는 클레르몽 공의회를 열어 성지 예루살렘을 회복하기 위해 전쟁을 벌일 것을 호소하였다. 이에 왕과 제후, 기사 등이 호응하여 십자군 전쟁이 일어났다.

12 셀주크 튀르크의 성장

㉠에 들어갈 세력은 셀주크 튀르크이다. 셀주크 튀르크는 11세기경 성장한 중앙아시아의 유목 민족으로, 바그다드를 정복하고 아바스 왕조의 칼리프로부터 술탄의 칭호를 얻었다. 이들은 11세기 말 예루살렘을 점령하고 비잔티움 제국을 위협하였다.

바로 알기 ①은 노르만족, ②, ④는 게르만족, ③은 선비족에 대한 설명이다.

13 십자군 전쟁의 전개

기사에서 주제로 다룬 전쟁은 십자군 전쟁이다. 교황의 호소에 제후, 기사 등이 호응하여 십자군 전쟁이 일어났다. 십자군은 한때 성지 예루살렘을 회복하였으나 점차 각자의 이해관계를 중시하였으며, 결국 성지 회복에 실패하였다. 전쟁 이후 셀주크 튀르크는 수도를 옮기고 쇠퇴하였으며, 아시아와 유럽 간의 무역이 활발해졌다.

바로 알기 ①은 로마-카르타고 전쟁과 관련이 있다. 로마에서는 로마-카르타고 전쟁 등의 정복 전쟁 이후 라티푼디움이 유행하였다.

14 십자군 전쟁의 전개

✦ 자료로 이해하기

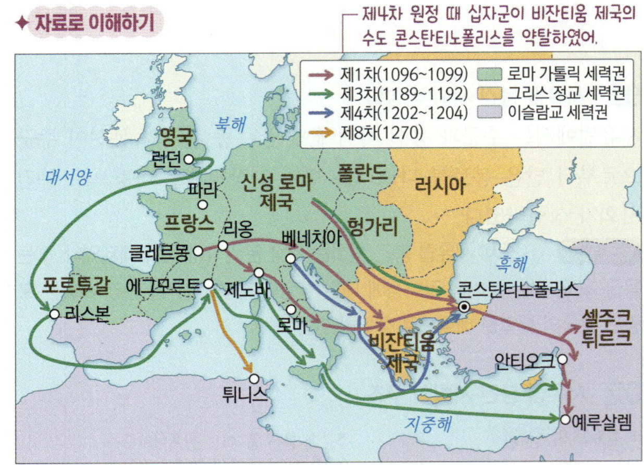

지도에 나타난 전쟁은 십자군 전쟁이다. 셀주크 튀르크가 성지 예루살렘을 점령하자 십자군 전쟁이 일어났다. 십자군은 점차 각자의 이해관계를 중시하였고, 결국 성지 회복에 실패하였다.

바로 알기 ㄱ. 그라쿠스 형제의 개혁은 로마-카르타고 전쟁 이후에 실시되었다. ㄷ. 십자군 전쟁은 서유럽 봉건 사회의 성립 이후 일어났다.

15 십자군 전쟁의 결과

십자군 전쟁 이후 전쟁을 이끈 교황의 권위는 하락하였고, 전쟁에 참여한 제후와 기사의 세력도 약해졌다. 이에 상대적으로 왕권이 강화되었다. 한편, 셀주크 튀르크는 전쟁 이후 수도를 옮겼으며, 13세기 몽골의 침입을 받아 쇠퇴하였다.

바로 알기 ① 십자군 전쟁 이후 왕의 권력이 강화되었다. ② 십자군 전쟁 이후 아시아와 유럽 간의 교역이 증가하였다. ④ 비잔티움 제국 황제가 성상 숭배를 금지한 것은 십자군 전쟁 이전이다. ⑤ 유스티니아누스 황제가 비잔티움 제국의 전성기를 이끈 시기는 십자군 전쟁 이전인 6세기이다.

16 십자군 전쟁 이후 유럽의 무역

㉠은 십자군 전쟁, ㉡은 한자 동맹이다. 십자군 전쟁 이후 크리스트교와 이슬람 세계의 교역이 활발해져 지중해 무역권이 크게 성장하였고 베네치아, 제노바 등 지중해 연안 도시들이 번성하였다. 북유럽에서는 함부르크, 뤼베크 등을 중심으로 한자 동맹이 결성되었다.

바로 알기 펠로폰네소스 전쟁은 고대 지중해 세계에서 아테네 중심의 델로스 동맹과 스파르타 중심의 펠로폰네소스 동맹 간에 일어난 전쟁이다. 델로스 동맹은 그리스·페르시아 전쟁 이후 아테네를 중심으로 결성된 동맹이다. 펠로폰네소스 동맹은 고대 지중해 세계에서 스파르타를 중심으로 결성된 동맹이다.

17 지중해 무역권의 성장

지도는 십자군 전쟁 이후 발달한 지중해 무역권과 주변 지역의 교류를 나타낸 것이다. 십자군 전쟁 이후 원거리 무역이 활발해졌고 지중해 무역권이 성장하여 베네치아, 제노바, 피사 등 지중해 연안 도시들이 번성하였다. 또한 콘스탄티노폴리스는 학문과 기술 교류의 창구 역할을 하였다. 이 시기 지중해 무역권은 샹파뉴에서 열리는 정기 시장을 통해 북유럽 무역권과 연결되었다.

바로 알기 ④ 8세기 후반 프랑크 왕국의 카롤루스 대제는 정복한 지역에 크리스트교를 전파하였고, 로마 교황에게서 서로마 황제의 관을 수여받았다.

서술형 문제
109쪽

1 농노의 특징

(1) **답** 농노

(2) **예시 답안** 농노는 거주 이전의 자유가 없었으나 약간의 재산을 소유할 수 있었고, 결혼을 하여 가정을 꾸릴 수 있었다.

점수	채점 기준
상	농노의 특징을 세 가지 서술한 경우
중	농노의 특징을 두 가지 서술한 경우
하	농노의 특징을 한 가지만 서술한 경우

2 십자군 전쟁의 영향

(1) **답** 십자군 전쟁

(2) **예시 답안** 십자군 전쟁 이후 전쟁을 주도한 교황의 권위는 약화되었고, 제후와 기사의 세력도 약화되었다. 반면 왕권은 상대적으로 강화되었다. 또한 원거리 무역이 활발해져 지중해 무역권이 성장하였다.

점수	채점 기준
상	십자군 전쟁 이후 유럽에서 나타난 정치적·경제적 변화를 모두 서술한 경우
하	십자군 전쟁 이후 유럽에서 나타난 정치적·경제적 변화 중 한 가지만 서술한 경우

05 서아시아와 유럽의 교류와 갈등 (2)

문제로 개념 확인 + **비주얼로 핵심 콕콕**

111쪽 | 1 (1) 길드 (2) 흑사병　**2** (1) 교황 (2) 아비뇽
3 (1) ㄴ (2) ㄱ (3) ㄱ (4) ㄴ
A 봉건　**B** 교회

113쪽 | 1 르네상스　**2** (1) ㄱ (2) ㄴ (3) ㄱ (4) ㄴ
3 (1) 구텐베르크 (2) 지동설
C 인문주의　**D** 활판

시험 대비 핵심 문제
114~117쪽

01 ⑤	**02** ③	**03** ②	**04** ③	**05** ②	**06** ①	**07** ③
08 백년 전쟁		**09** ④	**10** ⑤	**11** ①	**12** 인문주의	
13 ⑤	**14** ④	**15** ④	**16** ③	**17** ③	**18** ⑤	

서술형 문제 | 1~2번 해설 참조

01 14세기 유럽의 모습

14세기 유럽에서는 흑사병의 유행으로 인구가 크게 줄어 농민의 지위가 높아졌고, 일부 지역에서는 영주가 농민들을 억압하여 자크리의 난 등 농민 반란이 일어났다.

바로 알기 ①은 13세기, ②는 11세기, ③은 16세기 이후, ④는 11세기 말 유럽에서 볼 수 있는 모습이다.

02 흑사병의 유행에 따른 변화

✦ **자료로 이해하기**

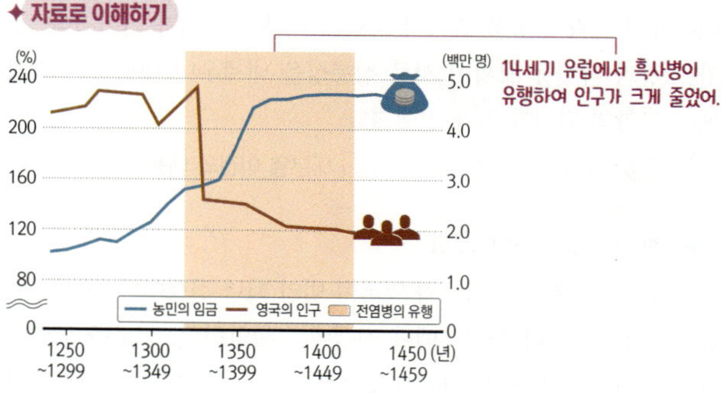

그래프는 흑사병의 유행에 따른 유럽 농민의 임금 변화를 나타낸 것이다. 14세기 유럽에서 흑사병의 유행으로 인구가 감소하자 영주들은 농노의 처우를 개선해 주었고, 농민의 임금이 증가하였다.

03 길드의 조직

㉠에 들어갈 내용은 길드이다. 11세기 이후 유럽에서는 상업과 도시가 발달하였고, 도시의 상인과 수공업자들은 공동의 이익과 안전을 지키고자 동업 조합인 길드를 만들어 운영하였다.

04 중세 서유럽 장원의 구조

그림은 자치권을 인정하는 특허장을 받는 플랑드르의 상인들을 나타낸 것이다. 11세기 이후 유럽에서 도시가 성장하면서 도시의 상인과 수공업자들은 길드를 조직하였고, 이 과정에서 자치권을 얻은 도시민들은 독자적으로 법률을 제정하고 행정을 운영하기도 하였다.

바로 알기 ③ 도시가 발전하고 장원이 해체되면서 서유럽 봉건 사회가 동요하였다.

05 중세 서유럽 봉건 사회의 해체

흑사병의 유행으로 농노의 처우가 개선되었고, 상업과 도시의 성장으로 화폐 사용이 늘자 영주는 농노에게 돈을 받고 농노 신분에서 해방시켜 주기도 하였다. 그러나 일부 영주는 오히려 농민을 억압하여 농민 반란이 일어나기도 하였으며, 이러한 변화 속에서 중세 장원은 해체되었다.

바로 알기 ㄴ은 크리스트교 중심의 중세 서유럽 문화, ㄹ은 프랑크 왕국의 성립과 관련이 있다.

06 아비뇽 유수의 발생

㉠은 성직자 과세, ㉡은 아비뇽이다. 프랑스 국왕 필리프 4세와 교황 보니파키우스 8세는 성직자 과세 문제로 대립하였고, 교황이 사망한 후 교황청은 프랑스 아비뇽으로 옮겨졌다(아비뇽 유수). 이후 교황청은 약 70년 동안 프랑스 왕의 통제 아래 있었다.

바로 알기 성직자 임명 문제는 카노사의 굴욕, 보름스 협약과 관련이 있다. 카노사는 카노사의 굴욕이 발생한 곳, 플랑드르는 영국과 프랑스가 지배권을 놓고 대립하여 백년 전쟁의 배경이 된 곳이다.

07 교회의 대분열

아비뇽 유수 이후 교황청이 다시 로마로 돌아간 뒤에도 로마와 아비뇽에서 각각 교황을 뽑으며 교회의 대분열 시대가 이어졌다. 로마 교황과 아비뇽 교황이 서로 정통성을 내세우며 대립하는 과정에서 교황의 권위가 크게 떨어졌다.

바로 알기 ①, ②, ④, ⑤는 모두 교회의 대분열 이전의 내용이다.

08 백년 전쟁과 잔 다르크

밑줄 친 '이 전쟁'은 프랑스와 영국이 벌인 백년 전쟁이다. 프랑스의 농민 출신인 잔 다르크는 백년 전쟁에서 활약하였고, 초반에 열세를 보이던 프랑스는 잔 다르크의 활약 이후 전세가 역전되어 백년 전쟁에서 승리하였다.

09 백년 전쟁의 전개

대화에서 주제로 다룬 전쟁은 백년 전쟁이다. 영국과 프랑스는 경제적으로 중요한 플랑드르 지방을 두고 대립하였고, 프랑스의 왕 샤를 4세가 후계자 없이 죽자 왕위 계승 문제를 두고 전쟁이 발발하였다. 처음에는 프랑스가 연이어 패배하였으나 잔 다르크의 활약 등으로 전세가 역전되어 프랑스가 승리하였다.

바로 알기 ①, ②, ③, ⑤는 모두 십자군 전쟁에 대한 설명이다.

10 백년 전쟁과 장미 전쟁의 공통점

(가)는 백년 전쟁, (나)는 장미 전쟁이다. 백년 전쟁과 장미 전쟁 과정에서 프랑스와 영국은 왕권이 강화되면서 중앙 집권 국가로 성장하는 기반을 마련하였다.

바로 알기 ① 백년 전쟁과 장미 전쟁은 장원이 해체되어 가는 시기에 발생하였다. ②, ④는 십자군 전쟁과 관련이 있다. ③ 영국의 왕위 계승을 빌미로 일어난 전쟁은 장미 전쟁으로, 백년 전쟁과는 관련이 없다.

11 보카치오의 『데카메론』

제시된 글은 보카치오의 『데카메론』에 대한 설명이다. 르네상스 시기 이탈리아의 작가 보카치오는 인간의 욕망을 사실적으로 묘사한 『데카메론』을 저술하였다.

12 인문주의

㉠에 들어갈 사상은 인문주의이다. 14~16세기 유럽에서 일어난 르네상스 시기에는 그리스와 로마의 문화를 본받아 인간의 개성과 능력을 중요하게 여기는 인문주의가 발달하였다.

13 이탈리아의 르네상스

✦ 자료로 이해하기

사진은 이탈리아 르네상스의 대표적 건축물인 성 베드로 대성당이다. 성 베드로 대성당에는 르네상스 양식이 잘 드러나 있다.

바로 알기 ①, ②는 중세 서유럽 문화, ③은 이슬람 문화, ④는 알프스 이북의 르네상스에 대한 설명이다.

14 이탈리아 르네상스의 배경

밑줄 친 '이 지역'은 이탈리아이다. 이탈리아는 로마의 문화유산이 많이 남아 있었고, 비잔티움 제국의 학자들이 많이 이주하여 고전 문화에 대한 연구가 활발하였다. 또한 지중해 무역으로 경제적 번영을 누렸으며 부유해진 상인들이 예술가들을 후원하였기 때문에 르네상스가 먼저 시작될 수 있었다.

바로 알기 ④는 헬레니즘 문화가 형성된 배경이다.

15 이탈리아 르네상스의 문화유산

이탈리아 르네상스의 미술에서는 보티첼리, 레오나르도 다빈치, 미켈란젤로 등이 인체의 아름다움을 표현하는 작품을 남겼다.

바로 알기 ①은 당, ②는 헬레니즘 문화의 문화유산이다. ③은 중세 유럽의 고딕 양식이 나타난 문화유산이다. ⑤는 알프스 이북 르네상스의 문화유산이다.

16 토머스 모어의 『유토피아』
제시된 글은 영국의 토머스 모어가 저술한 『유토피아』이다. 토머스 모어는 『유토피아』에서 영국 사회의 현실을 비판하였다.

바로 알기 ① 『유토피아』는 토머스 모어가 저술하였다. ②는 『롤랑의 노래』 등 중세 서유럽에서 유행한 기사도 문학에 대한 설명이다. ④ 『유토피아』는 알프스 이북 르네상스의 작품이다. ⑤ 지중해 무역으로 번영하여 르네상스가 일어난 지역은 이탈리아이다.

17 구텐베르크의 활판 인쇄술 발명
빈칸에 들어갈 인물은 구텐베르크이다. 구텐베르크가 발명한 활판 인쇄술은 새로운 지식과 사상이 보급되는 데 기여하였다.

바로 알기 ①, ⑤ 브뤼헐과 얀 반 에이크는 알프스 이북 르네상스의 대표적 화가이다. ② 라파엘로는 이탈리아 르네상스에서 활약한 화가이다. ④ 토머스 모어는 『유토피아』를 쓴 영국의 작가이다.

18 르네상스 시기 과학의 발전
르네상스 시기에는 코페르니쿠스, 갈릴레이가 지동설을 주장하는 등 과학이 발전하였다.

바로 알기 ①, ②, ③은 이슬람 문화, ④는 굽타 왕조 시기 인도 고전 문화의 사례이다.

서술형 문제
117쪽

1 흑사병의 유행
(1) 답 흑사병
(2) 예시 답안 중세 유럽에서 흑사병의 유행으로 인구가 감소하여 노동력이 부족해지자 영주들이 농노의 처우를 개선해 주어 농민의 지위가 상승하였다.

점수	채점 기준
상	흑사병의 유행으로 인구가 감소하여 노동력이 부족해지자 농노의 처우가 개선되어 농민의 지위가 상승하였다고 서술한 경우
하	흑사병의 유행으로 농민의 지위가 상승하였다고만 서술한 경우

2 알프스 이북 르네상스의 특징
(1) 답 우신예찬
(2) 예시 답안 알프스 이북의 르네상스는 현실 사회와 교회의 문제점을 비판하는 경향이 강하였다.

점수	채점 기준
상	현실 사회와 교회의 문제점을 비판하였다고 서술한 경우
하	비판적 성격이 강하였다고만 서술한 경우

01 북위의 발전
✦ 자료로 이해하기

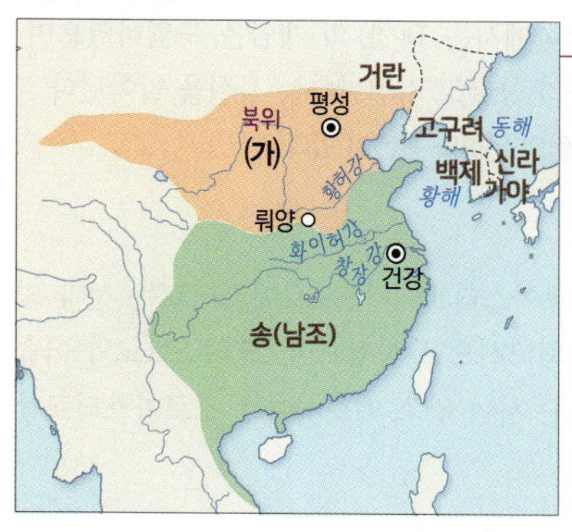

북방 민족에게 밀려난 한족은 창장강 남쪽(강남)으로 내려가 동진을 세웠고, 이후 들어선 한족 왕조들을 남조라고 해.

(가) 나라는 북위이다. 위진 남북조 시대에 북위는 한족의 제도와 문물을 받아들이는 한화 정책을 실시하였고, 윈강 석굴 등 거대한 석굴 사원을 축조하였다.

바로 알기 ①, ④는 당, ②는 후한, ⑤는 남조의 여러 나라에 대한 설명이다.

02 수대에 있었던 사실
기사의 배경이 된 나라는 수이다. 수는 양제 때 화북 지방과 강남 지방을 연결하는 대운하를 완성하였다. 수는 여러 차례에 걸쳐 고구려 원정을 추진하였으나 실패하여 점차 쇠퇴하였다.

바로 알기 ①은 한, ③은 당, ④는 진, ⑤는 북위에서 있었던 사실이다.

03 과거제의 실시
밑줄 친 '이 제도'는 과거제이다. 수 문제 때 처음 실시된 과거제는 이후 중국의 대표적인 관리 선발 방식이 되었다.

04 당의 사회 모습

사진은 당대의 대표적인 도자기인 당삼채이다. 당에서는 국제적인 문화가 발달하여 수도 장안에 여러 나라의 사신과 유학생들이 모여들었으며, 훈고학을 집대성한 『오경정의』가 편찬되었다. 당은 농민 지배를 위해 균전제·조용조·부병제 등의 제도를 시행하였다.

바로 알기 ⑤는 위진 남북조 시대에 볼 수 있는 모습이다.

05 일본 야마토 정권 시기에 있었던 사실

4세기경 야마토 정권이 주변 소국을 통합하였고, 야마토 정권 시기인 7세기 중엽 다이카 개신이 일어나 일본은 당의 율령을 받아들여 통치 체제를 정비하였다.

바로 알기 ①, ⑤는 나라 시대, ②, ④는 헤이안 시대에 있었던 사실이다.

06 힌두교의 등장과 확산

힌두교는 굽타 왕조 시기에 브라만교를 바탕으로 불교와 민간 신앙이 어우러져 형성되었다. 카스트제에 따른 신분 차별을 인정한 『마누 법전』은 힌두교도의 일상생활에 큰 영향을 주었다.

바로 알기 ㄱ, ㄴ은 불교에 대한 설명이다.

07 굽타 왕조의 문화

굽타 왕조 시기 문학에서는 산스크리트어로 쓰인 작품이 발달하였으며, 미술에서는 간다라 양식과 인도 고유 양식이 어우러진 굽타 양식이 나타났다. 수학에서는 '0(영)'의 개념을 도입하였으며, 천문학이 발달하여 지구가 둥글고 자전한다는 사실을 알아냈다.

바로 알기 ①은 중세 서유럽의 문화와 관련이 있다.

08 조로아스터교

㉮에 들어갈 종교는 조로아스터교이다. 조로아스터교는 선과 빛의 신 아후라 마즈다를 최고신으로 섬겼으며, 크리스트교와 이슬람교 등에 영향을 주었다. 사산 왕조 페르시아는 조로아스터교를 국교로 삼았다.

09 이슬람 세계의 발전

㉠은 우마이야 왕조, ㉡은 아바스 왕조이다. 제4대 칼리프 알리의 피살 이후 우마이야 왕조가 시작되었다. 이슬람교도들은 우마이야 왕조의 정통성을 두고 시아파와 수니파로 나뉘어 대립하였다. 이후 불만 세력이 힘을 합쳐 아바스 왕조를 세웠다.

바로 알기 ①, ③은 아바스 왕조, ④는 우마이야 왕조 등, ⑤는 정통 칼리프 시대에 대한 설명이다.

10 이슬람 문화권의 형성

자료는 이슬람교의 성지인 카바 신전이다. 이슬람교도들은 경전 『쿠란』에 따라 다섯 가지 의무를 지켜야 한다. 건축에서는 돔과 아치, 뾰족한 탑을 특징으로 하는 모스크가 많이 만들어졌고, 수학에서는 아라비아 숫자가 완성되었다. 이슬람 상인들은 중국에서 비단, 도자기 등을 가져왔다.

바로 알기 ①은 힌두교와 관련이 있다. 비슈누와 시바는 힌두교의 주요 신이다.

11 프랑크 왕국의 카롤루스 대제

✦ 자료로 이해하기

자료는 프랑크 왕국의 카롤루스 대제가 교황 레오 3세에게 서로마 황제의 관을 받는 모습을 나타낸 것이다. 프랑크 왕국의 전성기를 이끈 카롤루스 대제는 영토를 넓히고 정복한 지역에 크리스트교를 전파하였다. 이에 로마 교황은 카롤루스 대제에게 서로마 황제의 관을 수여하였다.

12 비잔티움 제국의 발전

사진은 비잔티움 제국의 성 소피아 대성당이다. 비잔티움 제국에서는 황제가 정치적 지배자와 교회의 수장 역할을 하였고, 수도 콘스탄티노폴리스는 당시 세계 최대의 도시로 성장하였다. 유스티니아누스 황제는 비잔티움 제국의 전성기를 이끌었으며 성 소피아 대성당을 건립하였다. 8세기 비잔티움 제국의 황제가 성상 숭배를 금지하자 크리스트교 세계는 동서로 나뉘어 대립하였다.

바로 알기 ③ 랭커스터 가문과 요크 가문이 대립하여 일어난 전쟁은 장미 전쟁으로, 영국에서 일어났다.

13 중세 서유럽의 봉건 사회

㉠은 주군, ㉡은 봉신이다. 중세 유럽의 기사들은 자기보다 강한 기사를 주군으로 섬기고 충성과 봉사를 맹세하였으며, 주군은 그 기사에게 봉토를 주고 봉신으로 삼았다. 봉신은 영주가 되어 봉토를 주군의 간섭을 받지 않고 장원의 형태로 운영하였다.

바로 알기 ㄱ. ㉠은 주군, ㉡은 봉신이다. ㄹ. 혈연관계를 바탕으로 한 것은 중국 주에서 시행된 봉건제이다.

14 중세 서유럽의 사회 모습

중세 서유럽에서는 스콜라 철학이 유행하여 토마스 아퀴나스가 『신학 대전』에서 이를 집대성하였다. 중세 서유럽의 대학은 교회나 영주의 간섭에서 벗어나 자치적으로 운영되었다. 건축에서는 11세기에 로마네스크 양식이 유행하였는데, 대표적인 건축물로 피사 대성당이 있다. 문학에서는 『롤랑의 노래』 등 기사도 문학이 유행하였다.

바로 알기 ⑤는 로마와 관련이 있다.

15 십자군 전쟁의 전개

그림은 교황 우르바누스 2세가 클레르몽 공의회에서 연설하는 모습을 나타낸 것이다. 셀주크 튀르크가 예루살렘을 점령하자 교황 우르바누스 2세는 클레르몽 공의회를 열어 전쟁을 벌이자고 호소하였고, 이후 십자군 전쟁이 일어났다. 십자군은 한때 예루살렘을 점령하기도 하였으나 결국 성지 회복에 실패하였다.

바로 알기 ① 십자군 전쟁 이후 전쟁을 주도한 교황의 권위가 떨어졌다. ②, ⑤는 장미 전쟁, ④는 백년 전쟁에 대한 설명이다.

16 중세 서유럽 봉건 사회의 해체

14세기 유럽에서는 흑사병이 유행하여 인구가 크게 줄었고, 노동력이 부족해지자 농노의 처우가 개선되었다. 그러나 일부 지역에서는 자크리의 난 등 농민 반란이 일어났다. 또한 화폐 사용이 늘자 영주는 화폐로 세금을 거두었고, 농노에게 돈을 받고 신분에서 해방시켜 주기도 하였다. 한편, 도시의 상인과 수공업자들은 동업 조합인 길드를 만들었고, 자치권을 얻기도 하였다.

바로 알기 ㄱ은 중세 서유럽 봉건 사회 성립의 배경과 관련이 있다. ㄹ은 비잔티움 제국과 관련이 있다.

17 교황과 황제의 대립

㉮는 아비뇽 유수, ㉯는 카노사의 굴욕이다. 11세기 후반 성직자 임명권을 놓고 교황과 신성 로마 제국의 황제가 대립하였으나 결국 황제 하인리히 4세가 카노사에서 교황에게 용서를 빌었고(카노사의 굴욕, 1077), 이후 교황의 영향력은 계속 커졌다. 13세기 후반 프랑스 국왕 필리프 4세가 성직자 과세 문제로 교황과 대립하였고, 교황 사후 교황청은 프랑스 아비뇽으로 옮겨졌다(아비뇽 유수, 1309). 이후 교황의 권위는 크게 떨어졌다.

바로 알기 ⑤ 동서 교회가 로마 가톨릭교회와 그리스 정교로 분리된 것은 11세기 중반에 일어난 일로, 8세기에 비잔티움 제국의 황제가 성상 숭배를 금지한 것이 배경이었다.

18 백년 전쟁과 장미 전쟁

㉠은 백년 전쟁, ㉡은 장미 전쟁이다. 14세기 중반 플랑드르 지방의 지배권과 프랑스 왕위 계승 문제를 두고 영국과 프랑스 사이에 백년 전쟁이 일어났다. 15세기 중반에는 영국에서 왕위 계승 문제를 놓고 귀족들이 장미 전쟁을 벌였다. 두 전쟁은 프랑스와 영국이 중앙 집권 국가로 성장하는 발판이 되었다.

19 이탈리아의 르네상스

그림은 보티첼리의 「봄」 일부와 레오나르도 다빈치의 「모나리자」로, 이탈리아 르네상스의 작품이다. 이탈리아의 르네상스는 그리스와 로마의 문화를 본받아 인간의 개성과 능력을 중요하게 여기는 인문주의가 발달하였다. 문학 분야에서는 보카치오가 인간의 욕망을 사실적으로 묘사한 『데카메론』을 저술하였다.

바로 알기 ②, ⑤는 알프스 이북의 르네상스, ③은 중세 서유럽, ④는 이슬람 문화권에 대한 설명이다.

1 당의 농민 지배 체제

(1) **답** ㉠: 균전제, ㉡: 조용조, ㉢: 부병제

(2) **예시 답안** 당은 균전제, 조용조, 부병제를 실시하여 농민의 생활을 안정시키고, 국가의 재정과 군사력을 확보하고자 하였다.

점수	채점 기준
상	농민의 생활 안정, 국가의 재정과 군사력 확보를 모두 서술한 경우
하	위의 내용 중 한 가지만 서술한 경우

2 중세 서유럽의 건축 양식

(1) **답** ㉮: 로마네스크 양식, ㉯: 고딕 양식

(2) **예시 답안** 로마네스크 양식은 11세기에 유행하였으며, 둥근 천장과 반원형 아치가 특징이다. 고딕 양식은 12세기 이후 유행하였으며 뾰족한 탑과 스테인드글라스가 특징이다.

점수	채점 기준
상	로마네스크 양식과 고딕 양식의 특징을 모두 서술한 경우
하	로마네스크 양식과 고딕 양식의 특징 중 한 가지만 서술한 경우

3 이슬람교도 여성의 히잡 착용

예시 답안 • 히잡 착용에 찬성하는 입장: 나는 이슬람 여성들의 히잡 착용을 특정 사회나 국가가 금지해서는 안 된다고 생각한다. 히잡 착용은 선택의 자유에 해당한다. ㉯에서 계속 히잡을 두를 거라고 말하는 미국의 이슬람교도 힙합 가수나 학교에서의 히잡 착용을 허용해 달라고 요구하는 프랑스 이슬람교도 여성들에게 히잡 착용은 본인이 원하는 바인 것이다. 또한 히잡 착용 금지는 문화 상대주의의 태도에 어긋나는 것이라 할 수 있다. 프랑스 이슬람교도 여성들은 자신들의 문화를 존중해 달라고 외치고 있으며, 그렇기 때문에 히잡 착용은 강제로 금지할 수 없다.

• 히잡 착용에 반대하는 입장: 나는 이슬람 여성들의 히잡 착용은 사라져야 할 악습이라고 생각한다. 이슬람 여성들은 『쿠란』에 나와 있는 의무라는 이유로 오랜 시간 히잡 착용을 강요받아 왔으며, 현대 사회에서도 히잡을 제대로 착용하지 않아 죽임을 당하는 일이 일어나고 있다. 모든 사람은 평등하며 자신이 하고 싶은 일을 스스로 선택할 권리가 있다. 히잡 착용 강요는 이슬람 여성들이 스스로 선택할 권리를 침해하는 것이며, 이슬람 여성들의 기본적 인권을 지키기 위해서 히잡 착용은 사라져야 한다.

점수	채점 기준
상	이슬람교도 여성의 히잡 착용에 대한 자신의 의견을 근거를 들어 논술한 경우
하	이슬람교도 여성의 히잡 착용에 대한 자신의 의견만 서술한 경우

지역 세계의 교류와 변화

01 유라시아 교역 및 문화 교류의 확대

01 전시 제도 도입의 결과

자료는 송 태조가 도입한 전시 제도에 대한 설명이다. 송 태조는 과거 시험에서 귀족들이 불공정한 방법으로 합격하는 일이 빈번하자 과거 시험의 최종 시험을 황제가 주관하여 합격자의 순위를 매기는 전시 제도를 도입하였다. 전시에 합격한 사람은 관료가 되어 자신을 선발한 황제에게 충성심을 다하였고, 이는 황제의 권력 강화에 기여하였다.

바로 알기 ①, ②, ③은 송 건국 이전의 상황이다. ⑤는 거란(요), 서하, 금 등 북방 민족의 고유 문자 제정과 관련이 있으며, 전시 제도 도입과 관련이 없다.

02 왕안석의 개혁 배경

밑줄 친 '개혁안'은 왕안석이 송의 재정을 확보하고 군사력을 강화하고자 실시한 개혁안이다. 송은 문치주의 정책의 실시로 군사력이 약화되자 거란, 서하 등 북방 민족의 압박을 받았다. 이에 송이 평화 유지를 위해 북방 민족에게 비단, 은 등의 물자를 제공하면서 재정이 악화되었다. 왕안석은 이를 해결하고자 개혁을 시도하였으나 보수파 관료들의 반대로 실패하였다.

03 송의 성립과 변화

송의 성립과 변화 과정은 ㈎ 조광윤이 카이펑을 수도로 하여 건국 – ㈐ 거란, 서하 등에 물자 제공 시작 – ㈑ 왕안석의 개혁 실패 – ㈏ 금의 공격을 받아 남송이 성립한 순서로 전개되었다.

04 서하의 성립

㉠에 들어갈 나라는 서하이다. 서하는 송의 서북쪽에서 탕구트가 세운 나라로, 동서 무역로를 차지하여 송을 압박하였다.

바로 알기 ① 금은 여진의 아구다가 세운 나라이다. ② 야율아보기가 세운 거란은 나라 이름을 요로 바꾸었다. ③ 북위는 위진 남북조 시대에 선비족이 세운 나라로, 화북을 통일하였다. ⑤ 후한은 왕망이 세운 신이 멸망한 후 유수(광무제)가 세운 나라이다.

05 금의 성장

✦ 자료로 이해하기

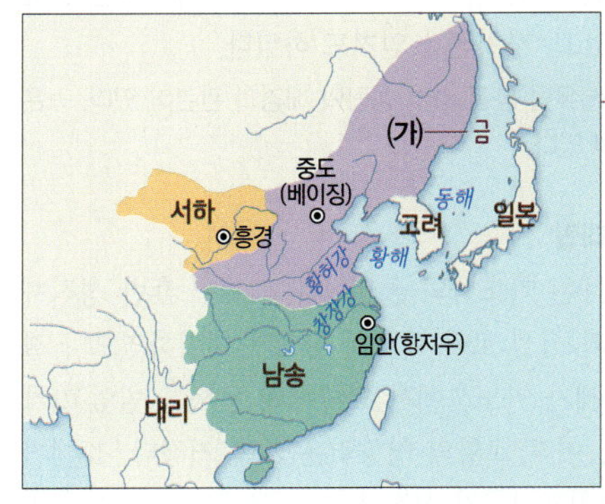

㈎ 나라는 금이다. 만주 지역에서 성장한 여진의 아구다는 부족을 통합하고 금을 건국하였다. 금은 송과 연합하여 요를 멸망시키고, 송을 공격하여 남쪽으로 몰아냈다.

바로 알기 ①, ③은 거란(요), ②는 수, ⑤는 서하 등에 대한 설명이다.

06 북방 민족의 통치 방식

요, 금, 서하 등 북방 민족은 거란 문자, 여진 문자, 서하 문자 등 고유 문자를 만들어 사용하며 고유문화를 지키고자 하였다.

07 모내기법의 보급

밑줄 친 '이 농법'은 모내기법이다. 송대에는 모내기법이 널리 보급되면서 농업 생산력이 높아졌다.

08 성리학의 발전

검색창에 들어갈 학문은 성리학이다. 성리학은 남송의 주희가 완성하였으며, 우주의 원리와 인간의 본성을 탐구하는 학문이다. 성리학은 중국을 비롯한 동아시아 각국의 통치 이념이 되었다.

바로 알기 ① 고증학은 유교 경전을 실증적으로 연구하는 학문으로, 청대에 발전하였다. ③ 양명학은 이론과 형식보다 실천을 강조하는 학문으로, 명대에 발전하였다. ④ 훈고학은 유교 경전의 옛글자를 해석하여 정리·연구하는 학문으로, 한대 이후 발전하였다. ⑤ 스콜라 철학은 신앙과 이성의 조화를 강조한 철학으로, 중세 서유럽에서 발전하였다.

그림은 송의 수도 카이펑의 모습을 나타낸 「청명상하도」의 일부이다. 송대에는 재배 기간이 짧은 새로운 품종의 벼가 도입되어 농업 생산력이 높아졌다. 또한 활자를 조합하여 인쇄하는 활판 인쇄술이 사용되어 많은 양의 책을 빠르게 찍어 낼 수 있게 되었다.

바로 알기 ㄱ, ㄹ은 모두 원대에 볼 수 있는 모습이다. 원대에는 공용 문자로 파스파 문자가 만들어져 공식 문서에 사용되었고, 지폐인 교초가 널리 사용되었다.

10 송대의 대외 교류

지도는 송대의 대외 교류를 나타낸 것이다. 북방 민족이 강성하자 송은 주로 바닷길을 통해 교역하였으며 송은 주요 항구에 시박사를 두어 해상 무역을 관리하였다. 송대에는 나침반, 항해술 등의 발달로 해상 무역이 더욱 활발해졌고 항저우, 취안저우 등이 국제 무역 도시로 성장하였다.

바로 알기 ①은 원대의 대외 교류에 대한 설명이다. 원대에 역참제 실시, 대운하와 해상 교역로 정비 등을 바탕으로 유라시아·인도양 교역권이 발전하였다. 동서 교류가 활발해지면서 마르코 폴로, 이븐 바투타, 카르피니 등이 중국에 다녀갔다.

11 송대 과학 기술의 발전

자료는 송대에 사용된 나침반과 화약 무기인 불화살이다. 송대에는 과학 기술이 발전하여 화약 무기, 나침반, 활판 인쇄술 등이 실생활에서 사용되었으며 이는 이슬람 세계와 유럽에 전파되어 많은 영향을 주었다.

12 몽골 제국의 성립과 발전

몽골 제국은 칭기즈 칸이 건국하였으며, 칭기즈 칸 사후 여러 개의 울루스로 나뉘었다. 몽골 제국은 울루스들의 느슨한 연합으로 유지되었다.

바로 알기 ①은 북위, ②는 수, ③은 당, ⑤는 송에 대한 설명이다.

13 쿠빌라이 칸의 활동

빈칸에 들어갈 인물은 원의 쿠빌라이 칸이다. 칭기즈 칸의 손자인 쿠빌라이 칸은 대도(베이징)로 천도하고 나라 이름을 원으로 바꾸었다. 또한 남송을 정복하여 중국 전역을 지배하였다.

바로 알기 ①은 송 태조, ②는 수 문제, ④는 당 고종, ⑤는 수 양제에 대한 설명이다.

14 원대의 사회 모습

제시된 글의 배경이 된 나라는 원이다. 이탈리아의 상인 마르코 폴로는 원을 방문한 후 『동방견문록』을 저술하였다. 원대에는 목화 재배가 확대되어 면직물 산업이 발달하였고, 항저우와 취안저우 등의 무역항이 번성하였다. 또한 서민 문화가 더욱 발달하여 구어체 소설과 희곡, 음악과 연극이 어우러진 잡극이 유행하였다.

바로 알기 ⑤는 위진 남북조 시대의 사회 모습이다. 9품중정제는 관리를 추천으로 뽑는 제도로, 위진 남북조 시대에 시행되었다.

15 원의 사회 구조

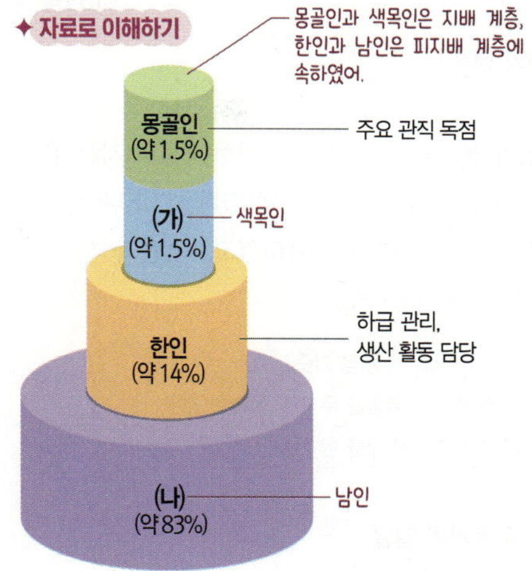

(가)는 색목인, (나)는 남인이다. 원은 몽골 제일주의에 따라 여러 민족을 몽골인, 색목인, 한인, 남인으로 나누어 다스렸다. 색목인은 서아시아, 중앙아시아, 유럽 등지에서 온 외국인으로, 재정과 행정을 담당하며 우대받았다. 남인은 남송 지배 아래에 있던 한족으로 구성되었으며, 관직 진출에 제한을 받고 세금도 많이 내는 등 사회적 차별을 받았다.

바로 알기 ① (가)는 색목인이다. ② 재정과 행정을 담당하며 우대받은 계층은 (가) 색목인이다. ③ 관직 진출에 제한을 받고 세금을 많이 내는 등 사회적 차별을 받은 계층은 한인과 (나) 남인이다. ⑤ 서아시아, 중앙아시아, 유럽 등에서 온 외국인으로 구성된 계층은 (가) 색목인이다.

16 교초의 사용

제시된 글에서 설명하는 지폐는 원의 지폐인 교초이다. 원에서 교통로의 발달로 동서 교류가 활발해지고 상업이 발전하는 상황에서 동전 사용이 제한되자 지폐인 교초가 널리 쓰였다.

17 역참의 설치

밑줄 친 '이곳'은 역참이다. 몽골 제국은 넓은 영토를 원활하게 다스리기 위하여 도로망을 정비하였다. 또한 육로에 일정한 거리마다 오가는 관리나 사신에게 숙식과 말 등을 제공하는 역참을 설치하였는데, 패자가 있으면 역참의 말과 수레 등을 이용할 수 있었다. 역참제 실시는 유라시아·인도양 교역권이 형성되는 배경이 되었다.

18 원대의 동서 문화 교류

제시된 글은 원대의 동서 문화 교류를 보여 주는 사례이다. 원대에는 이슬람의 천문학, 역법 등이 전래되었으며, 이에 영향을 받아 곽수경이 수시력을 제작하였다. 또한 이 시기에는 화약 무기, 나침반, 활판 인쇄술 등이 이슬람 세계를 거쳐 서양에 전해지기도 하였다.

바로 알기 ①은 당대, ③은 송대, ④는 송 등, ⑤는 위진 남북조 시대에 나타난 특징이다.

1 송 태조의 문치주의 정책

(1) **답** 문치주의

(2) **예시 답안** 송 태조가 문치주의 정책을 시행하여 송에서는 유교적 소양을 갖춘 사대부가 지배층으로 성장하였다. 그러나 문치주의 정책의 시행으로 송의 군사력이 약화되었고, 거란과 서하 등 북방 민족이 성장하여 송을 압박하였다.

점수	채점 기준
상	문치주의 정책이 송에 미친 영향을 두 가지 서술한 경우
하	문치주의 정책이 송에 미친 영향을 한 가지만 서술한 경우

2 유라시아·인도양 교역권의 발달

예시 답안 몽골 제국은 역참을 설치하고 도로망을 정비하여 육상 교통로를 확보하였고, 대운하 및 해상 교역로를 정비하였다. 그 결과 유라시아·인도양 교역권이 발달하였다.

점수	채점 기준
상	유라시아·인도양 교역권의 발달 배경을 두 가지 서술한 경우
하	유라시아·인도양 교역권의 발달 배경을 한 가지만 서술한 경우

02 동아시아와 인도 지역 질서의 변화

문제로 개념 확인 ＋ 비주얼로 핵심 콕콕

137쪽 | **1** (1) ○ (2) × 　**2** (1) 정화 (2) 건륭제 　**3** (1) ㄱ (2) ㄱ (3) ㄴ (4) ㄴ

A 육유 　**B** 한족

139쪽 | **1** (1) 청 (2) 양명학 (3) 신사 　**2** (1) 마테오 리치 (2) 공행 (3) 은 　**3** (1) 가마쿠라 막부 (2) 전국 시대 (3) 산킨코타이 제도

C 신사 　**D** 에도

141쪽 | **1** 조닌 문화 　**2** (1) ○ (2) ○ (3) × 　**3** (1) 시크교 (2) 아크바르 황제 (3) 우르두어

E 난학 　**F** 아우랑제브

시험 대비 핵심 문제　142~147쪽

01 ③	**02** ①	**03** ①	**04** ①	**05** ②	**06** ⑤	**07** ③
08 ④	**09** 건륭제		**10** ②	**11** ⑤	**12** ③	**13** ①
14 곤여만국전도		**15** ②	**16** ③	**17** ④	**18** ③	**19** ③
20 ②	**21** ⑤	**22** ①	**23** 지즈야		**24** ③	**25** ①
26 ③	**서술형 문제**	1~4번 해설 참조				

01 명의 성립과 발전

명은 원 말기에 농민 반란군을 이끈 주원장(태조, 홍무제)이 금릉(난징)을 수도로 삼아 세운 나라이다. 홍무제는 대도(베이징)를 점령하고 원을 북쪽으로 몰아냈다. 이후 명은 영락제 때 베이징으로 수도를 옮겼다.

바로 알기 ①은 청, ②는 금, ④는 원, ⑤는 송에 대한 설명이다.

02 홍무제의 활동

제시된 글은 명 홍무제가 반포한 육유이다. 홍무제는 유교 윤리를 바탕으로 하는 6가지 가르침(육유)을 널리 전하였고, 이갑제를 실시하여 농촌을 다스렸다.

바로 알기 ②는 명 영락제, ③은 송 태조, ④는 원 쿠빌라이 칸, ⑤는 당 고종의 활동이다.

03 홍무제의 황제권 강화 정책

제시된 글은 홍무제가 황제권 강화를 위해 시행한 정책이다. 홍무제는 재상제를 폐지하고 황제가 직접 6부를 통치하여 권력을 황제에게 집중하였다. 또한 이갑제로 농촌을 다스렸으며, 토지 대장과 호적 대장을 정비하였다.

바로 알기 ②는 수의 과거제 실시, ③은 북방 민족의 고유 문자 제정, ④는 송의 북방 민족에 물자 제공, ⑤는 수의 대운하 건설과 관련이 있다.

04 정화의 활동

지도에 나타난 항해는 명대에 이루어진 정화의 항해이다. 정화의 함대는 일곱 차례 항해에 나서 여러 나라와 조공 관계를 맺었다.

바로 알기 ② 곽수경은 원대에 수시력을 제작하였다. ③ 아구다는 금을 건국하였다. ④ 왕안석은 송대에 개혁을 추진하였다. ⑤ 이자성은 명 말기에 농민 반란을 일으켰다.

05 정화의 항해

정화의 항해는 명 영락제의 명령으로 시작되었으며, 명은 이 항해를 통해 국력을 과시하여 30여 개의 나라와 조공 관계를 맺었다.

바로 알기 ㄴ. 시박사는 당대에 처음 설치되어 송대에 크게 발전하였다. ㄹ. 곽수경의 수시력 제작은 원대에 일어난 일이다.

06 청의 성립

㉠은 후금, ㉡은 청이다. 17세기 초 명이 약해지자 만주에서 누르하치(태조)가 후금을 세웠다. 이후 홍타이지(태종)가 나라 이름을 청으로 바꾸었다.

바로 알기 거란은 야율아보기가 세운 나라로, 발해를 멸망시키고 나라 이름을 요로 고쳤다. 서하는 탕구트가 송의 서북쪽에 세운 나라로, 동서 무역로를 차지하여 송을 압박하였다. 명은 원 말기에 농민 반란군을 이끈 주원장(홍무제)이 세운 나라이다.

07 청의 성립과 발전

청은 명이 멸망하자 팔기군을 이끌고 베이징을 점령하여 수도로 삼았다. 청은 자신이 명을 이어받은 중화라는 새로운 화이사상을 제시하였고, 한족 지배를 위해 회유책과 강압책을 실시하였다. 강희제 때 러시아와 네르친스크 조약을 맺어 국경을 확정하였다.

바로 알기 ③은 명에 대한 설명이다. 명은 임진왜란 때 조선에 군대를 파견하면서 국가 재정이 어려워졌다.

08 청과 동아시아의 화이사상

학생들은 청과 동아시아 각국에서 나타난 화이사상에 대해 대화하고 있다. 동아시아 각국은 오랑캐라고 여겼던 만주족이 중국을 지배하고 자신들이 새로운 중화라고 주장하자 스스로를 중화라 여기는 독자적인 화이사상을 형성하였다.

09 건륭제의 활동

제시된 글은 청 건륭제에 대한 설명이다. 건륭제는 활발한 정복 활동을 벌여 몽골, 신장, 티베트 등을 포함한 청의 최대 영토를 차지한 황제로, 이때 차지한 영토는 오늘날 중국의 영토와 비슷한 영역이다. 또한 건륭제는 중국 문화를 집대성한 『사고전서』를 편찬하였다.

10 명대의 사회 모습

명·청대에는 농촌 생산력이 크게 향상되었고, 뽕나무, 면화 등 상품 작물을 재배하였다. 명대에는 서민 문화가 성장하여 『삼국지연의』와 『서유기』 등의 소설이 유행하였으며, 조공 관계를 통해서만 교역하다가 점차 제한적으로 민간 무역을 허용하였다. 또한 명 말에는 이탈리아의 선교사 마테오 리치가 「곤여만국전도」를 제작하였다.

바로 알기 ② 『홍루몽』은 청대에 유행한 소설이다.

11 신사층의 성장

대화에서 주제로 다룬 계층은 명·청대에 성장한 신사층이다. 신사는 학생, 과거 합격자, 관직 경험자 등 유교적 교양을 갖춘 지식인이다. 이들은 명·청대에 지배층으로 성장하였으며 지방관을 도와 향촌의 질서를 유지하고 새로운 학풍을 만들었다.

바로 알기 ①은 위진 남북조 시대의 지방 호족, ②는 당대의 농민, ③, ④는 원대의 색목인에 대한 설명이다.

12 명·청대의 학문

㉠은 양명학, ㉡은 고증학이다. 명·청대에는 신사층이 사회를 이끌며 새로운 학풍을 만들었다. 명대에는 이론과 형식보다 실천을 강조하는 양명학이 유행하였고, 청대에는 유교 경전을 실증적으로 연구하는 고증학이 발전하였다.

바로 알기 성리학은 우주의 원리와 인간의 본성을 탐구하는 학문으로, 남송의 주희가 완성하였다. 훈고학은 유교 경전의 옛글자를 해석하는 학문으로, 한대 이후 발달하기 시작하였다.

13 청대의 사회 모습

밑줄 친 '이 시대'는 청대이다. 청대에는 노래, 춤, 연기가 어우러진 경극이 유행하였다. 청대 초기에는 일부 항구를 열기도 하였으나 18세기 중반 이후에는 광저우 한 곳을 서양 상인에게 개방하고 공행을 통한 무역만 허용하였다.

바로 알기 ②, ⑤는 원대에 볼 수 있는 모습, ③은 당대에 볼 수 있는 모습, ④는 송대에 볼 수 있는 모습이다.

14 「곤여만국전도」의 제작

제시된 글은 「곤여만국전도」에 대한 설명이다. 이탈리아의 선교사 마테오 리치는 명에 머무르며 세계 지도인 「곤여만국전도」를 만들었다. 이 지도는 중국이 세계의 중심이라고 믿고 있던 동아시아 사람들의 세계관에 큰 충격을 주었다.

15 명·청대 은의 중국 유입

제시된 유물은 명·청대에 화폐로 쓰인 말굽 모양의 은이다. 명·청대에는 유럽과 일본의 상인들이 중국의 차, 비단, 도자기 등을 은으로 구매하면서 많은 양의 은이 중국으로 들어왔다. 이에 중국에서는 은이 화폐로 사용되었으며 세금을 은으로 걷었다.

16 일본의 봉건제

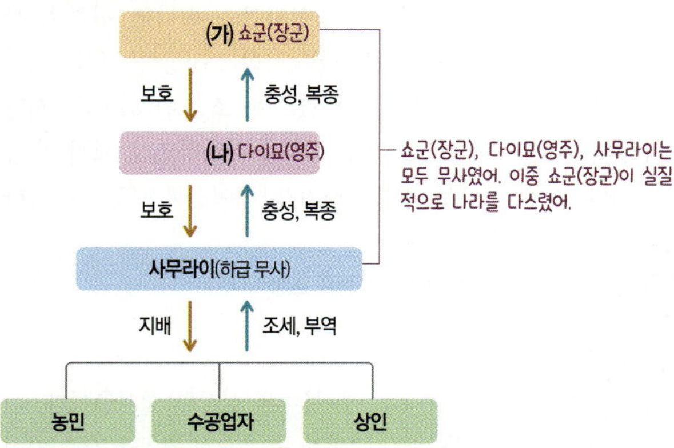

㈎는 쇼군(장군), ㈏는 다이묘(영주)이다. 에도 막부의 쇼군은 직할지만 다스리고, 지방의 다이묘에게는 독립적으로 다스릴 수 있는 영지를 주었다. 또한 에도 막부의 쇼군은 다이묘를 일정 기간 에도에 머무르게 하는 산킨코타이 제도를 시행하였다.

바로 알기 ③ 일본의 봉건제는 가마쿠라 막부 때 성립하였다.

17 일본 전국 시대에 있었던 사실

가마쿠라 막부의 성립으로 일본 무사 정권이 시작되었고, 무로마치 막부 이후 15세기 후반부터 다이묘(영주)들이 세력을 다투는 전국 시대가 이어졌다. 이를 도요토미 히데요시가 통일하였으며, 도쿠가와 이에야스가 에도 막부를 수립하였다.

바로 알기 ①, ⑤는 가마쿠라 막부 시기, ②는 무사 정권 성립 이전인 나라 시대, ③은 에도 막부 시기에 있었던 사실이다.

18 에도 막부의 성립과 발전

에도 막부는 임진왜란 이후 도쿠가와 이에야스가 수립하였다. 에도 막부 시기의 쇼군은 다이묘에게 독립적으로 다스릴 수 있는 영지를 주었으나, 산킨코타이 제도를 시행하여 다이묘를 통제하였다.

바로 알기 ①은 헤이안 시대, ②, ④는 가마쿠라 막부, ⑤는 전국 시대를 통일한 도요토미 히데요시가 지배하던 시기에 대한 설명이다.

19 에도 막부 시대의 대외 교류

밑줄 친 '이 시대'는 에도 막부 시대이다. 에도 막부는 크리스트교를 금지하고, 사무역을 통제하였다. 통신사를 통해 조선과 교류하였고, 중국과 네덜란드 상인에게는 나가사키를 통한 무역을 허용하였다.

바로 알기 ③은 나라 시대와 헤이안 시대의 대외 교류에 대한 설명이다.

20 조닌 문화의 발달

에도 막부 시대에는 상업과 도시가 발전하면서 '조닌'이라는 도시 상공업자들이 성장하였으며, 이들을 중심으로 가부키, 우키요에 등의 조닌 문화가 발달하였다.

21 난학의 발전

밑줄 친 '이 학문'은 난학이다. 에도 막부는 나가사키를 개항하여 중국과 네덜란드 상인에게 무역을 허용하였고, 데지마가 일본이 서양과 교류하는 유일한 창구였다. 이 시기 일본은 네덜란드 상인으로부터 서양의 학문인 난학과 기술을 받아들였다.

바로 알기 ①은 양명학, ②는 국학, ③은 고증학, ④는 성리학에 대한 설명이다.

22 무굴 제국의 발전

16세기 초 바부르가 세운 무굴 제국에서는 인도 고유의 문화와 이슬람 문화가 어우러진 인도·이슬람 문화가 발달하였다.

바로 알기 ②는 굽타 왕조, ③은 명, ④는 송을 비롯한 중국, ⑤는 일본 가마쿠라 막부 등에 대한 설명이다.

23 지즈야

㉠에 공통으로 들어갈 내용은 지즈야이다. 지즈야는 비이슬람교도에게 부과하던 인두세로, 무굴 제국의 아크바르 황제는 지즈야를 없앴다. 이후 아우랑제브 황제는 지즈야를 다시 거두었다.

24 아우랑제브 황제의 활동

지도의 최대 영역을 차지한 황제는 무굴 제국의 아우랑제브 황제이다. 그는 활발한 정복 활동으로 무굴 제국의 최대 영역을 차지하였으며, 지즈야를 다시 거두고 힌두교 사원을 파괴하는 등 이슬람이 아닌 다른 종교를 탄압하는 정책을 펼쳤다.

바로 알기 ①은 무굴 제국의 샤자한, ②는 굽타 왕조의 찬드라굽타 1세, ④는 무굴 제국의 바부르, ⑤는 원의 쿠빌라이 칸에 대한 설명이다.

25 무굴 제국의 문화

무굴 제국에서는 인도 고유의 문화와 이슬람 문화가 어우러진 인도·이슬람 문화가 나타났다. 종교에서는 힌두교와 이슬람교를 절충한 시크교가 발전하였고, 미술에서는 페르시아의 세밀화와 인도 미술이 융합된 무굴 회화가 발달하였다. 무굴 제국은 페르시아어를 공용어로 사용하였으며 일상에서는 우르두어를 사용하였다.

바로 알기 ①은 굽타 왕조 시기 문화의 사례이다.

26 무굴 제국의 타지마할

제시된 문화유산은 무굴 제국의 타지마할이다. 타지마할은 무굴 제국의 황제 샤자한이 황후 뭄타즈 마할을 추모하고자 만든 건축물로, 인도 양식과 이슬람 양식이 조화를 이루었다.

바로 알기 ①은 술탄 아흐메트 사원, ②는 성 베드로 대성당 등, ④, ⑤는 샤르트르 대성당 등 고딕 양식으로 지어진 건축물에 대한 대화 내용이다.

1 중국으로의 은 유입

(1) 답 은

(2) 예시 답안 많은 양의 은이 중국으로 유입되자 중국에서 은이 화폐로 사용되었고, 세금을 은으로 걷게 되었다.

점수	채점 기준
상	은의 유입으로 중국에 나타난 경제적 변화를 두 가지 서술한 경우
하	은의 유입으로 중국에 나타난 경제적 변화를 한 가지만 서술한 경우

2 청의 한족 지배 정책

(1) 답 한족

(2) 예시 답안 청은 한족을 다스리기 위해 회유책으로 중요한 관직에 만주족과 한족을 함께 등용하였으며, 유학 교육을 장려하고 과거제를 실시하였다. 강압책으로 변발과 호복 등 만주족의 풍습을 강요하였고, 청 왕조에 대한 비판을 금지하였다.

점수	채점 기준
상	청의 한족에 대한 회유책과 강압책을 모두 서술한 경우
하	청의 한족에 대한 회유책과 강압책 중 한 가지만 서술한 경우

3 산킨코타이 제도의 실시

(1) 답 산킨코타이 제도

(2) 예시 답안 에도 막부가 산킨코타이 제도를 실시한 이유는 지방의 다이묘를 통제하고 쇼군 중심의 중앙 집권 체제를 강화하기 위함이었다.

점수	채점 기준
상	다이묘를 통제하고 쇼군 중심의 중앙 집권 체제를 강화하기 위해서라고 서술한 경우
하	다이묘를 통제하기 위해서라고만 서술한 경우

4 아크바르 황제의 정책

(1) 답 아크바르 황제

(2) 예시 답안 아크바르 황제는 정복지 주민에게 이슬람교로의 개종을 강요하지 않고 종교의 다양성을 존중하는 관용적인 정책을 펼쳤다.

점수	채점 기준
상	이슬람교로의 개종을 강요하지 않고 종교의 다양성을 존중하는 관용적인 정책을 펼쳤다고 서술한 경우
하	관용적인 정책을 펼쳤다고만 서술한 경우

03 서아시아와 유럽 사회의 변화

문제로 개념 확인 + **비주얼로 핵심 콕콕**

149쪽 I 1 (1) 비잔티움 제국 (2) 술레이만 1세　**2** 술탄 칼리프
3 (1) 술탄 아흐메트 사원 (2) 밀레트 (3) 예니체리
A 메흐메트 2세　**B** 이스탄불

151쪽 I 1 (1) 동방견문록 (2) 포르투갈　**2** (1) ㄱ (2) ㄴ
3 (1) ○ (2) × (3) ○
C 에스파냐　**D** 노예

153쪽 I 1 (1) 예정설 (2) 루터 (3) 베스트팔렌 조약　**2** 중상주의
3 (1) 왕권신수설 (2) 엘리자베스 1세 (3) 계몽사상
E 칼뱅　**F** 관료

시험대비 핵심 문제   154~159쪽

01 ④	02 ③	03 술탄 칼리프	04 ④	05 ⑤	06 ①
07 ②	08 ③	09 ⑤	10 ③	11 ⑤	12 ③	13 ④
14 ③	15 ③	16 ④	17 ④	18 ①	19 칼뱅 20 ③
21 ⑤	22 ②	23 ②	24 ④	25 ④	26 ①
27 계몽사상		서술형 문제 I 1~4번 해설 참조			

01 티무르 왕조의 발전
티무르 왕조는 티무르가 몽골 제국의 부흥을 내세우며 세운 이슬람 왕조로, 수도 사마르칸트가 중계 무역으로 번성하였다.
바로 알기 ①은 아바스 왕조, ②, ⑤는 사파비 왕조, ③은 무굴 제국에 대한 설명이다.

02 오스만 제국의 성립과 발전
지도의 최대 영역을 차지한 나라는 오스만 제국이다. 오스만 제국은 오스만이 튀르크 부족을 모아 건국하였고, 유럽으로 세력을 넓혀 메흐메트 2세 때 비잔티움 제국을 정복하고 콘스탄티노폴리스를 수도로 삼았다. 이후 오스만 제국은 술레이만 1세 때 유럽의 연합 함대를 무찔러 지중해를 장악하면서 전성기를 맞았다.
바로 알기 ①은 포르투갈과 에스파냐 등, ②는 아바스 왕조, ④, ⑤는 무굴 제국에 대한 대화 내용이다.

03 오스만 제국의 술탄 칼리프 제도
밑줄 친 '이 칭호'는 술탄 칼리프이다. 오스만 제국의 술탄은 이집트를 정복하는 과정에서 칼리프의 칭호를 이어받았다. 술탄은 이슬람 세계의 정치적 지배자를 의미하고, 칼리프는 무함마드의 정통 후계자를 뜻하는 칭호이다. 이로써 오스만 제국의 지배자는 이슬람 세계의 정치와 종교를 아울러 다스리게 되었다.

04 술레이만 1세의 활동

오스만 제국의 전성기를 이끈 황제는 술레이만 1세이다. 16세기 초 서아시아와 북아프리카 지역으로 영토를 확장한 오스만 제국은 술레이만 1세 때 헝가리를 정복하고 오스트리아의 수도 빈을 공격하였다. 또한 유럽 연합 함대를 무찔러 지중해를 장악하였다. 이로써 오스만 제국은 아시아, 유럽, 아프리카에 걸친 제국을 지배하였다.

바로 알기 ①은 프로이센의 프리드리히 2세, ②는 청의 강희제, ③은 비잔티움 제국의 유스티니아누스 황제, ⑤는 송 태조에 대한 내용이다.

05 오스만 제국의 예니체리

그림은 오스만 제국의 예니체리를 나타낸 것이다. 예니체리는 오스만 제국 술탄의 친위 부대로, 원래 크리스트교도였으나 이슬람교로 개종하고 술탄에게 충성을 맹세하였다. 이들은 정복 전쟁에서 크게 활약하였고, 세금 면제 등 특별 대우를 받았으며 고위 관리가 될 수 있었다.

바로 알기 ⑤는 청의 팔기군에 대한 설명이다. 팔기군은 누르하치가 만든 조직으로, 군사와 행정을 겸하였다.

06 오스만 제국의 술탄 아흐메트 사원

✦ 자료로 이해하기

사진은 오스만 제국의 대표적인 건축물인 술탄 아흐메트 사원이다. 오스만 제국에서는 비잔티움 제국의 양식을 도입한 이슬람 사원(모스크)이 발달하였는데, 술탄 아흐메트 사원이 대표적이다. 술탄 아흐메트 사원은 내부가 2만여 개의 푸른색 타일로 장식되어 있어 '블루 모스크'라고도 불린다.

바로 알기 ② 술탄 아흐메트 사원은 오스만 제국의 건축물이다. ③은 유럽의 피사 대성당 등, ④는 비잔티움 제국의 성 소피아 대성당 등, ⑤는 무굴 제국의 타지마할 등에 대한 설명이다.

07 오스만 제국의 밀레트

㉠에 들어갈 내용은 밀레트이다. 오스만 제국은 관용 정책을 펼쳐 정복지 주민들도 지즈야만 내면 독자적인 종교 공동체인 밀레트 안에서 그들의 종교와 관습을 유지하며 생활할 수 있었다.

바로 알기 ① 공행은 청 정부의 특허를 받아 서양과 교역할 수 있었던 상인 조합이다. ③ 울루스는 몽골 제국에서 부족, 국가를 가리키는 말이다. ④ 이갑제는 명대에 실시된 제도로, 농민이 직접 조세 징수와 치안 유지를 하게 한 제도이다. ⑤ 팔기군은 청의 조직으로, 군사와 행정을 겸한 조직이다.

08 오스만 제국의 사회 모습

밑줄 친 '이 나라'는 오스만 제국이다. 오스만 제국의 미술에서는 페르시아의 영향을 받은 세밀화가 발달하였다. 또한 정복지 주민들은 종교 공동체인 밀레트를 통해 종교와 관습을 유지할 수 있었다. 오스만 제국의 수도 이스탄불은 동서양의 상인들이 모여들었으며, 바자르를 중심으로 커피 문화가 발달하였다.

바로 알기 ③은 무굴 제국에서 볼 수 있는 모습이다. 타지마할은 무굴 제국의 황제 샤자한이 황후를 추모하기 위해 건립하였다.

09 신항로 개척의 배경

십자군 전쟁 이후 무역이 활발해지면서 각종 향신료, 비단, 도자기 등 동방의 상품이 유럽에 전해져 큰 인기를 끌었다. 또한 천문학, 지리학 등의 학문이 발달하고, 나침반 등의 항해 도구와 선박 제조 기술도 발달하면서 먼 거리의 항해가 가능해졌는데, 유럽의 몇몇 나라들은 이를 배경으로 신항로 개척에 나섰다.

바로 알기 ㄱ은 십자군 전쟁의 배경, ㄴ은 중세 서유럽 장원의 해체 배경이다.

10 신항로 개척에 나선 유럽의 나라들

제시된 글은 에스파냐에 대한 설명이다. 먼 거리를 항해할 수 있게 되자 신항로 개척은 더욱 활기를 띠었고, 대서양 연안에 위치한 포르투갈과 에스파냐는 적극적으로 신항로 개척에 나섰다. 포르투갈은 아시아로 가는 동쪽 항로를 개척하였고, 에스파냐는 대서양으로 돌아가는 서쪽 항로를 열었다.

11 바스쿠 다가마의 활동

빈칸에 들어갈 인물은 바스쿠 다가마이다. 바스쿠 다가마는 포르투갈의 지원을 받아 희망봉을 돌아 인도의 캘리컷에 도착하였다.

바로 알기 ① 콜럼버스는 대서양을 건너 서인도 제도에 도착하였다. ② 마르코 폴로는 중국에 다녀와 『동방견문록』을 남겼다. ③ 마젤란 일행은 태평양을 가로질러 최초로 세계 일주에 성공하였다. ④ 이븐 바투타는 아시아, 아프리카, 유럽을 돌아다니며 『여행기』를 저술하였으며, 중국을 다녀갔다.

12 콜럼버스의 활동

신항로를 개척한 탐험가 중 한 명인 콜럼버스는 에스파냐의 지원을 받아 서쪽으로 대서양을 건너 아메리카의 서인도 제도에 도착하였다.

바로 알기 ①은 마테오 리치, ②는 마르코 폴로, ④는 바르톨로메우 디아스 등, ⑤는 마젤란 일행의 활동이다.

13 신항로 개척 이후 아메리카와 유럽의 변화

㉠에 공통으로 들어갈 지역은 아메리카이다. 신항로 개척 이후 유럽에는 아메리카로부터 옥수수, 감자, 카카오 등 새로운 작물이 전래되었다. 또한 유럽인들이 아메리카에 진출하면서 멕시코고원에서 일어난 아스테카 문명, 안데스고원에서 일어난 잉카 문명 등 아메리카의 문명이 파괴되었다.

14 잉카 문명의 성립과 쇠퇴

자료는 아메리카의 잉카 문명에 대한 설명이다. 아메리카 대륙에는 아스테카 문명, 잉카 문명 등 독자적인 문명이 있었다. 안데스 고원에서 일어난 잉카 문명은 뛰어난 건축 기술을 보여 주는 마추픽추를 건설하는 등 문명을 발전시켰으나, 에스파냐의 피사로와 그의 병사들에게 정복되었다.

(바로 알기) ① 에게 문명은 고대 지중해 세계에서 발전한 문명이다. ② 인도 문명은 고대 인도에서 발전한 문명으로 하라파, 모헨조다로 등에서 도시 문명이 발달하였다. ④ 아스테카 문명은 멕시코고원에서 발생한 아메리카의 문명이다. ⑤ 메소포타미아 문명은 티그리스강과 유프라테스강 사이의 메소포타미아 지방에서 발생한 고대 문명이다.

15 신항로 개척 이후 유럽의 변화

신항로 개척 이후 유럽은 새로 개척한 항로를 따라 아시아의 여러 나라와 교류하였다. 네덜란드, 영국, 프랑스 등 유럽의 여러 나라는 동인도 회사를 세우고 아시아로 진출하였다. 또한 유럽에서는 많은 양의 금과 은이 유럽에 들어오면서 물가가 크게 오르는 가격 혁명이 일어났고, 주식회사가 등장하고 보험 제도가 확립되는 등 상공업과 금융업이 성장하는 상업 혁명이 일어났다.

(바로 알기) ③ 시박사는 당대부터 중국의 주요 항구에서 세금과 무역을 담당하던 관청으로, 청대에 폐지되었다.

16 신항로 개척 이후 아메리카의 변화

신항로 개척 이후 아메리카에 진출한 유럽인들은 원주민을 동원하여 사탕수수 등 상품 작물을 재배하였고, 광산에서 금과 은을 채굴하였다. 아메리카 원주민들은 가혹한 노동에 시달렸으며, 유럽에서 들어온 천연두, 홍역 등의 전염병에 노출되어 많은 사람이 목숨을 잃었다.

(바로 알기) ㄱ은 게르만족의 이동과 관련이 있다. ㄷ은 중세 서유럽 장원의 해체와 관련이 있다. 14세기 유럽에서 흑사병이 유행하여 유럽 인구가 크게 감소하자 농노의 처우가 개선되어 농민의 지위가 상승하였고, 장원이 점차 해체되었다.

17 아프리카의 노예 무역

✦ 자료로 이해하기

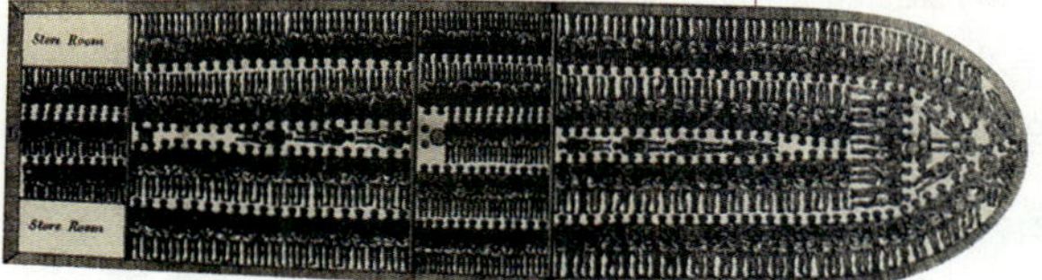

노예들은 좁은 공간에 실려 장거리를 이동하였어.

그림은 아프리카 노예 무역선의 구조를 나타낸 것이다. 신항로 개척 이후 아메리카에 진출한 유럽인은 아메리카 원주민의 인구가 감소하여 노동력이 부족해지자 아프리카 원주민을 노예로 동원하였다(노예 무역). 아프리카는 노예 무역으로 인구 감소, 성비 불균형, 부족 간 갈등 심화 등 문제점이 나타났다.

18 루터의 종교 개혁

독일의 성직자 루터는 교황 레오 10세가 성 베드로 대성당의 증축 비용을 마련하기 위해 면벌부를 판매하자 이를 비판하며 신앙과 신의 은총으로만 구원받을 수 있다는 「95개조 반박문」을 발표하였다. 그의 주장은 제후와 농민들의 지지를 받았으며, 아우크스부르크 화의에서 공식 인정받았다.

(바로 알기) ②는 영국의 왕 헨리 8세, ③은 스위스의 칼뱅, ④는 네덜란드의 에라스뮈스, ⑤는 교황 우르바누스 2세에 대한 설명이다.

19 칼뱅의 주장

㉠에 들어갈 인물은 칼뱅이다. 스위스의 칼뱅은 인간의 구원은 미리 예정되어 있다는 예정설을 주장하였고, 열심히 일하고 절약하여 부를 쌓는 것은 신의 은총이라고 하여 상공업자들의 환영을 받았다. 그의 주장은 베스트팔렌 조약에서 공식 인정되었다.

20 16~17세기 유럽의 종교 전쟁

루터, 칼뱅 등의 종교 개혁 이후 크리스트교 세계는 로마 가톨릭 교회(구교)와 신교로 나뉘어 서로 대립하였고, 이에 유럽 곳곳에서 종교 전쟁이 일어났다. 그중 독일에서 일어난 30년 전쟁은 유럽 여러 나라가 참가하면서 국제 전쟁으로 확대되었다.

21 30년 전쟁과 베스트팔렌 조약

밑줄 친 '이 조약'은 베스트팔렌 조약이다. 독일에서 일어난 종교 전쟁인 30년 전쟁은 유럽의 여러 나라가 이해관계에 따라 참가하여 국제 전쟁으로 확대되었으며, 베스트팔렌 조약이 체결되며 끝이 났다. 베스트팔렌 조약으로 칼뱅파가 공식 인정되었다.

(바로 알기) ①은 미국 독립 전쟁의 결과 영국이 미국의 독립을 인정하며 맺은 조약이다. ②, ③은 프랑크 왕국을 서프랑크, 중프랑크, 동프랑크로 나눈 조약이다. ④는 청 강희제 때 청과 러시아 간 국경을 확정한 조약이다.

22 재정·군사 국가의 발전

16~17세기 많은 전쟁을 겪으며 유럽에서 등장한 재정·군사 국가는 화약 무기로 무장한 상비군, 효율적인 징세 제도, 중앙 집권적 행정 기구를 갖추었다. 또한 더 많은 세금을 효율적으로 거두고자 행정 기구와 관료제를 확대하였다.

(바로 알기) ①, ③, ④는 중세 서유럽의 봉건 사회, ⑤는 오스만 제국 등에서 정복지 주민을 상대로 이루어진 관용 정책에 대한 설명이다.

23 상비군의 등장

㉠에 공통으로 들어갈 군대는 상비군이다. 16~17세기 유럽 여러 국가에서는 화약 무기로 무장한 상비군이 발달하였다. 상비군은 언제든지 전쟁에 투입할 수 있었으나 유지하는 데 많은 비용이 들었다. 이에 재정·군사 국가들은 세금을 효율적으로 거두기 위하여 행정 기구와 관료제를 확대하였다.

(바로 알기) ①, ⑤는 오스만 제국의 예니체리, ③은 부병제로 운영되었던 당의 군대, ④는 중세 서유럽의 기사에 대한 설명이다.

24 루이 14세의 활동

밑줄 친 '이 왕'은 프랑스의 루이 14세이다. 루이 14세는 왕의 권리는 신에게서 받은 절대적인 것이므로 왕에게 절대복종해야 한다는 왕권신수설을 내세우며 왕권을 강화하였고, 베르사유 궁전을 지어 자신의 권위를 과시하였다. 또한 관료제와 상비군을 정비하였고, 재무 장관 콜베르를 등용하여 적극적으로 중상주의 정책을 펼쳤다.

바로 알기 ④는 영국의 엘리자베스 1세에 대한 설명이다.

25 엘리자베스 1세의 활동

영국의 엘리자베스 1세는 해군력을 키워 에스파냐의 무적함대를 물리치고, 동인도 회사를 세워 아시아로 진출하며 해외 시장을 적극적으로 개척하였다.

바로 알기 ①은 비잔티움 제국 유스티니아누스 황제, ②는 영국 찰스 1세, ③은 영국 헨리 8세, ⑤는 에스파냐 펠리페 2세의 활동이다.

26 17~18세기 유럽의 문화

르네상스 시기 이후 근대 과학은 갈릴레이의 지동설, 뉴턴의 만유인력의 법칙 등 '과학 혁명'이라 불릴 만큼 발전을 거듭하여 세상을 합리적으로 바라보는 과학적 사고방식이 발달하였다. 17세기 데카르트가 신과 분리된 인간의 이성을 강조하는 등 근대 철학도 발달하였다.

바로 알기 ㄷ은 무굴 제국, ㄹ은 오스만 제국의 문화에 대한 탐구 활동이다.

27 계몽사상의 발전

(가)에 들어갈 사상은 계몽사상이다. 18세기 유럽에서는 인간의 이성이 사회를 진보하게 한다고 믿는 계몽사상이 등장하였다. 몽테스키외, 볼테르, 루소 등의 계몽사상가들은 불합리한 제도와 전통을 개혁해야 한다고 주장하였으며, 이는 미국 혁명과 프랑스 혁명의 사상적 기반이 되었다.

서술형 문제 159쪽

1 오스만 제국의 관용 정책

예시 답안 오스만 제국은 비이슬람교도에게 이슬람교를 강요하지 않는 관용 정책을 펼쳤다. 오스만 제국은 정복지 주민들에게 지즈야만 내면 독자적인 종교 공동체인 밀레트 안에서 자신들의 종교를 유지하며 생활할 수 있도록 자치를 허용하였다.

점수	채점 기준
상	오스만 제국이 펼친 관용 정책의 특징과 사례를 모두 서술한 경우
하	오스만 제국이 펼친 관용 정책의 특징과 사례 중 한 가지만 서술한 경우

2 삼각 무역의 발전

(1) **답** 삼각 무역

(2) **예시 답안** 신항로 개척 이후 유럽, 아메리카, 아프리카를 잇는 삼각 무역이 발전하였다. 유럽 사람들은 아프리카에 무기, 옷감 등을 제공하고 노예를 공급받았다. 아프리카 노예들을 아메리카로 데려가 농장에 팔았고 그 대금으로 은, 설탕 등을 받았다.

점수	채점 기준
상	유럽과 아프리카, 아프리카와 아메리카, 유럽과 아메리카 간 무역의 내용을 모두 서술한 경우
중	위의 내용 중 두 가지를 서술한 경우
하	위의 내용 중 한 가지만 서술한 경우

3 루터의 「95개조 반박문」

(1) **답** 루터

(2) **예시 답안** 루터는 교황이 로마 가톨릭교회 신자들에게 면벌부를 판매하자, 이를 비판하기 위해 신앙과 신의 은총으로만 구원을 받을 수 있다는 「95개조 반박문」을 발표하였다.

점수	채점 기준
상	교황의 면벌부 판매를 비판하기 위해 「95개조 반박문」을 발표하였다고 서술한 경우
하	교황을 비판하기 위해서라고만 서술한 경우

4 재정·군사 국가의 발전

(1) **답** 재정·군사 국가

(2) **예시 답안** 재정·군사 국가에서는 더 많은 세금을 효율적으로 거두기 위해 중앙 집권적 행정 기구와 관료제가 확대되었다. 또한 수입은 제한하고 수출은 늘리는 중상주의 정책이 실시되었다.

점수	채점 기준
상	재정·군사 국가의 정치적 특징과 경제적 특징을 모두 서술한 경우
하	재정·군사 국가의 정치적 특징과 경제적 특징 중 한 가지만 서술한 경우

01 송 태조의 정책

㉠에 들어갈 황제는 송 태조이다. 송을 건국한 송 태조는 문인을 우대하는 문치주의를 실시하여 지방관을 문관으로 임명하고, 황제가 직접 과거 시험을 주관하는 전시 제도를 도입하였다. 전시 제도는 황제의 권력 강화에 기여하였고, 문치주의의 실시로 송대에 사대부 계층이 형성되었다.

바로 알기 ①은 원의 쿠빌라이 칸, ③은 몽골 제국의 칭기즈 칸, ④는 당 고종, ⑤는 수 양제에 대한 설명이다.

02 북방 민족의 발전

✦ **자료로 이해하기**

(가)는 거란(요), (나)는 서하이다. 야율아보기가 세운 거란은 발해를 멸망시키고 나라 이름을 요로 바꾸었다. 요는 고려를 공격하였으며 송과 대립하였다. 탕구트가 세운 서하는 동서 교역로를 차지하여 송을 압박하였다. 거란(요)과 서하는 모두 자신들만의 고유 문자를 만들어 사용하였다.

바로 알기 ①은 서하, ②는 원, ③은 송, ④는 거란에 대한 설명이다.

03 시박사

시박사는 당대부터 청대까지 세금과 무역을 담당한 관청이다. 송은 주요 항구에 세금과 무역을 담당하는 관청인 시박사를 두어 해상 무역을 관리하였다.

04 송대의 사회 모습

밑줄 친 '이 나라'는 송이다. 송대에는 사대부가 성장하여 학문과 사상이 발전하였으며, 대표적으로 주희가 완성한 성리학이 있다. 송대에는 모내기법이 도입되어 농업 생산력이 높아졌다. 또한 송은 주요 항구에 시박사를 두어 해상 무역을 관리하였다.

바로 알기 ①은 청, ③은 명, ④는 몽골 제국, ⑤는 명·청대에 볼 수 있는 모습이다.

05 원의 발전

㉠에 들어갈 나라는 원이다. 원의 쿠빌라이 칸은 남송을 멸망시키고 중국 전역을 지배하였다. 원대에는 동서 문화 교류가 활발하였으며 마르코 폴로는 중국 각지를 여행하고 『동방견문록』을 남겼다. 또한 이슬람 세계의 천문학, 역법이 전해져 곽수경이 수시력을 제작하였으며, 잡극이 유행하였다.

바로 알기 ①은 송에 대한 설명이다.

06 영락제의 활동

제시된 문화유산을 건립한 황제는 명의 영락제이다. 영락제는 자금성을 건설하였고, 자신의 근거지인 베이징으로 수도를 옮겼다. 또한 대월(베트남)을 정복하였으며 정화를 해외에 파견하였다.

바로 알기 ①, ④, ⑤는 명 홍무제, ③은 청 강희제의 활동이다.

07 청의 성립과 발전

기사의 배경이 된 나라는 청으로, 기사는 청의 한족 지배 정책과 관련이 있다. 청은 소수의 만주족으로 다수의 한족을 효율적으로 다스리기 위해 회유책과 강압책을 함께 펼쳤으며, 해상 무역을 통제하여 공행을 통한 무역만 허용하였다.

바로 알기 ①은 금, ②, ⑤는 명, ③은 원에 대한 설명이다.

08 명·청대의 사회 모습

명·청대에는 신사층이 사회를 주도하여 새로운 학풍을 만들었으며, 많은 양의 은이 유입되어 화폐로 널리 쓰였다. 또한 뽕나무, 면화 등 상품 작물이 재배되었으며, 마테오 리치 등 유럽의 선교사들이 활동하기도 하였다.

바로 알기 ④는 원대의 사회 모습이다.

09 일본 무사 정권의 발전 과정

일본 무사 정권은 (나) 가마쿠라 막부의 성립과 쇠퇴 – (다) 무로마치 막부와 명의 조공·책봉 관계 수립 – (라) 전국 시대와 도요토미 히데요시의 일본 통일 – (가) 에도 막부 수립의 순서로 발전하였다.

◆ 자료로 이해하기

밑줄 친 '이 시기'는 에도 막부 시기이다. 그림은 에도 막부 시기 산킨코타이 제도에 따른 다이묘의 이동 행렬을 나타낸 것으로, 에도 막부의 쇼군은 산킨코타이 제도를 통해 다이묘를 자신의 영향 아래 둘 수 있었다. 에도 막부 시기에는 우키요에와 가부키 등 조닌 문화가 발달하였으며, 네덜란드 상인으로부터 서양의 학문인 난학과 기술을 받아들였다.

바로 알기 ㄷ은 도요토미 히데요시 집권 시기, ㄹ은 헤이안 시대에 볼 수 있는 모습이다.

11 아우랑제브 황제의 활동

제시된 글은 무굴 제국의 아우랑제브 황제에 대한 설명이다. 아우랑제브 황제는 인도 남부를 정복하여 최대 영토를 차지하였다. 그는 아크바르 황제 때 없앤 지즈야를 다시 거두고, 힌두교 사원을 파괴하는 등 이슬람교가 아닌 다른 종교를 탄압하였다.

바로 알기 ① 바부르는 무굴 제국을 건국한 황제이다. ② 표트르 대제는 러시아의 황제로, 서유럽의 문물을 적극적으로 받아들였다. ③ 하인리히 4세는 신성 로마 제국의 황제로, 카노사의 굴욕과 관련이 있다. ④ 아크바르 황제는 무굴 제국의 황제로, 지즈야를 없애는 등 관용적인 정책을 펼쳤다.

12 무굴 제국의 문화

무굴 제국은 인도 고유의 문화와 이슬람 문화가 어우러진 인도·이슬람 문화가 발달하였는데, 이는 대표적인 건축물인 타지마할에 잘 나타나 있다. 종교에서는 힌두교와 이슬람교를 절충한 시크교가 발전하였으며, 언어로는 페르시아어를 공용어로 사용하였고 일상에서는 우르두어를 사용하였다. 미술에서는 페르시아의 세밀화와 인도 미술이 융합된 무굴 회화가 발달하였다.

바로 알기 ②는 오스만 제국의 문화와 관련이 있다.

13 오스만 제국의 발전

대화에서 주제로 다룬 나라는 오스만 제국이다. 오스만 제국은 메흐메트 2세 때 비잔티움 제국을 정복하고 콘스탄티노폴리스를 수도로 삼았다. 오스만 제국의 술탄은 영토 확장 과정에서 칼리프의 칭호를 이어받아 이슬람 세계의 최고 지배자가 되었고, 이후 오스만 제국은 술레이만 1세 때 전성기를 맞이하였다.

바로 알기 ①, ③은 무굴 제국, ②는 원, ④는 포르투갈에 대한 설명이다.

14 무굴 제국과 오스만 제국의 통치 정책

무굴 제국의 아크바르 황제와 오스만 제국의 황제들은 다양한 종교를 인정하는 관용적인 정책을 펼쳤다. 무굴 제국의 아크바르 황제는 지즈야를 폐지하고 힌두교도들을 관직에 등용하는 등 종교의 다양성을 존중하는 정책을 펼쳤다. 오스만 제국의 정복지 주민들은 지즈야만 내면 독자적인 종교 공동체인 밀레트 안에서 종교와 풍습을 유지하며 생활할 수 있었다.

15 신항로 개척의 전개

◆ 자료로 이해하기

(가) 항로를 개척한 인물은 콜럼버스, (나) 항로를 개척한 인물은 마젤란 일행이다. 콜럼버스는 대서양 서쪽에 인도가 있다고 믿고 대서양을 건너 아메리카의 서인도 제도에 도착하였고, 마젤란 일행은 아메리카를 돌아 태평양을 가로질러 필리핀을 거치며 최초로 세계 일주에 성공하였다.

바로 알기 바스쿠 다가마는 희망봉을 돌아 캘리컷에 도착하였다. 이븐 바투타는 여러 지역을 돌아다닌 이슬람교도로, 이를 「여행기」로 남겼다.

16 아프리카 노예 무역의 결과

신항로 개척 이후 유럽인은 아메리카에서 사탕수수 등 상품 작물을 재배하였는데, 아메리카 원주민의 인구가 감소하여 노동력이 부족해지자 아프리카 원주민을 노예로 동원하였다(노예 무역). 아프리카는 노예 무역으로 인구가 줄고 성비가 불균형해졌으며, 부족 간의 갈등이 깊어졌다.

바로 알기 ㄱ은 신항로 개척 이후의 아시아, ㄹ은 신항로 개척 이후의 아메리카와 관련이 있다.

17 유럽의 종교 개혁

㉠은 루터, ㉡은 칼뱅이다. 16세기 초 유럽에서는 부패한 성직자와 교회를 비판하며 종교 개혁이 나타났다. 독일의 루터는 교황의 면벌부 판매를 비판하며 「95개조 반박문」을 발표하였다. 스위스의 칼뱅은 인간의 구원은 미리 예정되어 있다는 예정설을 주장하였고 열심히 일하고 절약할 것을 강조하였다.

바로 알기 ①, ③은 칼뱅, ④는 헨리 8세, ⑤는 루터에 대한 설명이다.

18 중상주의

제시된 글은 중상주의에 대한 설명이다. 16~17세기 많은 전쟁을 겪으며 유럽에서는 강한 군사력, 효율적인 징세 제도, 그리고 중앙 집권적 행정 기구를 갖춘 재정·군사 국가가 나타났다. 재정·군사 국가들은 국가의 부를 늘리기 위해 관세를 높여 수입은 제한하고 수출은 늘리는 중상주의 정책을 펼쳤다.

19 엘리자베스 1세의 업적

밑줄 친 '이 왕'은 영국의 엘리자베스 1세이다. 엘리자베스 1세는 에스파냐의 무적함대를 물리치고, 동인도 회사를 세워 아시아로 진출하였다.

바로 알기 ① 영국의 헨리 8세는 국왕이 영국 교회의 수장임을 선포하였다. ② 프랑스의 루이 14세는 왕권신수설을 주장하였고 베르사유 궁전을 지었다. ③ 에스파냐의 펠리페 2세는 무적함대를 육성하여 오스만 제국을 격파하였다. ④ 프랑크 왕국의 카롤루스 대제는 프랑크 왕국의 전성기를 이끌었다.

20 루이 14세의 활동

인터뷰에 등장하는 왕은 프랑스의 루이 14세이다. 루이 14세는 왕권신수설을 내세우며 왕권을 강화하였고, 베르사유 궁전을 지었다. 또한 재무 장관 콜베르를 등용하여 적극적인 중상주의 정책을 펼쳤다.

바로 알기 ①은 오스만 제국의 메흐메트 2세, ③은 오스만 제국의 술레이만 1세, ④는 청의 강희제, ⑤는 신성 로마 제국의 하인리히 4세에 대한 설명이다.

21 계몽사상의 발전

㉠에 들어갈 철학은 계몽사상이다. 18세기 유럽에서는 인간의 이성이 사회를 진보하게 한다고 믿었던 계몽사상이 등장하였다. 몽테스키외, 볼테르, 루소 등의 계몽사상가들은 불합리한 제도와 전통을 개혁해야 한다고 주장하였다. 이들의 주장은 미국 혁명과 프랑스 혁명의 기반이 되었다.

바로 알기 ①은 청담 사상, ②, ③은 스콜라 철학, ④는 왕권신수설에 대한 설명이다.

서술형·논술형 수행 평가 166쪽

1 원의 몽골 제일주의

(1) **답** 색목인

(2) **예시 답안** 색목인은 주로 서아시아, 중앙아시아, 유럽 등에서 온 외국인 출신이었으며, 원에서 재정과 행정 업무를 담당하였다.

점수	채점 기준
상	색목인의 출신과 원에서 담당하였던 업무를 모두 서술한 경우
하	색목인의 출신과 담당 업무 중 한 가지만 서술한 경우

2 정화의 항해

(1) **답** 영락제

(2) **예시 답안** 명은 정화의 항해로 여러 나라와 조공 관계를 맺어 명 중심의 국제 질서를 확대하였고, 많은 항해 지식을 쌓을 수 있었다.

점수	채점 기준
상	여러 나라와 조공 관계를 맺었고, 많은 항해 지식을 쌓을 수 있었다고 서술한 경우
하	위의 내용 중 한 가지만 서술한 경우

3 신항로 개척에 대한 평가

예시 답안 • 신항로 개척에 대해 긍정적으로 평가하는 입장: 나는 신항로 개척에 대해 긍정적으로 평가한다. 신항로 개척으로 유럽에 옥수수, 감자, 카카오, 사탕수수 등 아메리카의 여러 식물이 전해져 식생활이 크게 변화하였고, 아메리카에 전해진 유럽의 다양한 가축, 작물, 생활 양식에 따라 원주민들의 삶도 새로워질 수 있었다. 또한 아프리카의 춤이었던 삼바가 브라질의 민속 무용이 되고 카니발이 라틴 아메리카에 전해져 지금의 모습으로 탈바꿈한 것처럼 신항로 개척 이후 각 대륙 간 교류가 활발해지면서 세계는 서로 영향을 주고받으며 발전하게 되었다.

• 신항로 개척에 대해 부정적으로 평가하는 입장: 나는 신항로 개척에 대해 부정적으로 평가한다. '신항로 개척'이라는 표현에는 전형적인 유럽 중심적 사고가 나타나 있다. 아메리카와 아프리카에도 고유 문명과 원주민이 있었으며, 신대륙은 그들에게 오래된 삶의 터전이었다. 또한 신항로 개척으로 아메리카의 문명이 파괴되었고, 원주민들은 유럽에서 옮겨 간 천연두, 홍역 등 각종 전염병으로 죽거나 노동을 착취당하였다. 아프리카 사람들은 노예로 끌려가 노예 무역의 대상이 되는 등 많은 피해를 입었으며 이는 심각한 인권 침해의 사례라고 할 수 있다. 신항로 개척의 문제점은 오늘날까지 이어지고 있다. 아메리카에서는 신항로 개척 이후 시작된 단일 작물 재배가 주로 이루어져 식량 부족 등 여러 사회적·경제적·생태환경적 문제를 겪고 있다.

점수	채점 기준
상	신항로 개척에 대한 긍정적 또는 부정적 평가를 근거와 함께 논술한 경우
하	신항로 개척에 대한 자신의 생각만 서술한 경우

제국주의와 국민 국가 건설 운동

01 유럽과 아메리카의 국민 국가 체제(1)

문제로 개념 확인 ➕ **비주얼로 핵심 콕콕**

169쪽 ┃ 1 (1) 청교도 혁명 (2) 입헌 군주제 　 2 (나) – (다) – (가)
3 (1) 민주 공화국 (2) 프랑스 혁명 (3) 조지 워싱턴
A 권리 장전 　 **B** 파리

171쪽 ┃ 1 (1) ◯ (2) ◯ (3) ✕ 　　 2 (1) 국민 의회 (2) 입법 의회
(3) 인간과 시민의 권리선언(인권 선언) 　 3 (1) ㄱ (2) ㄴ
C 국민 공회

173쪽 ┃ 1 (1) 통령 정부 (2) 대프랑스 동맹 　 2 (1) ✕ (2) ◯
3 (가) – (나) – (다) 　 4 민족주의
D 나폴레옹 　 **E** 자유주의

시험 대비 핵심 문제 　　　　　　　174~177쪽

01 ① 　 02 ① 　 03 ③ 　 04 ③ 　 05 ① 　 06 ④
07 조지 워싱턴 　 08 ③ 　 09 ② 　 10 ① 　 11 ② 　 12 ①
13 ④ 　 14 ⑤ 　 15 ⑤ 　 16 ④ 　 17 ⑤ 　 18 ②
서술형 문제 ┃ 1~2번 해설 참조

01 크롬웰의 활동

영국의 찰스 1세는 권리 청원을 받아들였으나 곧 의회를 해산하였다. 의회가 이에 반발하면서 청교도들이 중심이 된 의회파와 국왕을 지지하는 왕당파 사이에 내전이 일어났다. 크롬웰이 이끈 의회파는 전쟁에서 승리한 후 찰스 1세를 처형하고 공화정을 세웠다(청교도 혁명). 이후 크롬웰은 의회를 해산하고 독재 정치를 펼쳐 국민의 지지를 잃었다.

바로 알기 ②는 메리 여왕과 윌리엄 3세, ③은 헨리 8세, ④는 엘리자베스 1세, ⑤는 윌리엄 3세에 대한 설명이다.

02 권리 장전의 발표 배경

제시된 문서는 1689년 승인된 영국의 권리 장전이다. 권리 장전은 영국 의회가 제임스 2세를 몰아내고 그의 딸인 메리와 메리의 남편인 윌리엄을 공동 왕으로 세운 명예혁명을 배경으로 발표되었다. 권리 장전에는 의회에서 제정한 법이 국왕의 권력보다 앞선다는 내용이 담겨 있었다. 권리 장전의 승인으로 영국에서는 의회를 중심으로 한 입헌 군주제의 토대가 마련되었다.

03 미국 혁명의 배경

영국은 프랑스와의 전쟁으로 재정이 악화되자 북아메리카 식민지에 간섭하였다. 식민지 주민들은 영국이 인지세를 비롯한 각종 세금을 식민지에 부과하자 보스턴항에 정박 중이던 영국 동인도 회사의 배를 습격하여 배 안에 있던 차 상자를 바다에 던져 버렸다(보스턴 차 사건).

바로 알기 ㄱ. 구제도의 모순이 원인이 되어 프랑스 혁명이 일어났다. ㄹ. 찰스 2세와 제임스 2세의 전제 정치가 배경이 되어 명예혁명이 일어났다.

04 미국 혁명의 전개

(가)는 보스턴 차 사건(1773), (나)는 요크타운 전투(1781)에 대한 설명이다. 영국은 7년 전쟁으로 재정이 어려워지자 식민지에 각종 세금을 부과하였다. 식민지인들이 이에 반발하여 보스턴 차 사건을 일으켰고, 식민지 민병대와 영국군의 충돌로 독립 전쟁이 시작되었다. 이후 식민지 대표들은 조지 워싱턴을 총사령관으로 임명하고 독립 선언문을 발표하였다. 조지 워싱턴이 이끄는 식민지군은 요크타운 전투에서 영국군에 승리하며 전쟁의 승기를 잡았다.

바로 알기 ①, ④, ⑤는 (나) 이후, ②는 (가) 이전에 있었던 사실이다.

05 미국 독립 선언문의 특징

㉠은 평등, ㉡은 국민이다. 미국 독립 선언문에는 모든 인간은 평등하게 태어났다는 기본권에 대한 내용과 정부의 권력은 사람들의 동의로부터 나오며 이 목적을 훼손하는 경우에는 새로운 정부를 수립할 수 있는 권리가 국민에게 있다는 저항권을 담고 있다.

06 미국 독립 선언문의 내용

✦ 자료로 이해하기

제시된 글은 1776년 미국에서 발표된 독립 선언문이다. 미국 독립 선언문은 미국 혁명 당시 북아메리카 13개의 식민지 대표들이 발표하였다. 선언문에는 인간의 기본권과 국민 주권, 천부 인권, 저항권 등과 같은 근대 민주주의의 원리가 담겨 있다.

바로 알기 ④ 입헌 군주제가 마련된 것은 영국의 권리 장전 승인 등으로 이루어진 일로, 미국의 독립 선언문과는 관련이 없다.

07 조지 워싱턴의 활동

조지 워싱턴은 영국과 독립 전쟁이 일어나자 식민지군을 이끌며 전쟁에 나섰다. 독립 이후에는 식민지 대표들에 의해 아메리카 합중국의 초대 대통령으로 선출되었다.

08 미국의 정치 체제

㉠에 들어갈 정치 체제는 민주 공화국이다. 독립 이후 미국의 13개 주는 각 주의 독립성을 보장하는 미국 헌법을 제정하고 각 주의 대표들은 조지 워싱턴을 초대 대통령으로 선출하였다. 미국 헌법에는 국민 주권과 삼권 분립의 원칙이 담겨 있는데, 이로써 국민에게 주권이 있는 세계 최초의 민주 공화국인 미국이 탄생하였다.

바로 알기 ①은 소수의 귀족이 다스리는 정치 체제로 고대 로마 등에서 시행되었다. ②는 도시 자체가 하나의 국가를 이루는 정치 체제로 고대 그리스의 폴리스가 대표적이다. ④는 국가의 권력이 왕에게 있지만 헌법에 따라 왕의 권한이 제한되는 정치 체제이다. ⑤는 16세기 유럽에서 나타난 정치 체제로 강한 군사력과 효율적인 징세 제도, 중앙 집권적 행정 기구를 갖추었다.

09 미국 헌법의 특징

제시된 글은 미국 헌법이다. 독립을 이룬 북아메리카 13개 식민지는 연방제를 특징으로 하는 헌법을 제정하였다. 이에 따라 각 주는 광범위한 자치를 누릴 수 있게 되었다. 헌법에는 주권이 국민에게 있다는 국민 주권과 국가의 권력을 행정, 입법, 사법으로 분리한다는 삼권 분립의 원칙이 명시되어 있다.

바로 알기 ② 미국 헌법은 대통령제를 채택하였고, 초대 대통령으로 조지 워싱턴이 선출되었다.

10 삼부회

밑줄 친 '이 용어'는 삼부회이다. 삼부회는 프랑스 구제도의 세 신분 대표가 모이는 회의로 루이 16세가 재정 위기를 해결하기 위해 소집하였다. 삼부회에서 제3 신분은 머릿수에 따른 투표를 주장하였지만 받아들여지지 않았다. 이후 제3 신분은 국민 의회를 결성하고 새로운 헌법이 제정될 때까지 해산하지 않겠다는 테니스코트의 서약을 발표하였다.

바로 알기 ②, ③, ⑤는 삼부회 소집 이후에 프랑스 혁명 과정에서 나타난 의회에 해당한다. ④ 대륙 회의는 미국 혁명 당시 식민지인들이 개최한 회의이다.

11 프랑스 혁명의 배경

✦ **자료로 이해하기**

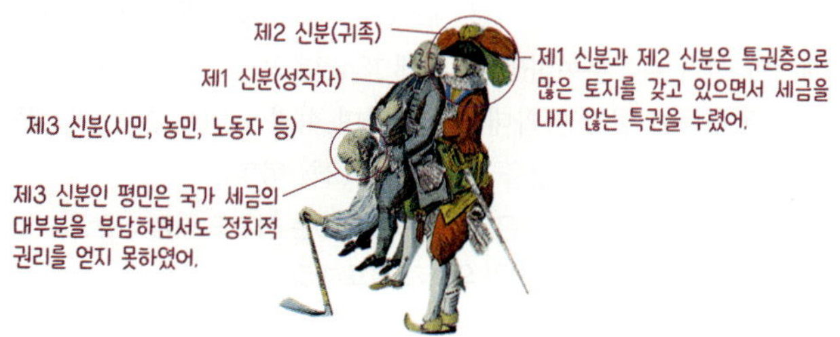

그림은 프랑스 혁명의 배경이 된 구제도의 모순을 풍자한 것이다. 프랑스는 18세기에도 여전히 구제도를 유지하고 있었고, 시민들은 불평등한 구제도에 불만을 가졌다.

바로 알기 ①은 청교도 혁명, ③은 미국 혁명, ④는 프랑스 7월 혁명, ⑤는 명예혁명과 관련이 있다.

12 국민 의회 시기의 사건

기사의 제목에는 파리 시민의 바스티유 습격 관련 내용이 들어가야 한다. 테니스코트의 서약 이후 루이 16세가 군대를 동원하여 국민 의회를 해산하려 하자 분노한 시민들은 구제도의 상징인 바스티유를 습격하였다.

13 인간과 시민의 권리선언(인권 선언)

선언문은 프랑스 혁명 당시 국민 의회가 발표한 '인간과 시민의 권리선언(인권 선언)'이다. 국민 의회는 봉건제 폐지를 선언한 후 프랑스 혁명의 기본 이념을 담은 인권 선언을 발표하였다.

바로 알기 ㄱ. 입법 의회가 아닌 국민 의회가 발표하였다. ㄷ. 노동자들의 선거권 확대 요구는 영국의 인민헌장 등에 담겨 있다.

14 로베스피에르의 활동

㉮에 들어갈 인물은 로베스피에르이다. 로베스피에르는 국민 공회를 주도하였으며 공안 위원회를 설치하고 혁명에 반대하는 세력을 제거하는 등 공포 정치를 실시하였다.

15 나폴레옹 집권 시기의 모습

나폴레옹은 쿠데타로 총재 정부를 무너뜨리고 통령 정부를 수립하였다. 나폴레옹은 국민 교육 제도를 시행하고 프랑스 국민 은행을 만드는 등 국내 개혁을 추진하였다. 1804년 국민 투표를 통해 황제가 된 나폴레옹은 이후 유럽 정복 전쟁을 전개하였다. 트라팔가르 해전에서 영국에 패배하였지만 지상에서는 오스트리아와 프로이센 등을 격파하였다.

바로 알기 ⑤ 빈 체제는 유럽 각국의 대표들이 정치 질서를 프랑스 혁명 이전으로 되돌려 놓자고 합의한 것으로, 나폴레옹 몰락 이후에 형성되었다. 빈 체제는 유럽 각국에서 자유주의 운동이 시작되면서 무너졌다.

16 나폴레옹의 업적

제시된 법전은 『나폴레옹 법전』이다. 통령 정부 시기에 나폴레옹은 『나폴레옹 법전』을 편찬하여 프랑스 혁명의 이념을 법제화하였다. 나폴레옹은 이와 같은 정치 개혁으로 국민의 지지를 얻은 뒤 국민 투표를 통해 황제로 즉위하였고, 정복 전쟁에 나서서 유럽 대부분을 장악하였다.

바로 알기 ①은 영국의 메리 여왕과 윌리엄 3세, ②는 프랑스의 로베스피에르, ③은 프로이센의 비스마르크, ⑤는 미국의 조지 워싱턴에 대한 설명이다.

17 나폴레옹 정복 전쟁의 영향

검색창에 들어갈 전쟁은 나폴레옹 정복 전쟁이다. 나폴레옹은 황제로 즉위한 이후 정권을 장악하고 프랑스를 견제하는 주변국을 차례로 정복하였다. 이 과정에서 프랑스 혁명의 이념인 자유주의 이념을 유럽에 확산시켰다. 또한 유럽 각국이 나폴레옹의 지배에 저항하는 과정에서 민족주의 이념이 성장하였다.

바로 알기 ①은 명예혁명, ②는 셀주크 튀르크의 예루살렘 점령, ③은 구제도의 모순, ④는 미국 혁명과 관련이 있다.

✦ 자료로 이해하기

나폴레옹은 오스트리아, 프로이센, 러시아를 격파한 후 신성 로마 제국을 해체시키며 유럽 대부분을 장악하였어.

지도에 나타난 전쟁은 나폴레옹의 정복 전쟁이다. 나폴레옹은 영국을 굴복시키고자 대륙 봉쇄령을 선포하였다. 그러나 러시아가 이를 어기고 영국과 교역을 하자 러시아 원정에 나섰지만 실패하였다. 이후 영국을 중심으로 한 대프랑스 동맹에 패하면서 나폴레옹은 몰락하였다. 나폴레옹의 정복 전쟁 과정에서 프랑스 혁명의 이념인 자유주의 이념이 널리 퍼졌다.

바로 알기 ②는 나폴레옹 정복 전쟁 이전에 있었던 사실이다.

서술형 문제　　　　　177쪽

1 보스턴 차 사건의 배경

(1) **답** 보스턴 차 사건

(2) **예시 답안** 영국이 프랑스와의 전쟁으로 재정이 부족해지자 북아메리카 식민지에 설탕과 차 등에도 세금을 과도하게 부과하였다.

점수	채점 기준
상	영국이 재정이 악화되어 식민지에 설탕, 차 등에도 세금을 부과함으로써 보스턴 차 사건이 일어났다고 서술한 경우
하	영국이 식민지에 세금을 과도하게 부과하였다고만 서술한 경우

2 나폴레옹의 활동

(1) **답** 나폴레옹

(2) **예시 답안** 나폴레옹 정복 전쟁으로 유럽 곳곳에 프랑스 혁명의 이념인 자유주의 이념이 확산되었다. 또한 나폴레옹의 지배에 대항하는 과정에서 민족의 단결을 주장하는 민족주의 이념이 전파되었다.

점수	채점 기준
상	나폴레옹의 정복 전쟁이 유럽에 미친 영향을 두 가지 서술한 경우
하	나폴레옹의 정복 전쟁이 유럽에 미친 영향을 한 가지만 서술한 경우

O2 유럽과 아메리카의 국민 국가 체제(2)

문제로 개념 확인 ➕ **비주얼로 핵심 콕콕**

179쪽 ┃ 1 (1) 자유주의 (2) 그리스 (3) 프랑스 혁명

2 (1) ㄴ (2) ㄱ　　**3** 인민헌장

A 메테르니히　　**B** 7월

181쪽 ┃ 1 (1) 사르데냐 왕국 (2) 프로이센　　**2** (1) ㄴ (2) ㄱ

3 (1) 링컨 (2) 자유 무역

C 철혈　　**D** 남북

183쪽 ┃ 1 (1) × (2) ○　　**2** (1) ㄴ (2) ㄱ (3) ㄷ

3 (1) 크리오요 (2) 미국

E 산마르틴　　**F** 크리오요

시험 대비 핵심 문제　　　　184~187쪽

01 ③	**02** ③	**03** ①	**04** ⑤	**05** 차티스트 운동	**06** ①
07 ④	**08** ①	**09** ④	**10** ⑤	**11** ④　**12** ①	**13** ①
14 ③	**15** ④	**16** ⑤	**17** 멕시코		**18** ⑤　**19** ③

서술형 문제 ┃ 1~2번 해설 참조

01 메테르니히의 활동

밑줄 친 '이 회의'는 빈 회의이며, 메테르니히가 주도하였다. 빈 회의에서 유럽 각국의 대표들이 유럽의 질서를 혁명 이전으로 되돌리고자 하는 것에 합의하며 빈 체제가 성립되었다.

02 그리스의 독립

㉠에 공통으로 들어갈 국가는 그리스이다. 그리스가 오스만 제국으로부터 독립하자 빈 체제는 균열이 생기며 크게 동요되었다.

03 프랑스 2월 혁명의 결과

프랑스 7월 혁명으로 들어선 새로운 왕정은 소수의 부유한 시민에게만 선거권을 부여하였다. 이에 1848년 프랑스에서 파리 시민과 노동자들이 선거권 확대를 요구하며 혁명을 일으켰다. 이들은 왕정을 폐지하고 공화정을 수립하였다(2월 혁명).

바로 알기 ②는 빈 체제, ③은 프랑스 혁명, ④는 청교도 혁명과 관련이 있다. ⑤는 프랑스 혁명 시기 국민 의회가 발표하였다.

04 프랑스 7월 혁명 이후의 상황

샤를 10세가 의회를 해산하는 등 전제 정치를 시행하자 파리의 자유주의자들과 시민들은 혁명을 일으켰다(7월 혁명). 7월 혁명의 결과 루이 필리프를 왕으로 하는 입헌 군주제가 수립되었다.

바로 알기 ㄱ, ㄴ은 (가) 이전의 사실이다.

05 차티스트 운동

제1차 선거법 개정으로 영국의 중산 계급은 선거권을 획득하였으나, 노동자들은 선거권을 얻지 못하였다. 이에 선거권을 얻지 못한 노동자들은 인민헌장을 발표하고, 선거권을 요구하는 내용의 인민 헌장을 의회에 제출하기 위한 서명 운동을 벌였다(차티스트 운동).

06 영국의 선거법 개정 과정

제1차 선거법 개정으로 부패 선거구는 폐지되었지만 대부분의 노동자들은 선거권을 얻지 못하였다. 이들은 요구 사항을 담은 인민 헌장을 의회에 제출하였으나 받아들여지지 않았다. 그러나 지속적으로 선거법 개정을 요구하며 유권자의 확대를 이끌어 냈다.

바로 알기 ②, ⑤는 제3차 개정, ④는 선거법 개정 이전의 사실이다. ③ 여성의 참정권은 제4차 개정에서는 제한적으로 인정되었고, 제5차 개정에서 남성과 마찬가지로 제한 없이 인정되었다.

07 카부르의 활동

카부르는 사르데냐 왕국의 재상으로 프랑스의 도움을 받아 오스트리아와의 전쟁에서 승리하였고, 이탈리아 중북부를 통합하여 이탈리아 통일 운동을 주도하였다.

바로 알기 ①은 미국의 먼로 대통령, ②는 프랑스의 루이 14세, ③은 미국의 링컨 대통령, ⑤는 프로이센의 비스마르크 등의 활동이다.

08 가리발디의 활동

밑줄 친 '그'는 가리발디이다. 사르데냐 왕국의 가리발디가 이탈리아 남부 지역인 나폴리와 시칠리아를 점령하여 사르데냐 국왕에게 바침으로써 이탈리아의 통일이 완성되었다.

바로 알기 ②는 오스트리아의 메테르니히, ③은 프랑스의 나폴레옹, ④는 영국의 크롬웰, ⑤는 영국의 메리 여왕과 윌리엄 3세에 대한 설명이다.

09 독일의 통일 과정

독일은 ㈐ 프로이센을 중심으로 관세 동맹 체결 – ㈎ 비스마르크의 철혈 정책 추진 – ㈑ 오스트리아를 격파하고 북독일 연방 결성 – ㈏ 빌헬름 1세의 황제 즉위의 순서로 통일되었다.

10 자유주의와 민족주의 운동

프랑스 혁명의 영향으로 19세기 유럽에는 자유주의와 민족주의 운동이 전개되었다. 프랑스에서는 7월 혁명과 2월 혁명이 일어났고 영국에서는 노동자들이 차티스트 운동을 벌였다. 이탈리아와 독일에서도 분열된 나라를 통일하려는 움직임이 일어났다.

11 미국의 남북 전쟁

독립 이후 미국의 남부는 노예를 이용하여 목화를 재배하는 대농장 경영이 발달하였고 북부는 임금 노동자를 바탕으로 한 공업이 발전하였다. 이러한 산업 구조의 차이가 배경이 되어 남북 전쟁이 일어났다. 남부는 노예제 유지와 자유 무역을 주장하였고, 북부는 노예제 폐지와 보호 무역을 주장하였다. 북부는 우세한 공업 생산력과 여론의 지지를 바탕으로 전세를 역전시키며 승리하였다.

바로 알기 ④ 남부의 여러 주가 연방을 탈퇴하고 북부를 공격하면서 남북 전쟁이 시작되었다.

12 링컨의 노예 해방 선언

✦ **자료로 이해하기**

> 현재 미국에 대하여 반란 상태에 있는 주 또는 주의 일부 노예들은 1863년 1월 1일 이후부터 영원히 자유의 몸이 될 것이다.
> └ 남북 전쟁 중이던 시기에 발표되었어.

제시된 글은 링컨의 노예 해방 선언이다. 링컨은 남북 전쟁 중에 노예 해방 선언을 발표하였고, 이 선언으로 북부가 국제적인 지지를 얻어 전쟁에서 승리하였다.

바로 알기 ②는 영국의 차티스트 운동 등, ③은 미국의 독립 선언문, ④는 영국의 권리 장전, ⑤는 먼로주의에 대한 설명이다.

13 남북 전쟁의 결과

밑줄 친 '이 전쟁'은 남북 전쟁이다. 미국은 남북 전쟁 이후 보호 무역을 실시하였으며 대륙 횡단 철도를 완공하여 지역 간 통합을 이루었다. 또한 미국으로 들어오는 이민자 수가 늘어나면서 노동력이 풍부해졌고, 산업화를 통해 세계적인 공업 국가로 성장하였다.

바로 알기 ①은 미국 독립 혁명 시기에 발생하였다.

14 산마르틴의 활동

19세기 라틴 아메리카 남부에서는 아르헨티나 출신인 크리오요 산마르틴이 혁명군을 양성하여 에스파냐군을 물리치고 아르헨티나, 칠레 등을 독립시켰다.

바로 알기 ①은 이탈리아의 통일에 기여하였다. ②는 베네수엘라, 콜롬비아, 에콰도르 등의 독립을 이끌었다. ④는 철혈 정책으로 독일의 통일을 주도하였다. ⑤는 아이티의 독립을 이끌었다.

15 투생 루베르튀르의 업적

프랑스의 지배를 받던 아이티는 투생 루베르튀르의 주도로 흑인 노예들과 봉기하여 1804년에 라틴 아메리카 최초의 독립국인 아이티 공화국을 세웠다.

바로 알기 ①은 오스트리아의 메테르니히, ②는 프로이센의 비스마르크, ③은 프랑스의 나폴레옹, ⑤는 베네수엘라의 볼리바르의 활동에 대한 설명이다.

16 라틴 아메리카 독립의 배경

19세기에 미국의 독립과 프랑스 혁명의 영향으로 라틴 아메리카에 민족 운동이 널리 퍼졌다. 유럽의 보수 세력은 라틴 아메리카를 다시 식민지로 되돌리려 하였으나 미국 먼로 대통령이 유럽의 아메리카 대륙 간섭을 허용하지 않겠다는 선언(먼로주의)과 라틴 아메리카와 무역을 하려는 영국의 지지 선언으로 라틴 아메리카의 여러 국가들이 독립을 이루었다.

바로 알기 ㄱ은 영국에서 일어난 자유주의 운동의 결과이다. ㄴ은 남북 전쟁에서 북부가 승리하는 결과를 가져왔다.

17　멕시코의 독립

밑줄 친 '이 국가'는 멕시코이다. 가톨릭 사제인 이달고 신부는 멕시코에서 사람들을 모아 민중 봉기를 이끌며 에스파냐의 식민 통치에 저항하였다.

18　크리오요의 활동

검색창에 들어갈 세력은 크리오요이다. 크리오요는 라틴 아메리카에서 태어난 에스파냐인의 후손으로, 볼리바르, 산마르틴 등이 대표적이다. 이들은 독립 이후 군부를 형성하여 정권을 장악하였다.

바로 알기　①은 북아메리카 식민지인들, ②는 프랑스 7월 혁명의 시민들, ③은 프랑스 혁명 시기의 제3 신분, ④는 영국의 명예혁명 당시 의회의 활동에 대한 설명이다.

19　라틴 아메리카의 변화

독립 이후 라틴 아메리카에서는 크리오요가 대지주로 성장하였다. 또한 독립 과정에서 세력을 키운 군부 세력의 쿠데타가 빈번하게 일어나는 등 정치적으로 혼란스러웠다. 한편, 공업적 기반이 부족했던 라틴 아메리카는 미국과 유럽에 대한 경제적 의존도가 높았는데, 미국은 쿠바를 보호국으로 삼기도 하였다.

바로 알기　③ 공업적 기반이 부족했던 라틴 아메리카는 미국과 유럽에 식료품과 원료를 팔고 이들 지역에서 공업 제품과 자본을 수입하였다. 그 결과 농업과 공업이 균형 있게 발전하지 못하였다.

서술형 문제　　　　　187쪽

1　프랑스 7월 혁명의 배경

(1) **답** 7월 혁명

(2) **예시 답안** 빈 체제 이후 프랑스에서는 부르봉 왕조가 부활하여 샤를 10세가 즉위하였다. 샤를 10세가 의회를 해산하고 시민의 자유를 제한하는 등 전제 정치를 실시하자 7월 혁명이 일어났다.

점수	채점 기준
상	부르봉 왕조의 샤를 10세가 의회를 해산하고 시민의 자유를 제한하는 등 전제 정치를 실시하였다고 서술한 경우
하	부르봉 왕조의 샤를 10세가 전제 정치를 실시하였다고만 서술한 경우

2　차티스트 운동의 배경

예시 답안 영국에서는 제1차 선거법 개정 이후에도 선거권을 받지 못한 노동자들이 인민헌장을 발표하였고, 선거권 확대를 요구하며 이를 의회에 제출하기 위한 차티스트 운동을 벌였다.

점수	채점 기준
상	제1차 선거법 개정으로 선거권을 받지 못한 대부분의 노동자들이 선거권 확대를 요구하기 위해 인민헌장을 발표하고 차티스트 운동을 벌였다고 서술한 경우
하	선거권 확대를 요구하려고 차티스트 운동을 벌였다고만 서술한 경우

03　유럽의 산업화와 제국주의

문제로 개념 확인　➕　**비주얼로 핵심 콕콕**

189쪽 ┃ 1 (1) 영국 (2) 인클로저 운동　　**2** (1) 증기 기관 (2) 방직기
3 (1) 미국 (2) 스티븐슨 (3) 모스
A 산업 혁명

191쪽 ┃ 1 (1) ○ (2) ✕　　**2** 러다이트 운동　　**3** (1) ㄴ (2) ㄱ
B 자본주의　　**C** 마르크스

193쪽 ┃ 1 (1) 인종주의 (2) 사회 진화론　　**2** (1) ㄱ (2) ㄴ
3 (1) 인도 (2) 영국
D 제국주의　　**E** 정치

시험 대비 핵심 문제　　　　194~199쪽

01 ④	**02** 인클로저 운동	**03** ③	**04** ⑤	**05** ④	**06** ⑤
07 ⑤	**08** ①	**09** ②	**10** ④	**11** ④	**12** 러다이트 운동
13 ③	**14** ⑤	**15** ⑤	**16** ④	**17** ④	**18** ③	**19** ③
20 ④	**21** ⑤	**22** 대농장(플랜테이션)		**23** ④	**24** ③
25 ⑤	**서술형 문제** ┃ 1~4번 해설 참조				

01　산업 혁명의 배경

산업 혁명은 영국에서 가장 먼저 일어났다. 영국은 청교도 혁명과, 명예혁명 등 시민 혁명을 겪으며 정치적으로 안정을 이루었고, 공업 발달에 필요한 석탄과 철 등 지하자원이 풍부하였다. 또한 일찍부터 해외에 식민지를 만들어 원료 공급지와 상품 판매처로 활용하였다.

02　인클로저 운동의 내용

제시된 글은 인클로저 운동에 대한 설명이다. 18세기 영국에서는 도시 인구 증가로 곡물 가격이 오르자 인클로저 운동을 전개하였다. 지주들은 곡물 생산을 늘리기 위해 토지를 매입하거나 합병하였다. 이 과정에서 토지를 잃은 농민들이 일자리를 찾아 도시로 이동하였다.

03　풀턴의 활동

밑줄 친 '이 인물'은 풀턴이다. 풀턴은 증기 기관의 동력을 이용한 증기선을 만들어 운항에 성공하였다. 증기선이 발명되면서 물류의 운송 시간이 단축되었고 강과 바다를 이용한 수상 교통이 발달하였다.

바로 알기　① 벨은 전화기를 발명하였다. ② 모스는 유선 전신을 발명하였다. ④ 에디슨은 전구를 발명하였다. ⑤ 제임스 와트는 증기 기관을 개량하였다.

04 산업 혁명의 전개

산업 혁명은 18세기 영국에서 가장 먼저 시작되었다. 면직물의 수요가 증가하자 방적기, 방직기 등이 발명되어 실이 대량으로 생산될 수 있었다. 또한 증기 기관이 새로운 동력으로 사용되어 면직물 생산이 크게 늘어났다. 이에 전통적인 가내 수공업이 쇠퇴하고 공장제 기계 공업이 확산되었다. 한편, 스티븐슨이 증기 기관차를 제작하고 풀턴이 증기선을 제작하면서 교통이 발달하였고 모스가 유선 전신을 발명하면서 통신이 발달하였다. 산업화는 교통과 통신의 발달로 철도가 건설되면서 벨기에, 프랑스, 미국 등 세계 각국으로 확산되었다.

바로 알기 ⑤ 산업 혁명의 결과 공장제 기계 공업이 확산되었다.

05 증기 기관의 발명

제임스 와트가 개량한 증기 기관은 기계를 움직이는 데 새로운 동력으로 사용되어 면직물을 대량으로 생산할 수 있게 되었다. 이와 같이 산업 혁명 시기에는 기계의 발명으로 생산량이 늘어나면서 점차 가내 수공업에서 벗어나 공장제 기계 공업으로 발달하였다.

바로 알기 ① 계몽사상은 인간의 이성이 사회를 진보하게 한다고 믿는 사상으로 산업 혁명과는 관련이 없다. ② 르네상스는 14세기 이탈리아에서 시작된 문예 부흥 운동이다. ③ 중상주의 정책은 16~17세기에 재정·군사 국가들이 실시하였다. ⑤ 차티스트 운동은 영국에서 전개된 노동자들의 선거권 요구 운동이다.

06 산업 혁명 시기의 발명

㉠은 스티븐슨, ㉡은 유선 전신이다. 스티븐슨은 증기 기관을 이용한 증기 기관차를 제작하여 철도가 만들어지는 데 큰 역할을 하였다. 한편, 모스가 유선 전신을 발명하고 벨이 전화를 발명하는 등 통신 분야에서도 획기적인 기술의 발전이 일어났다.

07 19세기 유럽의 철도망

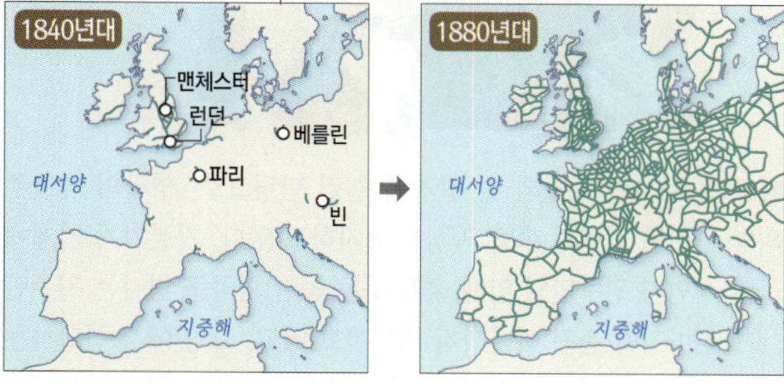

산업화가 진행되면서 증기 기관의 개량은 교통수단에 큰 발달을 가져왔다. 영국의 스티븐슨이 증기 기관차를 개발한 이후 각지에 철도가 부설되어 상품 운송과 사람의 이동이 활발해졌고, 시장이 전 세계로 확대되었다. 산업 혁명 이후 각국 정부는 철도 이용이 상품 시장을 넓히는 데 유리하다고 판단하여 경쟁적으로 철도를 건설하였다.

08 미국의 산업화

㉠에 들어갈 국가는 미국이다. 18세기 후반 유럽에서 시작된 산업 혁명은 19세기에 여러 나라로 퍼져 나갔다. 그중 미국은 남북 전쟁 이후 국민적 단합을 강화하고자 하였고, 1869년 대륙 횡단 철도를 완성하여 지역 간 통합을 이루었다. 또한 적극적인 이민자 수용 정책으로 풍부한 노동력을 확보하여 19세기 말 세계 최대의 공업국으로 성장하였다.

09 산업 사회의 형성

산업화가 진행되면서 교통수단의 발달로 지역 간 교류가 활발해졌고, 사람들의 생활이 편리해졌다. 그러나 빈부 격차가 커지고 상하수도 시설이 부족하여 전염병이 발생하는 등 각종 사회 문제들이 발생하였다. 한편, 자본가와 노동자라는 새로운 계급이 등장하면서 생산과 소비가 시장에 따라 결정되는 자본주의 경제 체제가 자리를 잡았다.

바로 알기 ② 중상주의 정책은 16~17세기에 재정·군사 국가들이 실시한 정책이다.

10 애덤 스미스의 활동

㉮에 들어갈 인물은 애덤 스미스이다. 애덤 스미스는 영국의 철학자이자 경제학자로 국가의 간섭 없이 생산자와 소비자의 자유로운 경제활동을 보장해야 한다는 자유방임주의를 주장하며 자본주의 체제를 이론적으로 뒷받침하였다.

바로 알기 ① 미국의 먼로 대통령은 아메리카 대륙에 대한 유럽의 불간섭을 내용으로 한 먼로주의를 선언하였다. ② 프로이센 출신 마르크스는 산업화에 따른 사회 문제를 해결하기 위한 방안으로 사회주의 사상을 주장하였다. ③ 영국의 스티븐슨은 증기 기관차를 제작하였다. ⑤ 영국의 제임스 와트는 증기 기관을 개량하였다.

11 산업 혁명 이후의 사회 변화

산업 혁명으로 공장제 기계 공업이 발달하고 생산량이 증가하는 등 물질적 풍요가 이루어졌지만 빈부 격차가 심화되는 등 여러 가지 사회 문제가 나타났다. 그중 노동 문제가 발생하자 일부 노동자들은 노동조합을 결성하여 노동 조건의 개선을 요구하였다. 또한 석탄과 석유가 새로운 동력으로 사용되면서 환경 오염이 심각해졌다.

바로 알기 ㄱ. 젠트리는 16세기 영국에서 등장하였다. ㄷ. 14세기 유럽에서 흑사병의 유행으로 인구가 크게 감소하였다. 노동력이 부족해진 일부 영주들은 줄어든 수입을 보충하고자 농민을 억압하였고 이에 반발하여 프랑스에서 자크리의 난, 영국에서 와트 타일러의 난이 일어났다.

12 러다이트 운동

㉠에 들어갈 운동은 러다이트 운동이다. 산업화가 널리 퍼지면서 자본가와 노동자라는 새로운 계급이 등장하였고, 자본을 가지지 못한 노동자는 자본가에게 고용되어 임금을 받으며 생활하였다. 이에 영국의 일부 노동자는 기계가 자신들의 일자리를 빼앗는다고 생각하여 기계를 파괴하는 러다이트 운동을 벌였다.

13 사회주의 사상

자료의 인물은 마르크스이며 그가 주장한 사상은 사회주의 사상이다. 산업 혁명 이후 사회 문제가 확산되자 자본주의 체제를 비판하는 사회주의 사상이 나타났다. 마르크스는 초기 사회주의자들의 비현실성을 비판하면서 노동자의 투쟁을 통해 사유 재산 제도가 없는 새로운 사회를 건설할 것을 주장하였다.

바로 알기 ①은 인간의 이성이 사회를 진보하게 한다고 믿는 사상이다. ②는 민족을 중심으로 통일 국가를 이루어야 한다는 사상이다. ④는 인종 간에 우열이 있다고 주장하는 사고방식이다. ⑤는 인간은 태어나면서 자유롭고 사회는 그 자유를 보장해 주어야 한다는 사상이다.

14 산업 혁명 시기에 있었던 사실

자료는 산업 혁명 시기 아동 노동의 실태에 대해 조사한 보고서이다. 산업 혁명 시기 자본가들은 노동자를 고용하여 이윤을 창출하였다. 노동자들은 낮은 임금을 받으며 장시간 노동에 시달렸고, 자본가들은 더 큰 이윤을 얻기 위해 여성과 아동을 고용하기도 하였다. 이와 같은 상황에서 자본주의 체제를 비판하는 사회주의 사상이 출현하였다.

바로 알기 ① 젠트리는 16세기에 등장하였고, 17세기에 세력이 확대되었다. ②는 명예혁명, ③, ④는 청교도 혁명 시기의 모습이다.

15 사회 진화론

대화의 주제는 사회 진화론이다. 사회 진화론은 우월한 사회나 국가가 열등한 사회나 국가를 지배하는 것이 당연하다고 주장하는 이론이다. 19세기 제국주의 국가들은 원료 공급지와 상품 판매 시장을 찾기 위해 식민지를 얻고자 하였다. 이에 약소국이 강대국의 지배를 받는 것을 정당화하기 위해 사회 진화론을 내세웠다.

바로 알기 ①은 인종주의, ②는 민족주의, ③은 계몽사상, ④는 왕권신수설에 대한 설명이다.

16 제국주의 열강의 지배 논리

✦ **자료로 이해하기**

제시된 글은 문명을 모르는 아시아·아프리카인들을 문명화시키는 것을 백인의 사명으로 묘사하고 있고, 원주민을 '악마'나 '어린아이'처럼 표현하고 있다. 이처럼 19세기 유럽인은 사회 진화론, 인종주의, 백인 우월주의 등을 사상적 기반으로 하여 자신들의 식민지 지배를 정당화하였다.

바로 알기 ④는 산업 혁명 이후 노동 문제와 각종 사회 문제가 발생하자 나타난 사회주의 사상에 대한 설명이다.

17 제국주의 열강의 아프리카 침략 배경

㉠은 아프리카, ㉡은 베를린 회의이다. 탐험가들을 통해 아프리카 지역에 지하자원이 풍부하다는 것이 알려지면서 유럽 열강은 경쟁적으로 아프리카를 침략하였다. 이들은 베를린 회의에서 아프리카 분할에 합의하였고, 20세기 초에는 아프리카 대부분이 유럽 열강의 식민지가 되었다.

바로 알기 대륙 회의는 미국 혁명 당시 식민지인들이 영국에 항의하기 위해 개최하였다.

18 영국의 식민지 지배

그림은 세실 로즈를 통해 영국의 아프리카 종단 정책을 풍자한 것이다. 영국은 아프리카에서 종단 정책을 펼쳤고, 태평양 지역에서는 오스트레일리아와 뉴질랜드를 지배하였다.

바로 알기 ①, ⑤는 프랑스, ②는 미국, ④는 독일에 대한 설명이다.

19 제국주의 식민지 수탈

밑줄 친 '이 국가'는 프랑스이다. 19세기 제국주의 열강의 아프리카 침략이 본격화되었다. 이 과정에서 제국주의 국가 간의 갈등이 곳곳에서 일어났다. 영국은 이집트 카이로에서 남아프리카의 케이프타운을 잇는 종단 정책을 전개하였고 프랑스는 알제리와 마다가스카르를 동서로 연결하는 횡단 정책을 전개하며 아프리카 파쇼다에서 충돌하였다(파쇼다 사건). 한편, 프랑스는 뒤늦게 식민지 획득에 나선 독일과 모로코를 둘러싸고 대립하기도 하였다(모로코 사건).

바로 알기 ①은 러시아, ②는 영국, ④는 네덜란드, ⑤는 미국에 대한 설명이다.

20 제국주의 열강의 식민지 수탈

✦ **자료로 이해하기**

자료는 1904년 독일의 한 잡지에 실린 만평으로, 영국의 제국주의와 관련된 식민지 수탈 과정을 풍자하고 있다. 자본가가 기계에 묶인 식민지 원주민의 입에 술을 붓는 동안 영국군 병사는 원주민에게서 마지막 동전 하나까지 쥐어짜고 있고, 그 옆에서 선교사는 신의 뜻이라고 설교하고 있다. 이와 같이 제국주의 열강은 경제력과 군사력을 앞세워 식민지를 수탈하였다.

21 아프리카에서 독립을 유지한 국가

19세기 후반 제국주의 국가들의 아프리카 분할이 본격화되었다. 그 결과 20세기 초반에는 라이베리아와 에티오피아를 제외한 아프리카 대륙 전체가 제국주의 열강의 식민지가 되었다.

바로 알기 ㄱ. 모로코는 프랑스의 식민 지배를 받았다. ㄴ. 이집트는 영국의 식민지가 되었다.

22 대농장(플랜테이션)
검색창에 들어갈 농업 경영 방식은 대농장(플랜테이션) 농업이다. 네덜란드를 비롯한 제국주의 열강은 동남아시아 등에서 서양의 자본과 원주민의 값싼 노동력을 결합하였다. 이에 차, 고무, 커피, 사탕수수와 같은 단일한 상품 작물을 대량으로 재배하는 대농장을 운영하며 경제적으로 막대한 이익을 얻었다.

23 독일의 제국주의 정책
㉠에 들어갈 국가는 독일이다. 19세기 후반 뒤늦게 식민지 경쟁에 뛰어든 독일은 마셜 제도와 캐롤라인 제도 등 태평양의 여러 섬을 점령하며 세력을 확장하였다.

바로 알기 ① 하와이를 병합한 국가는 미국이다. ② 오스트레일리아를 지배한 국가는 영국이다. ③ 베트남과 캄보디아를 점령한 국가는 프랑스이다. ⑤ 인도네시아 대부분 지역을 식민지로 삼은 국가는 네덜란드이다.

24 제국주의 열강의 아시아 침략

✦ 자료로 이해하기

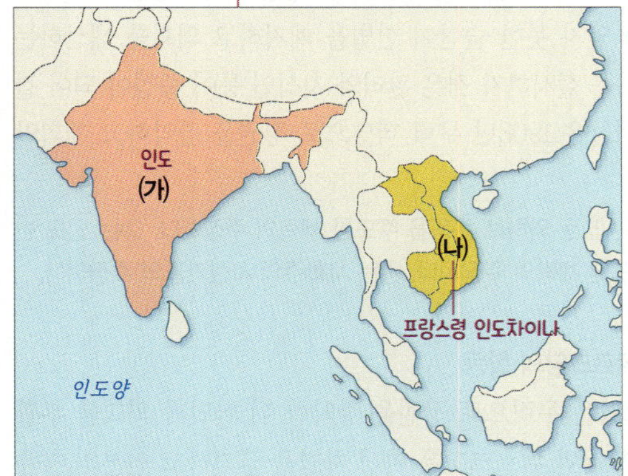

(가)는 인도, (나)는 프랑스령 인도차이나이다. 인도는 17세기부터 영국 동인도 회사의 지배를 받았으나 19세기에 영국이 직접 지배를 위해 영국령 인도 제국을 수립하였다. 한편, 프랑스는 인도차이나반도의 베트남과 캄보디아 등을 점령하였다.

바로 알기 ① (가)는 영국의 식민지이다. 독일의 식민지는 태평양 지역의 마셜 제도, 캐롤라인 제도 등이다. ② 미국은 라틴 아메리카의 쿠바 등을 보호국화하였다. ④ 영국 동인도 회사의 지배를 받은 나라는 (가) 인도 등이다. ⑤ 유럽 열강이 베를린 회의에서 분할에 합의한 지역은 아프리카이다.

25 산업화와 제국주의의 영향
산업 혁명으로 철도가 건설되고 전화기가 발명되는 등 교통과 통신의 발달이 이루어졌으며 세계를 잇는 연결망이 생겨났다. 산업화로 인해 도시가 발전함에 따라 도시 인구가 증가하였고, 유럽인들이 아메리카 대륙과 오스트레일리아 등 해외로 이주하기 시작하였다. 그 결과 식민지 생태환경이 크게 변화하였다.

서술형 문제 199쪽

1 영국의 산업 혁명
(1) **답** 산업 혁명

(2) **예시 답안** 영국은 일찍부터 해외 식민지를 확보하여 원료 공급지와 상품 판매처로 활용하였으며, 석탄과 철 등의 지하자원도 풍부하였다. 또한 인클로저 운동의 영향으로 토지를 잃은 농민들이 일자리를 찾아 도시로 몰려들면서 공장에 값싼 노동력을 제공하였다.

점수	채점 기준
상	산업 혁명이 영국에서 가장 먼저 시작된 배경을 세 가지 서술한 경우
중	산업 혁명이 영국에서 가장 먼저 시작된 배경을 두 가지 서술한 경우
하	산업 혁명이 영국에서 가장 먼저 시작된 배경을 한 가지만 서술한 경우

2 러다이트 운동의 배경
예시 답안 산업 혁명으로 기계가 널리 보급되자 경쟁에서 밀려난 일부 노동자들은 일자리를 잃는 등 노동 문제가 발생하였다. 이에 영국의 일부 노동자들은 기계가 자신들의 일자리를 빼앗는다고 생각하여 기계 파괴 운동을 벌였다.

점수	채점 기준
상	산업 혁명으로 노동 문제가 발생하였고, 일부 노동자들이 기계가 자신들의 일자리를 빼앗는다고 생각하여 러다이트 운동을 벌였다고 서술한 경우
하	영국의 일부 노동자들이 기계가 자신들의 일자리를 빼앗는다고 생각하였다고만 서술한 경우

3 사회주의 사상의 특징
(1) **답** 사회주의

(2) **예시 답안** 산업 혁명 이후 노동 문제와 빈부 격차의 심화 등 각종 사회 문제가 확산되면서 사회주의 사상이 등장하였다. 사회주의는 자본주의 체제를 비판하였고, 사유 재산 제도가 없는 새로운 사회를 주장하며 평등 사회를 건설하고자 하였다.

점수	채점 기준
상	사회주의의 주요 내용을 두 가지 서술한 경우
하	사회주의의 주요 내용을 한 가지만 서술한 경우

4 인종주의의 영향
예시 답안 제국주의 열강은 우월한 백인종이 열등한 유색 인종을 문명화시키는 것이 자신들의 의무라고 주장하였다. 이러한 인종 간에 우열이 있다는 사고방식을 바탕으로 한 인종주의는 제국주의 열강의 식민지 침략 정책을 정당화하였다.

점수	채점 기준
상	인종 간에 우열이 있다는 인종주의를 내세워 제국주의 열강의 식민지 침략 정책을 정당화하였다고 서술한 경우
하	제국주의 열강의 식민지 침략 정책을 정당화하였다고만 서술한 경우

04 ⟋ 아시아의 국민 국가 건설 운동(1)

201쪽 ┃ **1** 탄지마트 **2** (1) ✕ (2) ○

3 (1) 이집트 (2) 와하브 운동 (3) 아라비 파샤

A 튀르크당 **B** 와하브

203쪽 ┃ **1** (1) 인도 국민 회의 (2) 세포이 (3) 플라시 전투

2 스와데시 **3** (나) - (다) - (가)

C 인도 제국 **D** 벵골

시험 대비 **핵심 문제** 204~207쪽

01 ① **02** ① **03** ② **04** ⑤ **05** ③ **06** ① **07** ⑤

08 무함마드 알리 **09** ④ **10** ③ **11** ⑤ **12** ② **13** ①

14 ⑤ **15** ④ **16** ① **17** ㉠: 힌두교, ㉡: 이슬람교 **18** ③

서술형 문제 ┃ 1~2번 해설 참조

01 탄지마트

㉠에 들어갈 개혁은 탄지마트이다. 오스만 제국은 19세기에 들어 유럽 열강의 침입을 받으며 영토가 축소되는 등 위기를 맞았다. 이에 위기를 극복하고자 1839년부터 탄지마트라고 불리는 근대적 개혁을 실시하였다.

바로 알기 ②는 이란, ③은 일본, ④는 아랍 지역, ⑤는 중국에서 일어난 근대화 운동에 대한 설명이다.

02 탄지마트의 내용

제시된 글은 오스만 제국에서 추진한 개혁인 탄지마트에 대한 설명이다. 오스만 제국의 술탄은 위기를 극복하고자 민족과 종교에 따른 차별을 폐지하고 서양식 교육 제도를 실시하며 근대적 군대 양성과 같은 근대적 개혁을 실시하였다. 그러나 개혁의 성과가 기대에 미치지 못하자 술탄이 의회를 해산하며 전제 정치가 시작되었다.

바로 알기 ①은 인도 국민 회의의 반영 운동에 대한 설명이다.

03 오스만 제국의 근대화 운동

탄지마트가 성과를 내지 못하자 술탄은 헌법을 폐지하고 의회를 해산하는 등 전제 정치를 강화하였다. 이에 반발한 젊은 관리와 청년들은 청년 튀르크당을 결성한 이후 1908년에 혁명을 통해 정권을 차지하였다.

바로 알기 ① 오스만 제국이 수립된 시기는 13세기로 ⑺ 이전의 사실이다. ③ 무스타파 케말이 독립 전쟁을 일으킨 시기는 20세기로 ⑺ 이후의 사실이다. ④ 술레이만 1세가 오스트리아의 빈을 공격한 시기는 16세기로 ⑺ 이전의 사실이다. ⑤ 메흐메트 2세가 콘스탄티노폴리스를 수도로 삼은 시기는 15세기로 ⑺ 이전의 사실이다.

04 오스만 제국 영토 축소의 배경

19세기에 들어 오스만 제국은 러시아와 영국 등 유럽 열강의 침략과 제국 내 여러 민족의 독립운동으로 쇠퇴하기 시작하였다. 그 결과 영토가 이전보다 많이 축소되었다.

바로 알기 ① 19세기 유럽 국가들이 나폴레옹의 대륙 침략에 대항하고자 대프랑스 동맹을 맺었다. ②는 이란, ③, ④는 인도에 대한 설명이다.

05 청년 튀르크당의 주장

✦ **자료로 이해하기**

밑줄 친 '이 단체'는 청년 튀르크당이다. 청년 튀르크당은 탄지마트에서 성과를 얻지 못한 술탄이 헌법을 폐지하고 의회를 해산하는 등 전제 정치를 실시하자 젊은 관리와 지식인 등이 중심이 되어 결성되었다. 이들은 1908년 무력 혁명으로 정권을 장악하고 개혁안을 제시하였다.

바로 알기 ①, ⑤는 와하브 운동을 주도한 세력의 주장이다. ②는 인도 반영 운동을 주도한 세력의 주장이다. ④는 사회주의 사상가들의 주장이다.

06 청년 튀르크당의 활동

청년 튀르크당은 무력으로 정권을 장악한 뒤 헌법과 의회를 부활하였다. 이후 청년 튀르크당은 여성 차별을 금지하고 언론의 자유를 보장하였으며, 보통 선거를 실시하였다. 또한 산업을 키우고 국민의 세금 부담을 줄여 주고자 하였다. 그러나 아랍어 사용을 금지하는 등 극단적인 튀르크 민족주의를 내세워 다른 민족의 반발을 사기도 하였다.

바로 알기 ㄷ. 인도 국민 회의의 4대 강령 중 하나이다. ㄹ. 이란의 민족 운동에 대한 설명이다.

07 와하브 운동의 내용

와하브 운동은 18세기 아라비아반도에서 압둘 와하브에 의해 시작되었다. 『쿠란』의 가르침에 따라 생활하고 초기 이슬람교의 순수성을 되찾을 것을 주장하였다. 이 운동은 실패하였지만 아랍인의 민족의식을 깨워주었다.

바로 알기 ①은 그리스의 독립운동 등, ②는 인도 국민 회의의 반영 운동, ③은 이란의 담배 불매 운동, ④는 오스만 제국의 청년 튀르크당의 혁명에 대한 설명이다.

08 무함마드 알리의 활동

검색창에 들어갈 인물은 무함마드 알리이다. 19세기 초 오스만 제국의 이집트 총독이 된 무함마드 알리는 학교와 군대를 개혁하고 산업을 장려하는 근대화 정책을 추진하였다. 이후 이집트는 오스만 제국으로부터 자치권을 획득하였다.

09 이집트의 수에즈 운하

(가)에 해당하는 운하는 수에즈 운하이다. 수에즈 운하의 개통으로 유럽에서 인도까지의 항로가 약 3분의 1로 크게 단축되었다. 그러나 이집트는 수에즈 운하를 건설하는 과정에서 영국과 프랑스에 막대한 빚을 지게 되었다. 이는 영국이 이집트에 대한 간섭을 강화하는 계기가 되었고 이후 영국이 수에즈 운하의 주식을 사들여 경영권을 장악하였다.

바로 알기 ④는 신항로 개척과 관련이 있다.

10 제국주의 열강의 인도 침략

㉠은 동인도 회사, ㉡은 플라시이다. 18세기에 무굴 제국이 쇠퇴하자 동인도 회사를 앞세워 인도에 진출한 영국과 프랑스는 인도에서의 무역 주도권을 두고 플라시에서 충돌하였다. 영국이 플라시 전투에서 승리하면서 벵골 지역에 대한 통치권을 차지하였고, 19세기 중반에는 인도 대부분을 장악하였다.

바로 알기 세포이는 영국 동인도 회사에 고용된 인도인 용병이다.

11 인도와 영국의 모직물 교역

✦ **자료로 이해하기**

그래프는 인도와 영국의 면직물 교역량을 나타낸 것이다. 19세기 영국은 인도인에게 아편과 면화 재배를 강요하였으며, 공장에서 대량 생산된 값싼 영국산 면직물을 인도에 수출하였다. 이에 인도산 면직물의 수요가 줄어들었고 인도의 면직물 산업이 몰락하였다.

12 영국의 인도 지배

플라시 전투의 승리로 인도에 대한 지배권을 차지한 영국은 인도의 종교와 문화를 무시하고 수탈하였다. 이에 동인도 회사의 용병인 세포이들이 중심이 되어 세포이의 항쟁이 일어났다. 세포이의 항쟁을 진압한 이후 영국은 동인도 회사를 해체하고, 인도를 직접 지배하였다.

바로 알기 ㄴ, ㄹ은 플라시 전투 이전에 일어난 사실이다.

13 세포이 항쟁의 결과

인도인들은 영국의 침략과 지배 방식에 대해 불만을 품고 있었다. 이 와중에 영국 동인도 회사가 세포이에게 지급한 탄약통에 소와 돼지의 기름이 칠해져 있다는 소문이 돌자 세포이들은 인도의 문화와 종교를 무시한다고 생각하여 세포이들을 중심으로 항쟁을 일으켰다(1857). 세포이의 항쟁은 다양한 계층이 참여하는 대규모 민족 운동으로 발전하였으나 내부 분열과 영국군의 진압으로 실패하였다. 이후 영국은 무굴 제국의 황제를 폐위하고 인도를 직접 지배하기 위해 영국령 인도 제국을 수립하였다.

바로 알기 ②는 인도 국민 회의 반영 운동의 결과, ③은 20세기 간디와 네루를 중심으로 일어난 인도의 민족 운동의 결과이다. ④는 오스만 제국 메흐메트 2세 때 이스탄불로 이름이 바뀐 것에 대한 설명이다. ⑤는 이집트의 근대화 운동에 대한 설명이다.

14 인도 국민 회의의 결성

밑줄 친 '이 단체'는 인도 국민 회의이다. 18세기 후반 인도에서는 지식인과 종교 지도자들이 영국의 지배에 반대하는 민족 운동을 전개하였다. 영국은 이를 가라앉히고자 인도인 관리와 지식인을 중심으로 인도 국민 회의를 결성하였다. 이들은 초기에 영국의 지배를 인정하면서 인도인의 권익을 확보하는 데 노력하였다.

바로 알기 ①은 무굴 제국의 아우랑제브 황제 등, ②는 이란의 담배 불매 운동을 전개한 민족 운동 세력, ③은 오스만 제국의 청년 튀르크당, ④는 인도의 세포이에 대한 설명이다.

15 벵골 분할령의 영향

✦ **자료로 이해하기**

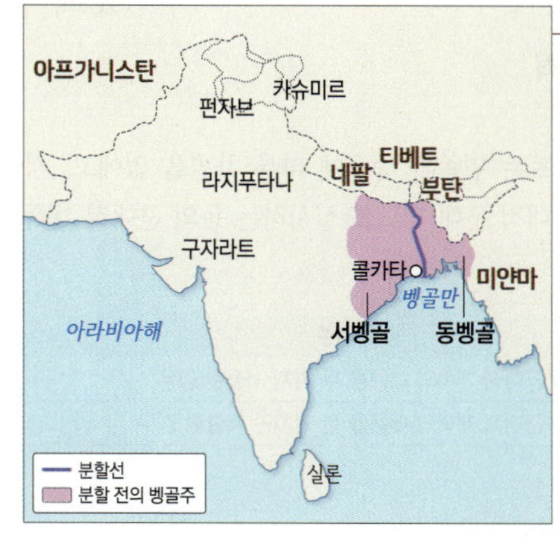

지도는 1905년 영국이 발표한 벵골 분할령에 따라 인도의 벵골 지역이 나뉜 모습이다. 1905년 영국은 행정의 효율성을 높이기 위한다는 명분으로 벵골 분할령을 발표하여 인도인의 분열을 부추겼다. 그러자 인도 국민 회의가 콜카타 대회를 열어 4대 강령을 채택하고 반영 운동에 앞장섰다. 결국 영국은 벵골 분할령을 철회하고 형식적으로 인도인의 자치를 인정하였다.

바로 알기 ① 플라시 전투는 1757년에 일어났다. ② 인도 국민 회의는 영국이 인도인의 불만을 가라앉히고자 1885년에 결성하였다. ③ 영국령 인도 제국은 1877년에 수립되었다. ⑤ 시크교는 무굴 제국 시기에 발전하였다.

16 벵골 분할령 이후 인도의 사회 모습

영국이 1905년 벵골 분할령을 발표하자 인도 국민 회의는 콜카타 대회를 열어 영국산 상품 불매, 스와라지(자치), 스와데시(국산품 애용), 국민 교육 실시의 4대 강령을 발표하였다.

바로 알기 ① 예니체리는 오스만 제국 술탄의 친위 부대이다.

17 벵골 분할령의 목적

㉠은 힌두교, ㉡은 이슬람교이다. 19세기 후반부터 인도에서는 서양식 근대 교육을 받은 지식인을 중심으로 영국의 지배에 반대하는 민족 운동이 확대되었다. 이러한 이유로 영국은 반영 운동이 활발하던 벵골 지역을 힌두교도가 많이 사는 서벵골과 이슬람교도가 많이 사는 동벵골로 나누어 통치하려고 하였다. 이는 종교 갈등을 이용해 민족 운동의 힘을 분산하려는 의도였다.

18 인도의 국민 국가 수립 과정

인도의 국민 국가 수립 과정은 (다) 영국이 플라시 전투에서 프랑스를 물리치고 인도를 지배 – (가) 영국의 지배 방식에 불만을 품은 세포이의 항쟁 발생 – (나) 세포이의 항쟁을 진압한 영국이 무굴 제국의 황제를 폐위하고 영국령 인도 제국 수립 – (라) 인도 국민 회의의 콜카타 대회 개최의 순서로 전개되었다.

서술형 문제   207쪽

1 오스만 제국의 개혁

(1) **답** 탄지마트

(2) **예시 답안** 탄지마트는 민족과 종교에 따른 차별을 없애고, 서양식 교육 제도와 근대적 군대 제도를 실시하는 등의 근대적 개혁을 실시하였다.

점수	채점 기준
상	오스만 제국의 근대적 개혁의 내용을 두 가지 서술한 경우
하	오스만 제국의 근대적 개혁의 내용을 한 가지만 서술한 경우

2 벵골 분할령

(1) **답** 벵골 분할령

(2) **예시 답안** 인도 국민 회의는 영국 상품을 배척할 것, 인도인의 자치를 허용할 것(스와라지), 국산품을 애용할 것(스와데시), 국민 교육을 실시할 것의 내용을 담은 4대 강령을 채택하였다.

점수	채점 기준
상	영국 상품 배척, 스와라지(자치), 스와데시(국산품 애용), 국민 교육 실시의 내용을 모두 서술한 경우
중	위의 내용 중 두 가지를 서술한 경우
하	위의 내용 중 한 가지만 서술한 경우

---

05 아시아의 국민 국가 건설 운동(2)

문제로 개념 확인   +   **비주얼로 핵심 콕콕**

209쪽 | **1** (1) 난징 조약 (2) 공행   **2** ㄷ, ㄹ   **3** (1) 메이지 유신 (2) 홍수전
A 베이징   **B** 양무

211쪽 | **1** (1) 부청멸양 (2) 신축 조약   **2** (1) 우창 (2) 미일 화친 조약 (3) 위안스카이 (4) 쑨원   **3** 일본 제국 헌법
C 중화민국   **D** 메이지

213쪽 | **1** (1) 류큐 (2) 랴오둥반도 (3) 러시아   **2** (1) ㄴ (2) ㄱ
3 (1) × (2) ○ (3) ○ (4) ×
E 삼국 간섭   **F** 강화도

시험 대비 핵심 문제   214~219쪽

01 ④   **02** ①   **03** 애로호 사건   **04** ②   **05** ④   **06** ④
07 ④   **08** ③   **09** ①   **10** ②   **11** ⑤   **12** ③   **13** ④
14 ①   **15** 위안스카이   **16** ②   **17** ①   **18** ③   **19** ①
20 ③   **21** ④   **22** 시모노세키 조약   **23** ④   **24** ②
25 ④   **26** ②   **27** ②
서술형 문제 | 1~4번 해설 참조

01 제1차 아편 전쟁의 배경

＋ 자료로 이해하기

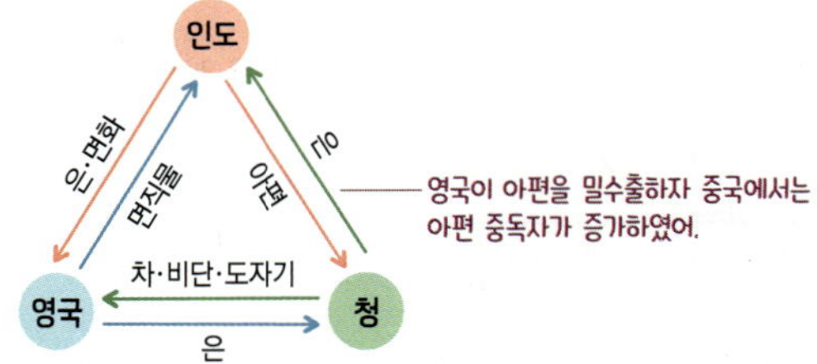

자료는 영국, 인도, 청 사이에 이루어진 삼각 무역을 나타낸 것이다. 19세기 영국은 무역 적자를 해결하기 위해 인도의 아편을 청에 밀수출하는 삼각 무역을 실시하였다. 그 결과 대량의 은이 영국으로 유출되었고, 제1차 아편 전쟁이 일어났다.

바로 알기 ①은 만주와 한반도에 대한 이권을 두고 일어났다. ②는 조선에 대한 지배권을 두고 일어났다. ③은 인도 벵골 지역에 대한 지배권을 두고 일어났다. ⑤는 미국의 동남아시아에 대한 제재가 배경이 되어 일어났다.

02 난징 조약의 내용

밑줄 친 '이 조약'은 난징 조약이다. 제1차 아편 전쟁에서 패배한 청은 영국과 난징 조약을 체결하여 홍콩을 영국에 할양하였다.

바로 알기 ②, ⑤는 베이징 조약, ③은 시모노세키 조약, ④는 신축 조약에 대한 내용이다.

03 애로호 사건

청의 관리가 애로호 선원들을 해적 혐의로 체포하는 과정에서 영국 국기를 끌어내리는 애로호 사건이 벌어졌다. 애로호 사건을 구실로 영국은 프랑스와 연합하여 청을 공격하였고 제2차 아편 전쟁이 일어났다.

04 태평천국 운동의 주장

크리스트교의 영향을 받은 홍수전은 만주족을 몰아내고 한족의 국가를 세우자고 주장하며 태평천국 운동을 일으켰다. 이들은 토지 균등 분배와 남녀평등의 실천, 전족과 같은 악습 폐지 등을 주장하였다.

바로 알기 ㄴ은 변법자강 운동, ㄹ은 양무운동을 주도한 세력의 주장이다.

05 홍수전의 활동

크리스트교의 영향을 받은 홍수전은 만주족을 몰아내고 한족의 국가를 세우자고 주장하며 태평천국 운동을 일으켰다(1851).

바로 알기 ①은 신해혁명, ②는 양무운동, ③은 제1차 아편 전쟁, ⑤는 변법자강 운동과 관련이 있는 인물이다.

06 양무운동의 한계

밑줄 친 '이 운동'은 양무운동이다. 양무운동은 증국번, 이홍장 등이 중체서용을 내세우며 청의 부국강병 정책을 주도하였다. 이들은 근대식 해군을 만들고 군수 공장과 금릉 기기국을 비롯한 각종 산업 시설을 설치하는 등 개혁을 추진하였으나 청일 전쟁의 패배로 한계가 드러났다.

바로 알기 ①은 변법자강 운동, ②는 의화단 운동, ③은 태평천국 운동, ⑤는 일본의 메이지 유신에 대한 설명이다.

07 변법자강 운동의 내용

제시된 글은 변법자강 운동을 추진한 캉유웨이의 주장이다. 변법자강 운동은 청일 전쟁의 패배로 양무운동의 한계를 깨달은 캉유웨이, 량치차오 등 개혁적 성향의 지식인들이 추진한 개혁 운동이다. 입헌 군주제 실시, 과거제 폐지, 신교육의 실시, 상공업의 진흥 등을 내세웠으나 서태후 등 보수파의 진압으로 실패하였다.

바로 알기 ④는 양무운동에 대한 설명이다.

08 홍수전과 이홍장의 활동

㉠은 홍수전, ㉡은 이홍장이다. 홍수전은 만주족을 몰아내고 한족의 국가를 세우자고 주장하며 태평천국 운동을 주도하였다. 한때 난징을 점령하여 세력을 확대하기도 하였으나 내부 분열과 외국 군대에 의해 진압되었다. 한편, 아편 전쟁과 태평천국 운동을 겪으며 서양 무기의 우수성을 깨달은 이홍장 등 한인 관료들은 중체서용을 내세우며 양무운동을 주도하였다.

09 변법자강 운동의 성격

제시된 글은 변법자강 운동에 대한 설명이다. 캉유웨이, 량치차오 등의 개혁 지식인들은 양무운동 실패에 대한 반성 속에서 메이지 유신을 본받아 의회를 설립하고 신식 군대를 양성하는 등 새로운 개혁을 추진하였다.

바로 알기 ②는 양무운동에 대한 내용이다. ③은 19세기 말 청 정부의 활동에 대한 설명이다. 청 정부는 재정 위기를 극복하고자 민간 철도를 국유화하고 이를 담보로 외국 자본을 빌리려고 하였다. ④는 18세기 중반 이후의 사실이다. 청은 이 시기 광저우의 공행을 통해서만 서양과의 무역을 허락하였다. ⑤는 명대에 영락제의 업적이다. 영락제는 정화의 함대를 파견하고 여러 나라들과 조공 관계를 맺었다.

10 의화단 운동의 내용

㉠에 공통으로 들어갈 조직은 의화단이다. 의화단은 1899년 부청멸양을 내세우며 교회와 철도 등 서양과 관련된 시설을 파괴하고, 베이징의 외국 공사관을 공격하였다. 이들은 한때 베이징까지 진출하였으나 영국 등 8개국은 자국민을 보호한다는 명분을 내걸고 연합군을 조직하여 의화단을 진압하고 청과 신축 조약을 체결하였다.

바로 알기 ②는 중국 동맹회이다. 쑨원은 일본에서 중국 동맹회를 결성하고 삼민주의를 내세우며 신해혁명을 주도하였다.

11 중국의 근대화 운동 과정

중국의 근대화 운동은 ㈑ 홍수전이 일으킨 태평천국 운동 – ㈐ 증국번, 이홍장 등이 일으킨 양무운동 – ㈏ 캉유웨이, 량치차오 등이 일본의 메이지 유신을 본받아 전개한 변법자강 운동 – ㈎ 청을 도와 서양을 물리치자고 주장한 의화단 운동의 순서로 전개되었다.

12 신해혁명의 결과

제시된 글은 신해혁명에 대한 설명이다. 1911년 우창에서 발생한 신식 군대의 무장 봉기를 계기로 신해혁명이 일어났다. 혁명 세력은 난징을 점령하고 쑨원을 임시 대총통으로 선출하여 중국 최초의 공화국인 중화민국을 수립하였다(1912).

바로 알기 ①은 일본에서 일어난 메이지 유신에 대한 설명이다. ②는 제2차 아편 전쟁의 배경에 대한 설명이다. ④ 제1차 아편 전쟁은 영국이 인도산 아편을 중국에 밀수출한 것이 배경이 되어 일어났다. ⑤는 변법자강 운동에 대한 설명이다.

13 중국 근대화 운동의 성격

신해혁명을 일으킨 세력은 청을 타도하고 새로운 나라를 세워야 한다고 주장하였다. 태평천국 운동을 일으킨 세력은 만주족이 세운 청을 무너뜨리고 한족의 나라를 세우자고 주장하였다.

바로 알기 ㄱ. 5·4 운동은 일본이 강요한 21개조 요구를 무효화할 것을 주장하며 일어났다. ㄷ. 의화단 세력은 청을 도와 서양 세력을 쫓아내자는 구호를 내걸며 일어났다.

14 쑨원의 활동

밑줄 친 '이 인물'은 신해혁명을 주도한 쑨원이다. 그는 만주족의 청 왕조를 타도하고 한족의 주권을 회복하여 공화제 국가를 건설하고자 하였다. 쑨원은 일본에서 중국 동맹회를 결성하고(1905), 삼민주의를 내세우며 혁명 운동을 주도하였다. 이후 임시 대총통이 된 그는 중화민국을 선포하고 다섯 민족을 상징하는 오색기를 제정하였다.

바로 알기 ② 문화 대혁명을 일으킨 인물은 마오쩌둥이다. ③ 태평천국 운동을 이끈 인물은 홍수전이다. ④ 혁명 세력과 연합하여 청 황제를 몰아낸 인물은 위안스카이이다. ⑤ 제1차 국공 합작 중에 공산당을 탄압한 인물은 장제스이다. 제차 국공 합작이 깨지면서 장제스가 군벌을 무너뜨리고 중국을 통일하였다.

15 위안스카이의 활동

신해혁명을 주도한 세력이 중화민국 수립을 선언하자 청 정부는 혁명 세력을 진압하기 위해 위안스카이를 파견하였다. 그러나 위안스카이는 혁명파와 타협하여 청 황제를 폐위시키고 중화민국 대총통에 취임하였다. 이후 그는 황제 체제의 부활을 시도하였으나 실패하였다.

16 일본의 개항

㉠에 들어갈 국가는 미국이다. 1853년 미국이 페리 제독의 함대를 일본에 보내 개항을 강제로 요구하였다. 이에 에도 막부는 무력시위에 굴복하여 미일 화친 조약(1854)을 맺고 시모다, 하코다테 항구를 개항하였다.

17 미일 화친 조약의 내용

에도 막부는 미국이 함대를 파견하자 무력시위에 굴복하여 1854년 미일 화친 조약을 체결하였다. 이 조약의 체결로 시모다, 하코다테의 항구를 개항하여 문호를 개방하였고, 미국의 최혜국 대우를 인정하였다.

바로 알기 ㄷ. 톈진 조약과 베이징 조약 등에 대한 설명이다. ㄹ. 미일 수호 통상 조약에 대한 설명이다.

18 일본의 문호 개방 과정

일본의 에도 막부는 미국과 미일 화친 조약(1854)과 미일 수호 통상 조약(1858)을 체결하여 문호를 개방하였다. 이 두 조약에 따라 일본은 미국에 최혜국 대우와 영사 재판권 등을 인정하였다. 한편, 막부의 굴욕적인 외교 정책과 개항으로 외국 상품이 들어오고 물가가 오르면서 서민들의 불만이 고조되자 일부 지방의 하급 무사들이 막부 타도 운동을 전개하였다. 이에 에도 막부가 붕괴되고 메이지 천황을 중심으로 한 새로운 정권이 수립되었다(메이지 유신, 1868).

바로 알기 ①은 1889년으로 메이지 유신 이후, ②는 1905년으로 메이지 유신 이후, ④는 에도 막부 시기로 미일 화친 조약 체결 이전, ⑤는 메이지 유신 때이다.

19 메이지 정부의 개혁

밑줄 친 '이 정부'는 메이지 정부이다. 메이지 유신으로 수립된 메이지 정부는 신분제를 개혁하고 징병제를 실시하였으며 상공업을 육성하고 철도를 부설하는 등 근대적 개혁을 실시하였다. 한편, 메이지 정부는 서양의 상황을 살피고 기존에 맺은 불평등한 조약을 개정하기 위해 약 2년 동안 미국과 유럽에 이와쿠라를 단장으로 하는 사절단을 파견하였다.

바로 알기 ② 에도 막부가 수립된 시기는 메이지 정부 이전이다. ③, ⑤ 일본은 미국에 문호를 개방하고 미일 화친 조약과 미일 수호 통상을 차례로 체결하였다. 메이지 정부 이전의 사실이다. ④ 산킨코타이 제도는 에도 막부 시대에 시행되었다. 이 제도는 중앙 집권 체제를 강화하기 위해 실시하였다.

20 일본 제국 헌법의 목적

✦ 자료로 이해하기

> 제1조 일본 제국은 대대로 이어온 천황이 통치한다.   *천황의 절대적인 권한을 명문화하였어.*
> 제3조 천황의 권한은 신성하여 침범할 수 없다.
> 제4조 천황은 국가의 원수이며 통치권을 총괄하며, 헌법의 조항에 따라 이를 시행한다.
> 제7조 천황은 제국 의회를 소집하고 그 개회, 폐회, 정회 및 의회의 해산을 명할 수 있다.   *일본의 정치 체제를 입헌 군주제로 규정하였어.*
> — 일본 제국 헌법

제시된 글은 1889년에 제정된 일본 제국 헌법이다. 메이지 정부 시기에 일부 지식인들은 자유 민권 운동을 전개하였고, 천황은 이들을 탄압하면서도 이들의 주장을 일부 반영한 제국 헌법을 제정하였다. 헌법에는 천황의 절대적인 권한이 담겨 있으며 일본은 헌법에 따라 의회를 설립하는 등 입헌 군주국의 모습을 갖추었다.

21 청일 전쟁의 결과

일본은 청일 전쟁의 승리로 청과 시모노세키 조약을 체결하였다. 일본은 이 조약으로 받은 배상금의 대부분을 산업화를 추진하고 군비를 확장하는 데 사용하여 제국주의 국가로 성장할 수 있는 발판을 마련하였다.

22 시모노세키 조약의 내용

청일 전쟁에서 승리한 일본은 청으로부터 랴오둥반도와 타이완을 할양받고 배상금 2억 냥을 이자와 함께 지급받는 내용의 시모노세키 조약을 체결하였다.

23 삼국 간섭의 배경

제시된 글은 1895년에 있었던 삼국 간섭의 상황을 보여 주고 있다. 청일 전쟁에서 승리한 일본은 청과 시모노세키 조약을 체결하고, 랴오둥반도를 넘겨받았다. 그러나 일본을 견제하던 러시아, 프랑스, 독일이 일본을 압박하여 랴오둥반도를 청에 반환하게 하였다(삼국 간섭).

✦ **자료로 이해하기**

밑줄 친 '이 전쟁'은 1904년에 일어난 러일 전쟁이다. 러일 전쟁이 일어나자 일본은 만주에서 러시아와 여러 차례 전투를 벌여 승리하였고, 동해에서 러시아의 발트 함대를 물리치는 등 전세를 유리하게 이끌어 갔다. 전쟁은 미국의 중재로 포츠머스 조약을 맺으며 일본의 승리로 끝이 났다. 러일 전쟁의 결과 일본은 한반도에서 독점적 지위를 확보하였으며, 만주에 대한 이권을 확보하였다.

바로 알기 ①은 청일 전쟁의 결과 체결된 시모노세키 조약의 내용이다. ③은 메이지 유신 때 시행된 근대적 개혁의 내용이다. ④는 청일 전쟁으로 일본이 랴오둥반도를 할양받자 러시아가 이를 견제하기 위해 삼국 간섭을 일으킨 내용이다. ⑤는 일본 제국 헌법이 제정된 이후의 내용이다.

25 강화도 조약의 내용

대화의 주제는 강화도 조약이다. 조선은 운요호 사건을 계기로 일본과 강화도 조약을 맺고 부산을 포함한 3곳의 항구를 개항하였다. 이 조약은 조선이 외국과 맺은 최초의 근대적 조약이었지만 일본에 영사 재판권을 인정하는 등 불평등한 내용을 담은 불평등 조약이었다.

바로 알기 ①은 난징 조약과 시모노세키 조약 등에 대한 설명이다. ②는 시모노세키 조약, ③은 톈진 조약과 베이징 조약 등, ⑤는 포츠머스 조약에 대한 설명이다.

26 독립 협회의 활동

조선에서는 서재필 등 개화파 관료들의 주도로 독립 협회가 설립되었다. 독립 협회는 독립문을 세우고 종로에서 대중 집회인 만민 공동회를 개최하고 의회 설립 운동을 벌이는 등 자주 국권 운동을 전개하였다.

바로 알기 ② 대한국 국제는 고종 황제가 대한 제국을 수립하고 반포하였다.

27 조선의 근대화 운동 과정

조선의 근대화 운동은 (가) 갑신정변의 발생 – (라) 동학 농민 운동의 전개 – (나) 갑오개혁의 시행 – (다) 독립 협회 설립의 순서로 전개되었다.

서술형 문제   219쪽

1 난징 조약의 배경

예시 답안 영국이 무역 적자를 해결하기 위해 인도산 아편을 청에 밀수출하는 삼각 무역을 전개하였다. 이에 청 정부는 임칙서를 광저우로 파견하여 아편을 단속하고 몰수하자 영국이 청을 공격하면서 제1차 아편 전쟁이 일어났다.

점수	채점 기준
상	영국이 삼각 무역을 전개하고 청 정부가 임칙서를 보내 아편을 단속하였다고 서술한 경우
하	청 정부가 임칙서를 보내 아편을 단속하였다고만 서술한 경우

2 쑨원의 활동

(1) **답** 쑨원

(2) **예시 답안** 삼민주의는 청 정부를 타도하자는 민족주의, 공화제 정부를 수립하자는 민권주의, 국민 생활을 안정시키자는 민생주의를 의미한다.

점수	채점 기준
상	청 정부를 타도하자는 민족주의, 공화제 정부를 수립하자는 민권주의, 국민 생활을 안정시키자는 민생주의의 내용을 서술한 경우
중	위의 내용 중 두 가지를 서술한 경우
하	위의 내용 중 한 가지만 서술한 경우

3 메이지 유신

(1) **답** 메이지 유신

(2) **예시 답안** 메이지 정부는 다이묘들이 다스리던 영지를 없애고 현을 설치하여 직접 지방을 다스렸으며, 서양에 유학생과 사절단을 파견하였다. 또한 서양식 교육을 도입하고, 서양의 과학 기술을 받아들였다.

점수	채점 기준
상	메이지 유신 때 추진된 개혁을 두 가지 서술한 경우
하	메이지 유신 때 추진된 개혁을 한 가지만 서술한 경우

4 독립 협회의 활동

(1) **답** 독립 협회

(2) **예시 답안** 독립 협회는 독립문을 건설하고 만민 공동회를 개최하여 자주 국권 운동을 전개하였으며 의회 설립 운동 등의 활동을 하였다.

점수	채점 기준
상	독립 협회의 활동을 두 가지 서술한 경우
하	독립 협회의 활동을 한 가지만 서술한 경우

01 권리 장전의 내용

제시된 글은 영국 권리 장전(1689)의 일부이다. 명예혁명 이후 의회에서 제출한 권리 장전을 메리 여왕과 그녀의 남편인 윌리엄 3세가 승인함으로써 영국에서 입헌 군주제의 토대가 마련되었다.

바로 알기　ㄱ은 프랑스 혁명 당시에 발표된 '인간과 시민의 권리선언(인권 선언)', ㄹ은 영국의 권리 청원에 대한 설명이다.

02 미국 혁명의 과정

미국 혁명은 (가) 보스턴 차 사건 발생 – (나) 미국 독립 선언문 발표 – (라) 파리 조약에서 식민지의 독립 승인 – (다) 연방제를 특징으로 한 헌법 제정의 순서로 전개되었다.

03 국민 의회의 활동

루이 16세가 삼부회를 소집하자 제1, 2 신분과 제3 신분 사이에 표결 방식을 두고 갈등이 생겼다. 이에 분노한 제3 신분이 국민 의회를 결성하자 루이 16세는 이를 탄압하였고 파리 시민들이 바스티유를 습격하여 프랑스 혁명이 확산되었다. 국민 의회는 봉건제 폐지를 선언하고, '인간과 시민의 권리선언(인권 선언)'을 발표하였다.

바로 알기　①은 프랑스 7월 혁명 시기 파리 시민, ③은 통령 정부의 나폴레옹, ④는 국민 공회의 로베스피에르, ⑤는 입법 의회의 활동이다.

04 나폴레옹의 활동

그림은 나폴레옹의 황제 즉위식을 묘사한 것이다. 나폴레옹은 총재 정부의 혼란스러운 상황을 틈타 쿠데타로 총재 정부를 무너뜨리고 통령 정부를 수립하였다. 1804년 국민 투표로 황제에 즉위한 나폴레옹은 영국을 굴복시키기 위해 대륙 봉쇄령을 내렸다.

바로 알기　①은 오스트리아의 메테르니히, ②는 프랑스의 루이 16세, ④는 프랑스의 로베스피에르, ⑤는 프랑스의 샤를 10세에 대한 설명이다.

05 빈 체제의 형성

나폴레옹이 몰락한 후 유럽 각국의 대표들은 오스트리아 빈에 모여 회의를 열었다. 이 회의에서 유럽 각국의 영토와 지배권을 프랑스 혁명 이전의 상태로 되돌리는 것에 합의하였다. 이로써 보수적인 빈 체제가 형성되었다.

06 차티스트 운동의 내용

✦ 자료로 이해하기

여성의 참정권은 제5차 선거법 개정에서야 비로소 주어졌어.

• 21세 이상 모든 남자에게 선거권을 부여할 것
• 유권자 보호를 위하여 비밀 투표를 실시할 것
• 인구 비례에 따라 선거구를 조정할 것
• 매년 선거를 실시할 것

1832년 영국의 제1차 선거법 개정으로 도시의 상공업자와 일부 중산층까지 선거권이 확대되었으나 여전히 노동자들은 선거권을 갖지 못하였다. 이에 선거권을 얻지 못한 노동자들이 인민헌장을 발표하고 선거권을 요구하는 차티스트 운동을 전개하였다.

바로 알기　① 명예혁명은 차티스트 운동 이전에 일어난 사건이다. ② 로마 가톨릭교회와 신교가 대립한 것은 17세기에 유럽에서 일어난 종교 전쟁에 대한 설명이다. ③ 찰스 1세의 전제 정치가 배경이 되어 청교도 혁명이 일어났다. ④ 부패 선거구는 제1차 선거법 개정으로 폐지되었다.

07 독일과 이탈리아의 통일

(가)는 독일, (나)는 이탈리아이다. 독일은 1848년 프랑크푸르트 의회에서 통일 방안에 대해 논의하였으나 큰 성과를 내지 못하였다. 이후 프로이센이 통일을 주도하였고, 오스트리아와 프랑스에 승리를 거두었다. 이후 프로이센의 황제 빌헬름 1세가 프랑스의 베르사유 궁전에서 황제 대관식을 올리면서 독일 제국의 수립을 선포하였다. 이탈리아는 사르데냐 왕국을 중심으로 통일 운동을 전개하였다. 사르데냐 왕국의 재상 카부르는 중북부 이탈리아를 병합하였고, 가리발디는 시칠리아와 나폴리 등을 점령한 후 사르데냐 국왕에게 영토를 바쳤다. 이로써 이탈리아 왕국이 탄생하였다.

바로 알기　① 카부르와 가리발디는 이탈리아 통일 운동을 주도하였다. 독일의 통일을 주도한 인물은 프로이센의 비스마르크이다.

08 비스마르크의 정책

빈칸에 들어갈 인물은 프로이센의 재상 비스마르크이다. 비스마르크는 독일의 문제는 철과 피로 해결할 수 있다고 주장하며 적극적으로 군비를 확장하는 철혈 정책을 내세웠다. 프로이센은 오스트리아와의 전쟁에서 승리하여 북독일 연방을 수립하였고, 프랑스와의 전쟁에서도 승리하며 독일을 통일하였다.

 ①은 이탈리아의 가리발디, ②는 초기 사회주의자인 오언, ③은 미국의 링컨, ④는 프로이센의 빌헬름 1세에 대한 설명이다.

09 라틴 아메리카 독립운동의 배경

라틴 아메리카에서는 미국의 독립과 프랑스 혁명의 영향을 받아 독립운동이 일어났다. 또한 에스파냐 등 식민지 본국의 간섭이 약화되자, 크리오요들이 본국의 억압과 수탈에 반발하여 독립운동을 주도하였다.

10 산업 혁명의 배경

영국은 청교도 혁명과 명예혁명 등 시민 혁명을 겪어 정치적으로 안정되었고, 모직물 공업이 발달하여 자본과 기술이 축적될 수 있었다. 또한 석탄과 철 등 지하자원이 풍부하였고, 인클로저 운동으로 농민들이 도시로 이동하면서 도시에 풍부한 노동력이 제공되었다. 이러한 배경을 바탕으로 18세기 후반에 산업 혁명이 영국에서 가장 먼저 시작되었다.

 ② 사회주의 사상은 산업 혁명으로 다양한 사회 문제가 발생하면서 등장하였다.

11 자본주의 체제의 특징

㉠에 공통으로 들어갈 내용은 자본주의이다. 산업화가 진행되며 자본을 가진 공장주나 은행가가 새로운 자본 계급으로 성장하였고 자본가에게 임금을 받으면서 생활하는 노동자 계급이 생겨났다. 이 과정에서 생산과 소비가 시장에 따라 결정되는 자본주의 체제가 자리를 잡았다. 한편, 빈부 격차가 심해지자 마르크스와 같은 사회주의 사상가들은 자본주의 체제를 비판하였다.

 ①은 인간의 이성이 사회를 진보하게 한다고 믿는 사상이다. ②는 민족을 중심으로 통일 국가를 이루어야 한다는 사상이다. ③은 자본주의 체제를 비판하며, 생산 수단의 공동 분배를 통해 평등 사회를 건설할 수 있다고 주장한 사상이다. ⑤는 인간은 태어나면서 자유롭고 사회는 그 자유를 보장해 주어야 한다는 사상이다.

12 제국주의 열강의 갈등

㉠은 독일, ㉡은 프랑스, ㉢은 영국이다. 아프리카에서 영국의 종단 정책과 프랑스의 횡단 정책이 충돌하여 파쇼다 사건이 발생하였다. 한편, 뒤늦게 식민지 경쟁에 뛰어든 독일은 서아시아와 아프리카로 세력을 확장해 나갔다.

13 제국주의 열강의 아시아와 태평양 침탈

프랑스는 베트남과 캄보디아 등을 식민지로 삼았다. 영국은 말레이반도와 미얀마를 지배하였다. 또한 영국은 인도의 지배권을 두고 플라시 지역에서 프랑스와의 전쟁에서 승리하였다. 횡단 정책을 실시하던 프랑스는 뒤늦게 아프리카에서 세력을 확장하려는 독일과 모로코에서 충돌하였다.

 ① 하와이를 병합한 국가는 미국이다. 미국은 하와이를 병합하고 에스파냐와의 전쟁에서 승리한 후 괌과 필리핀을 차지하였다.

14 산업화와 제국주의의 영향

산업 혁명 이후 교통과 통신이 발달하면서 세계를 잇는 커다란 연결망이 만들어졌다. 이 연결망을 통해 서양의 선진 문물이 전 세계로 퍼져 나갔다. 한편, 산업화 이후 세계적으로 대규모 인구 이동이 일어났고 유럽인들이 해외로 진출하면서 식민지 국가의 생태환경이 크게 변화하였다.

15 오스만 제국의 근대화 운동

19세기에 오스만 제국은 대내외적인 위기를 벗어나기 위해 1839년부터 탄지마트라고 불리는 근대적 개혁을 추진하였다. 그러나 개혁이 실패하고 술탄의 전제 정치가 심해지자 1908년 오스만 제국의 청년 튀르크당은 혁명을 일으켜 무력으로 정권을 잡은 뒤 헌법과 의회를 부활하였다.

 ①은 영국, ②는 일본, ③은 인도, ④는 중국에 대한 설명이다.

16 인도 국민 회의의 활동

밑줄 친 '이 단체'는 인도 국민 회의이다. 인도 국민 회의는 초기에 영국인의 지배를 인정하고 인도인의 자치를 위해 활동하였다. 그러나 영국이 민족 운동을 약화하려는 목적으로 벵골 분할령을 발표하자 인도 국민 회의는 반영 운동에 앞장섰다. 인도 국민 회의는 콜카타 대회를 열어 영국 상품의 불매, 스와데시, 스와라지, 국민 교육의 진흥 등 4대 강령을 발표하였다.

 ①은 프랑스와 연합한 벵골인에 대한 설명이다. ②는 영국이 설치한 동인도 회사이다. 영국은 동인도 회사를 해체하고 영국령 인도 제국을 수립하였다. ③은 오스만 제국의 청년 튀르크당이다. ⑤는 오스만 제국의 예니체리이다.

17 이란의 민족 운동

이란의 카자르 왕조가 영국과 러시아에게 이권을 빼앗기고 영국에 담배 독점 판매권을 넘기자 알 아프가니와 이슬람 지도자들은 담배 불매 운동을 일으켰다. 이후 이란에서 입헌 혁명이 일어나 의회가 구성되고 헌법이 만들어졌다.

 ①은 아랍 지역에서 일어난 와하브 운동, ②, ④는 이집트의 근대화 운동, ③은 오스만 제국에서 일어난 탄지마트에 대한 설명이다.

18 난징 조약과 미일 수호 통상 조약의 공통점

난징 조약과 미일 수호 통상 조약은 영사 재판권과 같은 불평등한 내용이 담긴 불평등 조약이라는 공통점이 있다. 난징 조약은 제1차 아편 전쟁(1840~1842)의 결과로 체결되었다. 이 조약으로 상하이 등 5개의 항구가 개항되었고, 홍콩을 영국에 넘겨주었다. 또한 최혜국 대우와 영국에 영사 재판권 등을 인정하였다. 미일 수호 통상 조약은 에도 막부의 개항 과정에서 미국과 체결한 것으로 미국에 영사 재판권을 인정하였다.

 ①, ②, ③, ⑤는 난징 조약에만 해당하는 내용이다.

19 양무운동의 내용

학생들의 대화 주제가 된 중국의 근대화 운동은 양무운동이다. 양무운동은 증국번, 이홍장 등 한인 출신 관료들이 주도하였으며 군수 공업 육성, 학교 설립, 유학생 파견, 근대적 공장과 민간 기업 설립 등을 추진하였다. 또한 양무운동은 중체서용을 개혁의 원칙으로 삼아 중국의 사상은 유지하고 서양의 기술만을 받아들이자는 주장을 하였다.

바로 알기 ①은 의화단 운동, ②는 신해혁명, ③은 태평천국 운동, ⑤는 변법자강 운동에 대한 설명이다.

20 청일 전쟁의 전개

✦ 자료로 이해하기

나막신을 신은 일본인이 영국의 도움으로 서양인으로 가득한 제국주의 열강 모임에 들어가고 있어.

밑줄 친 '이 전쟁'은 1894년 일어난 청일 전쟁이다. 일본은 조선에 대한 지배권을 두고 청과 대립하던 중 청을 기습 공격하여 청일 전쟁을 일으켰다. 일본 정부는 청일 전쟁의 승리로 얻은 배상금 대부분을 군비를 확장하는 데 사용하여 제국주의 국가로 성장할 수 있는 발판을 마련하였다.

바로 알기 ②, ⑤는 러일 전쟁에 대한 설명이다. ③은 청일 전쟁 이전의 사실이다. 청일 전쟁의 결과 시모노세키 조약이 체결되었다. ④는 삼국 간섭에 대한 설명이다.

21 조선의 근대화 운동

1884년 김옥균 등 급진 개화파는 갑신정변을 일으켰으나 3일 만에 실패하였고 청의 간섭이 심화되었다. 1894년 전봉준 등이 농민들을 모아 지배층의 횡포와 외국 세력의 침입에 반발하여 봉기를 일으켰다(동학 농민 운동). 일본은 동학 농민 운동을 진압한 후 조선의 내정을 간섭하고 개혁을 강요하였다(갑오개혁). 이후 조선은 갑오개혁을 추진하여 신분제와 과거제 폐지 등 근대적 개혁을 실시하였다. 1896년 서재필의 주도로 만들어진 독립 협회는 독립문을 건립하고 만민 공동회를 개최하는 등 자주 국권 운동을 전개하였다.

바로 알기 ㄱ. 대한국 국제가 반포된 시기는 1899년으로 독립 협회 설립 이후이다. ㄴ. 고종이 러시아 공사관에서 돌아온 시기는 1897년으로 독립 협회 설립 이후이다.

---

1 산업 혁명으로 나타난 사회 문제

(1) **답** 산업 혁명

(2) **예시 답안** 산업화로 교통과 통신이 발달하면서 철도와 증기선을 이용한 지역 간 이동이 활발해졌다. 그 결과 표준시와 민주주의와 같은 정치 제도, 자유주의와 민족주의 등 다양한 사상이 여러 나라로 퍼졌다.

점수	채점 기준
상	서양의 선진 문물 확산의 사례를 두 가지 서술한 경우
하	서양의 선진 문물 확산의 사례를 한 가지만 서술한 경우

2 벵골 분할령의 영향

(1) **답** 벵골 분할령

(2) **예시 답안** 초기에 인도 국민 회의는 영국이 허용하는 범위 안에서 인도인의 권익과 이익을 보호하려 하였다. 그러나 영국이 벵골 분할령을 발표하자 영국 상품의 배척, 스와라지, 스와데시, 국민 교육의 실시 등 4대 강령을 채택하며 반영 운동에 앞장섰다.

점수	채점 기준
상	영국 상품 배척, 스와라지, 스와데시, 국민 교육 실시 등 4개 강령을 채택하고 반영 운동에 앞장섰다는 내용을 서술한 경우
하	반영 운동에 앞장섰다고만 서술한 경우

3 중국의 근대화 운동

(1) **답** (개): 양무운동, (내): 변법자강 운동

(2) **예시 답안** • 양무운동을 선택한 경우: 나는 이홍장이 주도한 양무운동의 방식으로 근대화 운동을 추진할 것이다. 왜냐하면 앞서 태평천국 운동이 일어났지만 서양식 무기 앞에서 태평천국군은 힘을 쓸 수 없었기 때문이다. 따라서 우리 중국의 전통적인 체제는 유지하면서 서양의 기술과 무기만을 받아들이는 중체서용의 정신을 강조한 양무운동을 추진하였을 것이다.

• 변법자강 운동을 선택한 경우: 나는 캉유웨이가 주도한 변법자강 운동의 방식으로 근대화 운동을 추진할 것이다. 왜냐하면 일본이 메이지 유신이라는 근대적 개혁으로 효과를 보았기 때문이다. 근대식 교육을 시행하고, 서양식 의회를 만들어 입헌 군주제를 도입하는 등 메이지 유신을 본받아 개혁을 실시한다면 중국도 서양 열강의 간섭과 침입에 충분히 대비할 수 있을 것이다. 따라서 기술뿐 아니라 정치와 제도 법까지 모두 일본의 메이지 유신을 거울로 삼아 본받는 변법자강 운동을 추진하였을 것이다.

점수	채점 기준
상	자신이 지지하는 근대화 운동과 그 이유를 운동의 성격과 관련지어 구체적으로 논술한 경우
중	자신이 지지하는 근대화 운동과 그 이유를 논술한 경우
하	자신이 지지하는 근대화 운동만 서술한 경우

세계 대전과 사회 변동

01 / 세계 대전과 국제 질서의 변화(1)

문제로 **개념 확인** + 비주얼로 **핵심 콕콕**

229쪽 | 1 (1) 3국 동맹 (2) 범게르만주의 (3) 이탈리아
2 (1) ㄴ (2) ㄱ   **3** 참호전
A 연합   **B** 무제한

231쪽 | 1 (1) 파리 강화 회의 (2) 베르사유 조약   **2** (1) 베르사유 체제 (2) 미국   **3** (1) ㄴ (2) ㄱ
C 국제 연맹   **D** 소비에트

233쪽 | 1 (1) ㄴ (2) ㄱ   **2** (1) × (2) × (3) ○   **3** (1) 민족 자결주의 (2) 보통 선거
E 코민테른   **F** 참정권

시험 대비 **핵심 문제**   234~239쪽

01 ④	**02** ⑤	**03** 오스만 제국	**04** ①	**05** ③	**06** ⑤
07 ④	**08** ④	**09** ③	**10** ⑤	**11** ②	**12** ⑤	**13** ①
14 ②	**15** ④	**16** ③	**17** ②	**18** 신경제 정책(NEP)		
19 ④	**20** ⑤	**21** ②	**22** ⑤	**23** ④	**24** ⑤	**25** ②

서술형 문제 | 1~4번 해설 참조

01 제1차 세계 대전의 배경

제1차 세계 대전은 오스트리아·헝가리 제국의 황태자 부부가 세르비아계 청년에게 암살된 사건(사라예보 사건, 1914)을 배경으로 일어났다.

바로 알기 ①은 제2차 아편 전쟁의 배경이 된 애로호 사건이다. ②는 영국과 프랑스가 아프리카 파쇼다에서 충돌한 파쇼다 사건이다. ③은 일본과 조선이 강화도 조약을 체결하는 계기가 된 운요호 사건이다. ⑤는 미국 식민지 주민들이 영국의 식민지 정책에 반발하여 벌인 보스턴 차 사건이다.

02 3국 동맹과 3국 협상

(가)는 러시아, (나)는 오스트리아·헝가리 제국이다. 오스트리아·헝가리 제국은 제1차 세계 대전이 일어나기 직전에 보스니아 헤르체고비나를 병합하였고, 이후 세르비아계 청년에게 황태자 부부가 암살당하자, 세르비아에 선전 포고를 하였다.

바로 알기 ①, ②는 (나) 오스트리아·헝가리 제국에 대한 설명이다. ③은 (가) 러시아에 대한 설명이다. ④는 이탈리아에 대한 설명이다.

03 오스만 제국

제시된 글은 오스만 제국에 대한 설명이다. 오스만 제국의 지배를 받던 발칸반도에서는 오스만 제국의 세력이 약해지자 여러 민족이 독립하려 하였다. 이 과정에서 대립과 충돌이 심화되었다. 한편, 오스만 제국은 제1차 세계 대전이 일어나자 동맹국의 일원으로 참전하였다.

04 제1차 세계 대전의 전개

㉠에 공통으로 들어갈 국가는 독일이다. 독일은 제1차 세계 대전 당시 동맹국으로 참전하여 서부 전선에서 빠르게 진격하였으나 연합국 군대가 이를 막아 냈다. 이후 서부 전선에서는 구덩이를 파고 서로 대치하는 참호전이 지속되었다. 또한 독일은 동부 전선에서 러시아를 공격하여 심각한 피해를 입혔다.

바로 알기 ②, ③, ④, ⑤는 모두 연합국으로 참전하였다.

05 무제한 잠수함 작전의 영향

밑줄 친 '이 작전'은 독일의 무제한 잠수함 작전이다. 영국이 바닷길을 막아 독일로 향하는 물자를 통제하자 독일은 무제한 잠수함 작전을 전개하였다. 그 과정에서 영국의 여객선 루시타니아호가 침몰하였고, 여기에 타고 있던 미국인이 희생되면서 독일을 향한 미국 내 여론이 악화되었다. 이 작전으로 미국이 연합국 편으로 참전하는 계기가 되었다.

바로 알기 ① 러시아는 국내에서 혁명이 일어나자 독일과 단독으로 조약을 맺고 전쟁에서 이탈하였다. ②, ④, ⑤는 독일의 무제한 잠수함 작전이 벌어지기 이전의 상황으로, 이 사건과 직접적인 관련이 없다.

06 제1차 세계 대전의 전개

제1차 세계 대전은 (다) 미국이 연합국으로 참전 – (나) 러시아가 전쟁에서 이탈 – (라) 독일에서 혁명으로 새 정부가 수립 – (가) 독일의 항복 선언의 순서로 전개되었다.

07 제1차 세계 대전의 특징

+ 자료로 이해하기

제1차 세계 대전에서는 이전 전쟁과는 다르게 땅을 파고 참호 안에서 몸을 숨기며 적을 기다리다가 적이 나타나면 적의 군대를 공격하는 참호전이 전개되었다. 또한 군인들은 강력해진 기관총과 대포를 사용할 수 있게 되었고, 탱크, 잠수함, 독가스 등 신무기의 등장으로 막대한 인명 피해를 남겼다.

제시된 글은 제1차 세계 대전 당시 인적·물적 자원을 끌어모아 싸웠던 총력전에 대한 설명이다. 제1차 세계 대전에서는 식민지인을 전쟁에 동원하였다. 또한 여성이 군복 등 군수품을 만들거나 간호 인력으로 전쟁에 참여하는 등 인적·물적 자원을 끌어모아 싸우는 총력전이 전개되었다.

바로 알기 ①, ③, ⑤는 제1차 세계 대전에서 나타난 특징이지만 제시된 글과는 관련이 없다. ② 상비군은 유럽에서 재정·군사 국가의 출현과 함께 등장하였다.

09 윌슨과 14개조 평화 원칙의 내용

검색창에 들어갈 인물은 미국의 대통령 윌슨이다. 제1차 세계 대전 이후 미국 대통령 윌슨이 제안한 14개조 평화 원칙을 바탕으로 전후 문제 처리를 위한 회의가 진행되었다. 이 원칙에는 식민 지배를 받고 있는 나라 및 민족의 주권 문제를 처리할 때에는 식민지 주민의 이익과 손해를 반영하고 공평하게 처리해야 한다는 민족 자결주의의 내용이 포함되어 있었다.

바로 알기 ①은 미국의 대통령으로 노예 해방 선언을 발표한 인물이다. ②는 미국의 대통령으로 먼로주의(먼로 선언)를 발표한 인물이다. ④는 사르데냐 왕국의 재상으로 이탈리아의 통일을 이끈 인물이다. ⑤는 영국의 청교도 혁명을 이끈 인물이다.

10 14개조 평화 원칙과 파리 강화 회의

밑줄 친 '이 회의'는 파리 강화 회의이다. 제1차 세계 대전 이후 미국 대통령 윌슨은 군비 축소, 비밀 외교 금지, 민족 자결주의 등을 포함한 14개조 평화 원칙을 발표하였고, 전후 연합국은 이 원칙을 바탕으로 파리 강화 회의를 주도하였다. 이 회의 이후 베르사유 조약이 체결되고 국제 연맹이 창설되었다.

바로 알기 ㄱ. 파리 강화 회의는 연합국이 주도하였다. ㄴ. 파리 강화 회의 이후 베르사유 조약이 체결되면서 국제 연맹이 창설되었다.

11 베르사유 조약의 내용

✦ 자료로 이해하기

> 베르사유 조약은 독일에게 가혹한 조항으로 구성되었어.

- 독일은 자르강 유역 탄광 지대의 독점 채굴권 및 소유권을 프랑스에 넘겨준다.
- 독일은 식민지에 관한 모든 권리와 소유권을 연합국에 넘겨준다.
- 전쟁에 따른 모든 책임은 바이마르 공화국(독일)을 비롯한 동맹국에 있다.
- 독일은 …… 200억 마르크에 해당하는 배상금을 지불해야 한다.

제시된 글은 파리 강화 회의의 결과로 체결된 베르사유 조약의 내용이다. 이 조약에서 연합국은 독일 등 동맹국의 전쟁 책임을 분명히 하였다. 또한 해외 식민지 등 패전국 독일의 영토를 박탈하고 막대한 배상금을 지불하게 하였다. 이에 따라 승전국 중심의 국제 질서가 확립되었으나, 이후 이 조약은 패전국 독일이 제2차 세계 대전을 일으키는 배경이 되기도 하였다.

08 (우측)

바로 알기 ②는 베스트팔렌 조약에 대한 설명이다. 1618년부터 약 30년간 신성 로마 제국을 비롯한 유럽에서는 30년 전쟁이 일어났다. 전쟁은 1648년 체결된 베스트팔렌 조약으로 끝이 났다.

12 국제 연맹의 설립

제1차 세계 대전 이후 국제 평화 유지와 안전 확보를 위해 미국의 제안으로 국제 연맹이 창설되었다. 그러나 미국이 국제 연맹에 참여하지 않았고 분쟁을 막을 군사적 제재 수단이 없었다.

바로 알기 ①, ②는 제1차 세계 대전 이전에 일어난 사실이다. ③, ④는 러시아에서 일어난 사실로, 제1차 세계 대전 이후의 국제 평화 유지 노력과 관련이 없다.

13 피의 일요일 사건의 배경

✦ 자료로 이해하기

> 정부군이 시위대에 발포하면서 많은 희생자가 발생하였어.

그림은 1905년에 일어난 피의 일요일 사건을 묘사한 것이다. 러시아의 노동자들은 러일 전쟁으로 경제적 어려움을 겪자 개혁을 요구하며 시위를 벌였다. 이에 정부군이 발포하면서 많은 사람이 목숨을 잃었다(피의 일요일 사건). 차르 니콜라이 2세는 의회(두마) 설치 등 개혁을 약속하였으나 성과를 거두지 못하였다.

14 러시아 3월 혁명의 결과

1917년 3월에 러시아에서 노동자와 군인들이 전쟁 중지, 차르 타도, 식량 부족 문제 해결을 요구하며 혁명을 일으켰다. 그 결과 러시아에서는 노동자와 군인으로 구성된 소비에트가 결성되었고, 차르 체제가 무너지고 임시 정부가 수립되었다.

바로 알기 ㄴ은 오스만 제국에서 일어난 개혁이다. ㄹ은 미국 남북 전쟁 중에 일어난 사실이다.

15 러시아의 11월 혁명

밑줄 친 '혁명'은 러시아에서 일어난 11월 혁명이다. 레닌이 이끄는 볼셰비키는 임시 정부가 제1차 세계 대전을 계속하고 개혁을 진행하지 않자, 무장봉기를 일으켜 임시 정부를 무너뜨렸다. 이후 소비에트 정부를 세웠는데, 이를 11월 혁명이라고 한다.

바로 알기 ①은 1917년 러시아에서 임시 정부가 수립된 사건이다. ②는 1830년 프랑스에서 입헌 군주제가 수립된 사건이다. ③은 1911년 중국에서 청을 무너뜨리고 중화민국을 세운 혁명이다. ⑤는 1908년 오스만 제국에서 전제 정치에 반발하여 일어난 혁명이다.

16 러시아 혁명의 전개

소비에트 결성은 1917년 3월, 소련의 수립은 1922년이다. 1917년 3월 소비에트 결성 이후 차르가 물러나고 임시 정부가 수립되었다. 같은 해 11월에 볼셰비키가 무장봉기를 일으켜 소비에트 정부를 수립하였다. 소비에트 정부는 독일과 서로 공격하지 않겠다는 조약을 맺고 제1차 세계 대전에서 이탈하였다. 1922년에는 여러 소비에트 정부를 묶은 소비에트 사회주의 공화국 연방(소련)이 수립되었다.

바로 알기 ③은 소련 수립 이후의 사실이다.

17 레닌의 활동

㉠은 레닌, ㉡은 코민테른이다. 레닌은 볼셰비키를 이끌고 임시 정부를 무너뜨렸다. 이후 레닌은 토지와 산업을 국가가 직접 소유하고 관리하는 사회주의 개혁을 추진하였다. 또한 사회주의 혁명을 확산하고자 모스크바에서 각국의 사회주의 정당과 단체가 참여한 국제 공산당 연합 조직인 코민테른을 결성하였다.

바로 알기 스탈린은 레닌의 뒤를 이어 공산당 독재 체제를 강화한 인물이다. 소비에트는 노동자 군인으로 이루어진 대표자 회의이다. 소비에트 정부는 러시아 11월 혁명으로 세워진 정부이다.

18 레닌의 신경제 정책(NEP)

소비에트 정부는 토지와 산업을 국가가 직접 소유하고 관리하는 등 개혁을 추진하였다. 그러나 경제난이 심화하자 레닌은 신경제 정책(NEP)을 실시하였다. 이 정책은 소규모 기업의 활동을 인정하고, 자유로운 상거래를 허용하며, 농민의 잉여 생산물 판매를 허용하는 등 자본주의적 시장 경제 요소를 일부 반영한 것이다.

19 사회주의의 확산

레닌은 공산당 연합 조직인 코민테른을 만들어 사회주의 혁명을 전 세계로 확산하고자 하였다. 그 결과 사회주의는 1917년에 일어난 러시아 혁명 이후 세계 각국으로 확산되었다. 그 결과 중국과 한국에서 공산당이 결성되는 등 세계 각지에서 노동 운동과 민족 해방 운동이 활발해졌다.

바로 알기 ①은 인도에서 세포이의 항쟁 이후에 일어난 상황이다. ②는 1848년 프랑스 2월 혁명 등의 영향이다. ③은 1908년 오스만 제국에서 일어난 사실로, 탄지마트 개혁이 실패하고 술탄의 전제 정치가 강화되자 젊은 지식인들이 혁명을 일으켰다. ⑤는 제국주의 열강의 아프리카 침탈 중 아프리카 파쇼다 지역에서 일어난 충돌이다(파쇼다 사건, 1898).

20 스탈린의 정책과 활동

레닌의 뒤를 이어 집권한 스탈린은 농업의 집단화와 중공업 중심의 경제 개발 5개년 계획 등을 추진하였다. 또한 반대파를 탄압하며 공산당 독재 체제를 강화하였다.

바로 알기 ①은 오스트리아의 재상 메테르니히, ②는 레닌 등 각국의 사회주의 정당과 단체, ③은 미국 대통령 윌슨, ④는 산마르틴 등 라틴 아메리카의 크리오요에 대한 설명이다.

21 전후 민주주의의 발전

㉠에 들어갈 내용은 민주주의이다. 제1차 세계 대전 이후 유럽 각국에서는 민주주의가 발전하였다. 패전국의 식민지들은 민족 자결주의 원칙에 따라 독립하였으며, 대부분 민주주의를 채택하였다.

22 전후 오스트리아·헝가리 제국의 변화

오스트리아·헝가리 제국은 자국의 황태자 부부가 암살되는 사라예보 사건이 일어나자 세르비아에 선전 포고를 하였다. 이후 오스트리아·헝가리 제국은 제1차 세계 대전에 동맹국으로 참전하였으나 패전국이 되어 해체되었고, 이 제국에 속하던 지역에서 여러 민주 공화국이 탄생하였다.

바로 알기 ① 러시아는 제1차 세계 대전에 연합국 편으로 참가하였으나, 내부에서 혁명이 일어나 전쟁에서 이탈하였다. ② 프랑스는 연합국 편으로 참가하였다. ③ 제1차 세계 대전이 시작되자 동맹국이던 이탈리아는 연합국 편에 섰다. ④ 체코슬로바키아는 제1차 세계 대전에서 오스트리아·헝가리 제국이 패하자 민족 자결주의 원칙에 따라 독립하였다.

23 전후 패전국 식민지의 독립

제1차 세계 대전이 끝난 후 식민 지배를 받던 여러 국가가 독립을 요구하였다. 그 결과 패전국의 식민지였던 폴란드, 체코슬로바키아 등이 민족 자결주의 원칙에 따라 독립하였다.

바로 알기 ①은 1804년에 일어난 일로 제1차 세계 대전 이전의 사실이다. ② 제1차 세계 대전 이후 오스만 제국의 영향력은 약화되었다. ③은 제1차 세계 대전 중에 일어난 사실이다. ⑤는 19세기 독일의 통일에 대한 설명으로 제1차 세계 대전 이전의 사실이다.

24 독일의 바이마르 헌법

밑줄 친 '이 헌법'은 독일의 바이마르 헌법이다. 제1차 세계 대전이 끝나기 직전 독일에서는 혁명이 일어나 제정이 무너지고 공화정이 수립되었다. 이후 독일 의회는 여성의 참정권을 인정하고 보통 선거와 노동자의 권리를 보장하는 등의 민주주의 원칙을 담은 헌법을 만들었다. 바이마르 헌법은 이후 여러 민주주의 국가의 헌법에 영향을 미쳤다.

바로 알기 ㄱ. 바이마르 헌법은 여성의 참정권을 인정하였다. ㄴ. 독일은 바이마르 헌법을 만들고, 바이마르 공화국을 수립하였다.

25 여성 참정권의 확대

㈎에 들어갈 탐구 주제는 여성 참정권의 확대이다. 여성들은 19세기부터 지속적으로 참정권을 요구하는 운동을 벌였다. 그러던 중 제1차 세계 대전이 일어났고, 여성들은 전쟁터에서 간호사로 일하거나 공장에서 무기를 만드는 등 직간접적으로 전쟁에 참여하였다. 또한 전쟁 이후 자본주의가 확대되는 과정에서 여성 노동자의 수도 늘었다. 20세기 영국에서는 여성 참정권을 확보하고자 서프러제트 운동이 일어나기도 하였다.

1 제1차 세계 대전의 배경

(1) **답** 제1차 세계 대전

(2) **예시 답안** 19세기 후반 유럽의 열강들은 이해관계에 따라 3국 동맹과 3국 협상을 맺고 서로 대립하였다. 또한 범게르만주의와 범슬라브주의를 내세운 국가들이 발칸반도를 중심으로 대립하였다. 이러한 상황에서 사라예보 사건이 일어나자, 여러 나라가 참전하면서 전쟁이 일어났다.

점수	채점 기준
상	제1차 세계 대전이 일어난 배경을 두 가지 서술한 경우
하	제1차 세계 대전이 일어난 배경을 한 가지만 서술한 경우

2 베르사유 체제의 특징

예시 답안 베르사유 조약으로 연합국은 독일을 비롯한 패전국에 전쟁의 책임을 분명히 하였다. 연합국은 독일에 막대한 배상금을 지불하게 하는 등 승전국 중심의 전후 국제 질서를 내용으로 한 베르사유 체제를 성립하였다.

점수	채점 기준
상	베르사유 조약으로 독일을 비롯한 패전국에 전쟁에 책임이 있음을 분명히 하고, 승전국 중심의 전후 국제 질서였다고 서술한 경우
하	승전국 중심의 전후 국제 질서였다고만 서술한 경우

3 국제 연맹의 설립과 한계

(1) **답** 국제 연맹

(2) **예시 답안** 국제 연맹에는 미국이 참여하지 않았으며, 군사적 수단을 갖추지 못하여 국제 분쟁을 해결하는 데 한계가 있었다.

점수	채점 기준
상	국제 연맹의 한계를 두 가지 서술한 경우
하	국제 연맹의 한계를 한 가지만 서술한 경우

4 바이마르 헌법의 특징

(1) **답** 바이마르 헌법

(2) **예시 답안** 바이마르 헌법은 노동자의 권리와 여성의 참정권을 보장하였다. 이는 재산이나 성별에 따른 참정권 제한을 철폐하고 보통 선거를 보장하는 등 민주주의 확산에 기여하였다.

점수	채점 기준
상	노동자의 권리, 여성 참정권, 보통 선거 등의 민주주의 원칙이 담겨 있어 민주주의 확산에 기여하였다고 서술한 경우
하	민주주의 확산에 기여하였다고만 서술한 경우

02 세계 대전과 국제 질서의 변화(2)

문제로 개념 확인 ＋ **비주얼로 핵심 콕콕**

241쪽 | **1** (1) 대공황 (2) 뉴딜 정책　　**2** (1) 히틀러 (2) 전체주의
3 이탈리아
A 블록　　**B** 일본

243쪽 | **1** (1) 소련 (2) 중국　　**2** (1) ㄴ (2) ㄱ　　**3** 국제 연합(UN)
C 추축

시험 대비 핵심 문제　　　　244~247쪽

01 ①　　**02** ③　　**03** 뉴딜 정책　　**04** ②　　**05** ③　　**06** ②
07 ③　　**08** ②　　**09** ②　　**10** 추축국　　**11** ④　　**12** ⑤
13 노르망디 상륙 작전　　**14** ③　　**15** ⑤　　**16** ③　　**17** ⑤
18 ①　　**19** ③
서술형 문제 | 1~2번 해설 참조

01 대공황의 발생

1920년대 세계 경제를 주도하던 미국은 경제 호황 속에 투자와 생산을 더욱 늘렸으나 이에 따른 과잉 생산을 소비가 따라가지 못하면서 재고가 쌓였고, 경제 불황이 시작되었다. 1929년에 뉴욕 증권 거래소에서 주가가 갑자기 큰 폭으로 떨어지면서 대공황이 시작되었고 많은 기업과 은행이 파산하였다. 미국에서 시작된 경제 위기는 유럽 및 아시아 등 세계 경제에 큰 타격을 주었다.

바로 알기 ① 사회주의 사상은 18세기 후반 산업 혁명 이후 노동 문제와 빈부 격차 등 각종 사회 문제가 발생하자 자본주의 체제를 비판하며 등장하였다.

02 미국의 대공황 극복 정책

제시된 글은 대공황 시기의 실업자가 구직하는 상황을 보여 준다. 미국의 루스벨트 대통령은 대공황을 극복하고자 국가가 경제에 적극적으로 개입하는 뉴딜 정책을 펼쳤다. 이에 미국은 테네시강 유역 개발 공사와 같은 대규모 공공사업을 개발하는 방식 등으로 일자리를 창출하였다.

바로 알기 ①, ②, ④, ⑤는 모두 1929년 대공황 이전의 사실이다.

03 뉴딜 정책

밑줄 친 '이 정책'은 뉴딜 정책이다. 미국은 대공황을 극복하기 위해 정부가 적극적으로 시장 경제에 개입하는 뉴딜 정책을 추진하였다. 이에 따라 생산량을 조절하고, 테네시강 유역 개발 공사와 같은 대규모 공공사업을 시행하여 실업자를 구제하였다. 또한 사회 보장 제도 등을 통해 구매력을 높여 경제를 회복하고자 하였다.

04 영국과 프랑스의 블록 경제

미국에서 시작된 대공황은 세계 각국에 영향을 미쳤다. 대공황을 극복하기 위해 영국과 프랑스 등 해외 식민지가 많은 국가들은 본국과 식민지를 하나의 경제권으로 묶는 블록 경제를 실시하였다. 이는 본국에서 만든 상품을 식민지에 팔고 수입품에는 높은 관세를 매겨 수입량을 억제하는 보호 무역 정책이었다.

바로 알기 ㄴ은 대공황 시기에 이탈리아와 독일 등에 대한 설명이다. ㄹ은 독일과 일본, 이탈리아에 대한 설명이다.

05 전체주의 사상

㉠에 들어갈 이념은 전체주의이다. 대공황 전후의 경제적 혼란과 사회적 불안을 틈타 독일, 이탈리아, 일본 등에서 전체주의 세력이 권력을 장악하였다. 전체주의는 개인의 모든 활동은 민족이나 국가와 같은 전체의 발전을 위해서만 존재한다는 이념을 바탕으로 국가가 국민 생활을 통제하는 독재 체제이다.

바로 알기 ①은 사유 재산을 부정하고 생산 수단의 공동 소유를 통한 공동 생산을 주장하는 이념이다. ②는 자본가가 이윤을 얻기 위하여 생산 활동을 하도록 보장하는 경제 체제이다. ④는 19세기 후반 서양 열강이 군사력을 앞세워 약소국을 식민지로 삼는 대외 팽창 정책이다. ⑤는 독일의 주도 아래 게르만족을 모아 통합하려고 한 사상이다.

06 무솔리니의 활동

제시된 글은 이탈리아 무솔리니의 주장이다. 1922년 무솔리니가 이끄는 파시스트당은 로마로 진군하여 정권을 장악하였다. 파시스트 정부는 시민들의 자유를 억압하고 파시스트당을 제외한 모든 정당의 활동을 금지하였다. 또한 개인의 모든 활동은 민족이나 국가와 같은 전체의 발전을 위해서만 존재한다는 전체주의(파시즘)를 내세웠다.

바로 알기 ①은 러시아의 레닌, ③은 러시아의 스탈린, ④는 미국의 윌슨, ⑤는 오스트리아·헝가리 제국의 황태자 부부에 대한 설명이다.

07 히틀러의 활동

㈎에 들어갈 인물은 독일의 히틀러이다. 제1차 세계 대전 이후 베르사유 조약으로 막대한 배상금을 지불해야 했던 독일은 대공황이 발생하자 경제 상황이 더욱 나빠졌다. 이러한 상황에서 히틀러가 이끄는 독일의 정당인 나치스가 국민의 지지를 받으며 정권을 장악하였다.

08 히틀러의 대외 정책

제시된 글은 히틀러의 대외 팽창 정책을 보여 준다. 독일을 비롯한 전체주의 국가들은 경제적 위기를 극복하고자 국가와 민족의 번영을 앞세워 군비를 늘려 대외 침략에 나섰다.

바로 알기 ①은 재정·군사 국가의 특징으로 수입은 제한하고 수출은 늘리는 정책이다. ③은 영국과 프랑스 등의 대공황 극복 정책이다. ④는 레닌이 실시한 경제 정책으로 러시아의 경제난이 심해지자 자본주의적 요소를 일부 도입하였다. ⑤는 스탈린이 도입한 경제 정책이다.

09 일본의 대외 침략 전쟁

빈칸에 들어갈 내용은 중일 전쟁이다. 일본은 대공황이 일어나자 군국주의를 내세웠다. 이후 국제 연맹을 탈퇴하고 중일 전쟁을 일으키며 대륙 침략을 본격화하였다.

바로 알기 ①, ③, ④, ⑤는 모두 대공황 이전에 일본이 벌인 일이다.

10 추축국의 형성

전체주의 세력 아래에서 군사력을 키운 이탈리아와 독일, 일본은 서로 군사 동맹을 맺어 추축국을 형성하였다. 이들은 대공황의 위기를 군비 증강과 대외 팽창을 통해 해결하고자 하였다.

11 제2차 세계 대전의 발발

㉠은 독소 불가침 조약, ㉡은 폴란드이다. 전체주의 아래에서 세력을 키운 이탈리아와 독일, 일본은 서로 군사 동맹을 맺고 추축국 진영을 형성하였다. 국제적 긴장감이 높아지자 독일은 소련과 비밀리에 서로 침략하지 않겠다는 독소 불가침 조약을 맺고 폴란드를 공격하였다. 이에 맞서 영국과 프랑스가 독일에 선전 포고를 하면서 1939년에 제2차 세계 대전이 시작되었다.

바로 알기 베르사유 조약은 제1차 세계 대전이 끝나고 독일과 연합국이 맺은 조약이다.

12 스탈린그라드 전투의 승리

㈎에 들어갈 사건은 소련의 스탈린그라드 전투 승리이다. 제2차 세계 대전이 시작되자 독일은 폴란드를 장악하고, 프랑스 파리를 점령하였다. 연합국은 미국의 참전으로 전세가 유리해졌으며 1942년 미국이 미드웨이 해전에서 일본군에 승리하였고, 소련이 독일과의 스탈린그라드 전투에서 승리하였다. 이후 노르망디 상륙 작전의 성공으로 연합국의 승세가 뚜렷해졌다.

바로 알기 ①, ②, ③, ④는 독일의 파리 점령 이전에 일어난 사실이다.

13 노르망디 상륙 작전의 결과

✦ 자료로 이해하기

제시된 자료는 노르망디 상륙 작전에 대한 설명이다. 연합국은 독일이 점령한 프랑스의 해안에 대규모 군대를 상륙시키는 작전을 전개함으로써 독일 나치스가 점령하고 있던 프랑스 파리를 해방하였다(1944).

14 일본의 하와이 진주만 기지 기습

제시된 글은 1941년에 일어난 일본의 하와이 진주만 기지 기습에 대한 설명이다. 중일 전쟁이 장기화하자 일본은 전쟁 물자를 확보하기 위해 동남아시아를 침략하였고, 미국이 이를 비난하며 석유 수출을 금지하자 일본이 하와이 진주만 기지를 기습하였다. 이후 미국이 참전하면서 아시아 태평양 전쟁이 일어나게 되었다.

바로 알기 ㄱ. 대공황은 1929년 미국에서 시작되었으며, 수요가 공급을 따라가지 못하는 상황을 배경으로 발생하였다. ㄹ. 일본의 동남아시아 침략은 하와이 진주만 기지 기습 이전에 일어났다. 일본은 중일 전쟁의 장기화로 전쟁 물자를 확보하고자 동남아시아를 침략하였다.

15 제2차 세계 대전의 과정

제2차 세계 대전은 ㈜ 독일과 소련의 불가침 조약 체결(1939) – ㈏ 독일이 프랑스 파리 점령(1940) – ㈐ 아시아 태평양 전쟁의 발발(1941) – ㈎ 이탈리아 항복(1943)의 순서로 전개되었다.

16 미국의 원자 폭탄 투하

✦ 자료로 이해하기

사진은 1945년 일본이 항복하는 모습이다. 미국이 끝까지 저항하던 일본 나가사키와 히로시마에 원자 폭탄을 떨어뜨리자 일본은 무조건 항복을 선언하였다. 1945년 8월 일본의 항복으로 제2차 세계 대전은 끝이 났다.

바로 알기 ①은 제1차 세계 대전 중에 영국이 독일 등을 상대로 벌인 일이다. ②는 1939년에 일어난 사실로, 제2차 세계 대전이 일어나게 된 배경이었다. ④는 1940년에 일어난 사실로, 제2차 세계 대전 초반에 발생한 사건이다. ⑤는 1943년에 일어난 사실로, 소련군이 독일군을 상대로 승리를 거두어 전세가 연합국에 유리해지게 되었다.

17 제2차 세계 대전의 결과

노르망디 상륙 작전의 성공으로 프랑스를 해방한 연합국은 독일로 진군하여 독일의 서쪽은 영미 연합군이, 독일의 동쪽은 소련이 각각 공격하였다. 그 결과 1945년 5월 독일이 항복을 선언하였다. 이후 미국이 끝까지 저항하던 일본에 원자 폭탄을 떨어뜨렸고, 일본이 무조건 항복을 선언하면서 제2차 세계 대전은 끝이 났다.

바로 알기 ⑤ 제2차 세계 대전은 연합국의 승리로 끝이 났다.

18 국제 연합(UN)의 창설

제2차 세계 대전으로 수많은 인명 피해가 발생하였고, 바다와 대기 등 환경이 파괴되었다. 한편, 여러 국가의 대표들은 국제 협력과 평화 유지를 위해 1945년 10월 국제 연합(UN)을 창설하였다.

바로 알기 ① 빈 회의는 프랑스 나폴레옹이 몰락하자 오스트리아의 메테르니히가 주도하여 개최한 회의로, 프랑스 혁명 이전의 영토와 지배권으로 돌아가기 위한 내용을 결정하였다. ② 코민테른은 사회주의 혁명을 확산시키고자 레닌이 결성하였다. ④ 유럽 연합(EU)의 등장은 1993년의 일로, 유럽 공동체가 유럽 연합으로 확대되면서 등장하였다. ⑤ 파리 강화 회의의 결과 연합국과 독일은 베르사유 조약을 체결하였다.

19 제2차 세계 대전의 영향

제2차 세계 대전은 수많은 인명 피해와 재산 피해를 남겼으며, 유대인 대량 학살과 같은 반인륜적인 범죄가 일어나기도 하였다. 또한 원자 폭탄의 사용으로 수많은 사람이 목숨을 잃기도 하였다.

바로 알기 ㄱ, ㄹ은 모두 제1차 세계 대전과 관련이 있다.

서술형 문제 247쪽

1 대공황의 극복

(1) **답** 대공황

(2) **예시 답안** 미국은 정부가 경제활동에 적극 개입하는 뉴딜 정책을 실시하여 정부가 기업의 생산량을 조절하고, 대규모 공공사업을 벌여 실업자들에게 일자리를 제공하였다. 한편, 영국과 프랑스는 블록 경제를 통해 대공황을 극복하려고 하였다. 이 두 국가는 본국에서 만든 상품을 식민지에 팔고, 수입품에는 높은 관세를 매겨 수입량을 억제하는 보호 무역 정책을 실시하였다.

점수	채점 기준
상	미국의 뉴딜 정책의 내용과 영국·프랑스의 보호 무역 정책의 내용을 모두 서술한 경우
하	미국의 뉴딜 정책의 내용과 영국·프랑스의 보호 무역 정책의 내용 중 한 가지만 서술한 경우

2 독일 나치스의 정책

(1) **답** 나치스

(2) **예시 답안** 대공황의 위기를 배경으로 히틀러가 이끄는 나치스가 국민의 지지 속에 정권을 장악하였다. 나치스는 독일 민족의 우수성을 강조하고 유대인을 탄압하는 인종주의 정책을 실시하였다. 또한 국가와 민족의 번영을 앞세워 군비를 늘리고 대외 침략에 나서는 대외 팽창 정책을 추진하였다.

점수	채점 기준
상	나치스가 추진한 정책을 두 가지 서술한 경우
하	나치스가 추진한 정책을 한 가지만 서술한 경우

O3 전쟁 범죄에 맞선 평화 유지 노력

문제로 **개념 확인** + 비주얼로 **핵심 콕콕**

249쪽 | **1** (1) ○ (2) ✕　　**2** (1) 일본군 '위안부' (2) 난징
3 홀로코스트
A 원자　　**B** 위안부

251쪽 | **1** (1) ㄴ (2) ㄱ　　**2** 국제 연합(UN)
3 (1) 켈로그·브리앙 조약 (2) 극동 국제 군사 재판(도쿄 재판)
C 대서양　　**D** 뉘른베르크

시험 대비 **핵심 문제**　　252~253쪽

01 ③　　**02** ③　　**03** ②　　**04** 난징 대학살　　**05** ④　　**06** ②
07 ④　　**08** ①
서술형 문제 | 1~2번 해설 참조

01 제1, 2차 세계 대전 중 일어난 인권 침해의 사례

두 차례 세계 대전이 벌어지는 동안 대량 살상 무기가 등장하고 민간인을 향한 무차별 공격이 계속되었다. 일본의 지배를 받은 식민지 주민들은 강제로 군인이 되거나 군수 공장에 동원되기도 하였다. 또한 수많은 여성을 일본군 '위안부'로 강제로 끌고 가 끔찍한 삶을 강요하였다. 일본과 독일은 의학적 지식을 얻는다는 명분으로 생체 실험을 하였다. 한편, 독일 나치스는 폴란드를 점령한 후 독일인 이주를 위해 폴란드인을 강제로 이주시켰다.

바로 알기 ③은 1905년에 러시아에서 일어난 피의 일요일 사건과 관련이 있다.

02 제2차 세계 대전 당시 민간인의 희생

✦ **자료로 이해하기**

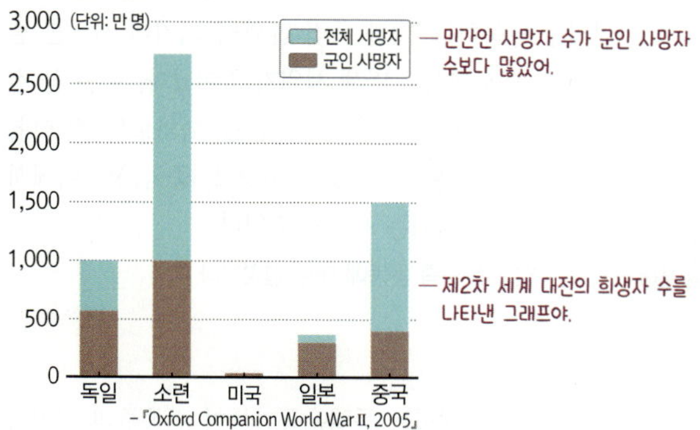

- 『Oxford Companion World War II, 2005』

제2차 세계 대전에서는 대량 살상 무기의 사용으로 수많은 사람이 목숨을 잃거나 다쳤고, 곳곳에서 학살이 일어났다. 또한 드레스덴 등 민간인이 거주하는 대도시에서도 폭격이 일어났다.

03 독일의 전쟁 범죄

㈎에 들어갈 탐구 주제는 홀로코스트의 사례이다. 독일의 히틀러는 정권을 장악한 이후 유대인을 차별하는 법을 제정하였고, 히틀러가 이끄는 독일의 나치스는 제2차 세계 대전이 일어나자 유대인 수용소를 만들고 많은 유대인을 학살하였다. 아우슈비츠 수용소는 독일이 폴란드에 설치한 대표적인 유대인 수용소로, 수용소에 갇힌 유대인들은 강제 노동을 하거나 생체 실험 대상이 되기도 하였다. 수용소에서 수많은 유대인들이 목숨을 잃었는데 이처럼 나치스가 유대인을 대상으로 저지른 대규모 학살을 홀로코스트라고 한다.

바로 알기 ① 일본의 전쟁 범죄는 난징 대학살, 731 부대의 생체 실험 등이 해당한다. ③ 스탈린그라드 전투는 제2차 세계 대전 중 독일과 소련이 벌인 전투이다. ④ 무제한 잠수함 작전은 독일이 제1차 세계 대전 당시에 전개한 것으로 미국이 큰 피해를 보았다. ⑤ 제국주의 국가의 식민 통치와는 직접적인 관련이 없다.

04 난징 대학살

만주 사변 이후 대륙 침략을 본격화한 일본은 1937년 중일 전쟁을 일으켰다. 이후 일본은 중화민국의 수도 난징을 점령한 후 중국군 포로와 민간인을 대상으로 대학살을 자행하였다. 중국에서는 12월 13일을 '난징 대학살 희생자 국가 추모일'로 지정하고 해마다 추모식을 개최하고 있다.

05 전후 처리 과정의 순서

제2차 세계 대전이 진행되는 동안 연합국 대표들은 전후 문제를 처리하고 새로운 질서를 세우고자 여러 차례 모여 회담을 가졌다. ㈐ 카이로 회담을 열어 한국의 독립과 일본의 무조건 항복 문제를 논의함(1943) - ㈏ 얄타 회담을 개최하여 소련이 연합군과 함께 일본을 공격하기로 결정함(1945. 2.) - ㈎ 포츠담 회담이 개최되어 전후 처리 문제를 결정함(1945. 7.)의 순서로 전개되었다.

06 국제 연합의 창설

제2차 세계 대전 중 연합국들은 전후 국제 평화와 안전을 유지하기 위해 국제기구를 설립하고자 하였다. 이에 1945년에 여러 나라의 대표들이 모여 대서양 헌장의 정신에 따라 국제 연합(UN)을 창설하였다. 국제 연합은 미국이 참여하지 않았던 국제 연맹과 달리 미국 등 강대국이 참여하였다. 또한 국제 연합은 조직 아래에 유네스코, 세계 보건 기구 등 전문 기구를 두고 있으며, 국제 분쟁이 일어날 경우 조정과 중재를 위해 유엔 평화 유지군을 파견할 수 있었다.

바로 알기 ② 베르사유 조약의 결과 승전국 중심의 베르사유 체제가 성립되었다.

제2차 세계 대전 이후 전쟁 범죄 처벌을 위한 군사 재판이 열렸다. 뉘른베르크 재판에서는 전범 24명이 기소되어 12명에게 사형이 선고되었다. 극동 국제 군사 재판에서는 25명이 실형을 선고받았으나 전쟁의 핵심 책임자인 일본 천황이 대상에서 제외되었다.

바로 알기 ① 제2차 세계 대전을 일으킨 전쟁 범죄에 대해 처벌하였다. ② 바이마르 공화국은 독일 나치스가 집권하면서 무너졌다. ③ 난징 대학살의 배경이 아닌 책임을 물은 재판이었다. ⑤ 두 재판은 제2차 세계 대전 이후에 열렸다.

08　로카르노 조약의 내용

밑줄 친 '이 조약'은 로카르노 조약이다. 제1차 세계 대전 이후 유럽 각국은 평화를 위해 여러 조약을 맺었다. 1925년 유럽 각국은 스위스 로카르노에서 유럽의 국경선 문제를 처리하는 로카르노 조약을 맺어 국제적 긴장을 완화시켰다.

바로 알기 ②는 제1차 세계 대전 이후 연합국과 독일 사이에 체결된 조약이다. ③은 종교 전쟁을 끝낸 조약으로 칼뱅파가 공식적으로 인정받았다. ④는 제2차 세계 대전이 일어나기 직전에 독일과 소련이 맺은 조약이다. ⑤는 1928년에 주요 국가들이 맺은 조약으로 국제 분쟁을 해결하기 위해 전쟁을 수단으로 삼지 않겠다는 내용을 명시하였다.

서술형 문제　253쪽

1　일본의 전쟁 범죄

(1) **답** 일본

(2) **예시 답안** 일본은 1937년 중일 전쟁을 일으킨 후 난징에서 군인과 수많은 민간인을 대상으로 대학살을 저질렀다. 또한 731 부대를 설치하고 한국과 중국인 등을 대상으로 생체 실험을 하였다.

점수	채점 기준
상	일본이 저지른 전쟁 범죄를 두 가지 서술한 경우
하	일본이 저지른 전쟁 범죄를 한 가지만 서술한 경우

2　독일의 전쟁 범죄와 뉘른베르크 재판

(1) **답** 뉘른베르크

(2) **예시 답안** 독일 나치스는 제2차 세계 대전이 일어나자 독일뿐 아니라 점령 지역 곳곳에 유대인 수용소를 만들고 강제 노역을 시켰다. 또한 유대인들을 대상으로 생체 실험을 자행하였으며 가스실에서 수많은 유대인을 학살하였다.

점수	채점 기준
상	독일 나치스가 유대인 수용소를 만들어 강제 노역을 시키고, 생체 실험을 하며 가스실에서 수많은 유대인을 학살한 내용을 서술한 경우
하	생체 실험을 하며 가스실에서 수많은 유대인을 학살하였다고만 서술한 경우

04　아시아와 아프리카의 민족 운동

문제로 개념 확인　＋　비주얼로 핵심 콕콕

255쪽 | **1** (1) 3·1 운동 (2) 21개조 요구　　**2** (1) 국민당
(2) 네루　　**3** 비폭력·불복종 운동
A 대한민국　　**B** 소금

257쪽 | **1** (1) 인도네시아 (2) 호찌민　　**2** (1) × (2) ○
3 (1) 수에즈 운하 (2) 범아프리카주의
C 아기날도　　**D** 튀르키예

시험 대비 핵심 문제　258~261쪽

01 ⑤	**02** ⑤	**03** 실력 양성 운동	**04** ②	**05** ③
06 ②	**07** ⑤	**08** ⑤　**09** ②	**10** 카르티니	**11** ③
12 ③	**13** ③	**14** ⑤　**15** ④	**16** ④　**17** ⑤	**18** ⑤

서술형 문제 | 1~2번 해설 참조

01　민족 자결주의

미국 대통령 윌슨이 제1차 세계 대전의 전후 문제 처리 원칙으로 제시한 14개조 평화 원칙 중 민족 자결주의는 '식민 지배를 받고 있는 나라 및 민족의 주권 문제를 처리할 때에는 식민지 주민의 이익과 손해를 반영하고, 공평하게 처리해야 한다.'는 내용이다. 이 사상은 한국에서 일어난 3·1 운동이나 중국에서 일어난 5·4 운동 등 아시아의 여러 국가의 민족 운동에 큰 영향을 미쳤다.

02　3·1 운동의 영향

제시된 글은 1919년 한국에서 일어난 3·1 운동에 대한 설명이다. 3·1 운동 당시 수많은 학생과 시민이 경성(서울) 탑골 공원에 모여 독립 선언서를 낭독하고 '대한 독립 만세'를 외치며 시위를 벌였고 평양 등 주요 도시에서도 만세 시위가 일어났다. 이는 곧 전국으로 퍼졌고, 만주, 연해주, 일본, 미국 등 해외로도 퍼졌다. 3·1 운동은 중국의 5·4 운동에 영향을 미쳤고, 중국 상하이에서 대한민국 임시 정부가 수립되는 계기가 되었다.

바로 알기 ㄱ, ㄴ은 인도의 민족 운동에 대한 설명이다.

03　실력 양성 운동

3·1 운동을 전후로 한국에서는 독립운동가들이 민족주의 진영과 사회주의 진영으로 나뉘어 독립운동을 전개하였다. 민족주의 진영은 주로 경제적·문화적으로 민족의 힘을 키우려는 실력 양성 운동을 이끌었다.

04 5·4 운동의 전개

사진은 중국 베이징의 톈안먼 광장에 모여 21개조 요구 철회를 외치는 중국인들의 모습이다. 제1차 세계 대전 중 일본은 독일이 가지고 있던 산둥반도의 이권을 넘겨받는다는 내용이 포함된 21개조 요구를 중국에 강요하였고 당시 중국 정부는 이를 받아들였다. 제1차 세계 대전이 끝나고 파리 강화 회의에 모인 승전국 대표들이 중국의 21개조 요구 무효 주장을 받아들이지 않고 일본의 21개조 요구를 인정한 소식이 전해지자, 베이징의 학생들을 중심으로 톈안먼 광장에 모여 21개조 요구를 철회하라는 5·4 운동이 일어났다.

바로 알기 ①은 중국의 사상과 제도는 유지하되 서양의 기술만을 받아들이자는 운동이다. ③은 비밀 결사인 의화단이 부청멸양의 구호를 내걸고 벌인 반외세 운동이다. ④는 일본의 메이지 유신을 본받아 정치 제도를 개혁하자는 운동이다. ⑤는 홍수전이 만주족을 몰아내고 한족의 국가를 세우자고 주장한 운동이다.

05 제1차 국공 합작의 결성과 결렬 사이에 있었던 사실

5·4 운동 이후 중국에서는 국민당과 공산당이 결성되어 중국의 민족 운동이 활발하게 전개되었다. 이후 쑨원이 이끄는 중국 국민당은 군벌과 제국주의 열강을 물리치고자 공산당과 손을 잡았다(제1차 국공 합작). 그러나 쑨원의 뒤를 이어 장제스가 중국 국민당의 권력을 잡은 후 공산당을 탄압하자 제1차 국공 합작은 결렬되었다.

바로 알기 ①, ⑤는 제1차 국공 합작이 결렬된 이후의 일이다. ②, ④는 제1차 국공 합작이 결성되기 이전의 일이다.

06 중일 전쟁의 영향

1937년 일본이 루거우차오 사건을 구실로 중일 전쟁을 일으키자 서로 대립하던 중국 국민당과 공산당은 제2차 국공 합작을 결성하여 일본군에 맞섰다.

바로 알기 ①은 신해혁명, ③은 삼국 간섭, ④는 러일 전쟁 이후 일본과 러시아가 체결한 포츠머스 조약의 영향이다. ⑤는 제1차 세계 대전 이후 승전국이 중국의 21개조 요구 무효 주장을 받아들이지 않은 것이 배경이 되어 일어났다.

07 인도의 민족 운동

제1차 세계 대전 이후 인도에서는 영국의 지배에 저항하여 영국 상품 불매, 국산품 애용, 공직 거부, 납세 거부 등과 같은 비폭력·불복종 운동이 일어났다.

바로 알기 ⑤는 제1차 세계 대전 이전에 일어난 인도의 민족 운동에 대한 설명이다.

08 간디의 활동

인도 국민 회의를 이끌던 간디는 폭력을 쓰지 않고 법률이나 명령에 따르지 않는 비폭력·불복종 운동을 전개하였다. 또한 영국의 소금 독점에 맞서 소금 행진을 벌이기도 하였다.

바로 알기 ①은 중국에서 일어난 반제국주의 운동이다. ②는 한국에서 독립 협회가 전개한 토론회이다. ③은 한국에서 일어난 근대화 운동이다. ④는 한국에서 민족주의 진영이 경제적·문화적으로 힘을 키우자고 한 운동이다.

09 네루의 활동

(가)에 들어갈 인물은 인도의 네루이다. 네루는 영국으로부터 인도의 완전한 독립을 요구하며 인도 독립 동맹을 창설하고 민족 운동을 전개하였다.

10 카르티니의 활동

㉠에 들어갈 인물은 카르티니이다. 카르티니는 인도네시아가 네덜란드의 지배에서 벗어나려면 '어머니가 될 여성을 위한 교육'이 중요하다고 여겨 여학교를 세우는 등 여성 교육에 힘썼다.

11 판보이쩌우의 활동

밑줄 친 '우리'는 베트남이다. 베트남의 판보이쩌우는 근대화에 성공한 일본의 사례를 참고하여 베트남의 독립과 근대화를 이루고자 하였다. 그는 베트남 청년들에게 일본 유학을 권하고 일본의 근대 문물과 제도를 배우게 하였다.

12 아기날도의 활동

㉠은 필리핀, ㉡은 미국이다. 아기날도는 미국과 에스파냐가 필리핀의 지배권을 두고 전쟁을 하자, 필리핀의 독립을 약속한 미국을 지원하였다. 이후 미국이 약속을 어기고 필리핀을 식민지로 삼자 미국에 대항하여 필리핀의 독립운동을 이끌었다.

13 동남아시아의 민족 운동

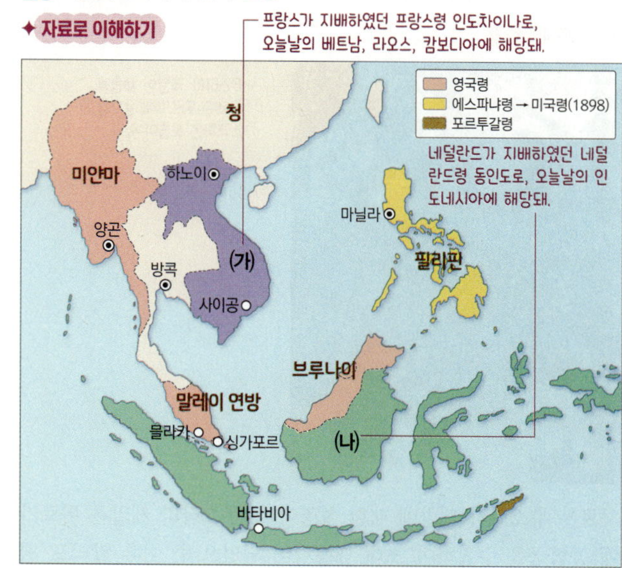

지도의 (가)는 프랑스가, (나)는 네덜란드가 지배하였다. (가)는 과거에는 프랑스가 지배하였던 프랑스령 인도차이나였고, (나)는 네덜란드가 오랫동안 식민 통치를 하였던 네덜란드령 동인도였다.

바로 알기 영국은 미얀마를 지배하였고, 에스파냐는 필리핀을 지배하였다. 포르투갈은 오늘날의 동티모르에 해당하는 섬을 지배하였다.

14 인도네시아의 민족 운동

지도의 (나) 지역은 오늘날의 인도네시아이다. 오랫동안 네덜란드의 지배를 받았던 인도네시아에서는 수카르노가 인도네시아 국민당이라는 정당을 만들어 민족 운동을 이끌었다. 또한 카르티니는 네덜란드의 지배에서 벗어나려면 '어머니가 될 여성을 위한 교육'이 중요하다고 여겨 여학교를 세우는 등 여성 교육을 강조하며 민족 운동을 이끌었다.

바로 알기 ㄱ. 호찌민이 프랑스에 저항하는 민족 운동을 벌인 국가는 베트남이다. ㄴ. 아기날도가 독립운동을 이끈 국가는 필리핀이다.

15 호찌민의 활동

검색창에 들어갈 국가는 베트남이다. 프랑스의 식민 지배를 받던 베트남은 독립 보장을 조건으로 제1차 세계 대전에서 프랑스를 비롯한 연합국을 지원하였다. 이후 프랑스가 독립을 보장해 준다는 약속을 지키지 않자, 호찌민이 베트남 공산당을 창설하여 프랑스에 저항하는 민족 운동을 이끌었다.

바로 알기 ①은 중국, ③은 인도에서 일어난 민족 운동이다. ②, ⑤는 오스만 제국에서 일어난 근대화 운동이다.

16 오스만 제국의 변화

㉠은 오스만 제국, ㉡은 튀르키예 공화국이다. 오스만 제국은 제1차 세계 대전에서 동맹국으로 참전하여 패배하였고 많은 영토를 잃고 위기를 맞았다. 이후 오스만 제국이 무너지고 튀르키예 공화국이 세워졌다.

17 무스타파 케말의 활동

✦ **자료로 이해하기**

무스타파 케말이 새롭게 창제된 튀르키예 문자를 소개하는 모습이야.

자료는 무스타파 케말에 대한 설명이다. 무스타파 케말은 튀르키예 공화국을 수립하여 초대 대통령이 되었으며, 이후 칼리프 제도를 폐지하고 여성의 참정권을 인정하는 등 근대화 개혁을 추진하였다. 또한 아랍 문자 대신 튀르키예 문자를 만들어 튀르키예의 문맹률을 크게 낮추었다.

바로 알기 ㄱ. 탄지마트는 오스만 제국 때 일어난 근대적 개혁이다. ㄴ. 무스타파 케말은 술탄 제도(제정)를 폐지하고 튀르키예 공화국을 세웠다.

18 범아프리카 회의

✦ **자료로 이해하기**

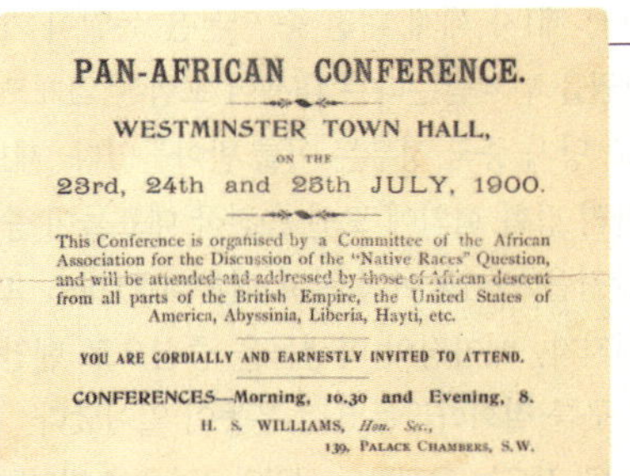

범아프리카 회의 초대장으로, 이 회의는 범아프리카주의가 확산하면서 열리게 되었어. 이 회의에서는 아프리카의 독립 문제, 인종 차별 문제 등도 논의되었어.

자료는 범아프리카 회의에 대한 설명이다. 사하라 사막 남쪽 지역에서 통일된 아프리카를 추구하는 범아프리카주의가 확산하면서 여러 차례 범아프리카 회의가 열렸다. 이 회의에서는 아프리카의 독립 문제와 인종 차별 문제 등이 논의되기도 하였다.

바로 알기 ①은 나폴레옹이 몰락한 후 유럽 각국의 대표들이 전쟁의 혼란을 수습하고자 개최한 회의이다. ②는 벨기에의 콩고 사유지 선언을 계기로 열린 회의로, 이 회의에서 유럽 열강들은 아프리카 분할에 합의하였다. ③은 제1차 세계 대전이 끝난 후 전쟁 배상금과 외교 관계 문제를 논의한 회의이다. ④는 제1차 세계 대전이 끝난 후 연합국이 전후 문제를 처리하고자 개최한 회의이다.

서술형 문제 261쪽

1 중국의 민족 운동

(1) **답** 제1차 국공 합작

(2) **예시 답안** 쑨원의 뒤를 이어 중국 국민당의 권력을 잡은 장제스가 중국 공산당을 탄압하자 군벌과 제국주의 열강을 물리치고자 결성한 제1차 국공 합작이 결렬되었다.

점수	채점 기준
상	중국 국민당의 권력을 잡은 장제스가 공산당을 탄압하여 제1차 국공 합작이 결렬되었다고 서술한 경우
하	공산당을 탄압하여 제1차 국공 합작이 결렬되었다고만 서술한 경우

2 이집트의 민족 운동과 독립

(1) **답** 이집트

(2) **예시 답안** 제1차 세계 대전 이후 이집트에서는 영국의 지배에 저항하는 반영 운동이 일어났다. 그 결과 이집트는 영국이 수에즈 운하의 관리권과 군대 주둔권을 유지하는 조건으로 1922년에 독립하였다.

점수	채점 기준
상	영국의 수에즈 운하 관리권, 군대 주둔권 유지 조건을 모두 서술한 경우
하	위의 내용 중 한 가지만 서술한 경우

01 제1차 세계 대전의 배경

제1차 세계 대전은 3국 동맹(독일, 오스트리아·헝가리 제국, 이탈리아)과 3국 협상(영국, 프랑스, 러시아)을 맺은 제국주의 열강들이 서로 경쟁·대립하는 상황을 배경으로 일어났다. 또한 범게르만주의를 내세운 오스트리아·헝가리 제국이 슬라브족 국가인 보스니아 헤르체고비나를 병합하면서 세르비아 등 슬라브주의를 내세운 국가들과 대립하는 상황을 배경으로 발생하였다.

바로 알기　ㄱ, ㄹ은 제2차 세계 대전의 배경이다.

02 제1차 세계 대전의 전개

제1차 세계 대전은 (다) 영국의 독일 해상 봉쇄 – (라) 독일의 무제한 잠수함 작전 전개 – (나) 미국의 연합국 편으로 참전 – (가) 러시아가 전쟁에서 이탈한 순서로 전개되었다.

03 제1차 세계 대전의 특징

제1차 세계 대전 시기에는 이전까지 보지 못하였던 새로운 전쟁 양상이 나타났다. 군인들이 참호를 파고 대치하는 참호전이 등장하여 전쟁이 장기화되었고, 국가의 모든 인적·물적 자원이 총동원되는 총력전이 나타났다. 이에 따라 여성들도 군복과 같은 군수품 제작에 동원되었으며, 제국주의 국가의 식민지 주민들도 전쟁에 동원되었다. 또한 이 시기에는 전투기, 탱크, 잠수함, 독가스 등 새로운 무기가 등장하여 막대한 인명 피해를 남겼다.

바로 알기　④는 제2차 세계 대전의 특징이다.

04 베르사유 조약의 내용

✦ **자료로 이해하기**　─ 패전국 독일에 대한 보복적인 성격을 보여 줌.

> 제119조　독일은 해외 식민지에 관한 모든 권리와 소유권을 연합국의 주요 국가에 넘겨준다.
>
> 제231조　전쟁에 따른 모든 책임은 바이마르 공화국(독일)을 비롯한 동맹국에 있다.

제시된 글은 베르사유 조약이다. 베르사유 조약은 제1차 세계 대전이 끝난 뒤 열린 파리 강화 회의의 결과로 체결되었다. 연합국은 베르사유 조약을 맺어 전쟁의 책임이 독일에 있음을 분명히 하였다. 이에 따라 독일이 군비를 축소하고 식민지를 상실하였으며, 막대한 배상금을 지불하게 되었다. 베르사유 조약은 패전국인 독일에 대한 보복적인 측면이 있었고, 이는 이후 독일이 제2차 세계 대전을 일으키는 배경이 되기도 하였다. 이와 같이 제1차 세계 대전 이후 승전국 중심으로 새롭게 만들어진 질서를 베르사유 체제라고 한다.

바로 알기　② 히틀러가 이끄는 나치스의 등장은 베르사유 조약 체결 이후의 일로, 서로 관련이 없다.

05 러시아 혁명의 전개와 결과

㉠은 소비에트, ㉡은 볼셰비키이다. 1917년 3월에 러시아의 노동자와 군인들이 소비에트를 결성하여 차르를 몰아내고 임시 정부를 세웠다(3월 혁명). 그러나 임시 정부가 개혁을 진행하지 않고 전쟁을 계속하자, 레닌이 이끄는 볼셰비키가 임시 정부를 무너뜨리고 소비에트 정부를 수립하였다(11월 혁명).

바로 알기　코민테른은 사회주의 혁명을 확산하고자 레닌이 결성한 국제 공산당 연합 조직이다.

06 제1차 세계 대전 종결 이후의 상황

제1차 세계 대전 종결 이후 패전국인 오스만 제국은 시리아, 이라크, 팔레스타인 등으로 분리되었다. 또한 오스트리아·헝가리 제국도 해체되어 여러 민주 공화국이 탄생하였다.

바로 알기　①은 제1차 세계 대전 중에, ②, ③, ⑤는 제1차 세계 대전 이전에 일어난 일이다.

07 각국의 대공황 극복 노력

1929년에 대공황이 일어나자 미국의 루스벨트 대통령은 정부가 경제활동에 적극 개입하는 뉴딜 정책을 실시하였다. 이에 정부가 기업의 생산량을 조절하는 등 시장 개입이 확대되고, 사회 보장 제도가 실시되었으며, 대규모 공공사업을 벌여 실업자에게 일자리를 제공하였다. 한편, 영국과 프랑스는 대공황이 발생하자 이를 극복하기 위해 본국과 식민지를 하나의 경제권으로 묶는 블록 경제를 실시하였다.

바로 알기　ㄴ. 미국은 시장에 적극 개입하였다. ㄹ. 프랑스는 본국과 식민지의 경제권을 하나로 묶는 프랑 블록을 실시하였다.

08 대공황 이후 이탈리아의 상황

대화의 주제가 된 국가는 이탈리아이다. 이탈리아는 19세기 후반 독일, 오스트리아·헝가리 제국과 함께 3국 동맹을 맺었으나, 제1 차 세계 대전이 시작되자 연합국(협상국) 편으로 돌아섰다. 이탈리아에서는 1922년에 무솔리니가 이끄는 파시스트당이 정권을 장악하였고, 대공황 이후 에티오피아를 침략하였다. 이후 이탈리아는 제2차 세계 대전에 추축국으로 참전하였다.

바로 알기 ㄴ은 대공황 이후 일본, ㄹ은 대공황 이후 독일에 대한 설명이다.

09 전체주의 국가의 특징

독일, 일본, 이탈리아에서는 대공황 전후의 경제적 혼란과 사회적 불안을 틈타 개인의 이익보다는 민족이나 국가 전체의 이익을 최우선으로 내세우는 전체주의 세력이 권력을 장악하였다.

바로 알기 ①은 독일에만 해당하며 일본과 이탈리아는 제1차 세계 대전의 승전국이었다. ② 독일, 일본, 이탈리아는 제2차 세계 대전의 패전국이었다. ③은 미국에 대한 설명이다. ④는 제1차 세계 대전 이후 패전국의 식민지에 대한 설명이다.

10 제2차 세계 대전의 전개

(가)는 일본의 진주만 기지 습격(1941. 12.), (나)는 노르망디 상륙 작전(1944. 6.)으로, (가)와 (나) 시기 사이에 일어난 사실은 이탈리아의 항복(1943. 9.)이다. 소련이 스탈린그라드 전투에서 독일군에 승리를 거둔 이후 전세가 연합국에 유리해졌다. 이후 연합국은 이탈리아로 진격하여 무솔리니 정권을 무너뜨렸고 노르망디 상륙 작전을 펼쳐 독일이 점령하고 있던 파리를 해방하였다.

바로 알기 ②, ⑤는 노르망디 상륙 작전 이후의 일이다. ③, ④는 일본의 진주만 기지 기습 이전의 일이다.

11 제2차 세계 대전의 전개와 결과

제2차 세계 대전에서는 소련이 스탈린그라드 전투에서 독일에 승리하면서 연합국의 전세가 유리해졌다. 한편, 전쟁에서 전차, 폭격기와 같은 대량 살상 무기가 사용되었고, 유대인이 대량 학살되는 등 반인륜적인 범죄가 일어났다. 전쟁 이후 세계 각국은 대서양 헌장의 정신에 따라 국제 연합(UN)의 창설에 합의하였다.

바로 알기 ⑤는 제1차 세계 대전의 배경이 된 사건이다.

12 전쟁 범죄의 발생

㉠은 독일, ㉡은 일본군이다. 제2차 세계 대전 중 히틀러가 이끄는 독일의 나치스는 약 600만 명의 유대인을 대량 학살하는 홀로코스트를 저질렀다. 또한 1937년에 난징을 점령한 일본군은 중국군 포로를 잡는다는 구실로 민간인을 포함한 수십만 명의 중국인을 학살하였다. 이는 모두 제2차 세계 대전 중에 민간인 등을 대상으로 이루어진 반인륜적인 전쟁 범죄였다. 전쟁이 끝난 후 연합국 대표들은 런던에 모여 침략 전쟁과 대량 학살 등의 비인간적인 행위를 범죄로 규정하였다. 이에 따라 독일 뉘른베르크와 일본 도쿄에서 전쟁 범죄자를 처벌하는 국제 군사 재판이 열렸다.

13 홀로코스트의 이해

밑줄 친 '학살'은 홀로코스트이다. 홀로코스트는 독일의 나치스가 저지른 전쟁 범죄로, 독일군은 독일 지역뿐 아니라 독일이 점령하고 있던 지역에도 유대인 수용소를 만들고 유대인에 대한 대량 학살을 저질렀다. 유대인을 수용소에 가두어 강제 노동을 시키거나, 생체 실험 대상자로 삼았으며, 가스실로 끌고 가 학살하거나 총살을 저지르기도 하였다.

바로 알기 ① 731 부대는 생체 실험을 자행한 일본군의 부대이다.

14 대서양 헌장의 내용

제시된 글은 대서양 헌장에 대한 설명이다. 대서양 헌장은 1941년에 미국과 영국의 대표가 만나 전후 질서의 기본 방침을 정한 공동 선언이다. 이 선언에는 영토를 확대하지 않고 여러 민족의 자결을 인정하자는 내용 등이 포함된 8개의 원칙이 담겨 있다.

15 평화 실현을 위한 노력

(가)는 켈로그·브리앙 조약, (나)는 카이로 회담에 대한 설명이다. 켈로그·브리앙 조약은 1928년에 체결된 것으로, 이 조약에서 국제 분쟁의 해결을 목적으로 전쟁을 일으키는 행위를 불법으로 정하였다. 카이로 회담은 1943년에 연합국 대표들이 모여 한국의 독립과 일본의 무조건 항복 문제를 논의한 회의이다.

바로 알기 로카르노 조약은 유럽의 국경선 문제를 처리하고자 1925년에 체결한 조약이다. 베르사유 조약은 제1차 세계 대전 이후에 독일과 연합국이 전후 처리를 위해 체결한 조약이다. 1945년에 진행된 포츠담 회담에서는 일본에 무조건 항복 권유가 논의되었다.

16 인권 회복과 평화 실현을 위한 노력

자료는 제2차 세계 대전 이후 전쟁 범죄자를 처벌하기 위해 열린 극동 국제 군사 재판(도쿄 재판)의 모습과 야드바셈 박물관에서 홀로코스트 희생자를 추모하는 사람들의 모습이다. 이 두 자료는 전쟁 범죄를 반성하고 전쟁의 아픔을 기억하여 인류의 인권 회복과 평화를 실현하기 위한 노력을 보여 준다.

17 5·4 운동의 배경

✦ 자료로 이해하기

제시된 글은 1919년에 중국에서 일어난 5·4 운동의 구호이다. 파리 강화 회의에서 승전국 대표들이 중국의 무효 주장을 받아들이지 않고 일본의 21개조 요구를 승인하자, 이 소식을 접한 중국 베이징의 학생들을 중심으로 5·4 운동이 전개되었다.

바로 알기 ①은 인도 국민 회의의 반영 운동, ②는 제2차 아편 전쟁, ④는 삼국 간섭, ⑤는 청년 튀르크당 혁명이 일어나게 된 배경이다.

18 중일 전쟁의 영향

밑줄 친 '이 전쟁'은 중일 전쟁이다. 1937년에 일본이 중일 전쟁을 일으키자 중국 국민당과 공산당은 다시 손을 잡고 일본의 침략에 대항하였다(제2차 국공 합작). 중일 전쟁 중에 일본군은 중화민국의 수도인 난징을 점령하여 수많은 중국인을 학살하였다.

바로 알기 ① 러일 전쟁 이후 일본의 한반도에 대한 지배권이 인정되었다. ② 아편 전쟁은 두 차례 벌어졌는데, 제1차 아편 전쟁의 결과 청이 개항하였고, 제2차 아편 전쟁의 결과 크리스트교 포교와 외국 공사의 베이징 주재 등이 허용되었다. ④ 청일 전쟁 이후 일본은 청으로부터 랴오둥반도와 타이완을 넘겨받았다. ⑤ 아시아 태평양 전쟁에서는 연합국이 일본에 승리하면서 이후 아시아 여러 민족이 독립하게 되었다.

19 네루의 활동

인도의 네루는 인도가 영국과의 관계를 완전히 끊고 완전한 독립을 이루어야 한다고 주장하며 인도 독립 동맹을 결성하였다.

바로 알기 ①은 인도의 비폭력·불복종 운동을 이끈 인물이고, ③은 인도네시아, ④는 필리핀, ⑤는 베트남의 민족 운동을 이끈 인물이다.

20 베트남의 독립운동

✦ 자료로 이해하기

밑줄 친 '이 국가'는 베트남이다. 호찌민은 베트남 공산당을 조직하고 프랑스에 맞서 베트남의 독립운동을 이끈 인물이다. 베트남은 독립을 조건으로 제1차 세계 대전에 참여하여 프랑스를 도왔으나 전쟁 이후 프랑스는 약속을 지키지 않았다.

바로 알기 ①, ⑤는 중국, ③은 인도, ④는 아프리카 사하라 사막 남쪽 지역에 대한 설명이다.

21 무스타파 케말의 활동

제1차 세계 대전에서 패배한 오스만 제국은 영토의 많은 부분을 잃고 연합국의 간섭을 받았다. 이에 무스타파 케말은 술탄 제도를 폐지하고 튀르키예 공화국을 세웠다. 초대 대통령이 된 무스타파 케말은 칼리프 제도를 폐지하고 근대적 개혁을 추진하였다.

바로 알기 ㄱ은 중국의 쑨원, ㄴ은 인도네시아의 수카르노 등에 대한 설명이다.

22 범아프리카주의

㉠에 공통으로 들어갈 사상은 범아프리카주의로, 사하라 사막 남쪽 지역에서 통일된 아프리카를 추구하는 사상이다.

---

1 전체주의 국가의 특징

예시 답안 전체주의 국가는 개인의 이익보다 민족이나 국가 전체의 이익을 최우선으로 내세우며 이를 위한 개인의 희생을 강요하였다. 또한 국가와 민족의 번영을 앞세워 군비를 늘리고 대외 침략에 나섰다.

점수	채점 기준
상	전체주의 국가의 특징을 두 가지 서술한 경우
하	전체주의 국가의 특징을 한 가지만 서술한 경우

2 국제 연합의 특징

(1) **답** 국제 연합(UN)

(2) **예시 답안** 제2차 세계 대전 이후에 만들어진 국제 연합(UN)은 제1차 세계 대전 이후 창설된 국제 연맹과는 다르게 미국 등 강대국이 참여한 국제기구다. 또한 국제 분쟁과 같은 전쟁이 일어날 경우 군사적인 수단을 동원할 수 있다.

점수	채점 기준
상	미국 등 강대국 참여, 군사적인 수단 동원 가능을 모두 서술한 경우
하	위의 내용 중 한 가지만 서술한 경우

3 반인륜적 범죄의 처벌

예시 답안 내가 판사라면 (가)의 아이히만에게 사형을 선고하였을 것이다. (나)의 관점은 대량 학살이나 생체 실험과 같은 인간의 기본적인 인권을 심각하게 침해하는 행위는 '반인륜적 범죄'로서 명백한 전쟁 범죄라는 입장이다. 특히 (나)에서 밝힌 것처럼 아이히만의 행위는 독일의 나치스가 저지른 잔혹한 대량 학살인 홀로코스트에 가담한 것으로, 명백한 반인륜적인 범죄로 볼 수 있다. 피고인 아이히만은 국가의 명령에 따라 시키는 대로만 행동하였을 뿐이라고 주장하였지만, 그는 반인륜적 범죄임을 알면서도 결국에는 유대인을 아우슈비츠 수용소로 보내는 업무를 계속하였다. 이와 같은 아이히만의 행위는 결과적으로 수많은 목숨을 비극으로 내몰은 것과 같다. 따라서 인간의 생명을 함부로 다루는 비인간적 행위는 공소 시효나 관할권을 넘어서 국제 사회가 심판해야 하는 중대한 범죄라고 생각하므로, 나는 아이히만을 '반인륜적 범죄'를 저지른 범죄자로서 마땅히 사형을 선고받아야 한다고 생각한다.

점수	채점 기준
상	(나)의 '반인륜적인 범죄' 개념을 적용하여 (가)의 아이히만의 행위가 명백하게 전쟁 범죄이기 때문에 사형을 선고해야 한다고 서술한 경우
중	(가)의 아이히만의 행위가 명백하게 전쟁 범죄이기 때문에 사형을 선고해야 한다고 서술한 경우
하	(가)의 아이히만에게 사형을 선고해야 한다고만 서술한 경우

현대 세계의 전개와 과제

01 ⟍ 냉전 체제와 제3 세계의 형성

문제로 개념 확인 + **비주얼로 핵심 콕콕**

271쪽 | 1 (1) 마셜 계획 (2) 바르샤바 조약 기구(WTO)　**2** 쿠바
3 (1) 공산당 (2) 미국
A 트루먼　**B** 베를린

273쪽 | 1 (1) 이스라엘 (2) 파키스탄　**2** (1) ○ (2) ×
3 (1) ㄱ (2) ㄴ
C 제3 세계　**D** 닉슨

275쪽 | 1 (1) 페레스트로이카 (2) 유고슬라비아 연방
2 (1) ㄴ (2) ㄱ　　**3** (1) 베를린 장벽 (2) 유럽 연합(EU)
E 몰타　**F** 문화 대혁명

시험 대비 핵심 문제　　　　276~281쪽

01 ⑤　**02** ②　**03** ①　**04** ③　**05** ④　**06** ④　**07** ③
08 미국　**09** ⑤　**10** ④　**11** ①　**12** ①　**13** ②　**14** ②
15 ③　**16** ③　**17** ⑤　**18** ②　**19** ③　**20** ①
21 독립 국가 연합(CIS)　**22** ③　**23** ④　**24** ⑤　**25** ②
서술형 문제 | 1~4번 해설 참조

01 냉전 체제의 형성

미국이 서유럽 국가들과 결성한 군사 동맹 기구는 북대서양 조약 기구(NATO)이다. 제2차 세계 대전 이후 미국과 소련의 대립이 심화하면서 미국 중심의 자본주의 진영과 소련 중심의 공산주의 진영이 대립하였고, 미국은 서유럽 국가들과 군사 동맹 기구인 북대서양 조약 기구(NATO)를 결성하였다.

바로 알기 ①은 소련이 동유럽 국가들과 상호 경제적 지원을 위해 조직한 경제 상호 원조 회의이다. ②는 소련 주도로 결성된 공산당 정보국이다. ③은 레닌이 사회주의를 확산하고자 조직한 국제 공산당 연합 조직이다. ④는 소련이 동유럽 공산주의 국가들과 조직한 군사 동맹 기구이다.

02 트루먼 독트린과 마셜 계획

제시된 글은 1947년에 미국의 대통령 트루먼이 발표한 트루먼 독트린이다. 소련의 영향으로 동유럽 여러 나라에 공산주의 정권이 들어서자 미국의 트루먼 대통령은 공산주의 세력의 확산을 막겠다고 선언하였다. 이 선언 이후에 미국은 마셜 계획을 추진하여 서유럽에 경제적인 도움을 주었다.

바로 알기 ① 뉴딜 정책은 대공황을 극복하고자 미국의 루스벨트 대통령이 추진한 것으로, 트루먼 독트린이 선언되기 이전의 일이다. ③ 국제 연합(UN)은 제2차 세계 대전이 끝난 직후인 1945년에 창설되었다. ④ 신경제 정책(NEP)은 레닌이 추진한 정책으로, 트루먼 독트린이 선언되기 이전에 추진되었다. ⑤ 소비에트 사회주의 공화국 연방(소련)은 트루먼 독트린이 선언되기 이전인 1922년에 수립되었다.

03 냉전 시기의 소련

밑줄 친 '이 국가'는 소련이다. 소련은 자본주의 진영에 맞서 공산주의 진영을 이끌었다. 영국의 수상 처칠은 냉전 시기의 소련의 태도를 비밀스럽고 폐쇄적이라고 비유하며 '철의 장막'이라는 표현을 사용하기도 하였다. 소련은 미국의 마셜 계획에 대응하고자 동유럽 공산주의 국가들과 상호 경제 지원을 위한 코메콘(상호 경제 원조 회의)을 조직하였다.

바로 알기 ②는 미국, ③은 독일 바이마르 공화국, ④는 일본, ⑤는 미국과 영국에 대한 설명이다.

04 제2차 세계 대전 이후 독일의 상황

✦ **자료로 이해하기**

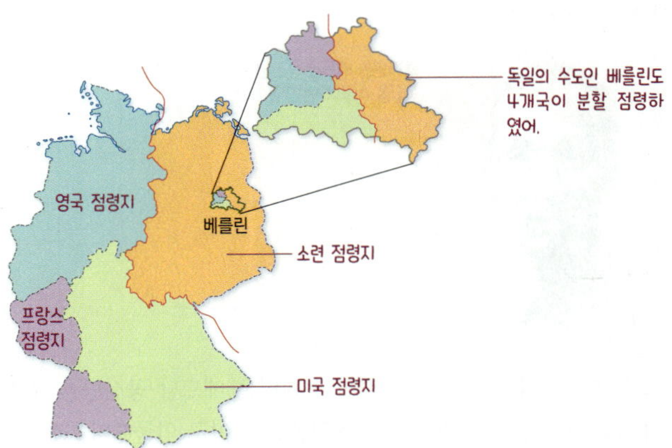

지도는 1945년 제2차 세계 대전 이후 4개국에 의해 분할 점령된 독일이다. 제2차 세계 대전에서 추축국으로 참전한 독일은 전쟁에서 패배하여 서쪽 지역은 미국, 영국, 프랑스가, 동쪽 지역은 소련이 점령하였으며, 수도인 베를린도 4개국이 분할 점령하였다. 이후 미국, 영국, 프랑스가 점령 지역에서 공동으로 화폐 개혁을 추진하자 소련이 이에 항의하며 베를린으로 가는 육로를 1년간 봉쇄하였고, 이후 독일은 동독과 서독으로 분단되었다.

바로 알기 ㄱ. 독일은 미국, 영국, 프랑스, 소련이 분할 점령하였다. ㄹ. 독일은 제2차 세계 대전에서 추축국으로 참전하였다.

05 쿠바 미사일 위기

그림은 쿠바 미사일 위기를 표현한 풍자화이다. 냉전 시기 소련이 미국과 지리적으로 가까운 쿠바에 핵미사일 기지를 세우려고 하자 미국이 이에 반발하여 쿠바 해상을 봉쇄하면서 쿠바 미사일 위기(1962)가 발생하였다.

바로 알기 ①은 1950년에 한국에서 북한의 남침으로 일어난 전쟁이다. ②는 1964년에 북베트남과 남베트남 사이에서 일어난 전쟁이다. ③은 1914년 오스트리아·헝가리 제국의 황태자 부부가 세르비아계 청년에게 암살당한 사건으로, 제1차 세계 대전의 배경이 되었다. ⑤는 1905년 러시아에서 러일 전쟁으로 생활이 어려워진 노동자들이 개혁을 요구하는 시위를 벌이자, 정부군이 발포하면서 많은 사람이 목숨을 잃은 사건이다.

06 6·25 전쟁의 이해

◆ 자료로 이해하기

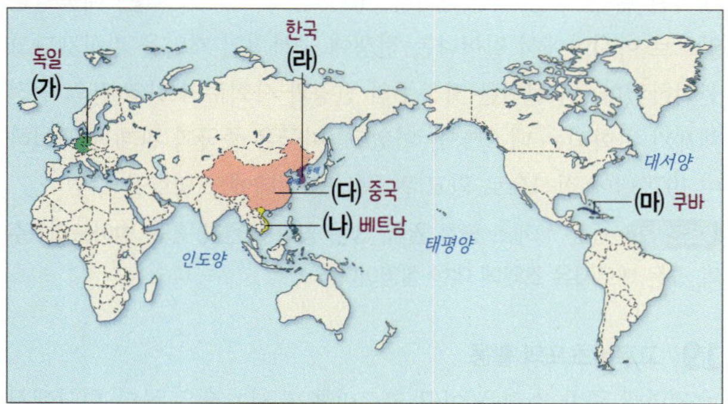

제시된 글은 6·25 전쟁에 대한 설명이다. 이 전쟁은 (라) 한국에서 일어났다. 1945년에 광복을 맞은 한국은 냉전의 영향을 받아 미국과 소련에 분할 점령되었다. 이후 1950년에 소련의 지원을 받은 북한이 남한을 기습 침략하면서 6·25 전쟁이 일어났다.

바로 알기 국공 내전은 (다) 중국에서, 베트남 전쟁은 (나) 베트남에서 일어난 사건이다.

07 중국의 공산화

지도의 (다) 지역은 중국이다. 제2차 세계 대전 이후 중국에서는 장제스의 중국 국민당과 마오쩌둥의 중국 공산당이 전쟁을 벌이는 국공 내전이 일어났다. 이 전쟁에서 승리한 마오쩌둥은 베이징에서 중화 인민 공화국 수립을 선포하였다(1949).

바로 알기 ①은 인도 지역에서 일어난 일로, 방글라데시는 동파키스탄으로 존재하다가 1971년에 독립하였다. ②는 독일에 대한 설명으로, 소련의 정책으로 독일의 베를린으로 가는 육로가 약 1년간 봉쇄되었다. ④는 이집트에 대한 설명으로, 이집트의 나세르는 대통령이 된 후 수에즈 운하의 국유화를 선언하고 영국과 프랑스로부터 운영권을 되찾았다. ⑤는 인도네시아에 대한 설명으로, 제1차 아시아·아프리카 회의는 인도네시아 반둥에서 열렸다.

08 냉전 시기의 베트남

㉠에 들어갈 국가는 미국이다. 냉전 시기에 공산주의 정권이 들어선 북베트남이 베트남 전체를 통일하려고 하자 공산주의의 확산을 우려한 미국이 남베트남을 지원하였다. 이후 북베트남과 남베트남이 서로 대립하다가 1964년에 베트남 전쟁이 일어났다. 이후 한국 등 여러 나라가 이 전쟁에 참여하였다. 이처럼 아시아에서 냉전은 군사적 충돌인 열전으로 나타나기도 하였다.

09 인도의 독립과 분열

영국의 식민지였던 인도는 1947년 영국으로부터 독립을 이루었지만 힌두교를 믿는 세력과 이슬람교를 믿는 세력 간에 종교 갈등과 대립을 겪었다. 독립 직후 이 지역은 힌두교 국가인 인도와 이슬람교 국가인 파키스탄으로 분리되었다.

바로 알기 ① 플라시 전투는 1757년 인도의 벵골 지역에서 영국과 프랑스 간에 일어난 전쟁이다. ② 벵골 분할령은 1905년 영국이 인도인의 분열을 부추겨 민족 운동을 약화하고자 발표한 법령이다. ③ 1857년에 일어난 세포이의 항쟁은 영국의 인도인 탄압을 배경으로 일어난 민족 운동이다. ④ 인도 국민 회의는 영국이 1885년에 인도인 관리와 지식인들을 중심으로 조직한 기구이다.

10 이스라엘의 건국

검색창에 들어갈 국가는 이스라엘이다. 이스라엘은 제2차 세계 대전 이후인 1948년에 유대인이 미국과 영국 등의 도움으로 서아시아의 팔레스타인 지역에 세운 국가이다. 이스라엘은 건국 이후 팔레스타인 거주민 및 주변 아랍 국가들과 네 차례의 전쟁을 치렀다.

바로 알기 ①은 중국, ②는 필리핀, ③은 오스만 제국(튀르키예 공화국), ⑤는 이집트 등에 대한 설명이다.

11 리비아의 독립과 '아프리카의 해'

밑줄 친 '이 국가'는 리비아이다. 1951년 리비아의 독립을 시작으로 이후 아프리카에서는 많은 나라가 독립하였다. 1960년에는 아프리카에서 17개 국가가 독립하여 이 해를 '아프리카의 해'라고 부르게 되었다.

12 아시아·아프리카 국가들의 독립

제2차 세계 대전 이후 아시아와 아프리카의 많은 국가가 독립하였다. 인도는 영국의 오랜 지배에서 벗어나 1947년에 독립하였고, 베트남은 프랑스와의 전쟁 이후 남북으로 분단되었다가 베트남 전쟁을 치른 후 1975년에 북베트남에 의해 통일되었다.

바로 알기 ㄷ. 1947년 인도에서 분리된 이슬람 국가는 파키스탄이다. ㄹ. 처음에 파키스탄의 자치령(동파키스탄)이었다가 1971년에 독립한 국가는 방글라데시이다.

13 제1차 아시아·아프리카 회의의 결과

자료는 1955년 인도네시아 반둥에서 열린 제1회 아시아·아프리카 회의에서 수카르노가 한 개막 연설의 일부이다. 이 회의의 결과 국제 분쟁의 평화적 해결과 상호 존중 등의 원칙을 담은 평화 10원칙이 발표되었다. 이후 제3 세계 국가들은 국제 사회에 독자적인 정치 세력으로 등장하였다.

바로 알기 ① 국제 연맹은 제1차 세계 대전 이후인 1920년에 창설되었다. ③ 베르사유 조약은 1919년 파리 강화 회의의 결과 체결되었다. ④ 유럽의 국경선 문제는 1925년에 로카르노 조약으로 처리되었다. ⑤ 일본은 1919년 파리 강화 회의에서 산둥반도 이권을 인정받았다.

14 **제3 세계의 대두**

제시된 자료는 각각 이집트와 인도, 유고슬라비아 연방의 국가 대표인 나세르, 네루, 티토의 모습이다. 이 국가들은 모두 제2차 세계 대전 이후에 등장한 신생 독립국으로, 1961년에 제1차 비동맹 회의를 주도한 제3 세계에 속하였다. 이들은 이후에도 정기적으로 회의를 열어 개발 도상국의 이익과 권리를 지키기 위해 노력하였다.

15 **제3 세계와 평화 10원칙**

✦ **자료로 이해하기**

> 2. 모든 국가의 주권과 영토의 보전을 존중한다.
> 3. 모든 인종과 국가 사의의 평등을 인정한다.
> 4. 다른 나라의 내정에 간섭하지 않는다.
> 6. 강대국에 유리한 집단적인 방위를 거부한다.
> 7. 서로 침략하지 않는다.
> 8. 국제 분쟁을 평화적인 방법으로 해결한다.

제시된 글은 평화 10원칙으로, 제2차 세계 대전 이후 비동맹주의를 내세운 제3 세계 국가들이 합의한 것이다. 제3 세계에 속한 국가들은 주로 아시아와 아프리카의 신생 독립국이었으며, 국제 질서가 미국과 소련 중심의 양극 체제에서 다극 체제로 나아가는 데 영향을 미쳤다.

(바로 알기) ㄱ. 냉전 체제를 주도한 세력은 미국을 중심으로 한 자본주의 진영(제1 세계)과 소련을 중심으로 한 공산주의 진영(제2 세계)이었다. ㄷ. 제3 세계는 자본주의 진영과 공산주의 진영 그 어디에도 속하지 않겠다는 비동맹주의를 내세운 국가들이었다.

16 **다극 체제로의 변화를 보여 주는 사례**

제시된 글은 양극 체제에서 다극 체제로 변화하는 국제 질서를 설명하고 있다. 소련과 중국의 국경 및 이념 분쟁, 프랑스의 북대서양 조약 기구(NATO) 탈퇴 이후 독자 노선 추구, 제3 세계의 등장, 일본과 독일의 경제 성장 등은 미국과 소련이 주도하던 양극 체제에서 여러 국가들이 세력을 형성하는 다극 체제로의 변화를 보여 주는 사례이다.

(바로 알기) ㄱ, ㄹ은 미국과 소련이 주도하던 양극 체제하에서 있었던 일이다.

17 **1960년대 말 이후 국제 정세의 변화**

(가)에 들어갈 사건은 동독과 서독의 국제 연합(UN) 동시 가입(1973)이다. 닉슨 독트린은 1969년에 미국의 닉슨 대통령이 앞으로 아시아에서 일어나는 전쟁에 군사적인 개입을 피하겠다고 한 선언이다. 이후 냉전의 분위기가 완화되어 미국과 중국은 1979년에 정식으로 국교를 수립하였다. 비슷한 시기에 미국은 소련과도 관계 개선에 나서 전략 무기 제한 협정(SALT)을 두 차례 맺고 군사 비용 및 핵무기 제한에 합의하기도 하였다.

(바로 알기) ①, ②, ③, ④는 모두 닉슨 독트린이 발표되기 이전에 일어난 사건이다.

18 **닉슨 독트린의 영향**

✦ **자료로 이해하기**

> 미국은 강대국의 핵 위협을 제외한 내란·침략에 대해 아시아 각국이 스스로 협력하여 그에 대처하기를 바란다.

제시된 글은 닉슨 독트린이다. 1969년에 미국의 닉슨 대통령은 앞으로 아시아에서 일어나는 전쟁에 군사적인 개입을 피하겠다고 선언하였다. 이 선언은 자본주의 진영과 사회주의 진영 간의 냉전 체제가 완화되는 데 영향을 미쳤고, 미국은 중국과 관계를 개선하여 1979년에 정식으로 외교 관계를 맺는 데에도 영향을 주었다.

(바로 알기) ①은 14개조 평화 원칙, ③은 평화 10원칙, ④는 범아프리카주의, ⑤는 베르사유 조약에 대한 설명이다.

19 **고르바초프의 활동**

1980년대 중반 소련을 이끈 고르바초프 서기장은 몰타 회담에서 미국의 부시 대통령과 함께 냉전이 끝났다고 공식적으로 선언하였다. 또한 고르바초프는 공산주의 체제에서 탈피하여 시장 경제 체제를 도입하는 개혁(페레스트로이카)과 언론의 자유 확대 등 정치 민주화(자유화)를 허용하는 개방(글라스노스트) 정책을 추진하였다.

(바로 알기) ㄱ, ㄹ은 소련의 옐친이 한 일이다.

20 **동유럽 사회주의 정권의 붕괴 배경**

제시된 글은 1980년대 후반 동유럽 사회주의 진영의 변화에 대한 설명이다. 소련의 고르바초프 서기장이 동유럽 국가에 대한 불간섭을 선언하자, 폴란드, 체코슬로바키아, 헝가리 등에서 민주화 운동이 일어났다. 이후 이들 국가에서는 사회주의 정권이 붕괴되었고 시장 경제 체제를 받아들였다.

(바로 알기) ②는 1947년의 일로, 냉전의 심화와 관련이 있다. ③은 19세기에 일어난 일로, 라틴 아메리카에서 여러 나라가 독립하는 배경이 되었다. ④는 1969년의 일로, 냉전 체제가 완화되는 계기였지만, 동유럽 사회주의 정권의 붕괴되는 직접적인 배경과는 거리가 멀다. ⑤는 1920년대 초의 일로, 냉전 체제가 형성되기 이전의 일이다.

21 **독립 국가 연합의 결성**

제시된 글에서 설명하는 국제기구는 독립 국가 연합(CIS)이다. 독립 국가 연합은 소련이 해체되면서 독립한 국가들이 결성한 국제기구이다. 이 기구는 고르바초프의 개혁 정책에 반대한 소련 공산당이 쿠데타를 일으키자 이를 막아 내고 권력을 장악한 옐친이 소련을 해체하고 결성한 것이다(1991). 처음에 이 국제기구에는 러시아 연방을 포함하여 11개국이 속하였으나 이후 조지아(2008), 우크라이나(2018), 몰도바(2022)가 이 기구에서 탈퇴하였다.

1980년대 후반 이후 독일에서는 냉전의 완화 분위기 속에서 큰 변화를 겪었다. 1989년에는 냉전의 상징이었던 베를린 장벽이 무너졌고, 1990년에는 서독이 동독을 흡수하는 방식으로 통일이 이루어졌다.

바로 알기 ㄱ. 베를린 봉쇄는 냉전이 심화되던 1948년부터 약 1년간 이루어졌다. ㄹ. 4개 연합국에 의한 독일 분할 점령은 제2차 세계 대전 직후에 일어난 일이다.

23 마오쩌둥의 활동

밑줄 친 '이 인물'은 마오쩌둥이다. 중국 공산당을 이끈 마오쩌둥은 국공 내전에서 승리한 후 중화 인민 공화국 수립을 선포하였다(1949). 이후 마오쩌둥은 독자적인 공산주의 경제 정책을 추진하였으나 성과를 거두지 못하고 정치적 위기에 빠졌다. 이런 상황을 극복하고자 마오쩌둥은 사회주의 사상으로 무장한 학생들인 홍위병을 내세워 문화 대혁명을 일으켰다.

바로 알기 ㄱ, ㄷ은 중국의 덩샤오핑에 대한 설명이다.

24 문화 대혁명

✦ 자료로 이해하기

주로 학생들로 이루어진 홍위병들이 마오쩌둥의 어록을 들고 있어.

제시된 자료는 1966년부터 1976년까지 중국에서 일어난 문화 대혁명이다. 문화 대혁명은 마오쩌둥이 자신의 정치적 위기를 극복하기 위해 추진한 것으로, 주로 사회주의 사상으로 무장한 젊은 학생들인 홍위병이 주도하였다. 문화 대혁명으로 중국의 전통문화가 파괴되고, 많은 예술인과 지식인이 억압받았다.

바로 알기 ⑤는 덩샤오핑의 흑묘백묘론에 대한 설명이다.

25 유럽 연합의 창설

제시된 글은 유럽 연합(EU)에 대한 설명이다. 유럽 각국은 1950년대부터 지속적으로 통합을 추진하여 1993년에 공동의 기구인 유럽 연합을 만들어 정치적·경제적 통합을 이루었다. 여기에 속한 국가들은 여러 사안을 함께 논의하고, 공동의 화폐인 유로화를 사용하는 등 오늘날까지도 밀접한 관계를 맺고 있다.

바로 알기 ①은 제2차 세계 대전 이후 대서양 헌장을 바탕으로 만들어진 국제기구이다. ③, ④는 유럽 연합(EU) 이전에 형성된 국제기구이다. ⑤는 냉전 시기 미국과 서유럽 국가들이 결성한 군사 동맹 기구이다.

서술형 문제 281쪽

1 냉전 체제의 형성

(1) **답** 냉전

(2) **예시 답안** 미국이 마셜 계획을 추진하여 서유럽에 경제적 지원을 하자 이에 소련은 동유럽 국가들과 상호 경제 지원을 위한 코메콘(경제 상호 원조 회의)을 조직하였다. 또한 미국은 서유럽 국가들과 군사 동맹 기구로 북대서양 조약 기구(NATO)를 결성하였는데, 소련은 이에 대항하여 동유럽 국가들과의 군사 동맹 기구인 바르샤바 조약 기구(WTO)를 조직하였다.

점수	채점 기준
상	자본주의 진영과 공산주의 진영의 대립 양상을 두 가지 서술한 경우
하	자본주의 진영과 공산주의 진영의 대립 양상을 한 가지만 서술한 경우

2 평화 10원칙과 제3 세계의 형성

(1) **답** 제3 세계

(2) **예시 답안** 평화 10원칙을 발표한 제3 세계 국가들은 자본주의 진영(제1 세계)과 공산주의 진영(제2 세계) 중 어느 진영에도 속하지 않겠다는 비동맹주의를 내세웠다.

점수	채점 기준
상	자본주의 진영과 공산주의 진영 중 그 어느 진영에도 속하지 않겠다는 비동맹주의를 내세웠다고 서술한 경우
하	어느 진영에도 속하지 않았다고만 서술한 경우

3 닉슨 독트린의 영향

(1) **답** 닉슨 독트린

(2) **예시 답안** 닉슨 독트린은 자본주의 진영과 공산주의 진영으로 대립하던 냉전이 완화되는 데 영향을 미쳤다. 또한 정식으로 국교를 수립하는 등 미국과 중국의 관계가 개선되는 데에도 영향을 주었다.

점수	채점 기준
상	냉전의 완화, 미국과 중국의 관계 개선을 모두 서술한 경우
하	위의 내용 중 한 가지만 서술한 경우

4 고르바초프의 정책

(1) **답** 고르바초프

(2) **예시 답안** 1970년대 이후 소련 사회가 경직되고 경제가 침체되자, 1980년대 중반 소련의 고르바초프는 시장 경제 체제를 도입하는 개혁(페레스트로이카) 정책과 언론 자유화 등 정치 민주화(자유화)를 내용으로 하는 개방(글라스노스트) 정책을 추진하였다.

점수	채점 기준
상	고르바초프의 정책을 두 가지 서술한 경우
하	고르바초프의 정책을 한 가지만 서술한 경우

02 ⁄ 민주주의와 인권의 확산

01 탈권위주의 운동
탈권위주의 운동은 20세기 후반 세계가 냉전 체제로 이념 대립이 깊어지고 산업화로 물질만능주의가 널리 퍼지는 상황에서 청년과 학생들이 오래된 관습이나 기존 정치 체제로부터 벗어나고자 벌인 운동이다. 탈권위주의 운동은 반전 평화 운동, 민주화 운동, 민권 운동, 여성 운동 등 다양한 형태로 전개되었다.
바로 알기 ② 탈권위주의 운동은 냉전 체제로 이념 대립이 심화되는 상황에서 일어났다.

02 프랑스의 68 운동
1968년 프랑스에서는 드골 정부의 무능과 실정, 사회 모순에 저항하는 탈권위주의 운동이 일어났다. 당시 프랑스 대학생들은 자신들을 억누르는 권위와 체제에 반대하면서 '모든 권위에 저항하라' 등을 외치며 시위를 전개하였다.

03 탈권위주의 운동의 주도 세력
제시된 글은 탈권위주의 운동을 주도한 학생과 청년에 대한 설명이다. 이들은 대다수가 대학 교육을 받았으며, 자유와 해방의 가치를 추구하는 경향이 강하였다. 또한 이들은 청바지를 입고 로큰롤 음악 등으로 자신들의 가치를 표현하였으며 오래된 관습이나 기존 정치 체제로부터 벗어나고자 하는 탈권위주의 운동을 전개하였다.

바로 알기 ㄱ, ㄷ은 제3 세계에 대한 설명이다.

04 반전 평화 운동의 배경
밑줄 친 '이 전쟁'은 1964년에 일어난 베트남 전쟁이다. 베트남 전쟁에 개입한 미군이 1968년에 베트남의 한 민간인 마을을 학살하였다는 소식이 미국 내에 알려졌고, 이를 계기로 반전 평화 시위가 일어났다. 이후 시위는 독일, 프랑스 등 전 세계로 확산하였다.
바로 알기 ①은 1948~1979년 팔레스타인 지역의 거주민과 주변 아랍 국가들이 이스라엘과 벌인 네 차례의 전쟁이다. ③은 2003년에 미국이 9·11 테러를 명분으로 일으킨 전쟁이다. ④는 1991년에 유고슬라비아 연방 내 여러 민족이 독립하는 과정에서 벌어진 전쟁이다. ⑤는 1941년에 일본이 미국의 하와이 진주만 기지를 기습한 사건을 배경으로 일어난 전쟁이다.

05 반전 평화 운동의 전개
핵무기를 비롯한 대량 살상 무기의 개발이 지속되자 이러한 무기의 사용을 반대하는 반전 평화 운동이 전개되었다. 국제 사회는 핵 확산 금지 조약(NPT)을 체결하는 등 대량 살상 무기의 사용을 억제하고자 노력하였으며, 시민 사회도 반핵 시위 등을 전개하였다. 2003년에는 미국이 9·11 테러를 명분으로 이라크를 침공하였는데, 이후 전 세계에서 이라크 전쟁에 반대하는 시위가 전개되기도 하였다.
바로 알기 ⑤ 1964년 미국에서 민권법이 제정되는 직접적인 배경은 1963년 마틴 루서 킹이 전개한 워싱턴 행진 등이다.

06 덩샤오핑과 톈안먼 사건
중국의 개혁·개방을 추진한 인물은 덩샤오핑이다. 덩샤오핑이 실권을 쥐고 있던 시기인 1989년에 중국 베이징 톈안먼 광장에서 시민들이 민주화 운동을 벌였고, 중국 정부는 시위대를 무력으로 진압하였다(톈안먼 사건).
바로 알기 ①은 중국 국민당을 이끈 인물이다. ②는 쑨원의 뒤를 이어 중국 국민당을 이끌었으며 1928년 중국을 통일한 인물이다. ④는 중국 공산당을 이끌었으며 1949년에 중화 인민 공화국 수립을 선포한 인물이다. ⑤는 혁명 세력을 탄압하고 황제 체제 부활을 시도하였던 인물이다.

07 프라하의 봄
1968년 동유럽의 체코슬로바키아에서 공산주의 체제로부터 벗어나려는 움직임이 일어나자 소련과 그 동맹국이 군대를 보내 시민들을 탄압하였다. 이에 체코슬로바키아 시민들은 소련과 그 동맹국의 억압에 맞서 저항하였는데, 이 사건을 프라하의 봄이라고 한다.

08 에드사 혁명
검색창에 들어갈 사건은 에드사 혁명이다. 필리핀의 마르코스 정권은 20여 년간 필리핀을 독재로 다스렸는데, 마르코스 독재 정권이 1986년에 부정 선거를 저지르자 필리핀 시민들이 민주화 운동을 벌여 마르코스 정권을 무너뜨렸다.

 ①은 1960년 한국에서 이승만 정권을 무너뜨린 민주화 운동이다. ②는 1966~1976년에 중국에서 마오쩌둥이 자신의 권력을 강화하고자 일으킨 운동이다. ④는 북아프리카의 튀니지에서 정권의 호화로운 생활을 규탄하며 벌인 민주화 운동이다. ⑤는 1908년에 오스만 제국에서 일어난 혁명이다.

09 튀니지 혁명

제시된 글은 튀니지 혁명에 대한 설명이다. 북아프리카의 튀니지에서는 정권의 호화로운 생활을 폭로하는 글이 인터넷에 올라왔고, 이를 계기로 2011년에 정권에 저항하는 민주화 운동이 일어나 결국 정권이 무너졌다. 이 운동은 이후 아랍 지역의 민주화 운동에 큰 영향을 주었다.

 ㄷ은 에스파냐, ㄹ은 체코슬로바키아 등지에서 일어난 민주화 운동에 대한 설명이다.

10 마틴 루서 킹의 활동

✦ 자료로 이해하기

사진에서 연설하는 인물은 미국의 마틴 루서 킹이다. 미국 남부에서는 '법 앞에서의 평등'을 외친 마틴 루서 킹이 1963년에 흑인 차별에 반대하는 워싱턴 행진을 이끌었다. 이후 미국에서는 민권법이 제정되어 흑인에 대한 법적 차별이 철폐되었다.

 ①은 미국의 루스벨트 대통령, ②는 소련의 고르바초프와 미국의 부시 대통령, ④는 미국의 링컨 대통령 등, ⑤는 소련의 고르바초프에 대한 설명이다.

11 넬슨 만델라의 활동

밑줄 친 '이 인물'은 남아프리카 공화국의 넬슨 만델라이다. 넬슨 만델라는 남아프리카 공화국의 인종 분리 정책인 아파르트헤이트 반대 운동을 주도하다가 반역죄로 체포되어 종신형을 선고받았다. 넬슨 만델라는 교도소에서도 흑인 민권 운동을 이끌었고, 석방 후 클레르크 대통령과 함께 아파르트헤이트를 폐지한 공로를 인정받아 노벨 평화상을 수상하였다.

 ㄱ은 미국의 링컨 대통령 등, ㄷ은 미국의 마틴 루서 킹 등에 대한 설명이다.

12 흑인 차별 정책

㉠은 짐 크로 법, ㉡은 아파르트헤이트이다. 미국 남부에서는 공공장소에서 백인과 흑인을 분리하고 흑인의 차별을 규정한 법인 짐 크로 법으로 흑인을 차별하였다. 남아프리카 공화국에서는 인종 분리 정책인 아파르트헤이트가 시행되어 흑인을 차별하였다.

 롤럿법은 제1차 세계 대전 이후 영국이 식민지 인도에서 제정한 법으로, 재판 없이 인도인을 체포하거나 감옥에 가둘 수 있는 법이다. 글라스노스트는 소련의 고르바초프가 추진한 정치 민주화(자유화) 정책이다.

13 국제 노동 기구의 역할

국제 노동 기구(ILO)는 1919년에 국제 연맹의 하위 기구로 조직되었다. 제2차 세계 대전 이후 국제 노동 기구는 국제 연합(UN)의 전문 기관이 되었으며, 1998년에는 국제 연합 국제 노동 기구 총회에서 노동 기본 원칙과 권리선언을 채택하였다. 국제 노동 기구 총회가 채택한 노동 기본 원칙과 권리선언에는 아동 노동 및 강제 노동을 금지하는 내용 등이 포함되어 있다.

 ㄴ. 국제 노동 기구는 국제 연맹의 하위 기구로 시작하였다. ㄹ. 지속가능한 발전을 실현하기 위한 협력 방안은 1992년 브라질 리우에서 열린 국제 연합 환경 개발 회의에서 발표되었다.

14 베티 프리단의 활동

제시된 글은 미국의 여성 운동가 베티 프리단에 대한 설명이다. 베티 프리단은 1963년 발표한 『여성의 신비』에서 능력 있는 여성들이 가정에만 매여 있는 까닭을 사회가 정한 전통적인 여성상 때문이라고 비판하며 남녀평등을 주장하였다.

15 20세기 중반 이후의 여성 운동

20세기 중반 이후의 여성 운동은 민권 운동의 영향을 받아 활발해졌다. 여성들은 가부장제와 전통적인 여성상에 반대하고, 신체 자기 결정권을 확보하고자 노력하였다. 그 결과 1970년대에 영국에서 차별 금지법이 통과되고, 미국에서 여성의 평등권을 명시한 헌법 개정이 이루어지는 등 여성의 권리가 높아졌다.

 ㄷ. 동일 노동에 따른 동일 임금을 주장하였다. ㄹ. 가부장제나 전통적인 여성상에 대해 부정적으로 보았다.

16 사막화 현상

기사에 나타난 환경 문제는 사막화이다. 무분별한 개발로 열대 우림을 줄어들고 삼림이 빠르게 파괴되는 사막화 현상으로 아랄해의 물의 양이 크게 줄었다.

17 지속가능한 발전

제시된 글에서 설명하는 용어는 지속가능한 발전이다. 지속가능한 발전은 경제 개발을 하면서도 생태환경이 지속될 수 있도록 균형을 맞춘 발전을 뜻한다. 1992년 브라질에서 열린 국제 연합(UN) 환경 개발 회의에서는 지속가능한 발전을 실현하기 위한 협력 방안으로 환경과 개발에 관한 리우 선언을 채택하였다.

18 환경 문제를 해결하기 위한 노력

국제 연합(UN)은 환경 개발 회의 등을 열어 환경 문제를 해결하고자 노력하고 있다. 1992년에는 지속가능한 발전을 실현하기 위한 협력 방안으로 환경과 개발에 관한 리우 선언을 채택하였다. 1994년에는 온실가스의 농도 안정을 위한 기후 변화 협약이 발효되었고, 1997년 교토 의정서에서는 선진국의 온실가스 감축 목표치를 정하였다. 2015년 파리 협정에서는 개발 도상국도 온실가스 감축에 동참하기로 하였다. 또한 오늘날에는 민간단체의 환경 운동도 활발하게 전개되는데, 그린피스와 세계 자연 기금(WWF) 등의 비정부 기구(NGO)는 환경 문제를 해결하고자 생태계 보전 운동 등을 벌이고 있다.

바로 알기 ② 1997년 교토 의정서에서 선진국의 온실가스 감축 목표치를 정하는 등 선진국도 온실가스 감축에 동참하였다.

19 그린피스의 활동

사진은 그린피스가 생물 다양성 보호를 위해 시위를 벌이는 모습이다. 그린피스와 세계 자연 기금(WWF)과 같은 민간단체는 생물종 보호와 생태계 보전을 위한 연구와 환경 운동을 활발하게 전개하고 있다.

서술형 문제　　291쪽

1 탈권위주의 운동

(1) **답** 탈권위주의 운동

(2) **예시 답안** 오래된 관습이나 기존 정치 체제로부터 벗어나고자 하는 탈권위주의 운동은 베이비 붐 세대라고 불리는 학생과 청년들이 주도하였다. 학생과 청년들이 주도한 탈권위주의 운동은 반전 평화 운동, 민주화 운동, 민권 운동, 여성 운동 등 다양한 형태로 전개되었다.

점수	채점 기준
상	탈권위주의 운동의 주도 세력과 전개 형태를 모두 서술한 경우
하	탈권위주의 운동의 주도 세력과 전개 형태 중 한 가지만 서술한 경우

2 파리 협정

(1) **답** 파리 협정

(2) **예시 답안** 1997년에 체결한 교토 의정서에서는 선진국의 온실가스 감축 목표치만 설정하였는데, 2015년 체결한 파리 협정에서는 선진국과 개발 도상국 모두 온실가스 감축 목표치를 설정하고 이행할 것에 합의하였다.

점수	채점 기준
상	교토 의정서와 파리 협정의 내용을 비교하여 서술한 경우
하	파리 협정의 내용만 서술한 경우

---

03 / 세계화와 지역 세계의 변화

문제로 개념 확인  **비주얼로 핵심 콕콕**

293쪽 ǀ 1 (1) 석유 파동 (2) 신자유주의(FTA) (2) 세계 무역 기구(WTO)　　**2** (1) 자유 무역 협정　　**3** (1) ㄱ (2) ㄴ

A 민영　　**B** 다국적

295쪽 ǀ 1 (1) 대중문화 (2) 물질만능주의　　**2** (1) ○ (2) ×

3 난민

C 대중　　**D** 지역

시험 대비 핵심 문제　　296~297쪽

01 ④	02 ③	03 ④	04 ③	05 ②	06 ②

07 대중문화　　**08** ⑤　　**09** ④

서술형 문제 ǀ 1~2번 해설 참조

01 신자유주의 경제 정책

제시된 글은 신자유주의 경제 정책에 대한 설명이다. 1970년대 두 차례의 석유 파동으로 세계 경제가 어려워지자 영국의 대처 총리, 미국의 레이건 대통령은 정부 개입을 줄이고 무역의 자유화와 시장 개방을 추구하는 신자유주의 경제 정책을 펼쳤다.

바로 알기 ①은 미국의 루스벨트 대통령, ②는 소련의 고르바초프와 중국의 덩샤오핑 등, ③은 러시아의 레닌, ⑤는 중국의 마오쩌둥 등이 추진한 정책이다.

02 대처와 레이건의 활동

㉠은 대처, ㉡은 레이건이다. 1970년대 두 차례의 석유 파동으로 세계 경제가 어려워지자 영국의 대처 총리, 미국의 레이건 대통령은 국영 기업을 민영화하는 등 정부의 시장 개입을 줄이고 무역의 자유화와 시장 개방을 추구하는 신자유주의 경제 정책을 추진하였다.

바로 알기 닉슨은 미국의 대통령으로 닉슨 독트린을 발표하였다. 먼로는 미국의 대통령으로 먼로주의(먼로 선언)를 발표하여 라틴 아메리카의 독립에 힘을 실어 주었다. 처칠은 영국의 총리로 냉전 시기 소련의 비밀스럽고 폐쇄적인 태도를 '철의 장막'으로 비유하였다.

03 세계화에 따른 변화

세계화로 세계 각지에 자회사와 지사 등을 둔 다국적 기업이 성장하였고, 다른 나라의 좋은 상품을 저렴한 가격에 살 수 있게 되었다. 또한 여러 문화가 융합되어 새로운 문화가 형성되었다. 그러나 세계화로 선진국과 개발 도상국 간의 경제 격차가 커졌다.

바로 알기 ㄱ. 다국적 기업의 수가 늘어났다. ㄷ. 선진국과 개발 도상국의 경제 격차가 커졌다.

04 세계 무역 기구

1995년에 자유 무역을 확대하고 국가 간 무역 분쟁을 조정하기 위한 목적으로 세계 무역 기구(WTO)가 설립되었다. 이 기구의 출범과 함께 각 나라의 시장이 폭넓게 개방되었고, 자유 무역 협정(FTA)의 체결도 점차 늘어났다.

05 지역별 경제 협력체의 결성 배경

✦ 자료로 이해하기

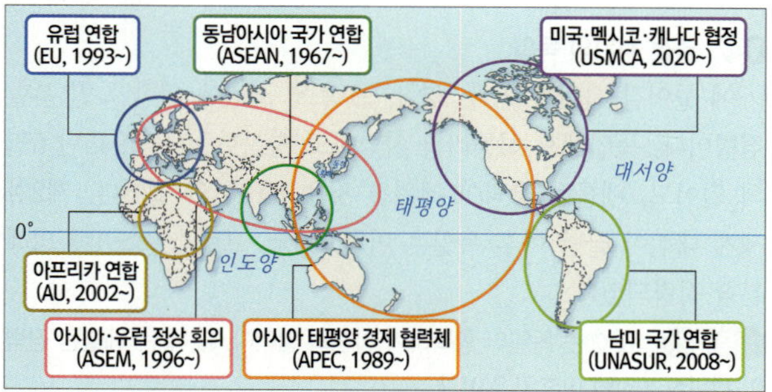

신자유주의와 세계화가 전 세계로 퍼지면서 나라들 사이에 무역 경쟁이 치열해졌다. 이러한 국제 질서의 변화에 대응하고자 아시아, 유럽, 북아메리카, 남아메리카 등 같은 지역에 속해 있는 나라들이 서로 힘을 모아 지역별 경제 협력체를 구성하였다. 대표적인 지역별 경제 협력체로는 유럽 연합(EU), 아시아 태평양 경제 협력체(APEC), 동남아시아 국가 연합(ASEAN) 등이 있다.

06 과학 기술의 발달에 따른 변화

과학 기술이 발달하면서 전 세계적으로 인적·물적 교류가 크게 늘어났다. 휴대 전화와 인터넷 등 정보 통신 기술의 발전으로 사람들은 실시간 세계 곳곳의 소식을 접할 수 있게 되었다. 그러나 과학 기술의 발달은 전통적 가치관과 생활 양식의 급격한 변화를 낳았고, 물질만능주의의 확산과 인간성 상실 등에도 영향을 주었다. 또한 과학 기술이 산업에 적용되면서 예측하지 못한 환경 문제가 일어나기도 하였다.

바로 알기 ② 과학 기술의 발달은 물질만능주의의 확산에 영향을 주었다.

07 대중문화의 등장

밑줄 친 '이 문화'는 대중문화이다. 제2차 세계 대전 이후 불특정 다수의 사회적 영향력이 커진 대중 사회가 등장하였다. 또한 사람들은 라디오, 텔레비전과 같은 대중 매체로 정보를 얻고 여론을 형성하였다. 대중 사회가 출현하고 대중 매체가 발달하면서 많은 사람이 쉽게 접하고 즐기는 대중문화가 등장하였다. 20세기에 이르러 대중문화는 빠르게 확산하였는데, 서양의 팝 음악이 세계적인 인기를 얻었고, 미국의 할리우드 영화를 비롯한 세계 각국의 영화들이 다른 나라에서 상영되었다. 그러나 대중문화가 발달하면서 특정 문화가 전 세계에 퍼져 각 지역의 문화가 고유성을 잃고 획일화되기도 하였다.

08 현대 세계의 문제

냉전 이후 세계 여러 나라에서는 종교, 민족, 자원 등의 원인으로 분쟁이 발생하였다. 20세기 후반에 유고슬라비아 연방이 해체되면서 유고슬라비아 전쟁이 일어났고, 팔레스타인 지역에서는 유대인과 아랍인이 충돌하고 있다. 또한 남수단과 르완다에서는 내전을 겪고 있으며, 남중국해 분쟁처럼 자원을 둘러싼 갈등도 일어나고 있다.

바로 알기 ①, ②, ④는 냉전 시대에 일어난 분쟁(전쟁)이며, ③은 냉전 체제가 형성되기 이전인 1940년대에 일어난 전쟁이다.

09 현대 세계의 문제를 해결하기 위한 노력

세계 여러 나라는 국제 연합(UN)에 참여하거나 국제 협약을 맺어 세계 각지의 분쟁, 빈곤, 질병, 환경, 인권과 관련된 문제를 해결하고자 노력하고 있다. 국경 없는 의사회(MSF) 등 정부가 아닌 민간인이 힘을 합쳐 조직한 비정부 기구(NGO)도 세계 각국의 질병, 인권, 빈곤 등의 문제를 해결하기 위한 다양한 활동을 펼치고 있다.

바로 알기 ④ 국경 없는 의사회는 대표적인 비정부 기구(NGO)로, 국제 의료 구호 활동을 벌이고 있다.

서술형 문제

297쪽

1 세계화의 의미와 과제

(1) **답** 세계화

(2) **예시 답안** 세계화로 다른 나라의 좋은 상품을 저렴한 가격에 살 수 있게 되었으며 다른 나라로 이주하는 사람들이 늘어나자 각국의 문화가 함께 이동하면서 여러 문화가 융합되어 새로운 문화도 형성되었다. 그러나 세계화로 자본의 이동이 자유로워지면서 선진국과 개발 도상국 간의 경제 격차가 커졌고 문화 교류가 증가하는 과정에서 문화가 획일화되거나 지역의 고유문화가 사라지기도 하였다.

점수	채점 기준
상	세계화의 성과와 과제를 모두 서술한 경우
하	세계화의 성과와 과제 중 한 가지만 서술한 경우

2 남북문제의 해결 노력

(1) **답** 남북문제

(2) **예시 답안** 남북문제의 대표적인 사례로는 아시아와 아프리카에서 영양실조로 발생하는 기아 문제와 의료 시설 및 의약품 부족 문제 등이 있다.

점수	채점 기준
상	남북문제의 사례를 두 가지 서술한 경우
하	남북문제의 사례를 한 가지만 서술한 경우

01 냉전 체제의 형성

(가)는 자본주의 진영, (나)는 공산주의 진영이다. 자본주의 진영은 미국이 주도하였고, 공산주의 진영은 소련이 주도하였다. 자본주의 진영을 이끈 미국은 공산주의 세력의 확산을 막고자 트루먼 독트린을 발표하였고, 마셜 계획을 추진하여 서유럽에 경제적인 도움을 주었다. 공산주의 진영에서는 소련이 동유럽 국가들과 상호 경제적 지원을 위해 코메콘(경제 상호 원조 회의)을 만들었다.

바로 알기 ① 소련이 주도한 진영은 (나)이다. ② 비동맹주의는 아시아와 아프리카의 여러 독립국으로 구성된 제3 세계 국가들이 내세웠다. ④ 서독을 점령한 것은 미국, 영국, 프랑스로 (가)에 속한다. ⑤ 트루먼 독트린은 (가)에 속하는 미국이 발표하였다.

02 트루먼 독트린

✦ **자료로 이해하기**

> 마셜 계획을 추진하여 서유럽에 경제적인 도움을 준 것을 의미해.

> 오늘날 전 세계의 거의 모든 나라는 자본주의 방식과 공산주의 방식 중 하나를 선택해야 합니다. 모든 민족이 자유로운 상황에서 운명을 스스로 결정할 수 있도록 미국이 도울 것입니다. 그래서 무엇보다 지원을 염두에 두고 있습니다.

제시된 글은 트루먼 독트린이다. 미국의 트루먼 대통령은 제2차 세계 대전 이후 소련의 영향으로 동유럽 여러 나라에 공산주의 정권이 들어서자 공산주의 세력의 확산을 막겠다고 선언하였다.

바로 알기 ①은 미국의 대통령으로, 1969년에 닉슨 독트린을 발표한 인물이다. ③은 중국의 개혁·개방을 추진한 인물이다. ④는 1949년에 중화 인민 공화국을 수립한 인물이다. ⑤는 소련의 개혁·개방을 추진한 인물이다.

03 트루먼 독트린과 마셜 계획

미국의 트루먼 대통령은 공산주의 세력을 막겠다고 선언(트루먼 독트린)한 이후 마셜 계획을 추진하여 서유럽에 경제적인 도움을 주었다.

바로 알기 ②는 소련의 고르바초프, 중국의 덩샤오핑 등이 추진한 정책이다. ③은 1948년에 소련이 미국, 영국, 프랑스의 공동 화폐 개혁에 반대하여 추진한 일이다. ④는 소련의 옐친이 소련 공산당의 쿠데타를 막아 내고 한 일이다. ⑤는 이집트의 나세르가 대통령이 된 이후에 한 일이다.

04 냉전 시기의 독일

(가)에 들어갈 사건은 미국, 영국, 프랑스, 소련에 의한 독일 분할 점령이다. 독일에서 히틀러가 사망하고 항복한 것은 1945년 5월의 일이고, 베를린 장벽이 세워진 것은 1961년의 일이다. 제2차 세계 대전이 끝난 이후 독일은 미국, 영국, 프랑스, 소련에 의해 분할 점령되었다.

바로 알기 ①, ②는 독일이 항복하기 이전의 일이다. ③, ⑤는 베를린 장벽이 세워진 1961년 이후의 일이다.

05 고르바초프의 활동

소련의 고르바초프는 1980년대 중반에 개혁(페레스트로이카)과 개방(글라스노스트) 정책을 추진하여 시장 경제 체제를 받아들이고 정치 민주화(자유화)를 추진하였다. 또한 그는 몰타 회담에서 냉전의 종식을 공식적으로 선언하였다.

바로 알기 ①은 미국의 루스벨트, ②는 중국의 덩샤오핑, ③은 러시아의 레닌, ④는 중국의 마오쩌둥이 한 일이다.

06 이스라엘 건국과 중동 전쟁

㉠에 공통으로 들어갈 전쟁은 중동 전쟁이다. 제2차 세계 대전 이후 서아시아에서는 유대인이 영국, 미국 등이 도움을 받아 1948년에 이스라엘을 세웠다. 이후 이스라엘이 건국된 것에 반발하여 팔레스타인 거주민과 주변 아랍 국가들이 이스라엘과 네 차례의 중동 전쟁을 벌였다.

07 제3 세계의 형성

(가)에 들어갈 내용은 제3 세계의 형성이다. 제2차 세계 대전 이후 아시아와 아프리카의 독립국들은 자본주의 진영(제1 세계)이나 공산주의 진영(제2 세계) 중 어느 쪽에도 속하지 않겠다는 비동맹주의를 내세웠는데, 이러한 국가들을 가리켜 제3 세계라고 한다. 제3 세계 국가들은 1955년 인도네시아 반둥에서 제1차 아시아·아프리카 회의를 열고 평화 10원칙을 발표하였다.

08 덩샤오핑

마오쩌둥 사후 실권을 쥔 덩샤오핑은 흑묘백묘론을 주장하며 사회주의를 유지하면서 자본주의적 요소를 받아들이는 개혁·개방 정책을 추진하였다. 이후 중국의 경제는 빠르게 성장하였고, 중국은 경제 성장을 바탕으로 국제 사회에서 영향력을 확대해 갔다.

09 사회주의 정권의 붕괴

1980년대 후반 소련의 고르바초프가 동유럽 국가들에 간섭하지 않겠다고 선언하자 폴란드, 체코슬로바키아, 헝가리 등 동유럽 국가에서 민주화 운동이 일어나 사회주의 정권이 붕괴되었다. 이러한 분위기 속에서 독일에서도 1989년에 냉전의 상징이었던 베를린 장벽이 무너지고, 이듬해에는 동독이 서독에 흡수되는 방식으로 통일되었다.

바로 알기 ㄷ은 냉전 체제가 형성되던 1940년대 후반의 일이다. ㄹ은 1970년대 석유 파동 이후의 일이다.

10 동유럽 사회주의 정권의 붕괴 배경

1980년대 후반 소련의 고르바초프가 동유럽 국가들에 불간섭을 선언하면서 여러 동유럽 국가에서 사회주의 정권이 붕괴되었다.

바로 알기 ①은 뉴딜 정책의 추진 배경, ②는 지역별 경제 협력체의 결성 배경, ③은 쿠바 미사일 위기의 발생 배경, ④는 신자유주의 경제 정책의 추진 배경이다.

11 프랑스의 68 운동

냉전이 심화되고 산업화로 물질만능주의가 퍼지는 상황에서 오래된 관습이나 기존 정치 체제로부터 벗어나고자 하는 탈권위주의 운동이 일어났다. 대표적인 탈권위주의 운동은 프랑스의 68 운동으로, 청년과 학생들을 중심으로 일어났다. 프랑스의 청년과 학생들은 '모든 권위에 저항하라' 등을 외치며 프랑스 드골 정부에 항의하였고 여기에 노동자들도 총파업으로 참여하였다. 탈권위주의 운동은 이후 반전 평화 운동, 민권 운동, 민주화 운동 등 다양한 형태로 전개되었다.

바로 알기 ① 탈권위주의 운동은 냉전 체제가 심화되는 상황에서 일어났다.

12 반전 평화 운동의 배경

밑줄 친 '이 전쟁'은 베트남 전쟁이다. 전쟁에 반대하고 평화를 지키려는 반전 평화 운동은 베트남 전쟁을 계기로 전 세계에 확산되었다.

바로 알기 ①은 중국 공산당과 국민당이 치른 전쟁이다. ②는 일본과 러시아가 벌인 전쟁이다. ③은 이스라엘 건국 이후 이스라엘과 팔레스타인 거주민 및 주변 아랍 국가들이 치른 전쟁이다. ④는 한국에서 북한의 남침으로 남한과 북한이 치른 전쟁이다.

13 민주화 운동

20세기 후반에는 세계 여러 지역에서 학생과 시민들을 중심으로 부패한 독재 정권과 체제에 항의하는 민주화 운동이 일어났다. 1960년대 한국에서는 이승만 정권의 부정 선거를 규탄하는 민주화 운동이 일어나 정권이 무너졌고(4·19 혁명), 1970년대 에스파냐에서는 프랑코 독재 정권에 맞서 전국적인 시위가 일어났다.

바로 알기 ㄴ은 중국에서 일어난 태평천국 운동 등, ㄹ은 영국의 명예혁명 등에 대한 설명이다.

14 민권 운동

밑줄 친 '이 운동'은 자유와 평등한 권리를 보장받기 위한 민권 운동이다. 대표적인 민권 운동의 사례로는 미국에서 흑인 차별에 반대하여 일어난 몽고메리시 버스 승차 거부 운동과 마틴 루서 킹이 주도한 워싱턴 행진이 있다. 미국에서는 워싱턴 행진 등과 같은 민권 운동의 결과 1964년 민권법이 통과되어 흑인과 백인의 법적 차별이 없어졌다. 한편, 남아프리카 공화국에서는 넬슨 만델라가 인종 분리 정책인 아파르트헤이트에 맞서 흑인 민권 운동을 전개하였고, 그 결과 1990년대 아파르트헤이트가 폐지되었다.

바로 알기 ① 남아프리카 공화국의 민권 운동은 넬슨 만델라 등이 주도하였고 마틴 루서 킹은 미국의 민권 운동을 주도하였다.

15 노동 기본 원칙과 권리선언

제시된 글은 노동 기본 원칙과 권리선언에 대한 설명이다. 노동 기본 원칙과 권리선언은 1998년에 국제 연합(UN) 국제 노동 기구(ILO) 총회에서 발표한 것으로, 이 선언에는 강제 노동 및 아동 노동 금지와 같은 노동 기본권이 명시되어 있다.

16 신자유주의 경제 정책의 특징

영국 총리 대처와 미국 대통령 레이건은 모두 신자유주의 경제 정책을 추진한 인물이다. 1970년대에 두 차례의 석유 파동이 일어나 세계 경제가 어려워지자 영국과 미국을 중심으로 정부 개입을 줄이고 무역의 자유화와 시장 개방을 추구하는 신자유주의 경제 정책이 추진되었다.

바로 알기 ①, ②, ④, ⑤ 모두 신자유주의 경제 정책과는 달리 정부가 시장에 적극 개입하는 정책이다.

17 세계화의 영향

세계화가 진행되면서 세계 각지에 자회사와 지사 등을 둔 다국적 기업이 성장하였다. 또한 세계화로 다른 나라의 상품을 저렴한 가격에 살 수 있게 되었고, 문화가 융합되는 현상도 일어났다. 한편, 선진국이 개발 도상국에 자본을 투자하고 기술을 제공하면서 개발 도상국의 경제도 성장하였다.

바로 알기 ③ 세계화로 빈부 격차와 경제적 불평등이 심화되었다.

18 유럽 연합의 창설

유럽의 정치적·경제적 협력을 지향하고 유로화라는 공동 화폐를 사용하는 지역별 경제 협력체는 ㈎ 유럽 연합(EU)이다.

19 대중문화의 발달

㈎에 들어갈 내용은 대중문화의 발달이다. 대중문화는 많은 사람들이 쉽게 접하고 즐기는 문화로, 제2차 세계 대전 이후 경제의 성장, 교육 수준의 향상, 민주주의와 대중 매체의 발달 등을 배경으로 등장하였다. 그러나 대중문화가 발달하면서 각 지역의 문화가 고유성을 잃고 획일화되는 현상이 나타나기도 하였다.

20 유고슬라비아 전쟁

20세기 후반에 유고슬라비아 연방이 해체되면서 여러 차례의 유고슬라비아 전쟁이 일어났는데, 그중 그리스 정교와 이슬람교의 충돌로 많은 사상자가 발생하였다.

21 현대 세계의 문제를 해결하기 위한 노력

제시된 글은 오늘날 세계가 마주한 환경 문제나 분쟁 등 여러 문제를 해결하고자 노력하는 민간단체인 비정부 기구(NGO)에 대한 설명이다. 그린피스는 생물 다양성 보호 시위 등을 통해 환경 문제를 해결하고자 노력하고 있고, 국경 없는 의사회는 세계 각국의 분쟁 지역에서 의료 구호 활동을 벌이고 있다.

22 세계화와 남북문제

㉠은 세계화, ㉡은 남북문제이다. 세계화가 진행되면서 높은 기술과 자본을 가진 선진국에 세계의 부가 몰려 선진국과 개발 도상국 사이의 경제적 격차가 커졌다. 주로 지구 남반구에 개발 도상국이 몰려 있고 북반구에 선진 공업국이 몰려 있어 이러한 경제적 차이를 남북문제라고 부른다.

바로 알기 공산화는 냉전 시기에 공산주의가 확산하는 현상을 말한다. 난민 문제는 현대 세계의 문제 중 전쟁이나 재난으로 자국에서 삶의 터전을 잃은 난민에 관한 문제를 말한다. 온난화(지구 온난화)는 온실가스 등으로 지구의 평균 온도가 올라가는 현상이다.

23 국제 연합의 활동

㉠에 들어갈 기구는 국제 연합(UN)이다. 국제 연합은 현대 세계의 분쟁 등의 문제를 해결하기 위해 분쟁 지역 등에 유엔 평화 유지군을 파견하고 세계 식량 기구와 같은 전문 기구를 두고 구호 활동을 벌이고 있다.

1 냉전 체제의 형성과 심화

(1) **답** 트루먼 독트린

(2) **예시 답안** 미국이 주도하는 자본주의 진영과 소련이 주도하는 공산주의 진영의 대립으로 중국에서는 장제스가 이끄는 국민당과 마오쩌둥이 이끄는 공산당이 전쟁을 벌였다(국공 내전). 한국에서는 소련의 지원을 받은 북한이 남한을 침략하여 6·25 전쟁이 일어났다. 베트남에서는 공산주의 정권이 들어선 북베트남과 미국의 지원을 받은 남베트남이 베트남 전쟁을 벌였다.

점수	채점 기준
상	아시아에서 미국과 소련의 대립 사례를 세 가지 서술한 경우
중	아시아에서 미국과 소련의 대립 사례를 두 가지 서술한 경우
하	아시아에서 미국과 소련의 대립 사례를 한 가지만 서술한 경우

2 흑인 민권 운동을 주도한 인물

예시 답안 마틴 루서 킹과 넬슨 만델라는 흑인에 대한 차별 정책에 저항하는 흑인 민권 운동을 주도하였다. 마틴 루서 킹은 흑인 차별에 반대하는 워싱턴 행진을 이끌어 미국에서 흑인과 백인의 법적 차별을 없애는 데 공헌하였고, 넬슨 만델라도 흑인 민권 운동을 벌여 남아프리카 공화국의 인종 분리 정책인 아파르트헤이트의 폐지를 이끌어 냈다.

점수	채점 기준
상	마틴 루서 킹과 넬슨 만델라가 흑인 민권 운동을 주도하였고, 자국의 흑인 차별 정책의 폐지를 이끌어 냈다고 서술한 경우
하	흑인 민권 운동을 주도하였다고만 서술한 경우

3 난민 문제

예시 답안 • 난민 수용에 찬성하는 입장: 나는 난민을 수용해야 한다고 생각한다. 난민은 정치나 종교, 사상을 이유로 박해나 전쟁을 피해 자신이 살던 국가나 지역에서 더 이상 살 수 없어서 이주할 수밖에 없는 사람들이다. 이런 사람들에게 기본적인 삶의 터전을 마련해 주는 것은 국제 사회를 함께 살아가는 세계 시민으로서 마땅히 해야 하는 일이다. 평화와 인권을 존중하는 사회를 이루어 나가기 위해서는 난민을 외면하지 않고 그들을 사회의 일원으로서 받아들이려는 자세가 필요하다. 또한 난민을 수용하면 그 난민을 받아들인 국가나 지역에도 이득이다. 난민들은 자신들을 받아준 국가에 새로운 노동력을 제공할 수 있기 때문에 노동력이 부족한 지역 경제에도 큰 도움이 될 수 있다고 생각한다.

• 난민 수용에 반대하는 입장: 나는 난민을 무조건적으로 수용해서는 안 된다고 생각한다. 난민을 수용하려면 많은 비용이 필요하다. 난민들을 받아들이면 해당 지역에서 살아갈 거주지, 음식, 의료 서비스 등 기본적으로 꼭 필요한 것들을 일정 기간 해결해 줘야 한다. 이러한 비용은 주로 난민을 받아들인 국가의 지역 경제에 일정 부분 큰 부담으로 작용할 수 있다. 또한 난민들 중 일부는 정치적인 배경으로 이주해 온 사람들도 있는데, 이들은 이주 이후에 정치적인 활동을 지속하여 떠나온 고국의 정치 세력들과의 대립을 지속할 수 있어 국가의 안보에도 잠재적인 위협 요인이다. 또한 난민들은 자신들의 고유한 문화와 가치관을 가지고 있다. 이들이 이주한 국가에서 문화적 차이로 다양한 사회 문제를 겪거나 이주한 국가들의 사람들과 사회 갈등을 겪을 수도 있기 때문에 난민을 수용하는 일은 신중해야 하며 무조건적으로 이루어져서는 안 된다.

점수	채점 기준
상	난민 수용에 대한 찬성과 반대 입장 중 자신의 입장을 밝히고 그 근거를 두 가지 이상 들어 논술한 경우
중	난민 수용에 대한 찬성과 반대 입장 중 자신의 입장을 밝히고 그 근거를 한 가지만 들어 논술한 경우
하	난민 수용에 대한 자신의 입장만 서술한 경우

Memo

Memo

다른 곳엔 없는

메타인지 학습 과

성취 기반 AI메타보드·AI채움퀘스트

교재 강의 로

업계 유일한 비상교재, 쎈 강좌 보유

시험이 쉬워지는

비상교육 **온리원 중등**

0원 무제한 학습!
지금 신청하기

★★★ **10명 중 8명 내신 최상위권**
★★★ **특목고 합격생 167% 달성**
★★★ **1년 만에 2배 장학생 증가**

※ 2023년 2학기 기말 기준, 전체 성적 장학생 중 모범, 으뜸, 우수상 수상자(평균 93점 이상) 비율 81.2% /
특목고 합격생 수 2022학년도 대비 2024학년도 167.4% / 21년 1학기 중간 ~ 22년 1학기 중간 누적 장학생 수(3,499명) 대비
21년 1학기 중간 ~ 23년 1학기 중간 누적 장학생 수(6,888명) 비율

문의 1588-6563 | www.only1.co.kr